税收业务提升好帮手系列丛书

企业所得税业务操作手册

2020年版

主　编　文月寿
副主编　胥德明　钱家俊

税务人员
纳税人
税务爱好者等
案头必备手册

立信会计出版社
LIXIN ACCOUNTING PUBLISHING HOUSE

图书在版编目(CIP)数据

企业所得税业务操作手册:2020年版/文月寿主编.
—上海:立信会计出版社,2020.4
ISBN 978-7-5429-6437-3

Ⅰ.①企… Ⅱ.①文… Ⅲ.①企业所得税—税收政策—中国—手册 Ⅳ.①F812.424-62

中国版本图书馆 CIP 数据核字(2020)第 042968 号

策划编辑　张巧玲
责任编辑　张巧玲

企业所得税业务操作手册(2020年版)

Qiye Suodeshui Yewu Caozuo Shouce

出版发行	立信会计出版社			
地　　址	上海市中山西路 2230 号	邮政编码	200235	
电　　话	(021)64411389	传　　真	(021)64411325	
网　　址	www.lixinaph.com	电子邮箱	lixinaph2019@126.com	
网上书店	http://lixin.jd.com	http://lxkjcbs.tmall.com		
经　　销	各地新华书店			
印　　刷	河北鑫兆源印刷有限公司			
开　　本	787 毫米×1092 毫米	1/16		
印　　张	38.75			
字　　数	920 千字			
版　　次	2020 年 4 月第 1 版			
印　　次	2020 年 4 月第 1 次			
书　　号	ISBN 978-7-5429-6437-3/F			
定　　价	119.00 元			

如有印订差错,请与本社联系调换

编 委 会

主　编　文月寿
副主编　胥德明　钱家俊
成　员　郭智华　查学清　姜学峰　张建强
　　　　　孙　辉　林大蓼　董　宏　李婷婷
　　　　　丁　楠　秦　劼　王　亮　徐瑛辉
　　　　　沈致鹏　管晓宇　殷建宁　袁　锋

序 言

自2008年新企业所得税法施行以来,至今已近12年。在这十余年里,财政部及国家税务总局陆续出台了大量的规范性文件,政策更新较快。在实践中,企业所得税业务因具有很强的政策性、专业性和时效性,迫切需要基层税务人员和企业办税人员对企业所得税法、企业所得税法实施条例及相关规范文件有全面的理解和把握。但由于同类业务的规定分散在不同法律、法规及规范性文件之中,给基层系统学习和查询带来困难,部分业务规定较为复杂,基层难以理解和把握,因而在实际执行时遇到很多困惑。鉴于此,我们基层一线人员结合业务实践编写了这本《企业所得税业务操作手册(2020年版)》。

本书的定位是税务机关一线操作人员和企业办税人员的企业所得税工具书,起到"政策字典"的作用,方便政策查询、操作指引、答疑解惑。因此,本书收集了2008年新企业所得税法实施以来现行有效的各项企业所得税政策规定、国家税务总局关于企业所得税政策的解读以及纳税人遇到的企业所得税重点、难点问题和实务案例,并按照《中华人民共和国企业所得税法》的立法体系分类,对政策进行系统性的归类和编排,是一本集政策归集和教科书为一体的基层业务学习工具书。本书具有以下特点:

一是布局新。在总体布局上,本书按照《中华人民共和国企业所得税法》的立法体系分类设置专题,按专题设置章节,同时将每个专题切分成多个具体的知识点,将散落在各个文件间的规定按知识点归集,便于基层税务人员系统学习和快速查询。在具体布局上,本书将政策研读层层推进,即先对现行政策进行归集,继而对重点、难点政策进行解读,再对涉税政策相关的热点问题、实务案例进行分析和解答,并用【解读】、【热点问题】、【案例】等进行标注。

二是政策新。本书收集了最新的政策规定,具有很强的时效性。我们收集了2008年新企业所得税法实施以来至2020年3月20日以前的有效政策,对政策原文部分均进行了标注,便于基层一线人员作为工具书查询政策。对一些延续性或者在延续过程中有变化的政策,比如小微企业政策,虽然有些已经失效了,但为了方便读者理解和稽查人员运用,我们对它们按时间进行了列举,可以使读者对政策时间有更清晰的比较,便于他们查询和掌握。

三是内容全。本书基于《中华人民共和国企业所得税法》及其实施条例的内容结构,既涵盖企业所得税的收入、扣除、税收优惠等各个要素,又对重要行业、特殊事项进行专项梳理和解析,同时还对国际税收业务倾注一定的笔墨,对非居民税收管理、税收协定、特别纳税调整等企业所得税政策提出了独特见解。

四是实践性强。本书编者均是多年从事企业所得税管理工作的税务工作人员,实践经验丰富,对基层难以把握的政策难点及热点问题深有体会,故筛选的问题以及对问题的分析均体现了政策实际操作性和执行性,对企业所得税相关问题提出的解析思路能为广大读者提供一定的参考价值。

本书在编写过程中,参考了《国际税收业务手册(2013年版)》、税屋网及相关网站部分专家意见,在此表示衷心的感谢!由于编者水平有限,在政策解读和热点问题解答方面更多的是结合本地研究情况,难免有疏漏和不足之处,仅为各地研究和解决问题时提供一些参考意见和思路。我们也迫切希望广大读者能提出宝贵意见,以便我们及时改进和提高。

编　者

2020年3月20日

目 录

第1章 总则 1
  1.1 纳税人 1
    1.1.1 居民企业 1
    1.1.2 非境内注册居民企业 1
      1.1.2.1 境外中资企业判定为居民企业条件 2
      1.1.2.2 非境内注册居民企业身份认定 2
      1.1.2.3 非境内注册居民企业主管税务机关 4
      1.1.2.4 非境内注册居民企业纳税及扣缴规定 4
      1.1.2.5 从境内取得股息、红利的处理 5
      1.1.2.6 非境内注册居民企业的征收管理 5
      1.1.2.7 非境内注册居民企业被取消居民身份 7
      1.1.2.8 非境内注册居民企业其他规定 7
    1.1.3 非居民企业 9
      1.1.3.1 实际管理机构 10
      1.1.3.2 机构、场所 10
  1.2 征税对象 11
    1.2.1 应纳税的所得来源 11
    1.2.2 所得来源地确定原则 12
  1.3 税率 13
  1.4 法律适用原则 13

第2章 应纳税所得额 15
  2.1 应纳税所得额的定义及计算 15
    2.1.1 应纳税所得额的定义 15
    2.1.2 应纳税所得额的计算原则 15
  2.2 亏损及亏损弥补 16
    2.2.1 亏损 16
    2.2.2 亏损弥补 16
      2.2.2.1 汇总纳税企业 16
      2.2.2.2 原合并纳税企业集团亏损处理 16
      2.2.2.3 合伙企业的亏损 17
      2.2.2.4 境外营业机构的亏损 17

       2.2.2.5 筹建期亏损年度计算 ································· 18
       2.2.2.6 研发费加计扣除形成亏损 ························· 18
       2.2.2.7 税务机关检查调增的企业应纳税所得额弥补以前年度亏损 ··· 18
       2.2.2.8 被投资企业经营亏损 ······························ 18
       2.2.2.9 政策性搬迁形成的亏损 ···························· 18
       2.2.2.10 追补确认的亏损 ·································· 18
       2.2.2.11 跨境关联交易形成的亏损 ·························· 19
       2.2.2.12 高新技术企业和科技型中小企业亏损结转弥补 ········ 19
       2.2.2.13 受新型冠状病毒疫情影响较大的困难行业企业亏损结转弥补 ··· 23
  2.3 合伙企业合伙人分配的所得 ································· 23
    2.3.1 "先分后税"原则 ······································· 23
    2.3.2 确定应纳税所得额的原则 ································ 23
  2.4 递延所得 ·· 24
  2.5 非居民企业应纳税所得额 ····································· 25
    2.5.1 据实申报的非居民企业应纳税所得额 ······················ 25
    2.5.2 核定征收非居民企业应纳税所得额 ························ 25
    2.5.3 源泉扣缴应纳税所得额 ·································· 25
       2.5.3.1 应纳税所得额的计算 ····························· 25
       2.5.3.2 不得扣除规定以外的其他税费支出 ················· 26
       2.5.3.3 "营改增"后应纳税所得额确认 ···················· 27
    2.5.4 非居民企业准予扣除的境外费用 ·························· 27

第3章 收入 ·· 28
  3.1 收入总额及形式 ··· 28
  3.2 销售货物收入 ··· 29
    3.2.1 销售货物收入范围 ······································ 29
    3.2.2 销售货物收入确认 ······································ 29
    3.2.3 不同销售方式收入的确认 ································ 30
       3.2.3.1 托收承付 ·· 30
       3.2.3.2 预收款 ·· 30
       3.2.3.3 销售需安装和检验的商品 ························· 30
       3.2.3.4 支付手续费方式委托代销 ························· 30
       3.2.3.5 售后回购 ·· 30
       3.2.3.6 售后回租 ·· 30
       3.2.3.7 以旧换新 ·· 30
       3.2.3.8 商业折扣 ·· 30
       3.2.3.9 现金折扣 ·· 31
       3.2.3.10 销售折让和退回 ································· 31

| 3.2.3.11   买一赠一 ··· 31
| 3.3   提供劳务收入 ··· 31
| 3.3.1   劳务收入范围 ·· 31
| 3.3.2   劳务收入确认 ·· 32
| 3.3.3   不同劳务方式收入的确认 ·· 34
| 3.3.3.1   安装费 ··· 34
| 3.3.3.2   宣传媒介费 ··· 34
| 3.3.3.3   软件费 ··· 34
| 3.3.3.4   服务费 ··· 34
| 3.3.3.5   艺术表演、招待宴会和其他特殊活动费 ····································· 34
| 3.3.3.6   会员费 ··· 34
| 3.3.3.7   特许权费 ··· 34
| 3.3.3.8   劳务费 ··· 35
| 3.4   转让财产收入 ··· 35
| 3.4.1   转让财产收入范围 ·· 35
| 3.4.2   转让股权收入 ·· 36
| 3.4.2.1   转让代个人持有的限售股收入 ··· 36
| 3.4.2.2   在限售股解禁前转让限售股的收入 ··· 37
| 3.5   股息、红利等权益性投资收益 ··· 39
| 3.6   利息收入 ··· 40
| 3.7   租金收入 ··· 41
| 3.8   特许权使用费收入 ··· 42
| 3.9   接受捐赠收入 ··· 43
| 3.10   其他收入 ··· 43
| 3.11   分期确认收入 ··· 48
| 3.12   产品分成收入 ··· 48
| 3.13   视同销售收入 ··· 49
| 3.14   不征税收入 ··· 51
| 3.14.1   不征税收入确认条件 ·· 52
| 3.14.2   政府划拨资产不征税案例分析 ·· 55
| 3.14.3   财政性资金处理 ·· 56
| 3.14.4   政府性基金和行政事业性收费的处理 ·· 57
| 3.14.5   不征税收入用于支出费用的处理 ·· 57
| 3.14.6   外交人员服务局出售馆舍收入的处理 ·· 57

第4章 扣除 ·· 59
   4.1   基本规定 ··· 59
        4.1.1   收益性支出和资本性支出 ·· 61

- 4.1.2 成本 ... 61
- 4.1.3 费用 ... 61
- 4.1.4 税金 ... 62
- 4.1.5 损失 ... 62
- 4.1.6 其他支出 ... 62
- 4.2 具体扣除项目 ... 63
  - 4.2.1 工资、薪金 ... 63
    - 4.2.1.1 一般规定 ... 63
    - 4.2.1.2 工资、薪金总额 ... 63
    - 4.2.1.3 合理工资、薪金 ... 64
    - 4.2.1.4 雇用季节工、临时工、接受外部劳务派遣用工等费用 ... 64
    - 4.2.1.5 实行股权激励计划的企业所得税处理 ... 65
    - 4.2.1.6 工效挂钩企业工资储备基金 ... 66
  - 4.2.2 职工福利费 ... 66
    - 4.2.2.1 职工福利费的内容 ... 66
    - 4.2.2.2 与工资、薪金一起发放的福利性补贴 ... 66
    - 4.2.2.3 职工福利费的核算和管理 ... 69
    - 4.2.2.4 以前年度职工福利费余额的处理 ... 69
  - 4.2.3 职工教育经费 ... 69
    - 4.2.3.1 企业职工教育培训经费范围 ... 69
    - 4.2.3.2 软件企业、集成电路设计企业、动漫企业职工培训费用的扣除 ... 70
    - 4.2.3.3 高新技术企业、技术先进型服务企业发生的职工教育经费支出 ... 70
    - 4.2.3.4 航空企业空勤训练费用 ... 71
    - 4.2.3.5 核电厂操纵员培养费 ... 71
    - 4.2.3.6 以前年度职工教育经费余额 ... 71
  - 4.2.4 工会经费 ... 71
  - 4.2.5 社会保险费 ... 74
  - 4.2.6 保险费 ... 75
  - 4.2.7 住房公积金 ... 76
  - 4.2.8 借款费用 ... 76
    - 4.2.8.1 一般规定 ... 76
    - 4.2.8.2 投资者投资未到位发生的利息支出 ... 76
    - 4.2.8.3 企业向自然人借款的利息支出 ... 76
    - 4.2.8.4 非金融企业向非金融企业借款利息支出 ... 77
    - 4.2.8.5 企业融资费用支出 ... 77
    - 4.2.8.6 融资性售后回租支出 ... 77
    - 4.2.8.7 永续债利息支出 ... 78

4.2.9	汇兑损失	79
4.2.10	业务招待费	79
	4.2.10.1 扣除限额的计算基数	79
	4.2.10.2 筹建期的业务招待费处理	80
4.2.11	广告费和业务宣传费	81
	4.2.11.1 化妆品制造或销售企业的特殊规定	82
	4.2.11.2 签订广告费和业务宣传费分摊协议的关联企业的特殊规定	82
	4.2.11.3 烟草企业的特殊规定	82
4.2.12	环境保护、生态恢复专项资金	82
4.2.13	租赁费	82
4.2.14	劳动保护费	82
4.2.15	公益性捐赠	83
	4.2.15.1 扣除限额	83
	4.2.15.2 公益性捐赠概念与范围	84
	4.2.15.3 公益性社会团体	85
	4.2.15.4 公益性群众团体	88
	4.2.15.5 县级以上人民政府及其部门和国家机关扣除资格问题	89
	4.2.15.6 公益性捐赠票据	90
	4.2.15.7 公益性股权捐赠税收处理	90
	4.2.15.8 扶贫捐赠支出税收处理	91
	4.2.15.9 捐赠住房作为公租房税收处理	91
	4.2.15.10 支持新型冠状病毒感染的肺炎疫情防控有关捐赠税收处理	92
4.2.16	手续费及佣金	92
	4.2.16.1 扣除限额	92
	4.2.16.2 手续费扣除限制性规定	93
	4.2.16.3 主营业务为代理服务的处理	93
4.2.17	准备金	94
	4.2.17.1 金融企业准备金	94
	4.2.17.2 保险企业准备金	97
	4.2.17.3 证券行业准备金	99
	4.2.17.4 中小企业融资(信用)担保机构准备金	101
4.2.18	开(筹)办费	102
4.2.19	棚户区改造支出	102
	4.2.19.1 棚户区改造支出的条件	102
	4.2.19.2 扣除规定	103
4.2.20	母子公司费用支付	103
	4.2.20.1 母子公司费用支付扣除的规定	103

  4.2.20.2 子公司向母公司支付费用扣除的限制性规定 ················· 104
 4.2.21 非公有制企业党组织工作经费 ······························· 104
 4.2.22 政府性基金和行政事业性收费 ······························· 105
 4.2.23 油(气)资源企业费用 ·· 105
  4.2.23.1 矿区权益支出的折耗 ································· 105
  4.2.23.2 勘探支出的摊销 ····································· 106
  4.2.23.3 其他 ··· 106
 4.2.24 农村信用省级联合社收取的服务费 ··························· 106
  4.2.24.1 省联社履职费用 ····································· 106
  4.2.24.2 费用分摊公式 ······································· 107
  4.2.24.3 其他费用 ··· 107
 4.2.25 航空企业空勤训练费 ·· 107
 4.2.26 企业维简费和高危行业企业安全生产费 ······················· 107
  4.2.26.1 煤矿企业维简费和高危行业企业安全生产费用 ··········· 107
  4.2.26.2 其他企业维简费 ····································· 108
 4.2.27 海上油气生产设施弃置费管理 ······························· 109
  4.2.27.1 废弃处置方案的备案 ································· 109
  4.2.27.2 弃置费的计提和税前扣除 ····························· 109
  4.2.27.3 弃置费的使用 ······································· 110
  4.2.27.4 弃置费的管理 ······································· 111
  4.2.27.5 改变用途的弃置费 ··································· 111
4.3 不得税前扣除的项目 ·· 111
4.4 以前年度发生应扣未扣支出 ·· 113
4.5 税前扣除规定与企业实际会计处理的协调 ······························ 114
4.6 税前扣除凭证的管理 ·· 116
 4.6.1 税前扣除凭证含义及分类 ···································· 116
  4.6.1.1 税前扣除凭证含义 ··································· 116
  4.6.1.2 税前扣除凭证分类 ··································· 116
 4.6.2 税前扣除凭证管理原则 ······································ 116
 4.6.3 税前扣除凭证取得时间 ······································ 117
 4.6.4 税前扣除凭证具体要求 ······································ 117
  4.6.4.1 境内应税项目税前扣除凭证 ··························· 117
  4.6.4.2 境内非应税项目税前扣除凭证 ························· 118
  4.6.4.3 境外支出税前扣除凭证 ······························· 118
  4.6.4.4 特殊事项税前扣除凭证 ······························· 118
 4.6.5 不得作为税前扣除凭证 ······································ 119
 4.6.6 汇缴结束后补充取得税前扣除凭证 ···························· 119

4.6.6.1 税务机关发现应当取得而未取得发票、其他外部凭证 ············· 119
4.6.6.2 纳税人主动补充取得税前扣除凭证 ····························· 119
4.6.7 指定特殊原因无法取得发票等税前扣除凭证的处理 ·················· 120

第5章 资产的税务处理 ·· 122
5.1 资产的概述 ··· 122
5.1.1 资产的计税基础 ·· 122
5.1.1.1 基本方法 ··· 122
5.1.1.2 接受捐赠资产计税基础 ··································· 122
5.1.1.3 售后回租资产计税基础 ··································· 123
5.1.1.4 接收政府划入资产计税基础 ······························· 123
5.1.1.5 接收股东划入资产计税基础 ······························· 124
5.1.2 资产的处置 ·· 125
5.1.2.1 内部处置资产的处理 ····································· 125
5.1.2.2 资产移送他人的处理 ····································· 125
5.1.3 资产损失 ·· 126
5.1.3.1 资产损失的范围 ··· 126
5.1.3.2 资产损失的类型 ··· 126
5.1.3.3 资产损失的扣除要求 ····································· 127
5.1.3.4 资产损失的申报管理 ····································· 128
5.1.3.5 抵押资产损失 ··· 128
5.1.3.6 资产捆绑出售损失 ······································· 128
5.1.3.7 内控制度不健全导致资产损失 ····························· 129
5.1.3.8 刑事案件形成的损失 ····································· 129
5.1.3.9 电网企业输电线路部分报废损失 ··························· 129
5.2 固定资产的税务处理 ··· 129
5.2.1 固定资产的计税基础 ·· 129
5.2.1.1 基本方法 ··· 129
5.2.1.2 融资性售后回租资产计税基础 ····························· 130
5.2.1.3 未取得发票资产处理 ····································· 131
5.2.2 固定资产折旧 ·· 132
5.2.2.1 基本方法 ··· 132
5.2.2.2 残值规定 ··· 132
5.2.2.3 折旧年限 ··· 133
5.2.2.4 不得计提折旧的固定资产 ································· 136
5.2.2.5 加速折旧 ··· 137
5.2.2.6 电网企业接收用户资产折旧 ······························· 149
5.2.3 固定资产损失 ·· 150

            5.2.3.1　盘亏损失···150
            5.2.3.2　毁损、报废损失···150
            5.2.3.3　被盗损失···151
            5.2.3.4　在建工程损失··151
        5.2.4　房屋、建筑物固定资产改扩建··152
            5.2.4.1　改建支出···152
            5.2.4.2　大修理支出··153
    5.3　生产性生物资产的税务处理··154
        5.3.1　生产性生物资产的计税基础···154
        5.3.2　生产性生物资产的折旧··154
        5.3.3　生产性生物资产的损失··155
            5.3.3.1　盘亏损失···155
            5.3.3.2　因森林病虫害、疫情、死亡损失··155
            5.3.3.3　被盗伐、被盗、丢失损失···155
    5.4　无形资产的税务处理···155
        5.4.1　无形资产的计税基础···155
        5.4.2　无形资产的摊销··156
        5.4.3　不得摊销的无形资产···157
        5.4.4　无形资产损失··157
    5.5　长期待摊费用的税务处理···158
    5.6　存货的税务处理··159
        5.6.1　存货的计税基础··159
            5.6.1.1　成本确定方法··159
            5.6.1.2　借款费用资本化···159
        5.6.2　存货的成本计算方法··159
        5.6.3　存货的损失···160
            5.6.3.1　不能抵扣进项税额处理··160
            5.6.3.2　盘亏损失···160
            5.6.3.3　报废、毁损或变质损失··160
            5.6.3.4　被盗损失···161
            5.6.3.5　商业零售企业存货损失··161
            5.6.3.6　出版、发行企业呆滞出版物损失···161
    5.7　投资资产的税务处理···162
        5.7.1　概念及计税基础··162
        5.7.2　非货币性资产对外投资··162
        5.7.3　撤回或减少投资··162
        5.7.4　投资资产损失··164

	5.7.4.1 债权投资损失	164
	5.7.4.2 股权投资损失	167

5.8 货币资产的税务处理 168
   5.8.1 现金损失 168
   5.8.2 银行存款损失 168
   5.8.3 坏账损失 169
   5.8.4 贷款损失 171

第6章 应纳税额 173

6.1 应纳税额的计算 173
6.2 境外所得税额抵免 173
   6.2.1 基本规定 173
      6.2.1.1 可享受税收抵免的境外已纳税所得 173
      6.2.1.2 直接抵免 173
      6.2.1.3 间接抵免 174
      6.2.1.4 直接抵免适用范围 174
      6.2.1.5 间接抵免适用范围 174
      6.2.1.6 抵免限额 174
      6.2.1.7 境外已纳所得税额 175
      6.2.1.8 超过抵免限额部分在以后5个年度内抵免 175
      6.2.1.9 直接控制的含义 175
      6.2.1.10 间接控制的含义 175
   6.2.2 具体计算 175
      6.2.2.1 总体计算步骤 175
      6.2.2.2 实际应纳所得税额的计算 176
      6.2.2.3 境外应纳税所得额的计算 176
      6.2.2.4 境外所得实现年度 178
      6.2.2.5 境外分支机构与我国对应的纳税年度 179
      6.2.2.6 共同费用支出及分摊 179
      6.2.2.7 抵免限额的计算 179
      6.2.2.8 可抵免的境外已缴纳所得税税额 184
      6.2.2.9 实际抵免税额的计算 184
   6.2.3 实际间接负担税额的计算 185
      6.2.3.1 境外投资收益实际间接负担税额的计算公式 185
      6.2.3.2 关于适用间接抵免的外国企业持股条件 185
      6.2.3.3 本层企业及其税额的含义 188
      6.2.3.4 本层企业间接负担税额的含义 188
      6.2.3.5 向上一层企业分配股息(红利)的含义 188

		6.2.3.6	本层企业所得税后利润额的含义	189
		6.2.3.7	不同年度间接负担的税额计算	189
		6.2.3.8	不同国别负担税额的归集计算	189
	6.2.4	饶让抵免		194
		6.2.4.1	税收饶让抵免应纳税额的确定	194
		6.2.4.2	税收饶让抵免的计算	194
		6.2.4.3	不适用饶让抵免的情形	194
	6.2.5	简易办法计算		194
		6.2.5.1	适用简易办法计算抵免的情形	194
		6.2.5.2	法定税率明显高于我国的境外所得来源国	195
		6.2.5.3	后续备案要求	195
	6.2.6	资料报送要求		196
		6.2.6.1	提供境外纳税凭证	196
		6.2.6.2	境外所得申报税收抵免需提供资料	196
		6.2.6.3	申请享受税收饶让抵免的还需补充提供资料	196
		6.2.6.4	采用简易办法计算抵免限额还需补充提供资料	196
	6.2.7	其他补充规定		197
		6.2.7.1	哈萨克斯坦超额利润税税收抵免	197
		6.2.7.2	境外承包工程税收抵免凭证有关问题	197

第7章 税收优惠 200

7.1	概述			200
	7.1.1	优惠制定权限		200
	7.1.2	优惠衔接		200
	7.1.3	税收优惠核算要求		201
7.2	免税收入			201
	7.2.1	国债利息收入		201
		7.2.1.1	国债利息收入定义	201
		7.2.1.2	国债利息收入时间确认	201
		7.2.1.3	国债利息收入计算	201
		7.2.1.4	国债利息收入免税问题	202
	7.2.2	股息、红利等权益性投资收益		202
		7.2.2.1	权益性投资收益定义	202
		7.2.2.2	权益性投资收入时间确认	204
		7.2.2.3	不同投资退出方式中投资收益确认	204
		7.2.2.4	2008年前后政策衔接	206
		7.2.2.5	非境内注册居民企业取得的股息、红利	206
		7.2.2.6	持有创新企业CDR取得的股息、红利	206

            7.2.2.7 符合条件的居民企业之间属于股息、红利性质的永续债利息收入 … 207
        7.2.3 非营利组织收入 … 207
            7.2.3.1 非营利组织的条件 … 207
            7.2.3.2 非营利组织免税收入的范围 … 207
            7.2.3.3 非营利组织免税资格认定管理 … 208
            7.2.3.4 非营利美国船级社的处理 … 211
        7.2.4 中国清洁发展机制基金取得的收入 … 211
        7.2.5 证券投资类基金收入 … 211
        7.2.6 地方政府债券利息收入 … 212
        7.2.7 保险保障基金公司收入 … 212
        7.2.8 中国奥委会取得的由北京冬奥组委支付的收入 … 212
        7.2.9 中国残奥委会取得北京冬奥组委分期支付的收入 … 212
    7.3 减计收入 … 213
        7.3.1 资源综合利用 … 213
            7.3.1.1 基本规定 … 213
            7.3.1.2 优惠管理 … 213
            7.3.1.3 资源综合利用优惠目录 … 213
        7.3.2 涉农小额贷款、保费收入 … 213
        7.3.3 铁路债券利息收入 … 214
        7.3.4 提供社区养老、托育、家政服务收入 … 215
    7.4 加计扣除 … 215
        7.4.1 研发费加计扣除 … 215
            7.4.1.1 研发活动 … 216
            7.4.1.2 研发费用归集范围 … 216
            7.4.1.3 特别事项的处理 … 222
            7.4.1.4 会计核算与管理 … 224
            7.4.1.5 不适用税前加计扣除政策的行业 … 225
            7.4.1.6 管理事项及征管要求 … 226
            7.4.1.7 科技型中小企业研究开发费用税前加计扣除 … 228
        7.4.2 工资加计扣除 … 228
            7.4.2.1 残疾人工资加计扣除政策 … 228
            7.4.2.2 残疾人工资加计扣除的条件 … 229
            7.4.2.3 残疾人工资加计扣除的备案及享受 … 230
    7.5 所得减免 … 230
        7.5.1 农、林、牧、渔项目 … 230
            7.5.1.1 农、林、牧、渔项目免征、减征范围 … 230
            7.5.1.2 农、林、牧、渔项目补充规定及相关要求 … 231

7.5.1.3 "公司＋农户"经营模式企业 …… 232
7.5.1.4 黑龙江垦区国有农场土地承包费 …… 233
7.5.1.5 农产品初加工范围 …… 233
7.5.2 国家重点扶持的公共基础设施项目 …… 236
7.5.2.1 "三免三减半"优惠政策 …… 236
7.5.2.2 优惠管理 …… 237
7.5.2.3 2008年以前已经批准的公共基础设施项目优惠处理 …… 238
7.5.2.4 农村饮水安全工程新建项目的投资经营所得 …… 238
7.5.2.5 电网企业电网新建项目所得 …… 239
7.5.2.6 公共基础设施项目企业所得税优惠目录(2008年版) …… 240
7.5.3 环境保护、节能节水项目 …… 241
7.5.3.1 "三免三减半"优惠政策 …… 241
7.5.3.2 减免期内转让项目 …… 241
7.5.3.3 2008年以前已经批准的环境保护、节能节水项目 …… 241
7.5.3.4 环境保护、节能节水项目企业所得税优惠目录(试行) …… 242
7.5.4 技术转让所得 …… 244
7.5.4.1 技术转让所得减免规定 …… 244
7.5.4.2 技术转让的条件 …… 244
7.5.4.3 技术转让的范围 …… 244
7.5.4.4 不得享受的情形 …… 245
7.5.4.5 计算方法 …… 245
7.5.4.6 核算要求 …… 246
7.5.4.7 中关村等自主创新示范区内的技术转让 …… 247
7.5.5 清洁发展机制项目优惠 …… 248
7.5.6 合同能源管理项目 …… 248
7.5.6.1 "三免三减半"优惠政策 …… 248
7.5.6.2 节能服务公司的条件 …… 249
7.5.6.3 优惠期间相关规定 …… 249
7.5.6.4 实施合同能源管理有关税务处理 …… 249
7.5.6.5 核算及管理 …… 250
7.5.7 集成电路生产项目优惠 …… 250
7.5.8 非居民企业所得减免 …… 251
7.6 抵扣应纳税所得额 …… 252
7.6.1 投资未上市中小高新技术企业的创业投资企业 …… 252
7.6.1.1 基本规定 …… 252
7.6.1.2 中小高新技术企业条件 …… 252
7.6.1.3 优惠管理 …… 252

目录

- 7.6.2 投资于初创科技型企业的创业投资企业 ... 253
  - 7.6.2.1 基本规定 ... 253
  - 7.6.2.2 初创科技型企业条件 ... 254
  - 7.6.2.3 创业投资企业条件 ... 255
  - 7.6.2.4 优惠享受程序 ... 255
  - 7.6.2.5 后续管理 ... 255
- 7.6.3 投资于未上市中小高新技术企业的有限合伙制创业投资企业法人合伙人 ... 256
  - 7.6.3.1 有限合伙制创业投资企业、法人合伙人定义 ... 256
  - 7.6.3.2 具体规定 ... 256
  - 7.6.3.3 投资额的确定 ... 256
- 7.6.4 投资于初创科技型企业的有限合伙制创业投资企业法人合伙人 ... 257
  - 7.6.4.1 具体规定 ... 257
  - 7.6.4.2 初创科技型企业条件 ... 258
  - 7.6.4.3 创业投资企业条件 ... 258
  - 7.6.4.4 优惠的享受 ... 258
  - 7.6.4.5 后续管理 ... 258
- 7.7 减免所得税额 ... 258
  - 7.7.1 小型微利企业 ... 258
    - 7.7.1.1 小微企业减低税率优惠政策 ... 258
    - 7.7.1.2 减半征收相关规定 ... 259
    - 7.7.1.3 优惠管理 ... 261
  - 7.7.2 高新技术企业 ... 264
    - 7.7.2.1 高新技术企业条件 ... 264
    - 7.7.2.2 高新技术企业的认定管理（涉税部分） ... 264
    - 7.7.2.3 高新技术企业境外所得适用税率及税收抵免 ... 267
    - 7.7.2.4 高新技术企业的优惠管理 ... 268
  - 7.7.3 软件企业 ... 268
    - 7.7.3.1 所得税优惠具体规定 ... 268
    - 7.7.3.2 其他收入及扣除类优惠 ... 269
    - 7.7.3.3 获利年度的确定 ... 270
    - 7.7.3.4 多个优惠政策的享受 ... 270
    - 7.7.3.5 软件企业需满足的条件 ... 271
    - 7.7.3.6 软件企业后续管理 ... 272
    - 7.7.3.7 优惠政策的衔接 ... 273
    - 7.7.3.8 需向税务机关提供的资料 ... 273
  - 7.7.4 集成电路企业 ... 274
    - 7.7.4.1 所得税优惠具体规定 ... 274

7.7.4.2	职工培训费用扣除优惠	275
7.7.4.3	获利年度的确定	275
7.7.4.4	多个优惠政策的处理	275
7.7.4.5	集成电路企业需满足的条件	276
7.7.4.6	集成电路企业后续管理	278
7.7.4.7	优惠政策的衔接	280
7.7.4.8	需向税务机关提供的资料	280

7.7.5 动漫企业 ... 280
  7.7.5.1 "两免三减半"优惠政策 ... 280
  7.7.5.2 动漫企业的认定管理（涉税部分） ... 280

7.7.6 技术先进型服务企业 ... 281
  7.7.6.1 所得税优惠具体规定 ... 281
  7.7.6.2 实施范围 ... 281
  7.7.6.3 认定 ... 281

7.7.7 技术先进型服务企业（服务贸易类） ... 284
  7.7.7.1 所得税优惠具体规定 ... 284
  7.7.7.2 实施范围 ... 284
  7.7.7.3 认定 ... 284

7.7.8 经营性文化事业单位转制 ... 285
  7.7.8.1 转制文化企业免征规定 ... 285
  7.7.8.2 转制文化企业的认定 ... 286
  7.7.8.3 优惠政策的享受 ... 286

7.7.9 支持和促进就业优惠 ... 287
  7.7.9.1 吸纳失业人员就业优惠政策 ... 287
  7.7.9.2 吸纳退役士兵就业优惠政策 ... 290

7.7.10 生产和装配伤残人员专门用品 ... 292
  7.7.10.1 具体规定 ... 292
  7.7.10.2 中国伤残人员专门用品目录 ... 292

7.7.11 从事污染防治的第三方企业 ... 292
  7.7.11.1 具体规定 ... 292
  7.7.11.2 第三方防治企业条件 ... 292
  7.7.11.3 税收优惠的享受 ... 293

7.7.12 区域税收优惠 ... 293
  7.7.12.1 西部大开发优惠 ... 293
  7.7.12.2 新疆困难地区优惠 ... 295
  7.7.12.3 新疆喀什、霍尔果斯地区优惠 ... 296
  7.7.12.4 广东横琴、福建平潭、深圳前海等地区优惠 ... 296

7.7.12.5	经济特区和上海浦东新区优惠	297
7.7.12.6	民族自治地方优惠	298
7.7.13	受灾地区农村信用社免征企业所得税	298
7.7.14	北京冬奥组委、北京冬奥会测试赛事组委会	298

7.8 抵免所得税额 … 299
- 7.8.1 基本规定 … 299
- 7.8.2 相关口径 … 299
- 7.8.3 后续转让、出租 … 300
- 7.8.4 专用设备目录 … 300
- 7.8.5 优惠享受 … 301
- 7.8.6 部门协调配合机制 … 301

7.9 过渡期优惠 … 301
- 7.9.1 基本规定 … 301
- 7.9.2 《企业所得税法》公布前批准设立的企业税收优惠过渡办法 … 302
- 7.9.3 继续执行西部大开发税收优惠政策 … 302
- 7.9.4 居民企业选择适用税率及减半征税的具体界定问题 … 302

7.10 其他优惠 … 303
- 7.10.1 海峡两岸直航业务 … 303
- 7.10.2 股权分置改革 … 303
- 7.10.3 各种基金 … 304
  - 7.10.3.1 证券投资基金优惠政策 … 304
  - 7.10.3.2 全国社会保障基金优惠政策 … 304
  - 7.10.3.3 行政和解金优惠政策 … 305
  - 7.10.3.4 保险保障基金优惠政策 … 305
  - 7.10.3.5 基本养老保险基金投资优惠政策 … 305

7.11 优惠管理 … 305
- 7.11.1 取消企业所得税优惠事项审批 … 305
- 7.11.2 优惠事项管理 … 305
  - 7.11.2.1 基本规定 … 305
  - 7.11.2.2 留存备查资料规定 … 306
  - 7.11.2.3 后续管理 … 307
- 7.11.3 企业所得税优惠事项管理目录(2017年版) … 307

第8章 源泉扣缴 … 344
8.1 扣缴具体规定 … 344
- 8.1.1 源泉扣缴及扣缴义务人 … 344
- 8.1.2 纳税地点 … 344
- 8.1.3 支付人及支付、到期应支付的款项 … 344

8.1.4 指定扣缴义务人的情形 ········ 345
8.1.5 扣缴企业所得税应纳税所得额计算 ········ 345
8.1.6 由扣缴义务人实际承担应纳税款的处理 ········ 345
8.1.7 外币折算 ········ 346
8.1.8 扣缴及入库时间 ········ 346
8.1.9 扣缴义务人未履行扣缴义务的处理 ········ 347
8.1.10 非居民企业未依照相关规定申报缴纳企业所得税的处理 ········ 348
8.1.11 扣缴义务人未解缴应扣税款处理 ········ 348
8.1.12 税收协定执行管理 ········ 349
8.1.13 主管税务机关可要求提供的资料 ········ 349

8.2 股息、红利所得 ········ 353
8.2.1 代扣代缴义务发生时间的确定 ········ 354
8.2.2 公开市场股息的税务处理 ········ 354
8.2.2.1 H股股息的处理 ········ 354
8.2.2.2 内地与香港基金互认有关税收政策 ········ 354
8.2.2.3 关于香港市场投资者通过沪港通投资上海证券交易所（以下简称上交所）上市A股的所得税问题 ········ 355
8.2.2.4 关于香港市场投资者通过深港通投资深圳证券交易所（以下简称深交所）上市A股的所得税问题 ········ 355
8.2.2.5 B股股息的处理 ········ 355
8.2.2.6 居民企业向QFII支付股息、红利税收管理 ········ 355
8.2.3 股息征税的特殊问题 ········ 356
8.2.3.1 关于股息、红利等权益性投资收益收入确认问题 ········ 356
8.2.3.2 清算中的股息确认 ········ 356
8.2.3.3 投资企业撤回或减少投资的税务处理 ········ 357
8.2.4 税收协定处理 ········ 357
8.2.5 境外投资者以分配利润直接投资特殊规定 ········ 363
8.2.5.1 基本规定 ········ 363
8.2.5.2 暂不征收预提所得税条件 ········ 363
8.2.5.3 办理程序 ········ 365
8.2.5.4 不符合条件补缴税款 ········ 366
8.2.5.5 实际收回投资的处理 ········ 367
8.2.5.6 补缴税款适用税收协定 ········ 367
8.2.5.7 税务机关的管理 ········ 367

8.3 利息所得 ········ 367
8.3.1 到期应支付而未支付利息代扣代缴处理 ········ 368
8.3.2 境内金融机构支付利息税收处理 ········ 368

|||||8.3.2.1 境内外资金融机构向境外支付贷款利息代扣代缴 …………… 368
|||||8.3.2.2 境外分行及分行的收入 ……………………………………… 368
|||||8.3.2.3 代收性质的利息 …………………………………………… 369
|||8.3.3 居民企业向QFII支付利息的税收处理 ……………………………… 371
|||8.3.4 境外机构投资境内债券市场取得利息收入的税收处理 …………… 371
|||8.3.5 担保费 ………………………………………………………………… 371
|8.4 租金所得 …………………………………………………………………… 372
|||8.4.1 租金收入的确认 ……………………………………………………… 372
|||8.4.2 到期应支付而未支付的租金 ………………………………………… 373
|||8.4.3 未设立机构、场所的非居民企业租赁（或融资租赁）出租境内房屋或设施
||||设备 ………………………………………………………………………… 373
|8.5 特许权使用费 ……………………………………………………………… 374
|8.6 转让财产所得 ……………………………………………………………… 375
|||8.6.1 非居民企业股权转让 ………………………………………………… 375
|||||8.6.1.1 非居民企业股权转让所得 ………………………………… 375
|||||8.6.1.2 股权转让价、成本价 ……………………………………… 375
|||||8.6.1.3 公开市场上买卖股票 ……………………………………… 375
|||8.6.2 重组中的股权转让 …………………………………………………… 380
|||||8.6.2.1 股权转让包括的境外企业的情形 ………………………… 380
|||||8.6.2.2 选择特殊性税务处理的备案 ……………………………… 380
|||||8.6.2.3 备案资料 …………………………………………………… 381
|||||8.6.2.4 税务机关的一般性处理 …………………………………… 381
|||||8.6.2.5 符合财税〔2009〕59号文件第七条第（一）项情形的处理 …… 382
|||||8.6.2.6 符合财税〔2009〕59号文件第七条第（二）项情形的处理 …… 382
|||||8.6.2.7 符合财税〔2009〕59号文件第七条第（三）项情形的处理 …… 382
|||||8.6.2.8 其他涉税管理 ……………………………………………… 382
|||8.6.3 间接转让股权等财产 ………………………………………………… 383
|||||8.6.3.1 中国居民企业股权财产 …………………………………… 383
|||||8.6.3.2 间接转让中国应税财产 …………………………………… 383
|||||8.6.3.3 政策适用范围 ……………………………………………… 383
|||||8.6.3.4 间接转让中国应税财产所得的税务处理 ………………… 383
|||||8.6.3.5 合理商业目的判断因素 …………………………………… 384
|||||8.6.3.6 具有合理商业目的的情形 ………………………………… 385
|||||8.6.3.7 不具有合理商业目的的安排的处理 ……………………… 387
|||||8.6.3.8 直接认定为不具有合理商业目的的情形 ………………… 387
|||||8.6.3.9 不确认为应税财产所得的情形 …………………………… 387
|||||8.6.3.10 间接转让机构、场所财产所得的归属年度 ……………… 388

        8.6.3.11 扣缴义务人未扣缴或未足额扣缴应纳税款的处理 ………………… 388
        8.6.3.12 提交资料 ………………………………………………………… 388
        8.6.3.13 反避税处理 ……………………………………………………… 389
        8.6.3.14 税收管辖地 ……………………………………………………… 390
        8.6.3.15 税收协定 ………………………………………………………… 390
        8.6.3.16 非居民股权转让实例 ……………………………………………… 391
    8.6.4 土地使用权转让所得 …………………………………………………… 393
  8.7 服务贸易等项目对外支付税务备案 ……………………………………………… 393
    8.7.1 备案的范围 ……………………………………………………………… 393
    8.7.2 备案时提交的资料 ……………………………………………………… 394
    8.7.3 无须办理备案的支付项目 ……………………………………………… 394
    8.7.4 备案管理 ………………………………………………………………… 395
  8.8 非居民纳税人享受税收协定待遇管理 …………………………………………… 397
    8.8.1 适用范围 ………………………………………………………………… 397
    8.8.2 自行享受协定待遇 ……………………………………………………… 398
    8.8.3 自行判断能否享受协定待遇 …………………………………………… 398
    8.8.4 留存备查资料 …………………………………………………………… 399
    8.8.5 纳税人补税及退税 ……………………………………………………… 399
    8.8.6 税务机关后续管理 ……………………………………………………… 399
      8.8.6.1 限期提供资料 ……………………………………………………… 399
      8.8.6.2 拒绝提供资料的处理 ……………………………………………… 400
      8.8.6.3 后续管理中追缴税款 ……………………………………………… 400
      8.8.6.4 向上级报告及启动相互协商或情报交换程序 …………………… 401
      8.8.6.5 适用一般反避税相关规定 ………………………………………… 401
      8.8.6.6 建立信用档案 ……………………………………………………… 401
    8.8.7 执行时间 ………………………………………………………………… 401

第9章 特别纳税调整 ……………………………………………………………… 402
  9.1 特别纳税调整的情形及方式 ……………………………………………………… 402
    9.1.1 税务机关可以调整其应纳税额的情形 ………………………………… 402
    9.1.2 税务机关调整计税收入额或者所得额的方法 ………………………… 402
    9.1.3 税务机关进行纳税调整的追溯期 ……………………………………… 403
    9.1.4 特别纳税调整的其他管理 ……………………………………………… 403
  9.2 关联方及关联交易 ………………………………………………………………… 404
    9.2.1 关联企业、关联方 ……………………………………………………… 404
    9.2.2 关联关系 ………………………………………………………………… 404
    9.2.3 独立交易原则 …………………………………………………………… 405
    9.2.4 关联交易类型 …………………………………………………………… 406

9.2.5 关联申报的具体实施 ··· 406
9.2.5.1 关联申报的对象、期限 ··· 406
9.2.5.2 关联申报的内容 ··· 406
9.2.5.3 延期申报、免于申报 ··· 408

9.3 同期资料 ··· 408
9.3.1 资料报送及类型 ··· 408
9.3.1.1 资料报送情形 ··· 408
9.3.1.2 资料报送时间 ··· 408
9.3.1.3 具体相关资料及类型 ··· 409
9.3.2 主体文档 ··· 410
9.3.2.1 需准备主体文档的情形 ··· 410
9.3.2.2 主体文档的内容 ··· 410
9.3.2.3 企业集团报送主体文档 ··· 411
9.3.3 本地文档 ··· 412
9.3.3.1 需准备本地文档的情形 ··· 412
9.3.3.2 本地文档的内容 ··· 412
9.3.4 特殊事项文档 ··· 414
9.3.4.1 需准备特殊事项文档的情形 ··· 414
9.3.4.2 成本分摊协议特殊事项文档 ··· 414
9.3.4.3 资本弱化特殊事项文档 ··· 415
9.3.5 其他需准备同期资料的情形 ··· 415
9.3.6 免于准备同期资料的情形 ··· 416
9.3.7 同期资料的规范及管理 ··· 416
9.3.8 按规定提供同期资料时的利息加收 ··· 416

9.4 特别纳税调整流程及方式 ··· 421
9.4.1 特别纳税调整立案调查通知的流程 ··· 421
9.4.2 特别纳税调整要求企业提供相关资料的方式 ··· 421
9.4.3 特别纳税调整企业提供相关资料的处理 ··· 422
9.4.4 实施特别纳税调查的方式 ··· 422
9.4.5 特别纳税调查证据的采集和处理 ··· 422
9.4.5.1 取证方式 ··· 422
9.4.5.2 调回资料检查的处理 ··· 423
9.4.5.3 询问方式收集证据材料的处理 ··· 423
9.4.5.4 被调查企业拒绝确认相关认定表的处理 ··· 423

9.5 转让定价 ··· 423
9.5.1 转让定价管理 ··· 423
9.5.2 转让定价方法 ··· 424

9.5.2.1	一般规定	424
9.5.2.2	可比性分析内容	424
9.5.2.3	可比非受控价格分析方法	425
9.5.2.4	再销售价格分析方法	426
9.5.2.5	成本加成分析方法	426
9.5.2.6	交易净利润分析方法	427
9.5.2.7	利润分割分析方法	427
9.5.2.8	其他分析方法	428

9.6 被调查企业的分析评估 ············ 428
  9.6.1 不符合规定的境外关联方费用的调整 ············ 428
  9.6.2 转让定价特别事项的调整 ············ 429
    9.6.2.1 来料加工业务的差异调整 ············ 429
    9.6.2.2 地域特殊因素的差异调整 ············ 429
    9.6.2.3 单一功能企业的亏损处理 ············ 429
    9.6.2.4 隐匿关联交易的处理 ············ 429
    9.6.2.5 无形资产的处理 ············ 430
    9.6.2.6 集团内劳务的处理 ············ 430
  9.6.3 境内关联方之间交易的处理 ············ 432
  9.6.4 转让定价的调查结论 ············ 432
    9.6.4.1 未发现企业存在特别纳税调整问题的处理 ············ 432
    9.6.4.2 发现企业存在特别纳税调整问题的处理 ············ 432
    9.6.4.3 企业对《特别纳税调查调整通知书》有异议的处理 ············ 433
    9.6.4.4 实施特别纳税调整时不调整已扣缴税款的规定 ············ 433
    9.6.4.5 企业自行缴纳税款 ············ 433
    9.6.4.6 特别纳税调查调整期间被调查企业其他涉税事项的处理 ············ 433

9.7 预约定价安排 ············ 433
  9.7.1 预约定价安排的种类 ············ 434
  9.7.2 预约定价安排谈签与执行的阶段 ············ 434
  9.7.3 预约定价安排的受理机关与管辖 ············ 434
    9.7.3.1 预约定价安排的受理机关 ············ 434
    9.7.3.2 预约定价安排的管辖 ············ 434
  9.7.4 预约定价安排的适用条件 ············ 435
  9.7.5 预约定价安排的期限 ············ 435
  9.7.6 不影响转让定价调查、调整原则 ············ 435
  9.7.7 可追溯适用以前年度关联交易原则 ············ 436
  9.7.8 预备会谈 ············ 436
  9.7.9 谈签意向 ············ 436

	9.7.10	分析评估	437
	9.7.11	正式申请	438
	9.7.12	协商签署	439
	9.7.13	预约定价安排的签订与执行	439
		9.7.13.1 预约定价安排续签	440
		9.7.13.2 预约定价安排执行期间发生税企分歧的处理	440
		9.7.13.3 预约定价安排签署前的暂停、终止	441
	9.7.14	优先受理企业提交申请的情形	441
	9.7.15	预约定价安排的保密规定	442
9.8	成本分摊协议		443
	9.8.1	成本分摊协议管理	444
	9.8.2	成本分摊协议的税法要求	444
	9.8.3	成本分摊协议主要内容	444
	9.8.4	成本分摊协议的报送	445
	9.8.5	成本分摊协议参与方发生变化的处理	445
	9.8.6	成本分摊协议执行期间的补偿调整	445
	9.8.7	符合独立交易原则的成本分摊协议的处理	446
	9.8.8	专项同期资料	446
	9.8.9	不得税前扣除情形	447
9.9	受控外国企业		447
	9.9.1	可归属居民企业的利润	447
	9.9.2	控制	447
	9.9.3	简化判定实际税负的情形	448
	9.9.4	中国居民企业股东的报送义务	448
	9.9.5	相关税收处理规定	449
	9.9.6	免于视同股息分配额的情形	450
9.10	资本弱化		452
	9.10.1	资本弱化管理	452
	9.10.2	不得在计算应纳税所得额时扣除的利息支出的计算	452
	9.10.3	关联债资比例的具体计算方法	453
	9.10.4	利息支出包括的范围	453
	9.10.5	不得在计算应纳税所得额时扣除的利息支出的处理	453
	9.10.6	资本弱化特殊事项文档内容	454
	9.10.7	未按规定准备、保存和提供同期资料的处理	454
	9.10.8	超出标准比例利息支出可税前扣除的特殊规定	454
9.11	一般反避税管理		455
	9.11.1	不适用情形	456

9.11.2 避税安排的特征 ... 456
9.11.3 一般反避税调查 ... 456
9.11.3.1 启动一般反避税调查的情形 ... 456
9.11.3.2 避税安排的核实内容 ... 456
9.11.3.3 一般反避税调查的程序 ... 457
9.11.3.4 税务机关可要求提供的资料 ... 457
9.11.4 一般反避税的调整 ... 458
9.11.4.1 调整方法 ... 458
9.11.4.2 适用顺序 ... 458
9.11.4.3 一般反避税调查及调整的批准 ... 458
9.12 特别纳税调整监控管理 ... 459
9.12.1 特别纳税调整风险提示 ... 459
9.12.2 特别纳税调查重点关注的风险特征企业 ... 459
9.13 国际相互协商 ... 459
9.13.1 相互协商内容 ... 459
9.13.2 相互协商申请启动的日期及确认 ... 460
9.13.3 国家税务总局决定启动相互协商程序后的程序工作 ... 460
9.13.4 相互协商过程中的资料补充 ... 460
9.13.5 拒绝相互协商的情形 ... 461
9.13.6 暂停相互协商的情形 ... 461
9.13.7 终止相互协商 ... 461
9.13.7.1 终止相互协商的情形 ... 461
9.13.7.2 终止相互协商的程序 ... 461
9.13.8 签署相互协商协议后的处理流程 ... 462
9.13.9 在相互协商中提供资料的保密 ... 462
9.13.10 企业提起相互协商申请资料的要求 ... 462
9.13.11 涉及税收协定条款解释或者执行的相互协商程序的处理 ... 462
9.13.12 以往调查的处理 ... 462
9.14 加收利息的规定 ... 463
9.14.1 补税及加收利息的时间及原则 ... 463
9.14.2 特别纳税调整利息的计算 ... 463
9.15 法律责任 ... 464
9.15.1 不提供相关资料,或者提供虚假、不完整资料的处理 ... 464
9.15.2 不提供或提供虚假等资料的核定其应纳税所得额 ... 464
9.15.3 对企业或者其扣缴义务人、代理人等在相互协商中弄虚作假的处理 ... 464

第10章 征收管理 ... 465
10.1 纳税地点 ... 465

10.1.1	居民企业纳税地点	…………………………………………	465
10.1.2	非居民纳税地点	………………………………………………	465

10.2 征收方式 ……………………………………………………………… 465

- 10.2.1 居民企业征收方式 ………………………………………………… 465
  - 10.2.1.1 查账征收 ……………………………………………… 465
  - 10.2.1.2 核定征收 ……………………………………………… 466
- 10.2.2 非居民企业核定征收 ……………………………………………… 471
  - 10.2.2.1 适用范围 ……………………………………………… 471
  - 10.2.2.2 核定应纳税所得额的方法 …………………………… 471
  - 10.2.2.3 非居民企业的利润率确定标准 ……………………… 471
  - 10.2.2.4 境内收入的确定 ……………………………………… 473
  - 10.2.2.5 不同核定利润率的经营活动的处理 ………………… 473
  - 10.2.2.6 征收管理 ……………………………………………… 473
- 10.2.3 外国企业常驻代表机构核定征收 ………………………………… 474
  - 10.2.3.1 适用范围 ……………………………………………… 474
  - 10.2.3.2 核定应纳税所得额的方法 …………………………… 474
  - 10.2.3.3 代表机构核定的利润率标准 ………………………… 475

10.3 申报管理 ……………………………………………………………… 475

- 10.3.1 纳税年度 …………………………………………………………… 475
- 10.3.2 纳税期限 …………………………………………………………… 475
- 10.3.3 外币折算 …………………………………………………………… 476
- 10.3.4 预缴申报 …………………………………………………………… 476
  - 10.3.4.1 预缴申报方法 ………………………………………… 476
  - 10.3.4.2 核定征收预缴申报 …………………………………… 476
  - 10.3.4.3 预缴申报管理要求 …………………………………… 477

10.4 汇算清缴 ……………………………………………………………… 477

- 10.4.1 居民企业所得税汇算清缴 ………………………………………… 477
  - 10.4.1.1 汇算清缴范围 ………………………………………… 478
  - 10.4.1.2 汇算清缴时间 ………………………………………… 478
  - 10.4.1.3 税款清缴 ……………………………………………… 479
  - 10.4.1.4 汇缴申报资料 ………………………………………… 479
  - 10.4.1.5 总结分析 ……………………………………………… 479
- 10.4.2 非居民企业所得税汇算清缴 ……………………………………… 480
  - 10.4.2.1 汇算清缴范围 ………………………………………… 480
  - 10.4.2.2 汇算清缴期限 ………………………………………… 480
  - 10.4.2.3 申报纳税 ……………………………………………… 480
  - 10.4.2.4 法律责任 ……………………………………………… 481

10.4.2.5　非居民企业汇总纳税 ·· 481
　10.5　清算申报 ·· 484
第 11 章　特殊行业和特殊事项 ·· 485
　11.1　房地产开发经营业务企业所得税处理 ·· 485
　　11.1.1　房地产开发经营业务 ··· 485
　　　11.1.1.1　房地产开发经营业务所得税处理办法的适用范围 ············· 485
　　　11.1.1.2　房地产开发经营业务范围 ·· 485
　　11.1.2　收入的税务处理 ··· 485
　　　11.1.2.1　开发产品销售收入的范围 ·· 485
　　　11.1.2.2　收入确认时间 ·· 486
　　　11.1.2.3　视同销售收入 ·· 490
　　　11.1.2.4　销售未完工开发产品的企业所得税处理 ······················· 491
　　　11.1.2.5　出租未完工开发产品的企业所得税处理 ······················· 493
　　　11.1.2.6　开发产品完工后的企业所得税处理 ······························ 493
　　11.1.3　成本、费用扣除的税务处理 ·· 497
　　　11.1.3.1　区分开发成本和期间费用 ·· 497
　　　11.1.3.2　税金扣除 ··· 497
　　　11.1.3.3　维修费用的税务处理 ·· 497
　　　11.1.3.4　维修基金的税务处理 ·· 498
　　　11.1.3.5　担保损失的税务处理 ·· 498
　　　11.1.3.6　其他资产损失的税务处理 ·· 498
　　　11.1.3.7　支付境外机构的销售费用的税务处理 ·························· 499
　　　11.1.3.8　借款费用的税务处理 ·· 499
　　　11.1.3.9　转自用的开发产品折旧费用的处理 ······························ 499
　　　11.1.3.10　税前扣除凭证 ·· 500
　　11.1.4　计税成本的核算 ··· 500
　　　11.1.4.1　计税成本对象 ·· 500
　　　11.1.4.2　计税成本对象的确定原则 ·· 501
　　　11.1.4.3　对计税成本对象的管理要求 ······································· 502
　　　11.1.4.4　开发产品计税成本支出的内容及税务处理 ···················· 503
　　　11.1.4.5　开发产品计税成本核算的一般程序 ······························ 507
　　　11.1.4.6　开发产品计税成本的分配方法 ···································· 508
　　　11.1.4.7　已销开发产品计税成本的分配方法 ······························ 511
　　　11.1.4.8　非货币性交易取得土地成本的确定 ······························ 511
　　　11.1.4.9　预提费用的扣除 ··· 512
　　　11.1.4.10　计税成本核算终止日的确定 ····································· 513
　　11.1.5　特定事项的税务处理 ··· 514

	11.1.5.1 合作或合资开发房地产项目的所得税处理	514
	11.1.5.2 换取开发产品为目的	514
11.1.6	核定征收管理	515
11.1.7	关于土地增值税清算涉及企业所得税退税有关问题	515
	11.1.7.1 有其他后续开发项目的处理	515
	11.1.7.2 没有后续开发项目的处理	515

11.2 跨地区经营企业 ... 518

11.2.1	跨地区经营汇总纳税企业所得税征收管理办法适用范围	518
	11.2.1.1 适用汇总纳税办法的企业	518
	11.2.1.2 不适用汇总纳税办法的企业	518
11.2.2	汇总纳税企业所得税征收管理办法总体原则	520
11.2.3	税款缴纳方式	520
	11.2.3.1 总分机构税款预缴	520
	11.2.3.2 总分机构汇缴应缴应退税款	521
11.2.4	分摊税款	522
	11.2.4.1 税款分摊比例	522
	11.2.4.2 税款分摊的三因素	523
	11.2.4.3 税款分摊的计算	524
	11.2.4.4 分摊税款复核及调整	525
	11.2.4.5 未准确计算分摊税款的处理	525
11.2.5	分支机构相关规定	526
	11.2.5.1 参与分摊的分支机构	526
	11.2.5.2 不就地分摊缴纳企业所得税的二级分支机构	527
	11.2.5.3 二级分支机构分配关系鉴定	527
11.2.6	征收管理	527
	11.2.6.1 汇总纳税总分机构登记及备案要求	527
	11.2.6.2 视同独立纳税人的非法人分支机构	528
	11.2.6.3 总分支机构征管一致性	528
	11.2.6.4 资产损失申报管理	528
	11.2.6.5 汇总纳税企业不得核定	529
11.2.7	税务检查、查补税款的处理	529
	11.2.7.1 总机构所在地主管税务机关实施检查内容	529
	11.2.7.2 二级分支机构所在地主管税务机关实施检查内容	530
11.2.8	跨地区经营建筑企业专项规定	530
	11.2.8.1 二级以及分支机构项目部不就地预缴	530
	11.2.8.2 总机构直接管理项目部的预缴处理	530
	11.2.8.3 建筑企业汇总计算方法	530

- 11.2.8.4 项目部的管理要求 … 531
- 11.2.8.5 同一省、自治区、直辖市和计划单列市设立的跨地（市、县）项目部的规定 … 531
- 11.3 企业重组 … 532
  - 11.3.1 企业重组形式 … 532
    - 11.3.1.1 法律形式改变 … 532
    - 11.3.1.2 债务重组 … 532
    - 11.3.1.3 股权收购 … 532
    - 11.3.1.4 资产收购 … 532
    - 11.3.1.5 合并 … 532
    - 11.3.1.6 分立 … 533
  - 11.3.2 企业重组税务处理概述 … 533
    - 11.3.2.1 税务处理的分类 … 533
    - 11.3.2.2 当事各方一致税务处理原则 … 533
    - 11.3.2.3 企业重组的当事各方的范围 … 533
  - 11.3.3 一般性税务处理 … 534
    - 11.3.3.1 法律形式改变的一般性税务处理 … 534
    - 11.3.3.2 债务重组一般性税务处理 … 534
    - 11.3.3.3 股权收购、资产收购一般性税务处理 … 535
    - 11.3.3.4 企业合并一般性税务处理 … 535
    - 11.3.3.5 企业分立一般性税务处理 … 536
  - 11.3.4 特殊性税务处理 … 536
    - 11.3.4.1 特殊性税务处理内容 … 536
    - 11.3.4.2 适用特殊性税务处理的条件 … 537
    - 11.3.4.3 债务重组特殊性税务处理 … 539
    - 11.3.4.4 股权收购特殊性税务处理 … 540
    - 11.3.4.5 资产收购特殊性税务处理 … 540
    - 11.3.4.6 企业合并特殊性税务处理 … 542
    - 11.3.4.7 企业分立特殊性税务处理 … 543
    - 11.3.4.8 企业重组税收优惠的承继 … 544
    - 11.3.4.9 分步交易 … 544
    - 11.3.4.10 备案及资料报送要求 … 545
    - 11.3.4.11 税务机关后续管理要求 … 550
    - 11.3.4.12 跨境重组 … 551
  - 11.3.5 资产划转的特殊性税务处理 … 555
    - 11.3.5.1 总体规定 … 555
    - 11.3.5.2 符合条件资产划转的四种情形 … 556

- 11.3.5.3 股权或资产划转完成日 ... 558
- 11.3.5.4 取得被划转资产的计税基础、折旧或摊销 ... 559
- 11.3.5.5 双方一致性税务处理 ... 559
- 11.3.5.6 资料报送要求 ... 559
- 11.3.5.7 税务机关后续管理要求 ... 560
- 11.3.6 接收划入资产的税务处理 ... 561
  - 11.3.6.1 企业接收政府划入资产的处理 ... 561
  - 11.3.6.2 企业接收股东划入资产的处理 ... 562
  - 11.3.6.3 政策的适用时间 ... 562
- 11.3.7 非货币性资产对外投资 ... 562
  - 11.3.7.1 税务处理 ... 562
  - 11.3.7.2 非货币性资产 ... 563
  - 11.3.7.3 非货币性资产投资范围 ... 563
  - 11.3.7.4 非货币性资产转让所得确认 ... 563
  - 11.3.7.5 取得被投资企业股权计税基础 ... 564
  - 11.3.7.6 停止执行递延纳税规定 ... 564
  - 11.3.7.7 政策选择 ... 564
  - 11.3.7.8 技术成果投资入股特殊规定 ... 565
- 11.3.8 国企重组改制资产评估增值的税收优惠 ... 566
  - 11.3.8.1 国有企业改制上市的税务处理 ... 566
  - 11.3.8.2 国有非公司制企业改制为公司制企业的税务处理 ... 567
  - 11.3.8.3 评估增值资产计提折旧或摊销 ... 567
  - 11.3.8.4 适用优惠的国有企业条件 ... 567
  - 11.3.8.5 政策衔接 ... 567
  - 11.3.8.6 单个国企重组改制的特殊规定 ... 567
- 11.3.9 全民所有制企业公司改制税务处理 ... 569
- 11.4 企业清算 ... 570
  - 11.4.1 需进行清算所得税处理的企业范围 ... 571
  - 11.4.2 企业清算的所得税处理内容及备案要求 ... 572
  - 11.4.3 清算所得 ... 572
  - 11.4.4 清算期 ... 574
  - 11.4.5 被清算企业股东层面的企业所得税处理 ... 575
- 11.5 混合性投资 ... 575
  - 11.5.1 混合性投资定义 ... 576
  - 11.5.2 混合性投资业务的所得税处理 ... 576
  - 11.5.3 政策执行时间 ... 577
- 11.6 政策性搬迁 ... 577

- 11.6.1 政策适用 …………………………………………………………… 577
- 11.6.2 企业政策性搬迁概念与范围 ……………………………………… 577
- 11.6.3 政策性搬迁税务管理及核算要求 ………………………………… 578
  - 11.6.3.1 企业搬迁收入 ……………………………………………… 579
  - 11.6.3.2 企业搬迁支出 ……………………………………………… 580
  - 11.6.3.3 搬迁资产税务处理 ………………………………………… 580
  - 11.6.3.4 企业搬迁所得 ……………………………………………… 581
  - 11.6.3.5 以前年度亏损弥补年限计算 ……………………………… 582
- 11.6.4 政策性搬迁管理 …………………………………………………… 583
  - 11.6.4.1 企业搬迁报送资料要求 …………………………………… 583
  - 11.6.4.2 负责搬迁清算的税务机关 ………………………………… 583
  - 11.6.4.3 企业搬迁完成当年需报送资料 …………………………… 583
- 11.6.5 过渡期未完成搬迁项目的搬迁资产税务处理 …………………… 584
  - 11.6.5.1 购置资产的税务处理 ……………………………………… 584
  - 11.6.5.2 政策执行时间 ……………………………………………… 584

第1章

总　则

1.1　纳税人

在中华人民共和国境内，企业和其他取得收入的组织（以下统称企业）为企业所得税的纳税人，依照《中华人民共和国企业所得税法》（以下简称《企业所得税法》）的规定缴纳企业所得税。

个人独资企业、合伙企业不适用本法。

依据：《中华人民共和国企业所得税法》第一条

《企业所得税法》所称个人独资企业、合伙企业，是指依照中国法律、行政法规规定成立的个人独资企业、合伙企业。

依据：《中华人民共和国企业所得税法实施条例》（以下简称《企业所得税法实施条例》）第二条

企业分为居民企业和非居民企业。

依据：《中华人民共和国企业所得税法》第二条

1.1.1　居民企业

《企业所得税法》所称居民企业，是指依法在中国境内成立，或者依照外国（地区）法律成立但实际管理机构在中国境内的企业。

依据：《中华人民共和国企业所得税法》第二条

《企业所得税法》第二条所称依法在中国境内成立的企业，包括依照中国法律、行政法规在中国境内成立的企业、事业单位、社会团体以及其他取得收入的组织。

《企业所得税法》第二条所称依照外国（地区）法律成立的企业，包括依照外国（地区）法律成立的企业和其他取得收入的组织。

依据：《中华人民共和国企业所得税法实施条例》第三条

1.1.2　非境内注册居民企业

境外中资企业是指由中国境内的企业或企业集团作为主要控股投资者，在境外依据外国（地区）法律注册成立的企业。

依据：《国家税务总局关于境外注册中资控股企业依据实际管理机构标准认定为居民企业有关问题的通知》（国税发〔2009〕82号，以下简称国税发〔2009〕82号文件）第一条

境外注册中资控股企业（以下简称境外中资企业）是指由中国内地企业或者企业集团作为主要控股投资者，在中国内地以外国家或地区（含香港、澳门、台湾）注册成立的企业。

依据：《国家税务总局关于印发〈境外注册中资控股居民企业所得税管理办法（试行）〉的公告》（国家税务总局公告 2011 年第 45 号）第二条

境外注册中资控股居民企业（以下简称非境内注册居民企业）是指因实际管理机构在中国境内而被认定为中国居民企业的境外注册中资控股企业。

依据：《国家税务总局关于印发〈境外注册中资控股居民企业所得税管理办法（试行）〉的公告》（国家税务总局公告 2011 年第 45 号）第三条

1.1.2.1 境外中资企业判定为居民企业条件

境外中资企业同时符合以下条件的，根据《企业所得税法》第二条第一款和《企业所得税法实施条例》第四条的规定，应判定其为实际管理机构在中国境内的居民企业（以下简称非境内注册居民企业），并实施相应的税收管理，就其来源于中国境内、境外的所得征收企业所得税。

（1）企业负责实施日常生产经营管理运作的高层管理人员及其高层管理部门履行职责的场所主要位于中国境内。

（2）企业的财务决策（如借款、放款、融资、财务风险管理等）和人事决策（如任命、解聘和薪酬等）由位于中国境内的机构或人员决定，或需要得到位于中国境内的机构或人员批准。

（3）企业的主要财产、会计账簿、公司印章、董事会和股东会议纪要档案等位于或存放于中国境内。

（4）企业 1/2（含 1/2）以上有投票权的董事或高层管理人员经常居住于中国境内。

对于实际管理机构的判断，应当遵循实质重于形式的原则。

依据：《国家税务总局关于境外注册中资控股企业依据实际管理机构标准认定为居民企业有关问题的通知》（国税发〔2009〕82 号）第二条

1.1.2.2 非境内注册居民企业身份认定

一、身份认定形式

境外中资企业居民身份的认定，采用企业自行判定提请税务机关认定和税务机关调查发现予以认定两种形式。

依据：《国家税务总局关于印发〈境外注册中资控股居民企业所得税管理办法（试行）〉的公告》（国家税务总局公告 2011 年第 45 号）第六条

二、企业自行判定提请认定

符合国税发〔2009〕82 号文件第二条规定的居民企业认定条件的境外中资企业，须向其中国境内主要投资者登记注册地主管税务机关提出居民企业认定申请，主管税务机关对其居民企业身份进行初步判定后，层报省级税务机关确认。经省级税务机关确认后抄送其境内其他投资地相关省级税务机关。

依据：《国家税务总局关于依据实际管理机构标准实施居民企业认定有关问题的公告》（国家税务总局公告 2014 年第 9 号）第一条

境外中资企业应当根据生产经营和管理的实际情况，自行判定实际管理机构是否设立在中国境内。如其判定符合《国家税务总局关于境外注册中资控股企业依据实际管理机构标准认定为居民企业有关问题的通知》(国税发〔2009〕82号)第二条规定的居民企业条件,应当向其主管税务机关书面提出居民身份认定申请,同时提供以下资料:

(1) 企业法律身份证明文件。
(2) 企业集团组织结构说明及生产经营概况。
(3) 企业上一个纳税年度的公证会计师审计报告。
(4) 负责企业生产经营等事项的高层管理机构履行职责场所的地址证明。
(5) 企业上一年度及当年度董事及高层管理人员在中国境内居住的记录。
(6) 企业上一年度及当年度重大事项的董事会决议及会议记录。
(7) 主管税务机关要求提供的其他资料。

依据:《国家税务总局关于印发〈境外注册中资控股居民企业所得税管理办法(试行)〉的公告》(国家税务总局公告2011年第45号)第七条

境外中资企业或其中国主要投资者向税务机关提出居民企业申请时,应同时向税务机关提供如下资料:

(1) 企业法律身份证明文件。
(2) 企业集团组织结构说明及生产经营概况。
(3) 企业最近一个年度的公证会计师审计报告。
(4) 负责企业生产经营等事项的高层管理机构履行职责的场所的地址证明。
(5) 企业董事及高层管理人员在中国境内居住记录。
(6) 企业重大事项的董事会决议及会议记录。
(7) 主管税务机关要求的其他资料。

境外中资企业被认定为中国居民企业后成为双重居民身份的,按照中国与相关国家(或地区)签署的税收协定(或安排)的规定执行。

依据:《国家税务总局关于境外注册中资控股企业依据实际管理机构标准认定为居民企业有关问题的通知》(国税发〔2009〕82号)第七条第二款、第八条

三、税务机关调查发现予以认定

境外中资企业未提出居民企业申请的,其中国主要投资者的主管税务机关可以根据所掌握的情况对其是否属于中国居民企业做出初步判定,层报省级税务机关确认。

依据:《国家税务总局关于境外注册中资控股企业依据实际管理机构标准认定为居民企业有关问题的通知》(国税发〔2009〕82号)第七条

主管税务机关发现境外中资企业符合《国家税务总局关于境外注册中资控股企业依据实际管理机构标准认定为居民企业有关问题的通知》(国税发〔2009〕82号)第二条规定但未申请成为中国居民企业的,可以对该境外中资企业的实际管理机构所在地情况进行调查,并要求境外中资企业提供《国家税务总局关于印发〈境外注册中资控股居民企业所得税管理办法(试行)〉的公告》(国家税务总局公告2011年第45号)第七条规定的资料。调查过程中,主管税务机关有权要求该企业的境内投资者提供相关资料。

依据:《国家税务总局关于印发〈境外注册中资控股居民企业所得税管理办法(试行)〉的公告》(国家税务总局公告2011年第45号)第八条

主管税务机关依法对企业提供的相关资料进行审核,提出初步认定意见,将据此做

出初步认定的相关事实(资料)、认定理由和结果层报税务总局确认。

税务总局认定境外中资企业居民身份的,应当将相关认定结果同时书面告知境内投资者、境内被投资者的主管税务机关。

依据:《国家税务总局关于印发〈境外注册中资控股居民企业所得税管理办法(试行)〉的公告》(国家税务总局公告2011年第45号)第九条

四、 认定结果通知企业及抄报国家税务总局

非境内注册居民企业的主管税务机关收到税务总局关于境外中资企业居民身份的认定结果后,应当在10日内向该企业下达《境外注册中资控股企业居民身份认定书》,通知其从企业居民身份确认年度开始,按照我国居民企业所得税管理规定及《国家税务总局关于印发〈境外注册中资控股居民企业所得税管理办法(试行)〉的公告》(国家税务总局公告2011年第45号)规定办理有关税收事项。

依据:《国家税务总局关于印发〈境外注册中资控股居民企业所得税管理办法(试行)〉的公告》(国家税务总局公告2011年第45号)第十条

实施居民企业认定时,经省级税务机关确认后,30日内抄报国家税务总局,由国家税务总局网站统一对外公布。国家税务总局适时开展检查,对不符合条件的,责令其纠正。

依据:《国家税务总局关于依据实际管理机构标准实施居民企业认定有关问题的公告》(国家税务总局公告2014年第9号)第二条

1.1.2.3 非境内注册居民企业主管税务机关

《境外注册中资控股居民企业所得税管理办法(试行)》所称主管税务机关是指境外注册中资控股居民企业中国境内主要投资者登记注册地主管税务机关。

依据:《国家税务总局关于印发〈境外注册中资控股居民企业所得税管理办法(试行)〉的公告》(国家税务总局公告2011年第45号)第五条、《国家税务总局关于修改〈非居民企业所得税核定征收管理办法〉等文件的公告》(国家税务总局公告2015年第22号)第二条

1.1.2.4 非境内注册居民企业纳税及扣缴规定

非境内注册居民企业应当按照《企业所得税法》及其实施条例和相关管理规定的要求,履行居民企业所得税纳税义务,并在向非居民企业支付《企业所得税法》第三条第三款规定的款项时,依法代扣代缴企业所得税。

依据:《国家税务总局关于印发〈境外注册中资控股居民企业所得税管理办法(试行)〉的公告》(国家税务总局公告2011年第45号)第四条

对于非境内注册居民企业未依法履行居民企业所得税纳税义务的,主管税务机关应依据《中华人民共和国税收征收管理法》(以下简称《税收征收管理法》)及其实施细则的有关规定追缴税款、加收滞纳金,并处罚款。

依据:《国家税务总局关于印发〈境外注册中资控股居民企业所得税管理办法(试行)〉的公告》(国家税务总局公告2011年第45号)第二十三条

主管税务机关应按季度核查非境内注册居民企业向非居民企业支付股息、利息、租金、特许权使用费、转让财产收入及其他收入依法扣缴企业所得税的情况,发现该企业未依法履行相关扣缴义务的,应按照《税收征收管理法》及其实施细则和《企业所得税法》及其实施条例等有关规定对其进行处罚,并向非居民企业追缴税款。

依据:《国家税务总局关于印发〈境外注册中资控股居民企业所得税管理办法(试行)〉的公告》(国家税务总局公告2011年第45号)第二十四条

1.1.2.5 从境内取得股息、红利的处理

境外注册中资控股企业自其被认定为居民企业的年度起,从中国境内其他居民企业取得以前年度(限于2008年1月1日以后)的股息、红利等权益性投资收益,应按照《企业所得税法》第二十六条及其实施条例第十七条、第八十三条的规定处理。

依据:《国家税务总局关于依据实际管理机构标准实施居民企业认定有关问题的公告》(国家税务总局公告2014年第9号)第三条

非境内注册居民企业从中国境内其他居民企业取得的股息、红利等权益性投资收益,按照《企业所得税法》第二十六条和《企业所得税法实施条例》第八十三条的规定,作为其免税收入。非境内注册居民企业的投资者从该居民企业分得的股息红利等权益性投资收益,根据《企业所得税法实施条例》第七条第四款的规定,属于来源于中国境内的所得,应当征收企业所得税;该权益性投资收益中符合《企业所得税法》第二十六条和《企业所得税法实施条例》第八十三条规定的部分,可作为收益人的免税收入。

依据:《国家税务总局关于境外注册中资控股企业依据实际管理机构标准认定为居民企业有关问题的通知》(国税发〔2009〕82号)第四条

非境内注册居民企业取得来源于中国境内的股息、红利等权益性投资收益和利息、租金、特许权使用费所得、转让财产所得以及其他所得,应当向相关支付方出具本企业的《境外注册中资控股企业居民身份认定书》复印件。

相关支付方凭上述复印件不予履行该所得的税款扣缴义务,并在对外支付上述外汇资金时凭该复印件向主管税务机关申请开具相关税务证明。其中涉及个人所得税等其他税种纳税事项的,仍按对外支付税务证明开具的有关规定办理。

依据:《国家税务总局关于印发〈境外注册中资控股居民企业所得税管理办法(试行)〉的公告》(国家税务总局公告2011年第45号)第二十五条

对于境外中资企业频繁转换企业身份,又无正当理由的,主管税务机关应层报国家税务总局核准后追回其已按居民企业享受的股息免税待遇。

依据:《国家税务总局关于印发〈境外注册中资控股居民企业所得税管理办法(试行)〉的公告》(国家税务总局公告2011年第45号)第二十三条

1.1.2.6 非境内注册居民企业的征收管理

一、税务登记

非境内注册居民企业应当自收到居民身份认定书之日起30日内向主管税务机关提供以下资料申报办理税务登记,主管税务机关核发临时税务登记证及副本:

(1)居民身份认定书。
(2)境外注册登记证件。
(3)税务机关要求提供的其他资料。

依据:《国家税务总局关于印发〈境外注册中资控股居民企业所得税管理办法(试行)〉的公告》(国家税务总局公告2011年第45号)第十三条

发生《境外注册中资控股居民企业所得税管理办法(试行)》第四条扣缴义务的非境

内注册居民企业应当自扣缴义务发生之日起 30 日内,向主管税务机关申报办理扣缴税款登记。

依据:《国家税务总局关于印发〈境外注册中资控股居民企业所得税管理办法(试行)〉的公告》(国家税务总局公告 2011 年第 45 号)第十五条

二、账簿、凭证管理

非境内注册居民企业应当按照中国有关法律、法规和国务院财政、税务主管部门的规定,编制财务、会计报表,并在领取税务登记证件之日起 15 日内将企业的财务、会计制度或者财务会计、处理办法及有关资料报送主管税务机关备案。

依据:《国家税务总局关于印发〈境外注册中资控股居民企业所得税管理办法(试行)〉的公告》(国家税务总局公告 2011 年第 45 号)第十六条

非境内注册居民企业存放在中国境内的会计账簿和境内税务机关要求提供的报表等资料,应当使用中文。

依据:《国家税务总局关于印发〈境外注册中资控股居民企业所得税管理办法(试行)〉的公告》(国家税务总局公告 2011 年第 45 号)第十七条

发生扣缴义务的非境内注册居民企业应当设立代扣代缴税款账簿和合同资料档案,准确记录扣缴企业所得税情况。

依据:《国家税务总局关于印发〈境外注册中资控股居民企业所得税管理办法(试行)〉的公告》(国家税务总局公告 2011 年第 45 号)第十八条

非境内注册居民企业与境内单位或者个人发生交易的,应当按照发票管理办法规定使用发票,发票存根应当保存在中国境内,以备税务机关查验。

依据:《国家税务总局关于印发〈境外注册中资控股居民企业所得税管理办法(试行)〉的公告》(国家税务总局公告 2011 年第 45 号)第十九条

三、纳税申报

非境内注册居民企业按照分季预缴、年度汇算清缴方法申报缴纳所得税。

依据:《国家税务总局关于印发〈境外注册中资控股居民企业所得税管理办法(试行)〉的公告》(国家税务总局公告 2011 年第 45 号)第二十条

非境内注册居民企业发生终止生产经营或者居民身份变化情形的,应当自停止生产经营之日或者税务总局取消其居民企业之日起 60 日内,向其主管税务机关办理当期企业所得税汇算清缴。

非境内注册居民企业需要申报办理注销税务登记的,应在注销税务登记前,就其清算所得向主管税务机关申报缴纳企业所得税。

依据:《国家税务总局关于印发〈境外注册中资控股居民企业所得税管理办法(试行)〉的公告》(国家税务总局公告 2011 年第 45 号)第二十一条

非境内注册居民企业应当以人民币计算缴纳企业所得税;所得以人民币以外的货币计算的,应当按照《企业所得税法》及其实施条例有关规定折合成人民币计算并缴纳企业所得税。

依据:《国家税务总局关于印发〈境外注册中资控股居民企业所得税管理办法(试行)〉的公告》(国家税务总局公告 2011 年第 45 号)第二十二条

四、特定事项管理

（一）报告自身股权被转让义务

非居民企业转让非境内注册居民企业股权所得，属于来源于中国境内所得，被转让的非境内注册居民企业应当自股权转让协议签订之日起30日内，向其主管税务机关报告并提供股权转让合同及相关资料。

依据：《国家税务总局关于印发〈境外注册中资控股居民企业所得税管理办法（试行）〉的公告》（国家税务总局公告2011年第45号）第二十六条

（二）履行关联申报等义务

非境内注册居民企业应当按照《企业所得税法》及其实施条例、《特别纳税调整实施办法（试行）》（国税发〔2009〕2号）的相关规定，履行关联申报及同期资料准备等义务。

依据：《国家税务总局关于印发〈境外注册中资控股居民企业所得税管理办法（试行）〉的公告》（国家税务总局公告2011年第45号）第二十七条

1.1.2.7 非境内注册居民企业被取消居民身份

非境内注册居民企业发生下列重大变化情形之一的，应当自变化之日起15日内报告主管税务机关，主管税务机关应当按照本办法规定层报税务总局确定是否取消其居民身份。

（1）企业实际管理机构所在地变更为中国境外的。

（2）中方控股投资者转让企业股权，导致中资控股地位发生变化的。

依据：《国家税务总局关于印发〈境外注册中资控股居民企业所得税管理办法（试行）〉的公告》（国家税务总局公告2011年第45号）第十一条

主管税务机关应当在非境内注册居民企业年度申报和汇算清缴结束后两个月内，判定其构成居民身份的条件是否发生实质性变化。对实际管理机构转移至境外或者企业中资控股地位发生变化的，主管税务机关应层报税务总局终止其居民身份。

依据：《国家税务总局关于印发〈境外注册中资控股居民企业所得税管理办法（试行）〉的公告》（国家税务总局公告2011年第45号）第二十三条

税务总局认定终止非境内注册居民企业居民身份的，应当将相关认定结果同时书面告知境内投资者、境内被投资者的主管税务机关。企业应当自主管税务机关书面告知之日起停止履行中国居民企业的所得税纳税义务与扣缴义务，同时停止享受中国居民企业税收待遇。上述主管税务机关应当依法做好减免税款追缴等后续管理工作。

依据：《国家税务总局关于印发〈境外注册中资控股居民企业所得税管理办法（试行）〉的公告》（国家税务总局公告2011年第45号）第十二条

非境内注册居民企业经税务总局确认终止居民身份的，应当自收到主管税务机关书面通知之日起15日内向主管税务机关申报办理注销税务登记。

依据：《国家税务总局关于印发〈境外注册中资控股居民企业所得税管理办法（试行）〉的公告》（国家税务总局公告2011年第45号）第十四条

1.1.2.8 非境内注册居民企业其他规定

一、境内投资设立企业的法律地位

非境内注册居民企业在中国境内投资设立的企业，其外商投资企业的税收法律地位不变。

依据:《国家税务总局关于境外注册中资控股企业依据实际管理机构标准认定为居民企业有关问题的通知》(国税发〔2009〕82号)第五条

二、不视为受控外国企业

境外中资企业被判定为非境内注册居民企业的,按照《企业所得税法》第四十五条以及受控外国企业管理的有关规定,不视为受控外国企业,但其所控制的其他受控外国企业仍应按照有关规定进行税务处理。

依据:《国家税务总局关于境外注册中资控股企业依据实际管理机构标准认定为居民企业有关问题的通知》(国税发〔2009〕82号)第六条

三、被注册所在国家确认为税收居民的处理

非境内注册居民企业同时被我国与其注册所在国家(地区)税务当局确认为税收居民的,应当按照双方签订的税收协定的有关规定确定其居民身份;如经确认为我国税收居民,可适用我国与其他国家(地区)签订的税收协定,并按照有关规定办理享受税收协定优惠待遇手续;需要证明其中国税收居民身份的,可向其主管税务机关申请开具《中国税收居民身份证明》,主管税务机关应在受理申请之日起10个工作日内办结。

依据:《国家税务总局关于印发〈境外注册中资控股居民企业所得税管理办法(试行)〉的公告》(国家税务总局公告2011年第45号)第二十八条

境外税务当局拒绝给予非境内注册居民企业税收协定待遇,或者将其认定为所在国家(地区)税收居民的,该企业可按有关规定书面申请启动税务相互协商程序。

主管税务机关受理企业提请协商的申请后,应当及时将申请及有关资料层报税务总局,由税务总局与有关国家(地区)税务当局进行协商。

依据:《国家税务总局关于印发〈境外注册中资控股居民企业所得税管理办法(试行)〉的公告》(国家税务总局公告2011年第45号)第二十九条

四、主管税务机关汇总统计的要求

主管税务机关应当做好非境内注册居民企业所得税管理情况汇总统计工作,于每年8月15日前向税务总局层报《境外注册中资控股居民企业所得税管理情况汇总表》。税务总局不定期对各地相关管理工作进行检查,并将检查情况通报各地。

依据:《国家税务总局关于印发〈境外注册中资控股居民企业所得税管理办法(试行)〉的公告》(国家税务总局公告2011年第45号)第三十条

五、授权地方制定具体操作规程

《境外注册中资控股居民企业所得税管理办法(试行)》由税务总局负责解释。各省、自治区、直辖市和计划单列市国家税务局、地方税务局可根据《境外注册中资控股居民企业所得税管理办法(试行)》制定具体操作规程。

依据:《国家税务总局关于印发〈境外注册中资控股居民企业所得税管理办法(试行)〉的公告》(国家税务总局公告2011年第45号)第三十一条

解读

一、"境外注册居民企业"税法概念解读

境外注册居民企业的概念和界定来自《企业所得税法》第二条第二款和《企业所得税法实施条例》第四条。这类企业是随着我国对外投资规模的不断扩大而产生的一种特殊

类型居民企业。因为被认定为居民企业的纳税人具有全面纳税义务,因此境外注册居民企业必然会成为双重征税的承担者。为解决这种特殊类型居民企业重复征税问题,国家税务总局又陆续颁布了《国家税务总局关于境外注册中资控股企业依据实际管理机构标准认定为居民企业有关问题的通知》(国税发〔2009〕82号)(以下简称82号文)、《国家税务总局关于印发〈境外注册中资控股居民企业所得税管理办法(试行)〉的公告》(国家税务总局公告2011年第45号,以下简称2011年45号公告)、《国家税务总局关于贯彻落实〈国务院关于取消和下放一批行政审批项目的决定〉的通知》(税总发〔2014〕6号)以及《国家税务总局关于完善纳税信用管理有关事项的公告》(国家税务总局公告2016年第9号)等一系列文件对该问题进行了规范性处理。

二、境外注册中资控股居民企业所得税政策解读

国家颁布82号文和2011年45号公告的目的主要是为了解决我国境外中资企业所得税股息、红利优惠享受、重复纳税以及相关管理问题。

82号文明确了境外中资企业如果实际管理机构在中国,将被认定为中国居民企业,应就其来源于中国境内、境外的所得征收企业所得税,同时享受居民企业相关税收优惠以规避双重征税。82号文第四条规定,非境内注册居民企业从中国境内其他居民企业取得的股息、红利等权益性投资收益,按照《企业所得税法》第二十六条和《企业所得税法实施条例》第八十三条的规定,作为其免税收入。非境内注册居民企业的投资者从该居民企业分得的股息红利等权益性投资收益,根据《企业所得税法实施条例》第七条第(四)款的规定,属于来源于中国境内的所得,应当征收企业所得税;该权益性投资收益中符合《企业所得税法》第二十六条和《企业所得税法实施条例》第八十三条规定的部分,可作为收益人的免税收入。

2011年45号公告则对境外中资企业的居民身份认定和征收管理作了进一步的明确。该文件明确了居民身份认定采用企业自行判定提请税务机关认定和税务机关调查发现予以认定两种形式;同时明确了居民身份的取消条件。2011年45号公告还对上述企业的源泉扣缴进行了明确。根据2011年45号公告第四条的规定,境外中资企业被认定为居民企业,应当按照《企业所得税法》及其实施条例和相关管理规定的要求,履行居民企业所得税纳税义务,并在向非居民企业支付《企业所得税法》第三条第三款规定的款项时,依法代扣代缴企业所得税。

此外,82号文还明确境外中资企业被判定为非境内注册居民企业的,按照《企业所得税法》第四十五条以及受控外国企业管理的有关规定,不视为受控外国企业。

最后,境外中资企业被认定为中国居民企业后成为双重居民身份的,按照中国与相关国家(或地区)签署的税收协定(或安排)的规定执行,即可以享受税收协定(或安排)范围内的各项优惠。中国目前已经与110个国家(地区)签订了税收协定(安排),强大的协定(安排)网络使认定企业受益。

1.1.3 非居民企业

非居民企业是指依照外国(地区)法律成立且实际管理机构不在中国境内,但在中国

境内设立机构、场所的,或者在中国境内未设立机构、场所,但有来源于中国境内所得的企业。

依据:《中华人民共和国企业所得税法》第二条

1.1.3.1 实际管理机构

实际管理机构是指对企业的生产经营、人员、账务、财产等实施实质性全面管理和控制的机构。

依据:《中华人民共和国企业所得税法实施条例》第四条

1.1.3.2 机构、场所

机构、场所是指在中国境内从事生产经营活动的机构、场所,包括:

(1)管理机构、营业机构、办事机构。
(2)工厂、农场、开采自然资源的场所。
(3)提供劳务的场所。
(4)从事建筑、安装、装配、修理、勘探等工程作业的场所。
(5)其他从事生产经营活动的机构、场所。

非居民企业委托营业代理人在中国境内从事生产经营活动的,包括委托单位和个人经常代其签订合同,或者储存、交付货物等,该营业代理人视为非居民企业在中国境内设立的机构、场所。

依据:《中华人民共和国企业所得税法实施条例》第五条

解读

我国企业所得税制对非居民企业一直采用的是"二元课税模式",即对在中国从事积极经营的外国企业比照居民企业,采用了大体相同的收入确认和成本费用扣除方式,对获得净所得进行征税;而对仅从中国获得消极所得的外国企业,则对其来源于中国部分直接以毛收入征税。两者的边界在于是否在中国构成了"机构、场所",并且该所得与该"机构、场所"有实际联系。

《企业所得税法实施条例》第五条对"机构、场所"进行了解释,这个解释参考了税收协定中"常设机构"概念的元素。

《企业所得税法实施条例》和《OECD税收协定范本2010》列表比对,如表1-1所示。

表1-1 《企业所得税法实施条例》和《OECD税收协定范本2010》对比表

相似点	《企业所得税法实施条例》	《OECD税收协定范本2010》
全部或部分营业活动是通过该处进行	机构、场所,是指在中国境内从事生产经营活动的机构、场所	"常设机构"一语是指企业进行全部或部分营业的固定营业场所
实体型	(一)管理机构、营业机构、办事机构 (二)工厂、农场、开采自然资源的场所	"常设机构"一语特别包括: (一)管理场所 (二)分支机构 (三)办事处 (四)工厂 (五)作业场所 (六)矿场、油井或气井、采石场或者其他开采自然资源的场所

(续表)

相似点	《企业所得税法实施条例》	《OECD税收协定范本2010》
劳务型	（三）提供劳务的场所 （四）从事建筑、安装、装配、修理、勘探等工程作业的场所	"常设机构"一语包括： 建筑工地，建筑或安装工程，但仅以该工地、工程或活动连续12个月以上的为限
代理型	非居民企业委托营业代理人在中国境内从事生产经营活动的，包括委托单位或者个人经常代其签订合同，或者储存、交付货物等，该营业代理人视为非居民企业在中国境内设立的机构、场所	虽有第一款和第二款的规定，但当一个人（除适用第六款规定的独立代理人除外）在缔约国一方代表缔约国另一方的企业进行活动时，有权以该企业的名义签订合同并经常行使这种权力，对于此人为该企业进行的任何活动，应认为该企业在该缔约国一方设有常设机构。除非此人的活动限于第四款提及的活动，按照该款规定，这些活动即使是通过某个固定营业场所进行，也不会使得该固定营业场所构成常设机构（详见2010年OECD《经济合作与发展组织关于对所得和财产征税的协定范本》第二章第五条）

但是，两者仍然有显著差别，税收协定里明确了"常设机构"应具有持续性和稳定性的特点，并明确排除了部分执行事务性的辅助机构不应被认定为"常设机构"。这里面既有征管便利性的考虑，也有通过让渡部分临时性、辅助性活动的来源国征税权为国际贸易提供经济便利的考虑。

我国目前在税收实践中通常是这样处理（以劳务所得为例）：只要是在中国境内提供该项劳务，那么这项劳务的发生地就被认为构成该非居民纳税人的"机构、场所"。这样，从没有同中国签订协定国家（地区）来中国的提供劳务的非居民企业，税务机关首先会对境内外收入进行分拆，然后按照"境内收入×经税务机关核定的利润率×25%"征税。

1.2 征税对象

企业所得税的征税对象是纳税人取得的所得。企业所得税法的所得，包括销售货物所得、提供劳务所得、转让财产所得、股息红利等权益性投资所得、利息所得、租金所得、特许权使用费所得、接受捐赠所得和其他所得。

依据：《中华人民共和国企业所得税法实施条例》第六条

1.2.1 应纳税的所得来源

居民企业应当就其来源于中国境内、境外的所得缴纳企业所得税。

非居民企业在中国境内设立机构、场所的，应当就其所设机构、场所取得的来源于中国境内的所得，以及发生在中国境外但与其所设机构、场所有实际联系的所得，缴纳企业所得税。

非居民企业在中国境内未设立机构、场所的，或者虽设立机构、场所但取得的所得与其所设机构、场所没有实际联系的，应当就其来源于中国境内的所得缴纳企业所得税。

依据：《中华人民共和国企业所得税法》第三条

《企业所得税法》第三条所称实际联系，是指非居民企业在中国境内设立的机构、场所拥有据以取得所得的股权、债权，以及拥有、管理、控制据以取得所得的财产等。

依据：《中华人民共和国企业所得税法实施条例》第八条

1.2.2 所得来源地确定原则

来源于中国境内、境外的所得，按照以下原则确定：

（1）销售货物所得，按照交易活动发生地确定。

（2）提供劳务所得，按照劳务发生地确定。

（3）转让财产所得，不动产转让所得按照不动产所在地确定，动产转让所得按照转让动产的企业或者机构、场所所在地确定，权益性投资资产转让所得按照被投资企业所在地确定。

（4）股息、红利等权益性投资所得，按照分配所得的企业所在地确定。

（5）利息所得、租金所得、特许权使用费所得，按照负担或者支付所得的企业或者机构、场所所在地，负担或者支付所得的个人的住所所在地确定。

（6）其他所得，由国务院财政、税务主管部门确定。

依据：《中华人民共和国企业所得税法实施条例》第七条

解读

《企业所得税法》第三条及《企业所得税法实施条例》第七条确定的来源于中国境内、境外的所得，其基本原则是兼顾所得来源的属地原则和属人原则。

以货物销售所得为例。销售货物所得，按照交易活动发生地确定。这里所谓的交易活动发生地，主要指销售货物行为发生的场所，通常是销售企业的营业机构，在送货上门的情况下为购货单位或个人的所在地，还可以是买卖双方约定交货的其他地点。对于依照企业所得税法认定的我国居民企业，其"交易活动发生地"无论在境内、境外都要确定为所得。

依据企业所得税法认定的我国非居民企业，其"交易活动发生地"在境内，则无论是否有实际联系均要确定所得，而"交易活动发生地"在境外的，只要有实际联系也要确定所得，而如果没有实际联系，则不确定为所得。其实际联系是指非居民企业在中国境内设立的机构、场所拥有据以取得所得的股权、债权，以及拥有、管理、控制据以取得所得的财产等。

热点问题

在中国境内未设立机构、场所的外国企业向境内居民企业转让其专有技术的所有权，取得的收入是否属于来源于中国境内的所得？

答：根据《企业所得税法实施条例》第七条第三款的规定，《企业所得税法》第三条所称来源于中国境内、境外的所得，按照以下原则确定：转让财产所得，不动产转让所得按照不动产所在地确定，动产转让所得按照转让动产的企业或者机构、场所所在地确定，权益性投资资产转让所得按照被投资企业所在地确定。转让专有技术的所有权，属于转让无形资产，应按《企业所得税法实施条例》第七条"财产转让所得"中"动产转让"来判定所得来源地。由于该外国企业的所在地在境外，因此，其转让专有技术所有权取得的收入，属于来源于中国境外的所得。

1.3 税率

企业所得税的税率为25%。

非居民企业取得企业所得税法第三条第三款规定的所得,适用税率为20%。

依据:《中华人民共和国企业所得税法》第四条

1.4 法律适用原则

中华人民共和国政府同外国政府订立的有关税收的协定与企业所得税法有不同规定的,依照协定的规定办理。

依据:《中华人民共和国企业所得税法》第五十八条

解读

居民企业与非居民企业是根据税收管辖权中的属人原则和属地原则来确定纳税人纳税义务的一个概念。前者依据属人原则,要求其就来源于全世界的所得在居民国进行纳税申报,履行全面纳税义务;对于后者,仅要求其就来源于本国境内的所得进行纳税申报,履行有限的纳税义务。为了维护自身的税收权益,目前大多数国家的税收管辖权都同时采用了属人和属地原则。但是也有少部分国家或地区实行完全的属地征税原则,不对本国或本地区居民来源于境外的所得征税,如新加坡、中国香港地区等。这些国家或地区的居民与非居民划分的意义主要在于税收协定层面。除此之外,世界上还有些特殊的地区实行零公司税,即不对公司的所得征收直接税,如开曼、百慕大等,这类地区通常被称为避税地。

2007年颁布的《企业所得税法》将纳税人分为居民企业和非居民企业,是确定我国企业所得税纳税人是否承担全面纳税义务的基础,也符合通常的国际惯例。新企业所得税法改变了之前居民企业单一的注册地认定原则,新引入了实际管理机构原则,其所称居民企业是指依照中国法律在中国境内成立,或者依照外国(地区)法律成立但实际管理机构在中国境内的企业。即我国居民企业的现行判定标准是登记注册地标准和实际管理机构地标准,二者满足其一即可。例如,在中国成立的各类中资企业、中外合资企业以及外资独资企业等,只要是依据中国法律成立的都是我国的居民企业;而依据外国(地区)法律成立的各类企业,如果实际管理机构在中国境内,则也属于我国的居民企业。例如,在开曼、百慕大群岛等国家和地区注册的一些公司,如其实际管理机构在我国境内,就属于我国的居民企业。这些企业一旦被判定为我国的居民企业,就要对我国承担全面纳税义务,应就其来源于我国境内外的所得缴纳企业所得税。

根据企业所得税法的规定,我国的非居民企业是指依照外国(地区)法律成立且实际管理机构不在中国境内,但在中国境内设立机构、场所的,或者在中国境内未设立机构、场所,但有来源于中国境内所得的企业,或虽设立机构、场所但取得的所得与其所设机构、场所没有实际联系的企业,比如国外企业在我国设立的各类代表处或办事处等。非居民企业只对我国承担有限的纳税义务,只就来源于我国境内的所得缴纳企业所得税。

在各国税制中,居民与非居民企业除了纳税义务不同外,在纳税待遇上也多有不同,例如,适用不同的税率或税基、固定或浮动税额或推计课税等。以我国为例,"不构成机构、场所"或是"虽构成机构场所但取得所得与该机构、场所无实际联系的"就毛所得适用20%税率。双方在税收优惠待遇上也有一定区别,比如,根据《企业所得税法实施条例》第九十一条的规定,非居民企业取得企业所得税法第二十七条第(五)项规定的所得,减按10%的税率征收企业所得税,但除此之外,其并不能享受企业所得税法第四章中其他对居民企业的税收优惠。

第2章
应纳税所得额

2.1 应纳税所得额的定义及计算

2.1.1 应纳税所得额的定义

企业每一纳税年度的收入总额,减除不征税收入、免税收入、各项扣除以及允许弥补的以前年度亏损后的余额,为应纳税所得额。

依据:《中华人民共和国企业所得税法》第五条

2.1.2 应纳税所得额的计算原则

企业应纳税所得额的计算,以权责发生制为原则,属于当期的收入和费用,不论款项是否收付,均作为当期的收入和费用;不属于当期的收入和费用,即使款项已经在当期收付,均不作为当期的收入和费用。企业所得税法实施条例和国务院财政、税务主管部门另有规定的除外。

依据:《中华人民共和国企业所得税法实施条例》第九条

在计算应纳税所得额时,企业财务、会计处理办法与税收法律、行政法规的规定不一致的,应当依照税收法律、行政法规的规定计算。

依据:《中华人民共和国企业所得税法》第二十一条

解读

根据上述规定,税法法定的应纳税所得额计算方法是直接法,即以每一纳税年度的收入总额,减除不征税收入、免税收入、各项扣除以及允许弥补的以前年度亏损的余额作为应纳税所得额,与企业的会计核算并无任何直接关系。也就是说,从理论上讲,企业在计算应纳税所得额时,应该按照企业所得税法口径确认并汇总当年每一笔交易或事项的收入总额、不征税收入、免税收入、各项扣除和允许弥补的以前年度亏损,并按照上述公式直接计算出应纳税所得额。因此,交易或事项如何进行会计处理以及会计处理的正确与否完全不影响应纳税所得额的计算结果。

但在实践中,为何间接法(基于会计利润,通过调增、调减将会计利润调整为应纳税所得额)是计算的主要方法呢?甚至企业所得税年度申报表都是按间接法来设计的?主要原因是,运用直接法计算应纳税所得额需要按照税法口径确认每一笔交易或事项的收入总额、各项扣除等项目的金额,工作量太大;且税法上的收入确认、成本和费用扣除与会计核算上有颇多类似和重复,故在实践中多采用间接法,以便充分利用会计核算的成果,大大减少计算应纳税所得额的工作量。但不管怎么说,直接法是法定的计算方法,也是最根本的计算方法。

2.2 亏损及亏损弥补

2.2.1 亏损

亏损是指企业依照《企业所得税法》和《企业所得税法实施条例》的规定将每一纳税年度的收入总额减除不征税收入、免税收入和各项扣除后小于零的数额。

依据:《中华人民共和国企业所得税法实施条例》第十条

2.2.2 亏损弥补

企业纳税年度发生的亏损,准予向以后年度结转,用以后年度的所得弥补,但结转年限最长不得超过5年。

依据:《中华人民共和国企业所得税法》第十八条

> **热点问题**
>
> 1. 企业2017年度亏损,当年可以享受转制文化企业暂免缴纳企业所得税的优惠政策,2018年不再满足免税条件,2018年度的所得能否弥补2017年度的亏损?
>
> 答:根据《企业所得税法》第十八条的规定,企业纳税年度发生的亏损,准予向以后年度结转,用以后年度的所得弥补,但结转年限最长不得超过5年。因此,即使企业2018年不再满足免税条件,其2017年度的亏损可以用2018年及以后年度的所得弥补,结转年限最长不得超过5年。
>
> 2. 企业政策性搬迁结束后,如有搬迁所得能否弥补以前年度亏损?
>
> 答:根据《国家税务总局关于发布〈企业政策性搬迁所得税管理办法〉的公告》(国家税务总局公告2012年第40号)第十六条的规定,企业的搬迁收入,扣除搬迁支出后的余额,为企业的搬迁所得。企业应在搬迁完成年度,将搬迁所得计入当年度企业应纳税所得额计算纳税。根据上述规定,搬迁所得是计入当年度企业应纳税所得额计算纳税的,因此,企业的搬迁所得可以用来弥补以前年度的亏损,但弥补年限最长不得超过5年。

2.2.2.1 汇总纳税企业

计算查增的应纳税所得额时,应减除允许弥补的汇总纳税企业以前年度亏损。

依据:《国家税务总局关于印发〈跨地区经营汇总纳税企业所得税征收管理办法〉的公告》(国家税务总局公告2012年第57号)第二十八条

2.2.2.2 原合并纳税企业集团亏损处理

根据《财政部 国家税务总局关于试点企业集团缴纳企业所得税有关问题的通知》(财税〔2008〕119号)规定,自2009年度开始,一些企业集团取消了合并申报缴纳企业所

得税。现就取消合并申报缴纳企业所得税后,对汇总在企业集团总部、尚未弥补的累计亏损处理问题,公告如下:

(1) 企业集团取消了合并申报缴纳企业所得税后,截至2008年年底,企业集团合并计算的累计亏损,属于符合《企业所得税法》第十八条规定5年结转期限内的,可分配给其合并成员企业(包括企业集团总部)在剩余结转期限内,结转弥补。

(2) 企业集团应根据各成员企业截至2008年年底的年度所得税申报表中的盈亏情况,凡单独计算是亏损的各成员企业,参与分配上述第(1)条所指的可继续弥补的亏损;盈利企业不参与分配。具体分配公式如下:

$$\text{成员企业分配的亏损额} = \left[\text{某成员企业单独计算盈亏尚未弥补的亏损额} \div \text{各成员企业单独计算盈亏尚未弥补的亏损额之和}\right] \times \text{集团公司合并计算累计可继续弥补的亏损额}$$

(3) 企业集团在按照上述第(2)条所规定的方法分配亏损时,应根据集团每年汇总计算中这些亏损发生的实际所属年度,确定各成员企业所分配的亏损额中具体所属年度及剩余结转期限。

(4) 企业集团按照上述方法分配各成员企业亏损额后,应填写《企业集团公司累计亏损分配表》并下发给各成员企业,同时抄送企业集团主管税务机关。

(5)《国家税务总局关于取消合并纳税后以前年度尚未弥补亏损有关企业所得税问题的公告》自2009年1月1日起执行。

依据:《国家税务总局关于取消合并纳税后以前年度尚未弥补亏损有关企业所得税问题的公告》(国家税务总局公告2010年第7号)

2.2.2.3 合伙企业的亏损

合伙企业的合伙人是法人和其他组织的,合伙人在计算其缴纳企业所得税时,不得用合伙企业的亏损抵减其盈利。

依据:《财政部 国家税务总局关于合伙企业合伙人所得税问题的通知》(财税〔2008〕159号)第五条

2.2.2.4 境外营业机构的亏损

企业在汇总计算缴纳企业所得税时,其境外营业机构的亏损不得抵减境内营业机构的盈利。

依据:《中华人民共和国企业所得税法》第十七条

在汇总计算境外应纳税所得额时,企业在境外同一国家(地区)设立不具有独立纳税地位的分支机构,按照《企业所得税法》及实施条例的有关规定计算的亏损,不得抵减其境内或他国(地区)的应纳税所得额,但可以用同一国家(地区)其他项目或以后年度的所得按规定弥补。

依据:《财政部 国家税务总局关于企业境外所得税收抵免有关问题的通知》(财税〔2009〕125号)第三条

企业境内、境外营业机构发生的资产损失应分开核算,对境外营业机构由于发生资产损失而产生的亏损,不得在计算境内应纳税所得额时扣除。

依据:《财政部 国家税务总局关于企业资产损失税前扣除政策的通知》(财税〔2009〕57号)第十二条

2.2.2.5 筹建期亏损年度计算

企业自开始生产经营的年度,为开始计算企业损益的年度。企业从事生产经营之前进行筹办活动期间发生筹办费用支出,不得计算为当期的亏损,应按照《国家税务总局关于企业所得税若干税务事项衔接问题的通知》(国税函〔2009〕98号)第九条规定执行。

依据:《国家税务总局关于贯彻落实企业所得税法若干税收问题的通知》(国税函〔2010〕79号)第七条

《企业所得税法》中开(筹)办费未明确列作长期待摊费用,企业可以在开始经营之日的当年一次性扣除,也可以按照《企业所得税法》有关长期待摊费用的处理规定处理,但一经选定,不得改变。

企业在《企业所得税法》实施以前年度的未摊销完的开办费,也可根据上述规定处理。

依据:《国家税务总局关于企业所得税若干税务事项衔接问题的通知》(国税函〔2009〕98号)第九条

2.2.2.6 研发费加计扣除形成亏损

企业技术开发费加计扣除部分已形成企业年度亏损,可以用以后年度所得弥补,但结转年限最长不得超过5年。

依据:《国家税务总局关于企业所得税若干税务事项衔接问题的通知》(国税函〔2009〕98号)第八条

2.2.2.7 税务机关检查调增的企业应纳税所得额弥补以前年度亏损

根据《企业所得税法》第五条的规定,税务机关对企业以前年度纳税情况进行检查时调增的应纳税所得额,凡企业以前年度发生亏损、且该亏损属于企业所得税法规定允许弥补的,应允许调增的应纳税所得额弥补该亏损。弥补该亏损后仍有余额的,按照企业所得税法规定计算缴纳企业所得税。对检查调增的应纳税所得额应根据其情节,依照《税收征收管理法》有关规定进行处理或处罚。

依据:《国家税务总局关于查增应纳税所得额弥补以前年度亏损处理问题的公告》(国家税务总局公告2012年第20号)

2.2.2.8 被投资企业经营亏损

被投资企业发生的经营亏损,由被投资企业按规定结转弥补;投资企业不得调整减低其投资成本,也不得将其确认为投资损失。

依据:《国家税务总局关于企业所得税若干问题的公告》(国家税务总局公告2011年第34号)第五条

2.2.2.9 政策性搬迁形成的亏损

企业以前年度发生尚未弥补的亏损的,凡企业由于搬迁停止生产经营无所得的,从搬迁年度次年起,至搬迁完成年度前一年度止,可作为停止生产经营活动年度,从法定亏损结转弥补年限中减除;企业边搬迁、边生产的,其亏损结转年度应连续计算。

依据:《国家税务总局关于发布〈企业政策性搬迁所得税管理办法〉的公告》(国家税务总局公告2012年第40号)第二十一条

2.2.2.10 追补确认的亏损

亏损企业追补确认以前年度未在企业所得税前扣除的支出,或盈利企业经过追补确认后出现亏损的,应首先调整该项支出所属年度的亏损额,然后再按照弥补亏损的原则计算以后年度多缴的企业所得税款,并按前款规定处理。

依据:《国家税务总局关于企业所得税应纳税所得额若干税务处理问题的公告》(国家税务总局公告2012年第15号)第六条

2.2.2.11 跨境关联交易形成的亏损

企业为境外关联方从事来料加工或者进料加工等单一生产业务,或者从事分销、合约研发业务,原则上应当保持合理的利润水平。

上述企业如出现亏损,无论是否达到《国家税务总局关于完善关联申报和同期资料管理有关事项的公告》(国家税务总局公告2016年第42号)中的同期资料准备标准,均应当就亏损年度准备同期资料本地文档。税务机关应当重点审核上述企业的本地文档,加强监控管理。

上述企业承担由于决策失误、开工不足、产品滞销、研发失败等原因造成的应当由关联方承担的风险和损失的,税务机关可以实施特别纳税调整。

依据:《特别纳税调查调整及相互协商程序管理办法》(国家税务总局公告2017年第6号印发)第二十八条

2.2.2.12 高新技术企业和科技型中小企业亏损结转弥补

自2018年1月1日起,当年具备高新技术企业或科技型中小企业资格(以下统称资格)的企业,其具备资格年度之前5个年度发生的尚未弥补完的亏损,准予结转以后年度弥补,最长结转年限由5年延长至10年。

依据:《财政部 税务总局关于延长高新技术企业和科技型中小企业亏损结转年限的通知》(财税〔2018〕76号)第一条

上述所称当年具备高新技术企业或科技型中小企业资格(以下统称资格)的企业,其具备资格年度之前5个年度发生的尚未弥补完的亏损,是指当年具备资格的企业,其前5个年度无论是否具备资格,所发生的尚未弥补完的亏损。

2018年具备资格的企业,无论2013年至2017年是否具备资格,其2013年至2017年发生的尚未弥补完的亏损,均准予结转以后年度弥补,最长结转年限为10年。2018年以后年度具备资格的企业,依此类推,进行亏损结转弥补税务处理。

依据:《国家税务总局关于延长高新技术企业和科技型中小企业亏损结转弥补年限有关企业所得税处理问题的公告》(国家税务总局公告2018年第45号)第一条

一、高新技术企业和科技型中小企业及具备资格年度

《财政部 税务总局关于延长高新技术企业和科技型中小企业亏损结转年限的通知》所称高新技术企业,是指按照《科技部 财政部 国家税务总局关于修订印发〈高新技术企业认定管理办法〉的通知》(国科发火〔2016〕32号)规定认定的高新技术企业;所称科技型中小企业,是指按照《科技部 财政部 国家税务总局关于印发〈科技型中小企业评价办法〉的通知》(国科发政〔2017〕115号)规定取得科技型中小企业登记编号的企业。

依据:《财政部 税务总局关于延长高新技术企业和科技型中小企业亏损结转年限的通知》(财税〔2018〕76号)第二条

高新技术企业按照其取得的高新技术企业证书注明的有效期所属年度,确定其具备资格的年度。科技型中小企业按照其取得的科技型中小企业入库登记编号注明的年度,确定其具备资格的年度。

依据:《国家税务总局关于延长高新技术企业和科技型中小企业亏损结转弥补年限有关企业所得税处理问题的公告》(国家税务总局公告2018年第45号)第二条

二、企业合并或分立的亏损弥补

企业发生符合特殊性税务处理规定的合并或分立重组事项的,其尚未弥补完的亏损,按照《财政部 国家税务总局关于企业重组业务企业所得税处理若干问题的通知》(财税〔2009〕59号)和《国家税务总局关于延长高新技术企业和科技型中小企业亏损结转弥补年限有关企业所得税处理问题的公告》(国家税务总局公告2018年第45号)的有关规定进行税务处理:

(1)合并企业承继被合并企业尚未弥补完的亏损的结转年限,按照被合并企业的亏损结转年限确定。

(2)分立企业承继被分立企业尚未弥补完的亏损的结转年限,按照被分立企业的亏损结转年限确定。

(3)合并企业或分立企业具备高新技术企业或科技型中小企业资格的,其承继被合并企业或被分立企业尚未弥补完的亏损的结转年限,按照《财政部 税务总局关于延长高新技术企业和科技型中小企业亏损结转年限的通知》(财税〔2018〕76号)第一条和《国家税务总局关于延长高新技术企业和科技型中小企业亏损结转弥补年限有关企业所得税处理问题的公告》(国家税务总局公告2018年第45号)第一条规定处理。

符合相关规定延长亏损结转弥补年限条件的企业,在企业所得税预缴和汇算清缴时,自行计算亏损结转弥补年限,并填写相关纳税申报表。

依据:《国家税务总局关于延长高新技术企业和科技型中小企业亏损结转弥补年限有关企业所得税处理问题的公告》(国家税务总局公告2018年第45号)第三条、第四条

解读

根据《财政部 税务总局关于延长高新技术企业和科技型中小企业亏损结转年限的通知》(财税〔2018〕76号,以下简称《通知》),国家税务总局发布了《国家税务总局关于延长高新技术企业和科技型中小企业亏损结转弥补年限有关企业所得税处理问题的公告》(以下简称《公告》)。现解读如下。

一、政策出台背景

为贯彻落实创新驱动发展战略,财政部、税务总局出台了一系列支持科技创新、助力创新创业的企业所得税政策,如扩大小型微利企业减半征收范围、完善固定资产加速折旧政策、扩大企业研发费用加计扣除范围等。这些减税举措,降低了企业创业创新成本,调动了企业加大科技投入的积极性,激发了市场活力和社会创造力,对提升我国创新能力和创新效率起到了积极作用。为更好地支持高新技术企业和科技型中小企业发展,2018年4月25日国务院常务会议决定将这两类企业亏损结转弥补年限由5年延长至10年。为此,财政部、国家税务总局2018年7月11日印发的《财政部 税务总局关于延长

高新技术企业和科技型中小企业亏损结转年限的通知》(财税〔2018〕76号,以下简称《通知》),明确了延长这两类企业亏损结转弥补年限政策。为了确保上述优惠政策有效落实,国家税务总局发布了《国家税务总局关于延长高新技术企业和科技型中小企业亏损结转弥补年限有关企业所得税处理问题的公告》(以下简称《公告》),就相关政策具体执行口径、征管操作事项进行明确,以利于税务机关准确把握执行和纳税人正确理解享受。

二、政策主要内容

(一)明确具备资格年度之前5年亏损结转弥补年限

具备高新技术企业或科技型中小企业资格(以下统称资格)的企业相关资格在不同的纳税年度会发生变化,《公告》第一条第一款明确规定,《通知》所称当年具备资格的企业,其具备资格年度之前5个年度发生的尚未弥补完的亏损,是指当年具备资格的企业,其前5个年度无论是否具备资格,所发生的尚未弥补完的亏损。

为准确理解《通知》规定的"具备资格年度之前5个年度发生的尚未弥补完的亏损",《公告》第一条第二款对《通知》适用情形作了进一步解释,即2018年具备资格的企业,无论2013年至2017年是否具备资格,其2013年至2017年发生的尚未弥补完的亏损,均准予结转以后年度弥补,最长结转年限为10年。2018年以后年度具备资格的企业,依此类推,进行亏损结转弥补税务处理。

【例1-1】 一家企业,2018年具备资格,2013年亏损300万元,2014年亏损200万元,2015年亏损100万元,2016年所得为0,2017年所得200万元,2018年所得50万元。按照《通知》和《公告》的规定,无论该企业在2013年至2017年是否具备资格,2013年亏损300万元,用2017年所得200万元、2018年所得50万元弥补后,如果2019年至2023年有所得仍可继续弥补;2014年企业亏损200万元,依次用2019年至2024年所得弥补;2015年企业亏损100万元,依次用2019年至2025年所得弥补。

【例1-2】 接[例1-1],该企业自2019年起不具备资格,2019年亏损100万元。其之前2013年至2015年尚未弥补完的亏损的最长结转年限为10年并不受影响。如果该企业在2024年之前任一年度重新具备资格,按照《通知》和《公告》规定,2019年亏损100万元准予向以后10年结转弥补,即准予依次用2020年至2029年所得弥补。如果到2024年还不具备资格,按照《通知》和《公告》规定,2019年亏损100万元只准予向以后5年结转弥补,即依次用2020年至2024年所得弥补,尚未弥补完的亏损,不允许用2025年至2029年所得弥补。

(二)明确具备资格年度确定方法

目前,高新技术企业和科技型中小企业资格采取不同的管理方法。高新技术企业经过认定后,取得的高新技术企业证书有效期3年;而科技型中小企业每年评价后,赋予其科技型中小企业入库登记编号。为此,《公告》分别明确了两者具备资格年度的确定方法。

1. 高新技术企业资格年度确定方法。高新技术企业证书注明了发证时间和有效期,为保证企业最大限度享受政策红利,《公告》明确,高新技术企业按照其取得的高新技术企业证书注明的有效期所属年度,确定其具备资格年度。

【例1-3】 某高新技术企业,证书注明发证时间为2018年9月17日,有效期3年。根据《公告》的规定,2018年、2019年、2020年、2021年为具备资格年度。

2. 科技型中小企业资格年度确定方法。科技型中小企业仅有入库登记编号注明的年度,且需在每年3月月底前进行评价。为此,《公告》明确规定,科技型中小企业按照其取得的科技型中小企业入库登记编号注明的年度,确定其具备资格年度。

【例1-4】 某科技型中小企业,2018年5月取得入库登记编号,编号注明的年度为2018年。根据《公告》的规定,2018年为具备资格年度。

(三)明确企业重组亏损结转弥补年限

1. 适用特殊性税务处理的企业合并亏损结转弥补年限。《财政部 国家税务总局关于企业重组业务企业所得税处理若干问题的通知》(财税〔2009〕59号,以下简称财税〔2009〕59号文件)规定,被合并企业合并前的相关所得税事项由合并企业承继。为此,《公告》第三条第(一)项、第(三)项规定,合并企业承继被合并企业尚未弥补完的亏损的结转年限,按照被合并企业的亏损结转年限确定;合并企业具备资格的,其承继被合并企业尚未弥补完的亏损的结转年限,按照《通知》第一条和《公告》第一条规定处理。

【例1-5】 2018年A企业吸收合并B企业,适用特殊性税务处理规定。其中,A企业不具备资格,其尚未弥补完的2016年亏损,准予向以后5年结转弥补。B企业具备资格,其尚未弥补完的2016年亏损,准予向以后10年结转弥补。吸收合并后A企业尚未弥补完的2016年亏损,包括合并前A企业尚未弥补完的亏损和B企业尚未弥补完的亏损,按照《通知》和《公告》的规定应当分别处理,即合并后A企业尚未弥补完的2016年亏损,其中合并前A企业尚未弥补完的亏损,只准予用2018年至2021年的所得弥补;合并前B企业尚未弥补完的亏损,按照财税〔2009〕59号文件第六条第(四)项的有关规定计算后,准予用2018年至2026年的所得弥补。如合并后A企业2018年具备资格,合并后A企业尚未弥补完的2016年亏损,包括合并前A企业尚未弥补完的亏损和B企业尚未弥补完的亏损,均准予用2018年至2026年的所得弥补。

2. 适用特殊性税务处理的企业分立亏损结转弥补年限。财税〔2009〕59号文件规定,被分立企业未超过法定弥补期限的亏损额,由分立企业继续弥补。为此,《公告》第三条第(二)项、第(三)项规定,分立企业承继被分立企业尚未弥补完的亏损的结转年限,按照被分立企业的亏损结转年限确定;分立企业具备资格的,其承继被分立企业尚未弥补完的亏损的结转年限,按照《通知》第一条和《公告》第一条的规定处理。

【例1-6】 2018年A企业分立新设B企业和C企业,适用特殊性税务处理规定。其中,A企业具备资格,其尚未弥补完的2016年亏损,准予向以后10年结转弥补。分立新设的B企业和C企业分别承继A企业尚未弥补完的2016年亏损。按照《通知》和《公告》的规定,分立后B企业和C企业分别承继A企业尚未弥补完的2016年亏损,按照财税〔2009〕59号文件第六条第(五)项的有关规定计算后,无论分立后B企业和C企业是否具备资格,均准予用2018年至2026年的所得弥补。

(四)明确延长亏损结转年限政策征管事项

为了落实深化"放管服"改革要求,《公告》第四条明确延长亏损结转弥补年限政策,由企业自行计算申报享受,无须向税务机关申请审批或办理备案手续。即符合《通知》和《公告》规定延长亏损结转弥补年限条件的企业,在企业所得税预缴和汇算清缴时,自行计算亏损结转弥补年限,并填写相关纳税申报表。

(五)明确公告执行时间

《通知》自 2018 年 1 月 1 日起执行,《公告》是对其相关事项的具体细化,也应同时执行。

2.2.2.13　受新型冠状病毒疫情影响较大的困难行业企业亏损结转弥补

自 2020 年 1 月 1 日起,受疫情影响较大的困难行业企业 2020 年度发生的亏损,最长结转年限由 5 年延长至 8 年。

困难行业企业,包括交通运输、餐饮、住宿、旅游(指旅行社及相关服务、游览景区管理两类)四大类,具体判断标准按照现行《国民经济行业分类》执行。困难行业企业 2020 年度主营业务收入须占收入总额(剔除不征税收入和投资收益)的 50% 以上。

依据:《财政部　税务总局关于支持新型冠状病毒感染的肺炎疫情防控有关税收政策的公告》(财政部　税务总局公告 2020 年第 8 号,以下简称 2020 年第 8 号公告)第四条

受疫情影响较大的困难行业企业按照上述(2020 年第 8 号公告第四条)规定,适用延长亏损结转年限政策的,应当在 2020 年度企业所得税汇算清缴时,通过电子税务局提交《适用延长亏损结转年限政策声明》。

依据:《国家税务总局关于支持新型冠状病毒感染的肺炎疫情防控有关税收征收管理事项的公告》(国家税务总局公告 2020 年第 4 号)第十条

2.3　合伙企业合伙人分配的所得

2.3.1　"先分后税"原则

合伙企业生产经营所得和其他所得采取"先分后税"的原则。具体应纳税所得额的计算按照《关于个人独资企业和合伙企业投资者征收个人所得税的规定》(财税〔2000〕91 号)及《财政部　国家税务总局关于调整个体工商户个人独资企业和合伙企业个人所得税税前扣除标准有关问题的通知》(财税〔2008〕65 号)的有关规定执行。

生产经营所得和其他所得,包括合伙企业分配给所有合伙人的所得和企业当年留存的所得(利润)。

依据:《财政部　国家税务总局关于合伙企业合伙人所得税问题的通知》(财税〔2008〕159 号)第三条

2.3.2　确定应纳税所得额的原则

合伙企业的合伙人按照下列原则确定应纳税所得额:

(1)合伙企业的合伙人以合伙企业的生产经营所得和其得,按照合伙协议约定的分配比例确定应纳税所得额。

(2)合伙协议未约定或者约定不明确的,以全部生产经营所得和其他所得,按照合伙

人协商决定的分配比例确定应纳税所得额。

（3）协商不成的，以全部生产经营所得和其他所得，按照合伙人实缴出资比例确定应纳税所得额。

（4）无法确定出资比例的，以全部生产经营所得和其他所得，按照合伙人数量平均计算每个合伙人的应纳税所得额。

合伙协议不得约定将全部利润分配给部分合伙人。

依据：《财政部 国家税务总局关于合伙企业合伙人所得税问题的通知》（财税〔2008〕159号）第四条

> **热点问题**
>
> 1. 合伙企业并未作出利润分配的决定也未实际分配，那么作为合伙人的法人企业，是否需要确认收入缴纳企业所得税？
>
> 答：根据《财政部 国家税务总局关于合伙企业合伙人所得税问题的通知》（财税〔2008〕159号）的规定，合伙企业以每一个合伙人为纳税义务人。合伙企业合伙人是自然人的，缴纳个人所得税；合伙人是法人和其他组织的，缴纳企业所得税。合伙企业生产经营所得和其他所得采取"先分后税"的原则。上述所称生产经营所得和其他所得，包括合伙企业分配给所有合伙人的所得和企业当年留存的所得（利润）。
>
> 因此，不论合伙企业是否做出利润分配决定，只要其有留存利润，该部分的留存利润也应按规定的分配比例，计入法人企业当年的应纳税所得额计算缴纳企业所得税。
>
> 2. 合伙企业的法人合伙人与合伙企业不在同一地点的，法人合伙人从合伙企业分回的利润应在何处纳税？
>
> 答：根据《财政部 国家税务总局关于合伙企业合伙人所得税问题的通知》（财税〔2008〕159号）的规定，合伙企业以每一个合伙人为纳税义务人。合伙企业合伙人是自然人的，缴纳个人所得税；合伙人是法人和其他组织的，缴纳企业所得税。合伙企业生产经营所得和其他所得采取"先分后税"的原则。
>
> 《企业所得税法》规定，除税收法律、行政法规另有规定外，居民企业以企业登记注册地为纳税地点。
>
> 根据上述政策规定，合伙企业采用"先分后税"的原则，由合伙企业的法人合伙人，在其登记注册地缴纳企业所得税。

2.4 递延所得

企业按原税法规定已作递延所得确认的项目，其余额可在原规定的递延期间的剩余期间内继续均匀计入各纳税期间的应纳税所得额。

依据：《国家税务总局关于企业所得税若干税务事项衔接问题的通知》（国税函〔2009〕98号）第二条

解读

常见的递延所得有：

（1）《财政部 国家税务总局关于企业重组业务企业所得税处理若干问题的通知》

(财税〔2009〕59号)规定的企业重组的特殊性税务处理(详见11.3.4章节内容)。

(2)《财政部 国家税务总局关于专项用途财政性资金企业所得税处理问题的通知》(财税〔2011〕70号)规定的不征税收入(详见3.14章节内容)。

(3)《企业政策性搬迁所得税管理办法》(国家税务总局公告2012年第40号印发)规定的政策性搬迁所得(详见11.6章节内容)。

(4)《财政部 国家税务总局关于非货币性资产投资企业所得税政策问题的通知》(财税〔2014〕116号)规定的以非货币性资产对外投资确认的非货币性资产转让所得(详见11.3.7章节内容)。

(5)《财政部 国家税务总局关于完善股权激励和技术入股有关所得税政策的通知》(财税〔2016〕101号)规定的技术成果投资入股(详见11.3.7.8章节内容)。

2.5 非居民企业应纳税所得额

2.5.1 据实申报的非居民企业应纳税所得额

详见10.4.2章节

2.5.2 核定征收非居民企业应纳税所得额

详见10.2.2.2章节

2.5.3 源泉扣缴应纳税所得额

2.5.3.1 应纳税所得额的计算

非居民企业取得《企业所得税法》第三条第三款规定的所得,按照下列方法计算其应纳税所得额:

(1)股息、红利等权益性投资收益和利息、租金、特许权使用费所得,以收入全额为应纳税所得额。

(2)转让财产所得,以收入全额减除财产净值后的余额为应纳税所得额。

(3)其他所得,参照前两项规定的方法计算应纳税所得额。

依据:《中华人民共和国企业所得税法》第十九条

依照《企业所得税法》对非居民企业应当缴纳的企业所得税实行源泉扣缴的,应当依照《企业所得税法》第十九条的规定计算应纳税所得额。

《企业所得税法》第十九条所称收入全额,是指企业向支付人收取的全部价款和价外费用。

依据:《中华人民共和国企业所得税法实施条例》第一百零三条

解读

预提所得税中的"税"是指所得税,包括企业所得税和个人所得税,预提是指扣留、预扣的意思。我国的预提所得税并非是独立于企业所得税之外的另一税种,而是为适应跨国权益所得的特点,所采取的一种源泉扣缴方法。当这类所得在我国境内发生时,即以这类所得的取得单位为纳税义务人,以支付所得税单位为扣缴义务人,从每次支付的款项中代扣代缴应纳税额。预提所得税的征税对象包括利润(股息)、利息、租金、特许权使用费、财产转让收益等。

企业在代扣代缴所得税时,收入全额是指非居民企业向支付人收取的全部价款和价外费用。国际上的通行做法是,对非居民企业取得的上述所得,相关的成本费用应当由其在中国境外的机构进行计算扣除。因此,在计算应纳税额时,一般不扣除任何成本费用而是按收入全额征税。对上述股息、红利、利息、租金、特许权使用费所得按收入全额征收预提所得税,是国际上的通行做法,在我国目前与其他国家签订的税收协定中也遵循了这种国际惯例。

需要特别注意的是财产转让所得。根据《企业所得税法》第十九条的规定,取得转让财产所得,以收入全额减除财产净值后的余额为应纳税所得额。财产净值是指有关资产、财产的计税基础减除已经按照规定扣除的折旧、折耗、摊销、准备金等后的余额。企业在代扣代缴所得税时,应注意在财产转让过程中发生的转让费用,如税金等均不得在应纳税所得额中扣除,由其在中国境外的机构进行计算扣除。这与居民企业和在中国境内设立机构、场所从事生产经营活动的非居民企业发生的财产转让所得,税法允许其在计算应纳税所得额时扣除转让资产的净值和转让费用是有区别的,企业应特别注意,避免错用规定。

2.5.3.2　不得扣除规定以外的其他税费支出

根据《企业所得税法》第十九条及《企业所得税法实施条例》第一百零三条的规定,在对非居民企业取得《企业所得税法》第三条第三款规定的所得计算征收企业所得税时,不得扣除上述条款规定以外的其他税费支出。

依据:《财政部　国家税务总局关于非居民企业征收企业所得税有关问题的通知》(财税〔2008〕130号)

> **热点问题**
>
> 企业在向境内无机构场所的非居民企业支付租金时,计算应扣缴的预提所得税时,所涉及的税金和其他费用是否可以从收入中扣除?
>
> 答:《财政部　国家税务总局关于非居民企业征收企业所得税有关问题的通知》(财税〔2008〕130号)明确规定,应纳税所得额应按照《企业所得税法》第十九条规定来确定。
>
> 《企业所得税法》第十九条规定,非居民企业取得股息、红利等权益性投资收益和利息、租金、特许权使用费,以收入全额为应纳税所得额;取得转让财产所得,以收入全额减除财产净值后的余额为应纳税所得额;其他所得,参照前两项规定的方法计算应纳税所得额。
>
> 因此,除财产转让所得可以减除财产净值外,非居民企业取得的股息、红利、利息、租金、特许权使用费和其他所得,均以收入全额为应纳税所得额,不得扣除任何税金和其他费用。

2.5.3.3 "营改增"后应纳税所得额确认

营业税改征增值税试点中的非居民企业,取得《企业所得税法》第三条第三款规定的所得,在计算缴纳企业所得税时,应以不含增值税的收入全额作为应纳税所得额。

依据:《国家税务总局关于营业税改征增值税试点中非居民企业缴纳企业所得税有关问题的公告》(国家税务总局公告2013年第9号)

解读

按照《企业所得税法》第十九条第一款及《企业所得税法实施条例》第一百零三条的规定,非居民企业取得《企业所得税法》第三条第三款规定的所得,应以收入全额为应纳税所得额。按照现行增值税有关规定,增值税为价外税,因此,在计算缴纳企业所得税时,应以不含增值税的收入全额作为企业所得税计税依据。

【例1-7】 非居民企业与境内某公司签订了特许权使用费合同(假设该合同在"营改增"前需在地税部门缴纳营业税),合同价款为100万元人民币,合同约定各项税费由非居民企业承担,假定增值税适用税率为6%,则该境内公司应扣缴非居民企业所得税计算如下:

应纳税所得额=100÷(1+6%)=94.34(万元);

应纳税额=94.34×10%=9.34(万元)。

2.5.4 非居民企业准予扣除的境外费用

非居民企业在中国境内设立的机构、场所,就其中国境外总机构发生的与本机构、场所生产经营有关的费用,能够提供总机构出具的费用汇集范围、定额、分配依据和方法等证明文件,并合理计算分摊的,准予扣除。

依据:《中华人民共和国企业所得税法实施条例》第五十条

第3章

收　入

3.1　收入总额及形式

企业以货币形式和非货币形式从各种来源取得的收入,为收入总额。包括:
(1) 销售货物收入。
(2) 提供劳务收入。
(3) 转让财产收入。
(4) 股息、红利等权益性投资收益。
(5) 利息收入。
(6) 租金收入。
(7) 特许权使用费收入。
(8) 接受捐赠收入。
(9) 其他收入。

依据:《中华人民共和国企业所得税法》第六条

《企业所得税法》第六条所称企业取得收入的货币形式,包括现金、存款、应收账款、应收票据、准备持有至到期的债券投资以及债务的豁免等。

《企业所得税法》第六条所称企业取得收入的非货币形式,包括固定资产、生物资产、无形资产、股权投资、存货、不准备持有至到期的债券投资、劳务以及有关权益等。

《企业所得税法》第六条所称企业以非货币形式取得的收入,应当按照公允价值确定收入额。

上述所称公允价值,是指按照市场价格确定的价值。

依据:《中华人民共和国企业所得税法实施条例》第十二条、第十三条

解读

公允价值,指按照市场价格确定的价值。商品在市场上等价交换,商品价值通过交易价格实现,因此将市场价格作为公允价值的标准,相对客观公平。市场价格,是买卖双方在公平交易的条件下,所确定的价格;或无关联的双方在公平交易的条件下,达成的交易价格。税法规定是原则性的,按照《企业会计准则——基本准则》第四十二条的规定,公允价值,是指在公平交易中,熟悉情况的交易双方自愿进行资产交换或者债务清偿的金额。

实务中,公允价值通常需要会计人员进行职业判断。在对非货币资产进行交易之前,企业往往邀请专业评估机构和评估人员对其公允价值进行评估,以便为交易时的定

价作参考。

3.2 销售货物收入

3.2.1 销售货物收入范围

《企业所得税法》第六条第(一)项所称销售货物收入,是指企业销售商品、产品、原材料、包装物、低值易耗品以及其他存货取得的收入。

依据:《中华人民共和国企业所得税法实施条例》第十四条

3.2.2 销售货物收入确认

除《企业所得税法》及实施条例另有规定外,企业销售收入的确认,必须遵循权责发生制原则和实质重于形式原则。企业销售商品同时满足下列条件的,应确认收入的实现:

(1) 商品销售合同已经签订,企业已将商品所有权相关的主要风险和报酬转移给购货方。

(2) 企业对已售出的商品既没有保留通常与所有权相联系的继续管理权,也没有实施有效控制。

(3) 收入的金额能够可靠地计量。

(4) 已发生或将发生的销售方的成本能够可靠地核算。

依据:《国家税务总局关于确认企业所得税收入若干问题的通知》(国税函〔2008〕875号)第一条

> **热点问题**
>
> 一家贸易甲公司在京东、天猫、苏宁易购等网上销售平台有销售店铺。为吸引消费者,销售平台有时会要求该公司通过刷单来增加网上销售量,甲公司有时也通过刷单来增加网店上销售量来吸引消费者。刷单形式就是甲公司自己员工向甲公司借款后在网上购买甲公司自己的货物,表面流程和正常网上销售一样,销售量会在网上显示,而实际甲公司并不会发货出去,销售款项通过网上销售平台回到甲公司账户后,甲公司再将款项借给员工在网上购买甲公司货物,如此循环,这种行为只是为了在网上显示有销售,而实际企业货物并不会发出,本质上并不是真正的销售,甲公司网上这种刷单行为在所得税上应该如何界定收入?
>
> 答:根据《国家税务总局关于确认企业所得税收入若干问题的通知》(国税函〔2008〕875号)规定的销售收入确认有四个条件:(1)商品销售合同已经签订,企业已将商品所有权相关的主要风险和报酬转移给购货方;(2)企业对已售出的商品既没有保留通常与所有权相联系的继续管理权,也没有实施有效控制;(3)收入的金额能够可靠地计量;(4)已发生或将发生的销售方的成本能够可靠地核算。若企业无法提供证据证明网上刷单不符合销售收入确认的四个条件,则应该确认收入。

3.2.3　不同销售方式收入的确认

3.2.3.1　托收承付

销售商品采用托收承付方式的,在办妥托收手续时确认收入。

依据:《国家税务总局关于确认企业所得税收入若干问题的通知》(国税函〔2008〕875号)第一条

3.2.3.2　预收款

销售商品采取预收款方式的,在发出商品时确认收入。

依据:《国家税务总局关于确认企业所得税收入若干问题的通知》(国税函〔2008〕875号)第一条

3.2.3.3　销售需安装和检验的商品

销售商品需要安装和检验的,在购买方接受商品以及安装和检验完毕时确认收入。如果安装程序比较简单,可在发出商品时确认收入。

依据:《国家税务总局关于确认企业所得税收入若干问题的通知》(国税函〔2008〕875号)第一条

3.2.3.4　支付手续费方式委托代销

销售商品采用支付手续费方式委托代销的,在收到代销清单时确认收入。

依据:《国家税务总局关于确认企业所得税收入若干问题的通知》(国税函〔2008〕875号)第一条

3.2.3.5　售后回购

采用售后回购方式销售商品的,销售的商品按售价确认收入,回购的商品作为购进商品处理。有证据表明不符合销售收入确认条件的,如以销售商品方式进行融资,收到的款项应确认为负债,回购价格大于原售价的,差额应在回购期间确认为利息费用。

依据:《国家税务总局关于确认企业所得税收入若干问题的通知》(国税函〔2008〕875号)第一条

3.2.3.6　售后回租

根据现行《企业所得税法》及有关收入确定规定,融资性售后回租业务中,承租人出售资产的行为,不确认为销售收入,对融资性租赁的资产,仍按承租人出售前原账面价值作为计税基础计提折旧。租赁期间,承租人支付的属于融资利息的部分,作为企业财务费用在税前扣除。

依据:《国家税务总局关于融资性售后回租业务中承租方出售资产行为有关税收问题的公告》(国家税务总局公告2010年第13号)第二条

3.2.3.7　以旧换新

销售商品以旧换新的,销售商品应当按照销售商品收入确认条件确认收入,回收的商品作为购进商品处理。

依据:《国家税务总局关于确认企业所得税收入若干问题的通知》(国税函〔2008〕875号)第一条

3.2.3.8　商业折扣

企业为促进商品销售而在商品价格上给予的价格扣除属于商业折扣,商品销售涉及商业折扣的,应当按照扣除商业折扣后的金额确定销售商品收入金额。

依据：《国家税务总局关于确认企业所得税收入若干问题的通知》(国税函〔2008〕875号)第一条

3.2.3.9 现金折扣

债权人为鼓励债务人在规定的期限内付款而向债务人提供的债务扣除属于现金折扣，销售商品涉及现金折扣的，应当按扣除现金折扣前的金额确定销售商品收入金额，现金折扣在实际发生时作为财务费用扣除。

依据：《国家税务总局关于确认企业所得税收入若干问题的通知》(国税函〔2008〕875号)第一条

3.2.3.10 销售折让和退回

企业因售出商品的质量不合格等原因而在售价上给的减让属于销售折让；企业因售出商品质量、品种不符合要求等原因而发生的退货属于销售退回。企业已经确认销售收入的售出商品发生销售折让和销售退回，应当在发生当期冲减当期销售商品收入。

依据：《国家税务总局关于确认企业所得税收入若干问题的通知》(国税函〔2008〕875号)第一条

热点问题

某公司销售商品，后因质量问题客户退货，但增值税发票未在规定期间内认证，无法开具红字发票冲销，企业所得税应如何处理？

答：该公司如能提供相关证据，如退款凭证、银行记录、资金流水记录等，证明该项退货行为确实已经发生，可在退货发生当期冲减当期商品销售收入。

3.2.3.11 买一赠一

企业以买一赠一等方式组合销售本企业商品的，不属于捐赠，应将总的销售金额按各项商品的公允价值的比例来分摊确认各项的销售收入。

依据：《国家税务总局关于确认企业所得税收入若干问题的通知》(国税函〔2008〕875号)第三条

3.3 提供劳务收入

3.3.1 劳务收入范围

《企业所得税法》第六条第(二)项所称提供劳务收入，是指企业从事建筑安装、修理修配、交通运输、仓储租赁、金融保险、邮电通信、咨询经纪、文化体育、科学研究、技术服务、教育培训、餐饮住宿、中介代理、卫生保健、社区服务、旅游、娱乐、加工以及其他劳务服务活动取得的收入。

依据：《中华人民共和国企业所得税法实施条例》第十五条

解读

《企业所得税法实施条例》第十五条列举了"劳务"所涉及的行业，主要依据的是《国民经济行业分类》(GB/T4754—2002)，同时借鉴国际通行的经济活动的同一性原则进行划分。劳务是无形的商品，是指为他人提供服务的行为，包括体力劳动和脑力劳动。该条所列举的提供劳务收入所涉及的行业也较为广泛，既包括工业，也包括第三产业等，例如，建筑安装、修理修配、交通运输、仓储租赁、金融保险、邮电通信、咨询经纪、文化体育、科学研究、技术服务、教育培训、餐饮住宿、中介代理、卫生保健、社区服务、旅游、娱乐、加工等,还包括其他提供劳务的行业。

3.3.2 劳务收入确认

企业在各个纳税期末,提供劳务交易的结果能够可靠估计的,应采用完工进度(完工百分比)法确认提供劳务收入。

提供劳务交易的结果能够可靠估计,是指同时满足下列条件:

(1) 收入的金额能够可靠地计量。

(2) 交易的完工进度能够可靠地确定。

(3) 交易中已发生和将发生的成本能够可靠地核算。

企业提供劳务完工进度的确定,可选用下列方法:

(1) 已完工作的测量。

(2) 已提供劳务占劳务总量的比例。

(3) 发生成本占总成本的比例。

企业应按照从接受劳务方已收或应收的合同或协议价款确定劳务收入总额,根据纳税期末提供劳务收入总额乘以完工进度扣除以前纳税年度累计已确认提供劳务收入后的金额,确认为当期劳务收入。同时,按照提供劳务估计总成本乘以完工进度扣除以前纳税期间累计已确认劳务成本后的金额,结转为当期劳务成本。

依据:《国家税务总局关于确认企业所得税收入若干问题的通知》(国税函〔2008〕875号)第二条

【解读】

一、收入时间的确认

企业应确认提供劳务收入的实现,需同时满足下列条件:一是收入的金额能够合理地计量;二是相关的经济利益能够流入企业;三是交易中发生的成本能够合理地计量。

二、收入方法的确认

企业受托加工制造大型机械设备、船舶、飞机等,以及从事建筑、安装、装配工程业务或者提供劳务等,持续时间超过12个月的,按照纳税年度内完工进度或者完成的工作量确认收入的实现。

企业确定提供劳务交易的完工进度,可以选用下列方法:

(1) 已完工作的测量。

(2) 已经提供的劳务占应提供劳务总量的比例。

(3) 已经发生的成本占估计总成本的比例。

三、收入金额的确认

(1) 企业应当按照从接受劳务方已收或应收的合同或协议价款确定提供劳务收入总额。

(2) 企业受托加工制造大型机械设备、船舶、飞机等,以及从事建筑、安装、装配工程业务或者提供劳务等,持续时间超过12个月的,应当在纳税年度结束时按照提供劳务收入总额乘以完工进度扣除以前会计期间累计已确认提供劳务收入后的金额,确认当期提供劳务收入。同时,按照提供劳务估计总成本乘以完工进度扣除以前会计期间累计已确认劳务成本后的金额,结转当期劳务成本。

(3) 企业提供劳务,但不按照纳税年度内完工进度或者完成的工作量确认收入的,应当分别按下列情况处理:

① 若已经发生的劳务成本预计能够得到补偿的,按照已经发生的劳务成本金额确认提供劳务收入,并按相同金额结转劳务成本。

② 若已经发生的劳务成本预计不能够得到补偿的,可暂不确认提供劳务收入,但也不将已经发生的劳务成本计入当期损益,待已经发生的劳务成本确定不能得到补偿时,作为损失扣除。

(4) 企业与其他企业签订的合同或协议包括销售商品和提供劳务时,销售商品部分和提供劳务部分能够区分且能够单独计量的,应当将销售商品的部分作为销售商品处理,将提供劳务的部分作为提供劳务处理。销售商品部分和提供劳务部分不能够区分,或虽能区分但不能够单独计量的,应当将销售商品部分和提供劳务部分全部作为销售商品处理。

热点问题

1. 跨年度工程,如果持续时间不超过12个月,如何确认收入?

答:《企业所得税法实施条例》第二十三条第二款规定:"企业受托加工制造大型机械设备、船舶、飞机,以及从事建筑、安装、装配工程业务或者提供其他劳务等,持续时间超过12个月的,按照纳税年度内完工进度或者完成的工作量确认收入的实现。"《国家税务总局关于确认企业所得税收入若干问题的通知》(国税函〔2008〕875号,以下简称国税函〔2008〕875号文件)第二条规定:"企业在各个纳税期末,提供劳务交易的结果能够可靠估计的,应采用完工进度(完工百分比)法确认提供劳务收入。"

结合上述规定,跨年度工程如果持续时间不超过12个月,企业可选择在完工年度一次性确认收入和成本,也可以参照上述规定,在每年年底按照纳税年度内完工进度或者完成的工作量确认收入的实现,同时对应确认成本。

2. 建筑施工企业未采用完工进度或者实际完成的工作量进行计算确认收入和成本,而是按照客户要求的开票时间,在开票时确认收入,或者由于不能及时取得已发生成本的相应发票,而按照已取得发票的成本根据预计毛利确认相应的收入和成本,收入和成本虽符合配比性,但滞后于实际完工进度或者实际完成的工作量,形成实际的时间性差异,对于这种情况应如何进行纳税调整?

答:根据国税函〔2008〕875号文件的规定,企业在各个纳税期末,提供劳务交易的结果能够可靠估计的,应采用完工进度(完工百分比)法确认提供劳务收入。企业应按照从接受劳务方已收或应收的合同或协议价款确定劳务收入总额,根据纳税期末提供劳务收入总额乘以完工进度扣除以前纳税年度累计已确认提供劳务收入后的金额,确认为当期劳务收入。同时,按照提供劳务估计总成本乘以完工进度扣除以前纳税期间累计已确认劳务成本后的金额,结转为当期劳务成本。

3.3.3 不同劳务方式收入的确认

3.3.3.1 安装费

安装费应根据安装完工进度确认收入。安装工作是商品销售附带条件的,安装费在确认商品销售实现时确认收入。

依据:《国家税务总局关于确认企业所得税收入若干问题的通知》(国税函〔2008〕875号)第二条

3.3.3.2 宣传媒介费

宣传媒介的收费应在相关的广告或商业行为出现于公众面前时确认收入。广告的制作费,应根据制作广告的完工进度确认收入。

依据:《国家税务总局关于确认企业所得税收入若干问题的通知》(国税函〔2008〕875号)第二条

3.3.3.3 软件费

软件费为特定客户开发软件的收费,应根据开发的完工进度确认收入。

依据:《国家税务总局关于确认企业所得税收入若干问题的通知》(国税函〔2008〕875号)第二条

3.3.3.4 服务费

包含在商品售价内可区分的服务费,在提供服务的期间分期确认收入。

依据:《国家税务总局关于确认企业所得税收入若干问题的通知》(国税函〔2008〕875号)第二条

> **热点问题**
>
> 销售商品同时收取的延保费,该收入能否按照权责发生制和收入配比的原则,作为递延收入?
>
> 答:根据《国家税务总局关于确认企业所得税收入若干问题的通知》(国税函〔2008〕875号)的规定,包含在商品售价内可区分的服务费,在提供服务的期间分期确认收入。销售商品收取的延保费可参照可区分的服务费,在提供服务的期间分期确认收入。

3.3.3.5 艺术表演、招待宴会和其他特殊活动费

艺术表演、招待宴会和其他特殊活动的收费在相关活动发生时确认收入。收费涉及几项活动的,预收的款项应合理分配给每项活动,分别确认收入。

依据:《国家税务总局关于确认企业所得税收入若干问题的通知》(国税函〔2008〕875号)第二条

3.3.3.6 会员费

申请入会或加入会员,只允许取得会籍,所有其他服务或商品都要另行收费的,在取得该会员费时确认收入。申请入会或加入会员后,会员在会员期内不再付费就可得到各种服务或商品,或者以低于非会员的价格销售商品或提供服务的,该会员费应在整个受益期内分期确认收入。

依据:《国家税务总局关于确认企业所得税收入若干问题的通知》(国税函〔2008〕875号)第二条

3.3.3.7 特许权费

属于提供设备和其他有形资产的特许权费,在交付资产或转移资产所有权时确认收入;属于提供初始及后续服务的特许权费,在提供服务时确认收入。

依据:《国家税务总局关于确认企业所得税收入若干问题的通知》(国税函〔2008〕875号)第二条

3.3.3.3.8 劳务费

长期为客户提供重复的劳务收取的劳务费,在相关劳务活动发生时确认收入。

依据:《国家税务总局关于确认企业所得税收入若干问题的通知》(国税函〔2008〕875号)第二条

热点问题

拍卖行受法院委托拍卖法院指定的资产,该资产的所有企业因破产等各种原因无法自己开具资产发票。拍卖行就资产金额全额开具增值税发票(发票上列示的卖出方为拍卖行,经咨询税务局,税务局允许此种开票方式)。拍卖行申报企业所得税时,这块开票资产金额是否可以不做收入申报,仅就收到的手续费申报收入?

答:根据总局国税函〔2008〕875号文件第一条的规定:"除企业所得税法及实施条例另有规定外,企业销售收入的确认,必须遵循权责发生制原则和实质重于形式原则。""企业销售商品同时满足下列条件的,应确认收入的实现:1.商品销售合同已经签订,企业已将商品所有权相关的主要风险和报酬转移给购货方;2.企业对已售出的商品既没有保留通常与所有权相联系的继续管理权,也没有实施有效控制;3.收入的金额能够可靠地计量;4.已发生或将发生的销售方的成本能够可靠地核算。"拍卖行对拍卖资产并不拥有所有权,因此在提供有关凭证能够证明该资产是法院委托进行拍卖的情况下,资产金额虽然开具发票可以不确认为拍卖行的销售收入。

3.4 转让财产收入

3.4.1 转让财产收入范围

《企业所得税法》第六条第(三)项所称转让财产收入,是指企业转让固定资产、生物资产、无形资产、股权、债权等财产取得的收入。

依据:《中华人民共和国企业所得税法实施条例》第十六条

解读

转让财产中的"财产"的范围,《企业所得税法实施条例》举了以下几种类型:

(1)固定资产是指企业为生产商品、提供劳务、出租或经营管理而持有的,使用寿命超过一个会计年度的财产。

(2)生物资产是指企业拥有的有生命的动植物资产,包括消耗性生物资产、生产性生物资产和公益性生物资产。

(3)无形资产企业拥有或者控制的没有实物形态的可辨认非货币性资产。无形资产只有能单独或者与相关合同、资产或负债一起,用于出售、转移、授予许可、租赁或者交换时,才能实现其经济价值。

无形资产主要包括企业的商誉、知识产权等。商誉是企业长期生产经营积累的良好声誉和信用,可折价作为财产出资入股,或者转让、出租给他人以及为他人提供担保。知识产权包括专利权、商标权和著作权(版权)以及非专利技术等,是受法律保护的智力成果。知识产权除经过以特许权使用的方式授予他人使用外,还可以依法转让,改变其权利主体,同时为出让人带来收入。

(4) 股权是指企业投资其他企业而因此享有的以其出资额(认购股份)为限的收益分配和参与经营决策的权利。股权既有财产权的性质,也有表决权、人身权的性质,但其投资收益是主要目的,因此可以作为财产转让。

(5) 债权是特定的当事人之间依据合同约定或者法律规定而发生的特定权利义务关系。"债"包括合同之债、侵权之债、不当得利之债、无因管理之债等。而债权是基于债的关系而产生的对特定相对人的财产等请求权。

债权可以通过债券形式表现,包括国债、企业债券、公司债券、金融债券等,是指特定主体发行的、约定在一定期限内还本付息的有价证券。

债券提高了债权的流通性,极大地便利了债权通过转让实现其经济价值。

> **热点问题**
>
> 问:某有限责任公司因债务纠纷,有一块地被法院强制执行,作价1 200万元,但目前尚未过户。在所得税处理上,该公司确认收入的时点,是按法院裁定书上的日期,还是按办理完土地使用权的变更日期?
>
> 答:该公司确认收入的时点,为法院终审裁定书上的日期。

3.4.2 转让股权收入

企业转让股权收入,应于转让协议生效且完成股权变更手续时,确认收入的实现。转让股权收入扣除为取得该股权所发生的成本后,为股权转让所得。企业在计算股权转让所得时,不得扣除被投资企业未分配利润等股东留存收益中按该项股权所可能分配的金额。

依据:《国家税务总局关于贯彻落实企业所得税法若干税收问题的通知》(国税函〔2010〕79号)第三条

3.4.2.1 转让代个人持有的限售股收入

因股权分置改革造成原由个人出资而由企业代持有的限售股,企业在转让时按以下规定处理:

(1) 企业转让上述限售股取得的收入,应作为企业应税收入计算纳税。

上述限售股转让收入扣除限售股原值和合理税费后的余额为该限售股转让所得。企业未能提供完整、真实的限售股原值凭证,不能准确计算该限售股原值的,主管税务机关一律按该限售股转让收入的15%,核定为该限售股原值和合理税费。

依照本条规定完成纳税义务后的限售股转让收入余额转付给实际所有人时不再纳税。

(2) 依法院判决、裁定等原因,通过证券登记结算公司,企业将其代持的个人限售股直接变更到实际所有人名下的,不视同转让限售股。

依据:《国家税务总局关于企业转让上市公司限售股有关所得税问题的公告》(国家税务总局公告2011年第39号)第二条

3.4.2.2 在限售股解禁前转让限售股的收入

企业在限售股解禁前将其持有的限售股转让给其他企业或个人(以下简称受让方),其企业所得税问题按以下规定处理:

(1) 企业应按减持在证券登记结算机构登记的限售股取得的全部收入,计入企业当年度应税收入计算纳税。

(2) 企业持有的限售股在解禁前已签订协议转让给受让方,但未变更股权登记、仍由企业持有的,企业实际减持该限售股取得的收入,依照上述第(1)项规定纳税后,其余额转付给受让方的,受让方不再纳税。

依据:《国家税务总局关于企业转让上市公司限售股有关所得税问题的公告》(国家税务总局公告2011年第39号)第三条

【案例 3-1】 "对赌协议"股权受让方收到补偿的税收处理

A公司于2016年增发股份购买B公司100%股权。交易时,B公司原主要股东C公司承诺:若B公司在2017年、2018年业绩未达到双方约定标准,则该股东向A公司支付1 000万元进行业绩补偿。2019年4月,由于B公司业绩未达约定标准,C公司向A公司支付业绩补偿1 000万元。

问题: 上述业务如何进行税收处理?

分析: "对赌协议"(Valuation Adjustment Mechanism,VAM),即"估值调整机制",其实质是交易双方在达成协议时,对未来股权价值进行约定。一般情况下,双方签订"对赌协议"时预设业绩承诺,若被转让股权企业到期不能达到业绩承诺,转让方就要按照约定对受让方以资金、股权等形式进行业绩补偿。由于对"对赌协议"本质的看法不同,目前对其税收处理主要有两种不同的典型观点:

观点一: 承诺业绩补偿本质上是对原合同价款的一种调整(以下简称合同要素调整说)。该观点认为承诺业绩补偿本质上是因合同标的未达到约定要求而对原合同价款的调整。"对赌协议"是一种估值调整机制。在交易时,由于交易双方的信息不对称,双方对交易标的公允价值的看法并不一致。为了达成交易,双方引入估值调整机制,通过"对赌协议"的承诺补偿机制来对预估价格进行调整以达到双方各自都认可的价值。因此相关合同上的交易价格并不是双方真实意愿的交易价格。虽然从"对赌协议"表面来看,承诺业绩补偿的实现并不是支付当初交易合同的对价,但实际上承诺业绩补偿是股权转让合同中对价的一部分。根据这种观点,在税收上,承诺业绩补偿是对交易价格的调整,购买方应调整其支付的成本;对应的,支付方应调整其取得的转让收入。在税务处理实践中,原海南省地方税务局在《海南省地方税务局关于"对赌协议"利润补偿企业所得税相关问题的复函》(琼地税函〔2014〕198号)中持上述观点。具体到本案例,A公司收到承诺业绩补偿应调整其对B公司长期股权投资的计税基础;对应C公司应调整其股权转让收入。

观点二：承诺业绩补偿本质上是对违约的补偿或承担保证责任的一种支出。该观点认为，"对赌协议"中的承诺在本质上是一种盈利约定或保证，故承诺业绩补偿是对违反约定的补偿或承担保证责任的一种支出。另外，由于"对赌期"的存在，特别是当"对赌期"时间较长时，如采用"合同要素调整说"，会导致该交易在税收上长时间处于一种不确定状态。因此在税法上，支付方在实际支付承诺业绩补偿时作为支出在税前列支；收款方收到时作为收入。具体到本案例，A公司在实际收到业绩承诺补偿时，直接将其作为当期收入；对应的，支付方C公司直接作为当期支出税前列支。

在实践中，采用上述两种方法进行税务处理的案例均不鲜见。笔者认为在没有明确规定的情况下，企业可以根据"对赌协议"的具体内容以及自身的情况选择其中一种税务处理方法。但需要注意的是，交易双方选取的税务处理方法必须保持一致。实际执行时，由于各地执行口径不一，建议交易双方各自咨询当地税务机关，统一选取税务处理方法。

另外，在实践中，业绩补偿还经常会采用承诺方直接用现金将业绩差额补偿给目标公司方式，目标公司收到补偿通常直接计入资本公积。此时支付方的税收处理同上，目标公司收到的补偿应作为应税收入处理。

【案例3-2】 工会转让代持股份是否要征收企业所得税的问题

2008年，A公司成立工会委员会并代职工持有5%股权（该股权在工商部门已登记至该工会委员会名下）。该工会委员会自2008年成立后长期未进行法人资格登记。2019年1月，该工会委员会首次办理了法人资格登记，取得了法人资格。2019年3月，该工会委员会转让代持的2%公司股权并取得1000万元收入。

问题：2019年，对该工会委员会转让代持股权所得是否要征收企业所得税？

分析：根据《中华人民共和国工会法》第十四条的规定，基层工会组织具备民法通则规定的法人条件的，依法取得社会团体法人资格。但在实践中，一直存在基层工会组织社团法人登记率不高的问题。2008年《企业所得税法》实行法人所得税制，未取得社团法人资格的基层工会组织是否属于企业所得税纳税人，业界一直存在争论。一般认为，因我国《企业所得税法》实行法人所得税制，故未取得社团法人资格的基层工会组织暂不属于企业所得税纳税人。而本案例的特殊性在于，该工会在取得股权时尚未有社团法人资格，但在转让股权时已经获得社团法人资格。针对股权转让所得是否要征税，目前也有两种观点。

观点一：对该工会委员会2019年转让持有股权所得应征收企业所得税。我国《企业所得税法》实行法人所得税制，而该工会委员会已经取得社团法人资格，应纳入征税范围。因此对其转让股权所得要征收企业所得税。同时参照《国家税务总局关于企业转让上市公司限售股有关所得税问题的公告》（国家税务总局公告2011年第39号）的精神，对工会委员会代员工持股份转让收入，在缴纳企业所得税后再转付给实际所有人时不再缴纳个人所得税。

观点二：对该工会委员会2019年转让持有股权所得不征收企业所得税。主要理由：我国《企业所得税法》实行法人所得税制，该工会委员会在取得代持股权时尚未取得社团法人资格,在当时不属于企业所得税纳税人且当时预期后续工会转让股权所得不用缴纳企业所得税。现在改变征税预期,加大了税收成本,税企双方争议较大。从解决历史遗留问题的角度,对工会转让代持股权所得征税应采用老人老办法,新人新办法,即在工会获得社团法人资格前取得的代持股权,在后续转让时不应征收企业所得税;在工会获得社团法人资格后取得的代持股权,在后续转让时应依法征收企业所得税。

对于工会转让代持股权所得是否要征收企业所得税的问题,各地执行口径不一。企业如遇到类似的问题,建议结合个人所得税处理向当地税务机关咨询。

3.5 股息、红利等权益性投资收益

《企业所得税法》第六条第(四)项所称股息、红利等权益性投资收益,是指企业因权益性投资从被投资方取得的收入。

股息、红利等权益性投资收益,除国务院财政、税务主管部门另有规定外,按照被投资方作出利润分配决定的日期确认收入的实现。

依据:《中华人民共和国企业所得税法实施条例》第十七条

企业权益性投资取得股息、红利等收入,应以被投资企业股东会或股东大会作出利润分配或转股决定的日期,确定收入的实现。被投资企业将股权(票)溢价所形成的资本公积转为股本的,不作为投资方企业的股息、红利收入,投资方企业也不得增加该项长期投资的计税基础。

依据:《国家税务总局关于贯彻落实企业所得税法若干税收问题的通知》(国税函〔2010〕79号)第四条

解读

一、股息、红利收入来源于权益性投资

按照投资目的不同,投资可分为债权性投资和权益性投资。

债权性投资是指为取得债权而进行的投资,如购买国债、企业债券等。债券是以合同形式明确规定投资企业与被投资企业的债权债务关系,约定投资企业在合同到期时收回本金已经按约定利率计算的利息,从而获得投资回报,其风险和收益率被固定,属于风险和收益相对较小的投资方式。

权益性投资是指为取得对另一企业净资产的所有权而进行的投资,其主要是股权投资,其收益与企业的经营效益挂钩,以投资额为限分享企业的盈利并承担企业的损失。根据《公司法》的规定,不经法定程序,在公司存续期间投资不得撤回,因此权益性投资一般无还本日期,企业如果想结束权益性投资并收回本金,则只能依法将所持股份转让。

股息、红利是企业在进行结算时,将某一阶段的盈利部分按照股东所持股份的比例分配给股东的利润。股息、红利是企业经营利润中用于分配给股东作为投资回报的一部分,是股东将企业作为其投资工具而获得的收益的重要组成部分。股息、红利收入的形式可分为现金股利和股票股利。现金股利又称派股,是指企业以现金形式分配给股东的股利;股票股利又称送红股,是指企业以增发股份的方式代替现金方式向股东派息,通常

是按照股东所持股份比例分配新股数量,以防止企业的资金流失,保证股东所获得的利润继续作为企业的投资部分,用于扩大再生产等。

二、股息、红利收入是企业从投资方取得的

股息、红利收入与转让股权的收入不同。转让股权的收入是企业将其他企业的股权转让给他人而获得的差价收入,而股息、红利收入是企业从其被投资的企业利润中获得的分配收入。如在证券市场上转让股票获得的差价收入是属于转让财产收入。又如持有股票的发行公司分配的股利则属于股息、红利收入。

三、股息、红利收入的确认时间

企业取得的股息、红利等权益性投资收益,应在被投资企业作出利润分配决策时确认收入实现,不论企业是否实际收到股息、红利等收益款项。企业应当按照从被投资企业分配的股息、红利和其他利润分配收益全额确认股息、红利收益金额。企业如用其他方式变相进行利润分配的,应将权益性投资的全部收益款项作为股息、红利收入。

值得关注的是,税法上不确认会计上按权益法核算的投资收益,这是税法与会计的重要差异之一。但对于《企业所得税法》第四十五条规定的受控外国企业规则(CFC规则)中,由居民企业,或者由居民企业和中国居民控制的设立在实际税负明显低于《企业所得税法》第四条第一款规定税率水平的国家(地区)的企业,并非由于合理的经营需要而对利润不作分配或者减少分配的,上述利润中应归属于该居民企业的部分,应当计入该居民企业的当期收入。

3.6 利息收入

《企业所得税法》第六条第(五)项所称利息收入,是指企业将资金提供他人使用但不构成权益性投资,或者因他人占用本企业资金取得的收入,包括存款利息、贷款利息、债券利息、欠款利息等收入。

利息收入,按照合同约定的债务人应付利息的日期确认收入的实现。

依据:《中华人民共和国企业所得税法实施条例》第十八条

金融企业贷款利息收入所得税处理:

(1)金融企业按规定发放的贷款,属于未逾期贷款(含展期,下同),应根据先收利息后收本金的原则,按贷款合同确认的利率和结算利息的期限计算利息,并于债务人应付利息的日期确认收入的实现;属于逾期贷款,其逾期后发生的应收利息,应于实际收到的日期,或者虽未实际收到,但会计上确认为利息收入的日期,确认收入的实现。

(2)金融企业已确认为利息收入的应收利息,逾期90天仍未收回,且会计上已冲减了当期利息收入的,准予抵扣当期应纳税所得额。

(3)金融企业已冲减了利息收入的应收未收利息,以后年度收回时,应计入当期应纳税所得额计算纳税。

依据:《国家税务总局关于金融企业贷款利息收入确认问题的公告》(国家税务总局公告2010年第23号)

解读

一、《企业所得税法》中"利息"的范围

利息收入通常理解为企业为他人提供贷款而按照约定利率获得的报酬,即贷款资金的价格。此外,实践中还可能存在其他形式的,实际效果等同于资金借贷的行为。因此,"利息"的定义应是广义的,尽量覆盖所有的同类情况。主要包括两种类型:一是企业将资金提供他人使用但不构成权益性投资。二是因企业的资金被他人占用而从他人那里取得的收入。实践中,一些企业不采取借贷形式,但因为其他原因占用了其他企业的资金,因而产生等同借贷行为的法律后果,即该企业应当按照法律规定或者双方约定的利率向提供资金的企业支付相当于利息的报酬。而这部分报酬也应属于《企业所得税法》第六条第(五)项所称的利息收入,应当依照规定缴纳企业所得税。

利息收入的形式,包括存款利息、贷款利息、债券利息、欠款利息等。

二、利息收入的确认

会计准则规定,企业的利息收入同时满足下列条件的,应当确认收入:一是相关的经济利益能够流入企业;二是收入的金额能够合理地计量。

一般而言,企业利息收入金额,应当按照有关借款合同或协议约定的金额确定。对于企业持有到期的长期债券或发放长期贷款取得的利息收入,可按照新会计准则规定采用实际利率法进行计算确定收入的实现。税法也认同企业采用实际利率法来确认利息收入的金额。

热点问题

1. 企业在筹建期间取得的存款利息收入是否需要缴纳企业所得税?

答:根据《企业所得税法》第六条的规定,企业以货币形式和非货币形式从各种来源取得的收入,为收入总额。企业筹建期内取得的存款利息收入应当计入经营开始年度的企业所得税应税收入总额中。

2. 企业(非金融企业)借款给对方,时间为2014—2016年,由于开票是在2016年11月,由地税部门代开具,请问企业在何时确认利息收入?

答:企业应根据借款双方约定的支付利息日期确认利息收入。

3.7 租金收入

《企业所得税法》第六条第(六)项所称租金收入,是指企业提供固定资产、包装物或者其他有形资产的使用权取得的收入。

租金收入,按照合同约定的承租人应付租金的日期确认收入的实现。

依据:《中华人民共和国企业所得税法实施条例》第十九条

根据《企业所得税法实施条例》第十九条的规定,企业提供固定资产、包装物或者其他有形资产的使用权取得的租金收入,应按交易合同或协议规定的承租人应付租金的日期确认收入的实现。其中,如果交易合同或协议中规定租赁期限跨年度,且租金提前次性支付的,根据《企业所得税法实施条例》第九条规定的收入与费用配比原则,出租人可对上述已确认的收入,在租赁期内,分期均匀计入相关年度收入。

出租方如为在我国境内设有机构场所,且采取据实申报缴纳企业所得的非居民企业,也按本条规定执行。

依据:《国家税务总局关于贯彻落实企业所得税法若干税收问题的通知》(国税函〔2010〕79号)第一条

> **热点问题**
>
> 1. 企业2016年7月一次性收取2016年8月到2017年2月的租金收入14 000元,其中2016年8~9月租金收入4 000元,2016年10~12月租金收入6 000元,2017年1~2月租金收入4 000元,现在缴纳企业所得税时,如何确认收入?
>
> 答:根据《国家税务总局关于贯彻落实企业所得税法若干税收问题的通知》(国税函〔2010〕79号)以及《企业所得税法实施条例》第十九条的规定,企业提供固定资产、包装物或者其他有形资产的使用权取得的租金收入,应按交易合同或协议规定的承租人应付租金的日期确认收入的实现。其中,如果交易合同或协议中规定租赁期限跨年度,且租金提前一次性支付的,根据《企业所得税法实施条例》第九条规定的收入与费用配比原则,出租人可对上述已确认的收入,在租赁期内,分期均匀计入相关年度收入。
>
> 由于问题中交易合同或协议中规定租赁期限跨年度,且租金提前一次性支付的,因此在确认收入时有两种方法可供选择:一种是将一次性收取的租金全额确认为收入,即2016年确认租金收入14 000元;另一种是分期确认收入,即2016年确认10 000元收入,2017年确认4 000元收入。
>
> 2. 商业管理企业采用出租方式与商户进行合作,商户因提前解约、违规销售等事项对商业管理企业支付的赔偿金,是否界定为租金相关内容?
>
> 答:商业管理企业取得的提前解约、违规销售的赔偿金等属于违约金收入,不属于租金收入,应按照取得收入的时点确认收入。
>
> 3. 免租期不动产收入不属于流转税收入,企业所得税收入是否也不确认?
>
> 答:对此问题,目前有两种观点:
>
> 观点一:根据《企业会计准则——租赁》的规定,出租人提供免租期的,承租人应将租金总额在不扣除免租期的整个租赁期内,按直线法或其他合理的方法进行分摊,免租期内应当确认租金费用及相应的负债。在税法未作具体规定前,可按照会计准则的规定处理。因此,免租期内应确认租赁收入。
>
> 观点二:免租期没有租金收入,不应确认租赁收入。
>
> 各地纳税人可就该问题与当地主管税务机关进行沟通,相关税务处理以主管税务机关答复为准。

3.8 特许权使用费收入

《企业所得税法》第六条第(七)项所称特许权使用费收入,是指企业提供专利权、非专利技术、商标权、著作权以及其他特许权的使用权取得的收入。

特许权使用费收入,按照合同约定的特许权使用人应付特许权使用费的日期确认收入的实现。

依据:《中华人民共和国企业所得税法实施条例》第二十条

解读

特许权使用费收入的确认,应当按照合同约定的特许权使用人应付特许权使用费的日期确认实现。《企业所得税法》的这一规定,并没有完全按照会计准则的上述规定处理,特许权使用费的支付时间是特许权使用合同的重要条款,被许可人应当按照合同约定的使用费支付时间履行支付义务,因此自合同约定的支付使用费之日起,该笔使用费在法律上就转归特许权人所有,在法律上发生财产转移的效力。这样处理,则可使特许权使用费收入与许可他人使用该特许权所付出的成本和费用在此期间内相互对应,从而反映出企业收入的真实成本,便于计算应纳税所得额。

3.9 接受捐赠收入

《企业所得税法》第六条第(八)项所称接受捐赠收入,是指企业接受的来自其他企业、组织或者个人无偿给予的货币性资产、非货币性资产。

接受捐赠收入,按照实际收到捐赠资产的日期确认收入的实现。

依据:《中华人民共和国企业所得税法实施条例》第二十一条

解读

一、捐赠的含义

捐赠是无偿给予资产的行为。捐赠的基本特征是其无偿性,这也是捐赠区别于其他财产转让的标志。无偿性即出于某种原因,对方不支付金钱或付出其他相应代价而取得某项财产,如公益事业捐赠等。《中华人民共和国合同法》对赠与合同有专门的规定,《中华人民共和国公益事业捐赠法》也规定捐赠应当是自愿和无偿的,并对自然人、法人或者其他组织自愿无偿向依法成立的公益性社会团体和公益性非营利的事业单位捐赠财产用于公益事业作了特别规定。

捐赠人是其他企业、组织或者个人。其他组织,包括事业单位、社会团体等。

二、捐赠收入的确认

企业接受的捐赠收入,按实际收到受赠资产的时间确认收入实现,即按照收付实现制原则确认,以款项的实际收付时间作为标准来确定当期收入和成本费用。

企业接受捐赠收入金额,按照捐赠资产的公允价值确定。

3.10 其他收入

《企业所得税法》第六条第(九)项所称其他收入,是指企业取得的除企业所得税法第六条第(一)项至第(八)项规定的收入外的其他收入,包括企业资产溢余收入、逾期未退包装物押金收入、确实无法偿付的应付款项、已作坏账损失处理后又收回的应收款项、债务重组收入、补贴收入、违约金收入、汇兑收益等。

依据:《中华人民共和国企业所得税法实施条例》第二十二条

解读

《企业所得税法》第六条第(一)项至第(八)项规定了八类收入种类,但是并没有穷尽所有的应税收入类型,因此又列第(九)项"其他收入"作为兜底条款。但这一兜底条款到底还包括哪些没有列明的应税收入类型,实施条例予以了明确。

《企业所得税法实施条例》首先明确了《企业所得税法》第六条第(九)项中的"其他收入"的范围,即"企业取得的除企业所得税法第六条第(一)项至第(八)项收入外的其他收入"。并列举了以下几种收入类型:

(1)企业资产溢余收入是指企业资产在盘点过程中发生的多于账面数额的资产。除了物资和现金等流动资产外,还可能包括无形资产等其他资产。

(2)逾期未退包装物押金收入。包装物押金是指纳税人为销售货物而出租或出借包装物所收取的押金。包装物的押金收取不并入销售额计征所得税,但企业收取的押金逾期未返还买方的,则成为企业实际上的一笔收入,应确认为《企业所得税法》所称收入。

(3)确实无法偿付的应付款项。根据企业财务制度的规定,企业应当按期偿还各种负债,如确实无法支付的应付款项,计入营业外收入。

(4)已作坏账损失处理后又收回的应收款项。企业的生产经营损失作为坏账损失处理后,其亏损部分可以在年度的利润中扣除,或者在今后5个年度内用利润弥补。因此,这部分损失已经在税务上作了处理。如果处理后其应收款项又被收回的,则应当重新作为企业的收入计算。

(5)债务重组收入。根据企业会计准则的规定,债务重组是指在债务人发生财务困难的情况下,债权人按照其与债务人达成的协议或者法院的裁定作出让步的事项。债务重组的方式主要包括以资产清偿债务、将债务转为资本、修改其他债务条件,如减少债务本金、减少债务利息等,以及以上3种方式的组合等。债务重组中债权人往往对债务人的偿债义务作出一定程度的让步,因此这部分让步的金额应当作为债务人的收入。

(6)补贴收入。企业取得国家财政性补贴和其他补贴收入,除国务院和国务院财政、税务主管部门规定不计入损益者外,都应当作为计算应纳税所得额的依据,依法缴纳企业所得税。

(7)违约金收入。违约金是合同一方当事人不履行合同或者履行合同不符合约定时,对另一方当事人支付的用于赔偿损失的金额。《合同法》第一百一十四条规定,当事人可以约定一方违约时应当根据违约情况向对方支付一定数额的违约金,也可以约定因违约产生的损失赔偿额的计算方法。

(8)汇兑收益。企业在汇兑人民币和外汇时可能因为汇率变化而产生差价收益,这是营业外收入的一种类型,也应当作为收入依法缴纳企业所得税。

> **热点问题**
>
> 1. 企业收到社保部门发放给员工个人的生育津贴,企业再转交给个人。企业应如何申报企业所得税?
>
> 答:生育津贴指一般法律、法规规定对职业妇女因生育而离开工作岗位期间,给予的生活费用。我国生育津贴的支付方式和支付标准分两种情况:一是在实行生育保险社会统筹的地区,支付标准按本企业上年度职工月平均工资的标准支付;二是在没有开展生育保险社会统筹的地区,生育津贴由本企业或单位支付,标准为女职工生育之前的基本工资和物价补贴。
>
> 根据《企业所得税法》及《企业所得税法实施条例》的规定,企业以货币形式和非货币形式从各种来源取得的收入,为收入总额。企业在申报企业所得税时,应将收到的该笔生育津贴先计入收入总额,再发放给个人时可以作为合理的工资、薪金支出在企业所得税税前依法扣除。
>
> 2. 对小微企业中月销售额不超过3万元的增值税小规模纳税人和营业税纳税人,暂免征收增值税和营业税。免征的营业税及同时免征的城市维护建设税、教育费附加和地方教育附加是否需要并入企业收入缴纳企业所得税?
>
> 答:根据《财政部 国家税务总局关于财政性资金 行政事业性收费 政府性基金有关企业所得税政策问题的通知》(财税〔2008〕151号)的规定,企业取得的各类财政性资金,除属于国家投资和资金使用后要求归还本金的以外,均应计入企业当年收入总额。财政性资金是指企业取得的来源于政府及其有关部门的财政补助、补贴、贷款贴息,以及其他各类财政专项资金,包括直接减免的增值税和即征即退、先征后退、先征后返的各种税收,但不包括企业按规定取得的出口退税款;国家投资,是指国家以投资者身份投入企业,并按有关规定相应增加企业实收资本(股本)的直接投资。
>
> 根据以上规定,企业直接减免的增值税及城市维护建设税、教育费附加和地方教育附加等需要并入企业收入缴纳企业所得税。

【案例3-3】 当期收入的认定问题

某市地税稽查局对T厂2011年1月1日至2013年12月31日涉税情况进行检查。检查中发现该厂与A公司曾于1993年12月签订了《联营协议书》,该协议书规定A公司以22亩土地入股与该厂联营。2011年双方因土地租赁合同发生纠纷,经某市中级人民法院调解,双方于2011年10月自愿达成协议并由人民法院作出民事调解书:T厂返还《联营协议书》中所涉22亩土地给A公司,地上所有构筑物归A公司所有;A公司补偿该厂2 600万元,根据腾空及返还情况分三笔给付。T厂于2011年收到搬迁补偿款570万元,于2012年收到200万元,以上770万元补偿款均记在"其他应付款——搬迁款"的账务科目中,由街道办事处为A公司代垫。

基于前述事实,地税稽查局认为T厂收取的770万元补偿款是根据法院民事调解书收取的补偿款,是A公司对返还土地及地上构筑物的补偿,该两笔款项应按照《企业所得税法》的规定于取得款项时确认收入。经行政处罚告知后,T厂申请听证,地税稽查局举行了听证会。地税稽查局作出处理决定书并送达T厂。T厂以银行存款向地税稽查局提供纳税担保并得到其确认,并向市地税局申请行政复议。市地税局举行了行政复议听证会,作出《税务行政复议决定书》,决定维持地税稽查局对该厂所作的税务处理决定并依法送达。T厂不服,在法定期限内提起诉讼。

该案双方主要争议的焦点在于:T厂取得的770万元,根据税法的相关规定是否应当确认为收入并缴纳企业所得税。

一审法院认为,《企业所得税法》第一条规定:"在中华人民共和国境内,企业和其他取得收入的组织(以下统称企业)为企业所得税的纳税人,依照本法的规定缴纳企业所得税。"《企业所得税法》第六条规定,企业以货币形式和非货币形式从各种来源取得的收入为收入总额。《企业所得税法实施条例》第九条规定:"企业应纳税所得额的计算,以权责发生制为原则,属于当期的收入和费用,不论款项是否收付,均作为当期的收入和费用;不属于当期的收入和费用,即使款项已经在当期收付,均不作为当期的收入和费用。"根据《国家税务总局关于确认企业所得税收入若干问题的通知》(国税函〔2008〕875号,以下简称《税务总局通知》)的规定,企业销售收入的确认,必须遵循权责发生制原则和实质重于形式原则。税法的实质重于形式原则是指企业应当按照交易或事项的经济实质进行应纳税所得额的计算。民事调解书载明,T厂取得了由街道办事处代A公司垫付的770万元,但该款项的取得与民事调解书中约定的付款进度并不完全一致,且由于该调解书中约定的承租户占有的房屋及土地的返还等并未履行,再结合街道办事处出具的情况说明等证据,该770万元款项应当是预付给该厂的搬迁费用,不应被确认为收入并缴纳企业所得税。判决撤销某市地税稽查局作出的税务处理决定书;撤销某市地税局作出的税务行政复议决定书。

某市地税稽查局向该市中级人民法院提起上诉。

二审法院认为,该争议焦点涉及三个问题的厘清:(1)当期收入的认定;(2)权责发生制的理解与适用;(3)《税务总局通知》是否适用。

关于当期收入的认定。当期是企业所得税的纳税年度,持续经营的企业以公历1月1日至公历12月31日为一个当期。税法上的收入是企业以货币形式和非货币形式从各种来源取得的收入。《企业所得税法》第六条规定:"企业以货币形式或非货币形式从各种来源取得的收入,为收入总额。"其中,其他收入是指《企业所得税法》第六条规定的除第(一)项至第(八)项以外的其他收入。根据《企业所得税法实施条例》第二十二条的规定,《企业所得税法》第六条第(九)项所称的其他收入,包括企业资产溢余收入,逾期未退包装物押金收入,确实无法偿付的应付款项,已作坏账处理后又收回的应收款项,债务重组收入,补贴收入,违约金收入,汇兑收益等。应纳税所得额是指企业每个纳税年度的收入总额减除不征税收入、免税收入、各项扣除以及允许弥补以前年度亏损后的余额为应纳税所得额。本案中,T厂共收到街道代A公司垫付的搬迁补偿款770万元,其中2011年度为570万元,2012年度为200万元,该款项虽在会记科目上记入"其他应付款——搬迁款"中,但均于当年度入账,鉴于T厂对移交的固定资产未作任何账务处理,地税稽查局对T厂相应年度的应纳税所得额作相应的调增与调减,且该计算方法T厂亦不持异议。故案涉《税务处理决定书》中将 770 万元款项认定为收入,并据此对企业应纳税所得额作相应调整于法有据。《税务行政复议决定书》对该处理决定予以维持并无不当。《企业所得税法》第一条规定,在中华人民共和国境内,企业和其他取得收入的组织为企业所得税的纳税人,依照本法的规定缴纳企业所得税。T 厂主张该款项为搬迁补偿款,不应算作当期收入,无须缴纳企业所得税的主张不能成立。

关于权责发生制的理解与适用。权责发生制是指企业所得税法、会计计量和企业所得税征收的基本原则。结合《企业所得税法实施条例》第九条的规定,企业应纳税所得额的计算,以权责发生制为原则,属于当期的收入和费用,无论款项是否收付,均作为当期的收入和费用,不属于当期的收入和费用,即使款项已经在当期收付,均不作为当期的收入和费用,以权利是否实现,义务是否履行,作为判断收入和费用的确认时间标准。本案中,根据民事调解书确定的内容,双方当事人系按照交房进度支付相应款项,街道代 A 公司向 T 厂垫付的每一笔款项均以土地、构筑物返还为前提,T 厂在取得相应款项前,已将自己占有房屋腾空移交,同时还清理了承租户租用的房屋并移交,对于 A 公司,T 厂已完成了调解书约定的相应义务,对于 T 厂,实际享有了收取相应款项的权利,且款项已于相应年度实际入账。因搬迁、清理发生的费用,如当期无法计算或未实际发生,亦可于此后相应发生年度在计算应纳税所得额时予以扣除。至于历次移交均由街道出面,结合 A 公司成立运行的历史沿革,并不影响权责发生制的适用。根据《企业政策性搬迁所得税管理办法》的有关精神,政策性搬迁是指由于社会公共利益的需要,在政府主导下企业整体搬迁或部分搬迁,不包括企业自行搬迁或商业性搬迁等情形。T 厂系根据人民法院生效的民事调解书腾空并返还土地及房屋并取得相应补偿。一审法院鉴于款项收付比例与房屋交付面积比例不完全对应,认定 770 万元款项的取得与民事调解书约定的付款进度不完全一致,进而排除权责发生制的适用,确认街道预付给 T 厂的搬迁费用不应被确认为收入并缴纳企业所得税不当,依法应予纠正。

关于《税务总局通知》是否适用。《税务总局通知》系国家税务总局就《企业所得税法》第六条规定的九种形式中的第(一)项销售货物收入、第(二)项提供劳务收入应如何确认企业所得税收入的专项规定。《税务总局通知》规定,除《企业所得税法》及《企业所得税法实施条例》另有规定外,企业销售收入的确认,必须遵循权责发生制原则和实质重于形式原则。实质重于形式原则是指企业应当按照交易或事项的经济实质进行应纳税所得额的计算。这是当一个行为的法律形式和经济性质之间有差异时如何作最后处理的原则。当经济事实和法律形式不一致时,要否定其形式而重视其实质,但其适用必须要有明确的法律规定和授权。该两项原则,系规定确认企业销售收入时应遵循的原则。关于劳务收入的确认,《税务总局通知》中规定,企业在各个纳税期末,提供劳务交易的结果能够可靠估计的,应采用完工进度(完工百分比)法确认提供劳务收入。T 厂营业执照载明,其经营范围为:实验仪器及装置制造、销售;自营和代理各类商品和技术的进出口业务。T 厂并无有关提供劳务交易的资质,至于清理承租户是否属于提供劳务,抑或是一种特殊的劳务,T 厂并未提交相关证据予以证明。故《税务总局通知》于本案不应适用。T 厂认为涉案的款项是预付的搬迁、劳务费用,清理承租户所收取的款项系劳务收入的主张依法不能成立。

综上,二审撤销一审法院行政判决;驳回T厂的诉讼请求。

分析:(1)根据《企业所得税法》第六条的规定,企业以货币形式和非货币形式从各种来源取得的收入,为收入总额。包括:①销售货物收入;②提供劳务收入;③转让财产收入;④股息、红利等权益性投资收益;⑤利息收入;⑥租金收入;⑦特许权使用费收入;⑧接受捐赠收入;⑨其他收入。

这个案例涉及如何理解"其他收入"。根据《企业所得税法实施条例》的规定,《企业所得税法》第六条第(九)项所称其他收入,是指企业取得的除企业所得税法第六条第(一)项至第(八)项规定的收入外的其他收入,包括企业资产溢余收入、逾期未退包装物押金收入、确实无法偿付的应付款项、已作坏账损失处理后又收回的应收款项、债务重组收入、补贴收入、违约金收入、汇兑收益等。

一般认为,根据《企业所得税法》第六条的规定:"企业以货币形式和非货币形式从各种来源取得的收入,为收入总额",因此不包括在前八项收入的其他各种收入包括补偿收入都应作为其他收入,计算缴纳企业所得税。但是企业认为"其他收入"应为《企业所得税实施条例》中正列举的,除此以为不应为企业所得税应税收入,这显然是不符合立法原意的理解。

(2)权责发生制与收付实现制是会计确认的两种不同的原则,对于没有学习过财务会计知识的人而言,确实很难正确理解权责发生制的原理。一审法院在解读权责发生制时,有失偏颇。很多财务人员看到一审判决时也表示不能理解法院的解读。这也说明,在税务工作中很多习以为常的"常识",也许在司法机关的眼中并不是常识。在行政诉讼过程中,税务机关也要将此类术语和原则说清楚,并让法官理解和接受。

3.11 分期确认收入

企业的下列生产经营业务可以分期确认收入的实现:

(1)以分期收款方式销售货物的,按照合同约定的收款日期确认收入的实现。

(2)企业受托加工制造大型机械设备、船舶、飞机,以及从事建筑、安装、装配工程业务或者提供其他劳务等,持续时间超过12个月的,按照纳税年度内完工进度或者完成的工作量确认收入的实现。

依据:《中华人民共和国企业所得税法实施条例》第二十三条

3.12 产品分成收入

采取产品分成方式取得收入的,按照企业分得产品的日期确认收入的实现,其收入额按照产品的公允价值确定。

依据:《中华人民共和国企业所得税法实施条例》第二十四条

解读

产品分成,即多家企业在合作进行生产经营的过程中,合作各方对合作生产出的产品按照约定进行分配,并以此作为生产经营收入。由于产品分成是一种以实物代替货币作为收入的,而产品的价格又随着市场供求关系而波动,因此只有在分得产品的时刻确认收入的实现,才能够体现生产经营的真实所得。

3.13 视同销售收入

企业发生非货币性资产交换,以及将货物、财产、劳务用于捐赠、偿债、赞助、集资、广告、样品、职工福利或者利润分配等用途的,应当视同销售货物、转让财产或者提供劳务,但国务院财政、税务主管部门另有规定的除外。

依据:《中华人民共和国企业所得税法实施条例》第二十五条

企业发生下列情形的处置资产,除将资产转移至境外以外,由于资产所有权属在形式和实质上均不发生改变,可作为内部处置资产,不视同销售确认收入,相关资产的计税基础延续计算。

(1)将资产用于生产、制造、加工另一产品。
(2)改变资产形状、结构或性能。
(3)改变资产用途(如自建商品房转为自用或经营)。
(4)将资产在总机构及其分支机构之间转移。
(5)上述两种或两种以上情形的混合。
(6)其他不改变资产所有权属的用途。

企业将资产移送他人的下列情形,因资产所有权属已发生改变而不属于内部处置资产,应按规定视同销售确定收入。

(1)用于市场推广或销售。
(2)用于交际应酬。
(3)用于职工奖励或福利。
(4)用于股息分配。
(5)用于对外捐赠。
(6)其他改变资产所有权属的用途。

依据:《国家税务总局关于企业处置资产所得税处理问题的通知》(国税函〔2008〕828号,以下简称国税函〔2008〕828号文件)第一条、第二条

企业发生国税函〔2008〕828号文件第二条规定的情形时,2008年度到2015年度,属于企业自制的资产,应按企业同类资产同期对外销售价格确定销售收入;属于外购的资产,可按购入时的价格确定销售收入。2016年度及以后年度的,以被移送资产的公允价值确定销售收入。

依据:《国家税务总局关于企业所得税有关问题的公告》(国家税务总局公告2016年第80号)

> **热点问题**
>
> 1. 某公司销售了一台设备,在保修期内为客户免费更换了零件,要视同销售确认收入吗?

答：一般情况下，此类情况资产（零件）所属权已改变，不是内部处置资产，企业所得税应视同销售处理。但如前期销售合同中，已将该项服务作为销售合同的一部分，包含在前期售价之中，那么此时就不应再确认收入。

2. 视同销售中，对应的费用、支出税前扣除的金额如何处理？

答：企业在发生《国家税务总局关于企业处置资产所得税处理问题的通知》（国税函〔2008〕828号）第二条规定的将资产移送他人情形时，在税收上的处理涉及两方面：一方面要视同销售确认收入，另一方面要确认相关的费用或支出金额。而按什么金额确认对应的费用或支出，目前有两种观点。为了便于理解，我们举个例子。假设某企业将1件自产的产品用于市场推广，产品的成本是80元，对外销售价格是100元，那么税法上允许税前扣除的销售费用金额是80元还是100元（假设不考虑增值税的影响）？目前，对此问题有两种观点：

观点一：按照资产的原计税成本金额确认对应的费用或支出金额。对应到上述案例，这种观点认为允许税前扣除的销售费用金额是80元。理由如下：一是无论是视同销售还是真实销售，只实现了"所得"，并没有提高资产的计税成本。只有购入行为才可以提高计税成本，而视同销售的业务中并不存在一个"视同购入"的过程，因此对应资产的计税基础不能调整，其使用该资产形成的费用或支出金额应按原计税成本确定。二是根据《国家税务总局关于企业所得税应纳税所得额若干税务处理问题的公告》（国家税务总局2012年第15号公告）第八条的规定，根据《企业所得税法》第二十一条的规定，对企业依据财务会计制度规定，并实际在财务会计处理上已确认的支出，凡没有超过《企业所得税法》和有关税收法规规定的税前扣除范围和标准的，可按企业实际会计处理确认的支出，在企业所得税前扣除，计算其应纳税所得额。目前大部分视同销售的会计处理都是按资产原计税基础金额确认对应的费用或支出金额。因此税法上也按照视同销售资产的原计税成本金额确认对应的费用或支出金额。

观点二：按照视同销售的收入金额同时确认对应的费用或支出金额。对应到上述案例，这种观点认为允许税前扣除的销售费用金额是100元。理由基于如下几点：一是在视同销售中，资产在税法上已确认自身的增值，其税收属性已经充分体现。既然资产的税收属性已经体现，那么基于对等性原则，对应的资产计税基础就应一并调整，使用该资产形成的费用或支出金额应和视同销售的收入金额一致。二是从税收中性原则考量。所有的视同销售业务在操作时基本上都可以拆分为对外销售形成债权，再将债权转成费用或支出或抵销债务这两步（其原理与非货币性资产抵债业务类似），而税收中性原则要求对于经济实质相同的业务，无论其交易形式如何多变，其税收待遇应当保持一致，因此企业允许税前扣除的销售费用金额应为视同销售的收入金额。三是《国家税务总局关于企业所得税应纳税所得额若干税务处理问题的公告》（国家税务总局2012年第15号公告）第八条规定的表述用的是"可"字，并不是强制性要求。税务机关和纳税人都有选择权。

两种观点中，第二种观点对纳税人较有利。目前总局对此问题暂未明确，纳税人可具体咨询当地税务机关。

3. 视同销售的对应费用、支出金额中包含的销项税金额,能否在税前扣除?

答:这个问题之所以会被提出,主要是因为企业所得税法及实施条例规定,企业发生的除企业所得税和允许抵扣的增值税以外的各项税金及其附加才准予在计算应纳税所得额时扣除。上述规定主要讲的是税金直接扣除的情况,不包括间接扣除,而在视同销售业务中,资产的销项税是包含在对应的费用或支出金额中的,因此我们认为费用、支出金额中包含的销项税金额可以税前扣除。

不同形式取得财产转让等收入确认方法根据《企业所得税法实施条例》第二十五条的规定,企业以不同形式取得财产转让等收入征收企业所得税确认方法如下:

(1)企业取得财产(包括各类资产、股权、债权等)转让收入、债务重组收入、接受捐赠收入、无法偿付的应付款收入等,不论是以货币形式还是非货币形式体现,除另有规定外,均应一次性计入确认收入的年度计算缴纳企业所得税。

(2)《国家税务总局关于企业取得财产转让等所得企业所得税处理问题的公告》(国家税务总局公告2010年第19号)自发布之日(2010年10月27日)起30日后施行。2008年1月1日至施行前,各地就上述收入计算的所得,已分5年平均计入各年度应纳税所得额计算纳税的,在发布后,对尚未计算纳税的应纳税所得额,应一次性作为本年度应纳税所得额计算纳税。

依据:《国家税务总局关于企业取得财产转让等所得企业所得税处理问题的公告》(国家税务总局公告2010年第19号)

3.14 不征税收入

收入总额中的下列收入为不征税收入:
(1)财政拨款。
(2)依法收取并纳入财政管理的行政事业性收费、政府性基金。
(3)国务院规定的其他不征税收入。

依据:《中华人民共和国企业所得税法》第七条

《企业所得税法》第七条第(一)项所称财政拨款,是指各级人民政府对纳入预算管理的事业单位、社会团体等组织拨付的财政资金,但国务院和国务院财政、税务主管部门另有规定的除外。

《企业所得税法》第七条第(二)项所称行政事业性收费,是指依照法律法规等有关规定,按照国务院规定程序批准,在实施社会公共管理,以及在向公民、法人或者其他组织提供特定公共服务过程中,向特定对象收取并纳入财政管理的费用。

《企业所得税法》第七条第(二)项所称政府性基金,是指企业依照法律、行政法规等有关规定,代政府收取的具有专项用途的财政资金。

《企业所得税法》第七条第(三)项所称国务院规定的其他不征税收入,是指企业取得的,由国务院财政、税务主管部门规定专项用途并经国务院批准的财政性资金。

依据:《中华人民共和国企业所得税法实施条例》第二十六条

解读

税法主要明确了以下几个涉及不征税收入的具体范围的概念：

(1) 财政拨款。需要具备的条件：一是主体为各级政府，即负有公共管理职责的各级国家行政机关；二是拨款对象为纳入预算管理的事业单位、社会团体等组织，关键在于"纳入预算管理"；三是拨款为财政资金，被列入预算支出的。同时，考虑到财政拨款界定标准的复杂性，《企业所得税法实施条例》第二十六条专门明确，授权国务院和国务院财政、税务主管部门可以对一些特殊情形另作规定。

企业实际收到的财政补贴和税收返还等，按照现行会计准则的规定，属于政府补助的范畴，被排除在税法所谓的"财政拨款"之外，会计核算中计入企业的"营业外收入"科目，除企业取得的出口退税（增值税进项）外，一般作为应税收入征收企业所得税。

(2) 行政事业性收费。行政事业性收费主要具备这样几个条件：①根据法律法规等有关规定，并依照国务院规定程序批准，即行政事业性收费在实体上和程序上有据可依；②以实施社会公共管理为目的，并在向公民、法人或者其他组织提供特定公共服务过程中收取的，这表明行政事业性收费是为社会提供公共服务的企业，为补偿其公共服务的成本费用而收取的；③向特定对象收取，即收取对象只限于直接从该公共服务中受益的特定群体，而不是像税收一样对广大纳税人普遍进行征收；④纳入财政管理，即执行收支两条线管理，收费上缴国库，不得坐收坐支。

(3) 政府性基金。按照《企业所得税法实施条例》第二十六条的规定，政府性基金主要应当具备这样几个条件：①有法律、行政法规等有关规定作为依据；②企业代政府收取的；③具有专项用途，政府性基金通常是国家为对某一领域进行支持而征收的资金，因此必须专款专用，不得挪用他途；④性质为财政资金，即上缴国库，纳入预算管理。

(4) 国务院规定的其他不征税收入。《企业所得税法实施条例》第二十六条明确规定，其他不征税收入是指企业取得的，由国务院财政、税务主管部门报国务院批准的有专门用途的财政性资金。即需要具备两方面的条件：一是在设定主体上，应当经国务院批准，由国务院财政、税务主管部门规定，实践中通常是由国务院财政、税务主管部门制定，报国务院批准后执行；二是属于具有专项用途的财政性资金。

3.14.1 不征税收入确认条件

企业从县级以上各级人民政府财政部门及其他部门取得的应计入收入总额的财政性资金，凡同时符合以下条件的，可以作为不征税收入，在计算应纳税所得额时从收入总额中减除：

(1) 企业能够提供规定资金专项用途的资金拨付文件。

(2) 财政部门或其他拨付资金的政府部门对该资金有专门的资金管理办法或具体管理要求。

(3) 企业对该资金以及以该资金发生的支出单独进行核算。

依据：《财政部 国家税务总局关于专项用途财政性资金企业所得税处理问题的通知》（财税〔2011〕70号，以下简称为财税〔2011〕70号文件）第一条

解读

安置残疾人的企业取得的即征即退增值税收入，是否征收企业所得税？

自从2008年1月1日《企业所得税法》实施以来，对安置残疾人企业取得的即征即退增值税收入的处理便一直争论不休，各地执行不一。总体说来有三种意见：一种是其为应税收入，应并入企业收入总额，计算缴纳企业所得税；另一种是其为免税收入；最后一种是其为不征税收入。

争议的源头是2007年6月15日财政部、国家税务总局发布的《财政部 国家税务总局关于促进残疾人就业税收优惠政策的通知》（财税〔2007〕92号，以下简称财税〔2007〕92号文件）。财税〔2007〕92号文件第二条规定，"对单位按照第一条规定取得的增值税退税或营业税减税收入，免征企业所得税"。2008年《企业所得税法》实施以后，上述规定是否仍然有效？

一种观点是上述规定自2008年1月1日起失效。理由是《财政部 国家税务总局关于企业所得税若干优惠政策的通知》（财税〔2008〕1号）第五条规定，除《企业所得税法》《企业所得税法实施条例》《国务院关于实施企业所得税过渡优惠政策的通知》（国发〔2007〕39号）、《国务院关于经济特区和上海浦东新区新设立高新技术企业实行过渡性税收优惠的通知》（国发〔2007〕40号）及本通知规定的优惠政策以外，2008年1月1日之前实施的其他企业所得税优惠政策一律废止。各地区、各部门一律不得越权制定企业所得税的优惠政策。根据上述规定，财税〔2007〕92号文件中关于企业所得税优惠部分（第二条）的内容，自2008年1月1日起作废。因此安置残疾人的企业取得的即征即退增值税收入如不符合不征收收入条件，应将其计入当年收入总额，计算缴纳企业所得税。

另一种观点是，财税〔2007〕92号文在2008年1月1日后继续全文有效。理由是财政部、国家税务总局一直未明确发文废止该文件中的任何条款；一直到了2016年5月5日，财政部、国家税务总局发布的《财政部 国家税务总局关于促进残疾人就业增值税优惠政策的通知》（财税〔2016〕52号）才将财税〔2007〕92号文件自2016年5月1日起全文废止。故2008年1月1日至2016年5月1日，安置残疾人企业取得的即征即退增值税收入应为免税收入。

最后一种观点是采用了折中的处理方式，回避财税〔2007〕92号文有效性问题。实际执行时，将安置残疾人企业取得的即征即退增值税收入作为不征税收入处理，递延纳税（不征税收入实质上不是对纳税人的一种税收优惠）。

综上，在2016年5月1日之后，因财税〔2007〕92号文被废止，故对于安置残疾人企业取得的即征即退增值税收入不符合不征税收入条件，应当计入企业当年收入总额，征收企业所得税。

热点问题

1. 母公司取得符合不征税收入的财政性资金，后将该笔资金拨给其下属子公司使用，子公司取得这笔收入是否缴纳企业所得税？

答：母子公司是独立缴纳企业所得税的，因此子公司取得母公司的这笔资金，如果属于收入范畴,且不符合不征税条件,应作为企业所得税应税收入。

2. 本年度取得人社部门的企业稳岗补贴款,计入"其他应付款",是否应并入当年度的应纳税所得额?

答:企业从政府、机关事业单位取得的补贴款是否作应税收入处理,主要取决于其是否符合不征税收入的条件,不符合条件的,应作为应税收入处理。

3. 企业从镇政府取得的扶持资金是否属于不征税收入?

答:镇政府不属于县级以上人民政府的其他部门,因此上述收入不符合财税〔2011〕70号文件的规定,不能作为不征税收入。

4. 某公司收到省体育发展基金50万元,企业未单独开具账户结算基金汇入企业已开立的基本账户,这种情况下是否可以作为不征税收入?

答:在上述情况下,如果企业能够根据财税〔2011〕70号文件的规定,对该资金以及以该资金发生的支出单独进行核算,可以作为不征税收入。

5.《财政部 国家税务总局关于软件产品增值税政策的通知》(财税〔2011〕100号)规定,取得的即征即退增值税款,可以作为不征税收入,对于不征税收入相应的资本化支出,比如,不征税收入100万元,购置资产按10年折旧,前5年100万元收入不缴税,同时50万元折旧纳税调增,第6年如何进行纳税调整?应当调增50万元,还是调增10万元同时在第7、8、9、10年每年调增10万元?

答:根据不征税收入的构成条件,企业取得的即征即退增值税税款,企业对该资金以及以该资金发生的支出单独进行核算,才能够确认为不征税收入,否则应作为征税收入处理。

观点一:不征税收入的支出并非一定界定为费用化支出,不征税收入对应的资本化支出,对第六年尚未进行纳税调整的部分,在第六年一并进行调整。

观点二:取得的不征税收入100万元,在取得时已经购买了固定资产,已经用完了,因此,应在第六至第十年对企业按会计规定计提的该项固定资产折旧10万元,每年调增应纳税所得额10万元。

由于不征税收入相应的资本化支出的规定也不明朗,具体以主管税务机关答复为准。

6. 某科技创业企业是引进"321"及"1000人计划"人才成立的研发企业,取得的政府补助款,是属于企业的不征税收入,还是属于个人的收入?

答:属于企业的收入,如该收入符合财税〔2011〕70号文件规定条件的,则可以作为企业的不征税收入。

7. 新"政府补助"准则下,企业取得的土地出让金返还如何处理?

答:会计准则中,政府补助是指企业从政府无偿取得货币性资产或非货币性资产。主要形式包括政府对企业的无偿拨款、税收返还、财政贴息,以及无偿给予非货币性资产等。分为与资产相关的政府补助和与收益相关的政府补助。与资产相关的政府补助,是指企业取得的、用于购建或以其他方式形成长期资产的政府补助。会计上有两种处理方法可供选择:一是将与资产相关的政府补助确认为递延收益,随着资产的使用而逐步结转入损益;二是将补助冲减资产的账面价值,以反映长期资产的实际取得成本。与收益相关的政府补助,是指除与资产相关的政府补助之外的政府补助。通常在满足补助所附条件时计入当期损益或冲减相关资产的账面价值。

情形一:返还的土地出让金是政府给企业的"招商引资"奖励。

在会计处理上,这种奖励与企业日常生产经营无关,记入"营业外收入"科目。在税收处理上,这种奖励通常没有专门用途,一般不符合不征税收入的条件,因此是应税收入,按规定计算缴纳企业所得税。

情形二:返还的土地出让金作为国家资本金投入。

在会计处理上,这部分返还的资本金,一般是进入权益类科目(实收资本或资本公积科目),不作为企业所得税的应税收入。

情形三:返还的土地出让金作为企业建设市政配套设施的补助或者企业实施拆迁的补助。

返还的土地出让金作为企业建设市政配套设施的补助,根据会计准则,这种类型的返还,是与资产相关的政府补助。会计上可以选择确认为递延收益,随着资产使用逐步结转入损益;或者冲减资产账面价值。

返还的土地出让金作为企业实施拆迁的补助,返还收入是与收益相关的政府补助,根据会计准则,在满足补助所附条件时计入当期损益或冲减项目的开发成本。

上述情形,在所得税申报缴纳时,这些返还实质上因为企业建设了市政配套设施或实施拆迁所取得的收入,应计入应税收入,并结转相应的成本费用,申报缴纳企业所得税。

实践中,这些"返还款"形式多样,情形各异,但从税法上看,主要根据相应的政府批文、支付单据等资料结合税法规定的不征税收入条件判定其是应收入还是不征税收入,然后根据具体情形判断纳税义务发生时间。

3.14.2 政府划拨资产不征税案例分析

【案例3-4】 政府划拨资产不征税

某区地税局收到举报线索,称2012年4月A经济技术开发区管理委员会将A经济技术开发区两处房产、内部部分道路及附属物价值共计1 407 171 360.93元无偿划拨给B公司,B公司未就取得上述所得申报缴纳企业所得税。

2016年7月该区地税局重点围绕资产划拨开展了核查,经核查确认:2012年3月A经济技术开发区管理委员会发文《关于对B公司划拨资产的通知》,将管委会名下道路及附属物等共1 407 171 360.93元资产划拨给B公司,专项用于开发区基础设施建设。相关资产按照《A经济技术开发区公益性国有资产管理办法(试行)》规定进行管理。

B公司接受上述无偿划拨资产共计1 407 171 360.93元,财务处理为:

借:其他非流动资产　　　　　　　　　　　　　　　　　1 407 171 360.93
　　贷:资本公积——其他资本公积　　　　　　　　　　　1 407 171 360.93

B公司对上述资产未计提折旧，2012年也未就该资产并入企业所得税收入申报缴纳企业所得税；无偿划拨的两处建筑物：开发区办公楼、加工区管理大楼及篮球场，B公司无偿给A经济技术开发区管理委员会使用。

B公司已提供资产划拨文件：《关于对B公司划拨资产的通知》，资产管理办法《A经济技术开发区公益性国有资产管理办法（试行）》及资产独立核算相关证明。以上文件均由A经济技术开发区管委会出具，开发区管委会为某市政府派出机构，机构规格为副厅级。

分析： 根据《国家税务总局关于企业所得税应纳税所得额若干问题的公告》（国家税务总局公告2014年第29号，以下简称为国家税务总局公告2014年第29号文件）第一条第二款规定，县级以上人民政府将国有资产无偿划入企业，凡指定专门用途并按《财政部 国家税务总局关于专项用途财政性资金企业所得税处理问题的通知》（财税〔2011〕70号）规定进行管理的，企业可作为不征税收入进行企业所得税处理。其中，该项资产属于非货币性资产的，应按政府确定的接收价值计算不征税收入。

同时根据财税〔2011〕70号文件规定，企业从县级以上各级人民政府财政部门及其他部门取得的应计入收入总额的财政性资金，凡同时符合以下条件的，可以作为不征税收入，在计算应纳税所得额时从收入总额中减除：

（1）企业能够提供规定资金专项用途的资金拨付文件。

（2）财政部门或其他拨付资金的政府部门对该资金有专门的资金管理办法或具体管理要求。

（3）企业对该资金以及以该资金发生的支出单独进行核算。

对照不征税收入相关税法规定，企业提供了专项用途的拨付文件、专门资金管理办法，同时提供证明其对这块资金以及资金支出单独核算，且A经济技术开发区管委会作为市政府派出机构，出具的文件也符合县级以上政府级别的要求。

但是，《财政部 国家税务总局关于财政性资金行政事业性收费政府性基金有关企业所得税政策问题的通知》（财税〔2008〕151号）明确了财政性资金的定义，是指企业取得的来源于政府及其有关部门的财政补助、补贴、贷款贴息，以及其他各类财政专项资金，包括直接减免的增值税和即征即退、先征后退、先征后返的各种税收，但不包括企业按规定取得的出口退税款。

考虑到财税〔2011〕70号文件主要是针对财政性资金的处理方式，未对资产的处理进行明确，因此，本书认为在适用国家税务总局公告2014年第29号文件时，企业提供的《A经济技术开发区重点企业财政扶持划拨资产管理办法（试行）》中明确规定财政划拨资产用于开发区基础设施建设，可作为资产处理的有效证明文件。因此，可按国家税务总局公告2014年第29号文件第一条第二款规定进行处理。同时，该规定中明确划拨资产按照财税〔2011〕70号文件处理，因此，上述事项可以按照财税〔2011〕70号文件的相关要求进行处理。

3.14.3 财政性资金处理

财政性资金是指企业取得的来源于政府及其有关部门的财政补助、补贴、贷款贴息，以及其他各类财政专项资金,包括直接减免的增值税和即征即退、先征后退、先征后返的各种税收,但不包括企业按规定取得的出口退税款。

(1) 企业取得的各类财政性资金,除属于国家投资和资金使用后要求归还本金的以外,均应计入企业当年收入总额。

国家投资,是指国家以投资者身份投入企业,并按有关规定相应增加企业实收资本(股本)的直接投资。

(2) 对企业取得的由国务院财政、税务主管部门规定专项用途并经国务院批准的财政性资金,准予作为不征税收入,在计算应纳税所得额时从收入总额中减除。

(3) 纳入预算管理的事业单位、社会团体等组织按照核定的预算和经费报领关系收到的由财政部门或上级单位拨入的财政补助收入,准予作为不征税收入,在计算应纳税所得额时从收入总额中减除,但国务院和国务院财政、税务主管部门另有规定的除外。

依据:《财政部 国家税务总局关于财政性资金 行政事业性收费 政府性基金有关企业所得税政策问题的通知》(财税〔2008〕151号)

3.14.4 政府性基金和行政事业性收费的处理

(1) 企业按照规定缴纳的、由国务院或财政部批准设立的政府性基金以及由国务院和省、自治区、直辖市人民政府及其财政、价格主管部门批准设立的行政事业性收费,准予在计算应纳税所得额时扣除。

企业缴纳的不符合上述审批管理权限设立的基金、收费,不得在计算应纳税所得额时扣除。

(2) 企业收取的各种基金、收费,应计入企业当年收入总额。

(3) 对企业依照法律、法规及国务院有关规定收取并上缴财政的政府性基金和行政事业性收费,准予作为不征税收入,于上缴财政的当年在计算应纳税所得额时从收入总额中减除;未上缴财政的部分,不得从收入总额中减除。

依据:《财政部 国家税务总局关于财政性资金 行政事业性收费 政府性基金有关企业所得税政策问题的通知》(财税〔2008〕151号)

3.14.5 不征税收入用于支出费用的处理

企业的不征税收入用于支出所形成的费用,不得在计算应纳税所得额时扣除;企业的不征税收入用于支出所形成的资产,其计算的折旧、摊销不得在计算应纳税所得额时扣除。

依据:《财政部 国家税务总局关于财政性资金 行政事业性收费 政府性基金有关企业所得税政策问题的通知》(财税〔2008〕151号)

3.14.6 外交人员服务局出售馆舍收入的处理

鉴于外交馆舍属于政府资产,外交人员服务局是代表政府对外交馆舍行使经营管理权,财政部曾以《关于外交人员服务局将出售馆舍款留作更改资金的复函》[(92)财外字第805号]明确规定,该局根据政府间协议出售馆舍收入可视同国家财政拨款,全部留用,专款用于改造老馆舍、公寓及附属设施。因此,在企业所得税处理上,该局取得的上述收入,也视同国家财政拨款,不计入当期应纳税所得额,专款用于改造老馆舍、公寓及附属设施。

依据:《国家税务总局关于外交人员服务局出售外交馆舍收入企业所得税有关问题的通知》(国税函〔2009〕349号)

第4章

扣　除

4.1　基本规定

企业实际发生的与取得收入有关的、合理的支出,包括成本、费用、税金、损失和其他支出,准予在计算应纳税所得额时扣除。

依据:《中华人民共和国企业所得税法》第八条

《企业所得税法》第八条所称有关的支出,是指与取得收入直接相关的支出。

《企业所得税法》第八条所称合理的支出,是指符合生产经营活动常规,应当计入当期损益或者有关资产成本的必要和正常的支出。

依据:《中华人民共和国企业所得税法实施条例》第二十七条

解读

一、税前扣除的真实性原则

《企业所得税法》第八条规定,企业实际发生的与取得收入有关的、合理的支出,包括成本、费用、税金、损失和其他支出,准予在计算应纳税所得额时扣除。该规定中包含了税前扣除首要原则——真实性原则。真实性原则指税前扣除的支出必须是确实已发生,其是税前扣除最重要的原则。由于支出的真实性最易出问题,容易被滥用侵蚀税基,因此需要税务机关加强对税前扣除支出真实性的管理。

真实性管理一方面有赖于完善申报制度,另一方面需要对真实性容易出问题的项目加强纳税检查。纳税人申报扣除的支出,纳税人应当在主管税务机关要求提供证明材料的情况下,应能够提供证明真实性的足够的有效凭证或资料。否则,不得扣除。这一规定的意义是多方面的。首先,明确赋予纳税人对所申报扣除支出的真实性具有自我举证的责任,虽然税务机关一般情况下会认同纳税人申报的扣除支出,但如果税务机关发现支出有不正常现象,或者在纳税检查中发现有不真实的支出,税务机关有权据此条款要求纳税人在一定期间提供证明真实性足够的有效的凭证或资料,逾期不能提供资料的,税务机关可以直接否定纳税人已申报支出的扣除权。其次,这样规定并没有直接要求纳税人在每次申报时都将有关全部资料提供给税务机关,因为要求纳税人每次申报时都提供全部资料可能给纳税人带来很大的麻烦和工作量,同时,税务机关也没有力量去处理这些资料。最后,暗示在《税收征收管理法》规定的追溯期内,纳税人必须对其申报的支出的真实性负责,必须为其申报的支出准备足够有效的证明材料,尽管这些材料税务机关可能并不要求提供,但一旦要求提供而纳税人无法提供的,将失去扣除权。需要说明的是,此条款的实质在于支出的真实性,有关凭证资料只要对证明支出的真实性是足够的和有效的即可，并不严格要求提供某种特定凭证，这也为纳税人的经营管理留有一定的余地。

二、税前扣除的相关性原则

《企业所得税法实施条例》第二十七条所称"与取得收入直接相关的支出"，是指企业所实际发生的能直接带来经济利益的流入或者可预期经济利益的流入的支出。这里需要明确的是以下两点：

一是这类允许税前扣除的支出，应该是能给企业带来现实、实际的经济利益。如生产性企业为生产产品而购买储存的原材料；服务性企业为收取服务费用而雇用员工为客户提供服务；或者购买储存的提供服务过程中所耗费的材料等支出，就属于能直接给企业带来现实、实际经济利益的支出，属于与"取得收入直接相关的支出"。

二是这类允许税前扣除的支出，应该是能给企业带来可预期经济利益的流入。虽然企业的这类支出，并不直接或者即时地表现为相应现实、实际经济利益的流入，但是根据社会一般经验或者判断，如果这种支出所对应的收益，将是可预期的，那么这类支出也就属于"与取得收入直接相关的支出"。如企业的广告费支出，虽然这些支出并不能即时地带来企业经济利益的流入，但是根据社会上一般理性人的理解，这类广告将提高企业及其产品或者服务的知名度，提高其在消费者之间的认同度等，进而推动消费者购买他们的产品或者服务，提升或者加大企业的获利空间，故其也应属于"与取得收入直接相关的支出"。

因此，对相关性的具体判断一般是从支出发生的根源和性质方面进行分析，而不是从费用支出的结果分析。如企业经理人员因个人原因发生的法律诉讼，虽然经理人员摆脱法律纠纷有利于其全身心投入企业的经营管理，结果可能确实对企业经营会有好处，但发生的诉讼费用从性质和根源上分析属于经理的个人支出，与企业的应税收入不直接相关，因而不允许作为企业的支出在税前扣除。

三、税前扣除的合理性原则

合理性原则是企业所得税税前扣除的另一项基本原则，是建立在税前扣除真实性和合法性原则基础上的要求。

合理性原则要求允许扣除的支出应当是符合企业生产经营活动常规的支出。所谓生产经营活动常规，目前并没有一个统一而权威的解释，且企业经济活动的多样化、社会实际情况的复杂化等多种因素决定了无法以一个机械、可直接套用的公式、语言来界定生产经营活动常规。对于判断企业的特定行为是否符合生产经营活动常规，需要借助社会经验，根据企业的性质、规模、业务范围、活动目的以及可预期效果等多种因素，加以综合考虑与判断，需要一个经济理性的假设。是否符合生产经营活动常规，从某种程度上来看，也是留给了税务机关一定的判断权，能增强税务机关的能动性。

企业发生的合理的支出，限于应当计入当期损益或者有关资产成本的必要与正常的支出。计入当期损益或者有关资产的成本，指的是企业所发生的支出在扣除阶段方面的要求。必要和正常的支出，是符合生产经营活动常规的必然要求和内在之意，也就是企业所发生的支出，是企业生产经营活动所不可缺少的支出，是企业为了获取某种经济利益的流入所不得不付出的代价,而且这种代价是符合一般社会常理的,符合企业经济活动的一般规律或者情况的支出。

4.1.1 收益性支出和资本性支出

企业发生的支出应当区分收益性支出和资本性支出。收益性支出在发生当期直接扣除;资本性支出应当分期扣除或者计入有关资产成本,不得在发生当期直接扣除。

除《企业所得税法》和《企业所得税法实施条例》另有规定外,企业实际发生的成本、费用、税金、损失和其他支出,不得重复扣除。

依据:《中华人民共和国企业所得税法实施条例》第二十八条

解读

收益性支出是指企业支出的效益仅及于本纳税年度的支出;资本性支出是指企业支出的效益及于本纳税年度和以后纳税年度的支出。比如,企业支付给职工的工资支出,支出的效益仅与本纳税年度有关,应作为收益性支出;企业购建固定资产的支出,支出的效益会通过固定资产的不断使用逐步回收,支出的效益不仅与本纳税年度相关,也与以后纳税年度相关。划分收益性支出与资本性支出是所得税处理的要求,以实现应税收益与支出在时间上的配比,避免企业发生的支出随意在不同纳税期间扣除,从而逃避税收,同时也是会计核算的一般原则,防止混淆收益性支出和资本性支出,从而低估资产和高估收益或者高估资产和低估收益,不利于会计信息使用者正确决策。因此,企业实际发生的所有的支出,包括成本、费用、税金、损失和其他支出,都要按收益性支出和资本性支出的标准严格划分。收益性支出,应在发生的纳税年度直接扣除。由于资本性支出是企业经营活动中为获取经济利益而发生的支出,该支出的效益及于本纳税年度和以后纳税年度,对为获得长期利润而发生的资本性支出不允许在发生支出的纳税年度"一次性扣除"。常见的例子有建筑物、厂房、机械、专利等,对于这些资产所发生的支出,一般通过折旧或者摊销税前扣除的方式在资产使用期间得到确认。

4.1.2 成本

《企业所得税法》第八条所称成本,是指企业在生产经营活动中发生的销售成本、销货成本、业务支出以及其他耗费。

依据:《中华人民共和国企业所得税法实施条例》第二十九条

4.1.3 费用

《企业所得税法》第八条所称费用,是指企业在生产经营活动中发生的销售费用、管理费用和财务费用,已经计入成本的有关费用除外。

依据:《中华人民共和国企业所得税法实施条例》第三十条

热点问题

企业人事部门招聘人员发生的相关费用,如招聘广告、招聘网站信息发布、新招聘人员体检费用等,能否税前扣除?

答：招聘广告、招聘网站信息发布、招聘过程中发生的体检费用等合理的招聘费用，是与企业生产经营有关的费用，可按规定税前扣除。

4.1.4 税金

《企业所得税法》第八条所称税金，是指企业发生的除企业所得税和允许抵扣的增值税以外的各项税金及其附加。

依据：《中华人民共和国企业所得税法实施条例》第三十一条

热点问题

1. 无偿使用房产的代为缴纳的房产税是否可以在税前扣除？

答：企业无租使用其他单位房产的应税单位和个人，按照房产税相关规定代缴的房产税，可以在税前扣除。

2. 某企业是增值税一般纳税人，取得了符合规定的可以进项抵扣的增值税专用发票，该企业觉得手续复杂或因自身其他原因，未到国税机关认证发票，造成进项税金没有抵扣。企业将这部分没有抵扣的进项税是否可以作为费用在税前扣除？

答：根据《企业所得税法实施条例》的规定，不允许抵扣的进项税可以在税前扣除。但该企业的这部分进项税金是税法允许抵扣的，只是由于企业自身原因，造成了没有抵扣，相关的损失不应由国家来承担。故企业这部分没有抵扣的进项税，原则上不允许作为费用在税前扣除。

4.1.5 损失

《企业所得税法》第八条所称损失，是指企业在生产经营活动中发生的固定资产和存货的盘亏、毁损、报废损失，转让财产损失，呆账损失，坏账损失，自然灾害等不可抗力因素造成的损失以及其他损失。

企业发生的损失，减除责任人赔偿和保险赔款后的余额，依照国务院财政、税务主管部门的规定扣除。

企业已经作为损失处理的资产，在以后纳税年度又全部收回或者部分收回时，应当计入当期收入。

依据：《中华人民共和国企业所得税法实施条例》第三十二条

4.1.6 其他支出

《企业所得税法》第八条所称其他支出，是指除成本、费用、税金、损失外，企业在生产经营活动中发生的与生产经营活动有关的、合理的支出。

依据：《中华人民共和国企业所得税法实施条例》第三十三条

企业之间支付的管理费、企业内营业机构之间支付的租金和特许权使用费，以及非银行企业内营业机构之间支付的利息，不得扣除。

依据：《中华人民共和国企业所得税法实施条例》第四十九条

《企业所得税法》第十条第(六)项所称赞助支出,是指企业发生的与生产经营活动无关的各种非广告性质支出。

依据:《中华人民共和国企业所得税法实施条例》第五十四条

4.2 具体扣除项目

4.2.1 工资、薪金

4.2.1.1 一般规定

企业发生的合理的工资、薪金支出,准予扣除。

上述所称工资、薪金,是指企业每一纳税年度支付给在本企业任职或者受雇的员工的有现金形式或者非现金形式的劳动报酬,包括基本工资、奖金、津贴、补贴、年终加薪、加班工资,以及与员工任职或者受雇有关的其他支出。

依据:《中华人民共和国企业所得税法实施条例》第三十四条

企业在年度汇算清缴结束前向员工实际支付的已预提汇缴年度工资、薪金,准予在汇缴年度按规定扣除。

依据:《国家税务总局关于企业工资薪金和职工福利费等支出税前扣除问题的公告》(国家税务总局公告2015年第34号)第二条

4.2.1.2 工资、薪金总额

《企业所得税法实施条例》第四十、四十一、四十二条所称的"工资、薪金总额",是指企业按照《国家税务总局关于企业工资薪金及职工福利费扣除问题的通知》第一条的规定实际发放的工资、薪金总和,不包括企业的职工福利费、职工教育经费、工会经费以及养老保险费、医疗保险费、失业保险费、工伤保险费、生育保险费等社会保险费和住房公积金。属于国有性质的企业,其工资、薪金,不得超过政府有关部门给予的限定数额;超过部分,不得计入企业工资、薪金总额,也不得在计算企业应纳税所得额时扣除。

依据:《国家税务总局关于企业工资薪金及职工福利费扣除问题的通知》(国税函〔2009〕3号,以下简称国税函〔2009〕3号文件)第二条

> **热点问题**
>
> 1. 离职补偿金是否可以计入工资总额,并作为计算职工福利费的基数,在企业所得税前进行扣除?
>
> 答:根据《企业所得税法实施条例》的规定,企业发生的合理的工资、薪金支出准予据实扣除。上述所称工资、薪金,是企业每一纳税年度支付给本企业任职或与其有雇佣关系的员工的所有现金或非现金形式的劳动报酬,包括基本工资、奖金、津贴、补贴、年终加薪、加班工资,以及与任职或者是受雇有关的其他支出。企业发生的职工福利费支出,不超过工资、薪金总额14%的部分,准予扣除。因此,企业支付给离职人员的离职补偿金不可以作为工资、薪金支出在企业所得税税前扣除,并且不得作为计算职工福利费等的基数。

另外,根据《国家税务总局关于华为集团内部人员调动离职补偿税前扣除问题的批复》(税总函〔2015〕299号)的规定,企业根据公司财务制度为职工提取离职补偿费,在进行年度企业所得税汇算清缴时,对当年度"预提费用"科目发生额进行纳税调整,待职工从企业离职并实际领取离职补偿费后,企业可按规定进行税前扣除。

2. 事业单位离退休人员未纳入社保统筹的工资能否税前扣除?

答:目前大部分事业单位存在离退休人员未纳入地方社会基本养老保险体系的情况,事业单位在对该部分人员进行工资发放时必须执行国家人力资源和社会保障部及各省市人社厅、人事局的发放标准。但是,目前的实际操作又存在多种客观因素导致财政部门无法按照人事部门规定标准进行拨款,这也就导致对于财政保障离退休人员经费不足部分只能由事业单位自筹经费进行承担的情况。

对于事业单位离退休人员工资税前扣除问题,属于省市以上政府人事部门制定标准。财政未予足额拨款由事业单位自筹经费的部分可以在税前进行扣除,对于超过省市以上人事部门制定标准进行发放的退休工资则不得在税前予以扣除。

4.2.1.3 合理工资、薪金

《企业所得税法实施条例》第三十四条所称的"合理工资、薪金",是指企业按照股东大会、董事会、薪酬委员会或相关管理机构制订的工资、薪金制度规定实际发放给员工的工资、薪金。税务机关在对工资、薪金进行合理性确认时,可按以下原则掌握:

(1) 企业制定了较为规范的员工工资、薪金制度。

(2) 企业所制定的工资、薪金制度符合行业及地区水平。

(3) 企业在一定时期所发放的工资、薪金是相对固定的,工资、薪金的调整是有序进行的。

(4) 企业对实际发放的工资、薪金,已依法履行了代扣代缴个人所得税义务。

(5) 有关工资、薪金的安排,不以减少或逃避税款为目的。

依据:《国家税务总局关于企业工资薪金及职工福利费扣除问题的通知》(国税函〔2009〕3号)第一条

4.2.1.4 雇用季节工、临时工、接受外部劳务派遣用工等费用

企业因雇用季节工、临时工、实习生、返聘离退休人员以及接受外部劳务派遣用工所实际发生的费用,应区分为工资、薪金支出和职工福利费支出,并按《企业所得税法》规定在企业所得税前扣除。其中属于工资、薪金支出的,准予计入企业工资、薪金总额的基数,作为计算其他各项相关费用扣除的依据。

依据:《国家税务总局关于企业所得税应纳税所得额若干税务处理问题的公告》(国家税务总局公告2012年第15号)第一条

企业接受外部劳务派遣用工所实际发生的费用,应分两种情况按规定在税前扣除:按照协议(合同)约定直接支付给劳务派遣公司的费用,应作为劳务费支出;直接支付给员工个人的费用,应作为工资、薪金支出和职工福利费支出。其中属于工资、薪金支出的费用,准予计入企业工资、薪金总额的基数,作为计算其他各项相关费用扣除的

依据。

《国家税务总局关于企业工资薪金和职工福利费等支出税前扣除问题的公告》从2014年1月1日开始执行。《国家税务总局关于企业所得税应纳税所得额若干税务处理问题的公告》(税务总局公告2012年第15号)第一条有关企业接受外部劳务派遣用工的相关规定同时废止。

依据：《国家税务总局关于企业工资薪金和职工福利费等支出税前扣除问题的公告》(国家税务总局公告2015年第34号)第三条、第四条

4.2.1.5 实行股权激励计划的企业所得税处理

一、股权激励及范围

股权激励，是指《上市公司股权激励管理办法(试行)》(证监公司字〔2005〕151号，以下简称《管理办法》)中规定的上市公司以本公司股票为标的，对其董事、监事、高级管理人员及其他员工等激励对象进行的长期性激励。股权激励实行方式包括授予限制性股票、股票期权以及其他法律法规规定的方式。

限制性股票，是指《管理办法》中规定的激励对象按照股权激励计划规定的条件，从上市公司获得的一定数量的本公司股票。

股票期权，是指《管理办法》中规定的上市公司按照股权激励计划授予激励对象在未来一定期限内，以预先确定的价格和条件购买本公司一定数量股票的权利。

依据：《国家税务总局关于我国居民企业实行股权激励计划有关企业所得税处理问题的公告》(国家税务总局公告2012年第18号)

二、上市公司企业所得税处理

上市公司依照《管理办法》要求建立职工股权激励计划，并按我国企业会计准则的有关规定，在股权激励计划授予激励对象时，按照该股票的公允价格及数量，计算确定作为上市公司相关年度的成本或费用，作为换取激励对象提供服务的对价。上述企业建立的职工股权激励计划，其企业所得税的处理，按以下规定执行：

(1) 对股权激励计划实行后立即可以行权的，上市公司可以根据实际行权时该股票的公允价格与激励对象实际行权支付价格的差额和数量，计算确定作为当年上市公司工资、薪金支出，依照税法规定进行税前扣除。

(2) 对股权激励计划实行后，需待一定服务年限或者达到规定业绩条件(以下简称等待期)方可行权的，上市公司等待期内会计上计算确认的相关成本费用，不得在对应年度计算缴纳企业所得税时扣除。在股权激励计划可行权后，上市公司方可根据该股票实际行权时的公允价格与当年激励对象实际行权支付价格的差额及数量，计算确定作为当年上市公司工资、薪金支出，依照税法规定进行税前扣除。

(3) 股票实际行权时的公允价格，以实际行权日该股票的收盘价格确定。

依据：《国家税务总局关于我国居民企业实行股权激励计划有关企业所得税处理问题的公告》(国家税务总局公告2012年第18号)

三、在我国境外上市的居民企业和非上市公司所得税处理

在我国境外上市的居民企业和非上市公司，凡比照《管理办法》的规定建立职工股权

激励计划,且在企业会计处理上,也按我国会计准则的有关规定处理的,其股权激励计划有关企业所得税处理问题,可以按照上述规定执行。

依据:《国家税务总局关于我国居民企业实行股权激励计划有关企业所得税处理问题的公告》(国家税务总局公告 2012 年第 18 号)

> **热点问题**
>
> 甲公司是上市公司乙公司的全资子公司,乙公司股权激励计划名单中有甲公司的中高层员工。这笔子公司高管取得母公司支付的股权激励能否税前列支?
>
> 答:《企业所得税法》第八条规定,企业实际发生的与取得收入有关的、合理的支出,准予在计算应纳税所得额时扣除。因此甲公司员工接受乙公司的股权激励的相关支出,与乙公司取得收入并无直接联系,其相关的成本费用乙公司不得税前列支,但可以在甲公司税前列支。

4.2.1.6　工效挂钩企业工资储备基金

原执行工效挂钩办法的企业,在 2008 年 1 月 1 日以前已按规定提取,但因未实际发放而未在税前扣除的工资储备基金余额,2008 年及以后年度实际发放时,可在实际发放年度企业所得税前据实扣除。

依据:《国家税务总局关于企业所得税若干税务事项衔接问题通知》(国税函〔2009〕98 号)第六条

4.2.2　职工福利费

企业发生的职工福利费支出,不超过工资、薪金总额 14% 的部分,准予扣除。

依据:《中华人民共和国企业所得税法实施条例》第四十条

4.2.2.1　职工福利费的内容

《企业所得税法实施条例》第四十条规定的企业职工福利费,包括以下内容:

(1)尚未实行分离办社会职能的企业,其内设福利部门所发生的设备、设施和人员费包括职工食堂、职工浴室、理发室、医务所、托儿所、疗养院等集体福利部门的设备、设施及维修保养费用和福利部门工作人员的工资、薪金、社会保险费、住房公积金、劳务费等。

(2)为职工卫生保健、生活、住房、交通等所发放的各项补贴和非货币性福利,包括企业向职工发放的因公外地就医费用、未实行医疗统筹企业职工医疗费用、职工供养直系亲属医疗补贴、供暖费补贴、职工防暑降温费、职工困难补贴、救济费、职工食堂经费补贴、职工交通补贴等。

(3)按照其他规定发生的其他职工福利费,包括丧葬补助费、抚恤费、安家费、探亲假路费等。

依据:《国家税务总局关于企业工资薪金及职工福利费扣除问题的通知》(国税函〔2009〕3 号)第三条

4.2.2.2　与工资、薪金一起发放的福利性补贴

列入企业员工工资、薪金制度,固定与工资、薪金一起发放的福利性补贴,符合《国家税务总局关于企业工资薪金及职工福利费扣除问题的通知》(国税函〔2009〕3 号)第一条

规定的,可作为企业发生的工资、薪金支出,按规定在税前扣除。

不能同时符合上述条件的福利性补贴,应作为国税函〔2009〕3号文件第三条规定的职工福利费,按规定计算限额税前扣除。

依据:《国家税务总局关于企业工资薪金和职工福利费等支出税前扣除问题的公告》(国家税务总局公告2015年第34号,以下简称国家税务总局公告2015年第34号文件)第一条

解读

根据国家税务总局公告2015年第34号文件第一条规定,列入企业员工工资、薪金制度,固定与工资、薪金一起发放的福利性补贴,符合《国家税务总局关于企业工资薪金及职工福利费扣除问题的通知》(国税函〔2009〕3号)第一条规定的,可作为企业发生的工资、薪金支出,按规定在税前扣除。对于与工资、薪金一起发放的通讯补助,若其符合国税函〔2009〕3号文件第一条规定的,可作为工资、薪金支出在税前扣除。

有的企业通讯补助不与工资、薪金一起发放,而是单独发放。国家税务总局公告2015年第34号文件第一条还规定,不能同时符合上述条件的福利性补贴,应作为国税函〔2009〕3号文件第三条规定的职工福利费,按规定计算限额税前扣除。国税函〔2009〕3号文件第三条规定,《企业所得税法实施条例》第四十条规定的企业职工福利费,包括以下内容:为职工卫生保健、生活、住房、交通等所发放的各项补贴和非货币性福利,包括企业向职工发放的因公外地就医费用、未实行医疗统筹企业职工医疗费用、职工供养直系亲属医疗补贴、供暖费补贴、职工防暑降温费、职工困难补贴、救济费、职工食堂经费补贴、职工交通补贴等。

对于单独发放的通讯补助,有两种观点。一种观点认为国税函〔2009〕3号文件职工福利费的列举中,不包括"通讯费",严格来说,下级税务机关无权对总局文件做扩大性解释,因此,企业单独发放的通讯补助不得作为职工福利费在税前扣除。

另一种观点认为,列举中不包括"通讯费",因此"通讯费"不属于职工福利费,但若该支出与企业取得收入有关,则可以据实扣除。例如,如果企业为员工配发手机,手机号为该企业所有,员工在企业规定的限额内凭移动公司开具的发票(公司抬头)进行报销,根据《企业所得税法》的相关规定,企业可以在税前据实扣除。如果通讯工具的所有者为个人,不能判断其支出是否与企业的收入有关,则应作为与企业收入无关的支出,不予从税前扣除。企业在做相关处理时,应先咨询主管税务机关。

热点问题

1. 我公司根据私托户开具的收费收据,为职工报销3周岁以下子女的幼儿私托费,该项支出是否可以在企业所得税前扣除?

答:《国家税务总局关于企业工资薪金及职工福利费扣除问题的通知》(国税函〔2009〕3号)对《企业所得税法实施条例》第四十条规定的企业职工福利费解释为:为职工卫生保健、生活、住房、交通等所发放的各项补贴和非货币性福利,包括企业向职工发放的因公外地就医费用、未实行医疗统筹企业职工医疗费用、职工供养直系亲属医疗补贴、供暖费补贴、职工防暑降温费、职工困难补贴、救济费、职工食堂经费补贴、职工交通补贴等。

因此,该公司为职工报销的幼儿私托费可以计入职工福利费,不超过总额14%的部分准予在计算企业所得税时扣除。

2. 员工在大学食堂搭伙,企业按季度统一与大学食堂结算职工的伙食费,相关支出是否可以计入职工福利费?

答:根据《国家税务总局关于企业工资薪金及职工福利费扣除问题的通知》(国税函〔2009〕3号)的规定,《企业所得税法实施条例》第四十条规定的企业职工福利费,包括以下内容:为职工卫生保健、生活、住房、交通等所发放的各项补贴和非货币性福利,包括企业向职工发放的因公外地就医费用、未实行医疗统筹企业职工医疗费用、职工供养直系亲属医疗补贴、供暖费补贴、职工防暑降温费、职工困难补贴、救济费、职工食堂经费补贴、职工交通补贴等。因此,企业承担的职工伙食费,应当计入职工福利费。

3. 企业发放给员工的高温费应该如何在税前扣除?

答:在国家税务总局公告2015年第34号文件出台前,一般按照国税函〔2009〕3号文件第三条第二款的规定,将"职工防暑降温费"作为职工福利费,在限额内进行税前扣除;国家税务总局公告2015年第34号文件出台后,企业可根据国家税务总局公告2015年第34号文件第一条规定,对列入企业员工工资、薪金制度,固定与工资、薪金一起发放的高温费,符合《国家税务总局关于企业工资薪金及职工福利费扣除问题的通知》(国税函〔2009〕3号)第一条规定的,可作为企业发生的工资、薪金支出,按规定在税前扣除。

4. 企业因公外派人员在外地驻扎,对外派员工的餐补、交通补贴、通讯补贴、住宿补贴,企业未按实报实销计入费用,而是按照每天的额定补贴发放给员工,该项支出如何进行税前扣除?

答:对外派员工因在外地驻扎而按日定额发放的补助,应按规定代扣代缴个税,并入工资、薪金处理,不应计入差旅费和福利费。

5. 对于员工的工伤赔付、职工工伤事故后其子女获得的按月发放的后续抚养费是否可以税前扣除?

答:按照《企业所得税法》第八条、《企业所得税法实施条例》第三十三条、《国家税务总局关于企业工资薪金及职工福利费扣除问题的通知》(国税函〔2009〕3号)第三条的相关规定,对企业发生的与生产经营有关的、合理的工伤赔偿减除责任人赔偿和保险赔款后的余额,属于医疗类费用支出并在医疗统筹以外支付的部分,以及丧葬补助费、抚恤费,企业应当提供劳动部门工伤鉴定等证明资料,可在职工福利费中列支。其子女的后续抚养费由企业承担的部分,可作为职工福利费按规定在税前扣除。

6. 某企业为了吸引客户,扩大销售渠道,规定只要到本公司洽谈业务,提供所在公司的营业执照或税务登记证复印件以及公司介绍信,无论洽谈是否成功,均可报销客户前来公司洽谈的差旅费等费用。请问:企业外部人员的交通费、差旅费等费用能否税前列支?

答:非本企业员工的交通费、差旅费等费用不得在本企业税前扣除。

4.2.2.3 职工福利费的核算和管理

企业发生的职工福利费,应该单独设置账册,进行准确核算。没有单独设置账册准确核算的,税务机关应责令企业在规定的期限内进行改正。逾期仍未改正的,税务机关可对企业发生的职工福利费进行合理的核定。

依据:《国家税务总局关于企业工资薪金及职工福利费扣除问题的通知》(国税函〔2009〕3号)第四条

4.2.2.4 以前年度职工福利费余额的处理

根据《国家税务总局关于做好2007年度企业所得税汇算清缴工作的补充通知》(国税函〔2008〕264号)的规定,企业2008年以前按照规定计提但尚未使用的职工福利费余额,2008年及以后年度发生的职工福利费,应首先冲减上述的职工福利费余额,不足部分按新税法规定扣除;仍有余额的,继续留在以后年度使用。企业2008年以前节余的职工福利费,已在税前扣除,属于职工权益,如果改变用途的,应调整增加企业应纳税所得额。

依据:《国家税务总局关于企业所得税若干税务事项衔接问题通知》(国税函〔2009〕98号)第四条

4.2.3 职工教育经费

除国务院财政、税务主管部门另有规定外,企业发生的职工教育经费支出,不超过工资、薪金总额2.5%的部分,准予扣除;超过部分,准予在以后纳税年度结转扣除。

依据:《中华人民共和国企业所得税法实施条例》第四十二条

自2018年1月1日起,企业发生的职工教育经费支出,不超过工资、薪金总额8%的部分,准予在计算企业所得税应纳税所得额时扣除;超过部分,准予在以后纳税年度结转扣除。

依据:《财政部 税务总局关于企业职工教育经费税前扣除政策的通知》(财税〔2018〕51号)

4.2.3.1 企业职工教育培训经费范围

企业职工教育培训经费列支范围包括:
(1) 上岗和转岗培训。
(2) 各类岗位适应性培训。
(3) 岗位培训、职业技术等级培训、高技能人才培训。
(4) 专业技术人员继续教育。
(5) 特种作业人员培训。
(6) 企业组织的职工外送培训的经费支出。
(7) 职工参加的职业技能鉴定、职业资格认证等经费支出。
(8) 购置教学设备与设施。
(9) 职工岗位自学成才奖励费用。
(10) 职工教育培训管理费用。
(11) 有关职工教育的其他开支。

经单位批准参加继续教育以及政府有关部门集中举办的专业技术岗位培训、岗位培训、职业技术等级培训、高技能人才培训所需经费,可从职工所在企业职工教育培训经费中列支。

企业职工参加社会上的学历教育以及个人为取得学位而参加的在职教育,所需费用应由个人承担,不能挤占企业的职工教育培训经费。

对于企业高层管理人员的境外培训和考察,其一次性单项支出较高的费用应从其他管理费用中支出,避免挤占日常的职工教育培训经费开支。

矿山和建筑企业等聘用外来农民工较多的企业,以及在城市化进程中接受农村转移劳动力较多的企业,对农民工和农村转移劳动力培训所需的费用,可从职工教育培训经费中支出。

依据:《财政部 国家发展改革委 教育部 科技部 国家税务总局等十一部委局关于企业职工教育经费提取与使用管理的意见》(财建〔2006〕317号)第三条第(五)、(七)、(九)、(十)、(十一)项

4.2.3.2 软件企业、集成电路设计企业、动漫企业职工培训费用的扣除

软件生产企业发生的职工教育经费中的职工培训费用,根据《财政部 国家税务总局所得税若干优惠政策的通知》(财税〔2008〕1号)的规定,可以全额在企业所得税前扣除。软件生产企业应准确划分职工教育经费中的职工培训费支出,对于不能准确划分的,以及准确划分后职工教育经费中扣除职工培训费用的余额,一律按照《企业所得税法实施条例》第四十二条规定的比例扣除。

依据:《国家税务总局关于企业所得税执行中若干税务处理问题的通知》(国税函〔2009〕202号)第四条

集成电路设计企业和符合条件软件企业的职工培训费用,应单独进行核算并按实际发生额在计算应纳税所得额时扣除。

依据:《财政部 国家税务总局关于进一步鼓励软件产业和集成电路产业发展企业所得税政策的通知》(财税〔2012〕27号)第六条

经认定的动漫企业自主开发、生产动漫产品,可申请享受国家现行鼓励软件产业发展的所得税优惠政策。

依据:《财政部 国家税务总局关于扶持动漫产业发展有关税收政策问题的通知》(财税〔2009〕65号)第二条

4.2.3.3 高新技术企业、技术先进型服务企业发生的职工教育经费支出

高新技术企业发生的职工教育经费支出,不超过工资、薪金总额8%的部分,准予在计算企业所得税应纳税所得额时扣除;超过部分,准予在以后纳税年度结转扣除。

高新技术企业,是指注册在中国境内,实行查账征收,经试点地区省级高新技术企业认定管理机构认定的高新技术企业。

执行时间:中关村科技园区自2010年1月1日起执行;中关村、东湖、张江三个国家自主创新示范区和合芜蚌自主创新综合试验区从2012年1月1日起执行;其他地区自2015年1月1日起执行。

依据:《财政部 国家税务总局对中关村科技园区建设国家自主创新示范区有关职工教育经费税前扣除试点政策的通知》(财税〔2010〕82号)、《财政部 国家税务总局关于中关村、东湖、张江国家自主创

新示范区和合芜蚌自主创新综合试验区有关职工教育经费税前扣除试点政策的通知》(财税〔2013〕14号)、《财政部 国家税务总局关于高新技术企业职工教育经费税前扣除政策的通知》(财税〔2015〕63号)

对经认定的技术先进型服务企业,其发生的职工教育经费按不超过企业工资总额8%的比例据实在企业所得税税前扣除,超过部分,准予在以后纳税年度结转扣除。

依据:《财政部 税务总局 商务部 科技部 国家发展改革委关于将技术先进型服务企业所得税政策推广至全国实施的通知》(财税〔2017〕79号)第一条

4.2.3.4 航空企业空勤训练费用

航空企业实际发生的飞行员养成费、飞行训练费、乘务训练费、空中保卫员训练费等空勤训练费用,根据《企业所得税法实施条例》第二十七条的规定,可以作为航空企业运输成本在税前扣除。

依据:《国家税务总局关于企业所得税若干问题的公告》(国家税务总局公告2011年第34号)第三条

4.2.3.5 核电厂操纵员培养费

核力发电企业为培养核电厂操纵员发生的培养费用,可作为企业的发电成本在税前扣除。企业应将核电厂操纵员培养费与员工的职工教育经费严格区分,单独核算,员工实际发生的职工教育经费支出不得计入核电厂操纵员培养费直接扣除。

依据:《国家税务总局关于企业所得税应纳税所得额若干问题的公告》(国家税务总局公告2014年第29号)第四条

4.2.3.6 以前年度职工教育经费余额

对于在2008年以前已经计提但尚未使用的职工教育经费余额,2008年及以后新发生的职工教育经费应先从余额中冲减。仍有余额的,留在以后年度继续使用。

依据:《国家税务总局关于企业所得税若干税务事项衔接问题通知》(国税函〔2009〕98号)第五条

4.2.4 工会经费

企业拨缴的工会经费,不超过工资、薪金总额2%的部分,准予扣除。

依据:《中华人民共和国企业所得税法实施条例》第四十一条

自2010年7月1日起,企业拨缴的职工工会经费,不超过工资、薪金总额2%的部分,凭工会组织开具的《工会经费收入专用收据》在企业所得税税前扣除。

依据:《国家税务总局关于工会经费企业所得税税前扣除凭据问题的公告》(国家税务总局公告2010年第24号)

自2010年1月1日起,在委托税务机关代收工会经费的地区,企业拨缴的工会经费,也可凭合法、有效的工会经费代收凭据依法在税前扣除。

依据:《国家税务总局关于税务机关代收工会经费企业所得税税前扣除凭据问题的公告》(国家税务总局公告2011年第30号)

【解读】

关于工会经费的收入范围和支出范围,应根据中华全国总工会办公厅《关于印发〈基层工会经费收支管理办法〉的通知》(总工办发〔2017〕32号)的规定执行。

基层工会经费收入范围包括：

（1）会费收入。指工会会员依照全国总工会规定按本人工资收入的5‰向所在基层工会缴纳的会费。

（2）拨缴经费收入。指建立工会组织的单位按全部职工工资总额2%依法向工会拨缴的经费中的留成部分。

（3）上级工会补助收入。指基层工会收到的上级工会拨付的各类补助款项。

（4）行政补助收入。指基层工会所在单位依法对工会组织给予的各项经费补助。

（5）事业收入。指基层工会独立核算的所属事业单位上缴的收入和非独立核算的附属事业单位的各项事业收入。

（6）投资收益。指基层工会依据相关规定对外投资取得的收益。

（7）其他收入。指基层工会取得的资产盘盈、固定资产处置净收入、接受捐赠收入和利息收入等。

工会经费支出包括：

基层工会经费主要用于为职工服务和开展工会活动。基层工会经费支出范围包括职工活动支出、维权支出、业务支出、资本性支出、事业支出和其他支出。

（1）职工活动支出是指基层工会组织开展职工教育、文体、宣传等活动所发生的支出和工会组织的职工集体福利支出。包括：

① 职工教育支出。用于基层工会举办政治、法律、科技、业务等专题培训和职工技能培训所需的教材资料、教学用品、场地租金等方面的支出，用于支付职工教育活动聘请授课人员的酬金，用于基层工会组织的职工素质提升补助和职工教育培训优秀学员的奖励。对优秀学员的奖励应以精神鼓励为主、物质激励为辅。授课人员酬金标准参照国家有关规定执行。

② 文体活动支出。用于基层工会开展或参加上级工会组织的职工业余文体活动所需器材、服装、用品等购置、租赁与维修方面的支出以及活动场地、交通工具的租金支出等，用于文体活动优胜者的奖励支出，用于文体活动中必要的伙食补助费。文体活动奖励应以精神鼓励为主、物质激励为辅。奖励范围不得超过参与人数的三分之二；不设置奖项的，可为参加人员发放少量纪念品。文体活动中开支的伙食补助费，不得超过当地差旅费中的伙食补助标准。

基层工会可以用会员会费组织会员观看电影、文艺演出和体育比赛等，开展春游、秋游，为会员购买当地公园年票。会费不足部分可以用工会经费弥补，弥补部分不超过基层工会当年会费收入的三倍。基层工会组织会员春游秋游应当日往返，不得到有关部门明令禁止的风景名胜区开展春游、秋游活动。

③ 宣传活动支出。用于基层工会开展重点工作、重大主题和重大节日宣传活动所需的材料消耗、场地租金、购买服务等方面的支出，用于培育和践行社会主义核心价值观，弘扬劳模精神和工匠精神等经常性宣传活动方面的支出，用于基层工会开展或参加上级工会举办的知识竞赛、宣讲、演讲比赛、展览等宣传活动支出。

④ 职工集体福利支出。用于基层工会逢年过节和会员生日、婚丧嫁娶、退休离岗的

慰问支出等。基层工会逢年过节可以向全体会员发放节日慰问品。逢年过节的年节是指国家规定的法定节日(即新年、春节、清明节、劳动节、端午节、中秋节和国庆节)和经自治区以上人民政府批准设立的少数民族节日。节日慰问品原则上为符合中国传统节日习惯的用品和职工群众必需的生活用品等,基层工会可结合实际采取便捷灵活的发放方式。工会会员生日慰问可以发放生日蛋糕等实物慰问品,也可以发放指定蛋糕店的蛋糕券。工会会员结婚生育时,可以给予一定金额的慰问品。工会会员生病住院、工会会员或其直系亲属去世时,可以给予一定金额的慰问金。工会会员退休离岗,可以发放一定金额的纪念品。

⑤ 其他活动支出。用于工会组织开展的劳动模范和先进职工疗休养补贴等其他活动支出。

(2) 维权支出是指基层工会用于维护职工权益的支出。包括劳动关系协调费、劳动保护费、法律援助费、困难职工帮扶费、送温暖费和其他维权支出。

① 劳动关系协调费。用于推进创建劳动关系和谐企业活动、加强劳动争议调解队伍建设、开展劳动合同咨询活动、集体合同示范文本印制与推广等方面的支出。

② 劳动保护费。用于基层工会开展群众性安全生产和职业病防治活动、加强群监员队伍建设、开展职工心理健康维护等以安全健康生产、保护职工生命安全为宗旨的职工劳动保护等方面发生的支出。

③ 法律援助费。用于基层工会向职工群众开展法治宣传、提供法律咨询、法律服务等发生的支出。

④ 困难职工帮扶费。用于基层工会对困难职工提供资金和物质帮助等发生的支出。工会会员本人及家庭因大病、意外事故、子女就学等原因致困时,基层工会可给予一定金额的慰问。

⑤ 送温暖费。用于基层工会开展春送岗位、夏送清凉、金秋助学和冬送温暖等活动发生的支出。

⑥ 其他维权支出。用于基层工会补助职工和会员参加互助互济保障活动等其他方面的维权支出。

(3) 业务支出是指基层工会培训工会干部、加强自身建设以及开展业务工作发生的各项支出。包括:

① 培训费。用于基层工会开展工会干部和积极分子培训发生的支出。开支范围和标准以有关部门制定的培训费管理办法为准。

② 会议费。用于基层工会会员大会或会员代表大会、委员会、常委会、经费审查委员会以及其他专业工作会议的各项支出。开支范围和标准以有关部门制定的会议费管理办法为准。

③ 专项业务费。用于基层工会开展基层工会组织建设、建家活动、劳模和工匠人才创新工作室、职工创新工作室等创建活动发生的支出,用于基层工会开办的图书馆、阅览室和职工书屋等职工文体活动阵地所发生的支出,用于基层工会开展专题调研所发生的支出,用于基层工会开展女职工工作性支出,用于基层工会开展外事活动方面的支出,用

于基层工会组织开展合理化建议、技术革新、发明创造、岗位练兵、技术比武、技术培训等劳动和技能竞赛的活动支出及其奖励支出。

④ 其他业务支出。用于基层工会发放兼职工会干部和专职社会化工会工作者补贴，用于经上级批准评选表彰的优秀工会干部和积极分子的奖励支出，用于基层工会必要的办公费、差旅费，用于基层工会支付代理记账、中介机构审计等购买服务方面的支出。基层工会兼职工会干部和专职社会化工会工作者发放补贴的管理办法由省级工会制定。

（4）资本性支出是指基层工会从事工会建设工程、设备工具购置、大型修缮和信息网络购建而发生的支出。

（5）事业支出是指基层工会对独立核算的附属事业单位的补助和非独立核算的附属事业单位的各项支出。

（6）其他支出是指基层工会除上述支出以外的其他各项支出。包括资产盘亏、固定资产处置净损失、捐赠、赞助等。

根据《中华人民共和国工会法》的有关规定，基层工会专职工作人员的工资、奖励、补贴由所在单位承担，基层工会办公和开展活动必要的设施和活动场所等物质条件由所在单位提供。所在单位保障不足且基层工会经费预算足以保证的前提下，可以用工会经费适当弥补。

4.2.5　社会保险费

企业依照国务院有关主管部门或者省级人民政府规定的范围和标准为职工缴纳的基本养老保险费、失业保险费、工伤保险费、生育保险费等基本社会保险费，准予扣除。

企业为投资者或者职工支付的补充养老保险费、补充医疗保险费，在国务院财政、税务主管部门规定的范围和标准内，准予扣除。

依据：《中华人民共和国企业所得税法实施条例》第三十五条

> **热点问题**
>
> 大病医疗保险能否在企业所得税税前扣除？
>
> 答：《企业所得税法实施条例》第三十五条规定，企业依照国务院有关主管部门或者省级人民政府规定的范围和标准为职工缴纳的基本养老保险费、基本医疗保险费、失业保险费、工伤保险费、生育保险费等基本社会保险费和住房公积金，准予扣除。《企业所得税法实施条例》第三十六条规定，除企业依照国家有关规定为特殊工种职工支付的人身安全保险费和国务院财政、税务主管部门规定可以扣除的其他商业保险费外，企业为投资者或者职工支付的商业保险费，不得扣除。因此，大病医疗保险一般不能在企业所得税税前扣除。
>
> 大病医疗保险如果从其性质来看是属于补充医疗保险范围的，且属于为本企业任职或受雇的全体员工支付的，可以根据《企业所得税法实施条例》第三十五条、《关于补充养老保险费补充医疗保险费有关企业所得税问题的通知》（财税〔2009〕27号）的规定，不超过职工工资总额5%标准内的部分可以税前扣除。

4.2.6 保险费

除企业依照国家有关规定为特殊工种职工支付的人身安全保险费和国务院财政、税务主管部门规定可以扣除的其他商业保险费外,企业为投资者或者职工支付的商业保险费,不得扣除。

依据:《中华人民共和国企业所得税法实施条例》第三十六条

企业参加财产保险,按照规定缴纳的保险费,准予扣除。

依据:《中华人民共和国企业所得税法实施条例》第四十六条

自 2008 年 1 月 1 日起,企业根据国家有关政策规定,为在本企业任职或者受雇的全体员工支付的补充养老保险费、补充医疗保险费,分别在不超过职工工资总额 5% 标准内的部分,在计算应纳税所得额时准予扣除;超过的部分,不予扣除。

依据:《财政部 国家税务总局关于补充养老保险费 补充医疗保险费有关企业所得税政策问题的通知》(财税〔2009〕27 号)

企业职工因公出差乘坐交通工具发生的人身意外保险费支出,准予企业在计算应纳税所得额时扣除。

依据:《国家税务总局关于企业所得税有关问题的公告》(国家税务总局公告 2016 年第 80 号)

自 2018 年度起,企业参加雇主责任险、公众责任险等责任保险,按照规定缴纳的保险费,准予在企业所得税税前扣除。

依据:《国家税务总局关于责任保险费企业所得税税前扣除有关问题的公告》(国家税务总局公告 2018 年第 52 号)

热点问题

1. 企业购买的财产保险是否可以在税前扣除?

答:根据《中华人民共和国保险法》第九十五条的规定,保险公司的财产保险业务,包括财产损失保险、责任保险、信用保险、保证保险等保险业务。企业为自身购买上述财产保险,按照规定缴纳的保险费,准予扣除。

2. 某企业 2018 年度给一些经常因公出差的员工(不属于特殊工种)统一购买了人身意外伤害保险,但保险合同上并没有细化到某一个员工身上。购买这种团体意外险的支出是否可以税前扣除?

答:根据《国家税务总局关于企业所得税有关问题的公告》(国家税务总局 2016 年第 80 号,以下简称为 80 号公告)的规定,在 2016 年度及以后年度的企业所得税汇算清缴中,企业职工因公出差乘坐交通工具发生的人身意外保险费支出,准予企业在计算应纳税所得额时扣除。80 号公告规定可以扣除的是因公出差乘坐交通工具发生的人身意外保险费支出,具体是指因公出差购买机票、车票时,附带购买的交通意外伤害险,而不是日常乘坐交通工具的保险费支出,因此,企业给经常出差的员工(不属于特殊工种)统一购买的人身意外伤害险,不属于 80 号公告规定的税前扣除范围,不得在税前予以扣除。

4.2.7 住房公积金

企业依照国务院有关主管部门或者省级人民政府规定的范围和标准为职工缴纳的住房公积金,准予扣除。

依据:《中华人民共和国企业所得税法实施条例》第三十五条

4.2.8 借款费用

4.2.8.1 一般规定

企业在生产经营活动中发生的合理的不需要资本化的借款费用,准予扣除。企业为购置、建造固定资产、无形资产和经过 12 个月以上的建造才能达到预定可销售状态的存货发生借款的,在有关资产购置、建造期间发生的合理的借款费用,应当作为资本性支出计入有关资产的成本,并依照《企业所得税法实施条例》的规定扣除。

依据:《中华人民共和国企业所得税法实施条例》第三十七条

企业在生产经营活动中发生的下列利息支出,准予扣除:

(1)非金融企业向金融企业借款的利息支出、金融企业的各项存款利息支出和同业拆借利息支出、企业经批准发行债券的利息支出。

(2)非金融企业向非金融企业借款的利息支出,不超过按照金融企业同期同类贷款利率计算的数额的部分。

依据:《中华人民共和国企业所得税法实施条例》第三十八条

4.2.8.2 投资者投资未到位发生的利息支出

(1)关于企业由于投资者投资未到位而发生的利息支出扣除问题,根据《企业所得税法实施条例》第二十七条的规定,凡企业投资者在规定期限内未缴足其应缴资本额的,该企业对外借款所发生的利息,相当于投资者实缴资本额与在规定期限内应缴资本额的差额应计付的利息,其不属于企业合理的支出,应由企业投资者负担,不得在计算企业应纳税所得额时扣除。

(2)具体计算不得扣除的利息,应以企业一个年度内每一账面实收资本与借款余额保持不变的期间作为一个计算期,每一计算期内不得扣除的借款利息按该期间借款利息发生额乘以该期间企业未缴足的注册资本占借款总额的比例计算,公式为:

$$\text{企业每一计算期不得扣除的借款利息} = \text{该期间借款利息额} \times \text{该期间未缴足注册资本额} \div \text{该期间借款额}$$

企业一个年度内不得扣除的借款利息总额为该年度内每一计算期不得扣除的借款利息额之和。

依据:《国家税务总局关于企业投资者投资未到位而发生的利息支出企业所得税前扣除问题的批复》(国税函〔2009〕312 号)

4.2.8.3 企业向自然人借款的利息支出

(1)企业向股东或其他与企业有关联关系的自然人借款的利息支出,应根据《企业所得税法》第四十六条及《财政部 国家税务总局关于企业关联方利息支出税前扣除标准有关税收政策问题的通知》(财税〔2008〕121号)规定的条件,计算企业所得税扣除额。

(2) 企业向除第一条规定以外的内部职工或其他人员借款的利息支出,其借款情况同时符合以下条件的,其利息支出在不超过按照金融企业同期同类贷款利率计算的数额的部分,根据《企业所得税法》第八条和《企业所得税法实施条例》第二十七条的规定,准予扣除。

① 企业与个人之间的借贷是真实、合法、有效的,并且不具有非法集资目的或其他违反法律、法规的行为。

② 企业与个人之间签订了借款合同。

依据:《国家税务总局关于企业向自然人借款的利息支出企业所得税税前扣除问题的通知》(国税函〔2009〕777号)

4.2.8.4 非金融企业向非金融企业借款利息支出

根据《企业所得税法实施条例》第三十八条的规定,非金融企业向非金融企业借款的利息支出,不超过按照金融企业同期同类贷款利率计算的数额的部分,准予税前扣除。鉴于目前我国对金融企业利率要求的具体情况,企业在按照合同要求首次支付利息并进行税前扣除时,应提供"金融企业的同期同类贷款利率情况说明",以证明其利息支出的合理性。

"金融企业的同期同类贷款利率情况说明"中,应包括在签订该借款合同当时,本省任何一家金融企业提供同期同类贷款利率情况。该金融企业应为经政府有关部门批准成立的可以从事贷款业务的企业,包括银行、财务公司、信托公司等金融机构。"同期同类贷款利率"是指在贷款期限、贷款金额、贷款担保以及企业信誉等条件基本相同下,金融企业提供贷款的利率。既可以是金融企业公布的同期同类平均利率,也可以是金融企业对某些企业提供的实际贷款利率。

依据:《国家税务总局关于企业所得税若干问题的公告》(国家税务总局公告2011年第34号)第一条

4.2.8.5 企业融资费用支出

企业通过发行债券、取得贷款、吸收保户储金等方式融资而发生的合理的费用支出,符合资本化条件的,应计入相关资产成本;不符合资本化条件的,应作为财务费用,准予在企业所得税前据实扣除。

依据:《国家税务总局关于企业所得税应纳税所得额若干税务处理问题的公告》(国家税务总局公告2012年第15号)第二条

4.2.8.6 融资性售后回租支出

根据《企业所得税法》及有关收入确定规定,融资性售后回租业务中,承租人出售资产的行为,不确认为销售收入,对融资性租赁的资产,仍按承租人出售前原账面价值作为计税基础计提折旧。租赁期间,承租人支付的属于融资利息的部分,作为企业财务费用在税前扣除。

依据:《国家税务总局关于融资性售后回租业务中承租方出售资产行为有关税收问题的公告》(国家

税务总局公告 2010 年第 13 号)第二条

4.2.8.7 永续债利息支出

(1) 自 2019 年 1 月 1 日起,企业发行符合规定条件的永续债,也可以按照债券利息适用企业所得税政策。即发行方支付的永续债利息支出准予在其企业所得税税前扣除,投资方取得的永续债利息收入应当依法纳税。

(2) 上述规定所称符合规定条件的永续债,是指符合下列条件中 5 条(含)以上的永续债:

① 被投资企业对该项投资具有还本义务。

② 有明确约定的利率和付息频率。

③ 有一定的投资期限。

④ 投资方对被投资企业净资产不拥有所有权。

⑤ 投资方不参与被投资企业日常生产经营活动。

⑥ 被投资企业可以赎回,或满足特定条件后可以赎回。

⑦ 被投资企业将该项投资计入负债。

⑧ 该项投资不承担被投资企业股东同等的经营风险。

⑨ 该项投资的清偿顺序位于被投资企业股东持有的股份之前。

(3) 上述规定所称永续债是指经国家发展改革委员会、中国人民银行、中国银行保险监督管理委员会、中国证券监督管理委员会核准,或经中国银行间市场交易商协会注册、中国证券监督管理委员会授权的证券自律组织备案,依照法定程序发行、附赎回(续期)选择权或无明确到期日的债券,包括可续期企业债、可续期公司债、永续债务融资工具(含永续票据)、无固定期限资本债券等。

(4) 企业发行永续债,应当将其适用的税收处理方法在证券交易所、银行间债券市场等发行市场的发行文件中向投资方予以披露。

(5) 发行永续债的企业对每一永续债产品的税收处理方法一经确定,不得变更。企业对永续债采取的税收处理办法与会计核算方式不一致的,发行方、投资方在进行税收处理时须作出相应纳税调整。

依据:《财政部 税务总局关于永续债企业所得税政策问题的公告》(财政部 税务总局公告 2019 年第 64 号)第二条、第三条、第四条、第五条、第六条

> **热点问题**
>
> 1. 为建造某固定资产项目发生的专项借款,当该固定资产建造完成后,企业将资金继续用于另一固定资产建造,发生的利息费用是当期费用化还是资本化?
>
> 答:《企业所得税法实施条例》第三十七条规定,企业在生产经营活动中发生的合理的不需要资本化的借款费用,准予扣除。企业为购置、建造固定资产、无形资产和经过 12 个月以上的建造才能达到预定可销售状态的存货发生借款的,在有关资产购置、建造期间发生的合理的借款费用,应当作为资本性支出计入有关资产的成本,并依照《企业所得税法实施条例》的规定扣除。

因此,企业将资金继续用于另一固定资产建造,发生的利息费用符合资本化条件的,应计入相关资产成本;不符合资本化条件的,应作为财务费用,依规定在税前扣除。

2. 某开发公司贷款拍下一块土地,由于种种原因,这块地有两年没有开发,这两年闲置期间的贷款利息支出是资本化还是费用化?

答:根据《企业所得税法实施条例》第三十七条的规定,该公司贷款利息支出应当作为资本性支出计入有关资产的成本。

3. 企业向境外银行或金融机构贷款并按境外银行或金融机构的利率计算支付的利息,或向境外非银行或非金融机构支付的利息支出,是否可以税前扣除?

答:企业向境外银行或金融机构贷款并按境外银行或金融机构的利率计算支付的利息,准予扣除;企业向境外非银行或非金融机构支付的利息,超过境内金融机构同期同类贷款利率的部分不得税前列支。

4. 甲公司向乙公司借款,借款期限3年,约定借款期满一次性还本付息。如果甲公司在计算借款期限第一年、第二年的所得税时,财务费用中列支的利息,既未支付,也无发票,是否在税前扣除?

答:甲公司应根据借款双方约定的支付利息日期确认利息支出,并凭据乙公司开具的符合规定的发票在税前扣除。

5. 我公司为建造厂房向银行借款,双方合同约定,银行对此笔贷款提供财务顾问服务,收取财务顾问费。该笔财务顾问费该如何进行税前扣除?

答:厂房建造期间,对归属于厂房建造的符合税前扣除规定的财务顾问费,凭银行开具的发票,计入厂房的计税基础,通过计提折旧予以税前扣除。

4.2.9 汇兑损失

企业在货币交易中,以及纳税年度终了时将人民币以外的货币性资产、负债按照期末即期人民币汇率中间价折算为人民币时产生的汇兑损失,除已经计入有关资产成本以及与向所有者进行利润分配相关的部分外,准予扣除。

依据:《中华人民共和国企业所得税法实施条例》第三十九条

4.2.10 业务招待费

企业发生的与生产经营活动有关的业务招待费支出,按照发生额的60%扣除,但最高不得超过当年销售(营业)收入的5‰。

依据:《中华人民共和国企业所得税法实施条例》第四十三条

4.2.10.1 扣除限额的计算基数

企业在计算业务招待费、广告费和业务宣传费等费用扣除限额时,其销售(营业)收入额应包括《企业所得税法实施条例》第二十五条规定的视同销售(营业)收入额。

依据:《国家税务总局关于企业所得税执行中若干税务处理问题的通知》(国税函〔2009〕202号)第一条

对从事股权投资业务的企业(包括集团公司总部、创业投资企业等),其从被投资企业所分配的股息、红利以及股权转让收入,可以按规定的比例计算业务招待费扣除限额。

依据:《国家税务总局关于贯彻落实企业所得税法若干税收问题的通知》(国税函〔2010〕79号)第八条

4.2.10.2 筹建期的业务招待费处理

企业在筹建期间,发生的与筹办活动有关的业务招待费支出,可按实际发生额的60％计入企业筹办费,并按有关规定在税前扣除;发生的广告费和业务宣传费,可按实际发生额计入企业筹办费,并按有关规定在税前扣除。

依据:《国家税务总局关于企业所得税应纳税所得额若干税务处理问题的公告》(国家税务总局公告2012年第15号)第五条

解读

一、业务招待费支出的税前扣除必须符合税前扣除的一般条件和原则

企业的业务招待难以准确划分商业招待和个人消费,有必要加强对业务招待费税前列支管理:

(1)企业开支的业务招待费必须是正常和必要的。这一规定虽然没有定量指标,但有一般商业常规作为参考。比如,企业对某个客户业务员的礼品支出与所成交的业务额或业务的利润水平严重不相吻合。再比如,企业向无业务关系的特定范围人员所赠送的礼品,而且不属于业务宣传性质(业务宣传的礼品支出一般是随机的或与产品销售相关联的)。

(2)业务招待费支出一般要求与经营活动"直接相关"。由于商业招待与个人消费的界限不好掌握,所以一般情况下必须证明业务招待与经营活动的直接相关性。比如是因企业销售业务的真实的商谈而发生的费用。

(3)必须有足够有效凭证证明企业相关性的陈述。比如费用金额、招待、娱乐旅行的时间和地点、商业目的、企业与被招待人之间的业务关系等。

二、餐费与业务招待费的区分

在税务执法实践中,要注意区分两个问题:

一是业务招待费包括餐费,但餐费不一定都是业务招待费。正常经营中,餐费产生的原因各种各样,不少企业将餐费和业务招待费画等号,如果将不属于业务招待费的餐费计入业务招待费,这样势必会导致企业多缴税:

(1)员工年终聚餐,午餐费、加班餐费应计入应付福利费。

(2)出差途中符合标准的餐费计入差旅费。

(3)员工培训时合规的餐费计入职工教育经费。

(4)企业管理人员在宾馆开会发生的餐费,列入会议费。

(5)企业开董事会发生的餐费,列入董事会会费。

(6)影视企业拍摄过程中"影视剧中的餐费",属于影视成本。

(7)企业委托加工的,对企业的形象、产品有标记宣传作用的,作为业务宣传费;企业因业务洽谈会、展览会的餐饮住宿费用作为业务宣传费;企业在搞促销活动时赠送给顾客的礼品,作为业务宣传费。

二是业务招待费不仅仅是餐费。在税务执法实践中,税务机关通常将招待费的支付

范围界定为餐饮、住宿费、香烟、食品、礼品、正常的娱乐活动、安排客户旅游等项目。《企业所得税法实施条例释义》中解释,招待客户的住宿费和景点门票可以作为业务招待费核算。还有外购礼品用于赠送的,应作为业务招待费,但如果礼品是纳税人自行生产或经过委托加工,对企业的形象、产品有标记及宣传作用的,也可作为业务宣传费。同时,要严格区分给客户的回扣、贿赂等非法支出,对此不能作为业务招待费而应直接作纳税调整。

三、企业筹办期发生的业务招待费如何在税前扣除

企业筹办期发生的业务招待费直接按实际发生额的60%,广告费和业务宣传费按实际发生额,计入筹办费。按照筹办费税务处理办法进行税前扣除。开(筹)办费未明确列作长期待摊费用,企业可以在开始经营之日的当年一次性扣除,也可以按照新税法有关长期待摊费用的处理规定处理,但一经选定,不得改变。

> **热点问题**
>
> 1. 预付费卡发生的支出能否扣除,如何扣除?
>
> 答:企业购买预付卡的当期,通常作为往来挂账,不确认为成本费用;待预付卡实际使用(如购买商品、赠送他人)时,符合与生产经营有关条件的,可以在税前扣除。
>
> 2. 对从事股权投资业务的企业(包括集团公司总部、创业投资企业等),在计算业务招待费扣除限额时,是否仅以投资收益为计算基数?
>
> 答:根据《国家税务总局关于贯彻落实企业所得税法若干税收问题的通知》(国税函〔2010〕79号)第八条的规定,对从事股权投资业务的企业(包括集团公司总部、创业投资企业等),其从被投资企业所分配的股息、红利以及股权转让收入,可以按规定的比例计算业务招待费扣除限额。上述"股权转让收入"是指股权转让的全额对价收入。

4.2.11 广告费和业务宣传费

企业发生的符合条件的广告费和业务宣传费支出,除国务院财政、税务主管部门另有规定外,不超过当年销售(营业)收入15%的部分,准予扣除;超过部分,准予在以后纳税年度结转扣除。

依据:《中华人民共和国企业所得税法实施条例》第四十四条

企业在计算业务招待费、广告费和业务宣传费等费用扣除限额时,其销售(营业)收入额应包括《企业所得税法实施条例》第二十五条规定的视同销售(营业)收入额。

依据:《国家税务总局关于企业所得税执行中若干税务处理问题的通知》(国税函〔2009〕202号)第一条

> **热点问题**
>
> 企业制作的台历等用于宣传业务,能否作为广告费和业务宣传费列支?
>
> 答:如果企业确实是制作台历用于宣传业务,比如台历中印有企业的名称、地址、经营范围等企业信息,印有产品图片或相关业务介绍,用于扩大企业社会知晓度的,可以作为广告费和业务宣传费按规定税前扣除。

4.2.11.1 化妆品制造或销售企业的特殊规定

2016年1月1日以后对化妆品制造或销售企业(2016年1月1日前,为化妆品制造与销售企业),发生的广告费和业务宣传费支出,以及对医药制造和饮料制造(不含酒类制造,下同)企业发生的广告费和业务宣传费支出,不超过当年销售(营业)收入30%的部分,准予扣除;超过部分,准予在以后纳税年度结转扣除。

依据:《财政部 国家税务总局关于广告费和业务宣传费支出税前扣除政策的通知》(财税〔2012〕48号)、《财政部 国家税务总局关于广告费和业务宣传费支出税前扣除政策的通知》(财税〔2017〕41号)

4.2.11.2 签订广告费和业务宣传费分摊协议的关联企业的特殊规定

对签订广告费和业务宣传费分摊协议的关联企业,其中一方发生的不超过当年销售(营业)收入税前扣除限额比例内的广告费和业务宣传费支出可以在本企业扣除,也可以将其中的部分或全部按照分摊协议归集至另一方扣除。另一方在计算本企业广告费和业务宣传费支出企业所得税税前扣除限额时,可将按照上述办法归集至本企业的广告费和业务宣传费不计算在内。

依据:《财政部 国家税务总局关于广告费和业务宣传费支出税前扣除政策的通知》(财税〔2012〕48号)、《财政部 国家税务总局关于广告费和业务宣传费支出税前扣除政策的通知》(财税〔2017〕41号)

4.2.11.3 烟草企业的特殊规定

烟草企业的烟草广告费和业务宣传费支出,一律不得在计算应纳税所得额时扣除。

依据:《财政部 国家税务总局关于广告费和业务宣传费支出税前扣除政策的通知》(财税〔2012〕48号)、《财政部 国家税务总局关于广告费和业务宣传费支出税前扣除政策的通知》(财税〔2017〕41号)

4.2.12 环境保护、生态恢复专项资金

企业依照法律、行政法规有关规定提取的用于环境保护、生态恢复等方面的专项资金,准予扣除。上述专项资金提取后改变用途的,不得扣除。

依据:《中华人民共和国企业所得税法实施条例》第四十五条

4.2.13 租赁费

企业根据生产经营活动的需要租入固定资产支付的租赁费,按照以下方法扣除:
(1)以经营租赁方式租入固定资产发生的租赁费支出,按照租赁期限均匀扣除。
(2)以融资租赁方式租入固定资产发生的租赁费支出,按照规定构成融资租入固定资产价值的部分应当提取折旧费用,分期扣除。

依据:《中华人民共和国企业所得税法实施条例》第四十七条

4.2.14 劳动保护费

企业发生的合理的劳动保护支出,准予扣除。

依据:《中华人民共和国企业所得税法实施条例》第四十八条

企业根据其工作性质和特点,由企业统一制作并要求员工工作时统一着装所发生的工作服饰费用,根据《企业所得税法实施条例》第二十七条的规定,可以作为企业合理的

支出给予税前扣除。

依据:《国家税务总局关于企业所得税若干问题的公告》(国家税务总局公告2011年第34号)

解读

企业发生的合理的劳动保护支出,准予税前扣除。也就是说,企业只有实际发生的费用支出,才准许税前扣除,没有实际发生的,不能预提列支。同时,还必须是"合理"的劳动保护支出,所谓"合理",有一定的前置条件。根据《江苏省地方税务局关于发布〈企业所得税税前扣除凭证管理办法〉的公告》(苏地税规〔2011〕13号)第二十二条的规定,企业发生的劳动保护支出,包括购买工作服、手套、安全保护用品、防暑降温用品等,以发票和付款单据为税前扣除凭证。劳动保护支出应符合以下条件:(1)用品提供或配备的对象为本企业任职或者受雇的员工;(2)用品具有劳动保护性质,因工作需要而发生;(3)数量上能满足工作需要即可;(4)以实物形式发生。

另根据《劳动防护用品配备标准(试行)》和《关于规范社会保险缴费基数有关问题的通知》的规定,劳动保护支出的范围包括:工作服、手套、洗衣粉等劳保用品,解毒剂等安全保护用品,清凉饮料等防暑降温用品,以及按照原劳动部等部门规定的范围对接触有毒物质、矽尘作业、放射线作业和潜水、沉箱作业、高温作业等五类工种所享受的由劳动保护费开支的保健食品待遇。企业以上支出计入劳动保护费,可以在税前扣除。但要注意的是,劳动保护费的服装限于工作服而非所有服装。企业购买高档品牌服装,在劳动保护费中列支,既不合情又不合理,这种钻税收政策空子的做法很难通过税务机关的审核认定。

热点问题

由于工作环境较差,向职工开放浴室,同时定期以实物形式给员工发放一些洗发水和沐浴露,是否可作为劳保用品在企业所得税前扣除?

答:劳动保护用品应当因工作需要而发生,具有一定的劳动保护性质。例如,根据《江苏省地方税务局关于发布〈企业所得税税前扣除凭证管理办法〉的公告》(苏地税规〔2011〕13号)第二十二条的规定,企业发生的劳动保护支出,包括购买工作服、手套、安全保护用品、防暑降温用品等,以发票和付款单据为税前扣除凭证。劳动保护支出应符合以下条件:(1)用品提供或配备的对象为本企业任职或者受雇的员工;(2)用品具有劳动保护性质,因工作需要而发生;(3)数量上能满足工作需要即可;(4)以实物形式发生。企业以实物形式向员工发放的洗发水和沐浴露等洗护用品,虽然也是实物形式发放,可能也因工作需要而发生,但不具有劳动保护性质,所以不应作为劳保用品在税前扣除,而应作为职工福利费按规定税前扣除。

4.2.15 公益性捐赠

4.2.15.1 扣除限额

企业发生的公益性捐赠支出,在年度利润总额12%以内的部分,准予在计算应纳税所得额时扣除。

依据:《中华人民共和国企业所得税法》第九条

第十二届全国人民代表大会常务委员会第二十六次会议决定对《企业所得税法》作如下修改:

将第九条修改为:"企业发生的公益性捐赠支出,在年度利润总额 12% 以内的部分,准予在计算应纳税所得额时扣除;超过年度利润总额 12% 的部分,准予结转以后 3 年内在计算应纳税所得额时扣除。"

《全国人民代表大会常务委员会关于修改〈中华人民共和国企业所得税法〉的决定》自公布之日起施行(2017 年 2 月 24 日)。

依据:《全国人民代表大会常务委员会关于修改〈中华人民共和国企业所得税法〉的决定》(中华人民共和国主席令第六十四号)

企业发生的公益性捐赠支出,不超过年度利润总额 12% 的部分,准予扣除。年度利润总额,是指企业依照国家统一会计制度的规定计算的年度会计利润。

依据:《中华人民共和国企业所得税法实施条例》第五十三条

自 2017 年 1 月 1 日起,企业通过公益性社会组织或者县级(含县级)以上人民政府及其组成部门和直属机构,用于慈善活动、公益事业的捐赠支出,在年度利润总额 12% 以内的部分,准予在计算应纳税所得额时扣除;超过年度利润总额 12% 的部分,准予结转以后 3 年内在计算应纳税所得额时扣除。上述所称公益性社会组织,应当依法取得公益性捐赠税前扣除资格。上述所称年度利润总额,是指企业依照国家统一会计制度的规定计算的大于零的数额。

企业当年发生及以前年度结转的公益性捐赠支出,准予在当年税前扣除的部分,不能超过企业当年年度利润总额的 12%。

企业发生的公益性捐赠支出未在当年税前扣除的部分,准予向以后年度结转扣除,但结转年限自捐赠发生年度的次年起计算最长不得超过 3 年。

企业在对公益性捐赠支出计算扣除时,应先扣除以前年度结转的捐赠支出,再扣除当年发生的捐赠支出。

2016 年 9 月 1 日至 2016 年 12 月 31 日发生的公益性捐赠支出未在 2016 年税前扣除的部分,可按上述规定执行。

依据:《财政部 税务总局关于公益性捐赠支出企业所得税税前结转扣除有关政策的通知》(财税〔2018〕15 号)

4.2.15.2 公益性捐赠概念与范围

一、公益性捐赠概念

公益性捐赠是指企业通过公益性社会组织或者县级以上人民政府及其部门,用于符合法律规定的慈善活动、公益事业的捐赠。

依据:《中华人民共和国企业所得税法实施条例》第五十一条

二、公益性捐赠具体范围

用于公益事业的捐赠支出,是指《中华人民共和国公益事业捐赠法》规定的向公益事业的捐赠支出,具体范围包括:

(1) 救助灾害、救济贫困、扶助残疾人等困难的社会群体和个人的活动。
(2) 教育、科学、文化、卫生、体育事业。
(3) 环境保护、社会公共设施建设。
(4) 促进社会发展和进步的其他社会公共和福利事业。

依据：《财政部 国家税务总局民政部关于公益性捐赠税前扣除有关问题的通知》（财税〔2008〕160号）第三条

4.2.15.3 公益性社会团体

公益性社会组织，是指同时符合下列条件的慈善组织以及其他社会组织：
(1) 依法登记，具有法人资格。
(2) 以发展公益事业为宗旨，且不以营利为目的。
(3) 全部资产及其增值为该法人所有。
(4) 收益和营运结余主要用于符合该法人设立目的的事业。
(5) 终止后的剩余财产不归属任何个人或者营利组织。
(6) 不经营与其设立目的无关的业务。
(7) 有健全的财务会计制度。
(8) 捐赠者不以任何形式参与社会团体财产的分配。
(9) 国务院财政、税务主管部门会同国务院民政部门等登记管理部门规定的其他条件。

依据：《中华人民共和国企业所得税法实施条例》第五十二条、《国务院关于修改部分行政法规的决定》（中华人民共和国国务院令第714号）第四条

公益性社会团体指依据国务院发布的《基金会管理条例》和《社会团体登记管理条例》的规定，经民政部门依法登记，符合以下条件的基金会、慈善组织等公益性社会团体：
(1) 符合《企业所得税法实施条例》第五十二条第（一）项到第（八）项规定的条件。
(2) 申请前3年内未受到行政处罚。〔注：根据《财政部税务总局民政部关于公益性捐赠税前扣除资格有关问题的补充通知》（财税〔2018〕110号）的规定，上述所称"行政处罚"，是指税务机关和登记管理机关给予的行政处罚（警告或单次1万元以下罚款除外），自2018年9月29日起执行。〕
(3) 基金会在民政部门依法登记3年以上（含3年）的，应当在申请前连续2年年度检查合格，或最近1年年度检查合格且社会组织评估等级在3A以上（含3A），登记3年以下1年以上（含1年）的，应当在申请前1年年度检查合格或社会组织评估等级在3A以上（含3A），登记1年以下的基金会具备本款第(1)项、第(2)项规定的条件。
(4) 公益性社会团体（不含基金会）在民政部门依法登记3年以上，净资产不低于登记的活动资金数额，申请前连续2年年度检查合格，或最近1年年度检查合格且社会组织评估等级在3A以上（含3A），申请前连续3年每年用于公益活动的支出不低于上年总收入的70%（含70%），同时需达到当年总支出的50%以上（含50%）。

年度检查合格是指民政部门对基金会、公益性社会团体（不含基金会）进行年度检查，作出年度检查合格的结论；社会组织评估等级在3A以上（含3A）是指社会组织在民

政部门主导的社会组织评估中被评为3A、4A、5A级别,且评估结果在有效期内。

依据:《财政部 国家税务总局民政部关于公益性捐赠税前扣除有关问题的通知》(财税〔2008〕160号)第四条

一、公益性社会团体捐赠税前扣除资格确认程序

公益性社会团体捐赠税前扣除资格确认程序按以下规定执行:

(1)对在民政部登记设立的社会组织,由民政部在登记注册环节会同财政部、国家税务总局对其公益性进行联合确认,对符合公益性社会团体条件的社会组织,财政部、国家税务总局、民政部联合发布公告,明确其公益性捐赠税前扣除资格。

(2)对在民政部登记注册且已经运行的社会组织,由财政部、国家税务总局和民政部结合社会组织公益活动情况和年度检查、评估等情况,对符合公益性社会团体条件的社会组织联合发布公告,明确其公益性捐赠税前扣除资格。

(3)在省级和省级以下民政部门登记注册的社会组织,由省级相关部门参照上述第(1)项、第(2)项执行。

依据:《财政部 国家税务总局 民政部关于公益性捐赠税前扣除资格确认审批有关调整事项的通知》(财税〔2015〕141号)第二条

在《财政部 国家税务总局民政部关于公益性捐赠税前扣除有关问题的通知》(财税〔2008〕160号,以下简称财税〔2008〕160号文件)下发之前已经获得公益性捐赠税前扣除资格的公益性社会团体,必须按规定的条件和程序重新提出申请,通过认定后才能获得公益性捐赠税前扣除资格。

符合财税〔2008〕160号文件第四条规定的基金会、慈善组织等公益性社会团体,应同时向财政、税务、民政部门提出申请,并分别报送财税〔2008〕160号文件第七条规定的材料。

民政部门负责对公益性社会团体资格进行初步审查,财政、税务部门会同民政部门对公益性捐赠税前扣除资格联合进行审核确认。

依据:《财政部 国家税务总局 民政部关于公益性捐赠税前扣除有关问题的补充通知》(财税〔2010〕45号)第二条

对获得公益性捐赠税前扣除资格的公益性社会团体,由财政部、国家税务总局和民政部以及省、自治区、直辖市、计划单列市财政、税务和民政部门每年分别联合公布名单。名单应当包括当年继续获得公益性捐赠税前扣除资格和新获得公益性捐赠税前扣除资格的公益性社会团体。

企业或个人在名单所属年度内向名单内的公益性社会团体进行的公益性捐赠支出,可按规定进行税前扣除。

依据:《财政部 国家税务总局 民政部关于公益性捐赠税前扣除有关问题的补充通知》(财税〔2010〕45号)第三条

2008年1月1日以后成立的基金会,在首次获得公益性捐赠税前扣除资格后,原始基金的捐赠人在基金会首次获得公益性捐赠税前扣除资格的当年进行所得税汇算清缴时,可按规定进行税前扣除。

依据:《财政部 国家税务总局 民政部关于公益性捐赠税前扣除有关问题的补充通知》(财税

〔2010〕45号)第四条

二、公益性社会团体捐赠税前扣除资格取消

存在以下情形之一的公益性社会团体,应取消公益性捐赠税前扣除资格：

(1) 年度检查不合格或最近一次社会组织评估等级低于3A的。

(2) 在申请公益性捐赠税前扣除资格时有弄虚作假行为的。

(3) 存在偷税行为或为他人偷税提供便利的。

(4) 存在违反该组织章程的活动,或者接受的捐赠款项用于组织章程规定用途之外的支出等情况的。

(5) 受到行政处罚的。

被取消公益性捐赠税前扣除资格的公益性社会团体,存在上述第(1)项情形的,1年内不得重新申请公益性捐赠税前扣除资格,存在第(2)项、第(3)项、第(4)项、第(5)项情形的,3年内不得重新申请公益性捐赠税前扣除资格。

依据：《财政部 国家税务总局 民政部关于公益性捐赠税前扣除有关问题的通知》(财税〔2008〕160号)第十条

《财政部 国家税务总局 民政部关于公益性捐赠税前扣除有关问题的通知》(财税〔2008〕160号)和《财政部 国家税务总局关于通过公益性群众团体的公益性捐赠税前扣除有关问题的通知》(财税〔2009〕124号)中的"行政处罚",是指税务机关和登记管理机关给予的行政处罚(警告或单次1万元以下罚款除外)。

依据：《财政部 国家税务总局 民政部关于公益性捐赠税前扣除资格有关问题的补充通知》(财税〔2018〕110号)第一条

对已经获得公益性捐赠税前扣除资格的公益性社会团体,其年度检查连续两年基本合格视同为财税〔2008〕160号文件第十条规定的年度检查不合格,应取消公益性捐赠税前扣除资格。

依据：《财政部 国家税务总局 民政部关于公益性捐赠税前扣除有关问题的补充通知》(财税〔2010〕45号)第六条

对于通过公益性社会团体发生的公益性捐赠支出,主管税务机关应对照财政、税务、民政部门联合公布的名单予以办理,即接受捐赠的公益性社会团体位于名单内的,企业或个人在名单所属年度向名单内的公益性社会团体进行的公益性捐赠支出可按规定进行税前扣除；接受捐赠的公益性社会团体不在名单内,或虽在名单内但企业或个人发生的公益性捐赠支出不属于名单所属年度的,不得扣除。

依据：《财政部 国家税务总局 民政部关于公益性捐赠税前扣除有关问题的补充通知》(财税〔2010〕45号)第五条

获得公益性捐赠税前扣除资格的公益性社会团体,发现其不再符合财税〔2008〕160号文件第四条规定条件之一,或存在财税〔2008〕160号文件第十条规定情形之一的,应自发现之日起15日内向主管税务机关报告,主管税务机关可暂时明确其获得资格的次年内企业或个人向该公益性社会团体的公益性捐赠支出,不得税前扣除。同时,提请审核确认其公益性捐赠税前扣除资格的财政、税务、民政部门明确其获得资格的次年不具有公益性捐赠税前扣除资格。

税务机关在日常管理过程中,发现公益性社会团体不再符合财税〔2008〕160号文件第四条规定条件之一,或存在财税〔2008〕160号文件第十条规定情形之一的,也按上述规定处理。

依据:《财政部 国家税务总局 民政部关于公益性捐赠税前扣除有关问题的补充通知》(财税〔2010〕45号)第七条

4.2.15.4 公益性群众团体

依照《社会团体登记管理条例》规定不需进行社团登记的人民团体以及经国务院批准免予登记的社会团体(以下统称群众团体),是指同时符合以下条件的群众团体:

(1)符合《企业所得税法实施条例》第五十二条第(一)项至第(八)项规定的条件。

(2)县级以上各级机构编制部门直接管理其机构编制。

(3)对接受捐赠的收入以及用捐赠收入进行的支出单独进行核算,且申请前连续3年接受捐赠的总收入中用于公益事业的支出比例不低于70%。

依据:《财政部 国家税务总局关于通过公益性群众团体的公益性捐赠税前扣除有关问题的通知》(财税〔2009〕124号)第四条

一、公益性群众团体税前扣除资格认定

符合规定的公益性群众团体,可按程序申请公益性捐赠税前扣除资格。

(1)由中央机构编制部门直接管理其机构编制的群众团体,向财政部、国家税务总局提出申请。

(2)由县级以上地方各级机构编制部门直接管理其机构编制的群众团体,向省、自治区、直辖市和计划单列市财政、税务部门提出申请。

(3)对符合条件的公益性群众团体,按照上述管理权限,由财政部、国家税务总局和省、自治区、直辖市、计划单列市财政、税务部门分别每年联合公布名单。名单应当包括继续获得公益性捐赠税前扣除资格和新获得公益性捐赠税前扣除资格的群众团体,企业和个人在名单所属年度内向名单内的群众团体进行的公益性捐赠支出,可以按规定进行税前扣除。

依据:《财政部 国家税务总局关于通过公益性群众团体的公益性捐赠税前扣除有关问题的通知》(财税〔2009〕124号)第五条

申请公益性捐赠税前扣除资格的群众团体,需报送以下材料:

(1)申请报告。

(2)县级以上各级党委、政府或机构编制部门印发的"三定"规定。

(3)组织章程。

(4)申请前相应年度的受赠资金来源、使用情况,财务报告,公益活动的明细,注册会计师的审计报告或注册税务师的鉴证报告。

依据:《财政部 国家税务总局关于通过公益性群众团体的公益性捐赠税前扣除有关问题的通知》(财税〔2009〕124号)第六条

二、公益性群众团体税前扣除资格取消

对存在以下情形之一的公益性群众团体,应取消其公益性捐赠税前扣除资格:

(1)前三年接受捐赠的总收入中用于公益事业的支出比例低于70%的。

(2) 在申请公益性捐赠税前扣除资格时有弄虚作假行为的。

(3) 存在逃避缴纳税款行为或为他人逃避缴纳税款提供便利的。

(4) 存在违反该组织章程的活动,或者接受的捐赠款项用于组织章程规定用途之外的支出等情况的。

(5) 受到行政处罚的。

被取消公益性捐赠税前扣除资格的公益性群众团体,存在本条第一款第(2)项、第(3)项、第(4)项、第(5)项情形的,3年内不得重新申请公益性捐赠税前扣除资格。

依据:《财政部 国家税务总局关于通过公益性群众团体的公益性捐赠税前扣除有关问题的通知》(财税〔2009〕124号)第九条

《财政部 国家税务总局 民政部关于公益性捐赠税前扣除有关问题的通知》(财税〔2008〕160号)和《财政部 国家税务总局关于通过公益性群众团体的公益性捐赠税前扣除有关问题的通知》(财税〔2009〕124号)中的"行政处罚",是指税务机关和登记管理机关给予的行政处罚(警告或单次1万元以下罚款除外)。

依据:《财政部 国家税务总局 民政部关于公益性捐赠税前扣除资格有关问题的补充通知》(财税〔2018〕110号)第一条

对于通过公益性群众团体发生的公益性捐赠支出,主管税务机关应对照财政、税务部门联合发布的名单,接受捐赠的群众团体位于名单内,则企业或个人在名单所属年度发生的公益性捐赠支出可按规定进行税前扣除;接受捐赠的群众团体不在名单内,或虽在名单内但企业或个人发生的公益性捐赠支出不属于名单所属年度的,不得扣除。

依据:《财政部 国家税务总局关于通过公益性群众团体的公益性捐赠税前扣除有关问题的通知》(财税〔2009〕124号)第十条

获得公益性捐赠税前扣除资格的公益性群众团体,应自不符合《财政部 国家税务总局关于通过公益性群众团体的公益性捐赠税前扣除有关问题的通知》第四条规定条件之一或存在应取消公益性捐赠税前扣除资格情形之一之日起15日内向主管税务机关报告,主管税务机关可暂时明确其获得资格的次年内企业向该群众团体的公益性捐赠支出,不得税前扣除,同时提请财政部、国家税务总局或省级财政、税务部门明确其获得资格的次年不具有公益性捐赠税前扣除资格。

依据:《财政部 国家税务总局关于通过公益性群众团体的公益性捐赠税前扣除有关问题的通知》(财税〔2009〕124号)第十一条

4.2.15.5 县级以上人民政府及其部门和国家机关扣除资格问题

县级以上人民政府及其部门和国家机关均指县级(含县级,下同)以上人民政府及其组成部门和直属机构。

依据:《财政部 国家税务总局 民政部关于公益性捐赠税前扣除有关问题的通知》(财税〔2008〕160号)第五条

县级以上人民政府及其组成部门和直属机构的公益性捐赠税前扣除资格不需要认定。

依据:《财政部 国家税务总局 民政部关于公益性捐赠税前扣除有关问题的补充通知》(财税〔2010〕45号)第一条

4.2.15.6　公益性捐赠票据

公益性社会团体、县级以上人民政府及其组成部门和直属机构在接受捐赠时，应按照行政管理级次分别使用由财政部或省、自治区、直辖市财政部门印制的公益性捐赠票据，并加盖本单位的印章。

新设立的基金会在申请获得捐赠税前扣除资格后，原始基金的捐赠人可凭捐赠票据依法享受税前扣除。

依据：《财政部　国家税务总局　民政部关于公益性捐赠税前扣除有关问题的通知》（财税〔2008〕160号）第八条

捐赠方在向公益性社会团体、县级以上人民政府及其组成部门和直属机构捐赠时，应当提供注明捐赠非货币性资产公允价值的证明，如果不能提供上述证明，公益性社会团体和县级以上人民政府及其组成部门和直属机构不得向其开具公益性捐赠票据。

依据：《财政部　国家税务总局　民政部关于公益性捐赠税前扣除有关问题的通知》（财税〔2008〕160号）第九条

对于通过公益性社会团体发生的公益性捐赠支出，企业或个人应提供省级以上（含省级）财政部门印制并加盖接受捐赠单位印章的公益性捐赠票据，或加盖接受捐赠单位印章的《非税收入一般缴款书》收据联，方可按规定进行税前扣除。

依据：《财政部　国家税务总局　民政部关于公益性捐赠税前扣除有关问题的补充通知》（财税〔2010〕45号）第五条

公益性群众团体在接受捐赠时，应按照行政管理级次分别使用由财政部或省、自治区、直辖市财政部门印制的公益性捐赠票据或者《非税收入一般缴款书》收据联，并加盖本单位的印章；对个人索取捐赠票据的，应予以开具。

依据：《财政部　国家税务总局关于通过公益性群众团体的公益性捐赠税前扣除有关问题的通知》（财税〔2009〕124号）第七条

捐赠方在向公益性群众团体捐赠时，应当提供注明捐赠非货币性资产公允价值的证明，如果不能提供上述证明，公益性群众团体不得向其开具公益性捐赠票据或者《非税收入一般缴款书》收据联。

依据：《财政部　国家税务总局关于通过公益性群众团体的公益性捐赠税前扣除有关问题的通知》（财税〔2009〕124号）第八条

4.2.15.7　公益性股权捐赠税收处理

企业向公益性社会团体实施的股权捐赠，应按规定视同转让股权，股权转让收入额以企业所捐赠股权取得时的历史成本确定。

企业实施股权捐赠后，以其股权历史成本为依据确定捐赠额，并依此按照企业所得税法有关规定在所得税前予以扣除。公益性社会团体接受股权捐赠后，应按照捐赠企业提供的股权历史成本开具捐赠票据。

公益性社会团体是指注册在中华人民共和国境内，以发展公益事业为宗旨且不以营利为目的，并经确定为具有接受捐赠税前扣除资格的基金会、慈善组织等公益性社会团体。

股权是指企业持有的其他企业的股权、上市公司股票等。

股权捐赠行为是指企业向中华人民共和国境内公益性社会团体实施的股权捐赠行为。企业向中华人民共和国境外的社会组织或团体实施的股权捐赠行为不适用《财政部 国家税务总局关于公益股权捐赠企业所得税政策问题的通知》规定。

依据:《财政部 国家税务总局关于公益股权捐赠企业所得税政策问题的通知》(财税〔2016〕45号)

解读

股权捐赠的受赠对象必须是公益性社会团体,不是公益性事业单位,也不是通过公益性社会团体对外捐赠。股权捐赠必须是向境内捐赠,向境外的公益性社会团体捐赠不适用。

股权捐赠视同转让股权,股权转让收入额以企业所捐赠股权取得时的历史成本确定,注意不是公允价值,也不是市场售价。

捐赠额是股权历史成本,也是受赠方开具的捐赠票据上金额。

【例4-1】 某企业2016年会计利润总额为500万元,向南京某慈善基金会捐赠了其持有的某公司20%的股权,该股权公允价值300万元,成本200万元,企业已将成本金额计入营业外支出。假定不存在其他纳税调整事项,该企业2016年应纳企业所得税为多少万元(25%税率)?

该企业实际捐赠支出为200万元,捐赠的税前扣除限额为年会计利润500万元的12%即60万元,所以需要调增应纳税所得额为140万元。

捐赠股权的视同销售收入为200万元,视同销售成本为200万元,视同销售未产生所得。

2016年应纳税所得额为在会计利润的基础上调增140万元,应纳企业所得税为160万元。

4.2.15.8 扶贫捐赠支出税收处理

自2019年1月1日至2022年12月31日,企业通过公益性社会组织或者县级(含县级)以上人民政府及其组成部门和直属机构,用于目标脱贫地区的扶贫捐赠支出,准予在计算企业所得税应纳税所得额时据实扣除。在政策执行期限内,目标脱贫地区实现脱贫的,可继续适用上述政策。

"目标脱贫地区"包括832个国家扶贫开发工作重点县、集中连片特困地区县(新疆阿克苏地区6县1市享受片区政策)和建档立卡贫困村。

企业同时发生扶贫捐赠支出和其他公益性捐赠支出,在计算公益性捐赠支出年度扣除限额时,符合上述条件的扶贫捐赠支出不计算在内。

企业在2015年1月1日至2018年12月31日期间已发生的符合上述条件的扶贫捐赠支出,尚未在计算企业所得税应纳税所得额时扣除的部分,可执行上述企业所得税政策。

依据:《财政部 税务总局 国务院扶贫办关于企业扶贫捐赠所得税税前扣除政策的公告》(财政部 税务总局 国务院扶贫办公告2019年第49号)

4.2.15.9 捐赠住房作为公租房税收处理

自2019年1月1日起至2020年12月31日,企事业单位、社会团体以及其他组织捐赠住房作为公租房，符合税收法律法规规定的，对其公益性捐赠支出在年度利润总额12%以内的部分，准予在计算应纳税所得额时扣除，超过年度利润总额12%的部分，准予结转以后3年内在计算应纳税所得额时扣除。

上述规定的公租房是指纳入省、自治区、直辖市、计划单列市人民政府及新疆生产建设兵团批准的公租房发展规划和年度计划，或者市、县人民政府批准建设（筹集），并按照《关于加快发展公共租赁住房的指导意见》（建保〔2010〕87号）和市、县人民政府制定的具体管理办法进行管理的公租房。

依据：《财政部 税务总局关于公共租赁住房税收优惠政策的公告》（财政部 税务总局公告2019年第61号）

4.2.15.10 支持新型冠状病毒感染的肺炎疫情防控有关捐赠税收处理

自2020年1月1日起，企业和个人通过公益性社会组织或者县级以上人民政府及其部门等国家机关，捐赠用于应对新型冠状病毒感染的肺炎疫情的现金和物品，允许在计算应纳税所得额时全额扣除。企业和个人直接向承担疫情防治任务的医院捐赠用于应对新型冠状病毒感染的肺炎疫情的物品，允许在计算应纳税所得额时全额扣除。

捐赠人凭承担疫情防治任务的医院开具的捐赠接收函办理税前扣除事宜。

依据：《财政部 税务总局关于支持新型冠状病毒感染的肺炎疫情防控有关捐赠税收政策的公告》（财政部税务总局公告2020年第9号，以下简称2020年第9号公告）第一条、第二条

2020年第9号公告第一条所称"公益性社会组织"，是指依法取得公益性捐赠税前扣除资格的社会组织。

企业享受2020年第9号公告规定的全额税前扣除政策的，采取"自行判别、申报享受、相关资料留存备查"的方式，并将捐赠全额扣除情况填入企业所得税纳税申报表相应行次。

企业取得承担疫情防治任务的医院开具的捐赠接收函，作为税前扣除依据自行留存备查。

依据：《国家税务总局关于支持新型冠状病毒感染的肺炎疫情防控有关税收征收管理事项的公告》（国家税务总局公告2020年第4号）第十二条

4.2.16 手续费及佣金

4.2.16.1 扣除限额

一、保险企业

自2019年1月1日起，保险企业发生与其经营活动有关的手续费及佣金支出，不超过当年全部保费收入扣除退保金等后余额的18%（含本数）的部分，在计算应纳税所得额时准予扣除；超过部分，允许结转以后年度扣除。保险企业2018年度汇算清缴按照上述规定执行。

依据：《财政部 税务总局关于保险企业手续费及佣金支出税前扣除政策的公告》（财政部 税务总局公告2019年第72号）第一条

二、电信企业

电信企业在发展客户、拓展业务等过程中（如委托销售电话入网卡、电话充值卡等），

需向经纪人、代办商支付手续费及佣金的,其实际发生的相关手续费及佣金支出,不超过企业当年收入总额5%的部分,准予在企业所得税前据实扣除。

依据:《国家税务总局关于企业所得税应纳税所得额若干税务处理问题的公告》(国家税务总局公告2012年第15号)第四条

电信企业手续费及佣金支出,仅限于电信企业在发展客户、拓展业务等过程中因委托销售电话入网卡、电话充值卡所发生的手续费及佣金支出。

依据:《国家税务总局关于电信企业手续费及佣金支出税前扣除问题的公告》(国家税务总局公告2013年第59号)

三、其他企业

其他企业(非保险企业)发生与生产经营有关的手续费及佣金支出,按与具有合法经营资格中介服务机构或个人(不含交易双方及其雇员、代理人和代表人等)所签订服务协议或合同确认的收入金额的5%计算限额;不超过按上述规定计算限额以内的部分,准予扣除;超过部分,不得扣除。

依据:《财政部 国家税务总局关于企业手续费及佣金支出税前扣除政策的通知》(财税〔2009〕29号)第一条

4.2.16.2 手续费扣除限制性规定

企业应与具有合法经营资格中介服务企业或个人签订代办协议或合同,并按国家有关规定支付手续费及佣金。除委托个人代理外,企业以现金等非转账方式支付的手续费及佣金不得在税前扣除。企业为发行权益性证券支付给有关证券承销机构的手续费及佣金不得在税前扣除。

企业不得将手续费及佣金支出计入回扣、业务提成、返利、进场费等费用。

企业已计入固定资产、无形资产等相关资产的手续费及佣金支出,应当通过折旧、摊销等方式分期扣除,不得在发生当期直接扣除。

企业支付的手续费及佣金不得直接冲减服务协议或合同金额,并如实入账。

依据:《财政部 国家税务总局关于企业手续费及佣金支出税前扣除政策的通知》(财税〔2009〕29号)第二条、第三条、第四条、第五条

4.2.16.3 主营业务为代理服务的处理

从事代理服务、主营业务收入为手续费、佣金的企业(如证券、期货、保险代理等企业),其为取得该类收入而实际发生的营业成本(包括手续费及佣金支出),准予在企业所得税前据实扣除。

依据:《国家税务总局关于企业所得税应纳税所得额若干税务处理问题的公告》(国家税务总局公告2012年第15号)第三条

> **热点问题**
>
> 1. 支付给境外关联企业的佣金是否受5%的限制?
>
> 答:境外关联企业介绍特定客户给境内企业,并按该境内企业向该特定客户销售产品销售额的一定比例收取佣金,应根据《财政部 国家税务总局关于企业手续费及佣金支出税前扣除政策的通知》(财税〔2009〕29号,以下简称财税〔2009〕29号文件)第一

条第二款的规定,在所签订服务协议或合同确认的收入金额的5%限额内进行扣除,超出部分不得扣除。对于此类"介绍"行为的具体实质内容应该根据交易双方所签订的合同约定条款进行确定。

2. 保险代理公司支付给保险代理人的佣金支出在计算企业所得税扣除时是否受5%的限制?

根据《国家税务总局关于企业所得税应纳税所得额若干税务处理问题的公告》(国家税务总局公告2012年第15号)第三条的规定,从事代理服务、主营业务收入为手续费、佣金的企业(如证券、期货、保险代理等企业),其为取得该类收入而实际发生的营业成本(包括手续费及佣金支出),准予在企业所得税前据实扣除。

因此,保险代理公司支付给保险代理人的佣金支出准予在企业所得税前据实扣除,不受5%的限制。

3. 企业拟准备上市,在上市过程中支付给证券公司、会计师事务所等费用能否在税前扣除?

答:根据财税〔2009〕29号文件的规定,企业为发行权益性证券支付给有关证券承销机构的手续费及佣金不得在税前扣除。同时按照会计准则要求此类支付应冲减资本公积。在上市过程中支付给证券公司、会计师事务所等其他与生产经营有关的费用可以税前扣除。

4.2.17 准备金

4.2.17.1 金融企业准备金

一、金融企业涉农和中小企业贷款损失准备金

(一) 金融企业涉农和中小企业贷款定义

涉农贷款是指《涉农贷款专项统计制度》(银发〔2007〕246号)统计的以下贷款:

(1) 农户贷款。

(2) 农村企业及各类组织贷款。

农户贷款是指金融企业发放给农户的所有贷款。农户贷款的判定应以贷款发放时的承贷主体是否属于农户为准。农户是指长期(1年以上)居住在乡镇(不包括城关镇)行政管理区域内的住户,还包括长期居住在城关镇所辖行政村范围内的住户和户口不在本地而在本地居住1年以上的住户,国有农场的职工和农村个体工商户。位于乡镇(不包括城关镇)行政管理区域内和在城关镇所辖行政村范围内的国有经济的机关、团体、学校、企事业单位的集体户;有本地户口,但举家外出谋生1年以上的住户,无论是否保留承包耕地均不属于农户。农户以户为统计单位,既可以从事农业生产经营,也可以从事非农业生产经营。

农村企业及各类组织贷款是指金融企业发放给注册地位于农村区域的企业及各类组织的所有贷款。农村区域是指除地级及以上城市的城市行政区及其市辖建制镇之外的区域。

依据：《财政部 税务总局关于金融企业涉农贷款和中小企业贷款损失准备金税前扣除有关政策的公告》（财政部 税务总局公告2019年第85号）第二条

中小企业贷款，是指金融企业对年销售额和资产总额均不超过2亿元的企业的贷款。

依据：《财政部 税务总局关于金融企业涉农贷款和中小企业贷款损失准备金税前扣除有关政策的公告》（财政部 税务总局公告2019年第85号）第三条

（二）金融企业涉农和中小企业贷款准备金的计提

金融企业根据《贷款风险分类指引》（银监发〔2007〕54号），对其涉农贷款和中小企业贷款进行风险分类后，按照以下比例计提的贷款损失准备金，准予在计算应纳税所得额时扣除：

（1）关注类贷款，计提比例为2%。
（2）次级类贷款，计提比例为25%。
（3）可疑类贷款，计提比例为50%。
（4）损失类贷款，计提比例为100%。

自2019年1月1日至2023年12月31日执行。

依据：《财政部 税务总局关于金融企业涉农贷款和中小企业贷款损失准备金税前扣除有关政策的公告》（财政部 税务总局公告2019年第85号）第一条

（三）金融企业涉农和中小企业贷款损失处理

金融企业发生的符合条件的涉农贷款和中小企业贷款损失，应先冲减已在税前扣除的贷款损失准备金，不足冲减部分可据实在计算应纳税所得额时扣除。

依据：《财政部 税务总局关于金融企业涉农贷款和中小企业贷款损失准备金税前扣除有关政策的公告》（财政部 税务总局公告2019年第85号）第四条

二、金融企业贷款损失准备金

（一）金融企业准予税前提取贷款损失准备金的贷款资产范围

政策性银行、商业银行、财务公司、城乡信用社和金融租赁公司等金融企业准予税前提取贷款损失准备金的贷款资产范围包括：

（1）贷款（含抵押、质押、担保等贷款）。
（2）银行卡透支、贴现、信用垫款（含银行承兑汇票垫款、信用证垫款、担保垫款等）、进出口押汇、同业拆出、应收融资租赁款等各项具有贷款特征的风险资产。
（3）由金融企业转贷并承担对外还款责任的国外贷款，包括国际金融组织贷款、外国买方信贷、外国政府贷款、日本国际协力银行不附条件贷款和外国政府混合贷款等资产。

依据：《财政部 税务总局关于金融企业贷款损失准备金企业所得税税前扣除有关政策的公告》（财政部 税务总局公告2019年第86号）第一条

金融企业的委托贷款、代理贷款、国债投资、应收股利、上交央行准备金以及金融企业剥离的债权和股权、应收财政贴息、央行款项等不承担风险和损失的资产，以及除《财政部 税务总局关于金融企业贷款损失准备金企业所得税税前扣除有关政策的公告》第一条列举资产之外的其他风险资产，不得提取贷款损失准备金在税前扣除。

依据：《财政部 税务总局关于金融企业贷款损失准备金企业所得税税前扣除有关政策的公告》（财

政部 税务总局公告2019年第86号）第三条

（二）金融企业准予当年税前扣除的贷款损失准备金计算

金融企业准予当年税前扣除的贷款损失准备金计算公式如下：

$$\text{准予当年税前扣除的贷款损失准备金} = \text{本年末准予提取贷款损失准备金的贷款资产余额} \times 1\% - \text{截至上年末已在税前扣除的贷款损失准备金的余额}$$

金融企业按上述公式计算的数额如为负数，应当相应调增当年应纳税所得额。自2019年1月1日至2023年12月31日执行。

依据：《财政部 税务总局关于金融企业贷款损失准备金企业所得税税前扣除有关政策的公告》（财政部 税务总局公告2019年第86号）第二条

金融企业涉农贷款和中小企业贷款损失准备金的税前扣除政策，凡按照《财政部 税务总局关于金融企业涉农贷款和中小企业贷款损失准备金税前扣除有关政策的公告》（财政部 税务总局公告2019年第85号）的规定执行的，不再适用《财政部 税务总局关于金融企业贷款损失准备金企业所得税税前扣除有关政策的公告》第一条至第四条的规定。

依据：《财政部 税务总局关于金融企业贷款损失准备金企业所得税税前扣除有关政策的公告》（财政部 税务总局公告2019年第86号）第五条

（三）金融企业发生的符合条件的贷款损失处理

金融企业发生的符合条件的贷款损失，应先冲减已在税前扣除的贷款损失准备金，不足冲减部分可据实在计算当年应纳税所得额时扣除。

依据：《财政部 税务总局关于金融企业贷款损失准备金企业所得税税前扣除有关政策的公告》（财政部 税务总局公告2019年第86号）第四条

（四）小额贷款公司贷款损失准备金

自2017年1月1日至2019年12月31日，对经省级金融管理部门（金融办、局等）批准成立的小额贷款公司按年末贷款余额的1%计提的贷款损失准备金准予在企业所得税税前扣除。

依据：《财政部 国家税务总局关于小额贷款公司有关税收政策的通知》（财税〔2017〕48号）第三条

三、银行业金融机构存款保险保费

银行业金融机构依据《存款保险条例》的有关规定，按照不超过0.16‰的存款保险费率，计算交纳的存款保险保费，准予在企业所得税税前扣除。

准予在企业所得税税前扣除的存款保险保费计算公式如下：

准予在企业所得税税前扣除的存款保险保费＝保费基数×存款保险费率

保费基数以中国人民银行核定的数额为准。

准予在企业所得税税前扣除的存款保险保费，不包括存款保险保费滞纳金。

银行业金融机构是指《存款保险条例》规定在我国境内设立的商业银行、农村合作银行、农村信用合作社等吸收存款的银行业金融机构。

《财政部 国家税务总局关于银行业金融机构存款保险保费企业所得税税前扣除有关政策问题的通知》自2015年5月1日起执行。

依据：《财政部 国家税务总局关于银行业金融机构存款保险保费企业所得税税前扣除有关政策问题的通知》(财税〔2016〕106号)第一条、第二条、第三条、第四条、第五条

4.2.17.2 保险企业准备金

一、保险保障基金

（一）保险保障基金定义

保险保障基金，是指按照《中华人民共和国保险法》和《保险保障基金管理办法》规定缴纳形成的，在规定情形下用于救助保单持有人、保单受让公司或者处置保险业风险的非政府性行业风险救助基金。

依据：《财政部 国家税务总局关于保险公司准备金支出企业所得税税前扣除有关政策问题的通知》(财税〔2016〕114号)第一条

（二）准予扣除的保险保障基金

保险公司按下列规定缴纳的保险保障基金，准予据实税前扣除：

（1）非投资型财产保险业务，不得超过保费收入的0.8%；投资型财产保险业务，有保证收益的，不得超过业务收入的0.08%，无保证收益的，不得超过业务收入的0.05%。

（2）有保证收益的人寿保险业务，不得超过业务收入的0.15%；无保证收益的人寿保险业务，不得超过业务收入的0.05%。

（3）短期健康保险业务，不得超过保费收入的0.8%；长期健康保险业务，不得超过保费收入的0.15%。

（4）非投资型意外伤害保险业务，不得超过保费收入的0.8%；投资型意外伤害保险业务，有保证收益的，不得超过业务收入的0.08%，无保证收益的，不得超过业务收入的0.05%。

保费收入是指投保人按照保险合同约定，向保险公司支付的保险费。

业务收入是指投保人按照保险合同约定，为购买相应的保险产品支付给保险公司的全部金额。

非投资型财产保险业务是指仅具有保险保障功能而不具有投资理财功能的财产保险业务。

投资型财产保险业务是指兼具有保险保障与投资理财功能的财产保险业务。

有保证收益是指保险产品在投资收益方面提供固定收益或最低收益保障。

无保证收益是指保险产品在投资收益方面不提供收益保证，投保人承担全部投资风险。

自2016年1月1日至2020年12月31日执行。

依据：《财政部 国家税务总局关于保险公司准备金支出企业所得税税前扣除有关政策问题的通知》(财税〔2016〕114号)第一条

（三）不得扣除的保险保障基金

保险公司有下列情形之一的，其缴纳的保险保障基金不得在税前扣除：

（1）财产保险公司的保险保障基金余额达到公司总资产6%的。

（2）人身保险公司的保险保障基金余额达到公司总资产1%的。

依据:《财政部 国家税务总局关于保险公司准备金支出企业所得税税前扣除有关政策问题的通知》(财税〔2016〕114号)第二条

二、保险公司大灾准备金

保险公司经营财政给予保费补贴的农业保险,按不超过财政部门规定的农业保险大灾风险准备金(简称大灾准备金)计提比例,计提的大灾准备金,准予在企业所得税前据实扣除。具体计算公式如下:

$$\text{本年度扣除的大灾准备金} = \text{本年度保费收入} \times \text{规定比例} - \text{上年度已在税前扣除的大灾准备金结存余额}$$

按上述公式计算的数额如为负数,应调增当年应纳税所得额。

财政给予保费补贴的农业保险是指各级财政按照中央财政农业保险保费补贴政策规定给予保费补贴的种植业、养殖业、林业等农业保险。

规定比例是指按照《财政部关于印发〈农业保险大灾风险准备金管理办法〉的通知》(财金〔2013〕129号)确定的计提比例。

自2016年1月1日至2020年12月31日执行。

依据:《财政部 国家税务总局关于保险公司准备金支出企业所得税税前扣除有关政策问题的通知》(财税〔2016〕114号)第四条

三、保险公司其他准备金

保险公司按国务院财政部门的相关规定提取的未到期责任准备金、寿险责任准备金、长期健康险责任准备金、已发生已报案未决赔款准备金和已发生未报案未决赔款准备金,准予在税前扣除。

(1) 未到期责任准备金、寿险责任准备金、长期健康险责任准备金依据经中国保监会核准任职资格的精算师或出具专项审计报告的中介机构确定的金额提取。

未到期责任准备金是指保险人为尚未终止的非寿险保险责任提取的准备金。

寿险责任准备金是指保险人为尚未终止的人寿保险责任提取的准备金。

长期健康险责任准备金是指保险人为尚未终止的长期健康保险责任提取的准备金。

(2) 已发生已报案未决赔款准备金,按最高不超过当期已经提出的保险赔款或者给付金额的100%提取;已发生未报案未决赔款准备金按不超过当年实际赔款支出额的8%提取。

已发生已报案未决赔款准备金是指保险人为非寿险保险事故已经发生并已向保险人提出索赔、尚未结案的赔案提取的准备金。

已发生未报案未决赔款准备金是指保险人为非寿险保险事故已经发生、尚未向保险人提出索赔的赔案提取的准备金。

自2016年1月1日至2020年12月31日执行。

依据:《财政部 国家税务总局关于保险公司准备金支出企业所得税税前扣除有关政策问题的通知》(财税〔2016〕114号)第三条

四、保险企业税收与监管规定计提准备金差额的处理

保险企业因执行财政部企业会计规定计提的准备金与之前执行中国保险业监督管

理委员会有关监管规定计提的准备金形成的差额,应计入保险企业应纳税所得额。凡上述准备金差额尚未进行税务处理的,可分10年均匀计入2015年及以后年度应纳税所得额;已进行税务处理的不再分期计入以后年度应纳税所得额。

依据:《财政部 国家税务总局关于保险企业计提准备金有关税收处理问题的通知》(财税〔2015〕115号)第二条

五、保险公司实际发生的各种保险赔款、给付的处理

保险公司实际发生的各种保险赔款、给付,应首先冲抵按规定提取的准备金,不足冲抵部分,准予在当年税前扣除。

依据:《财政部 国家税务总局关于保险公司准备金支出企业所得税税前扣除有关政策问题的通知》(财税〔2016〕114号)第五条

六、保险公司再保险业务赔款支出

从事再保险业务的保险公司(以下称再保险公司)发生的再保险业务赔款支出,按照权责发生制的原则,应在收到从事直保业务公司(以下称直保公司)再保险业务赔款账单时,作为企业当期成本费用扣除。为便于再保险公司再保险业务的核算,凡在次年企业所得税汇算清缴前,再保险公司收到直保公司再保险业务赔款账单中属于上年度的赔款,准予调整作为上年度的成本费用扣除,同时调整已计提的未决赔款准备金;次年汇算清缴后收到直保公司再保险业务赔款账单的,按该赔款账单上发生的赔款支出,在收单年度作为成本费用扣除。

依据:《国家税务总局关于保险公司再保险业务赔款支出税前扣除问题的通知》(国税函〔2009〕313号)

4.2.17.3 证券行业准备金

一、证券交易所风险基金

上海、深圳证券交易所依据《证券交易所风险基金管理暂行办法》(证监发〔2000〕22号)的有关规定,按证券交易所交易收取经手费的20%、会员年费的10%提取的证券交易所风险基金,在各基金净资产不超过10亿元的额度内,准予在企业所得税税前扣除。自2016年1月1日至2020年12月31日执行。

依据:《财政部 国家税务总局关于证券行业准备金支出企业所得税税前扣除有关政策问题的通知》(财税〔2017〕23号)第一条

二、证券结算风险基金

(1)中国证券登记结算公司所属上海分公司、深圳分公司依据《证券结算风险基金管理办法》(证监发〔2006〕65号)的有关规定,按证券登记结算公司业务收入的20%提取的证券结算风险基金,在各基金净资产不超过30亿元的额度内,准予在企业所得税税前扣除。

(2)证券公司依据《证券结算风险基金管理办法》(证监发〔2006〕65号)的有关规定,作为结算会员按人民币普通股和基金成交金额的十万分之三、国债现货成交金额的十万分之一、1天期国债回购成交额的千万分之五、2天期国债回购成交额的千万分之十、3天期国债回购成交额的千万分之十五、4天期国债回购成交额的千万分之二十、7天期国债回购成交额的十万分之五十、14天期国债回购成交额的十万分之一、28天期国债回购成

交额的十万分之二、91 天期国债回购成交额的十万分之六、182 天期国债回购成交额的十万分之十二逐日交纳的证券结算风险基金,准予在企业所得税税前扣除。自 2016 年 1 月 1 日至 2020 年 12 月 31 日执行。

依据:《财政部 国家税务总局关于证券行业准备金支出企业所得税税前扣除有关政策问题的通知》(财税〔2017〕23 号)第一条

三、证券投资者保护基金

(1)上海、深圳证券交易所依据《证券投资者保护基金管理办法》(证监会令第 27 号、第 124 号)的有关规定,在风险基金分别达到规定的上限后,按交易经手费的 20% 缴纳的证券投资者保护基金,准予在企业所得税税前扣除。

(2)证券公司依据《证券投资者保护基金管理办法》(证监会令第 27 号、第 124 号)的有关规定,按其营业收入 0.5%~5% 缴纳的证券投资者保护基金,准予在企业所得税税前扣除。自 2016 年 1 月 1 日至 2020 年 12 月 31 日执行。

依据:《财政部 国家税务总局关于证券行业准备金支出企业所得税税前扣除有关政策问题的通知》(财税〔2017〕23 号)第一条

四、期货交易所风险准备金

大连商品交易所、郑州商品交易所和中国金融期货交易所依据《期货交易管理条例》(国务院令第 489 号)、《期货交易所管理办法》(证监会令第 42 号)和《商品期货交易财务管理暂行规定》(财商字〔1997〕44 号)的有关规定,上海期货交易所依据《期货交易管理条例》(国务院令第 489 号)、《期货交易所管理办法》(证监会令第 42 号)和《关于调整上海期货交易所风险准备金规模的批复》(证监函〔2009〕407 号)的有关规定,分别按向会员收取手续费收入的 20% 计提的风险准备金,在风险准备金余额达到有关规定的额度内,准予在企业所得税税前扣除。自 2016 年 1 月 1 日至 2020 年 12 月 31 日执行。

依据:《财政部 国家税务总局关于证券行业准备金支出企业所得税税前扣除有关政策问题的通知》(财税〔2017〕23 号)第二条

五、期货公司风险准备金

期货公司依据《期货公司管理办法》(证监会令第 43 号)和《商品期货交易财务管理暂行规定》(财商字〔1997〕44 号)的有关规定,从其收取的交易手续费收入中减去应付期货交易所手续费后的净收入的 5% 提取的期货公司风险准备金,准予在企业所得税税前扣除。自 2016 年 1 月 1 日至 2020 年 12 月 31 日执行。

依据:《财政部 国家税务总局关于证券行业准备金支出企业所得税税前扣除有关政策问题的通知》(财税〔2017〕23 号)第二条

六、期货投资者保障基金

(1)上海期货交易所、大连商品交易所、郑州商品交易所和中国金融期货交易所依据《期货投资者保障基金管理办法》(证监会令第 38 号、第 129 号)和《关于明确期货投资者保障基金缴纳比例有关事项的规定》(证监会财政部公告〔2016〕26 号)的有关规定,按其向期货公司会员收取的交易手续费的 2%(2016 年 12 月 8 日前按 3%)缴纳的期货投资者保障基金,在基金总额达到有关规定的额度内,准予在企业所得税税前扣除。

（2）期货公司依据《期货投资者保障基金管理办法》（证监会令第38号、第129号）和《关于明确期货投资者保障基金缴纳比例有关事项的规定》（证监会财政部公告〔2016〕26号）的有关规定，从其收取的交易手续费中按照代理交易额的亿分之五至亿分之十的比例（2016年12月8日前按千万分之五至千万分之十的比例）缴纳的期货投资者保障基金，在基金总额达到有关规定的额度内，准予在企业所得税税前扣除。自2016年1月1日至2020年12月31日执行。

依据：《财政部 国家税务总局关于证券行业准备金支出企业所得税税前扣除有关政策问题的通知》（财税〔2017〕23号）第二条

（1）上海国际能源交易中心依据《期货交易管理条例》《期货交易所管理办法》和《商品期货交易财务管理暂行规定》的有关规定，按其向会员收取手续费收入的20%计提的风险准备金，在风险准备金余额达到有关规定的额度内，准予在企业所得税税前扣除。

（2）上海国际能源交易中心依据《期货投资者保障基金管理办法》和《关于明确期货投资者保障基金缴纳比例有关事项的规定》的有关规定，按其向期货公司会员收取的交易手续费的2%缴纳的期货投资者保障基金，在基金总额达到有关规定的额度内，准予在企业所得税税前扣除。

（3）上述准备金如发生清算、退还，应按规定补征企业所得税。

（4）上述规定自2019年1月1日至2020年12月31日执行。上海国际能源交易中心于2018年3月上市交易后提取的符合上述规定的风险准备金和期货投资者保障基金，可按上述规定执行。

依据：《财政部 税务总局关于上海国际能源交易中心有关风险准备金和期货投资者保障基金支出企业所得税税前扣除政策问题的通知》（财税〔2019〕32号）

4.2.17.4 中小企业融资（信用）担保机构准备金

一、中小企业融资（信用）担保机构

中小企业融资（信用）担保机构必须同时满足以下条件：

（1）符合《融资性担保公司管理暂行办法》（银监会等七部委令2010年第3号）相关规定，并具有融资性担保机构监管部门颁发的经营许可证。

（2）以中小企业为主要服务对象，当年中小企业信用担保业务和再担保业务发生额占当年信用担保业务发生总额的70%以上（上述收入不包括信用评级、咨询、培训等收入）。

（3）中小企业融资担保业务的平均年担保费率不超过银行同期贷款基准利率的50%。

（4）财政、税务部门规定的其他条件。

依据：《财政部 国家税务总局关于中小企业融资（信用）担保机构有关准备金企业所得税税前扣除政策的通知》（财税〔2017〕22号）第四条

申请享受准备金税前扣除政策的中小企业融资（信用）担保机构，在汇算清缴时，需报送法人执照副本复印件、融资性担保机构监管部门颁发的经营许可证复印件、年度会计报表和担保业务情况(包括担保业务明细和风险准备金提取等),以及财政、税务部门要求提供的其他材料。

依据:《财政部 国家税务总局关于中小企业融资(信用)担保机构有关准备金企业所得税税前扣除政策的通知》(财税〔2017〕22号)第五条

二、担保赔偿准备

符合条件的中小企业融资(信用)担保机构按照不超过当年年末担保责任余额1%的比例计提的担保赔偿准备,允许在企业所得税税前扣除,同时将上年度计提的担保赔偿准备余额转为当期收入。

中小企业融资(信用)担保机构实际发生的代偿损失,符合税收法律法规关于资产损失税前扣除政策规定的,应冲减已在税前扣除的担保赔偿准备,不足冲减部分据实在企业所得税税前扣除。

自2016年1月1日至2020年12月31日执行。

依据:《财政部 国家税务总局关于中小企业融资(信用)担保机构有关准备金企业所得税税前扣除政策的通知》(财税〔2017〕22号)第一条、第三条

三、未到期责任准备

符合条件的中小企业融资(信用)担保机构按照不超过当年担保费收入50%的比例计提的未到期责任准备,允许在企业所得税税前扣除,同时将上年度计提的未到期责任准备余额转为当期收入。自2016年1月1日至2020年12月31日执行。

依据:《财政部 国家税务总局关于中小企业融资(信用)担保机构有关准备金企业所得税税前扣除政策的通知》(财税〔2017〕22号)第二条

4.2.18 开(筹)办费

《企业所得税法》中开(筹)办费未明确列作长期待摊费用,企业可以在开始经营之日的当年一次性扣除,也可以按照新税法有关长期待摊费用的处理规定处理,但一经选定,不得改变。

企业在《企业所得税法》实施以前年度的未摊销完的开办费,也可根据上述规定处理。

依据:《国家税务总局关于企业所得税若干税务事项衔接问题的通知》(国税函〔2009〕98号)第九条

4.2.19 棚户区改造支出

4.2.19.1 棚户区改造支出的条件

同时符合一定条件的棚户区改造支出,是指同时满足以下条件的棚户区改造支出:

(1)棚户区位于远离城镇、交通不便,市政公用、教育医疗等社会公共服务缺乏城镇依托的独立矿区、林区或垦区。

(2)该独立矿区、林区或垦区不具备商业性房地产开发条件。

(3)棚户区市政排水、给水、供电、供暖、供气、垃圾处理、绿化、消防等市政服务或公共配套设施不齐全。

(4)棚户区房屋集中连片户数不低于50户,其中实际在该棚户区居住且在本地区无其他住房的职工(含离退休职工)户数占总户数的比例不低于75%。

(5)棚户区房屋按照《房屋完损等级评定标准》和《危险房屋鉴定标准》评定属于危险房屋、严重损坏房屋的套内面积不低于该片棚户区建筑面积的25%。

(6)棚户区改造已纳入地方政府保障性安居工程建设规划和年度计划,并由地方政府牵头按照保障性住房标准组织实施;异地建设的,原棚户区土地由地方政府统一规划使用或者按规定实行土地复垦、生态恢复。

依据:《财政部 国家税务总局关于企业参与政府统一组织的棚户区改造有关企业所得税政策问题的通知》(财税〔2013〕65号)第二条

在企业所得税年度纳税申报时,企业应向主管税务机关提供其棚户区改造支出同时符合相关规定条件的书面说明材料。

依据:《财政部 国家税务总局关于企业参与政府统一组织的棚户区改造有关企业所得税政策问题的通知》(财税〔2013〕65号)第三条

4.2.19.2 扣除规定

企业参与政府统一组织的工矿(含中央下放煤矿)棚户区改造、林区棚户区改造、垦区危房改造并同时符合一定条件的棚户区改造支出,准予在企业所得税税前扣除。《财政部 国家税务总局关于企业参与政府统一组织的棚户区改造有关企业所得税政策问题的通知》自2013年1月1日起施行。

依据:《财政部 国家税务总局关于企业参与政府统一组织的棚户区改造有关企业所得税政策问题的通知》(财税〔2013〕65号)第一条

4.2.20 母子公司费用支付

4.2.20.1 母子公司费用支付扣除的规定

母公司为其子公司(以下简称子公司)提供各种服务而发生的费用,应按照独立企业之间公平交易原则确定服务的价格,作为企业正常的劳务费用进行税务处理。

母子公司未按照独立企业之间的业务往来收取价款的,税务机关有权予以调整。

依据:《国家税务总局关于母子公司间提供服务支付费用有关企业所得税处理问题的通知》(国税发〔2008〕86号)第一条

母公司向其子公司提供各项服务,双方应签订服务合同或协议,明确规定提供服务的内容、收费标准及金额等,凡按上述合同或协议规定所发生的服务费,母公司应作为营业收入申报纳税;子公司作为成本费用在税前扣除。

依据:《国家税务总局关于母子公司间提供服务支付费用有关企业所得税处理问题的通知》(国税发〔2008〕86号)第二条

热点问题

甲企业是乙企业的全资子公司,甲、乙企业签订技术服务合同,规定服务内容为:乙方向甲方提供与信息系统及业务流程管理相关服务。合同并未列明具体的服务内容。后企业解释,具体服务内容为:甲企业享受乙企业的采购、物流、销售、财务等资源。乙企业按甲企业销售收入的6.8%收取服务费。其中信息系统技术服务按照销售额的4.8%，流程管理按销售额的2%。乙企业向甲企业收取的该项费用能否在甲企业的税前列支？

答：甲、乙企业签订技术服务合同，合同没有具体服务内容，不符合《国家税务总局关于母子公司间提供服务支付费用有关企业所得税处理问题的通知》（国税发〔2008〕86号）第二条、第四条的规定，甲企业不得税前扣除技术服务费。

母公司向其多个子公司提供同类项服务，其收取的服务费可以采取分项签订合同或协议收取；也可以采取服务分摊协议的方式，即由母公司与各子公司签订服务费用分摊合同或协议，以母公司为其子公司提供服务所发生的实际费用并附加一定比例利润作为向子公司收取的总服务费，在各服务受益子公司（包括盈利企业、亏损企业和享受减免税企业）之间按《企业所得税法》第四十一条第二款规定合理分摊。

依据：《国家税务总局关于母子公司间提供服务支付费用有关企业所得税处理问题的通知》（国税发〔2008〕86号）第三条

4.2.20.2　子公司向母公司支付费用扣除的限制性规定

母公司以管理费形式向子公司提取费用，子公司因此支付给母公司的管理费，不得在税前扣除。

依据：《国家税务总局关于母子公司间提供服务支付费用有关企业所得税处理问题的通知》（国税发〔2008〕86号）第四条

子公司申报税前扣除向母公司支付的服务费用，应向主管税务机关提供与母公司签订的服务合同或者协议等与税前扣除该项费用相关的材料。不能提供相关材料的，支付的服务费用不得税前扣除。

依据：《国家税务总局关于母子公司间提供服务支付费用有关企业所得税处理问题的通知》（国税发〔2008〕86号）第五条

4.2.21　非公有制企业党组织工作经费

根据《中华人民共和国公司法》关于"公司应当为党组织的活动提供必要条件"的规定和《关于加强和改进非公有制企业党的建设工作的意见（试行）》（中办发〔2012〕11号）"建立并落实税前列支制度"等要求，非公有制企业党组织工作经费纳入企业管理费列支，不超过职工年度工资、薪金总额1%的部分，可以据实在企业所得税税前扣除。

依据：《中共中央组织部财政部国家税务总局关于非公有制企业党组织工作经费问题的通知》（组通字〔2014〕42号）第二条

> **热点问题**
>
> 公有制企业的党组织活动经费能否在税前扣除？
>
> 答：《中共中央组织部财政部关于企业党组织活动经费问题的通知》（组通字〔1989〕2号）规定，企业党组织活动经费（包括召开党内会议，进行党内宣传教育活动和组织活动，培训党员和申请入党的积极分子，开展表彰优秀党员和先进党支部活动等

费用),应按照中央组织部关于党费用途的规定,先由留用的党费中开支,不足部分从企业管理费中解决。

《关于中国共产党党费收缴、使用和管理的规定》(中组发〔2008〕3号)规定,党费必须用于党的活动,主要作为党员教育经费的补充,其具体使用范围包括:(1)培训党员;(2)订阅或购买用于开展党员教育的报刊、资料、音像制品和设备;(3)表彰先进基层党组织、优秀共产党员和优秀党务工作者;(4)补助生活困难的党员;(5)补助遭受严重自然灾害的党员和修缮因灾受损的基层党员教育设施。

《国家税务总局关于企业所得税应纳税所得额若干税务处理问题的公告》(国家税务总局公告2012年第15号)规定,对企业依据财务会计制度规定,并实际在财务会计处理上已确认的支出,凡没有超过《企业所得税法》和有关税收法规规定的税前扣除范围和标准的,可按企业实际会计处理确认的支出,在企业所得税前扣除,计算其应纳税所得额。

税法并未针对公有制企业党组织活动经费制定扣除标准,所以只要符合上述中组部文件范围的党组织活动经费,应先在留用的党费中开支,不足部分已在企业管理费中列支的可以在税前扣除。

4.2.22 政府性基金和行政事业性收费

企业按照规定缴纳的、由国务院或财政部批准设立的政府性基金以及由国务院和省、自治区、直辖市人民政府及其财政、价格主管部门批准设立的行政事业性收费,准予在计算应纳税所得额时扣除。

企业缴纳的不符合上述审批管理权限设立的基金、收费,不得在计算应纳税所得额时扣除。

依据:《财政部 国家税务总局关于财政性资金行政事业性收费政府性基金有关企业所得税政策问题的通知》(财税〔2008〕151号)第二条

4.2.23 油(气)资源企业费用

4.2.23.1 矿区权益支出的折耗

矿区权益支出是指油气企业为了取得在矿区内的探矿权、采矿权、土地或海域使用权等所发生的各项支出,包括有偿取得各类矿区权益的使用费、相关中介费或其他可直接归属于矿区权益的合理支出。

油气企业在开始商业性生产前发生的矿区权益支出,可在发生的当期,从本企业其他油(气)田收入中扣除;或者自对应的油(气)田开始商业性生产月份的次月起,分3年按直线法计提的折耗准予扣除。

油气企业对其发生的矿区权益支出未选择在发生的当期扣除的,由于未发现商业性油(气)构造而终止作业的,其尚未计提折耗的剩余部分,可在终止作业的当年作为损失扣除。

依据:《财政部 国家税务总局关于开采油(气)资源企业费用和有关固定资产折耗、摊销、折旧税务处理问题的通知》(财税〔2009〕49号)第二条

4.2.23.2 勘探支出的摊销

勘探支出是指油气企业为了识别勘探区域或探明油气储量而进行的地质调查、地球物理勘探、钻井勘探活动以及其他相关活动所发生的各项支出。

油气企业在开始商业性生产前发生的勘探支出(不包括预计可形成资产的钻井勘探支出),可在发生的当期,从本企业其他油(气)田收入中扣除;或者自对应的油(气)田开始商业性生产月份的次月起,分3年按直线法计提的摊销准予扣除。

油气企业对其发生的勘探支出未选择在发生的当期扣除的,由于未发现商业性油(气)构造而终止作业,其尚未摊销的剩余部分,可在终止作业的当年作为损失扣除。

油气企业的钻井勘探支出,凡确定该井可作商业性生产,且该钻井勘探支出形成的资产符合《企业所得税法实施条例》第五十七条规定条件的,应当将该钻井勘探支出结转为开发资产的成本,按照《财政部 国家税务总局关于开采油(气)资源企业费用和有关固定资产折耗、摊销、折旧税务处理问题的通知》第四条的规定计提折旧。

依据:《财政部 国家税务总局关于开采油(气)资源企业费用和有关固定资产折耗、摊销、折旧税务处理问题的通知》(财税〔2009〕49号)第三条

4.2.23.3 其他

油气企业应按照规定选择有关费用和资产的折耗、摊销、折旧方法和年限,一经确定,不得变更。

依据:《财政部 国家税务总局关于开采油(气)资源企业费用和有关固定资产折耗、摊销、折旧税务处理问题的通知》(财税〔2009〕49号)第五条

油气企业在本油(气)田进入商业性生产之后对本油(气)田新发生的矿区权益、勘探支出、开发支出,按照《财政部 国家税务总局关于开采油(气)资源企业费用和有关固定资产折耗、摊销、折旧税务处理问题的通知》的规定处理。

依据:《财政部 国家税务总局关于开采油(气)资源企业费用和有关固定资产折耗、摊销、折旧税务处理问题的通知》(财税〔2009〕49号)第六条

4.2.24 农村信用省级联合社收取的服务费

4.2.24.1 省联社履职费用

省联社每年度为履行其职能所发生的各项费用支出,包括人员费用、办公费用、差旅费、利息支出、研究与开发费以及固定资产折旧费、无形资产摊销费等,应统一归集,作为其基层社共同发生的费用,按合理比例分摊后由基层社税前扣除。

上述所指每年度固定资产折旧费、无形资产摊销费是指省联社购置的固定资产和无形资产按照税法规定每年度应提取的折旧额或摊销额。

依据:《国家税务总局关于农村信用社省级联合社收取服务费有关企业所得税税务处理问题的通知》(国税函〔2010〕80号)第一条

4.2.24.2 费用分摊公式

省联社发生的本年度各项费用,在分摊时,应根据本年度实际发生数,按照以下公式,分摊给其各基层社。

$$\text{各基层社本年度应分摊的费用} = \text{省联社本年度发生的各项费用} \times \text{本年度该基层社营业收入} \div \text{本年度各基层社营业总收入}$$

省联社由于特殊情况需要改变上述分摊方法的,由联社提出申请,经省级税务机关确认后执行。

省联社分摊给各基层社的上述费用,在按季或按月申报预缴所得税时,可以按季或按月计算扣除,年度汇算。

依据:《国家税务总局关于农村信用社省级联合社收取服务费有关企业所得税税务处理问题的通知》(国税函〔2010〕80号)第二条

省联社每年制定费用分摊方案后,应报省级国家税务局确认后执行。各省级国家税务局根据本通知的规定,实施具体管理。

依据:《国家税务总局关于农村信用社省级联合社收取服务费有关企业所得税税务处理问题的通知》(国税函〔2010〕80号)第三条

4.2.24.3 其他费用

省联社自身从事其他业务取得收入所发生的相应费用,应该单独核算,不能作为基层社共同发生的费用进行分摊。

依据:《国家税务总局关于农村信用社省级联合社收取服务费有关企业所得税税务处理问题的通知》(国税函〔2010〕80号)第五条

4.2.25 航空企业空勤训练费

航空企业实际发生的飞行员养成费、飞行训练费、乘务训练费、空中保卫员训练费等空勤训练费用,根据《企业所得税法实施条例》第二十七条的规定,可以作为航空企业运输成本在税前扣除。

依据:《国家税务总局关于企业所得税若干问题的公告》(国家税务总局公告2011年第34号)第三条

4.2.26 企业维简费和高危行业企业安全生产费

4.2.26.1 煤矿企业维简费和高危行业企业安全生产费用

煤矿企业实际发生的维简费支出和高危行业企业实际发生的安全生产费用支出,属于收益性支出的,可直接作为当期费用在税前扣除;属于资本性支出的,应计入有关资产成本,并按《企业所得税法》规定计提折旧或摊销费用在税前扣除。企业按照有关规定预提的维简费和安全生产费用,不得在税前扣除。自2011年5月1日起执行。

依据:《国家税务总局关于煤矿企业维简费和高危行业企业安全生产费用企业所得税税前扣除问题的公告》(国家税务总局公告2011年第26号)第一条

2011年5月1日前,企业按照有关规定提取的,且在税前扣除的煤矿企业维简费和

高危行业企业安全生产费用,相关税务问题按以下规定处理:

(1) 2011年5月1日前提取尚未使用的维简费和高危行业企业安全生产费用,应用于抵扣《国家税务总局关于煤矿企业维简费和高危行业企业安全生产费用企业所得税税前扣除问题的公告》(国家税务总局公告2011年第26号,以下简称国家税务总局公告2011年第26号文件)实施后的当年度实际发生的维简费和安全生产费用,仍有余额的,继续用于抵扣以后年度发生的实际费用,至余额为零时,企业方可按国家税务总局公告2011年第26号文件第一条规定执行。

(2) 已用于资产投资,并计入相关资产成本的,该资产提取的折旧或费用摊销额,不得重复在税前扣除。已重复在税前扣除的,应调整作为2011年度应纳税所得额。

(3) 已用于资产投资,并形成相关资产部分成本的,该资产成本扣除上述部分成本后的余额,作为该资产的计税基础,按照企业所得税法规定的资产折旧或摊销年限,从国家税务总局公告2011年第26号文件实施之日的次月开始,就该资产剩余折旧年限计算折旧或摊销费用,并在税前扣除。

依据:《国家税务总局关于煤矿企业维简费和高危行业企业安全生产费用企业所得税税前扣除问题的公告》(国家税务总局公告2011年第26号)第二条

4.2.26.2 其他企业维简费

企业实际发生的维简费支出,属于收益性支出的,可作为当期费用税前扣除;属于资本性支出的,应计入有关资产成本,并按企业所得税法规定计提折旧或摊销费用在税前扣除。

企业按照有关规定预提的维简费,不得在当期税前扣除。

自2013年1月1日起施行。煤矿企业不执行《国家税务总局关于企业维简费支出企业所得税税前扣除问题的公告》(国家税务总局公告2013年第67号,以下简称国家税务总局公告2013年第67号文件)。

依据:《国家税务总局关于企业维简费支出企业所得税税前扣除问题的公告》(国家税务总局公告2013年第67号)第一条

2013年1月1日前,企业按照有关规定提取且已在当期税前扣除的维简费,按以下规定处理:

(1) 尚未使用的维简费,并未作纳税调整的,可不作纳税调整,应首先抵减2013年实际发生的维简费,仍有余额的,继续抵减以后年度实际发生的维简费,至余额为零时,企业方可按照国家税务总局公告2013年第67号文件第一条规定执行;已作纳税调整的,不再调回,直接按照国家税务总局公告2013年第67号文件第一条规定执行。

(2) 已用于资产投资并形成相关资产全部成本的,该资产提取的折旧或费用摊销额,不得税前扣除;已用于资产投资并形成相关资产部分成本的,该资产提取的折旧或费用摊销额中与该部分成本对应的部分,不得税前扣除;已税前扣除的,应调整作为2013年度应纳税所得额。

依据:《国家税务总局关于企业维简费支出企业所得税税前扣除问题的公告》(国家税务总局公告2013年第67号)第二条

4.2.27 海上油气生产设施弃置费管理

4.2.27.1 废弃处置方案的备案

企业开始提取弃置费前,应提供作业者编制的海上油(气)田设施废弃处置预备方案,报主管税务机关备案。预备方案应当包括弃置费估算、弃置费筹措方法和弃置方式等内容。

依据:《国家税务总局关于发布〈海上油气生产设施弃置费企业所得税管理办法〉的公告》(国家税务总局公告2011年第22号)第六条

设施废弃处置预备方案发生修改的,企业应在修改后的30日内报主管税务机关备案。

依据:《国家税务总局关于发布〈海上油气生产设施弃置费企业所得税管理办法〉的公告》(国家税务总局公告2011年第22号)第七条

海上油(气)田实施弃置作业前,应将其按照国家有关主管部门要求编制的设施废弃处置实施方案,报主管税务机关备案。

依据:《国家税务总局关于发布〈海上油气生产设施弃置费企业所得税管理办法〉的公告》(国家税务总局公告2011年第22号)第八条

4.2.27.2 弃置费的计提和税前扣除

海上油(气)田弃置费,按照设施废弃处置预备方案中规定的方法(产量法或年限平均法)按月提取。多个企业合作开发一个油(气)田的,其弃置费计提应该采取同一方法。企业弃置费计提方法确定后,除设施废弃处置预备方案修改外,不得变更。

依据:《国家税务总局关于发布〈海上油气生产设施弃置费企业所得税管理办法〉的公告》(国家税务总局公告2011年第22号)第九条

《海上油气生产设施弃置费企业所得税管理办法》实施后进入商业生产的海上油(气)田,弃置费自进入商业生产的次月起开始计提。

《海上油气生产设施弃置费企业所得税管理办法》实施前已进入商业生产的海上油(气)田,弃置费自作业者补充编制的设施废弃处置预备方案报主管税务机关备案后的次月起开始计提。

作业者修改废弃处置预备方案的,修改后弃置费在废弃处置预备方案重新报主管税务机关备案的次月起开始计提。

依据:《国家税务总局关于发布〈海上油气生产设施弃置费企业所得税管理办法〉的公告》(国家税务总局公告2011年第22号)第十条

采用年限平均法分月计提弃置费,应按照以下公式计算:

$$\text{当月计提弃置费} = \left(\text{预备方案中的弃置费总额} - \text{累计已提弃置费用}\right) \div \text{合同生产期(月)} - \text{当月弃置费专款账户损益}$$

本公式及下一公式中的"当月弃置费专款账户损益",包括专款账户利息、汇兑损益等。其中汇兑损益为在弃置费以人民币以外货币计提存储的情况下,按照上月末即期人民币汇率中间价折算为人民币时,弃置费专款账户余额发生的汇兑损益。

《海上油气生产设施弃置费企业所得税管理办法》实施前已进入商业生产的海上油(气)田,合同生产期(月)为开始计提弃置费的剩余月份。

依据:《国家税务总局关于发布〈海上油气生产设施弃置费企业所得税管理办法〉的公告》(国家税务总局公告2011年第22号)第十一条

采用产量法计提弃置费,应按照以下公式计算:

$$\text{本月计提弃置费} = \left(\text{预备方案中的弃置费总额} - \text{累计已计提弃置费用}\right) \times \text{本月计提比例} - \text{当月弃置费专款账户损益}$$

$$\text{本月计提比例} = \text{本月油(气)田实际产量} \div \left(\text{本月油(气)田实际产量} + \text{期末探明已开发储量}\right)$$

期末探明已开发储量是指已探明的开发储量,在现有设施条件下对应的可开采储量。

依据:《国家税务总局关于发布〈海上油气生产设施弃置费企业所得税管理办法〉的公告》(国家税务总局公告2011年第22号)第十二条

作业者应在纳税年度结束后,就当年提取的弃置费具体情况进行调整。企业应在年度汇算清缴时,根据作业者的调整情况,确认本年度弃置费列支数额。

依据:《国家税务总局关于发布〈海上油气生产设施弃置费企业所得税管理办法〉的公告》(国家税务总局公告2011年第22号)第十三条

修改设施废弃处置预备方案,导致弃置费提取数额、方法发生变化的,应自方案修改后的下个月开始,就新方案中的弃置费总额,减去累计已计提弃置费后的余额,按照新方案确定的方法继续计提。

依据:《国家税务总局关于发布〈海上油气生产设施弃置费企业所得税管理办法〉的公告》(国家税务总局公告2011年第22号)第十四条

油(气)田企业或合作各方企业应承担或者按投资比例承担设施废弃处置的责任和义务,其按《海上油气生产设施弃置费企业所得税管理办法》计提的弃置费,应依照规定作为环境保护、生态恢复等方面专项资金,并准予在计算企业年度应纳税所得额时扣除。

依据:《国家税务总局关于发布〈海上油气生产设施弃置费企业所得税管理办法〉的公告》(国家税务总局公告2011年第22号)第十五条

合作油(气)田的合同生产期尚未结束,一方企业决定放弃生产,将油(气)田所有权全部转移给另一方企业,或者合作油(气)田的合同生产期结束,一方企业决定继续生产,若放弃方或退出方企业取得已经计提的弃置费补偿,应作为收入计入企业当年度应纳税所得计算纳税。支付方企业可以作为弃置费,在支付年度一次性扣除。

依据:《国家税务总局关于发布〈海上油气生产设施弃置费企业所得税管理办法〉的公告》(国家税务总局公告2011年第22号)第十六条

4.2.27.3 弃置费的使用

作业者实施海上油(气)田设施废弃处置时发生的弃置费,应单独归集核算,并从按照本办法规定提取的弃置费中扣除。

依据:《国家税务总局关于发布〈海上油气生产设施弃置费企业所得税管理办法〉的公告》(国家税务

总局公告2011年第22号)第十七条

作业者完成海上油(气)田设施废弃处置后,提取的弃置费仍有余额,应相应调增弃置费余额所归属企业当年度的应纳税所得额。

依据:《国家税务总局关于发布〈海上油气生产设施弃置费企业所得税管理办法〉的公告》(国家税务总局公告2011年第22号)第十八条

作业者完成海上油(气)田设施废弃处置后,实际发生的弃置费超过计提的部分,应作为企业当年度费用,在计算企业应纳税所得额时扣除。

依据:《国家税务总局关于发布〈海上油气生产设施弃置费企业所得税管理办法〉的公告》(国家税务总局公告2011年第22号)第十九条

4.2.27.4 弃置费的管理

弃置费专款账户资金所产生的损益,应计入弃置费,并相应调整当期弃置费提取额。

依据:《国家税务总局关于发布〈海上油气生产设施弃置费企业所得税管理办法〉的公告》(国家税务总局公告2011年第22号)第二十条

弃置费的计提、清算应统一使用人民币作为货币单位。发生的汇兑损益,直接增加或减少弃置费。

依据:《国家税务总局关于发布〈海上油气生产设施弃置费企业所得税管理办法〉的公告》(国家税务总局公告2011年第22号)第二十一条

企业在申报当年度企业所得税汇算清缴资料时,应附送海上油气生产设施弃置费情况表。

依据:《国家税务总局关于发布〈海上油气生产设施弃置费企业所得税管理办法〉的公告》(国家税务总局公告2011年第22号)第二十二条

海上油(气)田设施废弃处置作业完成后,在进行税务清算时,应提供企业对弃置费的计提、使用和各投资方承担等情况的说明。

依据:《国家税务总局关于发布〈海上油气生产设施弃置费企业所得税管理办法〉的公告》(国家税务总局公告2011年第22号)第二十三条

4.2.27.5 改变用途的弃置费

企业依《海上油气生产设施弃置费企业所得税管理办法》计提的弃置费,凡改变用途的,不得在企业所得税前扣除。

依据:《国家税务总局关于发布〈海上油气生产设施弃置费企业所得税管理办法〉的公告》(国家税务总局公告2011年第22号)第二十四条

4.3 不得税前扣除的项目

在计算应纳税所得额时,下列支出不得扣除:
(1)向投资者支付的股息、红利等权益性投资收益款项。
(2)企业所得税税款。
(3)税收滞纳金。
(4)罚金、罚款和被没收财物的损失。

(5)《企业所得税法》第九条规定以外的捐赠支出。

(6)赞助支出。

(7)未经核定的准备金支出。

(8)与取得收入无关的其他支出。

依据:《中华人民共和国企业所得税法》第十条

《企业所得税法》第十条第(六)项所称赞助支出,是指企业发生的与生产经营活动无关的各种非广告性质支出。

依据:《中华人民共和国企业所得税法实施条例》第五十四条

《企业所得税法》第十条第(七)项所称未经核定的准备金支出,是指不符合国务院财政、税务主管部门规定的各项资产减值准备、风险准备等准备金支出。

依据:《中华人民共和国企业所得税法实施条例》第五十五条

企业对外投资期间,投资资产的成本在计算应纳税所得额时不得扣除。

依据:《中华人民共和国企业所得税法》第十四条

企业从其关联方接受的债权性投资与权益性投资的比例超过规定标准而发生的利息支出,不得在计算应纳税所得额时扣除。

依据:《中华人民共和国企业所得税法》第四十六条

企业依照法律、行政法规有关规定提取的用于环境保护、生态恢复等方面的专项资金,准予扣除。上述专项资金提取后改变用途的,不得扣除。

依据:《中华人民共和国企业所得税法实施条例》第四十五条

除企业依照国家有关规定为特殊工种职工支付的人身安全保险费和国务院财政、税务主管部门规定可以扣除的其他商业保险费外,企业为投资者或者职工支付的商业保险费,不得扣除。

依据:《中华人民共和国企业所得税法实施条例》第三十六条

企业之间支付的管理费、企业内营业机构之间支付的租金和特许权使用费,以及非银行企业内营业机构之间支付的利息,不得扣除。

依据:《中华人民共和国企业所得税法实施条例》第四十九条

企业与其关联方分摊成本时违反税法规定的,其自行分摊的成本不得在计算应纳税所得额时扣除。

依据:《中华人民共和国企业所得税法实施条例》第一百一十二条

税务机关根据税收法律、行政法规的规定,对企业作出特别纳税调整的,应当对补征的税款,自税款所属纳税年度的次年6月1日起至补缴税款之日止的期间,按日加收利息。

上述规定加收的利息,不得在计算应纳税所得额时扣除。

依据:《中华人民共和国企业所得税法实施条例》第一百二十一条

属于国有性质的企业,其工资、薪金,不得超过政府有关部门给予的限定数额;超过部分,不得计入企业工资、薪金总额,也不得在计算企业应纳税所得额时扣除。

依据:《国家税务总局关于企业工资薪金及职工福利费扣除问题的通知》(国税函〔2009〕3号)第二条

企业的不征税收入用于支出所形成的费用或者财产,不得扣除或者计算对应的折旧、摊销扣除。

依据:《中华人民共和国企业所得税法实施条例》第二十八条

解读

滞纳金是指行政机关对不按期限履行金钱给付义务的相对人,课以履行新的金钱给付义务的方法。目的是促使其尽快履行义务,属于行政强制执行中执行罚的一种具体形式。目前,其他滞报金在企业所得税汇算清缴时究竟是否允许扣除,存在不同观点:

第一种观点认为,其他滞报金应比照税收滞纳金,不予税前扣除。税收滞纳金是因税收的延期缴纳而产生的滞纳款项,征收率为0.5‰。其他滞报金是因未按期限履行金钱给付义务产生的滞纳款项,征收率也是0.5‰。两者都是因延期产生的,而且征收机关都是法律授权的行政机关。根据《企业所得税法》第十条的规定,税收滞纳金不能在税前扣除,其他滞报金也不能在税前列支。

第二种观点认为,《企业所得税法》第十条明确列举了税收滞纳金、罚金、罚款不得在税前扣除,但并未提及其他滞报金,税务机关不能对税收滞纳金做扩大解释。

第三种观点认为,其他滞纳金属于一项费用。滞纳金对于企业来说,是公司由于受主客观因素的影响,不能及时履行金钱给付义务,向行政机关支付的一项费用。此笔费用往往与企业的生产经营有关,是企业的实际支出,理应在税前开支。

目前,各地税务机关对该问题的答复口径也不尽相同。企业在处理滞报金时,应先咨询主管税务机关。

热点问题

1. 企业向银行贷款,因逾期归还,银行收取罚息,企业支付的罚息能否税前扣除?

答:企业支付的罚息,属于按照经济合同规定支付的违约金,不属于行政罚款,如果贷款与生产经营有关,罚息可以在企业所得税前扣除。

2. 企业支付社保费滞纳金可否税前扣除?

答:企业缴纳的社保费滞纳金可以在税前扣除。

4.4 以前年度发生应扣未扣支出

根据《税收征收管理法》的有关规定,对企业发现以前年度实际发生的、按照税收规定应在企业所得税前扣除而未扣除或者少扣除的支出,企业做出专项申报及说明后,准予追补至该项目发生年度计算扣除,但追补确认期限不得超过5年。

企业由于上述原因多缴的企业所得税税款,可以在追补确认年度企业所得税应纳税款中抵扣,不足抵扣的,可以向以后年度递延抵扣或申请退税。

亏损企业追补确认以前年度未在企业所得税前扣除的支出,或盈利企业经过追补确认后出现亏损的,应首先调整该项支出所属年度的亏损额,然后再按照弥补亏损的原则计算以后年度多缴的企业所得税款,并按上述规定处理。

依据:《国家税务总局关于企业所得税应纳税所得额若干税务处理问题的公告》(国家税务总局公告2012年第15号)第六条

> **热点问题**
>
> 如何理解5年的追补确认期限?
>
> 答:观点一:按会计年度计算,如2017年度可申报补扣2012年度至2016年度应扣未扣的支出。
>
> 观点二:从申报期限届满的次日起计算。如2011年企业所得税汇算清缴期在2012年5月底前,2017年5月底前可申报补扣2011年度应扣未扣支出。

4.5 税前扣除规定与企业实际会计处理的协调

在计算应纳税所得额时,企业财务、会计处理办法与税收法律、行政法规的规定不一致的,应当依照税收法律、行政法规的规定计算。

依据:《中华人民共和国企业所得税法》第二十一条

对企业依据财务会计制度规定,并实际在财务会计处理上已确认的支出,凡没有超过《企业所得税法》和有关税收法规规定的税前扣除范围和标准的,可按企业实际会计处理确认的支出,在企业所得税前扣除,计算其应纳税所得额。

依据:《国家税务总局关于企业所得税应纳税所得额若干税务处理问题的公告》(国家税务总局公告2012年第15号)第八条

【案例4-1】 土地转让收益上交政府能否税前扣除

2007年,A公司在某地购入土地,当地政府出于招商引资的需要,以低于市价一半的价格向其优惠出让了土地使用权。A企业实际支付土地出让金1 000万元(当时土地出让金应为2 000万元,A企业享受购地优惠1 000万元);同时与当地政府约定,若A公司在未来转让该土地,则应将原享受的购地优惠1 000万元以及相关转让土地的收益全部上交当地政府。2019年,A企业转让该土地,取得4 000万元转让收入,并按照约定上交政府3 000万元(其中原购地优惠1 000万元;补交购地优惠后,当地政府计算出的土地转让收益2 000万元)。为便于分析,本案例中假设不考虑土地使用权的摊销和其他相关税费。

问题: A公司上交政府的3 000万元该如何进行税收处理?能否在2019年税前扣除?

分析: 该案例虽不复杂,但涉税问题较多,并且相互牵连。对一个涉税问题的税收处理会影响到后续的税收处理。该案例涉及的企业所得税问题主要有以下3个问题。

1. 变相减免或返还土地出让金该如何处理?

A公司在2007年以1 000万元的优惠价格从当地政府购得土地,该行为在实质上存在变相减免或返还土地出让金的情形。对该行为的企业所得税处理,目前主要有两种观点:

观点一：政府的变相减免或返还土地出让金实质上是一种对土地出让价格的调整行为，而不是补贴行为，因此不需确认为政府补贴收入。与此对应，应以调整后企业实际支付的出让金作为土地的计税基础。具体到本案例，A企业2007年实际支付了1 000万元的土地出让金，故该土地的计税基础为1 000万元；同时无须确认政府补助收入。

观点二：政府变相减免或返还土地出让金实质上是对企业的一种财政补贴行为。因此企业一方面要确认财政补贴收入；与此对应，应按市价确认土地的计税基础。具体到本案例，A企业正常应以2 000万元的价格购入土地，但实际上以低于正常价格一半的价款1 000万元购入土地，相当于政府对企业变向补贴了1 000万元。因此A企业在2007年应确认1 000万元的补贴收入，同时应以2 000万元作为取得土地的计税基础。在未来如A公司补交购地优惠，则应视为财政补贴的退还，向政府补交的购地优惠款作为当期支出在税前列支。

2. 附条件的交易，当约定的条件生效时，税收上如何处理？

本案例特殊之处还在于2007年A企业购入土地的交易属于附条件的交易。与对赌协议类似，业界对于附条件的交易税收处理基本上也有两种观点：

观点一：基于合同要素调整说，认为交易的附加条件与整个交易紧密相连，本身构成交易的一部分，属于交易的要素。因此当附加条件生效时，并非产生了一个新的交易，而是原有交易条件发生了改变，故应对原有的交易进行调整。具体到本案例，如在2007年按1 000万元确认土地的计税基础，则A公司2019年对外转让土地，触发了原购地交易的附加条件，故其补交政府的购地优惠1 000万元（如能取得补交土地出让金票据）应作为原土地购买价格的调整，调整土地的计税基础，即此时该土地的计税基础已变为2 000万元。

观点二：基于约定补偿/保证责任说，认为交易的附加条件实质上是独立于交易之外的一种约定或保证。当附加条件生效时，表明原有的约定未得到遵守或者保证责任已产生，此时相关的支出是一种补偿或承担保证责任的支出，与原交易无关。故在税收上应直接作为支出税前列支，不需要调整原有交易结果。具体到本案例，A公司补缴的1 000万元购地优惠，是为转让土地而必须发生的一笔支出，应在税前列支；土地的计税基础保持不变，不需要调整。

3. 税前利润或所得的分配协议，在税法上效力如何？

本案例中，A公司与政府还约定，将土地的转让收益2 000万元（在补交1 000万元购地优惠后，政府计算出的土地转让收益为2 000万元）全部上交政府，那么A公司上交的土地转让收益能否在税前扣除？在案例讨论中，也有两种观点：

观点一：A公司上交的土地转让收益可以在税前扣除。理由是站在企业角度，该笔土地转让收益已全额上交政府，企业在该笔交易中未获得任何收益，故应从土地转让所得中扣除。

观点二：A公司与政府约定土地转让收益全部上交的行为实质上是对土地转让所得或利润的一种分配行为。在税法上，对所得或利润应该"先税后分"，分配应该发生在完税之后。故A公司上交的土地转让收益不得在税前扣除。

我们认为政府变相减免或返还土地出让金是对土地出让价格的一种调整。在实践中,企业应根据减免或补贴方式和渠道的不同,而确认其是否为政府补贴收入。直接减免土地出让金的,如本案直接以优惠价格购得而不是以返还形式,企业应以购买价款和支付的相关税费以及直接归属于使该资产达到预定用途发生的其他支出为计税基础。因此A公司2007年购买土地的计税基础为1 000万元。2019年,A公司转让土地时,A公司与政府约定土地转让收益全部上交的行为实质上是对土地转让所得或利润的一种分配。在税法上,对所得或利润均应"先税后分",故A公司上交政府的土地转让收益,无论金额多少均不得从税前扣除。至于A公司补交政府1 000万元的购地优惠,是作为购地成本还是当期支出处理,需根据协议、政府开具票据等情况进行综合判断。如果政府正常开具补交土地出让金票据,则土地计税基础应为2 000万元(1 000+1 000),A公司2019年转让土地所得应为2 000万元(4 000－1 000－1 000)。否则,我们认为A公司土地计税基础仍为1 000万元。补缴政府的购地优惠1 000万元因无法取得政府正常开具补缴土地出让金票据,无法将其从土地转让收益中区分出来,故我们认为其性质仍然为上缴政府的土地转让收益,依照上述分析,其不得税前扣除。故2019年转让土地所得应为3 000万元(4 000－1 000)。

在实践中,对上述3个问题,各地执行的口径不一。企业如遇到类似的问题,建议向当地税务机关咨询并确认。

4.6　税前扣除凭证的管理

4.6.1　税前扣除凭证含义及分类

4.6.1.1　税前扣除凭证含义

税前扣除凭证是指企业在计算企业所得税应纳税所得额时,证明与取得收入有关的、合理的支出实际发生,并据以税前扣除的各类凭证。

依据:《企业所得税税前扣除凭证管理办法》(国家税务总局公告2018年第28号印发)第二条

4.6.1.2　税前扣除凭证分类

税前扣除凭证按照来源分为内部凭证和外部凭证。

内部凭证是指企业自制用于成本、费用、损失和其他支出核算的会计原始凭证。内部凭证的填制和使用应当符合国家会计法律、法规等相关规定。

外部凭证是指企业发生经营活动和其他事项时,从其他单位、个人取得的用于证明其支出发生的凭证,包括但不限于发票(包括纸质发票和电子发票)、财政票据、完税凭证、收款凭证、分割单等。

依据:《企业所得税税前扣除凭证管理办法》(国家税务总局公告2018年第28号印发)第八条

4.6.2　税前扣除凭证管理原则

税前扣除凭证在管理中遵循真实性、合法性、关联性原则。真实性是指税前扣除凭证反映的经济业务真实,且支出已经实际发生;合法性是指税前扣除凭证的形式、来源符合国家法律、法规等相关规定;关联性是指税前扣除凭证与其反映的支出相关联且有证明力。

依据:《企业所得税税前扣除凭证管理办法》(国家税务总局公告2018年第28号印发)第四条

企业应将与税前扣除凭证相关的资料,包括合同协议、支出依据、付款凭证等留存备查,以证实税前扣除凭证的真实性。

依据:《企业所得税税前扣除凭证管理办法》(国家税务总局公告2018年第28号印发)第七条

4.6.3 税前扣除凭证取得时间

企业应在当年度企业所得税法规定的汇算清缴期结束前取得税前扣除凭证。

依据:《企业所得税税前扣除凭证管理办法》(国家税务总局公告2018年第28号印发)第六条

企业当年度实际发生的相关成本、费用,由于各种原因未能及时取得该成本、费用的有效凭证,企业在预缴季度所得税时,可暂按账面发生金额进行核算;但在汇算清缴时,应补充提供该成本、费用的有效凭证。

依据:《国家税务总局关于企业所得税若干问题的公告》(国家税务总局公告2011年第34号)第六条

企业应当取得而未取得发票、其他外部凭证或者取得不合规发票、不合规其他外部凭证的,若支出真实且已实际发生,应当在当年度汇算清缴期结束前,要求对方补开、换开发票、其他外部凭证。补开、换开后的发票、其他外部凭证符合规定的,可以作为税前扣除凭证。

依据:《企业所得税税前扣除凭证管理办法》(国家税务总局公告2018年第28号印发)第十三条

4.6.4 税前扣除凭证具体要求

企业发生支出,应取得税前扣除凭证,作为计算企业所得税应纳税所得额时扣除相关支出的依据。

依据:《企业所得税税前扣除凭证管理办法》(国家税务总局公告2018年第28号印发)第五条

上述所称企业是指《企业所得税法》及其实施条例规定的居民企业和非居民企业。

依据:《企业所得税税前扣除凭证管理办法》(国家税务总局公告2018年第28号印发)第三条

4.6.4.1 境内应税项目税前扣除凭证

企业在境内发生的支出项目属于增值税应税项目(以下简称应税项目)的,对方为已办理税务登记的增值税纳税人,其支出以发票(包括按照规定由税务机关代开的发票)作为税前扣除凭证;对方为依法无须办理税务登记的单位或者从事小额零星经营业务的个人,其支出以税务机关代开的发票或者收款凭证及内部凭证作为税前扣除凭证,收款凭证应载明收款单位名称、个人姓名及身份证号、支出项目、收款金额等相关信息。

小额零星经营业务的判断标准是个人从事应税项目经营业务的销售额不超过增值税相关政策规定的起征点。

国家税务总局对应税项目开具发票另有规定的,以规定的发票或者票据作为税前扣除凭证。

依据:《企业所得税税前扣除凭证管理办法》(国家税务总局公告2018年第28号印发)第九条

4.6.4.2 境内非应税项目税前扣除凭证

企业在境内发生的支出项目不属于应税项目的,对方为单位的,以对方开具的发票以外的其他外部凭证作为税前扣除凭证;对方为个人的,以内部凭证作为税前扣除凭证。

企业在境内发生的支出项目虽不属于应税项目,但按税务总局规定可以开具发票的,可以发票作为税前扣除凭证。

依据:《企业所得税税前扣除凭证管理办法》(国家税务总局公告2018年第28号印发)第十条

4.6.4.3 境外支出税前扣除凭证

企业从境外购进货物或者劳务发生的支出,以对方开具的发票或者具有发票性质的收款凭证、相关税费缴纳凭证作为税前扣除凭证。

依据:《企业所得税税前扣除凭证管理办法》(国家税务总局公告2018年第28号印发)第十一条

4.6.4.4 特殊事项税前扣除凭证

一、公益性捐赠税前扣除凭证

对于通过公益性社会团体发生的公益性捐赠支出,企业或个人应提供省级以上(含省级)财政部门印制并加盖接受捐赠单位印章的公益性捐赠票据,或加盖接受捐赠单位印章的《非税收入一般缴款书》收据联,方可按规定进行税前扣除。

依据:《财政部 国家税务总局 民政部关于公益性捐赠税前扣除有关问题的补充通知》(财税〔2010〕45号)第五条

二、工会经费税前扣除凭证

自2010年7月1日起,企业拨缴的职工工会经费,不超过工资、薪金总额2%的部分,凭工会组织开具的《工会经费收入专用收据》在企业所得税税前扣除。

依据:《国家税务总局关于工会经费企业所得税税前扣除凭据问题的公告》(国家税务总局公告2010年第24号)

自2010年1月1日起,在委托税务机关代收工会经费的地区,企业拨缴的工会经费,也可凭合法、有效的工会经费代收凭据依法在税前扣除。

依据:《国家税务总局关于税务机关代收工会经费企业所得税税前扣除凭据问题的公告》(国家税务总局公告2011年第30号)

三、分摊劳务支出税前扣除凭证

企业与其他企业(包括关联企业)、个人在境内共同接受应纳增值税劳务(以下简称应税劳务)发生的支出,采取分摊方式的,应当按照独立交易原则进行分摊,企业以发票和分割单作为税前扣除凭证,共同接受应税劳务的其他企业以企业开具的分割单作为税前扣除凭证。

企业与其他企业、个人在境内共同接受非应税劳务发生的支出,采取分摊方式的,企业以发票外的其他外部凭证和分割单作为税前扣除凭证,共同接受非应税劳务的其他企业以企业开具的分割单作为税前扣除凭证。

依据:《企业所得税税前扣除凭证管理办法》(国家税务总局公告2018年第28号印发)第十八条

四、分摊租房水电费等支出税前扣除凭证

企业租用(包括企业作为单一承租方租用)办公、生产用房等资产发生的水、电、燃气、冷气、暖气、通讯线路、有线电视、网络等费用,出租方作为应税项目开具发票的,企业以发票作为税前扣除凭证;出租方采取分摊方式的,企业以出租方开具的其他外部凭证作为税前扣除凭证。

依据:《企业所得税税前扣除凭证管理办法》(国家税务总局公告2018年第28号印发)第十九条

4.6.5 不得作为税前扣除凭证

企业取得私自印制、伪造、变造、作废、开票方非法取得、虚开、填写不规范等不符合规定的发票(以下简称不合规发票),以及取得不符合国家法律、法规等相关规定的其他外部凭证(以下简称不合规其他外部凭证),不得作为税前扣除凭证。

依据:《企业所得税税前扣除凭证管理办法》(国家税务总局公告2018年第28号印发)第十二条

加强发票核实工作,不符合规定的发票不得作为税前扣除凭据。

依据:《国家税务总局关于加强企业所得税管理的意见》(国税发〔2008〕88号)第二条

在日常检查中发现纳税人使用不符合规定发票特别是没有填开付款方全称的发票,不得允许纳税人用于税前扣除、抵扣税款、出口退税和财务报销。

依据:《国家税务总局关于进一步加强普通发票管理工作的通知》(国税发〔2008〕80号)第八条

4.6.6 汇缴结束后补充取得税前扣除凭证

4.6.6.1 税务机关发现应当取得而未取得发票、其他外部凭证

汇算清缴期结束后,税务机关发现企业应当取得而未取得发票、其他外部凭证或者取得不合规发票、不合规其他外部凭证并且告知企业的,企业应当自被告知之日起60日内补开、换开符合规定的发票、其他外部凭证。其中,因对方特殊原因无法补开、换开发票、其他外部凭证的,企业应当按照《企业所得税税前扣除凭证管理办法》第十四条的规定,自被告知之日起60日内提供可以证实其支出真实性的相关资料。

依据:《企业所得税税前扣除凭证管理办法》(国家税务总局公告2018年第28号印发)第十五条

企业在规定的期限未能补开、换开符合规定的发票、其他外部凭证,并且未能按照《企业所得税税前扣除凭证管理办法》第十四条的规定提供相关资料证实其支出真实性的,相应支出不得在发生年度税前扣除。

依据:《企业所得税税前扣除凭证管理办法》(国家税务总局公告2018年第28号印发)第十六条

4.6.6.2 纳税人主动补充取得税前扣除凭证

除发生《企业所得税税前扣除凭证管理办法》第十五条规定的情形外(即除汇算清缴期结束后,税务机关发现企业应当取得而未取得发票、其他外部凭证的情形外),企业以前年度应当取得而未取得发票、其他外部凭证,且相应支出在该年度没有税前扣除的,在以后年度取得符合规定的发票、其他外部凭证或者按照《企业所得税税前扣除凭证管理办法》第十四条的规定提供可以证实其支出真实性的相关资料,相应支出可以追补至该支出发生年度税前扣除,但追补年限不得超过5年。

依据:《企业所得税税前扣除凭证管理办法》(国家税务总局公告2018年第28号印发)第十七条

4.6.7 指定特殊原因无法取得发票等税前扣除凭证的处理

企业在补开、换开发票、其他外部凭证过程中,因对方注销、撤销、依法被吊销营业执照被税务机关认定为非正常户等特殊原因无法补开、换开发票、其他外部凭证的,可凭以下资料证实支出真实性后,其支出允许税前扣除:

(1)无法补开、换开发票、其他外部凭证原因的证明资料(包括工商注销、机构撤销、列入非正常经营户、破产公告等证明资料)。

(2)相关业务活动的合同或者协议。

(3)采用非现金方式支付的付款凭证。

(4)货物运输的证明资料。

(5)货物入库、出库内部凭证。

(6)企业会计核算记录以及其他资料。

上述第(1)项至第(3)项为必备资料。

依据:《企业所得税税前扣除凭证管理办法》(国家税务总局公告2018年第28号印发)第十四条

> **热点问题**
>
> 1. 新成立的公司,成立之前租赁了一栋厂房准备用于生产经营,房屋租赁发票抬头为法定代表人个人的姓名。该公司成立后是否可以凭此发票在企业所得税税前扣除?
>
> 答:根据《企业所得税法》第八条的规定,企业实际发生的与取得收入有关的、合理的支出,包括成本、费用、税金、损失和其他支出,准予在计算应纳税所得额时扣除。因此,若企业当时还没有成立,有相关证据证明该租赁与企业生产经营有关,企业可以凭个人抬头的房屋租赁发票及相关合同按有关规定在企业所得税税前扣除。公司正式成立后,发生的费用应当凭抬头为公司名称的发票在税前扣除。
>
> 2. 在"营改增"之前,企业列支的银行贷款利息支出的凭证附件基本都是银行水单,"营改增"之后,是否一定要取得银行开具的增值税发票作为所得税税前扣除的凭证?
>
> 答:如果按规定一定要开具发票的,则必须以发票为税前扣除凭证。若取得银行贷款利息支出的凭证仍为银行水单的,仍可以作为所得税税前扣除凭证。
>
> 3. 企业向民间个人借款所支付的利息,是否不需票据就可扣除?
>
> 答:企业向民间个人借款所支付的利息,应凭取得的税务部门开具的利息发票,方可在税前扣除。
>
> 4. 企业租用的集体土地,收到村委会开具的农村合作经济组织结算凭证能否税前列支?
>
> 答:应由出租方到税务部门开具发票,企业凭发票税前扣除。
>
> 5. 员工出国出差,由于是购买国际航班机票,发生退票,外国航空公司收取了退票费,没有发票,这部分单据是否可以在税前扣除?
>
> 答:可以凭外国航空公司相关单据在税前扣除。

6. 企业向银行贷款,除国家规定的利息以外,还要向银行支付大量的服务费、超限费等和贷款相关的费用,且都用银行自制凭证入账,这些费用名目繁多,且银监会也有相应规定不得收取,这些费用能否税前列支?

答:企业向银行贷款,支付的属银监会明确规定不能收取的费用,不得在税前扣除。支付的除国家规定利息以外的其他合法、合理的相关费用,应凭银行开具的发票税前扣除。

7. 由于经济纠纷,法院对该经济纠纷进行判决,在无法取得发票的情况下,判决书是否可以作为税前扣除凭证?

答:《企业所得税税前扣除凭证管理办法》(国家税务总局公告2018年第28号印发)第九条规定,企业在境内发生的支出项目属于增值税应税项目(以下简称应税项目)的,对方为已办理税务登记的增值税纳税人,其支出以发票(包括按照规定由税务机关代开的发票)作为税前扣除凭证;对方为依法无须办理税务登记的单位或者从事小额零星经营业务的个人,其支出以税务机关代开的发票或者收款凭证及内部凭证作为税前扣除凭证,收款凭证应载明收款单位名称、个人姓名及身份证号、支出项目、收款金额等相关信息。

《企业所得税税前扣除凭证管理办法》(国家税务总局公告2018年第28号印发)第十四条规定,企业在补开、换开发票、其他外部凭证过程中,因对方注销、撤销、依法被吊销营业执照、被税务机关认定为非正常户等特殊原因无法补开、换开发票、其他外部凭证的,可凭以下资料证实支出真实性后,其支出允许税前扣除:

(1) 无法补开、换开发票、其他外部凭证原因的证明资料(包括工商注销、机构撤销、列入非正常经营户、破产公告等证明资料)。

(2) 相关业务活动的合同或者协议。

(3) 采用非现金方式支付的付款凭证。

(4) 货物运输的证明资料。

(5) 货物入库、出库内部凭证。

(6) 企业会计核算记录以及其他资料。

上述第(1)项至第(3)项为必备资料。

根据上述规定,企业不能将法院判决书直接作为税前扣除凭证,而应根据无法取得发票的原因分别进行处理。如无法取得发票的原因属于上述《企业所得税税前扣除凭证管理办法》(国家税务总局公告2018年第28号印发)第十四条所列举的范围,则企业可凭相关资料证实支出、成本费用的真实性后,将相关支出或成本费用在税前扣除;如无法取得发票的原因不属于上述《企业所得税税前扣除凭证管理办法》(国家税务总局公告2018年第28号印发)第十四条所列举的范围,企业发生的支出或成本费用暂不得税前扣除。

第 5 章
资产的税务处理

5.1 资产的概述

5.1.1 资产的计税基础

5.1.1.1 基本方法

企业的各项资产包括固定资产、生物资产、无形资产、长期待摊费用、投资资产、存货等,以历史成本为计税基础。上述历史成本,是指企业取得该项资产时实际发生的支出。企业持有各项资产期间资产增值或者减值,除国务院财政、税务主管部门规定可以确认损益外,不得调整该资产的计税基础。

依据:《中华人民共和国企业所得税法实施条例》第五十六条

解读

税收上的资产主要包括固定资产、生物资产、无形资产、长期待摊费用、投资资产和存货,税收对资产的分类与现行会计准则的分类没有根本性的差异,只不过是分类方式不同。如税法中的无形资产实际上包括会计准则中的无形资产、商誉和部分投资性房地产;税法中的投资资产包括会计准则中的交易性金融资产、持有至到期投资和长期股权投资(即长期股权投资加上金融工具中的部分内容)。

资产的计税基础,一般采用历史成本,因为历史成本是购买方取得资产时实际支付的价格,其人为估计等主观因素程度较低。资产的计税基础是与资产的账面价值相对应的,有时两者是一致的,但由于会计与税法的核算目的不同,有时候两者也会产生差异。例如,企业拥有一项存货,由于市场因素变化,存货的价格降低,企业按会计准则规定提取了存货跌价准备,因而该存货的账面价值为其历史成本减去存货跌价准备。但按税法规定,企业提取存货的存货跌价准备不能税前扣除,因而该存货的计税基础仍为其历史成本,与其账面价值产生了差异。

5.1.1.2 接受捐赠资产计税基础

公益性社会团体和县级以上人民政府及其组成部门、直属机构在接受捐赠时,捐赠资产的价值,按以下原则确认:

(1) 接受捐赠的货币性资产,应当按照实际收到的金额计算。

(2) 接受捐赠的非货币性资产,应当以其公允价值计算。捐赠方在向公益性社会团体和县级以上人民政府及其组成部门、直属机构捐赠时,应当提供注明捐赠非货币性资产公允价值的证明,如果不能提供上述证明,公益性社会团体和县级以上人民政府及其组成部门、直属机构不得向其开具公益性捐赠票据。

依据：《财政部 国家税务总局 民政部关于公益性捐赠税前扣除有关问题的通知》（财税〔2008〕160号）第九条

5.1.1.3 售后回租资产计税基础

根据《企业所得税法》及有关收入确定的规定，融资性售后回租业务中，承租人出售资产的行为，不确认为销售收入，对融资性租赁的资产，仍按承租人出售前原账面价值作为计税基础计提折旧。租赁期间，承租人支付的属于融资利息的部分，作为企业财务费用在税前扣除。

依据：《国家税务总局关于融资性售后回租业务中承租方出售资产行为有关税收问题的公告》（国家税务总局公告2010年第13号）第二条

解读

融资性售后回租业务是指承租方以融资为目的将资产出售给经批准从事融资租赁业务的企业后，又将该项资产从该融资租赁企业租回的行为。由于承租方出售资产时，资产所有权以及与资产所有权有关的全部报酬和风险并未完全转移，根据《企业所得税法》及有关收入确定的规定，融资性售后回租业务中承租人出售资产的行为，不符合收入确认条件，因此，不确认为销售收入。融资租赁利息部分支出，作为财务费用予以扣除。对承租人支付的属于融资利息的部分，相当于会计准则中确认的未实现融资费用，该部分在租赁期间，作为财务费用在税前直接扣除。

5.1.1.4 接收政府划入资产计税基础

（1）县级以上人民政府（包括政府有关部门，下同）将国有资产明确以股权投资方式投入企业，企业应作为国家资本金（包括资本公积）处理。该项资产如为非货币性资产，应按政府确定的接收价值确定计税基础。

（2）县级以上人民政府将国有资产无偿划入企业，凡指定专门用途并按《财政部 国家税务总局关于专项用途财政性资金企业所得税处理问题的通知》（财税〔2011〕70号）规定进行管理的，企业可作为不征税收入进行企业所得税处理。其中，该项资产属于非货币性资产的，应按政府确定的接收价值计算不征税收入。

县级以上人民政府将国有资产无偿划入企业，属于上述第（1）、（2）项以外情形的，应按政府确定的接收价值计入当期收入总额计算缴纳企业所得税。政府没有确定接收价值的，按资产的公允价值计算确定应税收入。

《国家税务总局关于企业所得税应纳税所得额若干问题的公告》适用于2013年度及以后年度企业所得税汇算清缴。企业2013年度汇算清缴前接收政府或股东划入资产，尚未进行企业所得税处理的，可按《国家税务总局关于企业所得税应纳税所得额若干问题的公告》执行。对于手续不齐全、证据不清的，企业应在2014年12月31日前补充完善。企业凡在2014年12月31日前不能补充完善的，一律作为应税收入或计入收入总额进行企业所得税处理。

依据：《国家税务总局关于企业所得税应纳税所得额若干问题的公告》（国家税务总局公告2014年第29号）第一条、第六条

【解读】

县级以上人民政府及其有关部门将国有资产作为股权投资划入企业,属于政策性划转(投资)行为,按现行企业所得税规定,不属于收入范畴,因此,企业应将其作为国家资本金(资本公积)进行企业所得税处理。另外,由于该项资产价值通常由政府在划转时直接确定,因此,该项资产的计税基础可以按其实际接收价值确定。

县级以上人民政府及其有关部门将国有资产无偿划入企业,凡划出单位或业务监管部门指定了专门用途,且企业已按《财政部 国家税务总局关于专项用途财政性资金企业所得税处理问题的通知》(财税〔2011〕70号)规定进行管理的,就具备了财政性资金性质,因此,根据《企业所得税法》第七条的规定,可以作为不征税收入进行税务处理。其中,无偿划入资产属于非货币性资产的,应按该项资产实际接收价值确定不征税收入。

5.1.1.5 接收股东划入资产计税基础

(1)企业接收股东划入资产(包括股东赠予资产、上市公司在股权分置改革过程中接收原非流通股股东和新非流通股股东赠予的资产、股东放弃本企业的股权,下同),凡合同、协议约定作为资本金(包括资本公积)且在会计上已做实际处理的,不计入企业的收入总额,企业应按公允价值确定该项资产的计税基础。

(2)企业接收股东划入资产,凡作为收入处理的,应按公允价值计入收入总额,计算缴纳企业所得税,同时按公允价值确定该项资产的计税基础。

《国家税务总局关于企业所得税应纳税所得额若干问题的公告》适用于2013年度及以后年度企业所得税汇算清缴。企业2013年度汇算清缴前接收政府或股东划入资产,尚未进行企业所得税处理的,可按《国家税务总局关于企业所得税应纳税所得额若干问题的公告》执行。对于手续不齐全、证据不清的,企业应在2014年12月31日前补充完善。企业凡在2014年12月31日前不能补充完善的,一律作为应税收入或计入收入总额进行企业所得税处理。

依据:《国家税务总局关于企业所得税应纳税所得额若干问题的公告》(国家税务总局公告2014年第29号)第二条、第六条

【解读】

对于控股股东和其投资企业之间的交易,《关于做好执行会计准则企业2008年年报工作的通知》(财会函〔2008〕60号)第一条第(三)项第八点规定,企业接受的捐赠和债务豁免,按照会计准则规定符合确认条件的,通常应当确认为当期收益。如果接受控股股东或控股股东的子公司直接或间接的捐赠,从经济实质上判断属于控股股东对企业的资本性投入,应作为权益性交易,相关利得计入所有者权益(资本公积)。

对于非控股股东和其投资企业之间的交易,《企业会计准则解释第5号》第六条规定,企业接受代为偿债、债务豁免或捐赠,按照企业会计准则规定符合确认条件的,通常应当确认为当期收益。但是,企业接受非控股股东(或非控股股东的子公司)直接或间接代为偿债、债务豁免或捐赠,经济实质表明属于非控股股东对企业的资本性投入,应当将相关利得计入所有者权益(资本公积)。无论是控股股东还是非控股股东,会计上都是作为资本性投入处理的。

《国家税务总局关于企业所得税应纳税所得额若干问题的公告》第二条规定在很大程度上借鉴了会计准则的规定,这是我国企业所得税上第一次明确将股东和其被投资企业之间的交易行为进行明确的划分,即划分为是资本性投入行为和正常的商业交易行为。同时,明确规定只要是资本性投入行为,被投资企业不计入企业的收入总额,企业应按公允价值确定该项资产的计税基础。

5.1.2 资产的处置

企业转让资产,该项资产的净值,准予在计算应纳税所得额时扣除。

依据:《中华人民共和国企业所得税法》第十六条

资产的净值是指有关资产、财产的计税基础减除已经按照规定扣除的折旧、折耗、摊销、准备金等后的余额。

依据:《中华人民共和国企业所得税法实施条例》第七十四条

解读

在计算相关资产的净值时,首先要依据《企业所得税法》及其实施条例的相关规定确定该项资产的计税基础;其次,确定允许减除的项目,包括已经按照税法、实施条例及部门规章规定扣除的折旧、折耗、摊销、准备金等。

5.1.2.1 内部处置资产的处理

企业发生下列情形的处置资产,除将资产转移至境外以外,由于资产所有权属在形式和实质上均不发生改变,可作为内部处置资产,不视同销售确认收入,相关资产的计税基础延续计算。

(1) 将资产用于生产、制造、加工另一产品。
(2) 改变资产形状、结构或性能。
(3) 改变资产用途(如自建商品房转为自用或经营)。
(4) 将资产在总机构及其分支机构之间转移。
(5) 上述两种或两种以上情形的混合。
(6) 其他不改变资产所有权属的用途。

依据:《国家税务总局关于企业处置资产所得税处理问题的通知》(国税函〔2008〕828号)第一条

5.1.2.2 资产移送他人的处理

企业将资产移送他人的下列情形,因资产所有权属已发生改变而不属于内部处置资产,应按规定视同销售确定收入。

(1) 用于市场推广或销售。
(2) 用于交际应酬。
(3) 用于职工奖励或福利。
(4) 用于股息分配。
(5) 用于对外捐赠。
(6) 其他改变资产所有权属的用途。

依据:《国家税务总局关于企业处置资产所得税处理问题的通知》(国税函〔2008〕828号)第二条

【解读】

《国家税务总局关于企业处置资产所得税处理问题的通知》（国税函〔2008〕828号）这个文件规定得很明确，判定原则是"资产所有权属是否改变"，不改变的——不视同销售；改变的——视同销售。企业发生将资产移送他人情形的，除另有规定外，应按照被移送资产的公允价值确定销售收入。

5.1.3 资产损失

5.1.3.1 资产损失的范围

企业实际发生的与取得收入有关的、合理的支出，包括成本、费用、税金、损失和其他支出，准予在计算应纳税所得额时扣除。

依据：《中华人民共和国企业所得税法》第八条

《企业所得税法》第八条所称损失，是指企业在生产经营活动中发生的固定资产和存货的盘亏、毁损、报废损失，转让财产损失，呆账损失，坏账损失，自然灾害等不可抗力因素造成的损失以及其他损失。企业发生的损失，减除责任人赔偿和保险赔款后的余额，依照国务院财政、税务主管部门的规定扣除。企业已经作为损失处理的资产，在以后纳税年度又全部收回或者部分收回时，应当计入当期收入。

依据：《中华人民共和国企业所得税法实施条例》第三十二条

资产损失是指企业在生产经营活动中实际发生的，与取得应税收入有关的资产损失，包括现金损失，存款损失，坏账损失，贷款损失，股权投资损失，固定资产和存货的盘亏、毁损、报废、被盗损失，自然灾害等不可抗力因素造成的损失以及其他损失。

依据：《财政部 国家税务总局关于企业资产损失税前扣除政策的通知》（财税〔2009〕57号）第一条

【解读】

企业发生的允许税前扣除的损失，限于企业在生产经营活动过程中所发生的损失。在非生产经营活动过程中所发生的损失，不得作为企业的生产经营损失予以认定。也就是说，企业所发生的损失，必须是企业在生产产品、提供劳务、销售商品等过程中的支出和耗费。另外，资产损失税前扣除必须符合税收实体法，也就是说，不管损失是否实际发生，不管其是否合理，如果是非法经营行为造成的，比如企业经营国家法律、行政法规明令禁止的业务而形成的损失，即便按财务会计准则或制度规定可以作为会计损失，也不能在税前扣除。

5.1.3.2 资产损失的类型

准予在企业所得税税前扣除的资产损失，是指企业在实际处置、转让上述资产过程中发生的合理损失（以下简称实际资产损失），以及企业虽未实际处置、转让上述资产，但符合《财政部 国家税务总局关于企业资产损失税前扣除政策的通知》（财税〔2009〕57号）和《国家税务总局关于发布〈企业资产损失所得税税前扣除管理办法〉的公告》（国家税务总局公告2011年第25号）规定条件计算确认的损失（以下简称法定资产损失）。

依据：《国家税务总局关于发布〈企业资产损失所得税税前扣除管理办法〉的公告》（国家税务总局公告2011年第25号）第三条

解读

确定性原则要求企业资产损失税前扣除的金额必须是确定的,或有损失一般不得在税前扣除。在通常情况下,实际资产损失要求企业留存备查的证据材料能够充分、清晰地证明损失金额的计算是准确的。但是,法定资产损失由于不是实际发生的,其损失金额是推理、估算出来的。因此,一方面要求企业留存备查的证据材料能够充分、清晰地证明损失发生的过程,另一方面还要求企业留存备查的证据材料能够证明损失金额的估算、推理过程完整、合理,且符合逻辑。

5.1.3.3 资产损失的扣除要求

一、扣除年度规定

企业实际资产损失,应当在其实际发生且会计上已作损失处理的年度申报扣除;法定资产损失,应当在该项资产已符合法定资产损失确认条件,且会计上已作损失处理的年度申报扣除。

企业发生的资产损失,应按规定的程序和要求向主管税务机关申报后方能在税前扣除。未经申报的损失,不得在税前扣除。

依据:《国家税务总局关于发布〈企业资产损失所得税税前扣除管理办法〉的公告》(国家税务总局公告2011年第25号)第四条、第五条

解读

资产损失税前扣除必须符合税收程序法,资产损失必须以会计处理为前置条件,同时还应完成申报程序,即按规定向税务机关进行纳税申报,方能在税前扣除。《国家税务总局关于发布〈企业资产损失所得税税前扣除管理办法〉的公告》(国家税务总局公告2011年第25号)的会计处理年度应理解为会计决算年度,纳税申报年度应理解为企业所得税年度汇算清缴年度,不能把向税务机关报送年度纳税申报表及资产损失申报材料的时点,理解为会计处理年度或纳税申报年度。

二、以前年度资产损失处理

企业以前年度发生的资产损失未能在当年税前扣除的,可以按照《企业资产损失所得税税前扣除管理办法》的规定,向税务机关说明并进行专项申报扣除。其中,属于实际资产损失,准予追补至该项损失发生年度扣除,其追补确认期限一般不得超过5年,但因计划经济体制转轨过程中遗留的资产损失,企业重组上市过程中因权属不清出现争议而未能及时扣除的资产损失,因承担国家政策性任务而形成的资产损失以及政策定性不明确而形成资产损失等特殊原因形成的资产损失,其追补确认期限经国家税务总局批准后可适当延长。属于法定资产损失,应在申报年度扣除。

企业因以前年度实际资产损失未在税前扣除而多缴的企业所得税税款,可在追补确认年度企业所得税应纳税款中予以抵扣,不足抵扣的,向以后年度递延抵扣。企业实际资产损失发生年度扣除追补确认的损失后出现亏损的,应先调整资产损失发生年度的亏损额,再按弥补亏损的原则计算以后年度多缴的企业所得税税款,并按上述办法进行税务处理。

依据:《国家税务总局关于发布〈企业资产损失所得税税前扣除管理办法〉的公告》(国家税务总局公

告 2011 年第 25 号）第六条

解读

以前年度发生的实际资产损失未能在当年税前扣除的，多缴税款的处理方式只能是抵扣追补确认当年的税款，而不能退税。追补后发生亏损的处理方法，应先调整资产损失发生年度的亏损额，再按弥补亏损的原则计算以后年度多缴的企业所得税税款，多缴税款也只能在资产损失追补确认当年进行抵扣。

热点问题

某企业员工因犯职务侵占罪于 2005 年被判有期徒刑 6 年，部分侵占资金至今未归还，企业在该员工 2011 年出狱后，多次追讨未果，企业提出能否税前扣除损失？是否仍应受追补确认 5 年期限的限制？

答：根据《国家税务总局关于发布〈企业资产损失所得税税前扣除管理办法〉的公告》（国家税务总局公告 2011 年第 25 号）第四十九条的规定，企业因刑事案件原因形成的损失，应由企业承担的金额，或经公安机关立案侦查两年以上仍未追回的金额，可以作为资产损失并准予在税前申报扣除，但应出具公安机关、人民检察院的立案侦查情况或人民法院的判决书等损失原因证明材料。

企业可以向税务机关申报扣除该项损失，但受追补确认 5 年期限的限制。

5.1.3.4　资产损失的申报管理

自 2017 年度汇算清缴起，企业向税务机关申报扣除资产损失，仅需填报企业所得税年度纳税申报表《资产损失税前扣除及纳税调整明细表》，不再报送资产损失相关资料。相关资料由企业留存备查。

企业应当完整保存资产损失相关资料，保证资料的真实性、合法性。

依据：《国家税务总局关于企业所得税资产损失资料留存备查有关事项的公告》（国家税务总局公告 2018 年第 15 号）第一条、第二条

5.1.3.5　抵押资产损失

企业由于未能按期赎回抵押资产，使抵押资产被拍卖或变卖，其账面净值大于变卖价值的差额，可认定为资产损失，按以下证据材料确认：

（1）抵押合同或协议书。

（2）拍卖或变卖证明、清单。

（3）会计核算资料等其他相关证据材料。

依据：《国家税务总局关于发布〈企业资产损失所得税税前扣除管理办法〉的公告》（国家税务总局公告 2011 年第 25 号）第三十七条

5.1.3.6　资产捆绑出售损失

企业将不同类别的资产捆绑（打包），以拍卖、询价、竞争性谈判、招标等市场方式出售，其出售价格低于计税成本的差额，可以作为资产损失并准予在税前申报扣除，但应出具资产处置方案、各类资产作价依据、出售过程的情况说明、出售合同或协议、成交及入账证明、资产计税基础等确定依据。

依据:《国家税务总局关于发布〈企业资产损失所得税税前扣除管理办法〉的公告》(国家税务总局公告 2011 年第 25 号)第四十七条

5.1.3.7 内控制度不健全导致资产损失

企业正常经营业务因内部控制制度不健全而出现操作不当、不规范或因业务创新但政策不明确、不配套等原因形成的资产损失,应由企业承担的金额,可以作为资产损失并准予在税前申报扣除,但应出具损失原因证明材料或业务监管部门定性证明、损失专项说明。

依据:《国家税务总局关于发布〈企业资产损失所得税税前扣除管理办法〉的公告》(国家税务总局公告 2011 年第 25 号)第四十八条

5.1.3.8 刑事案件形成的损失

企业因刑事案件原因形成的损失,应由企业承担的金额,或经公安机关立案侦查两年以上仍未追回的金额,可以作为资产损失并准予在税前申报扣除,但应出具公安机关、人民检察院的立案侦查情况或人民法院的判决书等损失原因证明材料。

依据:《国家税务总局关于发布〈企业资产损失所得税税前扣除管理办法〉的公告》(国家税务总局公告 2011 年第 25 号)第四十九条

5.1.3.9 电网企业输电线路部分报废损失

(1) 由于加大水电送出和增强电网抵御冰雪能力需要等原因,电网企业对原有输电线路进行改造,部分铁塔和线路拆除报废,形成部分固定资产损失。考虑到该部分资产已形成实质性损失,可以按照有关税收规定作为企业固定资产损失允许税前扣除。

(2) 上述部分固定资产损失,应按照该固定资产的总计税价格,计算每基铁塔和每公里线路的计税价格后,根据报废的铁塔数量和线路长度以及已计提折旧情况确定。

(3) 上述报废的部分固定资产,其中部分能够重新利用的,应合理计算价格,冲减当年度固定资产损失。

(4) 新投资建设的线路和铁塔,应单独作为固定资产,在投入使用后,按照税收的规定计提折旧。

依据:《国家税务总局关于电网企业输电线路部分报废损失税前扣除问题的公告》(国家税务总局公告 2010 年第 30 号)

5.2 固定资产的税务处理

《企业所得税法》所称固定资产,是指企业为生产产品、提供劳务、出租或者经营管理而持有的,使用时间超过 12 个月的非货币性资产,包括房屋、建筑物、机器、机械、运输工具以及其他与生产经营活动有关的设备、器具、工具等。

依据:《中华人民共和国企业所得税法实施条例》第五十七条

5.2.1 固定资产的计税基础

5.2.1.1 基本方法

固定资产按照以下方法确定计税基础:

(1) 外购的固定资产,以购买价款和支付的相关税费以及直接归属于使该资产达到预定用途发生的其他支出为计税基础。

(2) 自行建造的固定资产,以竣工结算前发生的支出为计税基础。

(3) 融资租入的固定资产,以租赁合同约定的付款总额和承租人在签订租赁合同过程中发生的相关费用为计税基础,租赁合同未约定付款总额的,以该资产的公允价值和承租人在签订租赁合同过程中发生的相关费用为计税基础。

(4) 盘盈的固定资产,以同类固定资产的重置完全价值为计税基础。

(5) 通过捐赠、投资、非货币性资产交换、债务重组等方式取得的固定资产,以该资产的公允价值和支付的相关税费为计税基础。

(6) 改建的固定资产,除《企业所得税法》第十三条第(一)项和第(二)项规定的支出外,以改建过程中发生的改建支出增加计税基础。

依据:《中华人民共和国企业所得税法实施条例》第五十八条

【解读】

对于融资租入的固定资产,会计准则规定按最低租赁付款现值和公允价值两者中的较低者作为固定资产入账价值,最低租赁付款额与最低租赁付款现值或公允价值的差额作为未实现融资费用处理,在租赁期内按实际利率法摊入财务费用。税法规定,融资租入的固定资产,以租赁合同约定的付款总额和承租人在签订租赁合同过程中发生的相关费用作为计税基础,租赁合同未约定付款总额的,以该资产的公允价值和承担人在签订租赁合同过程中发生的相关费用为计税基础。也就是说,税法并未规定计算最低租赁付款额的现值,这与会计准则的规定是有差异的。

5.2.1.2 融资性售后回租资产计税基础

根据《企业所得税法》及有关收入确定的规定,融资性售后回租业务中,承租人出售资产的行为,不确认为销售收入,对融资性租赁的资产,仍按承租人出售前原账面价值作为计税基础计提折旧。租赁期间,承租人支付的属于融资利息的部分,作为企业财务费用在税前扣除。《国家税务总局关于融资性售后回租业务中承租方出售资产行为有关税收问题的公告》自2010年10月1日起施行,此前因与《国家税务总局关于融资性售后回租业务中承租方出售资产行为有关税收问题的公告》不一致而已征的税款予以退税。

依据:《国家税务总局关于融资性售后回租业务中承租方出售资产行为有关税收问题的公告》(国家税务总局公告2010年第13号)第二条

【解读】

融资性售后回租业务是指承租方以融资为目的将资产出售给经批准从事融资租赁业务的企业后,又将该项资产从该融资租赁企业租回的行为。融资性售后回租业务中承租方出售资产时,资产所有权以及与资产所有权有关的全部报酬和风险并未完全转移。因此,融资性售后回租业务中,承租人出售资产的行为,不满足收入确认的条件,不确认为销售收入,对融资性租赁的资产,仍按承租人出售前原账面价值作为计税基础计提折旧。

5.2.1.3 未取得发票资产处理

企业固定资产投入使用后,由于工程款项尚未结清未取得全额发票的,可暂按合同规定的金额计入固定资产计税基础计提折旧,待发票取得后进行调整。但该项调整应在固定资产投入使用后12个月内进行。

依据:《国家税务总局关于贯彻落实企业所得税法若干税收问题的通知》(国税函〔2010〕79号)第五条

> **热点问题**
>
> 1. 资产需要达到多少金额,才能作为固定资产入账?
>
> 答:根据《企业所得税法实施条例》第五十七条的规定,固定资产是指企业为生产产品、提供劳务、出租或者经营管理而持有的,使用时间超过12个月的非货币性资产,包括房屋、建筑物、机器、机械、运输工具以及其他与生产经营活动有关的设备、器具、工具等。
>
> 根据《企业会计准则第4号——固定资产》第三条的规定,固定资产是指同时具有下列特征的有形资产:(1)为生产商品、提供劳务、出租或经营管理而持有的;(2)使用寿命超过一个会计年度。使用寿命是指企业使用固定资产的预计期间,或者该固定资产所能生产产品或提供劳务的数量。
>
> 根据上述规定,无论是税法还是会计准则,对固定资产入账价值均无金额要求,企业可根据以上规定结合资产状况自行判定。
>
> 2. 某公司2012年9月完成新厂房建设后即在账务上计入固定资产并计提折旧。2014年9月公司才办理厂房的房产证,按照房产证办理部门办理厂房房产证必须出具厂房安全鉴定检测报告的规定,公司办证过程中支付了10多万元的厂房安全鉴定检测费。该笔检测费用应当计入当期费用还是计入固定资产计提折旧在企业所得税税前扣除?
>
> 答:根据《企业所得税法》及《企业所得税法实施条例》的规定,自行建造的固定资产,以竣工结算前发生的支出为计税基础;企业实际发生的与取得收入有关的、合理的支出,包括成本、费用、税金、损失和其他支出,准予在计算应纳税所得额时扣除。
>
> 因此,企业自建厂房完工并使用后发生的厂房安全鉴定检测费,在竣工结算前发生的属于建筑物成本的,计入计税基础,在竣工结算以后发生的支出,应当计入期间费用按规定在企业所得税前扣除。
>
> 3. 我公司为建造一幢建设期为2年的厂房,2015年3月从银行专门借入款项5 000万元,年利率6.6%,同时银行与我公司签订协议,银行对此笔贷款提供财务顾问服务,收取财务顾问费300万元。我公司支付的这笔300万元的财务顾问费该如何进行税务处理?
>
> 答:根据《企业所得税法》及《企业所得税法实施条例》的规定,自行建造的固定资产,以竣工结算前发生的支出为计税基础;企业实际发生的与取得收入有关的、合理的支出,包括成本、费用、税金、损失和其他支出,准予在计算应纳税所得额时扣除。

> 因此,厂房建造期间,对归属于该厂房建造的符合税前扣除规定的财务顾问费,凭银行开具的发票,计入厂房的计税基础,通过计提折旧予以税前扣除。

5.2.2　固定资产折旧

5.2.2.1　基本方法

固定资产按照直线法计算的折旧,准予扣除。

企业应当自固定资产投入使用月份的次月起计算折旧;停止使用的固定资产,应当自停止使用月份的次月起停止计算折旧。

依据:《中华人民共和国企业所得税法实施条例》第五十九条

5.2.2.2　残值规定

企业应当根据固定资产的性质和使用情况,合理确定固定资产的预计净残值。固定资产的预计净残值一经确定,不得变更。

依据:《中华人民共和国企业所得税法实施条例》第五十九条

新税法实施前已投入使用的固定资产,企业已按原税法规定预计净残值并计提的折旧,不做调整。新税法实施后,对此类继续使用的固定资产,可以重新确定其残值,并就其尚未计提折旧的余额,按照新税法规定的折旧年限减去已经计提折旧的年限后的剩余年限,按照新税法规定的折旧方法计算折旧。新税法实施后,固定资产原确定的折旧年限不违背新税法规定原则的,也可以继续执行。

依据:《国家税务总局关于企业所得税若干税务事项衔接问题的通知》(国税函〔2009〕98号)第一条

【解读】

预计净残值,是指假定固定资产预计使用寿命已满并处于使用寿命终了时的预期状态,企业目前从该项资产处置中获得的扣除预计处置费用后的金额。通俗地说,预计净残值是指固定资产在报废时,预计残料变价收入扣除清算时清算费用后的净值。税法规定,企业应当根据固定资产的性质和使用情况,合理确定固定资产的使用寿命和预计净残值。考虑到一个持续经营的企业,固定资产的折旧和净残值在经营期内均可税前扣除,不规定残值率的固定比例或下限,有利于企业及时足额补偿成本消耗,对财政收入的影响不大的,也有利于税法与财务会计制度的协调。同时,税法规定企业固定资产的预计净残值一经确定,不得变更,主要是为了防止企业通过改变固定资产的净残值,在年度之间随意调节利润,以规避税收。

【热点问题】

对于企业新购置资产,按不低于税法折旧年限计提折旧,但未预留残值,这样合理吗?

答:根据《企业所得税法实施条例》第五十九条的规定,企业应当根据固定资产的性质和使用情况,合理确定固定资产的预计净残值。固定资产的预计净残值一经确定,不得变更。

因此新购置资产的残值由企业根据资产的性质和使用情况自行合理确定,但一经确定,不得变更。

5.2.2.3 折旧年限

除国务院财政、税务主管部门另有规定外,固定资产计算折旧的最低年限如下:

(1) 房屋、建筑物为20年。

(2) 飞机、火车、轮船、机器、机械和其他生产设备为10年。

(3) 与生产经营活动有关的器具、工具、家具等为5年。

(4) 飞机、火车、轮船以外的运输工具为4年。

(5) 电子设备为3年。

依据:《中华人民共和国企业所得税法实施条例》第六十条

企业固定资产会计折旧年限如果短于税法规定的最低折旧年限,其按会计折旧年限计提的折旧高于按税法规定的最低折旧年限计提的折旧部分,应调增当期应纳税所得额;企业固定资产会计折旧年限已期满且会计折旧已提足,但税法规定的最低折旧年限尚未到期且税收折旧尚未足额扣除,其未足额扣除的部分准予在剩余的税收折旧年限继续按规定扣除。

企业固定资产会计折旧年限如果长于税法规定的最低折旧年限,其折旧应按会计折旧年限计算扣除,税法另有规定除外。

依据:《国家税务总局关于企业所得税应纳税所得额若干问题的公告》(国家税务总局公告2014第29号)第五条第一款、第二款

解读

(1) 企业会计折旧年限短于税法最低折旧年限的协调。《企业所得税法》第八条规定,企业实际发生的与取得应税收入相关的、合理的成本、费用准予在税前扣除。企业会计折旧提足后,在剩余的税收折旧年限已没有会计折旧,但由于前期已提折旧按税法规定进行了纳税调增,也就是说,税收与会计之间差异部分已实际进行了会计处理,因此,应当准予将前期纳税调增的部分在后期按税法规定进行纳税调减。

(2) 企业会计折旧年限长于税法最低折旧年限的协调。如果企业固定资产采用的会计折旧年限长于税法规定的最低折旧年限,视同会计与税法无差异,应按会计年限计算折旧扣除,不需要在年度汇算清缴时进行纳税调减。这样处理,大大减少纳税调整成本。

(3) 会计上提取减值准备的固定资产折旧的税会差异协调。根据税法规定,企业计提的固定资产减值准备应进行纳税调增。另根据税法规定,企业持有固定资产期间资产增值或者减值,除国务院财政、税务主管部门规定可以确认损益外,不得调整该资产的计税基础。由于企业计提的固定资产减值准备已进行纳税调增,并未税前扣除,所以,尽管固定资产的账面净值已经减少,但此时该固定资产的计税基础并未调整,仍可按税法确定的计税基础计算折旧扣除。

热点问题

1. 商场安装的大型电子显示屏，折旧年限该如何确定？

答：根据《企业所得税法实施条例》第六十条的规定，除国务院财政、税务主管部门另有规定外，固定资产计算折旧的最低年限如下：电子设备为3年。

因此，商场门口安装的大型电子显示屏，可以按照电子设备不低于3年确定折旧年限。

2. 企业购入其他企业已使用且已折旧完的汽车，是否可以作为新购入的固定资产按税法规定计提折旧？

答：根据《企业所得税法实施条例》第五十九条的规定，固定资产按照直线法计算的折旧，准予扣除。企业应当自固定资产投入使用月份的次月起计算折旧；停止使用的固定资产，应当自停止使用月份的次月起停止计算折旧。《企业所得税法实施条例》第六十条规定，除国务院财政、税务主管部门另有规定外，固定资产计算折旧的最低年限如下：飞机、火车、轮船以外的运输工具为4年。

因此，企业购入其他企业已使用且折旧完的汽车可以作为新购入的固定资产，按税法规定计提折旧，其最低折旧年限不得低于《企业所得税法实施条例》规定的最低折旧年限减去已使用年限后剩余年限，企业应将购进固定资产的发票、记账凭证等有关凭证、凭据（购入已使用过的固定资产，应提供已使用年限的相关说明）等资料留存备查。

3. 混凝土泵车是按照生产设备还是交通工具确定折旧年限？

答：根据《企业所得税法实施条例》第六十条的规定，除国务院财政、税务主管部门另有规定外，固定资产计算折旧的最低年限如下：飞机、火车、轮船、机器、机械和其他生产设备为10年；飞机、火车、轮船以外的运输工具为4年。

混凝土泵车虽有生产功能，但与车体无法拆分，可按交通工具确定折旧年限，最低为4年。

4. 某企业2014年购买房产时未缴纳契税，于2015年10月领取房产证时缴纳了契税。会计核算上从契税缴纳当月调增了固定资产原值，企业所得税上是否可以补计提2014年的折旧额？

答：企业应从2015年10月调整固定资产计税基础，并从次月起在剩余年限重新计算折旧的税前扣除额，但不能补提2014年度折旧额。

5. 公允价值模式后续计量的投资性房地产折旧或摊销费用是否能税前扣除？

答：企业所得税法上一直并无"投资性房地产"的概念，2006年2月15日，财政部在新发布的《企业会计准则第3号——投资性房地产》中首次引入了此概念。根据《企业会计准则第3号——投资性房地产》的规定，投资性房地产是指企业为赚取租金或资本增值，或两者兼有而持有的房地产。其应当能够单独计量和出售，一般包括已出租的土地使用权，持有并准备增值后转让的土地使用权和已出租的建筑物。对于投资性房地产，会计上有两种后续计量模式。一种是采用成本模式计量，后续计提折旧或摊销；另一种是采用公允价值模式计量，后续不对其计提任何折旧或进行任何摊销，并且以资产负债表日的公允价值为基础调整其账面价值,公允价值与原账面价值之间的差额计入当期损益。

自从会计上首次引入了"投资性房地产"的概念,并允许对符合条件的投资性房地产采用公允价值模式进行后续计量以来,对于公允价值模式后续计量的投资性房地产折旧或摊销费用是否能税前扣除问题便一直争论至今,并形成了两种截然不同的观点:

观点一:按照公允价值模式后续计量的投资性房地产不能在税前扣除任何折旧或摊销。

一是投资性房地产在税法上属于投资资产。从投资性房地产的概念上看,其持有的目的是为赚取租金或资本增值(或两者兼有),并不是为了企业自身使用,故其属于投资资产范畴。根据《企业所得税法》第十四条的规定,企业对外投资期间,投资资产的成本在计算应纳税所得额时不得扣除。因此,投资性房地产不能在税前扣除任何折旧或摊销。

二是根据《国家税务总局关于企业所得税应纳税所得额若干税务处理问题的公告》(国家税务总局公告2012年第15号)第八条的规定,《企业所得税法》第二十一条规定,对企业依据财务会计制度规定,并实际在财务会计处理上已确认的支出,凡没有超过《企业所得税法》和有关税收法规规定的税前扣除范围和标准的,可按企业实际会计处理确认的支出,在企业所得税前扣除,计算其应纳税所得额。会计准则上对采用公允价值模式后续计量的投资性房地产不计提任何折旧或进行任何摊销。因此,税法没有明确规定的,应比照会计处理。

观点二:按照公允价值模式后续计量的投资性房地产可以在税前扣除相关折旧或摊销。

一是投资性房地产形式上属于税法规定的固定资产或无形资产。《企业所得税法实施条例》第七十一条规定,《企业所得税法》第十四条所称投资资产,是指企业对外进行权益性投资和债权性投资形成的资产。根据该条规定释义,权益性投资,是指以购买被投资单位股票、股份、股权等类似形式进行的投资,投资企业拥有被投资单位的产权,是被投资单位的所有者之一,投资企业有权参与被投资单位的经营管理和利润分配。债权性投资,主要指购买债权、债券的投资,投资企业与被投资企业之间形成了一种债权、债务关系,双方以契约形式规定了还本付息的期限和金额,投资企业对被投资企业只有投资本金和利息的索偿权,而没有参与被投资企业的经营管理权和利润分配权。因此,根据上述规定及释义的解释,投资性房地产明显不属于投资资产的范畴,而应属于固定资产或无形资产的范畴。

二是税法法定计算应纳税所得额的方法是直接计算法,在计算应纳税所得额时,固定资产的折旧和无形资产的摊销是按照税法口径计算扣除。《企业所得税法》第五条规定,企业每一纳税年度的收入总额,减除不征税收入、免税收入、各项扣除以及允许弥补的以前年度亏损后的余额,为应纳税所得额。《企业所得税法》第十一条规定,在计算应纳税所得额时,企业按照规定计算的固定资产折旧,准予扣除。《企业所得税法》第十二条规定,在计算应纳税所得额时,企业按照规定计算的无形资产摊销费用,准予扣除。

根据上述规定,在计算应纳税所得额时,从理论上来说,应该按照《企业所得税法》的口径确认企业每一年度每一笔交易或事项的收入总额、不征税收入、免税收入、各项扣除,并按照上述公式直接计算出应纳税所得额。因此,企业交易或事项如何进行会计处理以及会计处理的正确与否完全不影响应纳税所得额的计算结果。也就是说,采用公允价值模式后续计量的投资性房地产在会计上是否计提折旧或进行摊销,不应该影响应纳税所得额的计算,计算应纳税所得额时,应根据税法口径计算折旧或摊销额准予税前扣除。

对于上述问题,目前各地观点不一,因此执行时以当地主管税务机关答复为准。

5.2.2.4 不得计提折旧的固定资产

下列固定资产不得计算折旧扣除:
(1)房屋、建筑物以外未投入使用的固定资产。
(2)以经营租赁方式租入的固定资产。
(3)以融资租赁方式租出的固定资产。
(4)已足额提取折旧仍继续使用的固定资产。
(5)与经营活动无关的固定资产。
(6)单独估价作为固定资产入账的土地。
(7)其他不得计算折旧扣除的固定资产。

依据:《中华人民共和国企业所得税法》第十一条

房地产开发经营企业开发产品转为自用的,其实际使用时间累计未超过12个月又销售的,不得在税前扣除折旧费用。

依据:《国家税务总局关于印发〈房地产开发经营业务企业所得税处理办法〉的通知》(国税发〔2009〕31号)第二十四条

> **热点问题**
>
> 1.我公司购买了一批字画等古董,用来提升本企业形象。请问,是否可以计入固定资产并计提折旧,是否可以在企业所得税税前扣除?
>
> 答:《企业所得税法》第八条规定,企业实际发生的与取得收入有关的、合理的支出,准予在计算应纳税所得额时扣除。《企业所得税法实施条例》第五十七条规定,《企业所得税法》第十一条所称固定资产,是指企业为生产产品、提供劳务、出租或者经营管理而持有的、使用时间超过12个月的非货币性资产,包括房屋、建筑物、机器、机械、运输工具以及其他与生产经营活动有关的设备、器具、工具等。
>
> 除一些特殊的文化企业外,一般生产性企业、商贸企业购买的非经营性的字画等古董,与取得收入没有直接相关,也不具有固定资产确认的特征,所发生的折旧费用不能在税前扣除。企业可将古董作为投资类资产,在转让时将成本予以扣除。

2. 我公司每年7、8月机器设备需进行检修暂时停产,停产期间计提的固定资产折旧能否在企业所得税税前扣除?

答:《企业所得税法》第十一条规定,下列固定资产不得计算折旧扣除:(1)房屋、建筑物以外未投入使用的固定资产;(2)以经营租赁方式租入的固定资产;(3)以融资租赁方式租出的固定资产;(4)已足额提取折旧仍继续使用的固定资产;(5)与经营活动无关的固定资产;(6)单独估价作为固定资产入账的土地;(7)其他不得计算折旧扣除的固定资产。

企业设备检修暂时停产,不属于以上情况,停产期间计提的固定资产折旧可以在企业所得税税前扣除。

3. 企业处于筹建期,尚未使用的机器设备折旧可以计入开办费吗?

答:根据《企业所得税法》第十一条规定,下列固定资产不得计算折旧扣除:房屋、建筑物以外未投入使用的固定资产。

企业处于筹建期间,机器设备尚未投入使用,不得计提折旧计入开办费。

5.2.2.5 加速折旧

企业的固定资产由于技术进步等原因,确需加速折旧的,可以缩短折旧年限或者采取加速折旧的方法。

依据:《中华人民共和国企业所得税法》第三十二条

一、加速折旧资产范围

《企业所得税法》第三十二条所称可以采取缩短折旧年限或者采取加速折旧的方法的固定资产,包括:

(1)由于技术进步,产品更新换代较快的固定资产。

(2)常年处于强震动、高腐蚀状态的固定资产。

采取缩短折旧年限方法的,最低折旧年限不得低于《企业所得税法实施条例》第六十条规定折旧年限的60%;采取加速折旧方法的,可以采取双倍余额递减法或者年数总和法。

依据:《中华人民共和国企业所得税法实施条例》第九十八条

根据《企业所得税法》第三十二条及《企业所得税法实施条例》第九十八条的相关规定,企业拥有并用于生产经营的主要或关键的固定资产,由于以下原因确需加速折旧的,可以缩短折旧年限或者采取加速折旧的方法:

(1)由于技术进步,产品更新换代较快的。

(2)常年处于强震动、高腐蚀状态的。

企业拥有并使用的固定资产符合以上规定的,可按以下情况分别处理:

(1)企业过去没有使用过与该项固定资产功能相同或类似的固定资产,但有充分的证据证明该固定资产的预计使用年限短于《企业所得税法实施条例》规定的计算折旧最低年限的,企业可根据该固定资产的预计使用年限和国税发〔2009〕81号文件的规定,对该固定资产采取缩短折旧年限或者加速折旧的方法。

（2）企业在原有的固定资产未达到《企业所得税法实施条例》规定的最低折旧年限前，使用功能相同或类似的新固定资产替代旧固定资产的，企业可根据旧固定资产的实际使用年限和国税发〔2009〕81号文件的规定，对新替代的固定资产采取缩短折旧年限或者加速折旧的方法。

依据：《国家税务总局关于企业固定资产加速折旧所得税处理有关问题的通知》（国税发〔2009〕81号）第一条、第二条。

企业按税法规定实行加速折旧的，其按加速折旧办法计算的折旧额可全额在税前扣除。

依据：《国家税务总局关于企业所得税应纳税所得额若干问题的公告》（国家税务总局公告2014第29号）第五条。

对生物药品制造业，专用设备制造业，铁路、船舶、航空航天和其他运输设备制造业，计算机、通信和其他电子设备制造业，仪器仪表制造业，信息传输、软件和信息技术服务业等6个行业的企业2014年1月1日后新购进的固定资产，可缩短折旧年限或采取加速折旧的方法。

依据：《财政部 国家税务总局关于完善固定资产加速折旧企业所得税政策的通知》（财税〔2014〕75号）第一条。

对轻工、纺织、机械、汽车等四个领域重点行业[具体范围见附件1（见表5-1）]的企业2015年1月1日后新购进的固定资产，可由企业选择缩短折旧年限或采取加速折旧的方法。

依据：《财政部 国家税务总局关于进一步完善固定资产加速折旧企业所得税政策的通知》（财税〔2015〕106号）第一条。

附件1：

表5-1 轻工、纺织、机械、汽车四个领域重点行业范围

代码			类别名称	备注
大类	中类	小类		
	268		日用化学产品制造	轻工
		2681	肥皂及合成洗涤剂制造	
		2682	化妆品制造	
		2683	口腔清洁用品制造	
		2684	香料、香精制造	
		2689	其他日用化学产品制造	
27			医药制造业	轻工
	271		化学药品原料药制造	
	272		化学药品制剂制造	
	273		中药饮片加工	
	274		中成药生产	
	275		兽用药品制造	
	277		卫生材料及医药用品制造	

(续表)

代码			类别名称	备注
大类	中类	小类		
13			农副食品加工业	轻工
	131		谷物磨制	
	132		饲料加工	
	133		植物油加工	
	134		制糖业	
	135		屠宰及肉类加工	
	136		水产品加工	
	137		蔬菜、水果和坚果加工	
	139		其他农副食品加工	
14			食品制造业	轻工
	141		焙烤食品制造	
	142		糖果、巧克力及蜜饯制造	
	143		方便食品制造	
	144		乳制品制造	
	145		罐头食品制造	
	146		调味品、发酵制品制造	
	149		其他食品制造	
17			纺织业	纺织
	171		棉纺织及印染精加工	
	172		毛纺织及染整精加工	
	173		麻纺织及染整精加工	
	174		丝绢纺织及印染精加工	
	175		化纤织造及印染精加工	
	176		针织或钩针编织物及其制品制造	
	177		家用纺织制成品制造	
	178		非家用纺织制成品制造	
18			纺织服装、服饰业	纺织
	181		机织服装制造	
	182		针织或钩针编织服装制造	
	183		服饰制造	
19			皮革、毛皮、羽毛及其制品和制鞋业	轻工
	191		皮革鞣制加工	
	192		皮革制品制造	
	193		毛皮鞣制及制品加工	
	194		羽毛(绒)加工及制品制造	

(续表)

代码			类别名称	备注
大类	中类	小类		
	195		制鞋业	
20			木材加工和木、竹、藤、棕、草制品业	轻工
	201		木材加工	
	202		人造板制造	
	203		木制品制造	
	204		竹、藤、棕、草等制品制造	
21			家具制造业	轻工
	211		木质家具制造	
	212		竹、藤家具制造	
	213		金属家具制造	
	214		塑料家具制造	
	219		其他家具制造	
22			造纸和纸制品业	轻工
	221		纸浆制造	
	222		造纸	
	223		纸制品制造	
23			印刷和记录媒介复制业	轻工
	231		印刷	
	232		装订及印刷相关服务	
	233		记录媒介复制	
24			文教、工美、体育和娱乐用品制造业	轻工
	241		文教办公用品制造	
	242		乐器制造	
	243		工艺美术品制造	
	244		体育用品制造	
	245		玩具制造	
28			化学纤维制造业	纺织
	281		纤维素纤维原料及纤维制造	
	282		合成纤维制造	
	292		塑料制品业	轻工
		2921	塑料薄膜制造	
		2922	塑料板、管、型材制造	
		2923	塑料丝、绳及编织品制造	
		2924	泡沫塑料制造	
		2925	塑料人造革、合成革制造	

(续表)

代码			类别名称	备注
大类	中类	小类		
		2926	塑料包装箱及容器制造	
		2927	日用塑料制品制造	
		2928	塑料零件制造	
		2929	其他塑料制品制造	
33			金属制品业	机械
	331		结构性金属制品制造	
	332		金属工具制造	
	333		集装箱及金属包装容器制造	
	334		金属丝绳及其制品制造	
	335		建筑、安全用金属制品制造	
	336		金属表面处理及热处理加工	
	337		搪瓷制品制造	
	338		金属制日用品制造	
	339		其他金属制品制造	
34			通用设备制造业	机械
	341		锅炉及原动设备制造	
	342		金属加工机械制造	
	343		物料搬运设备制造	
	344		泵、阀门、压缩机及类似机械制造	
	345		轴承、齿轮和传动部件制造	
	346		烘炉、风机、衡器、包装等设备制造	
	347		文化、办公用机械制造	
	348		通用零部件制造	
	349		其他通用设备制造业	
36			汽车制造业	汽车
	361		汽车整车制造	
	362		改装汽车制造	
	363		低速载货汽车制造	
	364		电车制造	
	365		汽车车身、挂车制造	
	366		汽车零部件及配件制造	
38			电气机械和器材制造业	机械
	381		电机制造	
	382		输配电及控制设备制造	
	383		电线、电缆、光缆及电工器材制造	

(续表)

代码			类别名称	备注
大类	中类	小类		
	384		电池制造	
	385		家用电力器具制造	
	386		非电力家用器具制造	
	387		照明器具制造	
	389		其他电气机械及器材制造	

注：以上代码和类别名称来自《国民经济行业分类(GB/T 4754—2011)》。

自2019年1月1日起，适用《财政部 国家税务总局关于完善固定资产加速折旧企业所得税政策的通知》（财税〔2014〕75号）和《财政部 国家税务总局关于进一步完善固定资产加速折旧企业所得税政策的通知》（财税〔2015〕106号）规定固定资产加速折旧优惠的行业范围，扩大至全部制造业领域。

制造业按照国家统计局《国民经济行业分类和代码(GB/T 4754—2017)》确定。今后国家有关部门更新国民经济行业分类和代码，从其规定。

《财政部 税务总局关于扩大固定资产加速折旧优惠政策适用范围的公告》发布前，制造业企业未享受固定资产加速折旧优惠的，可自《财政部 税务总局关于扩大固定资产加速折旧优惠政策适用范围的公告》发布后在月（季）度预缴申报时享受优惠或在2019年度汇算清缴时享受优惠。

依据：《财政部 税务总局关于扩大固定资产加速折旧优惠政策适用范围的公告》（财政部 税务总局公告2019年第66号）

二、缩短折旧年限方法

采取缩短折旧年限方法的，最低折旧年限不得低于《企业所得税法实施条例》第六十条规定折旧年限的60%。

依据：《中华人民共和国企业所得税法实施条例》第九十八条

企业采取缩短折旧年限方法的，对其购置的新固定资产，最低折旧年限不得低于《企业所得税法实施条例》第六十条规定的折旧年限的60%；若为购置已使用过的固定资产，其最低折旧年限不得低于《企业所得税法实施条例》规定的最低折旧年限减去已使用年限后剩余年限的60%。最低折旧年限一经确定，一般不得变更。

依据：《国家税务总局关于企业固定资产加速折旧所得税处理有关问题的通知》（国税发〔2009〕81号）第三条

对于采取缩短折旧年限的固定资产，足额计提折旧后继续使用而未进行处置（包括报废等情形）超过12个月的，今后对其更新替代、改造改建后形成的功能相同或者类似的固定资产，不得再采取缩短折旧年限的方法。

依据：《国家税务总局关于企业固定资产加速折旧所得税处理有关问题的通知》（国税发〔2009〕81号）第六条

集成电路生产企业的生产设备，其折旧年限可以适当缩短，最短可为3年（含）。

依据：《财政部 国家税务总局关于进一步鼓励软件产业和集成电路产业发展企业所得税政策的通

知》(财税〔2012〕27号)第八条

企业采取缩短折旧年限方法的,对其购置的新固定资产,最低折旧年限不得低于《企业所得税法实施条例》第六十条规定的折旧年限的60%;企业购置已使用过的固定资产,其最低折旧年限不得低于《企业所得税法实施条例》规定的最低折旧年限减去已使用年限后剩余年限的60%。最低折旧年限一经确定,一般不得变更。

依据:《国家税务总局关于固定资产加速折旧税收政策有关问题的公告》(国家税务总局公告2014年第64号)第四条

三、加速折旧方法

采取加速折旧方法的,可以采取双倍余额递减法或者年数总和法。

依据:《中华人民共和国企业所得税法实施条例》第九十八条

企业拥有并使用符合规定条件的固定资产采取加速折旧方法的,可以采用双倍余额递减法或者年数总和法。加速折旧方法一经确定,一般不得变更。

(1) 双倍余额递减法,是指在不考虑固定资产预计净残值的情况下,根据每期期初固定资产原值减去累计折旧后的金额和双倍的直线法折旧率计算固定资产折旧的一种方法。应用这种方法计算折旧额时,由于每年年初固定资产净值没有减去预计净残值,所以在计算固定资产折旧额时,应在其折旧年限到期前的两年期间,将固定资产净值减去预计净残值后的余额平均摊销。计算公式如下:

年折旧率 = 2 ÷ 预计使用寿命(年) × 100%

月折旧率 = 年折旧率 ÷ 12

月折旧额 = 月初固定资产账面净值 × 月折旧率

(2) 年数总和法,又称年限合计法,是指将固定资产的原值减去预计净残值后的余额,乘以一个以固定资产尚可使用寿命为分子,以预计使用寿命逐年数字之和为分母的逐年递减的分数计算每年的折旧额。计算公式如下:

年折旧率 = 尚可使用年限 ÷ 预计使用寿命的年数总和 × 100%

月折旧率 = 年折旧率 ÷ 12

月折旧额 = (固定资产原值 − 预计净残值) × 月折旧率

依据:《国家税务总局关于企业固定资产加速折旧所得税处理有关问题的通知》(国税发〔2009〕81号)第四条

四、外购软件摊销规定

企业外购的软件,凡符合固定资产或无形资产确认条件的,可以按照固定资产或无形资产进行核算,其折旧或摊销年限可以适当缩短,最短可为2年(含)。

依据:《财政部 国家税务总局关于进一步鼓励软件产业和集成电路产业发展企业所得税政策的通知》(财税〔2012〕27号)第七条

五、六大行业加速折旧方法

对生物药品制造业,专用设备制造业,铁路、船舶、航空航天和其他运输设备制造业,计算机、通信和其他电子设备制造业,仪器仪表制造业,信息传输、软件和信息技术服务业等六个行业(以下简称六大行业)的小型微利企业2014年1月1日后新购进的研发和生产经营共用的仪器、设备,单位价值不超过100万元的,允许一次性计入当期成本费用在计算应纳税所得额时扣除,不再分年度计算折旧;单位价值超过100万元的,可缩短折旧年限或采取加速折旧的方法。

依据:《财政部 国家税务总局关于完善固定资产加速折旧企业所得税政策的通知》(财税〔2014〕75号)第一条

对六大行业2014年1月1日后购进的固定资产(包括自行建造),允许按不低于企业所得税法规定折旧年限的60%缩短折旧年限,或选择采取双倍余额递减法或年数总和法进行加速折旧。

六大行业按照国家统计局《国民经济行业分类与代码(GB/4754—2011)》确定。今后国家有关部门更新国民经济行业分类与代码,从其规定。

六大行业企业是指以上述行业业务为主营业务,其固定资产投入使用当年主营业务收入占企业收入总额50%(不含)以上的企业。所称收入总额,是指《企业所得税法》第六条规定的收入总额。

依据:《国家税务总局关于固定资产加速折旧税收政策有关问题的公告》(国家税务总局公告2014年第64号)第一条

> **热点问题**
>
> 1. 对于上述六大行业小微企业年度应纳税所得额是否符合要求的判断是在扣除单位价值不超过100万元的研发和生产经营共用的仪器、设备之前还是之后,亦或"缩短折旧年限或采取加速折旧的方法"之前还是之后?
>
> 答:企业享受上述六大行业小型微利企业加速折旧政策时,应先进行小型微利企业资格判断,再确认是否能够享受相应优惠政策。
>
> 2. 六大行业固定资产加速折旧规定中,对于"新购进"该如何理解?《国家税务总局所得税司有关负责人就完善固定资产加速折旧企业所得税政策答记者问》中界定"新购进的固定资产"指"以货币购进的固定资产和自行建造的固定资产"。企业以非货币性资产交换形式购入的固定资产是否能执行加速折旧政策?
>
> 答:根据《国家税务总局所得税司有关负责人就完善固定资产加速折旧企业所得税政策答记者问》中的回答:这里"新购进"中的"新"字,只是区别于原已购进的固定资产,不是规定非要购进全新的固定资产,即包括企业2014年以后购进的已使用过的固定资产。固定资产的取得包括外购、自行建造、投资者投入、融资租入等多种方式。《国家税务总局关于固定资产加速折旧税收政策有关问题的公告》明确的"购进"是指以货币购进的固定资产和自行建造的固定资产。考虑到自行建造固定资产所使用的材料实际也是购入的,因此把自行建造的固定资产也看作是"购进"的。
>
> 在总局没有作出新的解释之前,建议暂按以上口径执行。

六、四个领域重点行业加速折旧方法

对轻工、纺织、机械、汽车等四个领域重点行业(以下简称四个领域重点行业)的企业2015年1月1日后新购进的固定资产,可由企业选择缩短折旧年限或采取加速折旧的方法。

依据:《财政部 国家税务总局关于进一步完善固定资产加速折旧企业所得税政策的通知》(财税

〔2015〕106号)第一条。

四个领域重点行业企业选择缩短折旧年限的,对其购置的新固定资产,最低折旧年限不得低于《企业所得税法实施条例》第六十条规定的折旧年限的60%;对其购置的已使用过的固定资产,最低折旧年限不得低于企业所得税法实施条例规定的最低折旧年限减去已使用年限后剩余年限的60%。最低折旧年限一经确定,不得改变。

四个领域重点行业企业采取加速折旧方法的,可以采用双倍余额递减法或者年数总和法。加速折旧方法一经确定,不得改变。

依据:《国家税务总局关于进一步完善固定资产加速折旧企业所得税政策有关问题的公告》(国家税务总局公告2015年第68号)第三条、第四条

四个领域重点行业按照《财政部 国家税务总局关于进一步完善固定资产加速折旧企业所得税政策的通知》(财税〔2015〕106号)附件"轻工、纺织、机械、汽车四个领域重点行业范围"确定。今后国家有关部门更新国民经济行业分类与代码,从其规定。

四个领域重点行业企业是指以上述行业业务为主营业务,其固定资产投入使用当年的主营业务收入占企业收入总额50%(不含)以上的企业。所称收入总额,是指《企业所得税法》第六条规定的收入总额。

依据:《国家税务总局关于进一步完善固定资产加速折旧企业所得税政策有关问题的公告》(国家税务总局公告2015年第68号)第一条

对四个领域重点行业的小型微利企业2015年1月1日后新购进的研发和生产经营共用的仪器、设备,单位价值不超过100万元的,允许一次性计入当期成本费用在计算应纳税所得额时扣除,不再分年度计算折旧;单位价值超过100万元的,可由企业选择缩短折旧年限或采取加速折旧的方法。

用于研发活动的仪器、设备范围口径,按照《国家税务总局关于印发〈企业研究开发费用税前扣除管理办法(试行)〉的通知》(国税发〔2008〕116号,【已废止】)或《科学技术部 财政部 国家税务总局关于印发〈高新技术企业认定管理工作指引〉的通知》(国科发火〔2008〕362号,【已废止】)规定执行。

依据:《国家税务总局关于进一步完善固定资产加速折旧企业所得税政策有关问题的公告》(国家税务总局公告2015年第68号)第二条

解读

根据《财政部 国家税务总局 科学技术部关于完善研究开发费用税前加计扣除政策的通知》(财税〔2015〕119号,以下简称财税〔2015〕119号文件)的规定,《国家税务总局关于印发〈企业研究开发费用税前扣除管理办法(试行)〉的通知》(国税发〔2008〕116号)自2016年1月1日起全文废止。根据《科技部 财政部 国家税务总局关于修订印发〈高新技术企业认定管理工作指引〉的通知》(国科发火〔2016〕195号,以下简称国科发火〔2016〕195号文件)的规定,《科学技术部 财政部 国家税务总局关于印发〈高新技术企业认定管理工作指引〉的通知》(国科发火〔2008〕362号)自2016年1月1日起全文废止。因此,用于研发活动的仪器、设备范围口径,自2016年度起,应按照财税〔2015〕119号文件和国科发火〔2016〕195号文件规定执行。

对于企业行业的确认,要注意以下几点:第一,收入口径为收入总额,即《企业所得税

法》第六条所称的收入总额概念,避免在计算主营业务收入占比时发生歧义。第二,在计算主营业务收入占比时应使用新购进的固定资产开始用于生产经营当年的数据。第三,企业在生产经营过程中,主营业务收入占比可能会发生变化,为增强政策可操作性,以新购置并使用固定资产当年数据为标准,判断是否享受优惠政策。以后年度发生变化的,不影响企业享受优惠政策。

七、研发设备加速折旧

对所有行业企业2014年1月1日后新购进的专门用于研发的仪器、设备,单位价值不超过100万元的,允许一次性计入当期成本费用在计算应纳税所得额时扣除,不再分年度计算折旧;单位价值超过100万元的,可缩短折旧年限或采取加速折旧的方法。

依据:《财政部 国家税务总局关于完善固定资产加速折旧企业所得税政策的通知》(财税〔2014〕75号)第二条

企业在2014年1月1日后购进并专门用于研发活动的仪器、设备,单位价值不超过100万元的,可以一次性在计算应纳税所得额时扣除;单位价值超过100万元的,允许按不低于《企业所得税法》规定折旧年限的60%缩短折旧年限,或选择采取双倍余额递减法或年数总和法进行加速折旧。

用于研发活动的仪器、设备范围口径,按照《国家税务总局关于印发〈企业研究开发费用税前扣除管理办法(试行)〉的通知》(国税发〔2008〕116号,【已废止】)或《科学技术部 财政部 国家税务总局关于印发〈高新技术企业认定管理工作指引〉的通知》(国科发火〔2008〕362号,【已废止】)规定执行。

依据:《国家税务总局关于固定资产加速折旧税收政策有关问题的公告》(国家税务总局公告2014年第64号)第二条

【解读】

根据《财政部 国家税务总局 科学技术部关于完善研究开发费用税前加计扣除政策的通知》(财税〔2015〕119号)的规定,《国家税务总局关于印发〈企业研究开发费用税前扣除管理办法(试行)〉的通知》(国税发〔2008〕116号)自2016年1月1日起全文废止。根据《科技部 财政部 国家税务总局关于修订印发〈高新技术企业认定管理工作指引〉的通知》(国科发火〔2016〕195号)的规定,《科学技术部 财政部 国家税务总局关于印发〈高新技术企业认定管理工作指引〉的通知》(国科发火〔2008〕362号)自2016年1月1日起全文废止。因此,用于研发活动的仪器、设备范围口径,自2016年度起,应按照财税〔2015〕119号文件和国科发火〔2016〕195号文件规定执行。

企业专门用于研发活动的仪器、设备已享受上述优惠政策的,在享受研发费加计扣除时,按照《国家税务总局关于印发〈企业研究开发费用税前扣除管理办法(试行)〉的通知》(国税发〔2008〕116号,【已废止】)、《财政部 国家税务总局关于研究开发费用税前加计扣除有关政策问题的通知》(财税〔2013〕70号,【已废止】)的规定,就已经进行会计处理的折旧、费用等金额进行加计扣除。

依据:《国家税务总局关于固定资产加速折旧税收政策有关问题的公告》(国家税务总局公告2014年第64号)第二条

解读

根据《财政部 国家税务总局 科学技术部关于完善研究开发费用税前加计扣除政策的通知》(财税〔2015〕119号)的规定,《国家税务总局关于印发〈企业研究开发费用税前扣除管理办法(试行)〉的通知》(国税发〔2008〕116号)、《财政部 国家税务总局关于研究开发费用税前加计扣除有关政策问题的通知》(财税〔2013〕70号)自2016年1月1日起全文废止。因此,自2016年度起,企业专门用于研发活动的仪器、设备已享受上述优惠政策的,在享受研发费加计扣除时,应按照财税〔2015〕119号文件的规定,就已经进行会计处理的折旧、费用等金额进行加计扣除。

八、可以选择适用规定

企业的固定资产既符合《国家税务总局关于固定资产加速折旧税收政策有关问题的公告》(国家税务总局公告2014年第64号)优惠政策条件,同时又符合《国家税务总局关于企业固定资产加速折旧所得税处理有关问题的通知》(国税发〔2009〕81号)、《财政部 国家税务总局关于进一步鼓励软件产业和集成电路产业发展企业所得税政策的通知》(财税〔2012〕27号)中相关加速折旧政策条件的,可由企业选择其中最优惠的政策执行,且一经选择,不得改变。

依据:《国家税务总局关于固定资产加速折旧税收政策有关问题的公告》(国家税务总局公告2014年第64号)第六条

按照《企业所得税法》及其实施条例的有关规定,企业根据自身生产经营需要,也可选择不实行加速折旧政策。

依据:《财政部 国家税务总局关于进一步完善固定资产加速折旧企业所得税政策的通知》(财税〔2015〕106号)第三条

热点问题

我公司从事药品制造行业,是一家上市公司,如果实行固定资产加速折旧政策,将会对公司当年的财务指标影响较大,能否选择不实行加速折旧政策?

答:根据《财政部 国家税务总局关于进一步完善固定资产加速折旧企业所得税政策的通知》(财税〔2015〕106号)第三条的规定,按照《企业所得税法》及其实施条例有关规定,企业根据自身生产经营需要,也可选择不实行加速折旧政策。

因此该公司可以根据自身经营需要,选择不实行加速折旧政策。

九、一次性扣除规定

自2014年1月1日起,对所有行业企业持有的单位价值不超过5 000元的固定资产,允许一次性计入当期成本费用在计算应纳税所得额时扣除,不再分年度计算折旧。

依据:《财政部 国家税务总局关于完善固定资产加速折旧企业所得税政策的通知》(财税〔2014〕75号)第三条

企业持有的固定资产,单位价值不超过5 000元的,可以一次性在计算应纳税所得额时扣除。企业在2013年12月31日前持有的单位价值不超过5 000元的固定资产,其折余价值部分,2014年1月1日以后可以一次性在计算应纳税所得额时扣除。

依据:《国家税务总局关于固定资产加速折旧税收政策有关问题的公告》(国家税务总局公告2014

年第64号)第三条

企业在2018年1月1日至2020年12月31日新购进的设备、器具,单位价值不超过500万元的,允许一次性计入当期成本费用在计算应纳税所得额时扣除,不再分年度计算折旧;单位价值超过500万元的,仍按《企业所得税法实施条例》《财政部 国家税务总局关于完善固定资产加速折旧企业所得税政策的通知》(财税〔2014〕75号)、《财政部 国家税务总局关于进一步完善固定资产加速折旧企业所得税政策的通知》(财税〔2015〕106号)等相关规定执行。

上述所称设备、器具,是指除房屋、建筑物以外的固定资产。

依据:《财政部 税务总局关于设备 器具扣除有关企业所得税政策的通知》(财税〔2018〕54号)第一条、第二条

企业在2018年1月1日至2020年12月31日新购进的设备、器具,单位价值不超过500万元的,允许一次性计入当期成本费用在计算应纳税所得额时扣除,不再分年度计算折旧(以下简称一次性税前扣除政策)。

(1)所称设备、器具,是指除房屋、建筑物以外的固定资产(以下简称固定资产);所称购进,包括以货币形式购进或自行建造,其中以货币形式购进的固定资产包括购进的使用过的固定资产;以货币形式购进的固定资产,以购买价款和支付的相关税费以及直接归属于使该资产达到预定用途发生的其他支出确定单位价值,自行建造的固定资产,以竣工结算前发生的支出确定单位价值。

(2)固定资产购进时点按以下原则确认:以货币形式购进的固定资产,除采取分期付款或赊销方式购进外,按发票开具时间确认;以分期付款或赊销方式购进的固定资产,按固定资产到货时间确认;自行建造的固定资产,按竣工结算时间确认。

固定资产在投入使用月份的次月所属年度一次性税前扣除。

企业选择享受一次性税前扣除政策的,其资产的税务处理可与会计处理不一致。

企业根据自身生产经营核算需要,可自行选择享受一次性税前扣除政策。未选择享受一次性税前扣除政策的,以后年度不得再变更。

企业按照《国家税务总局关于发布修订后的〈企业所得税优惠政策事项办理办法〉的公告》(国家税务总局公告2018年第23号)的规定办理享受政策的相关手续,主要留存备查资料如下:

(1)有关固定资产购进时点的资料(如以货币形式购进固定资产的发票,以分期付款或赊销方式购进固定资产的到货时间说明,自行建造固定资产的竣工决算情况说明等)。

(2)固定资产记账凭证。

(3)核算有关资产税务处理与会计处理差异的台账。

依据:《国家税务总局关于设备 器具扣除有关企业所得税政策执行问题的公告》(国家税务总局公告2018年第46号)

自2020年1月1日起,对疫情防控重点保障物资生产企业为扩大产能新购置的相关设备,允许一次性计入当期成本费用在企业所得税税前扣除。疫情防控重点保障物资生产企业名单,由省级及以上发展改革部门、工业和信息化部门确定。

依据:《财政部 国家税务总局关于支持新型冠状病毒感染的肺炎疫情防控有关税收政策的公告》

(财政部 税务总局公告2020年第8号)第一条、第二条

疫情防控重点保障物资生产企业按照上述(2020年第8号公告第一条)规定,适用一次性企业所得税税前扣除政策的,在优惠政策管理等方面参照《国家税务总局关于设备器具扣除有关企业所得税政策执行问题的公告》(国家税务总局公告2018年第46号)的规定执行。企业在纳税申报时将相关情况填入企业所得税纳税申报表"固定资产一次性扣除"行次。

依据:《国家税务总局关于支持新型冠状病毒感染的肺炎疫情防控有关税收征收管理事项的公告》(国家税务总局公告2020年第4号)第九条

5.2.2.6 电网企业接收用户资产折旧

对国家电网公司和中国南方电网有限责任公司及所属全资、控股企业接收用户资产应缴纳的企业所得税不征收入库,直接转增国家资本金。

有关电网企业对接收的用户资产,可按接收价值计提折旧,并在企业所得税税前扣除。

依据:《财政部 国家税务总局关于电网企业接受用户资产有关企业所得税政策问题的通知》(财税〔2011〕35号)第一条、第二条

热点问题

1. 企业在2013年12月31日之前购买的单位价值4 000元的固定资产,残值为100元,已经折旧1 000元,2014年可以在企业所得税税前一次性扣除的是3 000元还是2 900元?此处的"折余价值"是否包含残值?

答:根据《国家税务总局关于固定资产加速折旧税收政策有关问题的公告》(国家税务总局公告2014年第64号)的规定,企业在2013年12月31日前持有的单位价值不超过5 000元的固定资产,其折余价值部分,2014年1月1日以后可以一次性在计算应纳税所得额时扣除。

因此,该企业在2014年可按照账面价值3 000元一次性在企业所得税税前扣除,即折余价值包含残值。

2. 企业在2013年年底购入的专门用于研发活动的仪器、设备,单位价值在5 000元以上但不超过100万元,在2014年1月以后才开始使用和计提折旧,是否可以一次性在计算应纳税所得额时扣除?

答:根据《国家税务总局关于固定资产加速折旧税收政策有关问题的公告》(国家税务总局公告2014年第64号)的规定,企业在2014年1月1日后购进并专门用于研发活动的仪器、设备,单位价值不超过100万元的,可以一次性在计算应纳税所得额时扣除。

因此,企业在2013年年底购入单位价值在5 000元以上但不超过100万元用于研发活动的仪器、设备不可以享受加速折旧的优惠。

3. 企业在2014年1月1日以后购进的仪器、设备,单位价值不超过100万元,是否是用于研发活动才可以一次性在计算应纳税所得额时扣除?

> 答：根据《国家税务总局关于固定资产加速折旧税收政策有关问题的公告》(国家税务总局公告 2014 年第 64 号)的规定,企业在 2014 年 1 月 1 日后购进并专门用于研发活动的仪器、设备,单位价值不超过 100 万元的,可以一次性在计算应纳税所得额时扣除。
>
> 因此,企业购买仪器、设备,单位价值不超过 100 万元的,必须专门用于研发活动才可以一次性在计算应纳税所得额时扣除。

5.2.3 固定资产损失

5.2.3.1 盘亏损失

对企业盘亏的固定资产,以该固定资产的账面净值减除责任人赔偿后的余额,作为固定资产盘亏损失在计算应纳税所得额时扣除。

依据：《国家税务总局关于贯彻落实企业所得税法若干税收问题的通知》(财税〔2009〕57 号)第七条

固定资产盘亏、丢失损失,为其账面净值扣除责任人赔偿后的余额,应依据以下证据材料确认：

（1）企业内部有关责任认定和核销资料。

（2）固定资产盘点表。

（3）固定资产的计税基础相关资料。

（4）固定资产盘亏、丢失情况说明。

（5）损失金额较大的,应有专业技术鉴定报告或法定资质中介机构出具的专项报告等。

依据：《国家税务总局关于发布〈企业资产损失所得税税前扣除管理办法〉的公告》(国家税务总局公告 2011 年第 25 号)第二十九条

5.2.3.2 毁损、报废损失

对企业毁损、报废的固定资产,以该固定资产的账面净值减除残值、保险赔款和责任人赔偿后的余额,作为固定资产毁损、报废损失在计算应纳税所得额时扣除。

依据：《国家税务总局关于贯彻落实企业所得税法若干税收问题的通知》(财税〔2009〕57 号)第八条

固定资产报废、毁损损失,为其账面净值扣除残值和责任人赔偿后的余额,应依据以下证据材料确认：

（1）固定资产的计税基础相关资料。

（2）企业内部有关责任认定和核销资料。

（3）企业内部有关部门出具的鉴定材料。

（4）涉及责任赔偿的,应当有赔偿情况的说明。

（5）损失金额较大的或自然灾害等不可抗力原因造成固定资产毁损、报废的,应有专业技术鉴定意见或法定资质中介机构出具的专项报告等。

依据：《国家税务总局关于发布〈企业资产损失所得税税前扣除管理办法〉的公告》(国家税务总局公告 2011 年第 25 号)第三十条

5.2.3.3 被盗损失

对企业被盗的固定资产或存货,以该固定资产的账面净值或存货的成本减除保险赔款和责任人赔偿后的余额,作为固定资产或存货被盗损失在计算应纳税所得额时扣除。

依据:《国家税务总局关于贯彻落实企业所得税法若干税收问题的通知》(财税〔2009〕57号)第九条

固定资产被盗损失,为其账面净值扣除责任人赔偿后的余额,应依据以下证据材料确认:

(1) 固定资产计税基础相关资料。
(2) 公安机关的报案记录,公安机关立案、破案和结案的证明材料。
(3) 涉及责任赔偿的,应有赔偿责任的认定及赔偿情况的说明等。

依据:《国家税务总局关于发布〈企业资产损失所得税税前扣除管理办法〉的公告》(国家税务总局公告2011年第25号)第三十一条

5.2.3.4 在建工程损失

在建工程停建、报废损失,为其工程项目投资账面价值扣除残值后的余额,应依据以下证据材料确认:

(1) 工程项目投资账面价值确定依据。
(2) 工程项目停建原因说明及相关材料。
(3) 因质量原因停建、报废的工程项目和因自然灾害和意外事故停建、报废的工程项目,应出具专业技术鉴定意见和责任认定、赔偿情况的说明等。

依据:《国家税务总局关于发布〈企业资产损失所得税税前扣除管理办法〉的公告》(国家税务总局公告2011年第25号)第三十二条

热点问题

某A水务公司主要从事水务设施设计、建设、监理、运营及维修等业务。该公司账面上有一项自来水在建工程,价值1.2亿元。由于种种原因一直未完工,因此未结转至固定资产计提折旧。2016年,A公司以该项在建工程进行对外投资成立了B公司。在投资时,A公司聘请资产评估机构对在建工程进行了评估,评估价值为1亿元,因此以1亿元作价入股进行了投资。在建工程的评估报告中写明:采用的是成本法对资产的市场价值进行的评估。A公司申请在建工程0.2亿元的损失在企业所得税税前扣除是否符合规定?

答:根据《国家税务总局关于发布〈企业资产损失所得税税前扣除管理办法〉的公告》(国家税务总局公告2011年第25号)第三十二条的规定,在建工程损失是指在建工程停建、报废产生的损失。上述问题中企业用在建工程投资因评估价格产生的损失不应属于在建工程损失。应属于在建工程投资视同销售而产生的损益。

目前对此问题有两种不同的观点:

观点一:暂不可以扣除。

理由:(1)A公司以在建工程投资给C公司,属于关联交易。(2)评估报告虽评估的是市场价值,但采用的是成本法,评估价值不能客观反映其市场价值。

因此,基于以上理由,税务机关有权对评估损失进行纳税调整。

观点二:可以扣除。

理由:(1)A企业聘请的资产评估机构确有资质,且税法并未规定评估时采用何种方法。因此,对于中介机构的评估结果应予以认可。(2)A企业以评估价格计算损失进行税务处理,同时被投资公司也是以评估价格作为计税基础的,在税务上已经形成了完整的链条。

因此,A公司0.2亿元的损失应允许税前扣除。

综上,关键问题在于评估价格的确认问题,主管税务机关观点可能有不同,应向主管税务机关进行确认。

5.2.4 房屋、建筑物固定资产改扩建

在计算应纳税所得额时,企业发生的下列支出作为长期待摊费用,按照规定摊销的,准予扣除:

(1)已足额提取折旧的固定资产的改建支出。

(2)租入固定资产的改建支出。

(3)固定资产的大修理支出。

(4)其他应当作为长期待摊费用的支出。

依据:《中华人民共和国企业所得税法》第十三条

5.2.4.1 改建支出

《企业所得税法》第十三条第(一)项和第(二)项所称固定资产的改建支出,是指改变房屋或者建筑物结构、延长使用年限等发生的支出。

《企业所得税法》第十三条第(一)项规定的支出,按照固定资产预计尚可使用年限分期摊销;第(二)项规定的支出,按照合同约定的剩余租赁期限分期摊销。

改建的固定资产延长使用年限的,除《企业所得税法》第十三条第(一)项和第(二)项规定外,应当适当延长折旧年限。

依据:《中华人民共和国企业所得税法实施条例》第六十八条

企业对房屋、建筑物固定资产在未足额提取折旧前进行改扩建的,如属于推倒重置的,该资产原值减除提取折旧后的净值,应并入重置后的固定资产计税成本,并以该固定资产投入使用后的次月起,按照税法规定的折旧年限,一并计提折旧;如属于提升功能、增加面积的,该固定资产的改扩建支出,并入该固定资产计税基础,并从改扩建完工投入使用后的次月起,重新按税法规定的该固定资产折旧年限计提折旧,如该改扩建后的固定资产尚可使用的年限低于税法规定的最低年限的,可以按尚可使用的年限计提折旧。

依据:《国家税务总局关于企业所得税若干问题的公告》(国家税务总局公告2011年第34号)第四条

解读

《国家税务总局关于企业所得税若干问题的公告》(国家税务总局公告2011年第34

号)下发前,对于推倒重置的固定资产有两种观点。第一种观点是将推倒时的固定资产净值作为新建固定资产的成本;第二种观点是将推倒时的固定资产净值作为"营业外支出"一次性处理。《国家税务总局关于企业所得税若干问题的公告》(国家税务总局公告2011年第34号)支持了第一种观点,将推倒和重置合二为一,推倒是重置之前必须要发生的合理支出,因此将被推倒部分的净值作为重置的新固定资产的计税基础。

> **热点问题**
>
> 厂区内拆除一旧房产,拆除时暂无重置规划。如果3个月后提出重置规划,能否界定为推倒重置进行税务处理?
>
> 答:年度终了时如有重置规划,可以按照《国家税务总局关于企业所得税若干问题的公告》(国家税务总局公告2011年第34号)第四条的规定,企业对房屋、建筑物固定资产在未足额提取折旧前进行改扩建的,如属于推倒重置的,该资产原值减除提取折旧后的净值,应并入重置后的固定资产计税成本,并以该固定资产投入使用后的次月起,按照税法规定的折旧年限,一并计提折旧。
>
> 年度终了时尚未有重置规划的,相关资产损失若符合《国家税务总局关于发布〈企业资产损失所得税税前扣除管理办法〉的公告》(国家税务总局公告2011年25号)相关规定的,按照规定进行专项申报,并在税前扣除。

5.2.4.2 大修理支出

《企业所得税法》第十三条第(三)项所称固定资产的大修理支出,是指同时符合下列条件的支出:

(1) 修理支出达到取得固定资产时的计税基础50%以上。

(2) 修理后固定资产的使用年限延长2年以上。

《企业所得税法》第十三条第(三)项规定的支出,按照固定资产尚可使用年限分期摊销。

依据:《中华人民共和国企业所得税法实施条例》第六十九条

> **热点问题**
>
> 1. 某公司因生产经营需要,对新建已完工但尚未结转为固定资产管理的厂房进行改建,改建工程中发生的料工费等资产损失,是否需要进行资产损失申报才能在企业所得税前扣除?
>
> 答:根据《国家税务总局关于企业所得税应纳税所得额若干税务处理问题的公告》(国家税务总局公告2012年第15号)第八条的规定,对企业依据财务会计制度规定,并实际在财务会计处理上已确认的支出,凡没有超过《企业所得税法》和有关税收法规规定的税前扣除范围和标准的,可按企业实际会计处理确认的支出,在企业所得税前扣除,计算其应纳税所得额。
>
> 根据新会计准则的规定,在建工程建造过程中发生的资产损失,应当直接增加在建工程成本。因此,不需要作为财产损失进行申报扣除。
>
> 2. 企业自建厂房,先行并入固定资产账,投入使用半年后进行装修,该装修费是应并入固定资产的计税基础还是作为其他长期待摊费用按规定进行摊销?

答：企业固定资产应予资本化的后续支出，可分为改建支出和大修理支出。对改变房屋或者建筑物结构、延长使用年限的支出，应作为改建支出；其他的应予资本化的后续支出（即同时符合《企业所得税法实施条例》第六十九条规定的），应作为大修理支出，作为长期待摊费用在税前摊销扣除。

未到折旧年限的自建固定资产的改建支出，应计入固定资产的计税基础，改建的固定资产延长使用年限的，应当适当延长折旧年限。对确定为长期待摊费用的装修支出，应按照房屋用途、企业经营行业等确定使用摊销年限。

鉴于以上情况，可按长期待摊费用处理。

3. 我企业为一有限公司，在2015年对一栋老厂房进行了扩建，问扩建发生的相关支出是计入当期费用一次性扣除还是并入固定资产原值计提折旧？

答：根据《国家税务总局关于企业所得税若干问题的公告》（国家税务总局公告2011年第34号）第四条的规定，企业对房屋、建筑物固定资产在未足额提取折旧前进行改扩建的，如属于推倒重置的，该资产原值减除提取折旧后的净值，应并入重置后的固定资产计税成本，并从该固定资产投入使用后的次月起，按照税法规定的折旧年限，一并计提折旧；如属于提升功能、增加面积的，该固定资产的改扩建支出，并入该固定资产计税基础，并从改扩建完工投入使用后的次月起，重新按税法规定的该固定资产折旧年限计提折旧，如该改扩建后的固定资产尚可使用的年限低于税法规定的最低年限的，可以按尚可使用的年限计提折旧。

5.3 生产性生物资产的税务处理

5.3.1 生产性生物资产的计税基础

生产性生物资产是指企业为生产农产品、提供劳务或者出租等而持有的生物资产，包括经济林、薪炭林、产畜和役畜等。

生产性生物资产按照以下方法确定计税基础：

（1）外购的生产性生物资产，以购买价款和支付的相关税费为计税基础。

（2）通过捐赠、投资、非货币性资产交换、债务重组等方式取得的生产性生物资产，以该资产的公允价值和支付的相关税费为计税基础。

依据：《中华人民共和国企业所得税法实施条例》第六十二条

5.3.2 生产性生物资产的折旧

生产性生物资产按照直线法计算的折旧，准予扣除。

企业应当自生产性生物资产投入使用月份的次月起计算折旧；停止使用的生产性生物资产，应当自停止使用月份的次月起停止计算折旧。

企业应当根据生产性生物资产的性质和使用情况，合理确定生产性生物资产的预计净残值。生产性生物资产的预计净残值一经确定，不得变更。

依据:《中华人民共和国企业所得税法实施条例》第六十三条

生产性生物资产计算折旧的最低年限如下:

(1) 林木类生产性生物资产,为 10 年。

(2) 畜类生产性生物资产,为 3 年。

依据:《中华人民共和国企业所得税法实施条例》第六十四条

5.3.3 生产性生物资产的损失

5.3.3.1 盘亏损失

生产性生物资产盘亏损失,为其账面净值扣除责任人赔偿后的余额,应依据以下证据材料确认:

(1) 生产性生物资产盘点表。

(2) 生产性生物资产盘亏情况说明。

(3) 生产性生物资产损失金额较大的,企业应有专业技术鉴定意见和责任认定、赔偿情况的说明等。

依据:《国家税务总局关于发布〈企业资产损失所得税税前扣除管理办法〉的公告》(国家税务总局公告 2011 年第 25 号)第三十四条

5.3.3.2 因森林病虫害、疫情、死亡损失

因森林病虫害、疫情、死亡而产生的生产性生物资产损失,为其账面净值扣除残值、保险赔偿和责任人赔偿后的余额,应依据以下证据材料确认:

(1) 损失情况说明。

(2) 责任认定及其赔偿情况的说明。

(3) 损失金额较大的,应有专业技术鉴定意见。

依据:《国家税务总局关于发布〈企业资产损失所得税税前扣除管理办法〉的公告》(国家税务总局公告 2011 年第 25 号)第三十五条

5.3.3.3 被盗伐、被盗、丢失损失

对被盗伐、被盗、丢失而产生的生产性生物资产损失,为其账面净值扣除保险赔偿以及责任人赔偿后的余额,应依据以下证据材料确认:

(1) 生产性生物资产被盗后,向公安机关的报案记录或公安机关立案、破案和结案的证明材料。

(2) 责任认定及其赔偿情况的说明。

依据:《国家税务总局关于发布〈企业资产损失所得税税前扣除管理办法〉的公告》(国家税务总局公告 2011 年第 25 号)第三十六条

5.4 无形资产的税务处理

5.4.1 无形资产的计税基础

《企业所得税法》第十一条所称无形资产,是指企业为生产产品、提供劳务、出租或者

经营管理而持有的,没有实物形态的非货币性长期资产,包括专利权、商标权、著作权、土地使用权、非专利技术、商誉等。

依据:《中华人民共和国企业所得税法实施条例》第六十五条

无形资产按照以下方法确定计税基础:

(1)外购的无形资产,以购买价款和支付的相关税费以及直接归属于使该资产达到预定用途发生的其他支出为计税基础。

(2)自行开发的无形资产,以开发过程中该资产符合资本化条件后至达到预定用途前发生的支出为计税基础。

(3)通过捐赠、投资、非货币性资产交换、债务重组等方式取得的无形资产,以该资产的公允价值和支付的相关税费为计税基础。

依据:《中华人民共和国企业所得税法实施条例》第六十六条

解读

对无形资产的范围,税收与会计上有所差异,主要体现在对商誉的界定上。《企业会计准则第6号——无形资产》第三条规定,无形资产是指企业拥有或者控制的没有实物形态的可辨认非货币性资产。对于商誉这种不可辨认的非货币性资产,会计上是作为独立于无形资产之外的单独一类资产进行确认、计量和报告,而税法上是按照无形资产进行处理。另外,会计准则规定,企业取得的土地使用权通常应确认为无形资产,但改变土地使用权用途,用于赚取租金或者资本增值的,应当将其转为投资性房地产。而税法没有将土地使用权分别归属于无形资产和投资性房地产,一律按照无形资产进行处理。

热点问题

1. 非房地产企业买地自建厂房,发生的土地平整费,应如何税前扣除?

答:根据《企业所得税法实施条例》第六十六条的规定,外购的无形资产,以购买价款和支付的相关税费以及直接归属于使该资产达到预定用途发生的其他支出为计税基础。

非房地产企业买地自建厂房,发生的土地平整费,应计入土地计税基础,按税法规定摊销扣除。

2. 企业外购一项无形资产,合同中约定销售方提供人员为企业提供培训(不培训则无法使用该无形资产),培训人员的住宿费由企业承担。培训人员的住宿费是否应当计入该项无形资产的计税基础?

答:根据《企业所得税法实施条例》第六十六条的规定,外购的无形资产,以购买价款和支付的相关税费以及直接归属于使该资产达到预定用途发生的其他支出为计税基础。

因此,培训人员的住宿费不能计入该项无形资产的计税基础。

5.4.2 无形资产的摊销

无形资产按照直线法计算的摊销费用,准予扣除。

无形资产的摊销年限不得低于10年。

作为投资或者受让的无形资产，有关法律规定或者合同约定了使用年限的，可以按照规定或者约定的使用年限分期摊销。

外购商誉的支出，在企业整体转让或者清算时，准予扣除。

依据：《中华人民共和国企业所得税法实施条例》第六十七条

解读

按照税法规定，即使是使用寿命不确定的无形资产，也要在不少于10年的期限内进行摊销，这一规定与会计准则的规定不同。会计准则规定，对于使用寿命不确定的无形资产不进行摊销，而要根据情况计提资产减值准备。

热点问题

出租车公司取得出租车营运证，原有效期限为10年，使用5年后企业进行营运证的延期，有效期延长到15年。企业如何确定营运证的摊销年限？

答：根据《企业所得税法实施条例》第六十七条的规定，无形资产按照直线法计算的摊销费用，准予扣除。无形资产的摊销年限不得低于10年。作为投资或者受让的无形资产，有关法律规定或者合同约定了使用年限的，可以按照规定或者约定的使用年限分期摊销。

因此，出租车公司营运证使用5年后有效期延长到15年，其延期后的无形资产摊销可按照无形资产净值在剩余年度按直线法进行摊销。

5.4.3 不得摊销的无形资产

下列无形资产不得计算摊销费用扣除：

(1) 自行开发的支出已在计算应纳税所得额时扣除的无形资产。

(2) 自创商誉。

(3) 与经营活动无关的无形资产。

(4) 其他不得计算摊销费用扣除的无形资产。

依据：《中华人民共和国企业所得税法》第十二条

5.4.4 无形资产损失

被其他新技术所代替或已经超过法律保护期限，已经丧失使用价值和转让价值，尚未摊销的无形资产损失，应提交以下证据备案：

(1) 会计核算资料。

(2) 企业内部核批文件及有关情况说明。

(3) 技术鉴定意见和企业法定代表人、主要负责人和财务负责人签章证实无形资产已无使用价值或转让价值的书面申明。

(4) 无形资产的法律保护期限文件。

依据：《国家税务总局关于发布〈企业资产损失所得税税前扣除管理办法〉的公告》（国家税务总局公告2011年第25号）第三十八条

5.5 长期待摊费用的税务处理

在计算应纳税所得额时,企业发生的下列支出作为长期待摊费用,按照规定摊销的,准予扣除:
(1) 已足额提取折旧的固定资产的改建支出。
(2) 租入固定资产的改建支出。
(3) 固定资产的大修理支出。
(4) 其他应当作为长期待摊费用的支出。
注:固定资产改建支出详见 5.2.4.1;固定资产大修理支出详见 5.2.4.2

依据:《中华人民共和国企业所得税法》第十三条

《企业所得税法》第十三条第(四)项所称其他应当作为长期待摊费用的支出,自支出发生月份的次月起,分期摊销,摊销年限不得低于 3 年。

依据:《中华人民共和国企业所得税法实施条例》第七十条

> **热点问题**
>
> 1. 企业租赁房屋,合同约定租赁期为 20 年,交付后该企业对停车场、消防、水电等设施及公共区域进行了升级改造及装修,共花费费用 1 000 万元。根据市场及企业实际情况,对装修费用 1 000 万元能否按照 5 年进行摊销?
>
> 答:考虑经营性租赁装修的间隔时间不宜过长,经营性租赁后的装修支出属于其他应当作为长期待摊费用的支出,原则上以租赁期限与预计可使用年限两者孰短的期限平均摊销,同时,摊销年限一般不得低于 3 年。如果提前解除租赁合同后尚未税前扣除的装修费,可在当年一次性税前扣除。
>
> 因此企业应按不低于 3 年进行摊销。如果提前解除租赁合同,尚未税前扣除的装修费,可在当年一次性税前扣除。
>
> 2. 一家经营多年的饭店,每年都发生一定的装修费用,房屋租赁合同一年一签,企业能否按照合同租赁期即一年进行摊销?
>
> 答:考虑经营性租赁装修的间隔时间不宜过长,经营性租赁后的装修支出属于其他应当作为长期待摊费用的支出,原则上以租赁期限与预计可使用年限两者孰短的期限平均摊销,同时,摊销年限一般不得低于 3 年。
>
> 该饭店每年发生的装修费用,应按不低于 3 年进行摊销。如果解除租赁合同,尚未税前扣除的装修费,可在当年一次性税前扣除。
>
> 3. 一企业租赁房屋办公,租赁费用按年支付。在第一年租赁期内对房屋进行装修,装修费用作为长期待摊费用,分期摊销。但第二年该企业将租赁的房屋买下作为固定资产,请问未摊销完的装修费用该如何税前扣除?
>
> 答:考虑经营性租赁装修的间隔时间不宜过长,经营性租赁后的装修支出属于其他应当作为长期待摊费用的支出,原则上以租赁期限与预计可使用年限两者孰短的期限平均摊销,同时,摊销年限一般不得低于 3 年。如果提前解除租赁合同,尚未税前扣

除的装修费,可在当年一次性税前扣除。

企业将租赁的房屋买下,租赁合同已终止,未摊销完的装修费用可在购买当年一次性扣除。

4. 某企业新建厂区(厂房和配套绿化),其配套绿化投入未计入固定资产原值,而作为长期待摊费用。企业日常的绿化费用如何在税前列支?

答:企业与厂房等不动产一起建设投入的绿化支出,能分别核算的,绿化支出计入长期待摊费用,在合理的期限内分期摊销;若不能分别核算的,计入固定资产原值。企业日常的绿化投入,符合税法规定的可直接税前扣除。

5.6 存货的税务处理

5.6.1 存货的计税基础

5.6.1.1 成本确定方法

《企业所得税法》第十五条所称存货,是指企业持有以备出售的产品或者商品,处在生产过程中的产品,在生产或者提供劳务过程中耗用的材料和物料等。

存货按照以下方法确定成本:

(1) 通过支付现金方式取得的存货,以购买价款和支付的相关税费为成本。

(2) 通过支付现金以外的方式取得的存货,以该存货的公允价值和支付的相关税费为成本。

(3) 生产性生物资产收获的农产品,以产出或者采收过程中发生的材料费、人工费和分摊的间接费用等必要支出为成本。

依据:《中华人民共和国企业所得税法实施条例》第七十二条

5.6.1.2 借款费用资本化

企业为购置、建造固定资产、无形资产和经过 12 个月以上的建造才能达到预定可销售状态的存货发生借款的,在有关资产购置、建造期间发生的合理的借款费用,应当作为资本性支出计入有关资产的成本,并依照《企业所得税法实施条例》的规定扣除。

依据:《中华人民共和国企业所得税法实施条例》第三十七条

5.6.2 存货的成本计算方法

企业使用或者销售的存货的成本计算方法,可以在先进先出法、加权平均法、个别计价法中选用一种。计价方法一经选用,不得随意变更。

依据:《中华人民共和国企业所得税法实施条例》第七十三条

解读

在存货的计价方法中取消了后进先出法,增加了个别计价法,主要是由于后进先出法是基于在一个通货膨胀的市场环境下,物价迅速上涨,存货流动速度较慢,为了使存结转成本更接近现行成本从而达到与现行收入相配比而采取的一种稳健的成本结转方法,以减少虚增利润,从而在一定程度上消除物价变动的影响。但是,使用后进先出法,由于加大了当期存货的成本,在减少了虚增利润的同时,也降低了当期的企业所得税贡献。另外,随着企业的连续经营,存货不断流转,以前购进的存货成本可能要等到若干年之后才能得以结转,而若干年之后,这些存货的价值很可能已经面目全非了,这实际上并不利于对存货的管理。

5.6.3 存货的损失

5.6.3.1 不能抵扣进项税额处理

企业因存货盘亏、毁损、报废、被盗等原因不得从增值税销项税额中抵扣的进项税额,可以与存货损失一起在计算应纳税所得额时扣除。

依据:《国家税务总局关于贯彻落实企业所得税法若干税收问题的通知》(财税〔2009〕57号)第十条

5.6.3.2 盘亏损失

对企业盘亏的存货,以该存货的成本减除责任人赔偿后的余额,作为存货盘亏损失在计算应纳税所得额时扣除。

依据:《国家税务总局关于贯彻落实企业所得税法若干税收问题的通知》(财税〔2009〕57号)第七条

存货盘亏损失,为其盘亏金额扣除责任人赔偿后的余额,应依据以下证据材料确认:

(1)存货计税成本确定依据。
(2)企业内部有关责任认定、责任人赔偿说明和内部核批文件。
(3)存货盘点表。
(4)存货保管人对于盘亏的情况说明。

依据:《国家税务总局关于发布〈企业资产损失所得税税前扣除管理办法〉的公告》(国家税务总局公告2011年第25号)第二十六条

5.6.3.3 报废、毁损或变质损失

对企业毁损、报废的固定资产或存货,以该固定资产的账面净值或存货的成本减除残值、保险赔款和责任人赔偿后的余额,作为固定资产或存货毁损、报废损失在计算应纳税所得额时扣除。

依据:《国家税务总局关于贯彻落实企业所得税法若干税收问题的通知》(财税〔2009〕57号)第八条

存货报废、毁损或变质损失,为其计税成本扣除残值及责任人赔偿后的余额,应依据以下证据材料确认:

(1)存货计税成本的确定依据。
(2)企业内部关于存货报废、毁损、变质、残值情况说明及核销资料。
(3)涉及责任人赔偿的,应当有赔偿情况说明。
(4)该项损失数额较大的(指占企业该类资产计税成本10%以上,或减少当年应纳税所得、增加亏损10%以上,下同),应有专业技术鉴定意见或法定资质中介机构出具的专项报告等。

依据:《国家税务总局关于发布〈企业资产损失所得税税前扣除管理办法〉的公告》(国家税务总局公

告 2011 年第 25 号）第二十七条

5.6.3.4 被盗损失

对企业被盗的固定资产或存货，以该固定资产的账面净值或存货的成本减除保险赔款和责任人赔偿后的余额，作为固定资产或存货被盗损失在计算应纳税所得额时扣除。

依据：《国家税务总局关于贯彻落实企业所得税法若干税收问题的通知》（财税〔2009〕57号）第九条

存货被盗损失，为其计税成本扣除保险理赔以及责任人赔偿后的余额，应依据以下证据材料确认：

（1）存货计税成本的确定依据。

（2）向公安机关的报案记录。

（3）涉及责任人和保险公司赔偿的，应有赔偿情况说明等。

依据：《国家税务总局关于发布〈企业资产损失所得税税前扣除管理办法〉的公告》（国家税务总局公告 2011 年第 25 号）第二十八条

5.6.3.5 商业零售企业存货损失

（1）商业零售企业存货因零星失窃、报废、废弃、过期、破损、腐败、鼠咬、顾客退换货等正常因素形成的损失，为存货正常损失，准予按会计科目进行归类、汇总，然后再将汇总数据以清单的形式进行企业所得税纳税申报，同时出具损失情况分析报告。

（2）商业零售企业存货因风、火、雷、震等自然灾害，仓储、运输失事，重大案件等非正常因素形成的损失，为存货非正常损失，应当以专项申报形式进行企业所得税纳税申报。

（3）存货单笔（单项）损失超过 500 万元的，无论何种因素形成的，均应以专项申报方式进行企业所得税纳税申报。

（4）《国家税务总局关于商业零售企业存货损失税前扣除问题的公告》（国家税务总局公告 2014 年第 3 号）适用于 2013 年度及以后年度企业所得税纳税申报。

依据：《国家税务总局关于商业零售企业存货损失税前扣除问题的公告》（国家税务总局公告 2014 年第 3 号）

> **热点问题**
>
> 生产企业的存货损失能否参照《国家税务总局关于商业零售企业存货损失税前扣除问题的公告》（国家税务总局公告 2014 年第 3 号）的规定进行处理？
>
> 答：生产企业的存货损失应当按照《国家税务总局关于发布〈企业资产损失所得税税前扣除管理办法〉的公告》（国家税务总局公告 2011 年第 25 号）的相关规定进行税务处理，不适用《国家税务总局关于商业零售企业存货损失税前扣除问题的公告》（国家税务总局公告 2014 年第 3 号）。

5.6.3.6 出版、发行企业呆滞出版物损失

2009 年 1 月 1 日至 2013 年 12 月 31 日，出版、发行企业库存呆滞出版物，纸质图书超过 5 年（包括出版当年，下同），音像制品、电子出版物和投影片（含缩微制品）超过两年，纸质期刊和挂历年画等超过一年的，可以作为财产损失在税前据实扣除。已作为财产损失税前扣除的呆滞出版物，以后年度处置的，其处置收入应纳入处置当年的应税收入。

依据：《财政部　国家税务总局关于支持文化企业发展若干税收政策问题的通知》（财税〔2009〕31号，于2014年1月1日废止）第六条

2014年1月1日至2018年12月31日，出版、发行企业处置库存呆滞出版物形成的损失，允许按照税收法律法规的规定在企业所得税前扣除。

依据：《财政部　海关总署国家　税务总局关于继续实施支持文化企业发展若干税收政策的通知》（财税〔2014〕85号，于2019年1月1日废止）第五条

5.7 投资资产的税务处理

5.7.1 概念及计税基础

企业对外投资期间，投资资产的成本在计算应纳税所得额时不得扣除。

依据：《中华人民共和国企业所得税法》第十四条

《企业所得税法》第十四条所称投资资产，是指企业对外进行权益性投资和债权性投资形成的资产。

企业在转让或者处置投资资产时，投资资产的成本，准予扣除。

投资资产按照以下方法确定成本：

（1）通过支付现金方式取得的投资资产，以购买价款为成本。

（2）通过支付现金以外的方式取得的投资资产，以该资产的公允价值和支付的相关税费为成本。

依据：《中华人民共和国企业所得税法实施条例》第七十一条

5.7.2 非货币性资产对外投资

详见11.3.7章节

5.7.3 撤回或减少投资

投资企业从被投资企业撤回或减少投资，其取得的资产中，相当于初始出资的部分，应确认为投资收回；相当于被投资企业累计未分配利润和累计盈余公积按减少实收资本比例计算的部分，应确认为股息所得；其余部分确认为投资资产转让所得。被投资企业发生的经营亏损，由被投资企业按规定结转弥补；投资企业不得调整减低其投资成本，也不得将其确认为投资损失。

依据：《国家税务总局关于企业所得税若干问题的公告》（国家税务总局公告2011年第34号）第五条

解读

企业减资是指企业资本过剩或亏损严重，根据经营业务的实际情况，依法减少注册资本金的行为。根据减资的原因，可将其分为实质上的减资和名义上的减资。

一、实质减资及其税务处理

实质减资是因为企业资金充裕，出现大量的过剩资本，为避免资本的浪费而将多余

资本返还给股东的行为。

根据实质减资支付给股东款项的形式,我们将其分为以流动资产(货币资金、应收账款等,不包括存货)形式支付减资和以非流动资产(包括存货)形式支付减资。两种不同的支付形式其在税务处理上存在些许的差异。

(一)以流动资产(货币资金、应收账款等,不包括存货)形式支付减资

投资企业的税务处理:投资企业从被投资企业撤回或减少投资,其在取得的资产中,相当于初始出资的部分,应确认为投资收回;相当于被投资企业累计未分配利润和累计盈余公积按减少实收资本比例计算的部分,应确认为股息所得;其余部分确认为投资资产转让所得。例如,A、B公司2012年1月1日投资成立M公司,其中A公司投资300万元,占M公司30%股份。2016年1月经股东会决议,同意A公司撤回其投资,A公司分得现金1 000万元。截至2015年年底,M公司共有未分配利润和盈余公积1 500万元,按照A公司实收资本比例计算,A公司应该确认股息所得450万元。因此,A公司股权撤资所得=1 000-300-450=250(万元)。

减资企业的税务处理:原则上无须税务处理,但当支付给投资企业的减资金额与该企业初始出资的部分以及相当于被投资企业累计未分配利润和累计盈余公积按减少实收资本比例计算的部分之和存在差异时,减资企业在税务上应当确认相关的损失或收益。

(二)以非流动资产(包括存货)形式支付减资

当企业的流动资金严重不足时,有可能会出现以非流动资产支付减资款项的形式。此时在税务上我们认为该笔业务的实质是用非流动资产抵偿应支付给投资企业的减资款。基于此,相关的税务处理为:

(1)投资企业的税务处理:收到非流动资产时,按其公允价值作为其计税基础。同时其取得的资产中,相当于初始出资的部分,应确认为投资收回;相当于被投资企业累计未分配利润和累计盈余公积按减少实收资本比例计算的部分,应确认为股息所得;其余部分确认为投资资产转让所得。

(2)减资企业的税务处理:非流动资产视同销售,同时抵偿应支付给投资企业的减资款。此时,减资企业确认了非流动资产的增值收益。另外与流动资产形式支付减资类似,当非流动资产的公允价值与投资企业初始出资的部分以及相当于被投资企业累计未分配利润和累计盈余公积按减少实收资本比例计算的部分之和存在差异时,减资企业在税务上还应当确认相关的损失或收益。

二、名义减资及其税务处理

名义上的减资一般是由于公司经营不佳,亏损过多,造成公司实有资产大大低于公司注册资本总额,此时企业已无法通过未分配利润、盈余公积等来弥补亏损,只能通过减少注册资本总额的办法来弥补亏损。因此,名义上的减资,投资企业并未收到返还的资产,而只是在名义上减少了企业的注册资本。

对名义减资的税务处理,目前有两种观点:

观点一:名义减资中,减少的实收资本本应付给股东,但实际并未支付,因此应视同

股东对企业的捐赠。减资企业应确认相关收益。对应到股东,股东应确认相关损失,同时对应调减长期股权投资的计税成本。

观点二:由于名义减资并未有向股东分配资产的行为,故双方暂不做税务处理。投资企业账上长期股权投资的计税成本保持不变。

纳税人请具体咨询当地税务机关。

5.7.4 投资资产损失

企业投资损失包括债权性投资损失和股权(权益)性投资损失。

依据:《国家税务总局关于发布〈企业资产损失所得税税前扣除管理办法〉的公告》(国家税务总局公告2011年第25号)第三十九条

企业委托金融机构向其他单位贷款,或委托其他经营机构进行理财,到期不能收回贷款或理财款项,按照投资损失有关规定进行处理。

依据:《国家税务总局关于发布〈企业资产损失所得税税前扣除管理办法〉的公告》(国家税务总局公告2011年第25号)第四十三条

5.7.4.1 债权投资损失

企业债权投资损失应依据投资的原始凭证、合同或协议、会计核算资料等相关证据材料确认。下列情况债权投资损失的,还应出具相关证据材料:

(1)债务人或担保人依法被宣告破产、关闭、被解散或撤销、被吊销营业执照、失踪或者死亡等,应出具资产清偿证明或者遗产清偿证明。无法出具资产清偿证明或者遗产清偿证明,且上述事项超过3年以上的,或债权投资(包括信用卡透支和助学贷款)余额在300万元以下的,应出具对应的债务人和担保人破产、关闭、解散证明、撤销文件、工商行政管理部门注销证明或查询证明以及追索记录等(包括司法追索、电话追索、信件追索和上门追索等原始记录)。

(2)债务人遭受重大自然灾害或意外事故,企业对其资产进行清偿和对担保人进行追偿后,未能收回的债权,应出具债务人遭受重大自然灾害或意外事故证明、保险赔偿证明、资产清偿证明等。

(3)债务人因承担法律责任,其资产不足归还所借债务,又无其他债务承担者的,应出具法院裁定证明和资产清偿证明。

(4)债务人和担保人不能偿还到期债务,企业提出诉讼或仲裁的,经人民法院对债务人和担保人强制执行,债务人和担保人均无资产可执行,人民法院裁定终结或终止(中止)执行的,应出具人民法院裁定文书。

(5)债务人和担保人不能偿还到期债务,企业提出诉讼后被驳回起诉的、人民法院不予受理或不予支持的,或经仲裁机构裁决免除(或部分免除)债务人责任,经追偿后无法收回的债权,应提交法院驳回起诉的证明,或法院不予受理或不予支持证明,或仲裁机构裁决免除债务人责任的文书。

(6)经国务院专案批准核销的债权,应提供国务院批准文件或经国务院同意后由国务院有关部门批准的文件。

依据：《国家税务总局关于发布〈企业资产损失所得税税前扣除管理办法〉的公告》(国家税务总局公告2011年第25号)第四十条

企业按独立交易原则向关联企业转让资产而发生的损失，或向关联企业提供借款、担保而形成的债权损失，准予扣除。但企业应作专项说明，同时出具中介机构出具的专项报告及其相关的证明材料。

依据：《国家税务总局关于发布〈企业资产损失所得税税前扣除管理办法〉的公告》(国家税务总局公告2011年第25号)第四十五条

【案例5-1】 债务重组损失税前扣除问题

A公司自2005年成立后，一直从B公司借款用于酒店开发建设。截至2015年，A公司累计欠B公司2.3亿元。当年6月，A公司、B公司及A公司控股股东C公司（国有控股集团）三方协商，同意签订《债务代偿三方协议》，协议约定：A公司对B公司所负债务2.3亿元全部转由C公司代为偿付；A公司承诺在C公司代偿其全部债务后，向C公司履行2.3亿元的偿债义务。

当年7月C公司代A公司偿还全部债务并将其对A公司债权在会计上计入"其他应收款"科目。同时A公司与C公司签订《借款合同》，合同约定：贷款金额为2.3亿元，贷款期限为547天，从2015年7月3日至2016年12月31日；考虑到A公司的实际困难，双方约定按同期贷款利率下浮20%。贷款用于偿还A公司对B公司的债务，由C公司直接将款项汇至B公司账户。

2016年6月，A公司由于经营困难，利息负担较重，向控股股东C公司请求豁免部分债务及利息。2016年6月11日，C公司向该市国资委提交对A公司进行债务重组的请示；2016年6月21日，该市国资委同意进行债务重组。2016年6月30日，C公司召开董事会，同意豁免A公司借款本金1.1亿元。

问题：C公司进行债务重组，豁免1.1亿元债务损失能否在当年税前扣除？

分析：观点一：根据《财政部　国家税务总局关于企业资产损失税前扣除政策的通知》(财税〔2009〕57号，以下简称为财税〔2009〕57号文件)第五条的规定，企业必须经采取所有可能的措施和实施必要的程序之后，符合条件的贷款类债权，才可以作为贷款损失在计算应纳税所得额时扣除。由于C企业未采取所有可能的措施和实施必要的程序，故其豁免A公司1.1亿元的债务损失不符合《财政部　国家税务总局关于企业资产损失税前扣除政策的通知》(财税〔2009〕57号)第五条规定的贷款损失确认条件，不能在企业所得税税前扣除。

观点二：根据《企业资产损失所得税税前扣除管理办法》(国家税务总局2011年第25号公告，以下简称2011年25号公告)第四十五条的规定，企业按独立交易原则向关联企业提供借款、担保而形成的债权损失，准予扣除，但企业应作专项说明，同时出具中介机构出具的专项报告及其相关的证明材料。C公司与A公司签订了借款合同，并约定支付利息，符合上述规定(另外A与C虽为关联方，但债务重组的原因有较为合理的原因)，故对其因债务重组发生的债权损失应准予扣除。

对照上述两种观点，笔者认为想要回答上述1.1亿元豁免损失能否税前扣除需要厘清以下问题：

1. C公司对A公司借款形成债权属于何种类型资产？

财税〔2009〕57号文件将资产损失分为现金损失、存款损失、坏账损失、贷款损失、股权投资损失、固定资产和存货的盘亏、毁损、报废、被盗损失、自然灾害等不可抗力因素造成的损失以及其他损失。对应的，将资产类型分为现金、存款、除贷款类债权外的应收、预付账款、贷款类债权、股权投资、固定资产、存货等。2011年25号公告则将企业资产分为现金、银行存款、应收及预付款项（包括应收票据、各类垫款、企业之间往来款项）等货币性资产，存货、固定资产、无形资产、在建工程、生产性生物资产等非货币性资产，以及债权性投资和股权（权益）性投资。那么C公司对A公司借款形成的债权属于上述哪种类型资产呢？

观点一：认为C公司对A公司借款形成的债权属于财税〔2009〕57号文件中的贷款类债权，原因不言而喻（从字面上理解）。这个观点有一定的争议。学界也有不少人认为财税〔2009〕57号文件将应收、预付款项分为非贷款类和贷款类两大类分别规范，主要是为了便于适用不同的主体——一般企业和金融机构；另外企业所得税法上并无贷款类债权的概念，且我国在相当长的时间内，合法的贷款主体只有取得经营贷款业务资格的金融机构，因此财税〔2009〕57号文件中的贷款类债权损失应该特指金融企业贷款损失，故本案例中C公司对A公司借款不属于贷款类债权。

观点二：认为C公司对A公司借款形成的债权属于债权性投资。新《企业所得税法》和《企业所得税法实施条例》中有债权性投资的概念。《企业所得税法》第四十六条规定，企业从其关联方接受的债权性投资与权益性投资的比例超过规定标准而发生的利息支出，不得在计算应纳税所得额时扣除。《企业所得税法实施条例》第一百一十九条则进一步解释了债权性投资的含义，即《企业所得税法》第四十六条所称债权性投资，是指企业直接或者间接从关联方获得的，需要偿还本金和支付利息或者需要以其他具有支付利息性质的方式予以补偿的融资。企业间接从关联方获得的债权性投资，包括：（1）关联方通过无关联第三方提供的债权性投资；（2）无关联第三方提供的、由关联方担保且负有连带责任的债权性投资；（3）其他间接从关联方获得的具有负债实质的债权性投资。参照上述解释，C公司对A公司借款时，同时约定收取利息，故其形成的债权应属于债权性投资范畴。

2. 债权性投资因债务重组产生的损失能否税前扣除？

2011年25号公告在第四十条债权损失的确认中，列举了某些情形下必须要出具的证据材料。列举的情形包括六种，但并不包括债权人与债务人因债务重组形成损失的情形。因此，对债权性投资因债务重组产生的损失能否税前扣除会有不同的看法。一种观点认为既然未在列举范围内，说明税法不认可债权性投资因债务重组产生的损失，故不能税前扣除。另一种观点认为2011年25号公告第四十条只是对某些特殊情形必须要出具的证据材料进行了规定；未在列举范围内只说明债权性投资的债务重组损失不需要提供额外的证据，并不表明税法不认可其税前扣除，且在实践中债权性投资债务重组的情形并不鲜见。

3. 上述债权性投资是否属于非经营活动的债权？

2011年25号公告第四十六规定，企业发生非经营活动的债权不得作为损失在税前扣除。那么C公司对A公司借款是否属于正常的经营活动范畴？由于C公司对A公司的借款并不是无偿的，C公司会取得利息收入，因此一般认为上述债权性投资应属于经营活动债权的范畴。

4. C公司是否按独立交易原则向A公司提供借款？

C公司向A公司提供借款是否符合独立交易原则，主要体现在是否计息以及计息利率的高低上。理论上需要根据《特别纳税调查调整及相互协商程序管理办法》（国家税务总局公告2017年第6号印发）的规定进行一定的可比性分析，以确定借款利率的合理性。

5. C公司与A公司的债务重组是否以避税为主要目的？

C公司与A公司为关联方，因此需要考量和审视双方债务重组的行为（包括豁免债务金额的大小）是否符合商业常规，是否不以避税为主要目的。

关联企业之间通过债务重组豁免债务，且豁免比例近50%，从而减少盈利企业的企业所得税税基，很难界定为"不以避税为主要目的"，所以此案征纳双方争议较大，建议碰到此类问题提交上级税务机关界定处理。

5.7.4.2 股权投资损失

企业股权投资损失应依据以下相关证据材料确认：

（1）股权投资计税基础证明材料。

（2）被投资企业破产公告、破产清偿文件。

（3）工商行政管理部门注销、吊销被投资单位营业执照文件。

（4）政府有关部门对被投资单位的行政处理决定文件。

（5）被投资企业终止经营、停止交易的法律或其他证明文件。

（6）被投资企业资产处置方案、成交及入账材料。

（7）企业法定代表人、主要负责人和财务负责人签章证实有关投资（权益）性损失的书面申明。

（8）会计核算资料等其他相关证据材料。

依据：《国家税务总局关于发布〈企业资产损失所得税税前扣除管理办法〉的公告》（国家税务总局公告2011年第25号）第四十一条

企业对外进行权益性（以下简称股权）投资所发生的损失，在经确认的损失发生年度，作为企业损失在计算企业应纳税所得额时一次性扣除。

《国家税务总局关于企业股权投资损失所得税处理问题的公告》（国家税务总局公告2010年第6号，以下简称国家税务总局公告2010年第6号文件）自2010年1月1日起执行。2010年1月1日前，企业发生的尚未处理的股权投资损失，按照国家税务总局公告2010年第6号文件，准予在2010年度一次性扣除。

依据：《国家税务总局关于企业股权投资损失所得税处理问题的公告》（国家税务总局公告2010年第6号）

热点问题

1. 企业股权转让发生的损失是以清单申报还是专项申报的方式向税务机关申报扣除？

答：根据《国家税务总局关于发布〈企业资产损失所得税税前扣除管理办法〉的公告》（国家税务总局公告2011年第25号）第九条第（一）款的规定，企业在正常经营管理活动中，按照公允价格销售、转让、变卖非货币资产的损失，应以清单申报的方式向税务机关申报扣除。《国家税务总局关于发布〈企业资产损失所得税税前扣除管理办法〉的公告》第十条规定，除应以清单申报以外的资产损失，应以专项申报的方式向税务机关申报扣除。企业无法准确判别是否属于清单申报扣除的资产损失，可以采取专项申报的形式申报扣除。

按公允价格转让股权形成的损失是否属于转让非货币资产的损失，目前各省规定不一，在简政放权、放管结合、优化服务的背景下，企业可以选择清单申报或专项申报，同时税务机关应加强后续管理。

2. 境内法人企业境外股权投资损失税前扣除问题。

答：按照税法的规定，权益性投资资产转让所得按照被投资企业所在地确定，境内企业发生的境外股权投资转让损失属于来源于境外的损失，不能由境内所得进行弥补，只能用来源于境外的所得予以弥补。

5.8 货币资产的税务处理

企业货币资产损失包括现金损失、银行存款损失和应收及预付款项损失等。

依据：《国家税务总局关于发布〈企业资产损失所得税税前扣除管理办法〉的公告》（国家税务总局公告2011年第25号）第十九条

5.8.1 现金损失

现金损失应依据以下证据材料确认：

（1）现金保管人确认的现金盘点表（包括倒推至基准日的记录）。

（2）现金保管人对于短缺的说明及相关核准文件。

（3）对责任人由于管理责任造成损失的责任认定及赔偿情况的说明。

（4）涉及刑事犯罪的，应有司法机关出具的相关材料。

（5）金融机构出具的假币收缴证明。

依据：《国家税务总局关于发布〈企业资产损失所得税税前扣除管理办法〉的公告》（国家税务总局公告2011年第25号）第二十条

5.8.2 银行存款损失

企业将货币性资金存入法定具有吸收存款职能的机构，因该机构依法破产、清算，或者政府责令停业、关闭等原因，确实不能收回的部分，作为存款损失在计算应纳税所得额时扣除。

依据:《财政部 国家税务总局关于企业资产损失税前扣除政策的通知》(财税〔2009〕57号)第三条

企业因金融机构清算而发生的存款类资产损失应依据以下证据材料确认:

(1) 企业存款类资产的原始凭证。

(2) 金融机构破产、清算的法律文件。

(3) 金融机构清算后剩余资产分配情况资料。

金融机构应清算而未清算超过3年的,企业可将该款项确认为资产损失,但应有法院或破产清算管理人出具的未完成清算证明。

依据:《国家税务总局关于发布〈企业资产损失所得税税前扣除管理办法〉的公告》(国家税务总局公告2011年第25号)第二十一条

5.8.3 坏账损失

企业应收及预付款项坏账损失应依据以下相关证据材料确认:

(1) 相关事项合同、协议或说明。

(2) 属于债务人破产清算的,应有人民法院的破产、清算公告。

(3) 属于诉讼案件的,应出具人民法院的判决书或裁决书或仲裁机构的仲裁书,或者被法院裁定终(中)止执行的法律文书。

(4) 属于债务人停止营业的,应有工商部门注销、吊销营业执照证明。

(5) 属于债务人死亡、失踪的,应有公安机关等有关部门对债务人个人的死亡、失踪证明。

(6) 属于债务重组的,应有债务重组协议及其债务人重组收益纳税情况说明。

(7) 属于自然灾害、战争等不可抗力而无法收回的,应有债务人受灾情况说明以及放弃债权申明。

企业逾期3年以上的应收款项在会计上已作为损失处理的,可以作为坏账损失,但应说明情况,并出具专项报告。

企业逾期1年以上,单笔数额不超过5万元或者不超过企业年度收入总额0.1‰的应收款项,会计上已经作为损失处理的,可以作为坏账损失,但应说明情况,并出具专项报告。

依据:《国家税务总局关于发布〈企业资产损失所得税税前扣除管理办法〉的公告》(国家税务总局公告2011年第25号)第二十二条、第二十三条、第二十四条

企业对外提供与本企业生产经营活动有关的担保,因被担保人不能按期偿还债务而承担连带责任,经追索,被担保人无偿还能力,对无法追回的金额,比照应收款项损失进行处理。

与本企业生产经营活动有关的担保是指企业对外提供的与本企业应税收入、投资、融资、材料采购、产品销售等生产经营活动相关的担保。

依据:《国家税务总局关于发布〈企业资产损失所得税税前扣除管理办法〉的公告》(国家税务总局公告2011年第25号)第四十四条

> **热点问题**
>
> 1. 我公司 2012 年发生一笔应收账款,金额 100 万元,经多次催收仍未收回,现在已联系不上对方法人代表。我公司得知该企业和其他公司有诉讼案件,该企业败诉,但因无可供执行财产,因此被法院裁定中止执行,我公司取得了该案件中止执行的法律文书,能否作为我公司应收款项损失的证据?
>
> 答:根据《国家税务总局关于发布〈企业资产损失所得税税前扣除管理办法〉的公告》(国家税务总局公告 2011 年第 25 号)第二十二条的规定,企业应收及预付款项坏账损失应依据以下相关证据材料确认:属于诉讼案件的,应出具人民法院的判决书或裁决书或仲裁机构的仲裁书,或者被法院裁定终(中)止执行的法律文书。
>
> 公司应提起诉讼程序,并取得被法院裁定终(中)止执行的法律文书,作为公司应收款项损失的证据之一。
>
> 2. 我公司两年前替甲企业担保,甲企业取得银行贷款 100 万元,现因贷款到期甲企业无力偿还,银行便扣划我公司的存款。请问,这部分损失可否税前扣除?
>
> 答:根据《企业资产损失所得税税前扣除管理办法》(国家税务总局公告 2011 年第 25 号)第四十四条的规定,企业对外提供与本企业生产经营活动有关的担保,因被担保人不能按期偿还债务而承担连带责任,经追索,被担保人无偿还能力,对无法追回的金额,比照应收款项损失进行处理。与本企业生产经营活动有关的担保是指企业对外提供的与本企业应税收入、投资、融资、材料采购、产品销售等生产经营活动相关的担保。
>
> 因此,如果上述公司提供的担保与企业生产经营活动有关,对无法追回的这部分损失可以在税前扣除。反之,则不能在税前扣除。
>
> 3. 某投资担保公司因与 A 公司发生保证合同纠纷,诉讼至法院后,法院对 A 公司房产进行了公开拍卖,但经过两次拍卖均无人竞买而流拍,该投资担保公司被迫接受 A 公司房产抵偿部分债权,法院裁定终结执行。企业在申报此损失时,该房产价值是按市场评估公允价值还是按第二次拍卖的保留底价进行确认?
>
> 答:根据《国家税务总局关于发布〈企业资产损失所得税税前扣除管理办法〉的公告》(国家税务总局公告 2011 年第 25 号)第四十四条的规定,企业对外提供与本企业生产经营活动有关的担保,因被担保人不能按期偿还债务而承担连带责任,经追索,被担保人无偿还能力,对无法追回的金额,比照应收款项损失进行处理。与本企业生产经营活动有关的担保是指企业对外提供的与本企业应税收入、投资、融资、材料采购、产品销售等生产经营活动相关的担保。
>
> 根据《国家税务总局关于发布〈企业资产损失所得税税前扣除管理办法〉的公告》(国家税务总局公告 2011 年第 25 号)第二十二条的规定,企业应收及预付款项坏账损失应依据以下相关证据材料确认:属于诉讼案件的,应出具人民法院的判决书或裁决书或仲裁机构的仲裁书,或者被法院裁定终(中)止执行的法律文书。
>
> 以上房产抵偿部分债权,法院判决书有明确金额的,应按判决书明确的金额计算;判决书没有明确金额的,应按市场公允价值计算。

5.8.4 贷款损失

金融企业涉农贷款、中小企业贷款逾期1年以上,经追索无法收回,应依据涉农贷款、中小企业贷款分类证明,按下列规定计算确认贷款损失进行税前扣除:

(1) 单户贷款余额不超过300万元(含300万元)的,应依据向借款人和担保人的有关原始追索记录(包括司法追索、电话追索、信件追索和上门追索等原始记录之一,并由经办人和负责人共同签章确认),计算确认损失进行税前扣除。

(2) 单户贷款余额超过300万元至1 000万元(含1 000万元)的,应依据有关原始追索记录(应当包括司法追索记录,并由经办人和负责人共同签章确认),计算确认损失进行税前扣除。

(3) 单户贷款余额超过1 000万元的,仍按《国家税务总局关于发布〈企业资产损失所得税税前扣除管理办法〉的公告》(国家税务总局公告2011年第25号)的有关规定计算确认损失进行税前扣除。

以上规定适用2014年度及以后年度涉农贷款和中小企业贷款损失的税前扣除。

依据:《国家税务总局关于金融企业涉农贷款和中小企业贷款损失税前扣除问题》(国家税务总局公告2015年25号)第一条、第四条

【案例5-2】 企业分立损失税前扣除问题

A公司2015年10月召开2014年度股东大会,审议通过了《关于A公司进行分立的方案》,以同股权比例派生分立的方式将A公司非贸易经营资产进行剥离,剥离后的非贸易经营资产注入新设立的B公司,分立以2015年9月30日为基准日。企业对此次分立选择一般性税务处理,A公司根据评估报告确认分立出去资产的公允价值,并确认分立资产的损失1.96亿元,其中应收账款损失0.08亿元,其他应收款损失1.23亿元(其中应收个人损失0.3亿元,应收关联方C公司损失0.93亿元),长期股权投资损失0.65亿元(其中对C公司股权损失0.49亿元,对D公司股权投资损失0.16亿元)。

问题: 上述分立损失在当年能否税前扣除?

分析: 上述案例中,分立的损失既包括应收账款的损失,又包括长期股权投资损失,还包括资金拆借形成的其他应收款的损失,较为复杂,需要逐一分析,并厘清如下几个问题:

1. 分立过程中是否要确认资产损失?

根据《财政部 国家税务总局关于企业重组业务企业所得税处理若干问题的通知》(财税〔2009〕59号)第四条的规定,企业分立除符合适用特殊性税务处理规定的外,被分立企业对分立出去资产应按公允价值确认资产转让所得或损失;分立企业应按公允价值确认接受资产的计税基础。

本案例中,A企业选择采用一般性税务处理,依照上述规定,应当对分立出的资产应按公允价值确认资产转让所得或损失。

2. 分立出去资产的公允价值如何确定?

《企业所得税法》第十三条规定,公允价值,是指按照市场价格确定的价值。根据上

述定义,公允价值是在公平交易中,熟悉情况的交易双方自愿进行资产交换或者债务清偿的金额。但在实践中,并不是所有资产都有活跃的交易市场,因此企业往往邀请专业评估机构和评估人员对其交易资产的公允价值进行评估,并将其作为交易时定价的参考,甚至直接作为交易的定价。基于此,本案例中企业可以按评估价值确定分立出去资产的公允价值。

3. 分立出去资产的损失属于什么类型?

要确定分立资产损失的类型,首先从税务角度看清分立的过程。从税务角度看,上述分立的过程实质上是A公司用被分立出去的资产投资设立B公司,同时取得B公司股权;然后A公司将取得的B公司股权全部分配给股东。因此分立出去资产的损失实质上是转让资产的损失,属于2011年25号公告第九条所称"企业在正常经营管理活动中,按照公允价格销售、转让、变卖非货币资产的损失"的范畴,应进行清单申报。

4. 分立出去资产的损失是否全部可以税前扣除?

需要进一步确定分立出去资产是否在正常生产经营中产生。本案例中,分立出去应收账款和长期股权投资的损失毫无疑问可以税前扣除;分立出的其他应收款系A企业对个人及关联方C企业的借款,并未收取利息,因此其他应收款系非经营活动产生的债权,其发生的损失不得税前扣除。

第 6 章
应 纳 税 额

6.1 应纳税额的计算

企业的应纳税所得额乘以适用税率,减除依照《企业所得税法》关于税收优惠的规定减免和抵免的税额后的余额,为应纳税额。

依据:《中华人民共和国企业所得税法》第二十二条

《企业所得税法》第二十二条规定的应纳税额的计算公式为:

$$应纳税额 = 应纳税所得额 \times 适用税率 - 减免税额 - 抵免税额$$

公式中的减免税额和抵免税额,是指依照企业所得税法和国务院的税收优惠规定减征、免征和抵免的应纳税额。

依据:《中华人民共和国企业所得税法实施条例》第七十六条

6.2 境外所得税额抵免

6.2.1 基本规定

6.2.1.1 可享受税收抵免的境外已纳税所得

企业取得的下列所得已在境外缴纳的所得税税额,可以从其当期应纳税额中抵免,抵免限额为该项所得依照税法规定计算的应纳税额;超过抵免限额的部分,可以在以后 5 个年度内,用每年度抵免限额抵免当年应抵税额后的余额进行抵补:

(1)居民企业来源于中国境外的应税所得。

(2)非居民企业在中国境内设立机构、场所,取得发生在中国境外但与该机构、场所有实际联系的应税所得。

依据:《中华人民共和国企业所得税法》第二十三条

居民企业从其直接或者间接控制的外国企业分得的来源于中国境外的股息、红利等权益性投资收益,外国企业在境外实际缴纳的所得税税额中属于该项所得负担的部分,可以作为该居民企业的可抵免境外所得税税额,在《企业所得税法》第二十三条规定的抵免限额内抵免。

依据:《中华人民共和国企业所得税法》第二十四条

6.2.1.2 直接抵免

直接抵免是指企业直接作为纳税人就其境外所得在境外缴纳的所得税额在我国应纳税额中抵免。

依据:《企业境外所得税收抵免操作指南》(国家税务总局公告 2010 年第 1 号印发)

6.2.1.3　间接抵免

间接抵免是指境外企业就分配股息前的利润缴纳的外国所得税额中由我国居民企业就该项分得的股息性质的所得间接负担的部分,在我国的应纳税额中抵免。

依据:《企业境外所得税收抵免操作指南》(国家税务总局公告 2010 年第 1 号印发)

6.2.1.4　直接抵免适用范围

直接抵免主要适用于企业就来源于境外的营业利润所得在境外所缴纳的企业所得税,以及就来源于或发生于境外的股息、红利等权益性投资所得,利息、租金、特许权使用费、财产转让等所得在境外被源泉扣缴的预提所得税。

依据:《企业境外所得税收抵免操作指南》(国家税务总局公告 2010 年第 1 号印发)

为缓解由于国家间对所得来源地判定标准的重叠而产生的国际重复征税,我国税法对非居民企业在中国境内分支机构取得的发生于境外的所得所缴纳的境外税额,给予了与居民企业类似的税额抵免待遇。对此类非居民给予的境外税额抵免仅涉及直接抵免。

依据:《企业境外所得税收抵免操作指南》(国家税务总局公告 2010 年第 1 号印发)

6.2.1.5　间接抵免适用范围

间接抵免的适用范围为居民企业从其符合规定的境外子公司取得的股息、红利等权益性投资收益所得。

依据:《企业境外所得税收抵免操作指南》(国家税务总局公告 2010 年第 1 号印发)

6.2.1.6　抵免限额

抵免限额是指企业来源于中国境外的所得,依照《企业所得税法》及其实施条例的规定计算的应纳税额。除国务院财政、税务主管部门另有规定外,该抵免限额应当分国(地区)不分项计算,计算公式如下:

$$抵免限额 = 中国境内、境外所得依照企业所得税法和企业所得税法实施条例的规定计算的应纳税总额 \times \frac{来源于某国(地区)的应纳税所得额}{中国境内、境外应纳税所得总额}$$

依据:《中华人民共和国企业所得税法实施条例》第七十八条

自 2017 年 1 月 1 日起,企业可以选择按国(地区)别分别计算[即"分国(地区)不分项"],或者不按国(地区)别汇总计算[即"不分国(地区)不分项"]其来源于境外的应纳税所得额,并按照财税〔2009〕125 号文件第八条规定的税率,分别计算其可抵免境外所得税税额和抵免限额。上述方式一经选择,5 年内不得改变。

企业选择采用不同于以前年度的方式(以下简称新方式)计算可抵免境外所得税税额和抵免限额时,对该企业以前年度按照《财政部　国家税务总局关于企业境外所得税收抵免有关问题的通知》(财税〔2009〕125 号,以下简称财税〔2009〕125 号文件)规定没有抵免完的余额,可在税法规定结转的剩余年限内,按新方式计算的抵免限额中继续结转抵免。

企业境外所得税收抵免的其他事项,按照财税〔2009〕125 号文件的有关规定执行。

依据:《财政部　税务总局关于完善企业境外所得税收抵免政策问题的通知》(财税〔2017〕84 号)第一条、第三条

6.2.1.7 境外已纳所得税额

《企业所得税法》第二十三条所称已在境外缴纳的所得税税额,是指企业来源于中国境外的所得依照中国境外税收法律以及相关规定应当缴纳并已经实际缴纳的企业所得税性质的税款。

依据:《中华人民共和国企业所得税法实施条例》第七十七条

6.2.1.8 超过抵免限额部分在以后5个年度内抵免

《企业所得税法》第二十三条所称5个年度,是指从企业取得的来源于中国境外的所得,已经在中国境外缴纳的企业所得税性质的税额超过抵免限额的当年的次年起连续5个纳税年度。

依据:《中华人民共和国企业所得税法实施条例》第七十九条

6.2.1.9 直接控制的含义

《企业所得税法》第二十四条所称直接控制,是指居民企业直接持有外国企业20%以上股份。

依据:《中华人民共和国企业所得税法实施条例》第八十条

6.2.1.10 间接控制的含义

《企业所得税法》第二十四条所称间接控制,是指居民企业以间接持股方式持有外国企业20%以上股份,具体认定办法由国务院财政、税务主管部门另行制定。

依据:《中华人民共和国企业所得税法实施条例》第八十条

6.2.2 具体计算

6.2.2.1 总体计算步骤

企业应按照《企业所得税法》及其实施条例、税收协定以及财税〔2009〕125号文件的规定,准确计算下列当期与抵免境外所得税有关的项目后,确定当期实际可抵免分国(地区)别的境外所得税税额和抵免限额:

(1)境内所得的应纳税所得额(以下称境内应纳税所得额)和分国(地区)别的境外所得的应纳税所得额(以下称境外应纳税所得额)。

(2)分国(地区)别的可抵免境外所得税税额。

(3)分国(地区)别的境外所得税的抵免限额。

企业不能准确计算上述项目实际可抵免分国(地区)别的境外所得税税额的,在相应国家(地区)缴纳的税收均不得在该企业当期应纳税额中抵免,也不得结转以后年度抵免。

依据:《财政部 国家税务总局关于企业境外所得税收抵免有关问题的通知》(财税〔2009〕125号)第二条

企业取得境外所得,其在中国境外已经实际直接缴纳和间接负担的企业所得税性质的税额,进行境外税额抵免计算的基本项目包括:境内、境外所得分国别(地区)的应纳税所得额、可抵免税额、抵免限额和实际抵免税额。不能按照有关税收法律法规准确计算实际可抵免的境外分国别(地区)的所得税税额的,不应给予税收抵免。

依据:《企业境外所得税收抵免操作指南》(国家税务总局公告 2010 年第 1 号印发)

自 2017 年 1 月 1 日起,企业可以选择按国(地区)别分别计算[即"分国(地区)不分项"],或者不按国(地区)别汇总计算[即"不分国(地区)不分项"]其来源于境外的应纳税所得额,并按照财税〔2009〕125 号文件第八条规定的税率,分别计算其可抵免境外所得税税额和抵免限额。上述方式一经选择,5 年内不得改变。

企业选择采用不同于以前年度的方式(以下简称新方式)计算可抵免境外所得税税额和抵免限额时,对该企业以前年度按照财税〔2009〕125 号文件规定没有抵免完的余额,可在税法规定结转的剩余年限内,按新方式计算的抵免限额中继续结转抵免。

企业境外所得税收抵免的其他事项,按照财税〔2009〕125 号文件的有关规定执行。

依据:《财政部 税务总局关于完善企业境外所得税收抵免政策问题的通知》(财税〔2017〕84 号)第一条、第三条

6.2.2.2 实际应纳所得税额的计算

企业抵免境外所得税额后实际应纳所得税额的计算公式为:

$$\text{企业实际应纳所得税额} = \text{企业境内外所得应纳税总额} - \text{企业所得税减免、抵免优惠税额} - \text{境外所得税抵免额}$$

依据:《财政部 国家税务总局关于企业境外所得税收抵免有关问题的通知》(财税〔2009〕125 号)第十二条

6.2.2.3 境外应纳税所得额的计算

一、计算的总体规定

企业应就其按照《企业所得税法实施条例》第七条规定确定的中国境外所得(境外税前所得),按以下规定计算《企业所得税法实施条例》第七十八条规定的境外应纳税所得额:

(1)居民企业在境外投资设立不具有独立纳税地位的分支机构(境外分支机构),其来源于境外的所得,以境外收入总额扣除与取得境外收入有关的各项合理支出后的余额为应纳税所得额。各项收入、支出按企业所得税法及实施条例的有关规定确定。

居民企业在境外设立不具有独立纳税地位的分支机构取得的各项境外所得,无论是否汇回中国境内,均应计入该企业所属纳税年度的境外应纳税所得额。

(2)居民企业应就其来源于境外的股息、红利等权益性投资收益,以及利息、租金、特许权使用费、转让财产等收入,扣除按照《企业所得税法》及实施条例等规定计算的与取得该项收入有关的各项合理支出后的余额为应纳税所得额。来源于境外的股息、红利等权益性投资收益,应按被投资方作出利润分配决定的日期确认收入实现;来源于境外的利息、租金、特许权使用费、转让财产等收入,应按有关合同约定应付交易对价款的日期确认收入实现。

(3)非居民企业在境内设立机构、场所的,应就其发生在境外但与境内所设机构、场所有实际联系的各项应税所得,比照上述第(2)项的规定计算相应的应纳税所得额。

（4）在计算境外应纳税所得额时，企业为取得境内、外所得而在境内、境外发生的共同支出，与取得境外应税所得有关的、合理的部分，应在境内、境外［分国（地区）别，下同］应税所得之间，按照合理比例进行分摊后扣除。

（5）在汇总计算境外应纳税所得额时，企业在境外同一国家（地区）设立不具有独立纳税地位的分支机构，按照《企业所得税法》及实施条例的有关规定计算的亏损，不得抵减其国内或他国（地区）的应纳税所得额，但可以用同一国家（地区）其他项目或以后年度的所得按规定弥补。

依据：《财政部　国家税务总局关于企业境外所得税收抵免有关问题的通知》（财税〔2009〕125号）第三条

二、税额还原后的境外税前所得

根据《企业所得税法实施条例》第七十八条规定确定的境外所得，在计算适用境外税额直接抵免的应纳税所得额时，应为将该项境外所得直接缴纳的境外所得税额还原计算后的境外税前所得；上述直接缴纳税额还原后的所得中属于股息、红利所得的，在计算适用境外税额间接抵免的境外所得时，应再将该项境外所得间接负担的税额还原计算，即该境外股息、红利所得应为境外股息、红利税后净所得与就该项所得直接缴纳和间接负担的税额之和。

对上述税额还原后的境外税前所得，应再就计算企业应纳税所得总额时已按税法规定扣除的有关成本费用中与境外所得有关的部分进行对应调整扣除后，计算为境外应纳税所得额。

依据：《企业境外所得税收抵免操作指南》（国家税务总局公告2010年第1号印发）

三、应对应调整扣除的有关成本费用

从境外收到的股息、红利、利息等境外投资性所得一般表现为毛所得，应对在计算企业总所得额时已做统一扣除的成本费用中与境外所得有关的部分，在该境外所得中对应调整扣除后，才能作为计算境外税额抵免限额的境外应纳税所得额。在就境外所得计算应对应调整扣除的有关成本费用时，应对如下成本费用（但不限于）予以特别注意：

（1）股息、红利，应对应调整扣除与境外投资业务有关的项目研究、融资成本和管理费用。

（2）利息，应对应调整扣除为取得该项利息而发生的相应的融资成本和相关费用。

（3）租金，属于融资租赁业务的，应对应调整扣除其融资成本；属于经营租赁业务的，应对应调整扣除租赁物相应的折旧或折耗。

（4）特许权使用费，应对应调整扣除提供特许使用的资产的研发、摊销等费用。

（5）财产转让，应对应调整扣除被转让财产的成本净值和相关费用。

非居民企业在中国境内设立机构、场所，在享受境外税额抵免时，也应就其发生在境外但与境内所设机构、场所有实际联系的各项应税所得，比照上述的规定计算境外所得的应纳税所得额。

依据：《企业境外所得税收抵免操作指南》（国家税务总局公告2010年第1号印发）

【案例6-1】 来源于境外利息收入的应纳税所得额的计算

中国A银行向甲国某企业贷出500万元,合同约定的利率为5％。2009年A银行收到甲国企业就应付利息25万元扣除已在甲国扣缴的预提所得税2.5万元(预提所得税税率为10％)后的22.5万元税后利息。A银行应纳税所得总额为1000万元,已在应纳税所得总额中扣除的该笔境外贷款的融资成本为本金的4％。

问题:该银行应纳税所得总额中境外利息收入的应纳税所得额是多少?

分析:来源于境外利息收入的应纳税所得额,应为已缴纳境外预提所得税前的就合同约定的利息收入总额,再对应调整扣除相关筹资成本费用等。

境外利息收入总额＝税后利息＋已扣除税额＝22.5＋2.5＝25(万元)。

对应调整扣除相关成本费用后的应纳税所得额＝25－500×4％＝5(万元)。

该境外利息收入用于计算境外税额抵免限额的应纳税所得额为5万元,应纳税所得总额仍为1000万元不变。

四、石油企业的特殊规定

石油企业可以选择按国(地区)别分别计算[即"分国(地区)不分项"],或者不按国(地区)别汇总计算[即"不分国(地区)不分项"]其来源于境外油(气)项目投资、工程技术服务和工程建设的油(气)资源开采活动的应纳税所得额,并按《财政部 国家税务总局关于企业境外所得税收抵免有关问题的通知》(财税〔2009〕125号)第八条规定的税率,分别计算其可抵免境外所得税税额和抵免限额。上述方式一经选择,5年内不得改变。

石油企业选择采用不同于以前年度的方式(以下简称新方式)计算可抵免境外所得税税额和抵免限额时,对该企业以前年度按照财税〔2009〕125号文件规定没有抵免完的余额,可在税法规定结转的剩余年限内,按新方式计算的抵免限额中继续结转抵免。

依据:《财政部 国家税务总局关于我国石油企业在境外从事油(气)资源开采所得税收抵免有关问题的通知》(财税〔2011〕23号)第一条

6.2.2.4 境外所得实现年度

对企业境外所得的实现年度及其税额抵免年度应按以下原则确认:

(1)企业来源于境外的股息、红利等权益性投资收益所得,若实际收到所得的日期与境外被投资方作出利润分配决定的日期不在同一纳税年度的,应按被投资方作出利润分配日所在的纳税年度确认境外所得。

企业来源于境外的利息、租金、特许权使用费、转让财产等收入,若未能在合同约定的付款日期当年收到上述所得,仍应按合同约定付款日期所属的纳税年度确认境外所得。

(2)属于《企业所得税法》第四十五条以及《企业所得税法实施条例》第一百一十七条和第一百一十八条规定情形的,应按照有关法律法规的规定确定境外所得的实现年度。

(3)企业收到某一纳税年度的境外所得已纳税凭证时,凡是迟于次年5月31日汇算清缴终止日的,可以对该所得境外税额抵免追溯计算。

非居民企业在中国境内设立机构、场所,在享受境外税额抵免时,也应就其发生在境外但与境内所设机构、场所有实际联系的各项应税所得,比照上述的规定计算境外所得的应纳税所得额。

依据:《企业境外所得税收抵免操作指南》(国家税务总局公告 2010 年第 1 号印发)

6.2.2.5 境外分支机构与我国对应的纳税年度

企业在境外投资设立不具有独立纳税地位的分支机构,其计算生产、经营所得的纳税年度与我国规定的纳税年度不一致的,与我国纳税年度当年度相对应的境外纳税年度,应为在我国有关纳税年度中任何一日结束的境外纳税年度。

企业取得上款以外的境外所得实际缴纳或间接负担的境外所得税,应在该项境外所得实现日所在的我国对应纳税年度的应纳税额中计算抵免。

依据:《财政部 国家税务总局关于企业境外所得税收抵免有关问题的通知》(财税〔2009〕125 号)第十一条

不具有独立纳税地位,是指根据企业设立地法律不具有独立法人地位或者按照税收协定规定不认定为对方国家(地区)的税收居民。

依据:《财政部 国家税务总局关于企业境外所得税收抵免有关问题的通知》(财税〔2009〕125 号)第十三条

【案例 6-2】 境外分支机构纳税年度的判定

某居民企业在 A 国的分公司,按 A 国法律规定,计算当期利润年度为每年 10 月 1 日至次年 9 月 30 日。

分析:该分公司按 A 国规定计算 2009 年 10 月 1 日至次年 9 月 30 日期间(即 A 国 2009/2010 年度)的营业利润及其已纳税额,应在我国 2010 年度计算纳税及境外税额抵免。

6.2.2.6 共同费用支出及分摊

共同支出是指与取得境外所得有关但未直接计入境外所得应纳税所得额的成本费用支出,通常包括未直接计入境外所得的营业费用、管理费用和财务费用等支出。

企业应对在计算总所得额时已统一归集并扣除的共同费用,按境外每一国(地区)别数额占企业全部数额的下列一种比例或几种比例的综合比例,在每一国别的境外所得中对应调整扣除,计算来自每一国别的应纳税所得额。

(1)资产比例。
(2)收入比例。
(3)员工工资支出比例。
(4)其他合理比例。

上述分摊比例确定后应报送主管税务机关备案,无合理原因不得改变。

依据:《企业境外所得税收抵免操作指南》(国家税务总局公告 2010 年第 1 号印发)

6.2.2.7 抵免限额的计算

一、计算公式

企业应按照《企业所得税法》及其实施条例和《财政部 国家税务总局关于企业境外所得税收抵免有关问题的通知》(财税〔2009〕125 号)的有关规定分国(地区)别计算境外税额的抵免限额。

$$\begin{aligned}\text{某国(地区)}\\ \text{所得税抵}\\ \text{免限额}\end{aligned} = \begin{aligned}\text{中国境内、境外所得依照}\\ \text{《企业所得税法》及实施条例的}\\ \text{规定计算的应纳税总额}\end{aligned} \times \begin{aligned}\text{来源于某国}\\ \text{(地区)的应纳}\\ \text{税所得额}\end{aligned} \div \begin{aligned}\text{中国境内、境}\\ \text{外应纳税}\\ \text{所得总额}\end{aligned}$$

据以计算上述公式中"中国境内、境外所得依照《企业所得税法》及实施条例的规定计算的应纳税总额"的税率，除国务院财政、税务主管部门另有规定外，应为《企业所得税法》第四条第一款规定的税率。

企业按照《企业所得税法》及其实施条例和《财政部 国家税务总局关于企业境外所得税收抵免有关问题的通知》（财税〔2009〕125号）的有关规定计算的当期境内、境外应纳税所得总额小于零的，应以零计算当期境内、境外应纳税所得总额，其当期境外所得税的抵免限额也为零。

依据：《财政部 国家税务总局关于企业境外所得税收抵免有关问题的通知》（财税〔2009〕125号）第八条

【案例6-3】 抵免限额及实际抵免境外税额计算

中国居民企业A分别控股了四家公司甲国B1、甲国B2、乙国B3、乙国B4，持股比例分别为50%、50%、100%、100%；B1持有丙国C1公司30%股份，B2持有丙国C2公司50%股份，B3持有丁国C3公司50%股份，B4持有丁国C4公司50%股份；C1、C2、C3、C4分别持有戊国D公司20%、40%、25%、15%股份；D公司持有戊国E公司100%股份，如图6-1所示。

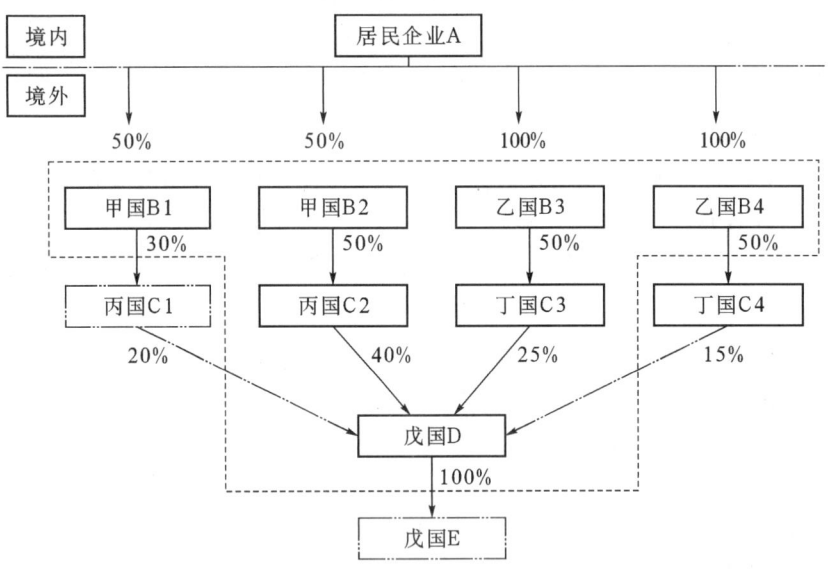

图6-1 居民企业A境外持股结构图（多层）

假设A公司申报的境内外所得总额为15 796.25万元，其中取得境外股息所得为5 250万元（已还原向境外直接缴纳10%的预提所得税525万元，但未含应还原计算的境外间接负担的税额），其中甲国2 250万元，乙国3 000万元；同时假设A公司用于管理四个B子公司的管理费合计为433.75万元，其中用于甲国B1、B2公司的管理费用为184.5

万元,用于乙国 B3、B4 公司的管理费用为 249.25 万元,应在计算来自两个国家四个 B 子公司的股息应纳税所得时对应调整扣除。另外经计算 A 公司来自甲国的可抵免间接负担境外已纳税额为 912.5 万元;来自乙国的可抵免间接负担境外已纳税额为 1 291.25 万元。

分析:(1)境外股息所得应为境外股息净所得与境外直接缴纳税额和间接缴纳税额之和 7 453.75 万元(5 250+2 203.75),其中:

来源于甲国股息所得 3 162.5 万元(2 250+912.5)。

来源于乙国股息所得 4 291.25 万元(3 000+1 291.25)。

(2)境外股息所得对应调整扣除相关管理费后的应纳税所得额为 7 020 万元(7 453.75−433.75),其中:

来源于甲国股息所得对应调整后应纳税所得额为 2 978 万元(3 162.5−184.5)。

来源于乙国股息所得对应调整后应纳税所得额为 4 042 万元(4 291.25−249.25)。

(3)境外间接负担税额还原计算后境内、外应纳税所得总额为:

已还原直接税额的境内外所得总额+可予计算抵免的间接税额=15 796.25+2 203.75=18 000(万元)。

(4)企业应纳税总额为:

应纳税所得总额×适用税率=18 000×25%=4 500(万元)。

(5)计算抵免限额为:

① 来源于甲国所得的抵免限额为:

应纳税总额×甲国的应纳税所得额÷中国境内、境外应纳税所得总额=4 500×2 978÷18 000=744.5(万元)。

② 来源于乙国所得的抵免限额为:

应纳税总额×乙国的应纳税所得额÷中国境内、境外应纳税所得总额=4 500×4 042÷18 000=1 010.5(万元)。

(6)计算其当年度可实际抵免的境外税额。

① 甲国:

可抵免境外税额=直接税额+间接负担税额=225+912.5=1 137.5(万元);

抵免限额=744.5(万元)<1 137.5 万元;

当年可实际抵免税额=744.5(万元);

可结转的当年度未抵免税额=1 137.5−744.5=393(万元)。

② 乙国:

可抵免境外税额=直接税额+间接负担税额=300+1 291.5=1 591.25(万元);

抵免限额=1 010.5(万元)<1 591.25 万元;

当年可实际抵免税额=1 010.5(万元);

可结转的当年度未抵免税额=1 591.25−1 010.5=580.75(万元)。

③ 当年度可实际抵免税额合计=744.5+1 010.5=1 755(万元)。

④ 企业实际应纳所得税额(假设 A 公司没有适用税法规定的有关设备投资抵免税

额等优惠）：境内外应纳所得税总额－当年可实际抵免境外税额＝18 000×25％－1 755＝2 745(万元)。

二、税率适用

中国境内外所得依照《企业所得税法》及实施条例的规定计算的应纳税总额的税率是25％，即使企业境内所得按税收法规规定享受企业所得税优惠的，在进行境外所得税额抵免限额计算中的中国境内、外所得应纳税总额所适用的税率也应为25％。若国务院财政、税务主管部门规定境外所得与境内所得享受相同企业所得税优惠政策的，应按有关优惠政策的适用税率或税收负担率计算其应纳税总额和抵免限额；简便计算，也可以按该境外应纳税所得额直接乘以其实际适用的税率或税收负担率得出抵免限额。

依据：《企业境外所得税收抵免操作指南》(国家税务总局公告2010年第1号印发)

以境内、境外全部生产经营活动有关的研究开发费用总额、总收入、销售收入总额、高新技术产品(服务)收入等指标申请并经认定的高新技术企业，其来源于境外的所得可以享受高新技术企业所得税优惠政策，即对其来源于境外所得可以按照15％的优惠税率缴纳企业所得税，在计算境外抵免限额时，可按照15％的优惠税率计算境内外应纳税总额。

依据：《财政部 国家税务总局关于高新技术企业境外所得适用税率及税收抵免问题的通知》(财税〔2011〕47号)第一条

三、境内外盈亏处理

若企业境内所得为亏损，境外所得为盈利，且企业已使用同期境外盈利全部或部分弥补了境内亏损，则境内已用境外盈利弥补的亏损不得再用以后年度境内盈利重复弥补。由此，在计算境外所得抵免限额时，形成当期境内、外应纳税所得总额小于零的，应以零计算当期境内、外应纳税所得总额，其当期境外所得税的抵免限额也为零。上述境外盈利在境外已纳的可予抵免但未能抵免的税额可以在以后5个纳税年度内进行结转抵免。

如果企业境内为亏损，境外盈利分别来自多个国家，则弥补境内亏损时，企业可以自行选择弥补境内亏损的境外所得来源国家(地区)顺序。

依据：《企业境外所得税收抵免操作指南》(国家税务总局公告2010年第1号印发)

【案例6-4】 境外盈利弥补境内亏损时，境外已缴税额的处理

表6-1 境外已纳税额处理明细表

金额单位：万元

项目	境内企业	境外营业机构	境外已纳税额	抵免限额	结转以后年度抵免余额
税率	25％	30％	—	—	—
第一年利润	－100	100	30	0	30
第二年利润	100	100	30	25	35

分析：第一年，应纳税所得额＝－100＋100＝0，抵免限额为0，境外已缴税额结转下一年度抵补余额为30万元。

第二年：应纳税所得额＝100＋100＝200(万元)；

当年境外所得税税额＝30(万元)；

抵免限额＝200×25％×(100÷200)＝25(万元)＜30 万元；

实际抵免境外所得税额＝25(万元)；

留待以后结转抵免税额＝30－25＋30＝35(万元)。

四、境外分支机构亏损弥补

在汇总计算境外应纳税所得额时，企业在境外同一国家(地区)设立不具有独立纳税地位的分支机构，按照企业所得税法及实施条例的有关规定计算的亏损，不得抵减其国内或他国(地区)的应纳税所得额，但可以用同一国家(地区)其他项目或以后年度的所得按规定弥补。

依据：《财政部　国家税务总局关于企业境外所得税收抵免有关问题的通知》(财税〔2009〕125号)第三条

五、非实际亏损额

企业在同一纳税年度的境内外所得加总为正数的，其境外分支机构发生的亏损，由于上述结转弥补的限制而发生的未予弥补的部分(以下称为非实际亏损额)，今后在该分支机构的结转弥补期限不受5年期限制。即：

(1) 如果企业当期境内外所得盈利额与亏损额加总后和为零或正数，则其当年度境外分支机构的非实际亏损额可无限期向后结转弥补。

(2) 如果企业当期境内外所得盈利额与亏损额加总后和为负数，则以境外分支机构的亏损额超过企业盈利额部分的实际亏损额，按《企业所得税法》第十八条规定的期限进行亏损弥补，未超过企业盈利额部分的非实际亏损额仍可无限期向后结转弥补。

企业应对境外分支机构的实际亏损额与非实际亏损额不同的结转弥补情况做好记录。

依据：《企业境外所得税收抵免操作指南》(国家税务总局公告2010年第1号印发)

【案例6-5】 境外分支机构亏损的弥补

中国居民A企业2008年度境内外净所得为160万元。其中，境内所得的应纳税所得额为300万元；设在甲国的分支机构当年度应纳税所得额为100万元；设在乙国的分支机构当年度应纳税所得额为－300万元；A企业当年度从乙国取得利息所得的应纳税所得额为60万元。调整计算该企业当年度境内、外所得的应纳税所得额如下：

(1) A企业当年度境内外净所得为160万元，但依据境外亏损不得在境内或他国盈利中抵减的规定，其发生在乙国分支机构的当年度亏损额300万元，仅可以用从该国取得的利息60万元弥补，未能弥补的非实际亏损额240万元，不得从当年度企业其他盈利中弥补。因此，相应调整后A企业当年境内、外应纳税所得额为：

境内应纳税所得额＝300(万元)；

甲国应纳税所得额＝100(万元)；

乙国应纳税所得额＝－240(万元)；

A企业当年度应纳税所得总额＝400(万元)。

(2) A企业当年度境外乙国未弥补的非实际亏损共240万元,允许A企业以其来自乙国以后年度的所得无限期结转弥补。

6.2.2.8 可抵免的境外已缴纳所得税税额

一、可抵免的境外所得税税额的基本条件

可抵免的境外所得税税额的基本条件为:

(1) 企业来源于中国境外的所得依照中国境外税收法律以及相关规定计算而缴纳的税额。

(2) 缴纳的属于企业所得税性质的税额,而不拘泥于名称。

(3) 限于企业应当缴纳且已实际缴纳的税额。

(4) 可抵免的企业所得税税额,若是税收协定非适用所得税项目,或来自非协定国家的所得,无法判定是否属于对企业征收的所得税税额的,应层报国家税务总局裁定。

依据:《企业境外所得税收抵免操作指南》(国家税务总局公告2010年第1号印发)

二、不可抵免的境外所得税税款

可抵免境外所得税税额,是指企业来源于中国境外的所得依照中国境外税收法律以及相关规定应当缴纳并已实际缴纳的企业所得税性质的税款。但不包括:

(1) 按照境外所得税法律及相关规定属于错缴或错征的境外所得税税款。

(2) 按照税收协定规定不应征收的境外所得税税款。

(3) 因少缴或迟缴境外所得税而追加的利息、滞纳金或罚款。

(4) 境外所得税纳税人或者其利害关系人从境外征税主体得到实际返还或补偿的境外所得税税款。

(5) 按照我国《企业所得税法》及其实施条例规定,已经免征我国企业所得税的境外所得负担的境外所得税税款。

(6) 按照国务院财政、税务主管部门有关规定已经从企业境外应纳税所得额中扣除的境外所得税税款。

依据:《财政部 国家税务总局关于企业境外所得税收抵免有关问题的通知》(财税〔2009〕125号)第四条

三、境外可抵免税款汇率折算

企业取得的境外所得已直接缴纳和间接负担的税额为人民币以外货币的,在以人民币计算可予抵免的境外税额时,凡企业记账本位币为人民币的,应按企业就该项境外所得记入账内时使用的人民币汇率进行换算;凡企业以人民币以外其他货币作为记账本位币的,应统一按实现该项境外所得对应的我国纳税年度最后一日的人民币汇率中间价进行换算。

依据:《企业境外所得税收抵免操作指南》(国家税务总局公告2010年第1号印发)

6.2.2.9 实际抵免税额的计算

一、基本规定

计算实际应抵免的境外已缴纳和间接负担的所得税税额时,企业在境外一国(地区)当年缴纳和间接负担的符合规定的所得税税额低于所计算的该国(地区)抵免限额的,应以该项税额作为境外所得税抵免额从企业应纳税总额中据实抵免;超过抵免限额的,当年应以抵免限额作为境外所得税抵免额进行抵免,超过抵免限额的余额允许从次年起在连续5个纳税年度内,用每年度抵免限额抵免当年应抵税额后的余额进行抵补。

依据:《财政部 国家税务总局关于企业境外所得税收抵免有关问题的通知》(财税〔2009〕125号)第九条

二、具体抵免顺序

企业每年应分国(地区)别在抵免限额内据实抵免境外所得税额,超过抵免限额的部分可在以后连续5个纳税年度延续抵免;企业当年境外一国(地区)可抵免税额中既有属于当年已直接缴纳或间接负担的境外所得税额,又有以前年度结转的未逾期可抵免税额时,应首先抵免当年已直接缴纳或间接负担的境外所得税额后,抵免限额有余额的,可再抵免以前年度结转的未逾期可抵免税额,仍抵免不足的,继续向以后年度结转。

依据:《企业境外所得税收抵免操作指南》(国家税务总局公告2010年第1号印发)

三、建立境外税额抵免管理台账

税务机关、企业在年度企业所得税汇算清缴时,应对结转以后年度抵免的境外所得税额分国别(地区)建立台账管理,准确填写逐年抵免情况。

依据:《企业境外所得税收抵免操作指南》(国家税务总局公告2010年第1号印发)

6.2.3 实际间接负担税额的计算

6.2.3.1 境外投资收益实际间接负担税额的计算公式

居民企业在按照《企业所得税法》第二十四条规定用境外所得间接负担的税额进行税收抵免时,其取得的境外投资收益实际间接负担的税额,是指根据直接或者间接持股方式合计持股20%以上(含20%,下同)的规定层级的外国企业股份,由此应分得的股息、红利等权益性投资收益中,从最低一层外国企业起逐层计算的属于由上一层企业负担的税额,其计算公式如下:

$$\text{本层企业所纳税额属于由一家上一层企业负担的税额} = \left[\text{本层企业就利润和投资收益所实际缴纳的税额} + \text{符合财税〔2009〕125文件规定的由本层企业间接负担的税额}\right] \times \frac{\text{本层企业向一家上一层企业分配的股息(红利)}}{\text{本层企业所得税后利润额}}$$

依据:《财政部 国家税务总局关于企业境外所得税收抵免有关问题的通知》(财税〔2009〕125号)第五条

6.2.3.2 关于适用间接抵免的外国企业持股条件

一、一般规定

除国务院财政、税务主管部门另有规定外,按照《企业所得税法实施条例》第八十条规定由居民企业直接或者间接持有20%以上股份的外国企业,限于符合以下持股方式的三层外国企业:

第一层:单一居民企业直接持有20%以上股份的外国企业。

第二层：单一第一层外国企业直接持有 20% 以上股份，且由单一居民企业直接持有或通过一个或多个符合本条规定持股条件的外国企业间接持有总和达到 20% 以上股份的外国企业。

第三层：单一第二层外国企业直接持有 20% 以上股份，且由单一居民企业直接持有或通过一个或多个符合本条规定持股条件的外国企业间接持有总和达到 20% 以上股份的外国企业。

依据：《财政部 国家税务总局关于企业境外所得税收抵免有关问题的通知》（财税〔2009〕125 号）第六条

符合规定的"持股条件"是指各层企业直接持股、间接持股以及为计算居民企业间接持股总和比例的每一个单一持股，均应达到 20% 的持股比例。

依据：《企业境外所得税收抵免操作指南》（国家税务总局公告 2010 年第 1 号印发）

自 2017 年 1 月 1 日起，企业在境外取得的股息所得，在按规定计算该企业境外股息所得的可抵免所得税额和抵免限额时，由该企业直接或者间接持有 20% 以上股份的外国企业，限于按照财税〔2009〕125 号文件第六条规定的持股方式确定的五层外国企业，即：

第一层：企业直接持有 20% 以上股份的外国企业。

第二层至第五层：单一上一层外国企业直接持有 20% 以上股份，且由该企业直接持有或通过一个或多个符合财税〔2009〕125 号文件第六条规定持股方式的外国企业间接持有总和达到 20% 以上股份的外国企业。

依据：《财政部 税务总局关于完善企业境外所得税收抵免政策问题的通知》（财税〔2017〕84 号）第二条

【案例 6-6】 二层持股条件的判定

中国居民 A 企业直接持有甲国 B 企业 20% 股份，直接持有乙国 C 企业 16% 股份，并且 B 企业直接持有 C 企业 20% 股份，如图 6-2 所示。

分析：（1）中国居民 A 企业直接持有甲国 B 企业 20% 股份，满足直接持股 20%（含 20%）的条件。

（2）中国居民 A 企业直接持有乙国 C 企业 16% 股份，间接持有乙国 C 企业股份 = 20%×20%＝4%，由于 A 企业直接持有 C 企业的股份不足 20%，故不能计入 A 企业对 C 企业直接持股或间接持股的总和比例之中。因此，C 企业未满足居民企业通过一个或多个符合规定持股条件的外国企业间接持有总和达到 20% 以上股份的外国企业的规定。

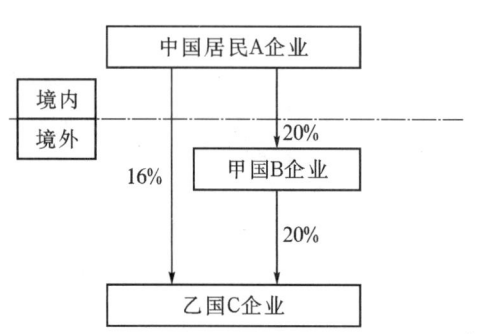

图 6-2 居民 A 企业境外持股结构图（二层）

【案例 6-7】 多层持股条件的综合判定

中国居民企业 A 分别控股了四家公司甲国 B1、甲国 B2、乙国 B3、乙国 B4，持股比例分别为 50%、50%、100%、100%；B1 持有丙国 C1 公司 30% 股份，B2 持有丙国 C2 公司

50%股份,B3持有丁国C3公司50%股份,B4持有丁国C4公司50%股份;C1、C2、C3、C4分别持有戊国D公司20%、40%、25%、15%股份;D公司持有戊国E公司100%股份。如图6-3所示。

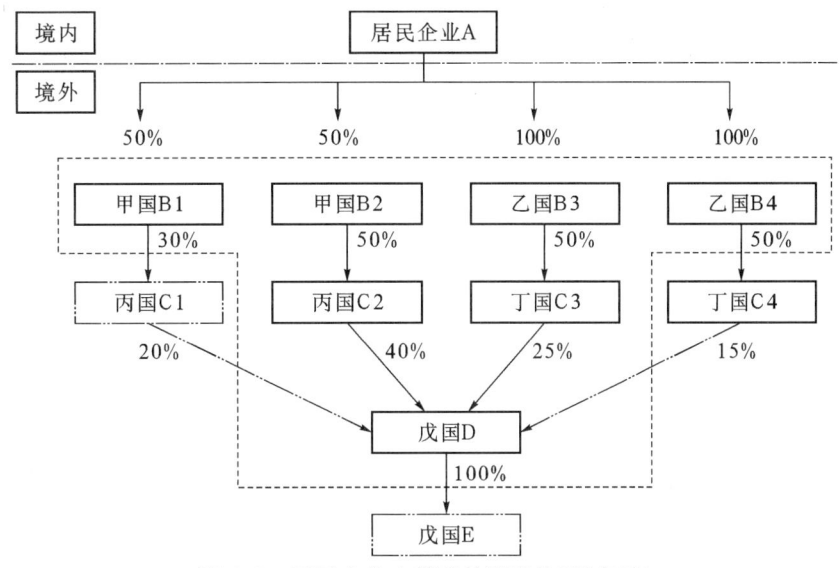

图 6-3 居民企业A境外持股结构图(多层)

注:虚线内为判定符合间接持股条件的公司及可就分配的股息计算间接抵免税额的所持股份。

分析:(1)B层各公司间接抵免持股条件的判定:

B1、B2、B3、B4公司分别直接被A公司控股50%、50%、100%、100%,均符合间接抵免第一层公司的持股条件。

(2)C层各公司间接抵免持股条件的判定:

① C1公司虽然被符合条件的上一层公司B1控股30%,但仅受居民企业A间接控股15%(50%×30%),因此,属于不符合间接抵免持股条件的公司(但如果协定的规定为10%,则符合间接抵免条件)。

② C2公司被符合条件的上一层公司B2控股50%,且被居民企业A间接控股达到25%(50%×50%),因此,属于符合间接抵免持股条件的公司。

③ C3公司被符合条件的上一层公司B3控股50%,且被居民企业A间接控股达到50%(100%×50%),因此,属于符合间接抵免持股条件的公司。

④ C4公司情形与C3公司相同,属于符合间接抵免持股条件的公司。

(3)D公司间接抵免持股条件的判定:

① 虽然D公司被C1控股达到了20%,但由于C1属于不符合持股条件的公司,所以,C1对D公司的20%持股也不得再计入D公司间接抵免持股条件的范围,来源于D公司20%部分的所得的已纳税额不能进入居民企业A的抵免范畴。

② D公司被C2控股达到40%,但被A通过符合条件的B2、C2间接持股仅10%,未达到20%,因此,还不能由此判定D是否符合间接抵免条件。

③ D公司被C3控股达到25%,且由A通过符合条件的B3、C3间接控股达12.5%

（100％×50％×25％），加上A通过B2、C2的间接控股10％，间接控股总和达到22.5％。因此，D公司符合间接抵免条件，其所纳税额中属于向C2和C3公司分配的65％股息所负担的部分，可进入A公司的间接抵免范畴。

④ D公司被C4控股15％，虽然C4自身为符合持股条件的公司，但其对D公司的持股不符合直接控股达20％的持股条件。因此，该C4公司对D公司15％的持股，不能计入居民企业A对D公司符合条件的间接持股总和之中。同时，D公司所纳税额中属于向C4公司按其持股15％分配的股息所负担的部分，也不能进入居民企业A的间接抵免范畴。

（4）E公司间接抵免持股条件的判定：

居民企业A通过其他公司对E的间接控制由于超过了三层［居民企业A→B2(B3)→C2(C3)→D→E，E公司处于向下四层］。因此，E公司不能纳入A公司的间接抵免范畴。即使D公司和E公司在戊国实行集团合并（汇总）纳税，D公司就E公司所得所汇总缴纳的税额部分，也须在计算A公司间接负担税额时在D公司合并（汇总）税额中扣除。

二、石油企业的特殊规定

石油企业在境外从事油（气）项目投资、工程技术服务和工程建设的油（气）资源开采活动取得的股息所得，在按规定计算该石油企业境外股息所得的可抵免所得税额和抵免限额时，由该企业直接或者间接持有20％以上股份的外国企业，限于按照财税〔2009〕125号文件第六条规定的持股方式确定的五层外国企业，即：

第一层：石油企业直接持有20％以上股份的外国企业。

第二层至第五层：单一上一层外国企业直接持有20％以上股份，且由该石油企业直接持有或通过一个或多个符合财税〔2009〕125号文件第六条规定持股方式的外国企业间接持有总和达到20％以上股份的外国企业。

依据：《财政部 国家税务总局关于我国石油企业在境外从事油（气）资源开采所得税收抵免有关问题的通知》（财税〔2011〕23号）第二条

6.2.3.3 本层企业及其税额的含义

上述公式中，本层企业是指实际分配股息（红利）的境外被投资企业。

本层企业就利润和投资收益所实际缴纳的税额是指本层企业按所在国税法就利润缴纳的企业所得税和在被投资方所在国就分得的股息等权益性投资收益被源泉扣缴的预提所得税。

依据：《企业境外所得税收抵免操作指南》（国家税务总局公告2010年第1号印发）

6.2.3.4 本层企业间接负担税额的含义

该公式中符合规定的由本层企业间接负担的税额是指该层企业由于从下一层企业分回股息（红利）而间接负担的由下一层企业就其利润缴纳的企业所得税税额。

依据：《企业境外所得税收抵免操作指南》（国家税务总局公告2010年第1号印发）

6.2.3.5 向上一层企业分配股息（红利）的含义

上述公式中本层企业向一家上一层企业分配的股息（红利）是指该层企业向上一层企业实际分配的扣缴预提所得税前的股息（红利）数额。

依据：《企业境外所得税收抵免操作指南》(国家税务总局公告2010年第1号印发)

6.2.3.6 本层企业所得税后利润额的含义

上述公式中本层企业所得税后利润额是指该层企业实现的利润总额减去就其利润实际缴纳的企业所得税后的余额。

依据：《企业境外所得税收抵免操作指南》(国家税务总局公告2010年第1号印发)

6.2.3.7 不同年度间接负担的税额计算

每一层企业从其持股的下一层企业在一个年度中分得的股息(红利)，若是由该下一层企业不同年度的税后未分配利润组成，则应按该股息(红利)对应的每一年度未分配利润，分别计算就该项分配利润所间接负担的税额；按各年度计算的间接负担税额之和，即为取得股息(红利)的企业该一个年度中分得的股息(红利)所得所间接负担的所得税额。

依据：《企业境外所得税收抵免操作指南》(国家税务总局公告2010年第1号印发)

【案例6-8】 境外股息所得在我国计算抵免的时间

某居民企业的境外子公司于2010年5月1日通过股东会决定，将分别属于2007年、2008年的未分配利润共计2 000万元分配。

分析： 该2 000万元均属于该居民企业2010年取得的股息，就该股息被扣缴的预提所得税以及该股息间接负担的由境外子公司就其2008年、2009年度利润缴纳的境外所得税，均应按规定的适用条件在该居民企业2010年应纳我国企业所得税中计算抵免。

6.2.3.8 不同国别负担税额的归集计算

境外第二层及以下层级企业归属不同国家的，在计算居民企业负担境外税额时，均以境外第一层企业所在国(地区)为国别划分进行归集计算，而不论该第一层企业的下层企业归属何国(地区)。

依据：《企业境外所得税收抵免操作指南》(国家税务总局公告2010年第1号印发)

【案例6-9】 间接负担税额的计算

中国居民企业A分别控股了四家公司甲国B1、甲国B2、乙国B3、乙国B4，持股比例分别为50%、50%、100%、100%；B1持有丙国C1公司30%股份，B2持有丙国C2公司50%股份，B3持有丁国C3公司50%股份，B4持有丁国C4公司50%股份；C1、C2、C3、C4分别持有戊国D公司20%、40%、25%、15%股份；D公司持有戊国E公司100%股份。如图6-4所示。

对A公司于2010年年初申报的2009年度符合条件的各层公司生产经营及分配股息情况，计算A公司可进入抵免的间接负担的境外所得税额如下：

(1) 计算甲国B1及其下层各企业已纳税额中属于A公司可予抵免的间接负担税额：

① C1公司及其对D公司20%持股税额的计算。

由于C1不符合A公司的间接抵免条件，因此，其就利润所纳税额及其按持有D公司20%股份而分得股息直接缴纳的预提所得税，及该股息所包含的D公司税额，均不应计算

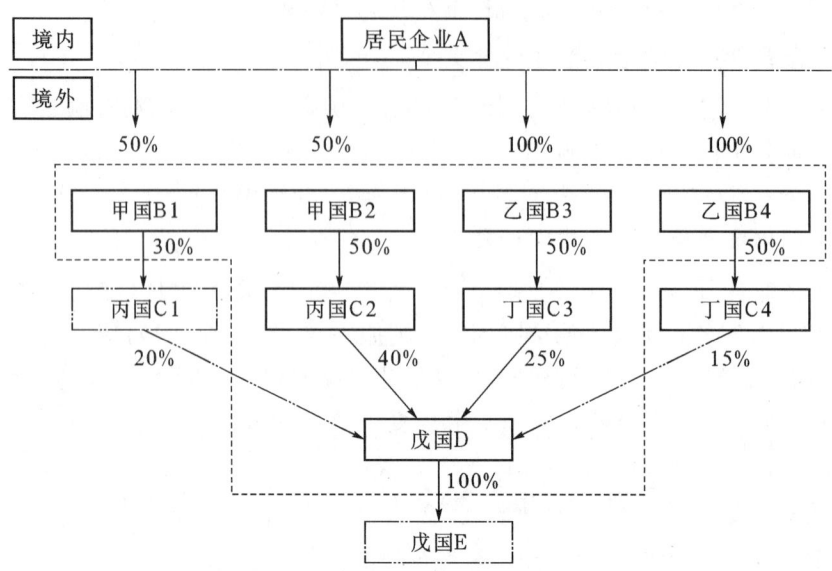

图 6-4 居民企业 A 境外持股结构图(多层)

注:虚线内为判定符合间接持股条件的公司及可就分配的股息计算间接抵免税额的所持股份。

为由 A 公司可予抵免的间接负担税额。

② B1 公司税额的计算。

B1 公司符合 A 公司的间接抵免持股条件。B1 公司应纳税所得总额为 1 000 万元(假设该"应纳税所得总额"中在 B1 公司所在国计算税额抵免时已包含投资收益还原计算的间接税额,下同),其中来自 C1 公司的投资收益为 300 万元(含预提税),按 10% 缴纳 C1 公司所在国预提所得税额为 30 万元(300×10%),无符合抵免条件的间接税额。

B1 公司适用税率为 30%,其当年在所在国按该国境外税收抵免规定计算后实际缴纳所在国所得税额为 210 万元;B1 公司当年税前利润为 1 000 万元,则其当年税后利润为 760 万元(1 000−210−30),且全部分配。B1 公司向 A 公司按其持股比例 50% 分配股息 380 万元。

将上述数据代入《财政部 国家税务总局关于企业境外所得税收抵免有关问题的通知》(财税〔2009〕125 号)第五条公式[即本层企业所纳税额属于由一家上一层企业负担的税额=(本层企业就利润和投资收益所实际缴纳的税额+符合财税〔2009〕125 号文件规定的由本层企业间接负担的税额)×本层企业向一家上一层企业分配的股息(红利)÷本层企业所得税后利润额,下同]计算,A 公司就从 B1 公司分得股息间接负担的可在我国应纳税额中抵免的税额为:

(210+30+0)×(380÷760)=120(万元)。

(2)计算甲国 B2 及其下层各企业已纳税额中属于 A 公司可予抵免的间接负担税额:

① D 公司税额的计算。

D 公司符合 A 公司的间接抵免持股条件。D 公司应纳税所得总额和税前会计利润均为 1 250 万元,适用税率为 20%,无投资收益和缴纳预提所得税项目。当年 D 公司在所在国缴纳企业所得税为250万元;D公司将当年税后利润1 000万元全部分配;D公司向C2公司按其持股比例40%分配股息400万元。

将上述数据代入财税〔2009〕125号文件第五条公式计算,D公司已纳税额属于可由C2公司就分得股息间接负担的税额为100万元:

$(250+0+0)\times(400\div1\,000)=100(万元)$。

② C2公司税额的计算。

C2公司符合A公司的间接抵免持股条件。C2公司应纳税所得总额为2 000万元;其中从D公司分得股息400万元,按10%缴纳D公司所在国预提所得税额为40万元($400\times10\%$),符合条件的间接负担下层公司税额100万元。

C2公司适用税率为25%,假设其当年享受直接和间接抵免后实际缴纳所在国所得税额为360万元;当年税前利润为2 000万元,则其税后利润为1 600万元(2 000－360－40)。

C2公司将当年税后利润的一半用于分配,C2公司向B2公司按其持股比例50%分配股息400万元($1\,600\times50\%\times50\%$);同时,将该公司2008年未分配税后利润1 600万元(实际缴纳所得税额为400万元,且无投资收益和缴纳预提所得税项目)一并分配,向B2公司按其持股比例50%分配股息800万元($1\,600\times50\%$)。

C2公司向B2公司按其持股比例分配股息1 200万元。

将上述数据代入财税〔2009〕125号文件第五条公式计算,C2公司已纳税额属于可由B2公司就2009年度分得股息间接负担的税额共计为325万元,其中以2009年度利润分配股息间接负担的税额125万元$[(360+40+100)\times(400\div1\,600)]$;以2008年度利润分配股息间接负担的税额200万元$[(400+0+0)\times(800\div1\,600)]$。

③ B2公司税额的计算。

B2公司符合A公司的间接抵免持股条件。B2公司应纳税所得总额为5 000万元,其中来自C2公司的投资收益为1 200万元,按10%缴纳C2公司所在国预提所得税额为120万元($1\,200\times10\%$),符合条件的间接负担下层公司税额325万元。

B2公司适用税率为30%,假设其当年享受直接和间接抵免后实际缴纳所在国所得税额为1 140万元;当年税前利润为5 000万元,则其税后利润为3 740万元(5 000－1 140－120),且全部分配。

B2公司向A公司按其持股比例50%分配股息1 870万元。

将上述数据代入财税〔2009〕125号文件第五条公式计算,A公司就从B2公司分得股息间接负担的可在我国应纳税额中抵免的税额为:

$(1\,140+120+325)\times(1\,870\div3\,740)=792.5(万元)$。

(3) 计算乙国B3及其下层各企业已纳税额中属于A公司可予抵免的间接负担税额:

① D公司税额的计算。

D公司符合A公司的间接抵免持股条件。D公司应纳税所得总额为1 250万元,适用税率为20%,无投资收益和缴纳预提所得税项目。当年D公司在所在国缴纳企业所得税为 250 万元;D 公司将当年税后利润 1 000 万元全部分配。

D 公司向 C3 公司按其持股比例 25% 分配股息 250 万元。

将上述数据代入财税〔2009〕125 号文件第五条公式计算,D 公司已纳税额属于可由 C3 公司就分得股息间接负担的税额为:

(250+0+0)×(250÷1 000)=62.5(万元)。

② C3 公司税额的计算。

C3 公司符合 A 公司的间接抵免持股条件。C3 公司应纳税所得总额为 1 000 万元;其中从 D 公司分得股息 250 万元,按 10% 缴纳 D 公司所在国预提所得税额为 25 万元(250×10%),符合条件的间接负担下层公司税额 62.5 万元。

C3 公司适用税率为 30%,假设其当年享受直接和间接抵免后实际缴纳所在国所得税额为 245 万元;当年税前利润为 1 000 万元,则其税后利润为 730 万元(1 000－245－25),且全部分配。

C3 公司向 B3 公司按其持股比例 50% 分配股息 365 万元。

将上述数据代入财税〔2009〕125 号文件第五条公式计算,C3 公司已纳税额属于可由 B3 公司就分得股息间接负担的税额为:

(245+25+62.5)×(365÷730)=166.25(万元)。

③ B3 公司税额的计算。

B3 公司符合 A 公司的间接抵免持股条件。B3 公司应纳税所得总额为 2 000 万元,其中来自 C3 公司的投资收益为 365 万元,按 10% 缴纳 C3 公司所在国预提所得税额为 36.5 万元(365×10%),符合条件的间接负担下层公司税额 166.25 万元。

B3 公司适用税率为 30%,假设其当年享受直接和间接抵免后实际缴纳所在国所得税额为 463.5 万元;当年税前利润为 2 000 万元,则其税后利润为 1 500 万元(2 000－463.5－36.5),且全部分配。

B3 公司向 A 公司按其持股比例 100% 分配股息 1500 万元。

将上述数据代入财税〔2009〕125 号文件第五条公式计算,A 公司就从 B3 公司分得股息间接负担的可在我国应纳税额中抵免的税额为:

(463.5+36.5+166.25)×(1 500÷1 500)=666.25(万元)。

(4) 计算乙国 B4 及其下层各企业已纳税额中属于 A 公司可予抵免的间接负担税额:

① D 公司税额的计算。

D 公司被 C4 公司持有的 15% 股份不符合 A 公司享受间接抵免的持股比例条件,因此,其所纳税额中属于该 15% 股息负担的部分不能通过 C4 等公司计入 A 公司可予抵免的间接负担税额。

② C4 公司税额的计算。

C4 公司符合 A 公司的间接抵免持股条件。C4 公司应纳税所得总额为 1 000 万元;其中从 D 公司分得股息 150 万元,其按 10% 直接缴纳 D 公司所在国的预提所得税额 15 万元(150×10%)属于可计算 A 公司间接抵免的税额,无符合条件的间接负担税额。

C4公司适用税率为25%,假设其当年享受直接和间接抵免后实际缴纳所在国所得税额为235万元;当年税前利润为1 000万元,则其税后利润为750万元(1 000－235－15),且全部分配。

C4公司向B4公司按其持股比例50%分配股息375万元。

将上述数据代入财税〔2009〕125号文件第五条公式计算,C4公司已纳税额属于可由B4公司就分得股息间接负担的税额为:

(235＋15＋0)×(375÷750)＝125(万元)。

③ B4公司税额的计算。

B4公司符合A公司的间接抵免持股条件。B4公司应纳税所得总额为2 000万元,其中来自C4公司的投资收益为375万元,按10%缴纳C4公司所在国预提所得税额为37.5万元(375×10%),符合条件的间接负担下层公司税额125万元。

B4公司适用税率为30%,假设其当年享受直接和间接抵免后实际缴纳所在国所得税额为462.5万元;当年税前利润为2 000万元,则其税后利润为1 500万元(2 000－462.5－37.5),且全部分配。

B4公司向A公司按其持股比例100%分配股息1 500万元。

将上述数据代入财税〔2009〕125号文件第五条公式计算,A公司就从B4公司分得股息间接负担的可在我国应纳税额中抵免的税额为625万元:

(462.5＋37.5＋125)×(1 500÷1 500)＝625(万元)。

(5) 上述计算后,A公司可适用间接抵免的境外所得及间接负担的境外已纳税额分别为:

① 可适用间接抵免的境外所得(含直接所缴预提所得税但未含间接负担的税额)为5 250万元,其中:

来自甲国的境外所得＝B1股息＋B2股息＝380＋1 870＝2 250(万元)。

来自乙国的境外所得＝B3股息＋B4股息＝1 500＋1 500＝3 000(万元)。

② 可抵免的间接负担境外已纳税额为2 203.75万元,其中:

来自甲国的可抵免间接负担境外已纳税额＝间接负担B1税额＋间接负担B2税额＝120＋792.5＝912.5(万元)。

来自乙国的可抵免间接负担境外已纳税额＝间接负担B3税额＋间接负担B4税额＝666.25＋625＝1 291.25(万元)。

(6) 计算A公司可适用抵免的全部境外所得税额为:

① 假设上项境外所得在来源国均按10%税率直接缴纳境外预提所得税合计为525万元,其中:

缴纳甲国预提所得税＝2 250×10%＝225(万元)。

缴纳乙国预提所得税＝3 000×10%＝300(万元)。

② 来自甲乙两国所得的全部可抵免税额分别为:

甲国:直接缴纳＋间接负担＝225＋912.5＝1 137.5(万元)。

乙国:直接缴纳＋间接负担＝300＋1 291.25＝1 591.25(万元)。

6.2.4 饶让抵免

6.2.4.1 税收饶让抵免应纳税额的确定

居民企业从与我国政府订立税收协定（或安排）的国家（地区）取得的所得，按照该国（地区）税收法律享受了免税或减税待遇，且该免税或减税的数额按照税收协定规定应视同已缴税额在中国的应纳税额中抵免的，该免税或减税数额可作为企业实际缴纳的境外所得税额用于办理税收抵免。

依据：《财政部 国家税务总局关于企业境外所得税收抵免有关问题的通知》（财税〔2009〕125号）第七条

6.2.4.2 税收饶让抵免的计算

税收饶让抵免应区别下列情况进行计算：

（1）税收协定规定定率饶让抵免的，饶让抵免税额为按该定率计算的应纳境外所得税额超过实际缴纳的境外所得税额的数额。

（2）税收协定规定列举一国税收优惠额给予饶让抵免的，饶让抵免税额为按协定国家（地区）税收法律规定税率计算的应纳所得税额超过实际缴纳税额的数额，即实际税收优惠额。

依据：《企业境外所得税收抵免操作指南》（国家税务总局公告2010年第1号印发）

【案例6-10】 税收饶让抵免的计算

中国居民企业A公司，在甲国投资设立了B公司，甲国政府为鼓励境外投资，对B公司第一个获利年度实施了企业所得税免税。按甲国的税法规定，企业所得税税率为20%。A公司获得了B公司免税年度分得的利润2 000万元。根据中国和甲国政府签订税收协定规定，中国居民从甲国取得的所得，按照协定规定在甲国缴纳的税额可以在对居民征收的中国税收中抵免。所缴纳的税额包括假如没有按照该缔约国给予减免税或其他税收优惠而本应缴纳的税额。所缴纳的甲国税收应包括相当于所放弃的甲国税收的数额。计算如下：

A公司在计算缴纳企业所得税时，B公司的免税额＝2 000×20%＝400（万元），应计算为由A公司抵免的间接负担的境外税额。

6.2.4.3 不适用饶让抵免的情形

（1）境外所得采用简易办法计算抵免额的，不适用饶让抵免。

（2）企业取得的境外所得根据来源国税收法律法规不判定为所在国应税所得，而按中国税收法律法规规定属于应税所得的，不属于税收饶让抵免范畴，应全额按中国税收法律法规规定缴纳企业所得税。

依据：《企业境外所得税收抵免操作指南》（国家税务总局公告2010年第1号印发）

6.2.5 简易办法计算

6.2.5.1 适用简易办法计算抵免的情形

属于下列情形的，经企业申请，主管税务机关核准，可以采取简易办法对境外所得已纳税额计算抵免：

（1）企业从境外取得营业利润所得以及符合境外税额间接抵免条件的股息所得，虽有所得来源国（地区）政府机关核发的具有纳税性质的凭证或证明，但因客观原因无法真实、准确地确认应当缴纳并已经实际缴纳的境外所得税税额的，除就该所得直接缴纳及间接负担的税额在所得来源国（地区）的实际有效税率低于我国《企业所得税法》第四条第一款规定税率50%以上的外，可按境外应纳税所得额的12.5%作为抵免限额，企业按该国（地区）税务机关或政府机关核发具有纳税性质凭证或证明的金额，其不超过抵免限额的部分，准予抵免；超过的部分不得抵免。

属于本款规定以外的股息、利息、租金、特许权使用费、转让财产等投资性所得，均应按《财政部 国家税务总局关于企业境外所得税收抵免有关问题的通知》（财税〔2009〕125号）的其他规定计算境外税额抵免。

（2）企业从境外取得营业利润所得以及符合境外税额间接抵免条件的股息所得，凡就该所得缴纳及间接负担的税额在所得来源国（地区）的法定税率且其实际有效税率明显高于我国的，可直接以按财税〔2009〕125号文件规定计算的境外应纳税所得额和我国《企业所得税法》规定的税率计算的抵免限额作为可抵免的已在境外实际缴纳的企业所得税税额。财政部、国家税务总局可根据实际情况适时对名单进行调整。

属于本款规定以外的股息、利息、租金、特许权使用费、转让财产等投资性所得，均应按财税〔2009〕125号文件的其他规定计算境外税额抵免。

注：根据《国家税务总局关于企业境外所得适用简易征收和饶让抵免的核准事项取消后有关后续管理问题的公告》（国家税务总局公告2015年第70号）的规定，本文第十条中"经企业申请，主管税务机关核准"的规定2015年10月10日起废止。

依据：《财政部 国家税务总局关于企业境外所得税收抵免有关问题的通知》（财税〔2009〕125号）第十条

6.2.5.2 法定税率明显高于我国的境外所得来源国

法定税率明显高于我国的境外所得来源国，包括：美国、阿根廷、布隆迪、喀麦隆、古巴、法国、日本、摩洛哥、巴基斯坦、赞比亚、科威特、孟加拉国、叙利亚、约旦、老挝。

依据：《财政部 国家税务总局关于企业境外所得税收抵免有关问题的通知》（财税〔2009〕125号）

6.2.5.3 后续备案要求

企业在年度汇算清缴期内，应向主管税务机关报送备案资料，备案资料的具体内容按照《国家税务总局关于发布〈企业境外所得税收抵免操作指南〉的公告》（国家税务总局公告2010年第1号）第三十条的规定执行。

《财政部 国家税务总局关于企业境外所得税收抵免有关问题的通知》（财税〔2009〕125号）第十条中"经企业申请，主管税务机关核准"的规定同时废止。

依据：《国家税务总局关于企业境外所得适用简易征收和饶让抵免的核准事项取消后有关后续管理问题的公告》（国家税务总局公告2015年第70号）

6.2.6 资料报送要求

6.2.6.1 提供境外纳税凭证

企业依照《企业所得税法》第二十三条、第二十四条的规定抵免企业所得税税额时,应当提供中国境外税务机关出具的税款所属年度的有关纳税凭证。

依据:《中华人民共和国企业所得税法实施条例》第八十一条

6.2.6.2 境外所得申报税收抵免需提供资料

企业申报抵免境外所得税收时应向其主管税务机关提交如下书面资料:

(1)与境外所得相关的完税证明或纳税凭证(原件或复印件)。

(2)不同类型的境外所得申报税收抵免还需分别提供:

① 取得境外分支机构的营业利润所得需提供境外分支机构会计报表;境外分支机构所得依照中国境内企业所得税法及实施条例的规定计算的应纳税额的计算过程及说明资料;具有资质的机构出具的有关分支机构审计报告等。

② 取得境外股息、红利所得需提供集团组织架构图;被投资公司章程复印件;境外企业有权决定利润分配的机构作出的决定书等。

③ 取得境外利息、租金、特许权使用费、转让财产等所得需提供依照中国境内企业所得税法及实施条例规定计算的应纳税额的资料及计算过程;项目合同复印件等。

(3)主管税务机关要求提供的其他资料。

以上提交备案资料使用非中文的,企业应同时提交中文译本复印件。

上述资料已向税务机关提供的,可不再提供;上述资料若有变更的,须重新提供;复印件须注明与原件一致,译本须注明与原本无异义,并加盖企业公章。

依据:《企业境外所得税收抵免操作指南》(国家税务总局公告2010年第1号印发)

6.2.6.3 申请享受税收饶让抵免的还需补充提供资料

申请享受税收饶让抵免的还需提供:

(1)本企业及其直接或间接控制的外国企业在境外所获免税及减税的依据及证明或有关审计报告披露该企业享受的优惠政策的复印件。

(2)企业在其直接或间接控制的外国企业的参股比例等情况的证明复印件。

(3)间接抵免税额或者饶让抵免税额的计算过程。

(4)由本企业直接或间接控制的外国企业的财务会计资料。

依据:《企业境外所得税收抵免操作指南》(国家税务总局公告2010年第1号印发)

6.2.6.4 采用简易办法计算抵免限额还需补充提供资料

采用简易办法计算抵免限额的还需提供:

(1)取得境外分支机构的营业利润所得需提供企业申请及有关情况说明;来源国(地区)政府机关核发的具有纳税性质的凭证和证明复印件。

(2)取得符合境外税额间接抵免条件的股息所得需提供企业申请及有关情况说明;符合《企业所得税法》第二十四条条件的有关股权证明的文件或凭证复印件。

依据：《企业境外所得税收抵免操作指南》(国家税务总局公告 2010 年第 1 号印发)

6.2.7 其他补充规定

6.2.7.1 哈萨克斯坦超额利润税税收抵免

自 2018 年度汇缴起，企业在哈萨克斯坦缴纳的超额利润税，属于企业在境外缴纳的企业所得税性质的税款，依据《企业所得税法》及其实施条例、《财政部 国家税务总局关于企业境外所得税收抵免有关问题的通知》(财税〔2009〕125 号)、《国家税务总局关于发布〈企业境外所得税收抵免操作指南〉的公告》(国家税务总局公告 2010 年第 1 号)和《财政部税务总局关于完善企业境外所得税收抵免政策问题的通知》(财税〔2017〕84 号)等有关规定，应纳入可抵免境外所得税税额范围，计算境外税收抵免。

依据：《国家税务总局关于哈萨克斯坦超额利润税税收抵免有关问题的公告》(国家税务总局公告 2019 年第 1 号)

6.2.7.2 境外承包工程税收抵免凭证有关问题

一、境外承包工程税收抵免凭证

自 2017 年度起，企业以总分包或联合体方式在境外实施工程项目(包括但不限于工程建设、基础设施建设等项目，下同)，其来源于境外所得已在境外缴纳的企业所得税税额，可按《国家税务总局关于企业境外承包工程税收抵免凭证有关问题的公告》(国家税务总局公告 2017 年第 41 号)规定以总承包企业或联合体主导方企业开具的《境外承包工程项目完税凭证分割单(总分包方式)》[以下简称《分割单(总分包方式)》]或《境外承包工程项目完税凭证分割单(联合体方式)》[以下简称《分割单(联合体方式)》]作为境外所得完税证明或纳税凭证进行税收抵免。

依据：《国家税务总局关于企业境外承包工程税收抵免凭证有关问题的公告》(国家税务总局公告 2017 年第 41 号)第一条

二、总分包方式在境外承包工程税收抵免

企业以总分包方式在境外承包工程，除总承包企业自行施工的部分外，发生分包(再分包，下同)的，其分包部分来源于境外所得已由总承包企业在境外缴纳的企业所得税税额，总承包企业可按实际取得的收入、工作量等因素确定的合理比例进行分配，开具《分割单(总分包方式)》，并将《分割单(总分包方式)》复印件提供给分包企业，分包企业据此申报抵免。总承包企业按分配后的余额申报抵免。同一项目分配方法应当一致，且在项目存续期内不得改变。

依据：《国家税务总局关于企业境外承包工程税收抵免凭证有关问题的公告》(国家税务总局公告 2017 年第 41 号)第二条

三、以联合体方式中标境外工程税收抵免

企业以联合体方式中标境外工程，该联合体在境外缴纳的企业所得税税额可由主导方企业按实际取得的收入、工作量等因素确定的合理比例进行分配，开具《分割单(联合体方式)》，并将《分割单(联合体方式)》复印件提供给联合体各方企业，联合体各方企业据此申报抵免。

联合体主导方可按合同收入占比孰高原则或事先约定进行确定。

依据：《国家税务总局关于企业境外承包工程税收抵免凭证有关问题的公告》（国家税务总局公告2017年第41号）第三条

四、备案要求

总承包企业作为境外纳税主体，应就其在境外缴纳的企业所得税税额，填制《分割单（总分包方式）》后提交主管税务机关备案，并将以下资料留存备查：

（1）总承包企业与境外发包方签订的总承包合同。

（2）总承包企业与分包企业签订的分包合同，如建设项目再分包的，还需留存备查分包企业与再分包企业签订的再分包合同。

（3）总承包企业境外所得相关完税证明或纳税凭证。

（4）境外所得缴纳的企业所得税税额按收入、工作量等因素确定的合理比例分配的计算过程及相关说明。

依据：《国家税务总局关于企业境外承包工程税收抵免凭证有关问题的公告》（国家税务总局公告2017年第41号）第四条

联合体作为境外纳税主体，应就其在境外缴纳的企业所得税税额，由主导方企业填制《分割单（联合体方式）》后提交主管税务机关备案，并将以下资料留存备查：

（1）联合体与境外发包方签订的工程承包合同。

（2）各方企业组建联合体合同或协议。

（3）联合体境外所得相关完税证明或纳税凭证。

（4）境外所得缴纳的企业所得税税额按收入、工作量等因素确定的合理比例分配的计算过程及相关说明。

依据：《国家税务总局关于企业境外承包工程税收抵免凭证有关问题的公告》（国家税务总局公告2017年第41号）第五条

总承包企业或联合体主导方企业应按项目分别建立分割单台账，准确记录境外所得缴纳税额分配情况。

依据：《国家税务总局关于企业境外承包工程税收抵免凭证有关问题的公告》（国家税务总局公告2017年第41号）第六条

分包企业或联合体各方企业申报抵免时，应将《分割单（总分包方式）》或《分割单（联合体方式）》复印件提交主管税务机关备案。主管税务机关对企业有关境外所得抵免有异议的，可以向总承包企业或联合体主导方企业的主管税务机关提出书面复核建议，总承包企业或联合体主导方企业的主管税务机关在收到复核建议后30日内函复复核结果。

依据：《国家税务总局关于企业境外承包工程税收抵免凭证有关问题的公告》（国家税务总局公告2017年第41号）第七条

总承包企业、分包企业及联合体各方企业主管税务机关在后续管理过程中发现企业存在多抵免税款情况的，应及时将信息告知相关各方企业的主管税务机关。

依据：《国家税务总局关于企业境外承包工程税收抵免凭证有关问题的公告》（国家税务总局公告2017年第41号）第八条

五、执行时间

《国家税务总局关于企业境外承包工程税收抵免凭证有关问题的公告》(国家税务总局公告 2017 年第 41 号)适用于 2017 年度及以后年度企业所得税汇算清缴。以前年度尚未进行境外税收抵免处理的,可按国家税务总局公告 2017 年第 41 号文件的规定执行。

依据:《国家税务总局关于企业境外承包工程税收抵免凭证有关问题的公告》(国家税务总局公告 2017 年第 41 号)第九条

第 7 章

税 收 优 惠

7.1 概述

国家对重点扶持和鼓励发展的产业和项目,给予企业所得税优惠。

依据:《中华人民共和国企业所得税法》第二十五条

7.1.1 优惠制定权限

企业所得税法规定的税收优惠的具体办法,由国务院规定。

依据:《中华人民共和国企业所得税法》第三十五条

根据国民经济和社会发展的需要,或者由于突发事件等原因对企业经营活动产生重大影响的,国务院可以制定企业所得税专项优惠政策,报全国人民代表大会常务委员会备案。

依据:《中华人民共和国企业所得税法》第三十六条

除《企业所得税法》及实施条例、《国务院关于实施企业所得税过渡优惠政策的通知》(国发〔2007〕39 号)、《国务院关于经济特区和上海浦东新区新设立高新技术企业实行过渡性税收优惠的通知》(国发〔2007〕40 号)及《财政部 国家税务总局关于企业所得税若干优惠政策的通知》(财税〔2008〕1 号)规定的优惠政策以外,2008 年 1 月 1 日之前实施的其他企业所得税优惠政策一律废止。各地区、各部门一律不得越权制定企业所得税的优惠政策。

依据:《财政部 国家税务总局关于企业所得税若干优惠政策的通知》(财税〔2008〕1 号)第五条

7.1.2 优惠衔接

企业所得税法公布前已经批准设立的企业,依照当时的税收法律、行政法规规定,享受低税率优惠的,按照国务院规定,可以在企业所得税法施行后 5 年内,逐步过渡到企业所得税法规定的税率;享受定期减免税优惠的,按照国务院规定,可以在企业所得税法施行后继续享受到期满为止,但因未获利而尚未享受优惠的,优惠期限从企业所得税法施行年度起计算。

在法律设置的发展对外经济合作和技术交流的特定地区内,以及在国务院已规定执行上述地区特殊政策的地区内新设立的国家需要重点扶持的高新技术企业,可以享受过渡性税收优惠,具体办法由国务院规定。

国家已确定的其他鼓励类企业,可以按照国务院规定享受减免税优惠。

依据:《中华人民共和国企业所得税法》第五十七条

7.1.3　税收优惠核算要求

企业同时从事适用不同企业所得税待遇的项目的,其优惠项目应当单独计算所得,并合理分摊企业的期间费用;没有单独计算的,不得享受企业所得税优惠。

依据:《中华人民共和国企业所得税法实施条例》第一百零二条

7.2　免税收入

企业的下列收入为免税收入:
(1) 国债利息收入。
(2) 符合条件的居民企业之间的股息、红利等权益性投资收益。
(3) 在中国境内设立机构、场所的非居民企业从居民企业取得与该机构、场所有实际联系的股息、红利等权益性投资收益。
(4) 符合条件的非营利组织的收入。

依据:《中华人民共和国企业所得税法》第二十六条

企业取得的各项免税收入所对应的各项成本费用,除另有规定者外,可以在计算企业应纳税所得额时扣除。

依据:《国家税务总局关于贯彻落实企业所得税法若干税收问题的通知》(国税函〔2010〕79号)第六条

7.2.1　国债利息收入

7.2.1.1　国债利息收入定义

国债利息收入,是指企业持有国务院财政部门发行的国债取得的利息收入。

依据:《中华人民共和国企业所得税法实施条例》第八十二条

7.2.1.2　国债利息收入时间确认

企业投资国债从国务院财政部门取得的国债利息收入,应以国债发行时约定应付利息的日期,确认利息收入的实现。

企业转让国债,应在国债转让收入确认时确认利息收入的实现。

依据:《国家税务总局关于企业国债投资业务企业所得税处理问题的公告》(国家税务总局公告2011年第36号)第一条第(一)项

7.2.1.3　国债利息收入计算

企业到期前转让国债,或者从非发行者投资购买的国债,其持有期间尚未兑付的国债利息收入,按以下公式计算确定:

$$国债利息收入 = 国债金额 \times (适用年利率 \div 365) \times 持有天数$$

上述公式中的"国债金额",按国债发行面值或发行价格确定;"适用年利率"按国债票面年利率或折合年收益率确定;如企业不同时间多次购买同一品种国债的,"持有天数"可按平均持有天数计算确定。

依据:《国家税务总局关于企业国债投资业务企业所得税处理问题的公告》(国家税务总局公告2011年第36号)第一条第(二)项

7.2.1.4 国债利息收入免税问题

企业取得的国债利息收入,免征企业所得税。具体按以下规定执行:

(1)企业从发行者直接投资购买的国债持有至到期,其从发行者取得的国债利息收入,全额免征企业所得税。

(2)企业到期前转让国债或者从非发行者投资购买的国债,其按7.2.1.3节计算的国债利息收入,免征企业所得税。

依据:《国家税务总局关于企业国债投资业务企业所得税处理问题的公告》(国家税务总局公告2011年第36号)第一条第(三)项

【解读】

针对到期前转让国债,或者从非发行者投资购买的国债,其持有期间尚未兑付的国债利息收入,需要按照公式进行计算。

【例7-1】 某企业2015年1月1日购买新发行的A国债10万张,发行价格100元/张,每年1月1日付息,年利率10%。2016年4月1日又购买了A国债5万张,购买价格120元/张。2016年7月1日转让8万张A国债,出售价150元/张。

由于A国债是每年付息,因此2015年的利息已经兑付,未兑付的国债利息包括第一批购买的国债2016年1月1日到2016年6月30日的利息以及第二批购买的国债2016年4月1日到2016年6月30日的利息,按照这部分的天数进行加权算出平均持有天数。

因此,国债利息收入 $= 8 \times 100 \times (10\% \div 365) \times (181 \times 10 + 90 \times 5) \div (10 + 5) = 33.0228$(万元)。

这部分国债利息收入属于免税收入,在计算国债转让损益时可以从收入中扣除。

总局文件中关于持有天数并未规定具体的计算方法,如"算头算尾""算头不算尾",还是其他方法。在日常工作中,通常采用"算头不算尾"的方法进行计算。

7.2.2 股息、红利等权益性投资收益

7.2.2.1 权益性投资收益定义

符合条件的居民企业之间的股息、红利等权益性投资收益,是指居民企业直接投资于其他居民企业取得的投资收益,不包括连续持有居民企业公开发行并上市流通的股票不足12个月取得的投资收益。

依据:《中华人民共和国企业所得税法实施条例》第八十三条

对内地企业投资者通过沪港通投资香港联交所上市股票取得的股息、红利所得,计入其收入总额,依法计征企业所得税。其中,内地居民企业连续持有H股满12个月取得的股息、红利所得,依法免征企业所得税。

依据:《财政部 国家税务总局 证监会关于沪港股票市场交易互联互通机制试点有关税收政策的通知》(财税〔2014〕81号)第一条

对内地企业投资者通过深港通投资香港联交所上市股票取得的股息、红利所得,计入其收入总额,依法计征企业所得税。其中,内地居民企业连续持有H股满12个月取得的股息、红利所得,依法免征企业所得税。

依据:《财政部 国家税务总局 证监会关于深港股票市场交易互联互通机制试点有关税收政策的通知》(财税〔2016〕127号)第一条

热点问题

1. 某企业将其持有的一上市企业股权委托该企业关联企业代持,代持企业在被投资方股东登记名册上具名,分配时,具名股东将被投资企业分配的股息再转给隐名股东。隐名股东取得的股息、红利等权益性投资收益是否可以享受"符合条件的居民企业之间的股息、红利等权益性投资收益"企业所得税免税税收优惠政策?

答:应以法律要件为准,由具名股东按规定申报享受免税投资收益优惠。隐名股东因不是"直接投资于其他居民企业",其从具名股东处取得的款项,应并入收入总额予以征税。

2. 法人合伙人取得合伙企业对外投资分回的股息,是否可以按"符合条件的居民企业之间的股息、红利等权益性投资收益"享受免税?

答:《国家税务总局关于〈关于个人独资企业和合伙企业投资者征收个人所得税的规定〉执行口径的通知》(国税函〔2001〕84号)规定,合伙企业对外投资分回的利息或者股息、红利,不并入企业的收入,而应单独作为投资者个人取得的利息、股息、红利所得,按"利息、股息、红利所得"应税项目计算缴纳个人所得税。

《财政部 国家税务总局关于合伙企业合伙人所得税问题的通知》(财税〔2008〕159号,以下简称为财税〔2008〕159号文件)第二条规定,合伙企业以每一个合伙人为纳税义务人。合伙企业合伙人是自然人的,缴纳个人所得税;合伙人是法人和其他组织的,缴纳企业所得税。财税〔2008〕159号文件首次对法人和其他组织作为合伙企业合伙人情形下的所得税问题做出原则性规定,并正式确定"先分后税"的原则。据此,法人合伙人取得合伙企业对外投资分回的股息,应作为股息、红利所得,缴纳企业所得税。

同时,《企业所得税法》第二十六条规定,"符合条件的居民企业之间的股息、红利等权益性投资收益"为免税收入,不计入应纳税所得。但是《企业所得税法》法第一条又明确规定:"合伙企业不适用本法。"对于合伙企业从被投资企业获得股息收益并再次分配时,境内法人合伙人是否依然可以享受免税待遇,并没有明确规定。

根据一些案例的判定,可以看出目前税务机关采取了偏严厉的政策执行。即否定了合伙企业为"税收透明体",在合伙企业收到被投资企业分回的投资收益再次进行分配后,在法人合伙人层面上,对此部分收入没有认定为"居民企业之间的股息、红利等权益性投资收益",从而不能享受免征企业所得税的政策。

3. 企业投资新三板挂牌股份公司未满12个月分回的股息、红利收入是否免税?

答:根据《全国中小企业股份转让系统有限责任公司管理暂行办法》(中国证券监督管理委员会令第89号)第三条的规定,股票在全国股份转让系统挂牌的公司为非上市公众公司,股东人数可以超过 200 人,接受中国证券监督管理委员会的统一监督管理。因此,企业投资新三板挂牌股份公司未满 12 个月分回的股息、红利收入为免税收入。

7.2.2.2 权益性投资收入时间确认

企业权益性投资取得股息、红利等收入,应以被投资企业股东会或股东大会作出利润分配或转股决定的日期,确定收入的实现。

被投资企业将股权(票)溢价所形成的资本公积转为股本的,不作为投资方企业的股息、红利收入,投资方企业也不得增加该项长期投资的计税基础。

依据:《国家税务总局关于贯彻落实企业所得税法若干税收问题的通知》(国税函〔2010〕79 号)第四条

热点问题

1."可以享受免税优惠的居民企业间的股息红利投资收益不包括连续持有居民企业公开发行并上市流通的股票不足 12 个月取得的投资收益",是指从买入股票到分红的时间是超过 12 个月还是只要持有股票的时间超过 12 个月就可以,而不管什么时候分红?

答:《国家税务总局关于贯彻落实企业所得税法若干税收问题的通知》(国税函〔2010〕79 号)第四条规定,企业权益性投资取得股息、红利等收入,应以被投资企业股东会或股东大会作出利润分配或转股决定的日期,确定收入的实现。

因此,免税收入不包括连续持有居民企业公开发行并上市流通的股票不足 12 个月取得的投资收益。也就是说,企业买入股票到被投资方作出利润分配决定的日期应不少于 12 个月。

2. 居民企业取得其他居民企业分配的股息,超过其按照投资比例计算的份额,这部分超比例分配的股息是否可以享受免税收入的优惠?

答:企业可以在章程中约定不按投资比例进行分配。且《企业所得税法实施条例》规定,符合条件的居民企业之间的股息、红利等权益性投资收益,是指居民企业直接投资于其他居民企业取得的投资收益,并未限定分配比例。

因此,超比例分配的股息,若符合其他相关规定,可以享受免税收入的优惠。

7.2.2.3 不同投资退出方式中投资收益确认

一、股权转让

企业转让股权收入,应于转让协议生效且完成股权变更手续时,确认收入的实现。转让股权收入扣除为取得该股权所发生的成本后,为股权转让所得。企业在计算股权转让所得时,不得扣除被投资企业未分配利润等股东留存收益中按该项股权所可能分配的金额。

依据:《国家税务总局关于贯彻落实企业所得税法若干税收问题的通知》(国税函〔2010〕79 号)第三条

二、被投资企业清算

被清算企业的股东分得的剩余资产的金额,其中相当于被清算企业累计未分配利润和累计盈余公积中按该股东所占股份比例计算的部分,应确认为股息所得;剩余资产减除股息所得后的余额,超过或低于股东投资成本的部分,应确认为股东的投资转让所得或损失。

依据:《财政部 国家税务总局关于企业清算业务企业所得税处理若干问题的通知》(财税〔2009〕60号)第五条

三、撤资减资

投资企业从被投资企业撤回或减少投资,其取得的资产中,相当于初始出资的部分,应确认为投资收回;相当于被投资企业累计未分配利润和累计盈余公积按减少实收资本比例计算的部分,应确认为股息所得;其余部分确认为投资资产转让所得。

依据:《国家税务总局关于企业所得税若干问题的公告》(国家税务总局公告2011年第34号)第五条

解读

投资的退出有多种方式,包括转让股权、被投资企业清算导致投资终止、撤回或者减少投资等。这三种方式在企业所得税的处理方式上有所不同,要注意区别。《国家税务总局关于贯彻落实企业所得税法若干税收问题的通知》(国税函〔2010〕79号)、《财政部 国家税务总局关于企业清算业务企业所得税处理若干问题的通知》(财税〔2009〕60号)、《国家税务总局关于企业所得税若干问题的公告》(国家税务总局公告2011年第34号)对此进行了规范。在计算投资损益时是否要确认股息所得,确认的顺序又是如何,下面通过三个例题进行说明。

【例7-2】 2015年A公司出资20万元获得了B公司10%的股权,2018年A公司将B公司的股权进行了转让,获得转让对价10万元,转让时B公司累计未分配利润和累计盈余公积合计30万元。

计算步骤:

企业在计算股权转让所得时,不得扣除被投资企业未分配利润等股东留存收益中按该项股权所可能分配的金额。

因此,直接计算股权转让所得为 $10-20=-10$(万元)。

【例7-3】 2015年C公司出资20万元获得了D公司10%的股权,2018年D公司进行了清算,累计未分配利润和累计盈余公积合计30万元。C公司分得10万元。

计算步骤:

(1) 计算股息所得:$30\times10\%=3$(万元)。

(2) 计算投资损益:$10-3-20=-13$(万元),即投资损失13万元。

【例7-4】 2015年E公司出资20万元获得了F公司10%的股权,2018年E公司撤回了对F公司的投资,F公司累计未分配利润和累计盈余公积合计30万元。E公司分得10万元。

计算步骤:

判断取得的资产是否超过初始出资。由于E公司取得的资产未超过初始出资,因此无须再确认股息所得,直接确认投资损失为 $10-20=-10$(万元)。

结合上面的三个例题,总结如表 7-1 所示。

表 7-1 不同投资退出方式下股息所得确认明细表

投资退出方式	转让股权	被投资企业清算导致投资终止	撤回或者减少投资
是否确认股息所得	不确认	确认	当取得资产＞初始投资时,确认

7.2.2.4 2008 年前后政策衔接

2008 年 1 月 1 日之前外商投资企业形成的累积未分配利润,在 2008 年以后分配给外国投资者的,免征企业所得税;2008 年及以后年度外商投资企业新增利润分配给外国投资者的,依法缴纳企业所得税。

依据:《财政部 国家税务总局关于企业所得税若干优惠政策的通知》(财税〔2008〕1 号)第四条

2008 年 1 月 1 日以后,居民企业之间分配属于 2007 年度及以前年度的累积未分配利润而形成的股息、红利等权益性投资收益,也属于免税收入,但不包括连续持有居民企业公开发行并上市流通的股票不足 12 个月取得的投资收益。

依据:《财政部 国家税务总局关于执行企业所得税优惠政策若干问题的通知》(财税〔2009〕69 号)第四条

7.2.2.5 非境内注册居民企业取得的股息、红利

非境内注册居民企业从中国境内其他居民企业取得的股息、红利等权益性投资收益,按照《企业所得税法》第二十六条和《企业所得税法实施条例》第八十三条的规定,作为其免税收入。非境内注册居民企业的投资者从该居民企业分得的股息红利等权益性投资收益,根据《企业所得税法实施条例》第七条第(四)款的规定,属于来源于中国境内的所得,应当征收企业所得税;该权益性投资收益中符合《企业所得税法》第二十六条和《企业所得税法实施条例》第八十三条规定的部分,可作为收益人的免税收入。

依据:《国家税务总局关于境外注册中资控股企业依据实际管理机构标准认定为居民企业有关问题的通知》(国税发〔2009〕82 号)第四条

7.2.2.6 持有创新企业 CDR 取得的股息、红利

(1) 对企业投资者转让创新企业 CDR 取得的差价所得和持有创新企业 CDR 取得的股息、红利所得,按转让股票差价所得和持有股票的股息、红利所得政策规定征免企业所得税。

(2) 对公募证券投资基金(封闭式证券投资基金、开放式证券投资基金)转让创新企业 CDR 取得的差价所得和持有创新企业 CDR 取得的股息、红利所得,按公募证券投资基金税收政策规定暂不征收企业所得税。

(3) 对合格境外机构投资者(QFII)、人民币合格境外机构投资者(RQFII)转让创新企业 CDR 取得的差价所得和持有创新企业 CDR 取得的股息、红利所得,视同转让或持有据以发行创新企业 CDR 的基础股票取得的权益性资产转让所得和股息、红利所得征免企业所得税。

依据:《财政部 税务总局 证监会关于创新企业境内发行存托凭证试点阶段有关税收政策的公告》(财政部 税务总局 证监会公告 2019 年第 52 号)

7.2.2.7 符合条件的居民企业之间属于股息、红利性质的永续债利息收入

（1）自2019年1月1日起，企业发行的永续债，可以适用股息、红利企业所得税政策，即投资方取得的永续债利息收入属于股息、红利性质，按照现行企业所得税政策相关规定进行处理，其中，发行方和投资方均为居民企业的，永续债利息收入可以适用企业所得税法规定的居民企业之间的股息、红利等权益性投资收益免征企业所得税规定；同时发行方支付的永续债利息支出不得在企业所得税税前扣除。

（2）上述规定所称永续债是指经国家发展改革委员会、中国人民银行、中国银行保险监督管理委员会、中国证券监督管理委员会核准，或经中国银行间市场交易商协会注册、中国证券监督管理委员会授权的证券自律组织备案，依照法定程序发行、附赎回（续期）选择权或无明确到期日的债券，包括可续期企业债、可续期公司债、永续债务融资工具（含永续票据）、无固定期限资本债券等。

（3）企业发行永续债，应当将其适用的税收处理方法在证券交易所、银行间债券市场等发行市场的发行文件中向投资方予以披露。

（4）发行永续债的企业对每一永续债产品的税收处理方法一经确定，不得变更。企业对永续债采取的税收处理办法与会计核算方式不一致的，发行方、投资方在进行税收处理时须作出相应的纳税调整。

依据：《财政部 税务总局关于永续债企业所得税政策问题的公告》（财政部 税务总局公告2019年第64号）第一条、第四条、第五条、第六条

7.2.3 非营利组织收入

7.2.3.1 非营利组织的条件

符合条件的非营利组织，是指同时符合下列条件的组织：

（1）依法履行非营利组织登记手续。
（2）从事公益性或者非营利性活动。
（3）取得的收入除用于与该组织有关的、合理的支出外，全部用于登记核定或者章程规定的公益性或者非营利性事业。
（4）财产及其孳息不用于分配。
（5）按照登记核定或者章程规定，该组织注销后的剩余财产用于公益性或者非营利性目的，或者由登记管理机关转赠与该组织性质、宗旨相同的组织，并向社会公告。
（6）投入人对投入该组织的财产不保留或者享有任何财产权利。
（7）工作人员工资福利开支控制在规定的比例内，不变相分配该组织的财产。

上述规定的非营利组织的认定管理办法由国务院财政、税务主管部门会同国务院有关部门制定。

依据：《中华人民共和国企业所得税法实施条例》第八十四条

7.2.3.2 非营利组织免税收入的范围

非营利组织的下列收入为免税收入：

（1）接受其他单位或者个人捐赠的收入。

（2）除《企业所得税法》第七条规定的财政拨款以外的其他政府补助收入，但不包括因政府购买服务取得的收入。

（3）按照省级以上民政、财政部门规定收取的会费。

（4）不征税收入和免税收入孳生的银行存款利息收入。

（5）财政部、国家税务总局规定的其他收入。

依据：《财政部 国家税务总局关于非营利组织企业所得税免税收入问题的通知》（财税〔2009〕122号）第一条

符合条件的非营利组织的收入，不包括非营利组织从事营利性活动取得的收入，但国务院财政、税务主管部门另有规定的除外。

依据：《中华人民共和国企业所得税法实施条例》第八十五条

解读

（1）经认定的非营利组织并非所有收入均不纳税，需要区分非营利活动的收入以及营利活动的收入。符合文件规定范围内的非营利活动的收入才能免税，除此之外的收入均需要纳税。

（2）免税收入对应的成本费用除另有规定外均可以在税前扣除，这一点要区别于不征税收入。不征税收入用于支出所形成的费用，不得在计算应纳税所得额时扣除；用于支出所形成的资产，其计算的折旧、摊销不得在计算应纳税所得额时扣除。

热点问题

1. 非营利组织用免税收入购买了理财产品，取得的收益是否免税？

答：免税收入孳生的银行存款利息收入属于免税收入，但不包含理财产品的收益。因此，用免税收入购买理财产品取得的收入不属于免税收入。

2. 对非营利组织取得的省级以上的财政、民政部门规定的会费收入如何判断？

答：根据《民政部 财政部关于取消社会团体会费标准备案规范会费管理的通知》（民发〔2014〕166号，以下简称民发〔2014〕166号文件）的规定，自民发〔2014〕166号文件发布之日起，社会团体通过的会费标准，不再报送业务主管单位、社会团体登记管理机关和财政部门备案。经社会团体登记管理机关批准成立的社会团体，可以向个人会员和单位会员收取会费。社会团体可以依据章程规定的业务范围、工作成本等因素，合理制定会费标准。会费标准的额度应当明确，不得具有浮动性。社会团体制定或者修改会费标准，应当召开会员大会或者会员代表大会，应当有2/3以上会员或者会员代表出席，并经出席会员或者会员代表1/2以上表决通过，表决采取无记名投票方式进行。除会员大会或者会员代表大会以外，不得采取任何其他形式制定或者修改会费标准。

7.2.3.3 非营利组织免税资格认定管理

一、认定条件

自2018年1月1日起，非营利组织认定必须同时满足以下条件：

（1）依照国家有关法律法规设立或登记的事业单位、社会团体、基金会、社会服务机构、宗教活动场所、宗教院校以及财政部、税务总局认定的其他非营利组织。

（2）从事公益性或者非营利性活动。

（3）取得的收入除用于与该组织有关的、合理的支出外，全部用于登记核定或者章程规定的公益性或者非营利性事业。

（4）财产及其孳息不用于分配，但不包括合理的工资、薪金支出。

（5）按照登记核定或者章程规定，该组织注销后的剩余财产用于公益性或者非营利性目的，或者由登记管理机关采取转赠给与该组织性质、宗旨相同的组织等处置方式，并向社会公告。

（6）投入人对投入该组织的财产不保留或者享有任何财产权利，本款所称投入人是指除各级人民政府及其部门外的法人、自然人和其他组织。

（7）人员工资福利开支控制在规定的比例内，不变相分配该组织的财产，其中工作人员平均工资、薪金水平不得超过税务登记所在地的地市级（含地市级）以上地区的同行业同类组织平均工资水平的两倍，工作人员福利按照国家有关规定执行。

（8）对取得的应纳税收入及其有关的成本、费用、损失应与免税收入及其有关的成本、费用、损失分别核算。

依据：《财政部 税务总局关于非营利组织免税资格认定管理有关问题的通知》（财税〔2018〕13号）第一条

二、认定申请

经省级（含省级）以上登记管理机关批准设立或登记的非营利组织，凡符合规定条件的，应向其所在地省级税务主管机关提出免税资格申请，并提供《财政部 税务总局关于非营利组织免税资格认定管理有关问题的通知》（财税〔2018〕13号，以下简称财税〔2018〕13号文件）规定的相关材料；经地市级或县级登记管理机关批准设立或登记的非营利组织，凡符合规定条件的，分别向其所在地的地市级或县级税务主管机关提出免税资格申请，并提供财税〔2018〕13号文件规定的相关材料。

财政、税务部门按照上述管理权限，对非营利组织享受免税的资格联合进行审核确认，并定期予以公布。

依据：《财政部 税务总局关于非营利组织免税资格认定管理有关问题的通知》（财税〔2018〕13号）第二条

三、报送材料

申请享受免税的非营利组织，需报送以下材料：

（1）申请报告。

（2）事业单位、社会团体、基金会、社会服务机构的组织章程或宗教活动场所、宗教院校的管理制度。

（3）非营利组织注册登记证件的复印件。

（4）上一年度的资金来源及使用情况、公益活动和非营利活动的明细情况。

（5）上一年度的工资、薪金情况专项报告，包括薪酬制度，工作人员整体平均工资、薪金水平，工资福利占总支出比例，重要人员工资、薪金信息（至少包括工资、薪金水平排名前十的人员)。

(6) 具有资质的中介机构鉴证的上一年度财务报表和审计报告。

(7) 登记管理机关出具的事业单位、社会团体、基金会、社会服务机构、宗教活动场所、宗教院校上一年度符合相关法律法规和国家政策的事业发展情况或非营利活动的材料。

(8) 财政、税务部门要求提供的其他材料。

当年新设立或登记的非营利组织需提供上述第(1)项至第(3)项规定的材料及上述第(4)项、第(5)项规定的申请当年的材料,不需提供上述第(6)项、第(7)项规定的材料。

依据:《财政部 税务总局关于非营利组织免税资格认定管理有关问题的通知》(财税〔2018〕13号)第三条。

四、复审

非营利组织免税优惠资格的有效期为5年。非营利组织应在免税优惠资格期满后6个月内提出复审申请,不提出复审申请或复审不合格的,其享受免税优惠的资格到期自动失效。

非营利组织免税资格复审,按照初次申请免税优惠资格的规定办理。

依据:《财政部 税务总局关于非营利组织免税资格认定管理有关问题的通知》(财税〔2018〕13号)第四条。

五、条件发生变化向税务机关报告

非营利组织必须按照《税收征收管理法》及《税收征收管理法实施细则》等有关规定,办理税务登记,按期进行纳税申报。取得免税资格的非营利组织应按照规定向主管税务机关办理免税手续,免税条件发生变化的,应当自发生变化之日起15日内向主管税务机关报告;不再符合免税条件的,应当依法履行纳税义务;未依法纳税的,主管税务机关应当予以追缴。取得免税资格的非营利组织注销时,剩余财产处置违反财税〔2018〕13号文件第一条第五项规定的,主管税务机关应追缴其应纳企业所得税款。

依据:《财政部 税务总局关于非营利组织免税资格认定管理有关问题的通知》(财税〔2018〕13号)第五条。

六、复核

有关部门在日常管理过程中,发现非营利组织享受优惠年度不符合财税〔2018〕13号文件规定的免税条件的,应提请核准该非营利组织免税资格的财政、税务部门,由其进行复核。

核准非营利组织免税资格的财政、税务部门根据财税〔2018〕13号文件规定的管理权限,对非营利组织的免税优惠资格进行复核,复核不合格的,相应年度不得享受税收优惠政策。

依据:《财政部 税务总局关于非营利组织免税资格认定管理有关问题的通知》(财税〔2018〕13号)第五条。

七、免税资格的取消

已认定的享受免税优惠政策的非营利组织有下述情形之一的,自该情形发生年度起取消其资格:

(1) 登记管理机关在后续管理中发现非营利组织不符合相关法律法规和国家政策的。
(2) 在申请认定过程中提供虚假信息的。
(3) 纳税信用等级为税务部门评定的C级或D级的。
(4) 通过关联交易或非关联交易和服务活动,变相转移、隐匿、分配该组织财产的。
(5) 被登记管理机关列入严重违法失信名单的。
(6) 从事非法政治活动的。

因上述第(1)项至第(5)项规定的情形被取消免税优惠资格的非营利组织,财政、税务部门自其被取消资格的次年起一年内不再受理该组织的认定申请;因上述第(6)项规定的情形被取消免税优惠资格的非营利组织,财政、税务部门将不再受理该组织的认定申请。

被取消免税优惠资格的非营利组织,应当依法履行纳税义务;未依法纳税的,主管税务机关应当自其存在取消免税优惠资格情形的当年起予以追缴。

依据:《财政部 税务总局关于非营利组织免税资格认定管理有关问题的通知》(财税〔2018〕13号)第六条

八、各级认定人员的法律责任

各级财政、税务部门及其工作人员在认定非营利组织免税资格工作中,存在违法违纪行为的,按照《公务员法》《行政监察法》等国家有关规定追究相应责任;涉嫌犯罪的,移送司法机关处理。

依据:《财政部 税务总局关于非营利组织免税资格认定管理有关问题的通知》(财税〔2018〕13号)第七条

7.2.3.4 非营利美国船级社的处理

美国船级社如果依法取得我国非营利组织资格,可享受非营利组织相关税收优惠政策。

依据:《国家税务总局关于美国船级社企业所得税待遇问题的通知》(国税函〔2010〕612号)第三条

7.2.4 中国清洁发展机制基金取得的收入

对清洁基金取得的下列收入,免征企业所得税:
(1) CDM项目温室气体减排量转让收入上缴国家的部分。
(2) 国际金融组织赠款收入。
(3) 基金资金的存款利息收入、购买国债的利息收入。
(4) 国内外机构、组织和个人的捐赠收入。

依据:《财政部 国家税务总局关于中国清洁发展机制基金及清洁发展机制项目实施企业有关企业所得税政策问题的通知》(财税〔2009〕30号)第一条

7.2.5 证券投资类基金收入

详见7.10.3章节

7.2.6 地方政府债券利息收入

（1）对企业和个人取得的 2009 年及以后年度发行的地方政府债券利息收入，免征企业所得税和个人所得税。

（2）地方政府债券是指经国务院批准同意，以省、自治区、直辖市和计划单列市政府为发行和偿还主体的债券。

依据：《财政部　国家税务总局关于地方政府债券利息所得免征所得税问题的通知》（财税〔2011〕76 号）、《财政部　国家税务总局关于地方政府债券利息免征所得税问题的通知》（财税〔2013〕5 号）

7.2.7 保险保障基金公司收入

对中国保险保障基金有限责任公司根据《保险保障基金管理办法》取得的下列收入，免征企业所得税：

（1）境内保险公司依法缴纳的保险保障基金。

（2）依法从撤销或破产保险公司清算财产中获得的受偿收入和向有关责任方追偿所得，以及依法从保险公司风险处置中获得的财产转让所得。

（3）捐赠所得。

（4）银行存款利息收入。

（5）购买政府债券、中央银行、中央企业和中央级金融机构发行债券的利息收入。

（6）国务院批准的其他资金运用取得的收入。

上述规定自 2009 年 1 月 1 日起至 2020 年 12 月 31 日止执行。

依据：《财政部　国家税务总局关于保险保障基金有关税收问题的通知》（财税〔2010〕77 号，【已废止】）、《财政部　国家税务总局关于保险保障基金有关税收政策继续执行的通知》（财税〔2013〕81 号，【已废止】）、《财政部　国家税务总局关于保险保障基金有关税收政策问题的通知》（财税〔2016〕10 号，【已废止】）、《财政部　税务总局关于保险保障基金有关税收政策问题的通知》（财税〔2018〕41 号）

7.2.8 中国奥委会取得的由北京冬奥组委支付的收入

对按中国奥委会、主办城市签订的《联合市场开发计划协议》和中国奥委会、主办城市、国际奥委会签订的《主办城市合同》规定，中国奥委会取得的由北京冬奥组委分期支付的收入、按比例支付的盈余分成收入免征企业所得税。

依据：《财政部　税务总局　海关总署关于北京 2022 年冬奥会和冬残奥会税收政策的通知》（财税〔2017〕60 号）第二条

7.2.9 中国残奥委会取得北京冬奥组委分期支付的收入

对中国残奥委会根据《联合市场开发计划协议》取得的由北京冬奥组委分期支付的收入免征企业所得税。

依据：《财政部　税务总局　海关总署关于北京 2022 年冬奥会和冬残奥会税收政策的通知》（财税〔2017〕60 号）第二条

7.3 减计收入

7.3.1 资源综合利用

7.3.1.1 基本规定

企业综合利用资源,生产符合国家产业政策规定的产品所取得的收入,可以在计算应纳税所得额时减计收入。

依据:《中华人民共和国企业所得税法》第三十三条

《企业所得税法》第三十三条所称减计收入,是指企业以《资源综合利用企业所得税优惠目录》规定的资源作为主要原材料,生产国家非限制和禁止并符合国家和行业相关标准的产品取得的收入,减按90%计入收入总额。

上述所称原材料占生产产品材料的比例不得低于《资源综合利用企业所得税优惠目录》规定的标准。

依据:《中华人民共和国企业所得税法实施条例》第九十九条

7.3.1.2 优惠管理

企业自2008年1月1日起以《资源综合利用企业所得税优惠目录》(以下简称《目录》)中所列资源为主要原材料,生产《目录》内符合国家或行业相关标准的产品取得的收入,在计算应纳税所得额时,减按90%计入当年收入总额。享受上述税收优惠时,《目录》内所列资源占产品原料的比例应符合《目录》规定的技术标准。

依据:《财政部 国家税务总局关于执行资源综合利用企业所得税优惠目录有关问题的通知》(财税〔2008〕47号)第一条

> **热点问题**
>
> 混凝土生产企业,因对生产工艺进行调整,在生产原料中加入了碎石、矿渣等材料生产混凝土产品,在增值税应税项目中已属资源综合利用项目,享受免征增值税优惠,请问是否符合所得税中资源综合利用的相关规定,享受所得税优惠政策?
>
> 答:根据《关于执行资源综合利用企业所得税优惠目录有关问题的通知》(财税〔2008〕47号)的规定,如该企业资源综合利用项目生产的产品属于《目录》规定范围的项目,则可以享受资源综合利用企业所得税优惠政策。

7.3.1.3 资源综合利用优惠目录

《资源综合利用企业所得税优惠目录》详见《财政部 国家税务总局 国家发展改革委关于公布资源综合利用企业所得税优惠目录(2008年版)的通知》(财税〔2008〕117号)附件。

7.3.2 涉农小额贷款、保费收入

自2009年1月1日至2019年12月31日,对金融机构农户小额贷款的利息收入,在计算应纳税所得额时,按90%计入收入总额。

自 2009 年 1 月 1 日至 2019 年 12 月 31 日，对保险公司为种植业、养殖业提供保险业务取得的保费收入，在计算应纳税所得额时，按 90% 计入收入总额。

自 2017 年 1 月 1 日至 2019 年 12 月 31 日，对经省级金融管理部门（金融办、局等）批准成立的小额贷款公司取得的农户小额贷款利息收入，在计算应纳税所得额时，按 90% 计入收入总额。

上述所称农户，是指长期（一年以上）居住在乡镇（不包括城关镇）行政管理区域内的住户，还包括长期居住在城关镇所辖行政村范围内的住户和户口不在本地而在本地居住一年以上的住户，国有农场的职工和农村个体工商户。位于乡镇（不包括城关镇）行政管理区域内和在城关镇所辖行政村范围内的国有经济的机关、团体、学校、企事业单位的集体户；有本地户口，但举家外出谋生一年以上的住户，无论是否保留承包耕地均不属于农户。农户以户为统计单位，既可以从事农业生产经营，也可以从事非农业生产经营。农户贷款的判定应以贷款发放时的承贷主体是否属于农户为准。

小额贷款是指单笔且该户贷款余额总额在 10 万元（含）[2009—2013 年为 5 万元（含）以下]以下贷款。

保费收入是指原保险保费收入加上分保费收入减去分出保费后的余额。

金融机构应对符合条件的农户小额贷款利息收入进行单独核算，不能单独核算的不得适用本优惠政策。

依据：《财政部 国家税务总局关于农村金融有关税收政策的通知》（财税〔2010〕4 号，【已废止】）、《财政部 国家税务总局关于延续并完善支持农村金融发展有关税收政策的通知》（财税〔2014〕102 号，【已废止】）、《财政部 国家税务总局关于延续支持农村金融发展有关税收政策的通知》（财税〔2017〕44 号）、《财政部 国家税务总局关于小额贷款公司有关税收政策的通知》（财税〔2017〕48 号）

中和农信项目管理有限公司、中和农信项目管理有限公司独资成立的小额贷款公司和中国扶贫基金会举办的农户自立服务社（中心）（以下简称试点机构）从事农户小额贷款取得的利息收入，在计算应纳税所得额时，按 90% 计入收入总额。

试点机构应对符合条件的农户小额贷款利息收入进行单独核算，不能单独核算的不得适用《关于中国扶贫基金会小额信贷试点项目税收政策的通知》（财税〔2010〕35 号）规定的优惠政策。

依据：《关于中国扶贫基金会小额信贷试点项目税收政策的通知》（财税〔2010〕35 号）、《财政部 国家税务总局关于中国扶贫基金会所属小额贷款公司享受有关税收优惠政策的通知》（财税〔2012〕33 号）

7.3.3 铁路债券利息收入

对企业投资者持有 2011—2023 年发行的铁路债券取得的利息收入，减半征收企业所得税。

铁路债券是指以中国铁路总公司为发行和偿还主体的债券，包括中国铁路建设债券、中期票据、短期融资券等债务融资工具。

依据：《财政部 国家税务总局关于铁路建设债券利息收入企业所得税政策的通知》（财税〔2011〕99 号）、《财政部 国家税务总局关于 2014 2015 年铁路建设债券利息收入企业所得税政策的通知》（财税〔2014〕2 号）、《财政部 国家税务总局关于铁路债券利息收入所得税政策问题的通知》（财税〔2016〕30

号)、《财政部 税务总局关于铁路债券利息收入所得税政策的公告》(财政部 税务总局公告2019年第57号)

7.3.4 提供社区养老、托育、家政服务收入

自2019年6月1日起至2025年12月31日,提供社区养老、托育、家政服务取得的收入,在计算应纳税所得额时,减按90%计入收入总额。

上述规定所称社区是指聚居在一定地域范围内的人们所组成的社会生活共同体,包括城市社区和农村社区。

为社区提供养老服务的机构,是指在社区依托固定场所设施,采取全托、日托、上门等方式,为社区居民提供养老服务的企业、事业单位和社会组织。社区养老服务是指为老年人提供的生活照料、康复护理、助餐助行、紧急救援、精神慰藉等服务。

为社区提供托育服务的机构,是指在社区依托固定场所设施,采取全日托、半日托、计时托、临时托等方式,为社区居民提供托育服务的企业、事业单位和社会组织。社区托育服务是指为3周岁(含)以下婴幼儿提供的照料、看护、膳食、保育等服务。

为社区提供家政服务的机构,是指以家庭为服务对象,为社区居民提供家政服务的企业、事业单位和社会组织。社区家政服务是指进入家庭成员住所或医疗机构为孕产妇、婴幼儿、老人、病人、残疾人提供的照护服务,以及进入家庭成员住所提供的保洁、烹饪等服务。

依据:《财政部 税务总局 发展改革委 民政部 商务部 卫生健康委关于养老、托育、家政等社区家庭服务业税费优惠政策的公告》(财政部 税务总局 发展改革委 民政部 商务部 卫生健康委公告2019年第76号)第一条、第三条

7.4 加计扣除

7.4.1 研发费加计扣除

企业开展研发活动中实际发生的研发费用,未形成无形资产计入当期损益的,在按照规定据实扣除的基础上,按照研究开发费用的50%加计扣除;形成无形资产的,按照无形资产成本的150%摊销。

本优惠适用于会计核算健全、实行查账征收并能够准确归集研发费用的居民企业。

依据:《财政部 国家税务总局 科技部关于完善研究开发费用税前加计扣除政策的通知》(财税〔2015〕119号)、《中华人民共和国企业所得税法》《中华人民共和国企业所得税法实施条例》

企业开展研发活动中实际发生的研发费用,未形成无形资产计入当期损益的,在按规定据实扣除的基础上,在2018年1月1日至2020年12月31日,再按照实际发生额的75%在税前加计扣除;形成无形资产的,在上述期间按照无形资产成本的175%在税前摊销。

依据:《财政部 税务总局 科技部关于提高研究开发费用税前加计扣除比例的通知》(财税〔2018〕99号)第一条

企业开展研发活动中实际发生的研发费用形成无形资产的,其资本化的时点与会计处理保持一致。

失败的研发活动所发生的研发费用可享受税前加计扣除政策。

依据:《国家税务总局关于研发费用税前加计扣除归集范围有关问题的公告》(国家税务总局公告2017年第40号)第七条

7.4.1.1 研发活动

研发活动是指企业为获得科学与技术新知识,创造性地运用科学技术新知识,或实质性改进技术、产品(服务)、工艺而持续进行的具有明确目标的系统性活动。

下列活动不适用税前加计扣除政策:

(1) 企业产品(服务)的常规性升级。

(2) 对某项科研成果的直接应用,如直接采用公开的新工艺、材料、装置、产品、服务或知识等。

(3) 企业在商品化后为顾客提供的技术支持活动。

(4) 对现存产品、服务、技术、材料或工艺流程进行的重复或简单改变。

(5) 市场调查研究、效率调查或管理研究。

(6) 作为工业(服务)流程环节或常规的质量控制、测试分析、维修维护。

(7) 社会科学、艺术或人文学方面的研究。

依据:《财政部 国家税务总局 科技部关于完善研究开发费用税前加计扣除政策的通知》(财税〔2015〕119号)第一条

7.4.1.2 研发费用归集范围

一、人员人工费用

人员人工费用指直接从事研发活动人员的工资、薪金,基本养老保险费,基本医疗保险费,失业保险费,工伤保险费,生育保险费和住房公积金,以及外聘研发人员的劳务费用。

(1) 直接从事研发活动人员包括研究人员、技术人员、辅助人员。研究人员是指主要从事研究开发项目的专业人员;技术人员是指具有工程技术、自然科学和生命科学中一个或一个以上领域的技术知识和经验,在研究人员指导下参与研发工作的人员;辅助人员是指参与研究开发活动的技工。外聘研发人员是指与本企业或劳务派遣企业签订劳务用工协议(合同)和临时聘用的研究人员、技术人员、辅助人员。

接受劳务派遣的企业按照协议(合同)约定支付给劳务派遣企业,且由劳务派遣企业实际支付给外聘研发人员的工资、薪金等费用,属于外聘研发人员的劳务费用。

(2) 工资、薪金包括按规定可以在税前扣除的对研发人员股权激励的支出。

(3) 直接从事研发活动的人员、外聘研发人员同时从事非研发活动的,企业应对其人员活动情况做必要记录,并将其实际发生的相关费用按实际工时占比等合理方法在研发费用和生产经营费用间分配,未分配的不得加计扣除。

依据:《国家税务总局关于研发费用税前加计扣除归集范围有关问题的公告》(国家税务总局公告2017年第40号)第一条

解读

《国家税务总局关于研发费用税前加计扣除归集范围有关问题的公告》(国家税务总局公告2017年第40号)明确规定研发人员包括研究人员、技术人员和辅助人员三类。研发人员既可以是本企业的员工,也可以是外聘的。外聘研发人员明确为与本企业签订劳务用工协议(合同)或临时聘用的研究人员、技术人员、辅助人员,劳务派遣的研究人员、技术人员、辅助人员也包括在内。上述人员中的辅助人员不应包括为研发活动从事后勤服务的人员。

二、直接投入费用

直接投入费用指研发活动直接消耗的材料、燃料和动力费用;用于中间试验和产品试制的模具、工艺装备开发及制造费,不构成固定资产的样品、样机及一般测试手段购置费,试制产品的检验费;用于研发活动的仪器、设备的运行维护、调整、检验、维修等费用,以及通过经营租赁方式租入的用于研发活动的仪器、设备租赁费。

(1) 以经营租赁方式租入的用于研发活动的仪器、设备,同时用于非研发活动的,企业应对其仪器设备使用情况做必要记录,并将其实际发生的租赁费按实际工时占比等合理方法在研发费用和生产经营费用间分配,未分配的不得加计扣除。

(2) 企业研发活动直接形成产品或作为组成部分形成的产品对外销售的,研发费用中对应的材料费用不得加计扣除。

产品销售与对应的材料费用发生在不同纳税年度且材料费用已计入研发费用的,可在销售当年以对应的材料费用发生额直接冲减当年的研发费用,不足冲减的,结转以后年度继续冲减。

依据:《国家税务总局关于研发费用税前加计扣除归集范围有关问题的公告》(国家税务总局公告2017年第40号)第二条

热点问题

企业购买样品,在此基础上进行研发的相关测试等,能否全额加计扣除?发生的检验检测费,能否加计扣除?

答:根据《财政部 国家税务总局 科技部关于完善研究开发费用税前加计扣除政策的通知》(财税〔2015〕119号)的规定,可加计扣除的直接投入费用包括:用于中间试验和产品试制的模具、工艺装备开发及制造费,不构成固定资产的样品、样机及一般测试手段购置费,试制产品的检验费。

因此,企业购买样品,在此基础上进行研发的相关测试等,且不构成固定资产的,可以加计扣除;发生的检验检测费,可计入直接投入费用中加计扣除。

三、折旧费用

折旧费指用于研发活动的仪器、设备的折旧费。

(1) 用于研发活动的仪器、设备,同时用于非研发活动的,企业应对其仪器设备使用情况做必要记录,并将其实际发生的折旧费按实际工时占比等合理方法在研发费用和生产经营费用间分配,未分配的不得加计扣除。

(2) 企业用于研发活动的仪器、设备，符合税法规定且选择加速折旧优惠政策的，在享受研发费用税前加计扣除政策时，就税前扣除的折旧部分计算加计扣除。

依据：《国家税务总局关于研发费用税前加计扣除归集范围有关问题的公告》（国家税务总局公告2017年第40号）第三条

四、无形资产摊销费用

无形资产摊销费用指用于研发活动的软件、专利权、非专利技术（包括许可证、专有技术、设计和计算方法等）的摊销费用。

(1) 用于研发活动的无形资产，同时用于非研发活动的，企业应对其无形资产使用情况做必要记录，并将其实际发生的摊销费按实际工时占比等合理方法在研发费用和生产经营费用间分配，未分配的不得加计扣除。

(2) 用于研发活动的无形资产，符合税法规定且选择缩短摊销年限的，在享受研发费用税前加计扣除政策时，就税前扣除的摊销部分计算加计扣除。

依据：《国家税务总局关于研发费用税前加计扣除归集范围有关问题的公告》（国家税务总局公告2017年第40号）第四条

> **热点问题**
>
> 企业或个人以专利技术投资入股到境内居民企业。该入股的专利技术用于研发活动的，其每年摊销的金额是否可以计入研发费用中享受加计扣除优惠政策？
>
> 答：根据《财政部 国家税务总局关于完善股权激励和技术入股有关所得税政策的通知》（财税〔2016〕101号）的规定，企业或个人以技术成果投资入股到境内居民企业，允许被投资企业按技术成果投资入股时的评估价值入账并在企业所得税前摊销扣除。该入股的专利技术用于研发活动，若符合研发费用加计扣除条件的，其每年摊销的金额可享受加计扣除优惠政策。

五、新产品设计费等费用

新产品设计费等费用指企业在新产品设计、新工艺规程制定、新药研制的临床试验、勘探开发技术的现场试验过程中发生的与开展该项活动有关的各类费用。

依据：《国家税务总局关于研发费用税前加计扣除归集范围有关问题的公告》（国家税务总局公告2017年第40号）第五条

六、其他相关费用

其他相关费用指与研发活动直接相关的其他费用，如技术图书资料费，资料翻译费，专家咨询费，高新科技研发保险费，研发成果的检索、分析、评议、论证、鉴定、评审、评估、验收费用，知识产权的申请费、注册费、代理费，差旅费、会议费，职工福利费，补充养老保险费，补充医疗保险费。

此类费用总额不得超过可加计扣除研发费用总额的10%。

依据：《国家税务总局关于研发费用税前加计扣除归集范围有关问题的公告》（国家税务总局公告2017年第40号）第六条

企业在一个纳税年度内进行多项研发活动的，应按照不同研发项目分别归集可加计扣除的研发费用。在计算每个项目其他相关费用的限额时应当按照以下公式计算：

其他相关费用限额＝财税〔2015〕119号文件〔《财政部 国家税务总局 科技部关于完善研究开发费用税前加计扣除政策的通知》(财税〔2015〕119号),本章节以下简称财税〔2015〕119号文件〕第一条第一项允许加计扣除的研发费用中的第一点至第五点的费用之和×10%÷(1－10%)。

当其他相关费用实际发生数小于限额时,按实际发生数计算税前加计扣除数额;当其他相关费用实际发生数大于限额时,按限额计算税前加计扣除数额。

依据:《国家税务总局关于企业研究开发费用税前加计扣除政策有关问题的公告》(国家税务总局公告2015年第97号)第二条

解读

研发费用的归集范围除其他相关费用外仅限于财税〔2015〕119号文件列举的项目,考虑到其他相关费用名目不一,不能穷尽列举,因此财税〔2015〕119号文件参照高新技术企业研发费用的相关规定,明确与研发活动直接相关的其他相关费用,不得超过可加计扣除研发费用总额的10%。《国家税务总局关于企业研究开发费用税前加计扣除政策有关问题的公告》(国家税务总局公告2015年第97号,以下简称2015年第97号公告)进一步明确了该限额的计算:应按项目分别计算,每个项目可加计扣除的其他相关费用都不得超过该项目可加计扣除研发费用总额的10%。按照财税〔2015〕119号文件规定,假设某一研发项目的其他相关费用的限额为X,财税〔2015〕119号文件第一条允许加计扣除的研发费用中的第一点至第五点费用之和为Y,那么$X=(X+Y)\times 10\%$,即$X=Y\times 10\%\div(1-10\%)$。

【例7-5】 某企业2019年进行了两项研发活动A和B,A项目共发生研发费用100万元,其中与研发活动直接相关的其他费用12万元,B共发生研发费用100万元,其中与研发活动直接相关的其他费用8万元,假设研发活动均符合加计扣除相关规定。A项目其他相关费用限额＝(100－12)×10%÷(1－10%)＝9.78(万元),小于实际发生数12万元,则A项目允许加计扣除的研发费用应为97.78万元(100－12＋9.78)。B项目其他相关费用限额＝(100－8)×10%÷(1－10%)＝10.22(万元),大于实际发生数8万元,则B项目允许加计扣除的研发费用应为100万元。

该企业2016年可以享受的研发费用加计扣除额为148.34万元〔(97.78＋100)×75%〕。

热点问题

1. 对于可加计扣除研发费用中"其他相关费用"的归集,是按照财税〔2015〕119号文件所列举的费用明细处理,还是可以包括未列举但与研发活动相关的费用?

答:其他相关费用是指与研发活动直接相关的其他费用。根据总局的政策解读,其他相关费用名目不一,不能穷尽列举,且2015年第97号公告明确了其他相关费用的限额,因此其他相关费用只要与研发活动直接相关,则不限于《国家税务总局关于研发费用税前加计扣除归集范围有关问题的公告》(国家税务总局公告2017年第40号,以下简称2017年第40号公告)列举的内容。

2. 企业在进行研发费用加计扣除时,直接从事研发活动人员的补充社会保险、补充医疗保险和补充住房公积金应计入"其他相关费用"吗?财税〔2015〕119号文件中"其他相关费用"并无此内容。

答:其他相关费用只要与研发活动直接相关,不限于公告列举的内容。且根据《国家税务总局关于企业研究开发费用税前加计扣除政策有关问题的公告》(国家税务总局公告2015年第97号)附件1《自主研发"研发支出"辅助账》关于工资、薪金的登记说明中提到,其中直接从事研发活动人员的补充社会保险、补充医疗保险和补充住房公积金应当作为"六、其他相关费用"登记。

3. 企业知识产权每年交的年费是否允许计入研发费用中加计扣除?

答:根据《财政部 国家税务总局 科技部关于完善研究开发费用税前加计扣除政策的通知》(财税〔2015〕119号)的规定,其他相关费用是与研发活动直接相关的其他费用。而知识产权的年费是在研发活动结束之后发生的费用,与研发活动不直接相关,且其他相关费用中只列明了知识产权的申请费、注册费、代理费,并未列明知识产权的年费。

综上,知识产权的年费不可计入其他相关费用中进行加计扣除。

七、可加计扣除的研发费用应扣减特殊收入

企业取得研发过程中形成的下脚料、残次品、中间试制品等特殊收入,在计算确认收入当年的加计扣除研发费用时,应从已归集研发费用中扣减该特殊收入,不足扣减的,加计扣除研发费用按零计算。

依据:《国家税务总局关于研发费用税前加计扣除归集范围有关问题的公告》(国家税务总局公告2017年第40号)第七条

【解读】

企业在开展研发的活动中实际发生的研发费用可按规定享受加计扣除政策,实务中常有已归集计入研发费用,但在当期取得的研发过程中形成的下脚料、残次品、中间试制品等特殊收入,此类收入均为与研发活动直接相关的收入,应冲减对应的可加计扣除的研发费用。为简便操作,2017年第40号公告规定,此类收入应冲减当期可加计扣除的研发费用,不足冲减的,允许加计扣除的研发费用按零计算。

【热点问题】

1. 企业在进行研发费用加计扣除时,当年度形成的产品或下脚料、残次品、中间试制品等,当年未销售取得收入,而是在次年或以后年度实现销售取得相关收入,但研发费用在当年度已经进行了费用化,则该部分对应的收入及材料费该如何冲减?

答:根据《国家税务总局关于研发费用税前加计扣除归集范围有关问题的公告》(国家税务总局公告2017年第40号)的规定,企业取得研发过程中形成的下脚料、残次品、中间试制品等特殊收入,在计算确认收入当年的加计扣除研发费用时,应从已归集研发费用中扣减该特殊收入,不足扣减的,加计扣除研发费用按零计算。

因此,应在企业实际取得收入的年度进行研发费用的扣减,不再追溯调整。

2.《国家税务总局关于研发费用税前加计扣除归集范围有关问题的公告》(国家税务总局公告2017年第40号)第七条第(二)项规定了特殊收入的扣减事项,这些扣减发生的时点应如何把握,是先扣减然后再计算其他费用的10%比例,还是计算完其他费用的10%以后,即确定了符合加计扣除的金额以后再去冲减,从而最终确定能够加计扣除的研发费用金额?

答:根据财税〔2015〕119号文件的规定,其他相关费用总额不得超过可加计扣除研发费用总额的10%,因此,应先扣减特殊收入,再计算10%的比例。

八、不得加计扣除的研发费用

(1)企业取得作为不征税收入处理的财政性资金用于研发活动所形成的费用或无形资产,不得计算加计扣除或摊销。企业取得的政府补助,会计处理时采用直接冲减研发费用方法且税务处理时未将其确认为应税收入的,应按冲减后的余额计算加计扣除金额。

(2)法律、行政法规和国务院财税主管部门规定不允许企业所得税前扣除的费用和支出项目不得计算加计扣除。已计入无形资产但不属于财税〔2015〕119号文件中允许加计扣除研发费用范围的,企业摊销时不得计算加计扣除。

(3)企业研发活动直接形成产品或作为组成部分形成的产品对外销售的,研发费用中对应的材料费用不得加计扣除。

依据:《国家税务总局关于企业研究开发费用税前加计扣除政策有关问题的公告》(国家税务总局公告2015年第97号)第二条、《国家税务总局关于研发费用税前加计扣除归集范围有关问题的公告》(国家税务总局公告2017年第40号)第二条、第七条

解读

《企业所得税法实施条例》规定,企业的不征税收入用于支出所形成的费用或者资产,不得扣除或者计算对应的折旧、摊销扣除。据此,《国家税务总局关于企业研究开发费用税前加计扣除政策有关问题的公告》(国家税务总局公告2015年第97号)规定,企业取得作为不征税收入处理的财政性资金用于研发活动所形成的费用或无形资产,不得计算加计扣除。未作为不征税收入处理的财政性资金用于研发活动所形成的费用或无形资产,可按规定计算加计扣除。

研发费用的核算无论是计入当期损益还是形成无形资产,可加计扣除的研发费用都应属于财税〔2015〕119号文件及上述公告(2015年第97号公告及2017年第40号公告)规定的范围,同时应符合法律、行政法规和国家税务总局的税前扣除的相关规定,即不得税前扣除的项目也不得加计扣除。对于研发支出形成无形资产的,按照无形资产成本的175%摊销,其摊销年限应符合企业所得税法实施条例规定,即除法律另有规定外,摊销年限不得低于10年。

生产单机、单品的企业,研发活动直接形成产品或作为组成部分形成的产品对外销售,产品所耗用的料、工、费全部计入研发费用加计扣除不符合政策鼓励本意。考虑到材料费用占比较大且易于计量,为强化政策导向,《国家税务总局关于研发费用税前加计扣除归集范围有关问题的公告》(国家税务总局公告2017年第40号)规定,研发活动直接

形成产品或作为组成部分形成的产品对外销售的,研发费用中对应的材料费用不得加计扣除。

7.4.1.3 特别事项的处理

一、委托研发

企业委托外部机构或个人开展研发活动发生的费用,可按规定税前扣除;加计扣除时按照研发活动发生费用的80%作为加计扣除基数,受托方不得再进行加计扣除。委托个人研发的,应凭个人出具的发票等合法有效凭证在税前加计扣除。

委托外部研究开发费用实际发生额应按照独立交易原则确定。委托方与受托方存在关联关系的,受托方应向委托方提供研发项目费用支出明细情况。

依据:《财政部 国家税务总局 科技部关于完善研究开发费用税前加计扣除政策的通知》(财税〔2015〕119号)第二条

"研发活动发生费用"是指委托方实际支付给受托方的费用。无论委托方是否享受研发费用税前加计扣除政策,受托方均不得加计扣除。

委托方委托关联方开展研发活动的,受托方需向委托方提供研发过程中实际发生的研发项目费用支出明细情况。

依据:《国家税务总局关于研发费用税前加计扣除归集范围有关问题的公告》(国家税务总局公告2017年第40号印发)第七条

2016—2017年,企业委托境外机构或个人进行研发活动所发生的费用,不得加计扣除。其中受托研发的境外机构是指依照外国和地区(含港澳台)法律成立的企业和其他取得收入的组织。受托研发的境外个人是指外籍(含港澳台)个人。

注:《财政部 税务总局 科技部关于企业委托境外研究开发费用税前加计扣除有关政策问题的通知》(财税〔2018〕64号)规定,"企业委托境外机构或个人进行研发活动所发生的费用,不得加计扣除"的规定自2018年1月1日起废止。

依据:《财政部 国家税务总局 科技部关于完善研究开发费用税前加计扣除政策的通知》(财税〔2015〕119号)第二条

自2018年1月1日起,委托境外进行研发活动所发生的费用,按照费用实际发生额的80%计入委托方的委托境外研发费用。委托境外研发费用不超过境内符合条件的研发费用2/3的部分,可以按规定在企业所得税前加计扣除。上述所称委托境外进行研发活动不包括委托境外个人进行的研发活动。上述费用实际发生额应按照独立交易原则确定。委托方与受托方存在关联关系的,受托方应向委托方提供研发项目费用支出明细情况。

依据:《财政部 国家税务总局 科技部关于企业委托境外研究开发费用税前加计扣除有关政策问题的通知》(财税〔2018〕64号)第一条、第六条

委托境外进行研发活动应签订技术开发合同,并由委托方到科技行政主管部门进行登记。相关事项按技术合同认定登记管理办法及技术合同认定规则执行。企业对委托境外研发费用以及留存备查资料的真实性、合法性承担法律责任。

依据:《财政部 国家税务总局 科技部关于企业委托境外研究开发费用税前加计扣除有关政策问题的通知》(财税〔2018〕64号)第二条

解读

表 7-2 委托研发费用加计扣除情况表

受托研发方类型	是否允许加计扣除	加计扣除方	加计扣除限额
境内机构	√	委托方	按照费用实际发生额的80%计入委托方研发费用并计算加计扣除
境内个人	√	委托方	按照费用实际发生额的80%计入委托方研发费用并计算加计扣除
境外机构	√	委托方	按照费用实际发生额的80%计入委托方的委托境外研发费用。委托境外研发费用不超过境内符合条件的研发费用三分之二的部分，可以按规定在企业所得税税前加计扣除
境外个人	×	委托方	不得加计扣除

现举例说明委托境外研发费用加计扣除额的计算过程。

居民企业 A 公司 2018 年委托境内机构、个人发生的研发费用分别为 100 万元、20 万元；委托境外机构、个人发生的研发费分别为 200 万元、40 万元；自主研发发生的研发费用 150 万元，其中其他相关费用 20 万元（假设其余 130 万元均符合加计扣除条件），此时如何计算委托境外研发费用可用于加计扣除的金额？

《财政部 国家税务总局 科技部关于企业委托境外研究开发费用税前加计扣除有关政策问题的通知》（财税〔2018〕64号）规定，委托境外进行研发活动所发生的费用，按照费用实际发生额的80%计入委托方的委托境外研发费用。委托境外研发费用不超过境内符合条件的研发费用2/3的部分，可以按规定在企业所得税税前加计扣除，且上述所称委托境外进行研发活动不包括委托境外个人进行的研发活动。根据上述规定，首先要计算境内符合条件的研发费用，其又包含两部分，一部分为符合条件的自主研发、合作研发、集中研发的可用于加计扣除的研发费；另一部分为委托境内研发可用于加计扣除的研发费。现分步计算。

(1) 计算符合条件的自主研发、合作研发、集中研发可用于加计扣除研发费。

其他相关费用的扣除限额为 $(150-20) \div 90\% \times 10\% = 14.44$（万元）$< 20$ 万元。

故符合条件的自主研发、合作研发、集中研发的可用于加计扣除研发费为 $(150-20) + 14.44 = 144.44$（万元）。

(2) 计算委托境内研发可用于加计扣除研发费。

委托境内研发可用于加计扣除研发费为 $(100+20) \times 80\% = 96$（万元）。

故境内符合条件的研发费用为 $144.44 + 96 = 240.44$（万元）。

(3) 计算委托境外研发费用可用于加计扣除限额。

委托境外研发费用可用于加计扣除限额为 $240.44 \times 2 \div 3 = 160.29$（万元）$< 200$ 万元。

故委托境外研发可用于加计扣除的研发费为 160.29 万元。

企业 2018 年研发费用加计扣除额为 $(240.44 + 160.29) \times 75\% = 300.55$（万元）。

> **热点问题**
>
> 1. 企业研发费中外包项目,税前列支要求是什么?需要哪些支撑要件?
>
> 答:根据《企业所得税法》及实施条例、财税〔2015〕119号文件的规定,应提供委托研发合同、发票等,如果委托方与受托方存在关联关系,受托方应向委托方提供研发项目费用支出明细情况。
>
> 2. 企业委托科研机构研发高新项目,取得的增值税专用发票,可以加计扣除吗?
>
> 答:委托研发符合条件的由委托方加计扣除。

二、合作开发

企业共同合作开发的项目,由合作各方就自身实际承担的研发费用分别计算加计扣除。

依据:《财政部 国家税务总局 科技部关于完善研究开发费用税前加计扣除政策的通知》(财税〔2015〕119号)第二条

> **热点问题**
>
> 依据《关于完善研究开发费用税前加计扣除政策的通知》(财税〔2015〕119号,以下简称财税〔2015〕119号文件),对于企业共同合作开发的项目,由合作各方就自身实际承担的研发费用分别计算加计扣除。但财税〔2015〕119号文件未具体明确如何分别计算,在实际工作中应如何操作?
>
> 答:以双方的合同或协议约定,并辅以研发费用辅助账。

三、集团研发

企业集团根据生产经营和科技开发的实际情况,对技术要求高、投资数额大,需要集中研发的项目,其实际发生的研发费用,可以按照权利和义务相一致、费用支出和收益分享相配比的原则,合理确定研发费用的分摊方法,在受益成员企业间进行分摊,由相关成员企业分别计算加计扣除。

依据:《财政部 国家税务总局 科技部关于完善研究开发费用税前加计扣除政策的通知》(财税〔2015〕119号)第二条

四、创意设计活动

企业为获得创新性、创意性、突破性的产品进行创意设计活动而发生的相关费用,可按照财税〔2015〕119号文件规定进行税前加计扣除。

创意设计活动是指多媒体软件、动漫游戏软件开发,数字动漫、游戏设计制作;房屋建筑工程设计(绿色建筑评价标准为三星)、风景园林工程专项设计;工业设计、多媒体设计、动漫及衍生产品设计、模型设计等。

依据:《财政部 国家税务总局 科技部关于完善研究开发费用税前加计扣除政策的通知》(财税〔2015〕119号)第二条

7.4.1.4 会计核算与管理

(1)企业应按照国家财务会计制度要求,对研发支出进行会计处理;对享受加计扣除的研发费用按研发项目设置辅助账,准确归集核算当年可加计扣除的各项研发费用实际发生额,并由企业留存备查。年末汇总分析填报研发支出辅助账汇总表,并在报送《年度财务会计报告》的同时随附注一并报送主管税务机关。研发支出辅助账、研发支出辅助账汇总表可参照国家税务总局公告2015年第97号文件所附样式编制。

(2) 企业在一个纳税年度内进行多项研发活动的,应按照不同研发项目分别归集可加计扣除的研发费用。

(3) 企业应对研发费用和生产经营费用分别核算,准确、合理归集各项费用支出,对划分不清的,不得实行加计扣除。

(4) 企业研发费用各项目的实际发生额归集不准确、汇总额计算不准确的,税务机关有权对其税前扣除额或加计扣除额进行合理调整。

依据:《财政部 国家税务总局 科技部关于完善研究开发费用税前加计扣除政策的通知》(财税〔2015〕119号)第三条、第五条,《国家税务总局关于企业研究开发费用税前加计扣除政策有关问题的公告》(国家税务总局公告2015年第97号)第五条

> **热点问题**
>
> 企业研发人员同时参与若干研发项目,仅在其中一个或几个项目归集人员费用,此种归集方法能否认可,人员工资能否加计扣除?其他未归集人员费用的研发项目发生的研发费用能否加计扣除?
>
> 答:根据《财政部 国家税务总局 科技部关于完善研究开发费用税前加计扣除政策的通知》(财税〔2015〕119号)、《国家税务总局关于企业研究开发费用税前加计扣除政策有关问题的公告》(国家税务总局公告2015年第97号)规定,对享受加计扣除的研发费用应按研发项目设置辅助账,准确归集核算当年可加计扣除的各项研发费用实际发生额。企业在一个纳税年度内进行多项研发活动的,应按照不同研发项目分别归集可加计扣除的研发费用。
>
> 因此若研发人员同时参与几个研发项目,应按合理方法划分归集各项目人员费用,划分不清的不得加计扣除。

7.4.1.5 不适用税前加计扣除政策的行业

(1) 烟草制造业。
(2) 住宿和餐饮业。
(3) 批发和零售业。
(4) 房地产业。
(5) 租赁和商务服务业。
(6) 娱乐业。
(7) 财政部和国家税务总局规定的其他行业。

上述行业以《国民经济行业分类与代码(GB/4754—2011)》为准,并随之更新。

依据:《财政部 国家税务总局 科技部关于完善研究开发费用税前加计扣除政策的通知》(财税〔2015〕119号)第四条

不适用税前加计扣除政策行业的企业,是指以上述行业业务为主营业务,其研发费用发生当年的主营业务收入占企业按税法第六条规定计算的收入总额减除不征税收入

和投资收益的余额 50%（不含）以上的企业。

依据：《国家税务总局关于企业研究开发费用税前加计扣除政策有关问题的公告》（国家税务总局公告 2015 年第 97 号）第四条

> **热点问题**
>
> 目前有部分新成立的研发创新型企业，前期有较大的研发费用投入，但由于研发周期较长，尚未形成自己的主要产品，有时依靠批发销售货物产生的利润来维持研发费的持续投入，因此研发费用发生当年的批发零售业务收入很可能大于 50% 以上，对于此类企业是否能享受研发费用加计扣除政策？
>
> 答：《财政部 国家税务总局 科技部关于完善研究开发费用税前加计扣除政策的通知》（财税〔2015〕119 号）中列明了不适用税前加计扣除政策的行业，同时在《国家税务总局关于企业研究开发费用税前加计扣除政策有关问题的公告》（国家税务总局公告 2015 年第 97 号）中规定，不适用税前加计扣除政策行业的企业，是指以财税〔2015〕119 号文件所列行业业务为主营业务，其研发费用发生当年的主营业务收入占企业按税法第六条规定计算的收入总额减除不征税收入和投资收益的余额 50%（不含）以上的企业。
>
> 因此，上述企业的行业属于批发和零售业，研发费用不能享受加计扣除政策。

7.4.1.6 管理事项及征管要求

一、研发项目异议处理

税务机关对企业享受加计扣除优惠的研发项目有异议的，可以转请地市级（含）以上科技行政主管部门出具鉴定意见，科技部门应及时回复意见。企业承担省部级（含）以上科研项目的，以及以前年度已鉴定的跨年度研发项目，不再需要鉴定。

依据：《财政部 国家税务总局 科技部关于完善研究开发费用税前加计扣除政策的通知》（财税〔2015〕119 号）第五条

税务部门对企业享受加计扣除优惠的研发项目有异议的，应及时通过县（区）级科技部门将项目资料送地市级（含）以上科技部门进行鉴定；由省直接管理的县/市，可直接由县级科技部门进行鉴定（以下统称鉴定部门）。

鉴定部门在收到税务部门的鉴定需求后，应及时组织专家进行鉴定，并在规定时间内通过原渠道将鉴定意见反馈税务部门。鉴定时，应由 3 名以上相关领域的产业、技术、管理等专家参加。

税务部门对鉴定部门的鉴定意见有异议的，可转请省级人民政府科技行政管理部门出具鉴定意见。

对企业承担的省部级（含）以上科研项目，以及以前年度已鉴定的跨年度研发项目，税务部门不再要求进行鉴定。

开展企业研发项目鉴定，不得向企业收取任何费用，所需要的工作经费应纳入部门经费预算给予保障。

依据：《科技部 财政部 国家税务总局关于进一步做好企业研发费用加计扣除政策落实工作的通知》（国科发政〔2017〕211 号）第二条、第四条

二、追溯期限

企业符合财税〔2015〕119号文件规定的研发费用加计扣除条件而在2016年1月1日以后未及时享受该项税收优惠的,可以追溯享受并履行备案手续,追溯期限最长为3年。

依据:《财政部 国家税务总局 科技部关于完善研究开发费用税前加计扣除政策的通知》(财税〔2015〕119号)第五条

热点问题

2013—2015年的研发费用,如果当年未加计扣除的,又符合相关条件的,是否可以追溯加计扣除?

答:《财政部 国家税务总局 科技部关于完善研究开发费用税前加计扣除政策的通知》(财税〔2015〕119号)规定,企业符合本通知规定的研发费加计扣除条件而在2016年1月1日以后未及时享受该项税收优惠的,可以追溯享受并履行备案手续,追溯期限最长为3年。财税〔2015〕119号文件自2016年1月1日起执行。

因此,2015年度及以前年度的研发费用加计扣除不能按照该文件的规定进行处理,原则上不允许追溯加计扣除。

三、申报及备案管理

研发费加计扣除税收优惠备案按照《国家税务总局关于发布修订后的〈企业所得税优惠政策事项办理办法〉的公告》(国家税务总局公告2018年第23号)的规定办理。

解读

为保证优惠政策正确执行,年度纳税申报时,根据研发支出辅助账汇总表,填报研发项目可加计扣除研发费用情况归集表,在年度纳税申报时随申报表一并报送。

研发费用加计扣除实行备案管理,按照《国家税务总局关于发布修订后的〈企业所得税优惠政策事项办理办法〉的公告》(国家税务总局公告2018年第23号)的规定执行。

根据《技术合同认定登记管理办法》(国科发政字〔2000〕63号印发)第六条的规定,未申请认定登记和未予登记的技术合同,不得享受国家对有关促进科技成果转化规定的税收、信贷和奖励等方面的优惠政策。据此,涉及委托、合作研究开发的合同需经科技主管部门登记,该资料需要留存备查。

若企业的研发项目已取得地市级(含)以上科技行政主管部门出具的鉴定意见,也应作为资料留存备查。

热点问题

根据《国家税务总局关于发布修订后的〈企业所得税优惠政策事项办理办法〉的公告》(国家税务总局公告2018年第23号)的要求,研发费用加计扣除优惠留存备查资料中的"自主、委托、合作研究项目计划书和企业有权部门关于自主、委托、合作研究开发项目立项的决议文件"是由企业自行出具(如"会议决议"等),还是必须由相关部门出具(如"科委、经信委"等)?

答:立项的决议文件应由企业有权部门出具,该有权部门是指企业的部门,如总经理办公会或董事会等。

7.4.1.7 科技型中小企业研究开发费用税前加计扣除

一、科技型中小企业研发费用加计扣除比例

科技型中小企业开展研发活动在 2017 年 1 月 1 日至 2019 年 12 月 31 日（实际执行至 2017 年 12 月 31 日）期间发生的摊销费用，未形成无形资产计入当期损益的，在按规定据实扣除的基础上，在该期间再按照实际发生额的 75% 在税前加计扣除；在 2019 年 12 月 31 日以前形成无形资产的，在 2017 年 1 月 1 日至 2019 年 12 月 31 日按照无形资产成本的 175% 在税前摊销。

二、科技型中小企业范围

企业在汇算清缴期内按照《科技部 财政部 国家税务总局关于印发〈科技型中小企业评价办法〉的通知》（国科发政〔2017〕115 号）第十条、第十一条、第十二条规定取得科技型中小企业登记编号的，其汇算清缴年度可享受《财政部 国家税务总局 科技部关于提高科技型中小企业研究开发费用税前加计扣除比例的通知》规定的优惠政策。企业按《科技部 财政部 国家税务总局关于印发〈科技型中小企业评价办法〉的通知》第十二条规定更新信息后不再符合条件的，其汇算清缴年度不得享受《财政部 国家税务总局 科技部关于提高科技型中小企业研究开发费用税前加计扣除比例的通知》规定的优惠政策。

三、备案及其他管理事项

科技型中小企业税收优惠备案按照《国家税务总局关于发布修订后的〈企业所得税优惠政策事项办理办法〉的公告》（国家税务总局公告 2018 年第 23 号）的规定办理。

因不符合科技型中小企业条件而被科技部门撤销登记编号的企业，相应年度不得享受《财政部 国家税务总局 科技部关于提高科技型中小企业研究开发费用税前加计扣除比例的通知》规定的优惠政策，已享受的应补缴相应年度的税款。

科技型中小企业享受研发费用税前加计扣除政策的其他政策口径和管理事项仍按照《财政部 国家税务总局 科技部关于完善研究开发费用税前加计扣除政策的通知》（财税〔2015〕119 号）、《国家税务总局关于企业研究开发费用税前加计扣除政策有关问题的公告》（国家税务总局公告 2015 年第 97 号）和《国家税务总局关于发布〈企业所得税优惠政策事项办理办法〉的公告》（国家税务总局公告 2015 年第 76 号）的规定执行。

依据：《财政部 国家税务总局 科技部关于提高科技型中小企业研究开发费用税前加计扣除比例的通知》（财税〔2017〕34 号）、《国家税务总局关于提高科技型中小企业研究开发费用税前加计扣除比例有关问题的公告》（国家税务总局公告 2017 年第 18 号）

7.4.2 工资加计扣除

7.4.2.1 残疾人工资加计扣除政策

企业安置残疾人员的，在按照支付给残疾职工工资据实扣除的基础上，按照支付给残疾职工工资的 100% 加计扣除。残疾人员的范围适用《中华人民共和国残疾人保障法》的有关规定。

依据：《中华人民共和国企业所得税法》第三十条、《中华人民共和国企业所得税法实施条例》第九十六条

7.4.2.2 残疾人工资加计扣除的条件

企业享受安置残疾职工工资100%加计扣除应同时具备如下条件：

（1）依法与安置的每位残疾人签订了1年以上（含1年）的劳动合同或服务协议，并且安置的每位残疾人在企业实际上岗工作。

（2）为安置的每位残疾人按月足额缴纳了企业所在区县人民政府根据国家政策规定的基本养老保险、基本医疗保险、失业保险和工伤保险等社会保险。

（3）定期通过银行等金融机构向安置的每位残疾人实际支付了不低于企业所在区县适用的经省级人民政府批准的最低工资标准的工资。

（4）具备安置残疾人上岗工作的基本设施。

依据：《财政部 国家税务总局关于安置残疾人员就业有关企业所得税优惠政策问题的通知》（财税〔2009〕70号）第三条

热点问题

1．残疾人因病假或事假当月工资未达到最低工资标准，安置该残疾人的企业能否享受加计扣除的优惠政策？若不能享受加计扣除，是未达工资标准的这个月的工资不能加计扣除，还是全年的工资都不能加计扣除？

答：根据《财政部 国家税务总局关于安置残疾人员就业有关企业所得税优惠政策问题的通知》（财税〔2009〕70号）第三条的规定，企业享受安置残疾职工工资100%加计扣除应同时具备如下条件：（1）依法与安置的每位残疾人签订了1年以上（含1年）的劳动合同或服务协议，并且安置的每位残疾人在企业实际上岗工作。（2）为安置的每位残疾人按月足额缴纳了企业所在区县人民政府根据国家政策规定的基本养老保险、基本医疗保险、失业保险和工伤保险等社会保险。（3）定期通过银行等金融机构向安置的每位残疾人实际支付了不低于企业所在区县适用的经省级人民政府批准的最低工资标准的工资。（4）具备安置残疾人上岗工作的基本设施。

因此，若企业安置残疾职工当月工资、薪金未达最低工资标准的，则当月工资、薪金扣除不能享受安置残疾职工工资100%加计扣除的优惠，其他月份可以正常按税法规定在企业所得税年度汇算清缴时加计扣除。

2．残疾人与企业签订1年以上劳动合同并为其缴纳社会保险，因企业规模缩减，2017年6月份辞退了部分残疾人（该部分人员已在公司工作1年以上），其他条件均符合加计扣除要求。该部分残疾人工资2017年可以加计扣除吗？

答：根据《财政部 国家税务总局关于安置残疾人员就业有关企业所得税优惠政策问题的通知》（财税〔2009〕70号）第三条的规定，企业享受安置残疾职工工资100%加计扣除应同时具备如下条件：（1）依法与安置的每位残疾人签订了1年以上（含1年）的劳动合同或服务协议，并且安置的每位残疾人在企业实际上岗工作。（2）为安置的每位残疾人按月足额缴纳了企业所在区县人民政府根据国家政策规定的基本养老保险、基本医疗保险、失业保险和工伤保险等社会保险。（3）定期通过银行等金融机构向安置的每位残疾人实际支付了不低于企业所在区县适用的经省级人民政府批准的最低工资标准的工资。(4)具备安置残疾人上岗工作的基本设施。

如该部分残疾人工资符合上述条件规定,则可以享受100%加计扣除优惠。

7.4.2.3 残疾人工资加计扣除的备案及享受

企业就支付给残疾职工的工资,在进行企业所得税预缴申报时,允许据实计算扣除;在年度终了进行企业所得税年度申报和汇算清缴时,再计算加计扣除。

在企业汇算清缴结束后,主管税务机关在对企业进行日常管理、纳税评估和纳税检查时,应对安置残疾人员企业所得税加计扣除优惠的情况进行核实。

依据:《关于安置残疾人员就业有关企业所得税优惠政策问题的通知》(财税〔2009〕70号)

7.5 所得减免

7.5.1 农、林、牧、渔项目

7.5.1.1 农、林、牧、渔项目免征、减征范围

企业从事农、林、牧、渔业项目的所得,可以免征、减征企业所得税,是指:

(1)企业从事下列项目的所得,免征企业所得税:

① 蔬菜、谷物、薯类、油料、豆类、棉花、麻类、糖料、水果、坚果的种植。

② 农作物新品种的选育。

* 企业从事农作物新品种选育的免税所得是指企业对农作物进行品种和育种材料选育形成的成果,以及由这些成果形成的种子(苗)等繁殖材料的生产、初加工、销售一体化取得的所得。

③ 中药材的种植。

④ 林木的培育和种植。

* 企业从事林木的培育和种植的免税所得是指企业对树木、竹子的育种和育苗、抚育和管理以及规模造林活动取得的所得,包括企业通过拍卖或收购方式取得林木所有权并经过一定的生长周期,对林木进行再培育取得的所得。

⑤ 牲畜、家禽的饲养。

* A. 猪、兔的饲养,按"牲畜、家禽的饲养"项目处理。

* B. 饲养牲畜、家禽产生的分泌物、排泄物,按"牲畜、家禽的饲养"项目处理。

⑥ 林产品的采集。

⑦ 灌溉、农产品初加工、兽医、农技推广、农机作业和维修等农、林、牧、渔服务业项目。

* A. 农产品初加工范围见本书7.5.1.5。

* B. 企业根据委托合同,受托对农产品初加工范围内的农产品进行初加工服务,其所收取的加工费,可以按照农产品初加工的免税项目处理。

* C. 企业对外购茶叶进行筛选、分装、包装后进行销售的所得,不享受农产品初加工的优惠政策。

⑧ 远洋捕捞。

* 对取得农业部颁发的"远洋渔业企业资格证书"并在有效期内的远洋渔业企业,从事远洋捕捞业

务取得的所得免征企业所得税。

（2）企业从事下列项目的所得，减半征收企业所得税：

① 花卉、茶以及其他饮料作物和香料作物的种植。

＊观赏性作物的种植，按"花卉、茶及其他饮料作物和香料作物的种植"项目处理。

② 海水养殖、内陆养殖。

＊"牲畜、家禽的饲养"以外的生物养殖项目，按"海水养殖、内陆养殖"项目处理。

③ 不得享受的类型。

企业从事国家限制和禁止发展的项目，不得享受农、林、牧、渔业项目的税收优惠政策。

＊企业购买农产品后直接进行销售的贸易活动产生的所得，不能享受农、林、牧、渔业项目的税收优惠政策。

＊部分自2011年1月1日起执行。

依据：《国家税务总局关于实施农、林、牧、渔业项目企业所得税优惠问题的公告》（国家税务总局公告2011年第48号）、《中华人民共和国企业所得税法》第二十七条、《中华人民共和国企业所得税法实施条例》第八十六条

> **热点问题**
>
> 林木种植业企业，根据规定，林木种植业所得享受全免优惠。如企业收到财政补助资金，该资金所得税如何处理？
>
> 答：免税所得是指该经营项目取得的营业收入减去成本、税金及附加、期间费用所得到的金额，不包括营业外收支净额。财政补助资金如符合不征税收入条件，按不征税收入处理；如不符合不征税收入条件，则作为应税所得征税。

7.5.1.2 农、林、牧、渔项目补充规定及相关要求

一、行业及项目限定

企业从事享受税收优惠的农、林、牧、渔业项目，除另有规定外，参照《国民经济行业分类》（GB/T 4754—2002）的规定标准执行。

企业从事农、林、牧、渔业项目，凡属于《产业结构调整指导目录（2011年版）》（国家发展和改革委员会令第9号）中限制和淘汰类的项目，不得享受该优惠政策。

依据：《国家税务总局关于实施农、林、牧、渔业项目企业所得税优惠问题的公告》（国家税务总局公告2011年第48号）

二、核算要求

企业从事农、林、牧、渔减半优惠的种植、养殖项目，并直接进行初加工且符合农产品初加工目录范围的，企业应合理划分不同项目的各项成本、费用支出，分别核算种植、养殖项目和初加工项目的所得，并各按适用的政策享受税收优惠。

企业同时从事适用不同企业所得税政策规定项目的，应分别核算，单独计算优惠项目的计税依据及优惠数额；分别核算不清的，可由主管税务机关按照比例分摊法或其他合理方法进行核定。

依据：《国家税务总局关于实施农、林、牧、渔业项目企业所得税优惠问题的公告》（国家税务总局公

告 2011 年第 48 号）

> **热点问题**
>
> 企业从事香料作物的种植，并直接进行初加工且符合农产品初加工目录范围的，企业应如何合理划分不同项目的各项成本、费用支出，分别核算所得呢？
>
> 答：根据《企业所得税法》《企业所得税法实施条例》以及《国家税务总局关于实施农、林、牧、渔业项目企业所得税优惠问题的公告》（国家税务总局公告 2011 年第 48 号）的规定，企业从事花卉、茶以及其他饮料作物和香料作物的种植取得的所得，减半征收企业所得税；从事农产品初加工且符合农产品初加工范围取得的所得，免征企业所得税。
>
> 企业同时从事适用不同企业所得税政策规定项目的，应分别核算，单独计算优惠项目的计税依据及优惠数额；分别核算不清的，可由主管税务机关按照比例分摊法或其他合理方法进行核定。
>
> 企业从事农、林、牧、渔减半优惠的种植、养殖项目，并直接进行初加工且符合农产品初加工目录范围的，企业应合理划分不同项目的各项成本、费用支出，分别核算种植、养殖项目和初加工项目的所得，并各按适用的政策享受税收优惠。

三、购入农产品进行再种植、养殖的税务处理

企业将购入的农、林、牧、渔产品，在自有或租用的场地进行育肥、育秧等再种植、养殖，经过一定的生长周期，使其生物形态发生变化，且并非由于本环节对农产品进行加工而明显增加了产品的使用价值的，可视为农产品的种植、养殖项目享受相应的税收优惠。

主管税务机关对企业进行农产品的再种植、养殖是否符合上述条件难以确定的，可要求企业提供县级以上农、林、牧、渔业政府主管部门的确认意见。

依据：《国家税务总局关于实施农、林、牧、渔业项目企业所得税优惠问题的公告》（国家税务总局公告 2011 年第 48 号）

四、委托及受托从事农、林、牧、渔业项目的税务处理

企业委托其他企业或个人从事《企业所得税法实施条例》第八十六条规定农、林、牧、渔业项目取得的所得，可享受相应的税收优惠政策。

企业受托从事《企业所得税法实施条例》第八十六条规定农、林、牧、渔业项目取得的收入，比照委托方享受相应的税收优惠政策。

依据：《国家税务总局关于实施农、林、牧、渔业项目企业所得税优惠问题的公告》（国家税务总局公告 2011 年第 48 号）

7.5.1.3 "公司＋农户"经营模式企业

目前，一些企业采取"公司＋农户"经营模式从事牲畜、家禽的饲养，即公司与农户签订委托养殖合同，向农户提供畜禽苗、饲料、兽药及疫苗等［所有权（产权）仍属于公司］，农户将畜禽养大成为成品后交付公司回收。鉴于采取"公司＋农户"经营模式的企业，虽不直接从事畜禽的养殖，但系委托农户饲养，并承担诸如市场、管理、采购、销售等经营职责及绝大部分经营管理风险，公司和农户是劳务外包关系。为此，对此类以"公司＋农户"经营模式从事农、林、牧、渔业项目生产的企业，可以按照《企业所得税法实施条例》第八十六条的有关规定,享受减免企业所得税优惠政策。

《国家税务总局关于"公司+农户"经营模式企业所得税优惠问题的公告》(国家税务总局公告 2010 年第 2 号)自 2010 年 1 月 1 日起施行。

依据:《国家税务总局关于"公司+农户"经营模式企业所得税优惠问题的公告》(国家税务总局公告 2010 年第 2 号)

7.5.1.4 黑龙江垦区国有农场土地承包费

黑龙江垦区国有农场实行以家庭承包经营为基础,统分结合的双层经营体制。国有农场作为法人单位,将所拥有的土地发包给农场职工经营,农场职工以家庭为单位成为家庭承包户,属于农场内部非法人组织。农场对家庭承包户实施农业生产经营和企业行政的统一管理,统一为农场职工上交养老、医疗、失业、工伤、生育五项社会保险和农业保险费;家庭承包户按内部合同规定承包,就其农、林、牧、渔业生产取得的收入,以土地承包费名义向农场上缴。

上述承包形式属于农场内部承包经营的形式,黑龙江垦区国有农场从家庭农场承包户以"土地承包费"形式取得的从事农、林、牧、渔业生产的收入,属于农场"从事农、林、牧、渔业项目"的所得,可以适用《企业所得税法》第二十七条及《企业所得税法实施条例》第八十六条规定的企业所得税优惠政策。

依据:《国家税务总局关于黑龙江垦区国有农场土地承包费缴纳企业所得税问题的批复》(国税函〔2009〕779 号)

7.5.1.5 农产品初加工范围

一、种植业类

(一)粮食初加工

(1)小麦初加工。通过对小麦进行清理、配麦、磨粉、筛理、分级、包装等简单加工处理,制成的小麦面粉及各种专用粉。

* 小麦初加工产品还包括麸皮、麦糠、麦仁。

(2)稻米初加工。通过对稻谷进行清理、脱壳、碾米(或不碾米)、烘干、分级、包装等简单加工处理,制成的成品粮及其初制品,具体包括大米、蒸谷米。

* 稻米初加工产品还包括稻糠(砻糠、米糠和统糠)。

(3)玉米初加工。通过对玉米籽粒进行清理、浸泡、粉碎、分离、脱水、干燥、分级、包装等简单加工处理,生产的玉米粉、玉米碴、玉米片等;鲜嫩玉米经筛选、脱皮、洗涤、速冻、分级、包装等简单加工处理,生产的鲜食玉米(速冻粘玉米、甜玉米、花色玉米、玉米籽粒)。

(4)薯类初加工。通过对马铃薯、甘薯等薯类进行清洗、去皮、磋磨、切制、干燥、冷冻、分级、包装等简单加工处理,制成薯类初级制品。具体包括:薯粉、薯片、薯条。

* 薯类初加工产品还包括变性淀粉以外的薯类淀粉。薯类淀粉生产企业需达到国家环保标准,且年产量在一万吨以上。

(5)食用豆类初加工。通过对大豆、绿豆、红小豆等食用豆类进行清理去杂、浸洗、晾晒、分级、包装等简单加工处理,制成的豆面粉、黄豆芽、绿豆芽。

（6）其他类粮食初加工。通过对燕麦、荞麦、高粱、谷子等杂粮进行清理去杂、脱壳、烘干、磨粉、轧片、冷却、包装等简单加工处理，制成的燕麦米、燕麦粉、燕麦麸皮、燕麦片、荞麦米、荞麦面、小米、小米面、高粱米、高粱面。

* 杂粮还包括大麦、糯米、青稞、芝麻、核桃；相应的初加工产品还包括大麦芽、糯米粉、青稞粉、芝麻粉、核桃粉。

（二）林木产品初加工

通过将伐倒的乔木、竹（含活立木、竹）去枝、去梢、去皮、去叶、锯段等简单加工处理，制成的原木、原竹、锯材。

（三）园艺植物初加工

（1）蔬菜初加工。

① 将新鲜蔬菜通过清洗、挑选、切割、预冷、分级、包装等简单加工处理，制成净菜、切割蔬菜。

② 利用冷藏设施，将新鲜蔬菜通过低温贮藏，以备淡季供应的速冻蔬菜，如速冻茄果类、叶类、豆类、瓜类、葱蒜类、柿子椒、蒜苔。

③ 将植物的根、茎、叶、花、果、种子和食用菌通过干制等简单加工处理，制成的初制干菜，如黄花菜、玉兰片、萝卜干、冬菜、梅干菜、木耳、香菇、平菇。

以蔬菜为原料制作的各类蔬菜罐头（罐头是指以金属罐、玻璃瓶、经排气密封的各种食品。下同）及碾磨后的园艺植物（如胡椒粉、花椒粉等）不属于初加工范围。

（2）水果初加工。通过对新鲜水果（含各类山野果）清洗、脱壳、切块（片）、分类、储藏保鲜、速冻、干燥、分级、包装等简单加工处理，制成的各类水果、果干、原浆果汁、果仁、坚果。

* 新鲜水果包括番茄。

（3）花卉及观赏植物初加工。通过对观赏用、绿化及其他各种用途的花卉及植物进行保鲜、储藏、烘干、分级、包装等简单加工处理，制成的各类鲜、干花。

（四）油料植物初加工

通过对菜籽、花生、大豆、葵花籽、蓖麻籽、芝麻、胡麻籽、茶子、桐子、棉籽、红花籽及米糠等粮食的副产品等，进行清理、热炒、磨坯、榨油（搅油、墩油）、浸出等简单加工处理，制成的植物毛油和饼粕等副产品。具体包括菜籽油、花生油、豆油、葵花油、蓖麻籽油、芝麻油、胡麻籽油、茶子油、桐子油、棉籽油、红花油、米糠油以及油料饼粕、豆饼、棉籽饼。

精炼植物油不属于初加工范围。

* 粮食副产品还包括玉米胚芽、小麦胚芽。

* "油料植物初加工"工序包括"冷却、过滤"等。——根据《国家税务总局关于实施农、林、牧、渔业项目企业所得税优惠问题的公告》（国家税务总局公告2011年第48号）

（五）糖料植物初加工

通过对各种糖料植物，如甘蔗、甜菜、甜菊等，进行清洗、切割、压榨等简单加工处理，制成的制糖初级原料产品。

* 甜菊又名甜叶菊。

*"糖料植物初加工"工序包括"过滤、吸附、解读、碳脱、浓缩、干燥"等。

（六）茶叶初加工

通过对茶树上采摘下来的鲜叶和嫩芽进行杀青（萎凋、摇青）、揉捻、发酵、烘干、分级、包装等简单加工处理，制成的初制毛茶。

精制茶、边销茶、紧压茶和掺兑各种药物的茶及茶饮料不属于初加工范围。

（七）药用植物初加工

通过对各种药用植物的根、茎、皮、叶、花、果实、种子等，进行挑选、整理、捆扎、清洗、晾晒、切碎、蒸煮、炒制等简单加工处理，制成的片、丝、块、段等中药材。

加工的各类中成药不属于初加工范围。

（八）纤维植物初加工

（1）棉花初加工。通过轧花、剥绒等脱绒工序简单加工处理，制成的皮棉、短绒、棉籽。

（2）麻类初加工。通过对各种麻类作物（大麻、黄麻、槿麻、苎麻、苘麻、亚麻、罗布麻、蕉麻、剑麻等）进行脱胶、抽丝等简单加工处理，制成的干（洗）麻、纱条、丝、绳。

*麻类作物还包括芦苇。

（3）蚕茧初加工。通过烘干、杀蛹、缫丝、煮剥、拉丝等简单加工处理，制成的蚕、蛹、生丝、丝棉。

*蚕包括蚕茧，生丝包括厂丝。

（九）热带、南亚热带作物初加工

通过对热带、南亚热带作物去除杂质、脱水、干燥、分级、包装等简单加工处理，制成的工业初级原料。具体包括天然橡胶生胶和天然浓缩胶乳、生咖啡豆、胡椒籽、肉桂油、桉油、香茅油、木薯淀粉、木薯干片、坚果。

二、畜牧业类

（一）畜禽类初加工

（1）肉类初加工。通过对畜禽类动物（包括各类牲畜、家禽和人工驯养、繁殖的野生动物以及其他经济动物）宰杀、去头、去蹄、去皮、去内脏、分割、切块或切片、冷藏或冷冻、分级、包装等简单加工处理，制成的分割肉、保鲜肉、冷藏肉、冷冻肉、绞肉、肉块、肉片、肉丁。

*肉类初加工产品还包括火腿等风干肉、猪牛羊杂骨。

（2）蛋类初加工。通过对鲜蛋进行清洗、干燥、分级、包装、冷藏等简单加工处理，制成的各种分级、包装的鲜蛋、冷藏蛋。

（3）奶类初加工。通过对鲜奶进行净化、均质、杀菌或灭菌、灌装等简单加工处理，制成的巴氏杀菌奶、超高温灭菌奶。

（4）皮类初加工。通过对畜禽类动物皮张剥取、浸泡、刮里、晾干或熏干等简单加工处理，制成的生皮、生皮张。

（5）毛类初加工。通过对畜禽类动物毛、绒或羽绒分级、去杂、清洗等简单加工处理，制成的洗净毛、洗净绒或羽绒。

（6）蜂产品初加工。通过去杂、过滤、浓缩、熔化、磨碎、冷冻简单加工处理，制成的蜂蜜、蜂蜡、蜂胶、蜂花粉。

肉类罐头、肉类熟制品、蛋类罐头、各类酸奶、奶酪、奶油、王浆粉、各种蜂产品口服液、胶囊不属于初加工范围。

(二) 饲料类初加工

(1) 植物类饲料初加工。通过碾磨、破碎、压榨、干燥、酿制、发酵等简单加工处理，制成的糠麸、饼粕、糟渣、树叶粉。

(2) 动物类饲料初加工。通过破碎、烘干、制粉等简单加工处理，制成的鱼粉、虾粉、骨粉、肉粉、血粉、羽毛粉、乳清粉。

(3) 添加剂类初加工。通过粉碎、发酵、干燥等简单加工处理，制成的矿石粉、饲用酵母。

(三) 牧草类初加工

通过对牧草、牧草种籽、农作物秸秆等，进行收割、打捆、粉碎、压块、成粒、分选、青贮、氨化、微化等简单加工处理，制成的干草、草捆、草粉、草块或草饼、草颗粒、牧草种籽以及草皮、秸秆粉(块、粒)。

三、渔业类

(一) 水生动物初加工

将水产动物(鱼、虾、蟹、鳖、贝、棘皮类、软体类、腔肠类、两栖类、海兽类动物等)整体或去头、去鳞(皮、壳)、去内脏、去骨(刺)、捣溃或切块、切片，经冰鲜、冷冻、冷藏等保鲜防腐处理、包装等简单加工处理，制成的水产动物初制品。

熟制的水产品和各类水产品的罐头以及调味烤制的水产食品不属于初加工范围。

(二) 水生植物初加工

将水生植物(海带、裙带菜、紫菜、龙须菜、麒麟菜、江篱、浒苔、羊栖菜、莼菜等)整体或去根、去边梢、切段，经热烫、冷冻、冷藏等保鲜防腐处理、包装等简单加工处理的初制品，以及整体或去根、去边梢、切段，经晾晒、干燥(脱水)、包装、粉碎等简单加工处理的初制品。

罐装(包括软罐)产品不属于初加工范围。

＊部分自 2010 年 1 月 1 日起执行，其他部分自 2008 年 1 月 1 日起执行。

依据:《财政部 国家税务总局关于发布〈享受企业所得税优惠政策的农产品初加工范围(试行)〉的通知》(财税〔2008〕149 号)、《财政部 国家税务总局关于享受企业所得税优惠的农产品初加工有关范围的补充通知》(财税〔2011〕26 号)、《国家税务总局关于实施农、林、牧、渔业项目企业所得税优惠问题的公告》(国家税务总局公告 2011 年第 48 号)

7.5.2 国家重点扶持的公共基础设施项目

7.5.2.1 "三免三减半"优惠政策

企业从事国家重点扶持的公共基础设施项目的投资经营的所得，自项目取得第一笔生产经营收入所属纳税年度起，第一年至第三年免征企业所得税，第四年至第六年减半征收企业所得税。

国家重点扶持的公共基础设施项目,是指《公共基础设施项目企业所得税优惠目录》(见本书 7.5.2.6 节)规定的港口码头、机场、铁路、公路、城市公共交通、电力、水利等项目。

第一笔生产经营收入,是指公共基础设施项目建成并投入运营(包括试运营)后所取得的第一笔主营业务收入。

依据:《中华人民共和国企业所得税法》第二十七条、《中华人民共和国企业所得税法实施条例》第八十七条、《国家税务总局关于实施国家重点扶持的公共基础设施项目企业所得税优惠问题的通知》(国税发〔2009〕80 号)第二条

7.5.2.2 优惠管理

一、核算要求

企业同时从事不在《公共基础设施项目企业所得税优惠目录》范围内的项目取得的所得,应与享受优惠的公共基础设施项目所得分开核算,并合理分摊期间费用,没有分开核算的,不得享受上述企业所得税优惠政策。

期间共同费用的合理分摊比例可以按照投资额、销售收入、资产额、人员工资等参数确定。上述比例一经确定,不得随意变更。凡特殊情况需要改变的,需报主管税务机关核准。

二、不得享受的类型

企业承包经营、承包建设和内部自建自用公共基础设施项目,不得享受上述企业所得税优惠。

(1)承包经营是指与从事该项目经营的法人主体相独立的另一法人经营主体,通过承包该项目的经营管理而取得劳务性收益的经营活动。

(2)承包建设是指与从事该项目经营的法人主体相独立的另一法人经营主体,通过承包该项目的工程建设而取得建筑劳务收益的经营活动。

(3)内部自建自用是指项目的建设仅作为本企业主体经营业务的设施,满足本企业自身的生产经营活动需要,而不属于向他人提供公共服务业务的公共基础设施建设项目。

三、减免期内转让项目

企业在减免税期限内转让所享受减免税优惠的项目,受让方承续经营该项目的,可自受让之日起,在剩余优惠期限内享受规定的减免税优惠;减免税期限届满后转让的,受让方不得就该项目重复享受减免税优惠。

四、一次核准、分批次建设的项目

企业投资经营符合《公共基础设施项目企业所得税优惠目录》规定条件和标准的公共基础设施项目,采用一次核准、分批次(如码头、泊位、航站楼、跑道、路段、发电机组等)建设的,凡同时符合以下条件的,可按每一批次为单位计算所得,并享受企业所得税"三免三减半"优惠:

(1)不同批次在空间上相互独立。

(2)每一批次自身具备取得收入的功能。

（3）以每一批次为单位进行会计核算，单独计算所得，并合理分摊期间费用。

五、后续不符合减免税条件的处理

企业因生产经营发生变化或因《公共基础设施项目企业所得税优惠目录》调整，不再符合规定减免税条件的，企业应当自发生变化15日内向主管税务机关提交书面报告并停止享受优惠，依法缴纳企业所得税。

六、税务机关管理要求

税务机关应结合纳税检查、执法检查或其他专项检查，每年定期对企业享受公共基础设施项目企业所得税减免税款事项进行核查，核查的主要内容包括：

（1）企业是否继续符合减免所得税的资格条件，所提供的有关情况证明材料是否真实。

（2）企业享受减免企业所得税的条件发生变化时，是否及时将变化情况报送税务机关，并根据本办法规定对适用优惠进行了调整。

企业实际经营情况不符合企业所得税减免税规定条件的或采取虚假申报等手段获取减免税的，享受减免税条件发生变化未及时向税务机关报告的，以及未按规定程序报送备案资料而自行减免税的，企业主管税务机关应按照税收征收管理法有关规定进行处理。

依据：《财政部 国家税务总局关于执行公共基础设施项目企业所得税优惠目录有关问题的通知》（财税〔2008〕46号）、《国家税务总局关于实施国家重点扶持的公共基础设施项目企业所得税优惠问题的通知》（国税发〔2009〕80号）、《财政部 国家税务总局关于公共基础设施项目享受企业所得税优惠政策问题的补充通知》（财税〔2014〕55号）

7.5.2.3　2008年以前已经批准的公共基础设施项目优惠处理

企业从事符合《公共基础设施项目企业所得税优惠目录》规定，于2007年12月31日前已经批准的公共基础设施项目投资经营的所得，可在该项目取得第一笔生产经营收入所属纳税年度起，按新税法规定计算的企业所得税"三免三减半"优惠期间内，自2008年1月1日起享受其剩余年限的减免企业所得税优惠。

如企业既符合享受上述税收优惠政策的条件，又符合享受《国务院关于实施企业所得税过渡优惠政策的通知》（国发〔2007〕39号）第一条规定的企业所得税过渡优惠政策的条件，由企业选择最优惠的政策执行，不得叠加享受。

依据：《财政部 国家税务总局关于公共基础设施项目和环境保护 节能节水项目企业所得税优惠政策问题的通知》（财税〔2012〕10号）

7.5.2.4　农村饮水安全工程新建项目的投资经营所得

对饮水工程运营管理单位从事《公共基础设施项目企业所得税优惠目录》规定的饮水工程新建项目投资经营的所得，自项目取得第一笔生产经营收入所属纳税年度起，第一年至第三年免征企业所得税，第四年至第六年减半征收企业所得税。

上述规定所称饮水工程，是指为农村居民提供生活用水而建设的供水工程设施。上述规定所称饮水工程运营管理单位，是指负责饮水工程运营管理的自来水公司、供水公司、供水（总）站（厂、中心）、村集体、农民用水合作组织等单位。

依据:《财政部 国家税务总局关于支持农村饮水安全工程建设运营税收政策的通知》(财税〔2012〕30号)、《财政部 国家税务总局关于继续实行农村饮水安全工程建设运营税收优惠政策的通知》(财税〔2016〕19号)、《财政部 税务总局关于继续实行农村饮水安全工程税收优惠政策的公告》(财政部 税务总局公告2019年第67号)

7.5.2.5 电网企业电网新建项目所得

居民企业从事符合《公共基础设施项目企业所得税优惠目录(2008年版)》规定条件和标准的电网(输变电设施)的新建项目,可依法享受"三免三减半"的企业所得税优惠政策。

基于企业电网新建项目的核算特点,暂以资产比例法,即以企业新增输变电固定资产原值占企业总输变电固定资产原值的比例,合理计算电网新建项目的应纳税所得额,并据此享受"三免三减半"的企业所得税优惠政策。

一、计算方法

(1) 对于企业能独立核算收入的330 KV以上跨省及长度超过200 KM的交流输变电新建项目和500 KV以上直流输变电新建项目,应在项目投运后,按该项目营业收入、营业成本等单独计算其应纳税所得额;该项目应分摊的期间费用,可按照企业期间费用与分摊比例计算确定,计算公式为:

应分摊的期间费用 = 企业期间费用 × 分摊比例

$$\text{第一年分摊比例} = \text{该项目输变电资产原值} \div \left[\left(\text{当年企业期初总输变电资产原值} + \text{当年企业期末总输变电资产原值}\right) \div 2\right] \times \left(\text{当年取得第一笔生产经营收入至当年底的月份数} \div 12\right)$$

$$\text{第二年及以后年度分摊比例} = \text{该项目输变电资产原值} \div \left[\left(\text{当年企业期初总输变电资产原值} + \text{当年企业期末总输变电资产原值}\right) \div 2\right]$$

(2) 对于企业符合优惠条件但不能独立核算收入的其他新建输变电项目,可先依照《企业所得税法》及相关规定计算出企业的应纳税所得额,再按照项目投运后的新增输变电固定资产原值占企业总输变电固定资产原值的比例,计算得出该新建项目减免的应纳税所得额。享受减免的应纳税所得额计算公式为:

当年减免的应纳税所得额 = 当年企业应纳税所得额 × 减免比例

$$\text{减免比例} = \left[\text{当年新增输变电资产原值} \div \left(\text{当年企业期初总输变电资产原值} + \text{当年企业期末总输变电资产原值}\right) \div 2\right] \times \frac{1}{2}$$
$$+ (\text{符合税法规定、享受到第二年和第三年输变电资产原值之和})$$
$$\div \left[\left(\text{当年企业期初总输变电资产原值} + \text{当年企业期末总输变电资产原值}\right) \div 2\right]$$
$$+ \left[(\text{符合税法规定、享受到第四年至第六年输变电资产原值之和})\right.$$
$$\left.\div \left(\text{当年企业期初总输变电资产原值} + \text{当年企业期末总输变电资产原值}\right) \div 2\right] \times \frac{1}{2}$$

二、施行时间

自2013年1月1日起施行。居民企业符合条件的2013年1月1日前的电网新建项目,已经享受企业所得税优惠的不再调整;未享受企业所得税优惠的可依照《国家税务总局关于电网企业电网新建项目享受所得税优惠政策问题的公告》(国家税务总局公告2013年第26号)的规定享受剩余年限的企业所得税优惠政策。

依据:《国家税务总局关于电网企业电网新建项目享受所得税优惠政策问题的公告》(国家税务总局公告2013年第26号)

7.5.2.6 公共基础设施项目企业所得税优惠目录(2008年版)

表7-3 公共基础设施项目企业所得税优惠目录

序号	类别	项目	范围、条件及技术标准
1	港口码头	码头、泊位、通航建筑物新建项目	由省级以上政府投资主管部门核准的沿海港口万吨级及以上泊位、内河千吨级及以上泊位、滚装泊位、内河航运枢纽新建项目
2	机场	民用机场新建项目	由国务院核准的民用机场新建项目,包括民用机场迁建、军航机场军民合用改造项目
3	铁路	铁路新线建设项目	由省级以上政府投资主管部门或国务院行业主管部门核准的客运专线、城际轨道交通和Ⅲ级及以上铁路建设项目
4	铁路	既有线路改造项目	由省级以上政府投资主管部门或国务院行业主管部门核准的铁路电气化改造、增建二线项目以及其他改造投入达到项目固定资产账面原值75%以上的改造项目
5	公路	公路新建项目	由省级以上政府投资主管部门核准的一级以上的公路建设项目
6	城市公共交通	城市快速轨道交通新建项目	由国务院核准的城市地铁、轻轨新建项目
7	电力	水力发电新建项目(包括控制性水利枢纽工程)	由国务院投资主管部门核准的在主要河流上新建的水电项目,总装机容量在25万千瓦及以上的新建水电项目,以及抽水蓄能电站项目
8	电力	核电站新建项目	由国务院核准的核电站新建项目
9	电力	电网(输变电设施)新建项目	由国务院投资主管部门核准的330 kv及以上跨省及长度超过200 km的交流输变电新建项目,500 kv及以上直流输变电新建项目;由省级以上政府投资主管部门核准的革命老区、老少边穷地区电网新建工程项目;农网输变电新建项目
10	电力	风力发电新建项目	由政府投资主管部门核准的风力发电新建项目
11	电力	海洋能发电新建项目	由省级以上政府投资主管部门核准的海洋能发电新建项目
12	电力	太阳能发电新建项目	由省级以上政府投资主管部门核准的太阳能发电新建项目
13	电力	地热发电新建项目	由省级以上政府投资主管部门核准的地热发电新建项目
14	水利	灌区配套设施及农业节水灌溉工程新建项目	由政府投资主管部门核准的灌区水源工程、灌排系统工程、节水工程
15	水利	地表水水源工程新建项目	由政府投资主管部门核准的水库、塘堰、水窖及配套工程
16	水利	调水工程新建项目	由政府投资主管部门核准的取水、输水、配水工程
17	水利	农村人畜饮水工程新建项目	由政府投资主管部门核准的农村人畜饮水工程中取水、输水、净化水、配水工程
18	水利	牧区水利工程新建项目	由政府投资主管部门核准的牧区水利工程中的取水、输配水、节水灌溉及配套工程

根据经济社会发展需要及企业所得税优惠政策实施情况,国务院财政、税务主管部门会同国家发展改革委等有关部门适时对《公共基础设施项目企业所得税优惠目录》内的项目进行调整和修订,并在报国务院批准后对《公共基础设施项目企业所得税优惠目录》进行更新。

依据:《财政部 国家税务总局国家发展改革委关于公布公共基础设施项目企业所得税优惠目录(2008年版)的通知》(财税〔2008〕116号)、《财政部 国家税务总局关于执行公共基础设施项目企业所得税优惠目录有关问题的通知》(财税〔2008〕46号)第四条

7.5.3 环境保护、节能节水项目

7.5.3.1 "三免三减半"优惠政策

从事符合条件的环境保护、节能节水项目的所得,自项目取得第一笔生产经营收入所属纳税年度起,第一年至第三年免征企业所得税,第四年至第六年减半征收企业所得税。

符合条件的环境保护、节能节水项目,包括公共污水处理、公共垃圾处理、沼气综合开发利用、节能减排技术改造、海水淡化等。项目的具体条件和范围由国务院财政、税务主管部门商国务院有关部门制订,报国务院批准后公布施行。

依据:《中华人民共和国企业所得税法》第二十七条、《中华人民共和国企业所得税法实施条例》第八十八条

7.5.3.2 减免期内转让项目

依照规定享受环境保护、节能节水项目减免税优惠的项目,在减免税期限内转让的,受让方自受让之日起,可以在剩余期限内享受规定的减免税优惠;减免税期限届满后转让的,受让方不得就该项目重复享受减免税优惠。

依据:《中华人民共和国企业所得税法实施条例》第八十九条

7.5.3.3 2008年以前已经批准的环境保护、节能节水项目

企业从事符合《环境保护、节能节水项目企业所得税优惠目录》规定,于2007年12月31日前已经批准的环境保护、节能节水项目的所得,可在该项目取得第一笔生产经营收入所属纳税年度起,按新税法规定计算的企业所得税"三免三减半"优惠期间内,自2008年1月1日起享受其剩余年限的减免企业所得税优惠。

如企业既符合享受上述税收优惠政策的条件,又符合享受《国务院关于实施企业所得税过渡优惠政策的通知》(国发〔2007〕39号)第一条规定的企业所得税过渡优惠政策的条件,由企业选择最优惠的政策执行,不得叠加享受。

依据:《财政部 国家税务总局关于公共基础设施项目和环境保护 节能节水项目企业所得税优惠政策问题的通知》(财税〔2012〕10号)

7.5.3.4 环境保护、节能节水项目企业所得税优惠目录(试行)

表7-4 环境保护、节能节水项目企业所得税优惠目录

序号	类别	项目	条件
1	公共污水处理	城镇污水处理项目	1. 根据全国城镇污水处理设施建设规划等全国性规划设立。 2. 专门从事城镇污水的收集、贮存、运输、处置以及污泥处置(含符合国家产业政策和准入条件的水泥窑协同处置)。 3. 根据国家规定获得污水处理特许经营权,或符合环境保护行政主管部门规定的生活污水类污染治理设施运营资质条件。 4. 项目设计、施工和运行管理人员具备国家相应职业资格。 5. 项目按照国家法律法规要求,通过相关验收。 6. 项目经设区的市或者市级以上环境保护行政主管部门总量核查。 7. 排放水符合国家及地方规定的水污染物排放标准和重点水污染物排放总量控制指标。 8. 国务院财政、税务主管部门规定的其他条件。
1	公共污水处理	工业废水处理项目	1. 根据全国重点流域水污染防治规划等全国性规划设立,但按照国家规定作为企业必备配套设施的自用的污水处理项目除外。 2. 专门从事工业污水的收集、贮存、运输、处置以及污泥处置(含符合国家产业政策和准入条件的水泥窑协同处置)。 3. 符合环境保护行政主管部门规定的工业废水类污染治理设施运营资质条件。 4. 项目设计、施工和运行管理人员具备国家相应职业资格。 5. 项目按照国家法律法规要求,通过相关验收。 6. 项目经设区的市或者市级以上环境保护行政主管部门总量核查。 7. 排放水符合国家及地方规定的水污染物排放标准和重点水污染物排放总量控制指标。 8. 国务院财政、税务主管部门规定的其他条件。
2	公共垃圾处理	生活垃圾处理项目	1. 根据全国城镇垃圾处理设施建设规划等全国性规划设立。 2. 专门从事生活垃圾的收集、贮存、运输、处置。 3. 采用符合国家规定标准的卫生填埋、焚烧、热解、堆肥、水泥窑协同处置等工艺,其中,水泥窑协同处置要符合国家产业政策和准入条件。 4. 根据国家规定获得垃圾处理特许经营权,或符合环境保护行政主管部门规定的生活垃圾类污染治理设施运营资质条件。 5. 项目设计、施工和运行管理人员具备国家相应职业资格。 6. 按照国家法律法规要求,通过相关验收。 7. 项目经设区的市或者市级以上环境保护行政主管部门总量核查。 8. 国务院财政、税务主管部门规定的其他条件。
2	公共垃圾处理	工业固体废物处理项目; 危险废物处理项目	1. 根据全国危险废物处置设施建设规划等全国性规划设立,但按照国家规定作为企业必备配套设施的自用的废弃物处理项目除外。 2. 专门从事工业固体废物或危险废物的收集、贮存、运输、处置。 3. 采用符合国家规定标准的卫生填埋、焚烧、热解、堆肥、水泥窑协同处置等工艺,其中水泥窑协同处置要符合国家产业政策和准入条件。 4. 工业固体废物处理项目符合环境保护行政主管部门规定的工业固体废物类污染治理设施运营资质条件,危险废物处理项目取得县级以上人民政府环境保护行政主管部门颁发的危险废物经营许可证。 5. 项目设计、施工和运行管理人员具备国家相应职业资格。 6. 按照国家法律法规要求,通过相关验收。 7. 项目经设区的市或者市级以上环境保护行政主管部门总量核查。 8. 国务院财政、税务主管部门规定的其他条件。
3	沼气综合开发利用	畜禽养殖场和养殖小区沼气工程项目; 垃圾填埋沼气发电项目(自2016年1月1日起)	1. 单体装置容积不小于300立方米,年均日产沼气量不低于300立方米/天,符合国家有关沼气工程技术规范的项目。 2. 废水排放、废渣处置、沼气利用符合国家和地方有关标准,不产生二次污染。 3. 项目包括完整的发酵原料的预处理设施、沼渣和沼液的综合利用或进一步处理系统,沼气净化、储存、输配和利用系统。 4. 项目设计、施工和运行管理人员具备国家相应职业资格。 5. 项目按照国家法律法规要求,通过相关验收。 6. 国务院财政、税务主管部门规定的其他条件。

(续表)

序号	类别	项目	条件
4	节能减排技术改造	1. 既有高能耗建筑节能改造项目 2. 既有建筑太阳能光热、光电建筑一体化技术或浅层地能热泵技术改造项目 3. 既有居住建筑供热计量及节能改造项目 4. 工业锅炉、工业窑炉节能技术改造项目 5. 电机系统节能、能量系统优化技术改造项目 6. 煤炭工业复合式干法选煤技术改造项目 7. 钢铁行业干式除尘技术改造项目 8. 有色金属行业干式除尘净化技术改造项目	1. 具有独立法人资质,且注册资金不低于100万元的节能减排技术服务公司以合同能源管理的形式,通过以节省能源费用或节能量来支付项目成本的节能减排技术改造项目。 2. 项目应符合国家产业政策,并达到国家有关节能和环境标准。 3. 经建筑能效测评机构检测,既有高能耗建筑节能改造和北方既有居住建筑供热计量及节能改造达到现行节能强制性标准要求,既有建筑太阳能光热、光电建筑一体化技术或浅层地能热泵技术改造后达到现行国家有关标准要求。 4. 经省级节能节水主管部门验收,工业锅炉、工业窑炉技术改造和电机系统节能、能量系统优化技术改造项目年节能量折算后不小于1 000吨标准煤,煤炭工业复合式干法选煤技术改造、钢铁行业干式除尘技术改造和有色金属行业干式除尘净化技术改造项目年节水量不小于200万立方米。 5. 项目应纳税所得额的计算应符合独立交易原则。 6. 国务院财政、税务主管部门规定的其他条件。
		9. 燃煤电厂烟气脱硫技术改造项目	1. 按照国家有关法律法规设立的,具有独立法人资质,且注册资金不低于500万元的专门从事脱硫服务的公司从事的符合规定的脱硫技术改造项目。 2. 改造后,采用干法或半干法脱硫的项目脱硫效率应高于85%,采用湿法或其他方法脱硫的项目脱硫效率应高于98%。 3. 项目改造后经国家有关部门评估,综合效益良好。 4. 设施能够稳定运行,达到环境保护行政主管部门对二氧化硫的排放总量及浓度控制要求。 5. 项目应纳税所得额的计算应符合独立交易原则。 6. 国务院财政、税务主管部门规定的其他条件。
5	海水淡化	用作工业、生活用水的海水淡化项目	1. 符合《海水利用专项规划》中规定的发展重点以及区域布局等要求。 2. 规模不小于淡水产量10 000吨/日。 3. 热法海水淡化项目的物能消耗指标为吨水耗电量小于1.8千瓦时/吨,造水比大于8,膜法海水淡化项目的能耗指标为吨水耗电量小于4.0千瓦时/吨。 4. 国务院财政、税务主管部门规定的其他条件。
		用作海岛军民饮用水的海水淡化项目	1. 符合《海水利用专项规划》中规定的发展重点以及区域布局等要求。 2. 热法海水淡化项目的物能消耗指标为吨水耗电量小于1.8千瓦时/吨,造水比大于8,膜法海水淡化项目的能耗指标为吨水耗电量小于4.0千瓦时/吨。 3. 国务院财政、税务主管部门规定的其他条件。

依据:《财政部 国家税务总局 国家发展改革委关于公布环境保护、节能节水项目企业所得税优惠目录(试行)的通知》(财税〔2009〕166号)、《财政部 国家税务总局 国家发展改革委关于垃圾填埋沼气发电列入〈环境保护、节能节水项目企业所得税优惠目录(试行)〉的通知》(财税〔2016〕131号)

热点问题

某企业为一污水处理企业,2012年成立,成立之初主要从事城镇污水处理,2013年取得第一笔收入,2016年该项目处于减半期。企业自2015年又另建一工业废水处理新项目,该项目于 2016 年取得第一笔收入,问新成立的工业废水项目是按新的环境保护、节能节水项目享受"三免三减半",还是并入上一项目优惠期实行减半征收?

答:企业从事《财政部 国家税务总局 国家发展改革委关于公布环境保护节能节水项目企业所得税优惠目录(试行)的通知》(财税〔2009〕166 号)规定的符合条件的环境保护、节能节水项目的所得,自项目取得第一笔生产经营收入所属纳税年度起,第一年至第三年免征企业所得税,第四年至第六年减半征收企业所得税。因该优惠为项目所得优惠,按项目享受。因此,新成立的工业废水项目应按新的环境保护、节能节水项目享受"三免三减半"政策。

7.5.4　技术转让所得

7.5.4.1　技术转让所得减免规定

符合条件的技术转让所得可以免征、减征企业所得税,具体是指一个纳税年度内,居民企业技术转让所得不超过 500 万元的部分,免征企业所得税;超过 500 万元的部分,减半征收企业所得税。

依据:《中华人民共和国企业所得税法》第二十七条、《中华人民共和国企业所得税法实施条例》第九十条

7.5.4.2　技术转让的条件

享受减免企业所得税优惠的技术转让应符合以下条件:

(1) 享受优惠的技术转让主体是企业所得税法规定的居民企业。

(2) 技术转让属于财政部、国家税务总局规定的范围。

(3) 技术转让须经有关部门认定。

技术转让应签订技术转让合同。其中,境内的技术转让须经省级以上(含省级)科技部门认定登记,跨境的技术转让须经省级以上(含省级)商务部门认定登记,涉及财政经费支持产生技术的转让,需省级以上(含省级)科技部门审批。

居民企业技术出口应由有关部门按照商务部、科技部发布的《中国禁止出口限制出口技术目录》(商务部科技部令 2008 年第 12 号)进行审查。居民企业取得禁止出口和限制出口技术转让所得,不享受技术转让减免企业所得税优惠政策。

(4) 国务院税务主管部门规定的其他条件。

7.5.4.3　技术转让的范围

技术转让的范围,包括居民企业转让专利技术、计算机软件著作权、集成电路布图设计权、植物新品种、生物医药新品种,以及财政部和国家税务总局确定的其他技术。

其中专利技术,是指法律授予独占权的发明、实用新型和非简单改变产品图案的外观设计。

符合条件的技术转让,是指居民企业转让其拥有符合以上规定技术的所有权或 5 年以上(含 5 年)全球独占许可使用权的行为。

自 2015 年 10 月 1 日起,居民企业转让 5 年(含 5 年)以上非独占许可使用权取得的技术转让所得,纳入享受企业所得税优惠的技术转让所得范围。

企业转让符合条件的 5 年以上非独占许可使用权的技术,限于其拥有所有权的技术。技术所有权的权属由国务院行政主管部门确定。其中,专利由国家知识产权局确定权属;国防专利由总装备部确定权属;计算机软件著作权由国家版权局确定权属;集成电路布图设计专有权由国家知识产权局确定权属;植物新品种权由农业部确定权属;生物医药新品种由国家食品药品监督管理总局确定权属。

> **热点问题**
>
> 企业在授权期间,将取得的技术使用权,再对外转让的所得,是否可以享受技术转让减免税的政策?
>
> 答:根据《国家税务总局关于许可使用权技术转让所得企业所得税有关问题的公告》(国家税务总局公告 2015 年第 82 号)等的规定,自 2015 年 10 月 1 日起,居民企业转让 5 年(含 5 年)以上非独占许可使用权取得的技术转让所得,纳入享受企业所得税优惠的技术转让所得范围。企业转让符合条件的 5 年以上非独占许可使用权的技术,限于其拥有所有权的技术。企业在授权期间只有技术的使用权,没有技术的所有权。因此,不享受技术转让减免税的政策。

7.5.4.4 不得享受的情形

居民企业从直接或间接持有股权之和达到 100% 的关联方取得的技术转让所得,不享受技术转让减免企业所得税优惠政策。

7.5.4.5 计算方法

一、一般规定

$$技术转让所得＝技术转让收入－技术转让成本－相关税费$$

(一) 技术转让收入

技术转让收入是指当事人履行技术转让合同后获得的价款,不包括销售或转让设备、仪器、零部件、原材料等非技术性收入。不属于与技术转让项目密不可分的技术咨询、技术服务、技术培训等收入,不得计入技术转让收入。

自 2013 年 11 月 1 日起,可以计入技术转让收入的技术咨询、技术服务、技术培训收入是指转让方为使受让方掌握所转让的技术投入使用、实现产业化而提供的必要的技术咨询、技术服务、技术培训所产生的收入,并应同时符合以下条件:

(1) 在技术转让合同中约定的与该技术转让相关的技术咨询、技术服务、技术培训。

(2) 技术咨询、技术服务、技术培训收入与该技术转让项目收入一并收取价款。

(二) 技术转让成本

技术转让成本是指转让的无形资产的净值,即该无形资产的计税基础减除在资产使用期间按照规定计算的摊销扣除额后的余额。

(三) 相关税费

相关税费是指技术转让过程中实际发生的有关税费,包括除企业所得税和允许抵扣的增值税以外的各项税金及其附加、合同签订费用、律师费等相关费用及其他支出。

> **热点问题**
>
> 技术转让合同中约定技术转让收入为一次性收取,而与之相关的技术服务则根据服务期分3年收费,那么可以分3年享受技术转让优惠吗?
>
> 答:与技术转让相关的技术服务只有和技术转让项目收入一并收取才可以计入收入,享受减免税。
>
> 因此,若符合其他相关条件,该企业只能在转让当年享受,且技术服务费不能计入收入中享受优惠。

二、5年以上非独占许可使用权技术转让所得计算方法

符合条件的5年以上非独占许可使用权技术转让所得应按以下方法计算:

技术转让所得=技术转让收入-无形资产摊销费用-相关税费-应分摊期间费用

(一)技术转让收入

技术转让收入是指转让方履行技术转让合同后获得的价款,不包括销售或转让设备、仪器、零部件、原材料等非技术性收入。不属于与技术转让项目密不可分的技术咨询、服务、培训等收入,不得计入技术转让收入。技术许可使用权转让收入,应按转让协议约定的许可使用权人应付许可使用权使用费的日期确认收入的实现。

(二)无形资产摊销费用

无形资产摊销费用是指该无形资产按税法规定当年计算摊销的费用。涉及自用和对外许可使用的,应按照受益原则合理划分。

(三)相关税费

相关税费是指技术转让过程中实际发生的有关税费,包括除企业所得税和允许抵扣的增值税以外的各项税金及其附加、合同签订费用、律师费等相关费用。

(四)应分摊期间费用(不含无形资产摊销费用和相关税费)

应分摊期间费用(不含无形资产摊销费用和相关税费)是指技术转让按照当年销售收入占比分摊的期间费用。

> **热点问题**
>
> 企业在转让5年以上非独占许可使用权时,若该项无形资产在创设时,按照费用化处理相关研发费用,即该项无形资产账面无价值,仅具有所有权,那么在计算技术转让所得时,公式中的"无形资产摊销费用"是否按0计算?
>
> 答:如果无形资产在创设时,相关研发费用已费用化,则"无形资产摊销费用"应按0进行计算。

7.5.4.6 核算要求

享受技术转让所得减免企业所得税优惠的企业,应单独计算技术转让所得,并合理分摊企业的期间费用;没有单独计算的,不得享受技术转让所得企业所得税优惠。

依据:《国家税务总局关于技术转让所得减免企业所得税有关问题的通知》(国税函〔2009〕212号)、《财政部 国家税务总局关于居民企业技术转让有关企业所得税政策问题的通知》(财税〔2010〕111号)、《国家税务总局关于技术转让所得减免企业所得税有关问题的公告》(国家税务总局公告2013年第62号)、《财政部 国家税务总局关于将国家自主创新示范区有关税收试点政策推广到全国范围实施的通知》(财税〔2015〕116号)、《国家税务总局关于许可使用权技术转让所得企业所得税有关问题的公告》(国家税务总局公告2015年第82号)

7.5.4.7 中关村等自主创新示范区内的技术转让

为进一步推动技术转化为生产力,经国务院同意,自2013年1月1日起,中关村国家自主创新示范区内居民企业转让5年(含5年)以上非独占许可使用权取得的技术转让所得,纳入享受企业所得税优惠的技术转让所得范围。

依据:《财政部 国家税务总局关于中关村国家自主创新示范区技术转让企业所得税试点政策的通知》(财税〔2013〕72号,【已废止】)

自2015年1月1日起,将中关村国家自主创新示范区有关税收试点政策推广至国家自主创新示范区、合芜蚌自主创新综合试验区和绵阳科技城。

依据:《财政部 国家税务总局关于推广中关村国家自主创新示范区税收试点政策有关问题的通知》(财税〔2015〕62号)

【解读】

一、范围的扩大

企业所得税的技术转让所得的减免是有明确范围的。技术转让的范围,包括居民企业转让专利技术、计算机软件著作权、集成电路分布图设计权、植物新品种、生物医药新品种,以及财政部和国家税务总局确定的其他技术。但是通过对文件的梳理,可以看到该范围是在不断扩大的。

(1) 自2008年1月1日至2015年9月30日,符合条件的技术转让,是指居民企业转让以上技术的所有权或5年以上(含5年)全球独占许可使用权的行为。

(2) 自2013年1月1日起至2015年12月31日,中关村国家自主创新示范区内的居民企业,符合条件的技术转让,是指居民企业将以上技术的所有权或5年以上非独占许可使用权转让的行为。将"独占"改为了"非独占",范围进行了扩大。

(3) 自2015年1月1日起,将试点政策推广至国家自主创新示范区、合芜蚌自主创新综合试验区和绵阳科技城实施。

(4) 自2015年10月1日起,将试点政策进一步推广至全国范围实施,持续加大对企业创业创新的税收扶持力度。

二、新旧政策的衔接时点

企业在2015年10月1日以前已签订许可使用权技术转让合同,其在2015年10月1日以后取得的技术转让收入能否享受该项优惠政策?《国家税务总局关于许可使用权技术转让所得企业所得税有关问题的公告》(国家税务总局公告2015年第82号)规定,自2015年10月1日起,企业转让5年以上非独占许可使用权确认的技术转让收入,按本公告执行。为更大力度支持技术转让,企业虽在 2015 年 10 月 1 日以前签订了许可使用权技术转让合同,但如果其按合同约定的部分技术转让收入是在 2015 年 10 月 1 日以后确认取得的,则该技术转让收入可以享受优惠政策。

三、企业享受此项优惠政策的手续

企业享受此项优惠政策如何办理相关手续?企业在预缴时即可享受该项企业所得税优惠;年度汇缴时自行计算减免税额,并通过填报企业所得税纳税申报表享受税收优惠。具体要求可参看税务总局出台的《国家税务总局关于发布修订后的〈企业所得税优惠政策事项办理办法〉的公告》(国家税务总局公告 2018 年第 23 号)的规定。

7.5.5 清洁发展机制项目优惠

自 2007 年 1 月 1 日起,CDM 项目实施企业按照《清洁发展机制项目运行管理办法》(发展改革委科技部外交部财政部令第 37 号)的规定,将温室气体减排量的转让收入,按照以下比例上缴给国家的部分,准予在计算应纳税所得额时扣除:

(1)氢氟碳化物(HFC)和全氟碳化物(PFC)类项目,为温室气体减排量转让收入的 65%。

(2)氧化亚氮(N_2O)类项目,为温室气体减排量转让收入的 30%。

(3)《清洁发展机制项目运行管理办法》第四条规定的重点领域以及植树造林项目等类清洁发展机制项目,为温室气体减排量转让收入的 2%。

对企业实施的将温室气体减排量转让收入的 65% 上缴给国家的 HFC 和 PFC 类 CDM 项目,以及将温室气体减排量转让收入的 30% 上缴给国家的 N_2O 类 CDM 项目,其实施该类 CDM 项目的所得,自项目取得第一笔减排量转让收入所属纳税年度起,第一年至第三年免征企业所得税,第四年至第六年减半征收企业所得税。

企业实施 CDM 项目的所得,是指企业实施 CDM 项目取得的温室气体减排量转让收入扣除上缴国家的部分,再扣除企业实施 CDM 项目发生的相关成本、费用后的净所得。

企业应单独核算其享受优惠的 CDM 项目的所得,并合理分摊有关期间费用,没有单独核算的,不得享受上述企业所得税优惠政策。

依据:《财政部 国家税务总局关于中国清洁发展机制基金及清洁发展机制项目实施企业有关企业所得税政策问题的通知》(财税〔2009〕30 号)第二条

7.5.6 合同能源管理项目

7.5.6.1 "三免三减半"优惠政策

自 2011 年 1 月 1 日起,对符合条件的节能服务公司实施合同能源管理项目,符合企业所得税税法有关规定的,自项目取得第一笔生产经营收入所属纳税年度起,第一年至第三年免征企业所得税,第四年至第六年按照 25% 的法定税率减半征收企业所得税。

自 2013 年 1 月 1 日起,对实施节能效益分享型合同能源管理项目的节能服务企业,凡实行查账征收所得税的居民企业并符合企业所得税法和有关规定的,该项目可享受上述企业所得税"三免三减半"优惠政策。如节能服务企业的分享型合同约定的效益分享期短于6年的,按实际分享期享受优惠。

7.5.6.2　节能服务公司的条件

（1）具有独立法人资格,注册资金不低于100万元,且能够单独提供用能状况诊断、节能项目设计、融资、改造（包括施工、设备安装、调试、验收等）、运行管理、人员培训等服务的专业化节能服务公司。

（2）节能服务公司实施合同能源管理项目相关技术应符合国家质量监督检验检疫总局和国家标准化管理委员会发布的《合同能源管理技术通则》(GB/T 24915—2010)规定的技术要求。

（3）节能服务公司与用能企业签订《节能效益分享型》合同,其合同格式和内容,符合《合同法》国家质量监督检验检疫总局和国家标准化管理委员会发布的《合同能源管理技术通则》(GB/T 24915—2010)等规定。

（4）节能服务公司实施合同能源管理的项目符合《财政部　国家税务总局　国家发展改革委关于公布环境保护节能节水项目企业所得税优惠目录（试行）的通知》(财税〔2009〕166号)"4.节能减排技术改造"类中第一项至第八项规定的项目和条件。

（5）节能服务公司投资额不低于实施合同能源管理项目投资总额的70%。

（6）节能服务公司拥有匹配的专职技术人员和合同能源管理人才,具有保障项目顺利实施和稳定运行的能力。

7.5.6.3　优惠期间相关规定

节能服务企业享受"三免三减半"项目的优惠期限,应连续计算。对在优惠期限内转让所享受优惠的项目给其他符合条件的节能服务企业,受让企业承续经营该项目的,可自项目受让之日起,在剩余期限内享受规定的优惠；优惠期限届满后转让的,受让企业不得就该项目重复享受优惠。

7.5.6.4　实施合同能源管理有关税务处理

对符合条件的节能服务公司,以及与其签订节能效益分享型合同的用能企业,实施合同能源管理项目有关资产的企业所得税税务处理按以下规定执行：

（1）用能企业按照能源管理合同实际支付给节能服务公司的合理支出,均可以在计算当期应纳税所得额时扣除,不再区分服务费用和资产价款进行税务处理。

（2）能源管理合同期满后,节能服务公司转让给用能企业的因实施合同能源管理项目形成的资产,按折旧或摊销期满的资产进行税务处理,用能企业从节能服务公司接受有关资产的计税基础也应按折旧或摊销期满的资产进行税务处理。

（3）能源管理合同期满后,节能服务公司与用能企业办理有关资产的权属转移时,用能企业已支付的资产价款,不再另行计入节能服务公司的收入。

（4）节能服务企业投资项目所发生的支出,应按税法规定作资本化或费用化处理。

形成的固定资产或无形资产,应按合同约定的效益分享期计提折旧或摊销。

7.5.6.5 核算及管理

一、独立交易原则

节能服务公司与用能企业之间的业务往来,应当按照独立企业之间的业务往来收取或者支付价款、费用。不按照独立企业之间的业务往来收取或者支付价款、费用,而减少其应纳税所得额的,税务机关有权进行合理调整。

二、单独核算原则

用能企业对从节能服务公司取得的与实施合同能源管理项目有关的资产,应与企业其他资产分开核算,并建立辅助账或明细账。

节能服务公司同时从事适用不同税收政策待遇项目的,其享受税收优惠项目应当单独计算收入、扣除,并合理分摊企业的期间费用;期间费用的分摊应按照项目投资额和销售(营业)收入额两个因素计算分摊比例,两个因素的权重各为50%。没有单独计算的,不得享受税收优惠政策。

三、报告义务

企业享受优惠条件发生变化的,应当自发生变化之日起15日内向主管税务机关书面报告。如不再符合享受优惠条件的,应停止享受优惠,并依法缴纳企业所得税。对节能服务企业采取虚假手段获取税收优惠的,享受优惠条件发生变化而未及时向主管税务机关报告的,以及未按《国家税务总局 国家发展改革委关于落实节能服务企业合同能源管理项目企业所得税优惠政策有关征收管理问题的公告》(国家税务总局 国家发展改革委公告2013年第77号)规定报送备案资料而自行减免税的,主管税务机关应按照税收征收管理法等有关规定进行处理。税务部门应设立节能服务企业项目管理台账和统计制度,并会同节能主管部门建立监管机制。

四、第三方责任

合同能源管理项目确认由国家发展改革委、财政部公布的第三方节能量审核机构负责,并出具《合同能源管理项目情况确认表》,或者由政府节能主管部门出具合同能源管理项目确认意见。第三方机构在合同能源管理项目确认过程中应严格按照国家有关要求认真审核把关,确保审核结果客观、真实。对在审核过程中把关不严、弄虚作假的第三方机构,一经查实,将取消其审核资质,并按相关法律规定追究责任。

依据:《财政部 国家税务总局关于促进节能服务产业发展增值税、营业税和企业所得税政策问题的通知》(财税〔2010〕110号)、《国家税务总局 国家发展改革委关于落实节能服务企业合同能源管理项目企业所得税优惠政策有关征收管理问题的公告》(国家税务总局 国家发展改革委公告2013年第77号)

7.5.7 集成电路生产项目优惠

2018年1月1日后投资新设的集成电路线宽小于130纳米,且经营期在10年以上的集成电路生产项目,第一年至第二年免征企业所得税,第三年至第五年按照25%的法定税率减半征收企业所得税,并享受至期满为止。

2018年1月1日后投资新设的集成电路线宽小于65纳米或投资额超过150亿元，且经营期在15年以上的集成电路生产项目，第一年至第五年免征企业所得税，第六年至第十年按照25%的法定税率减半征收企业所得税，并享受至期满为止。

对于按照集成电路生产项目享受上述优惠的，优惠期自项目取得第一笔生产经营收入所属纳税年度起计算。

依据：《财政部　税务总局　国家发展改革委　工业和信息化部关于集成电路生产企业有关企业所得税政策问题的通知》（财税〔2018〕27号）第一条、第二条、第三条

享受上述税收优惠政策的集成电路生产项目，其主体企业应符合集成电路生产企业条件，且能够对该项目单独进行会计核算、计算所得，并合理分摊期间费用。

依据：《财政部　税务总局　国家发展改革委　工业和信息化部关于集成电路生产企业有关企业所得税政策问题的通知》（财税〔2018〕27号）第四条

7.5.8　非居民企业所得减免

非居民企业在中国境内未设立机构、场所的，或者虽设立机构、场所但取得的所得与其所设机构、场所没有实际联系的，其来源于中国境内的所得减按10%的税率征收企业所得税。其中，下列所得可以免征企业所得税：

（1）外国政府贷款给中国政府取得的利息所得。
（2）国际金融组织贷款给中国政府和居民企业取得的利息所得。
（3）经国务院批准的其他所得。可以减征企业所得税。

依据：《中华人民共和国企业所得税法》第二十七条第（五）项、《中华人民共和国企业所得税法实施条例》第九十一条

热点问题

在中国境内未设立机构、场所的外国企业向境内企业转让技术取得的所得，能否享受"技术转让所得不超过500万元的部分，免征企业所得税；超过500万元的部分，减半征收企业所得税"的优惠？

答：根据《企业所得税法》第二条的规定，企业分为居民企业和非居民企业。

《企业所得税法》所称居民企业，是指依法在中国境内成立，或者依照外国（地区）法律成立但实际管理机构在中国境内的企业。

《企业所得税法》所称非居民企业，是指依照外国（地区）法律成立且实际管理机构不在中国境内，但在中国境内设立机构、场所的，或者在中国境内未设立机构、场所，但有来源于中国境内所得的企业。

根据《企业所得税法实施条例》的规定，在一个纳税年度内，居民企业符合条件的技术转让所得不超过500万元的部分，免征企业所得税；超过500万元的部分，减半征收企业所得税。

因此，只有居民企业才能享受技术转让所得的优惠，在中国境内未设立机构、场所的外国企业属于非居民企业，不能享受此项优惠。

7.6 抵扣应纳税所得额

7.6.1 投资未上市中小高新技术企业的创业投资企业

7.6.1.1 基本规定

创业投资企业从事国家需要重点扶持和鼓励的创业投资,可以按投资额的一定比例抵扣企业所得税应纳税所得额。

依据:《中华人民共和国企业所得税法》第三十一条

《企业所得税法》第三十一条所称抵扣应纳税所得额,是指创业投资企业采取股权投资方式投资于未上市的中小高新技术企业2年以上的,可以按照其投资额的70%在股权持有满2年的当年抵扣该创业投资企业的应纳税所得额;当年不足抵扣的,可以在以后纳税年度结转抵扣。

依据:《中华人民共和国企业所得税法实施条例》第九十七条

7.6.1.2 中小高新技术企业条件

《企业所得税法实施条例》第九十七条所称投资于未上市的中小高新技术企业2年以上的,包括发生在2008年1月1日以前满2年的投资;所称中小高新技术企业是指按照《高新技术企业认定管理办法》(国科发火〔2008〕172号,【已废止】)和《高新技术企业认定管理工作指引》(国科发火〔2008〕362号,【已废止】)取得高新技术企业资格,且年销售额和资产总额均不超过2亿元、从业人数不超过500人的企业,其中2007年年底前已取得高新技术企业资格的,在其规定有效期内不需重新认定。

依据:《财政部 国家税务总局关于执行企业所得税优惠政策若干问题的通知》(财税〔2009〕69号)第十一条

热点问题

创投企业投资于中小高新企业满24个月,各项条件均满足,但创投企业由于自身亏损其投资额的70%在当年度不能抵扣,向以后年度结转,待有盈利可以抵扣的年度,被投资单位不再具有高新企业的资质。请问创投企业是否仍然可以抵扣该尚未抵扣的投资额?

答:根据《企业所得税法实施条例》及《国家税务总局关于实施创业投资企业所得税优惠问题的通知》(国税发〔2009〕87号)的规定,创业投资企业采取股权投资方式投资于未上市的中小高新技术企业2年(24个月)以上,符合文件规定的条件的,可按照其对中小高新技术企业投资额的70%,在股权持有满2年的当年抵扣该创业投资企业的应纳税所得额;当年不足抵扣的,可以在以后纳税年度结转抵扣。国税发〔2009〕87号文件并未要求以后年度实际抵扣时,被投资单位仍然为高新技术企业,因此,该创投企业可以抵扣尚未抵扣的投资额。

7.6.1.3 优惠管理

(1)创业投资企业是指依照《创业投资企业管理暂行办法》(国家发展和改革委员会

等10部委令2005年第39号,以下简称《暂行办法》)和《外商投资创业投资企业管理规定》(商务部等5部委令2003年第2号)在中华人民共和国境内设立的专门从事创业投资活动的企业或其他经济组织。

(2) 创业投资企业采取股权投资方式投资于未上市的中小高新技术企业2年(24个月)以上,凡符合以下条件的,可以按照其对中小高新技术企业投资额的70%,在股权持有满2年的当年抵扣该创业投资企业的应纳税所得额;当年不足抵扣的,可以在以后纳税年度结转抵扣。

① 经营范围符合《暂行办法》规定,且工商登记为"创业投资有限责任公司""创业投资股份有限公司"等专业性法人创业投资企业。

② 按照《暂行办法》规定的条件和程序完成备案,经备案管理部门年度检查核实,投资运作符合《暂行办法》的有关规定。

③ 创业投资企业投资的中小高新技术企业,除应按照科技部、财政部、国家税务总局《关于印发〈高新技术企业认定管理办法〉的通知》(国科发火〔2008〕172号,【已废止】)和《关于印发〈高新技术企业认定管理工作指引〉的通知》(国科发火〔2008〕362号,【已废止】)的规定,通过高新技术企业认定以外,还应符合职工人数不超过500人,年销售(营业)额不超过2亿元,资产总额不超过2亿元的条件。

2007年年底前按原有规定取得高新技术企业资格的中小高新技术企业,且在2008年继续符合新的高新技术企业标准的,向其投资满24个月的计算,可自创业投资企业实际向其投资的时间起计算。

④ 财政部、国家税务总局规定的其他条件。

(3) 中小企业接受创业投资之后,经认定符合高新技术企业标准的,应自其被认定为高新技术企业的年度起,计算创业投资企业的投资期限。该期限内中小企业接受创业投资后,企业规模超过中小企业标准,但仍符合高新技术企业标准的,不影响创业投资企业享受有关税收优惠。

依据:《国家税务总局关于实施创业投资企业所得税优惠问题的通知》(国税发〔2009〕87号)

7.6.2 投资于初创科技型企业的创业投资企业

7.6.2.1 基本规定

自2018年1月1日起,公司制创业投资企业采取股权投资方式直接投资于种子期、初创期科技型企业(以下简称初创科技型企业)满2年(24个月,下同)的,可以按照投资额的70%在股权持有满2年的当年抵扣该公司制创业投资企业的应纳税所得额;当年不足抵扣的,可以在以后纳税年度结转抵扣。

依据:《财政部 税务总局关于创业投资企业和天使投资个人有关税收政策的通知》(财税〔2018〕55号)第一条

享受上述规定的税收政策的投资,仅限于通过向被投资初创科技型企业直接支付现金方式取得的股权投资,不包括受让其他股东的存量股权。

上述所称投资额,按照创业投资企业对初创科技型企业的实缴投资额确定。

依据:《财政部　税务总局关于创业投资企业和天使投资个人有关税收政策的通知》(财税〔2018〕55号)第二条、第三条

上述所称满2年是指公司制创业投资企业(以下简称公司制创投企业)、有限合伙制创业投资企业(以下简称合伙创投企业)和天使投资个人投资于种子期、初创期科技型企业(以下简称初创科技型企业)的实缴投资满2年,投资时间从初创科技型企业接受投资并完成工商变更登记的日期算起。

依据:《国家税务总局关于创业投资企业和天使投资个人税收政策有关问题的公告》(国家税务总局公告2018年第43号)第一条

7.6.2.2　初创科技型企业条件

(1)在中国境内(不包括港、澳、台地区)注册成立、实行查账征收的居民企业。

(2)接受投资时,从业人数不超过200人,其中具有大学本科以上学历的从业人数不低于30%;资产总额和年销售收入均不超过3 000万元。

(3)接受投资时设立时间不超过5年(60个月)。

(4)接受投资时以及接受投资后2年内未在境内外证券交易所上市。

(5)接受投资当年及下一纳税年度,研发费用总额占成本费用支出的比例不低于20%。

依据:《财政部　税务总局关于创业投资企业和天使投资个人有关税收政策的通知》(财税〔2018〕55号)第二条

《财政部　税务总局关于创业投资企业和天使投资个人有关税收政策的通知》(财税〔2018〕55号,以下简称为财税〔2018〕55号文件)第二条第(一)项关于初创科技型企业条件中的"从业人数不超过200人"调整为"从业人数不超过300人","资产总额和年销售收入均不超过3 000万元"调整为"资产总额和年销售收入均不超过5 000万元"。

2019年1月1日至2021年12月31日期间发生的投资,投资满2年且符合《财政部　税务总局关于实施小微企业普惠性税收减免政策的通知》(财税〔2019〕13号)的规定和财税〔2018〕55号文件规定的其他条件的,可以适用财税〔2018〕55号文件规定的税收政策。

2019年1月1日前2年内发生的投资,自2019年1月1日起投资满2年且符合《财政部　税务总局关于实施小微企业普惠性税收减免政策的通知》(财税〔2019〕13号)的规定和财税〔2018〕55号文件规定的其他条件的,可以适用财税〔2018〕55号文件规定的税收政策。

依据:《财政部　税务总局关于实施小微企业普惠性税收减免政策的通知》(财税〔2019〕13号)第五条

上述所称研发费用口径,按照《财政部　国家税务总局　科技部关于完善研究开发费用税前加计扣除政策的通知》(财税〔2015〕119号)等规定执行。

上述所称从业人数,包括与企业建立劳动关系的职工人员及企业接受的劳务派遣人员。从业人数和资产总额指标,按照企业接受投资前连续12个月的平均数计算,不足12个月的,按实际月数平均计算。

上述所称销售收入,包括主营业务收入与其他业务收入;年销售收入指标,按照企业接受投资前连续12个月的累计数计算,不足12个月的,按实际月数累计计算。

上述所称成本费用,包括主营业务成本、其他业务成本、销售费用、管理费用、财务费用。

依据:《财政部　税务总局关于创业投资企业和天使投资个人有关税收政策的通知》(财税〔2018〕55

号)第三条

上述所称研发费用总额占成本费用支出的比例,是指企业接受投资当年及下一纳税年度的研发费用总额合计占同期成本费用总额合计的比例。

上述所称从业人数及资产总额指标,按照初创科技型企业接受投资前连续12个月的平均数计算,不足12个月的,按实际月数平均计算。具体计算公式如下:

$$月平均数＝(月初数＋月末数)\div 2$$

$$接受投资前连续12个月平均数＝接受投资前连续12个月平均数之和\div 12$$

依据:《国家税务总局关于创业投资企业和天使投资个人税收政策有关问题的公告》(国家税务总局公告2018年第43号)第一条

7.6.2.3 创业投资企业条件

(1) 在中国境内(不含港、澳、台地区)注册成立,实行查账征收的居民企业或合伙创投企业,且不属于被投资初创科技型企业的发起人。

(2) 符合《创业投资企业管理暂行办法》(发展改革委等10部门令第39号)规定或者《私募投资基金监督管理暂行办法》(证监会令第105号)关于创业投资基金的特别规定,按照上述规定完成备案且规范运作。

(3) 投资后2年内,创业投资企业及其关联方持有被投资初创科技型企业的股权比例合计应低于50%。

依据:《财政部 税务总局关于创业投资企业和天使投资个人有关税收政策的通知》(财税〔2018〕55号)第二条

7.6.2.4 优惠享受程序

公司制创投企业在年度申报享受优惠时,按照《国家税务总局关于发布修订后的〈企业所得税优惠政策事项办理办法〉的公告》(国家税务总局公告2018年第23号)的规定办理有关手续。

依据:《国家税务总局关于创业投资企业和天使投资个人税收政策有关问题的公告》(国家税务总局公告2018年第43号)第二条

7.6.2.5 后续管理

享受《财政部 税务总局关于创业投资企业和天使投资个人有关税收政策的通知》(财税〔2018〕55号)规定的税收政策的纳税人,其主管税务机关对被投资企业是否符合初创科技型企业条件有异议的,可以转请被投资企业主管税务机关提供相关材料。对纳税人提供虚假资料,违规享受税收政策的,应按税收征收管理法相关规定处理,并将其列入失信纳税人名单,按规定实施联合惩戒措施。

依据:《财政部 税务总局关于创业投资企业和天使投资个人有关税收政策的通知》(财税〔2018〕55号)第三条

税务机关在公司制创投企业、合伙创投企业合伙人享受优惠政策后续管理中,对初创科技型企业是否符合规定条件有异议的,可以转请初创科技型企业主管税务机关提供相关资料,主管税务机关应积极配合。

创业投资企业、合伙创投企业合伙人、天使投资个人、初创科技型企业提供虚假情况、故意隐瞒已投资抵扣情况或采取其他手段骗取投资抵扣,不缴或者少缴应纳税款的,按《税收征收管理法》有关规定处理。

依据:《国家税务总局关于创业投资企业和天使投资个人税收政策有关问题的公告》(国家税务总局公告 2018 年第 43 号)第三条

7.6.3 投资于未上市中小高新技术企业的有限合伙制创业投资企业法人合伙人

7.6.3.1 有限合伙制创业投资企业、法人合伙人定义

有限合伙制创业投资企业是指依照《中华人民共和国合伙企业法》《创业投资企业管理暂行办法》(国家发展和改革委员会令第 39 号)和《外商投资创业投资企业管理规定》(外经贸部科技部工商总局税务总局外汇管理局令 2003 年第 2 号)设立的专门从事创业投资活动的有限合伙企业。

有限合伙制创业投资企业的法人合伙人,是指依照《企业所得税法》及其实施条例以及相关规定,实行查账征收企业所得税的居民企业。

依据:《国家税务总局关于有限合伙制创业投资企业法人合伙人企业所得税有关问题的公告》(国家税务总局公告 2015 年第 81 号)第一条、第二条

7.6.3.2 具体规定

有限合伙制创业投资企业采取股权投资方式投资于未上市的中小高新技术企业满 2 年(24 个月,下同)的,其法人合伙人可按照对未上市中小高新技术企业投资额的 70% 抵扣该法人合伙人从该有限合伙制创业投资企业分得的应纳税所得额,当年不足抵扣的,可以在以后纳税年度结转抵扣。

以上规定,注册在中关村国家自主创新示范区内的有限合伙制创业投资企业从 2013 年 1 月 1 日起开始执行;其他企业从 2015 年 10 月 1 日起开始执行。所称满 2 年是指从开始执行之日起,有限合伙制创业投资企业投资于未上市中小高新技术企业的实缴投资满 2 年,同时,法人合伙人对该有限合伙制创业投资企业的实缴出资也应满 2 年。

如果法人合伙人投资于多个符合条件的有限合伙制创业投资企业,可合并计算其可抵扣的投资额和应分得的应纳税所得额。当年不足抵扣的,可结转以后纳税年度继续抵扣;当年抵扣后有结余的,应按照《企业所得税法》的规定计算缴纳企业所得税。

依据:《国家税务总局关于有限合伙制创业投资企业法人合伙人企业所得税有关问题的公告》(国家税务总局公告 2015 年第 81 号)第三条、《财政部 国家税务总局关于中关村国家自主创新示范区有限合伙制创业投资企业法人合伙人企业所得税试点政策的通知》(财税〔2013〕71 号)

7.6.3.3 投资额的确定

有限合伙制创业投资企业的法人合伙人对未上市中小高新技术企业的投资额,按照有限合伙制创业投资企业对中小高新技术企业的投资额和合伙协议约定的法人合伙人占有限合伙制创业投资企业的出资比例计算确定。其中,有限合伙制创业投资企业对中小高新技术企业的投资额按实缴投资额计算;法人合伙人占有限合伙制创业投资企业的

出资比例按法人合伙人对有限合伙制创业投资企业的实缴出资额占该有限合伙制创业投资企业的全部实缴出资额的比例计算。

依据:《国家税务总局关于有限合伙制创业投资企业法人合伙人企业所得税有关问题的公告》(国家税务总局公告2015年第81号)第四条

7.6.4 投资于初创科技型企业的有限合伙制创业投资企业法人合伙人

7.6.4.1 具体规定

自2018年1月1日起,有限合伙制创业投资企业(以下简称合伙创投企业)采取股权投资方式直接投资于初创科技型企业满2年的,其法人合伙人可以按照对初创科技型企业投资额的70%抵扣法人合伙人从合伙创投企业分得的所得;当年不足抵扣的,可以在以后纳税年度结转抵扣。

依据:《财政部 税务总局关于创业投资企业和天使投资个人有关税收政策的通知》(财税〔2018〕55号)第一条

法人合伙人投资于多个符合条件的合伙创投企业,可合并计算其可抵扣的投资额和分得的所得。当年不足抵扣的,可结转以后纳税年度继续抵扣;当年抵扣后有结余的,应按照企业所得税法的规定计算缴纳企业所得税。

所称符合条件的合伙创投企业既包括符合《财政部 税务总局关于创业投资企业和天使投资个人有关税收政策的通知》(财税〔2018〕55号)规定条件的合伙创投企业,也包括符合《国家税务总局关于有限合伙制创业投资企业法人合伙人企业所得税有关问题的公告》(国家税务总局公告2015年第81号)规定条件的合伙创投企业。

依据:《国家税务总局关于创业投资企业和天使投资个人税收政策有关问题的公告》(国家税务总局公告2018年第43号)第一条

享受上述规定的税收政策的投资,仅限于通过向被投资初创科技型企业直接支付现金方式取得的股权投资,不包括受让其他股东的存量股权。

合伙创投企业的合伙人对初创科技型企业的投资额,按照合伙创投企业对初创科技型企业的实缴投资额和合伙协议约定的合伙人占合伙创投企业的出资比例计算确定。合伙人从合伙创投企业分得的所得,按《财政部 国家税务总局关于合伙企业合伙人所得税问题的通知》(财税〔2008〕159号)规定计算。

依据:《财政部 税务总局关于创业投资企业和天使投资个人有关税收政策的通知》(财税〔2018〕55号)第二条、第三条

上述所称满2年是指公司制创业投资企业(以下简称公司制创投企业)、有限合伙制创业投资企业(以下简称合伙创投企业)和天使投资个人投资于种子期、初创期科技型企业(以下简称初创科技型企业)的实缴投资满2年,投资时间从初创科技型企业接受投资并完成工商变更登记的日期算起。

上述所称出资比例,按投资满2年当年年末各合伙人对合伙创投企业的实缴出资额占所有合伙人全部实缴出资额的比例计算。

依据:《国家税务总局关于创业投资企业和天使投资个人税收政策有关问题的公告》(国家税务总局公告2018年第43号)第一条

7.6.4.2 初创科技型企业条件

详见 7.6.2.2

7.6.4.3 创业投资企业条件

详见 7.6.2.3

7.6.4.4 优惠的享受

合伙创投企业法人合伙人在年度申报享受优惠时,按照《国家税务总局关于发布修订后的〈企业所得税优惠政策事项办理办法〉的公告》(国家税务总局公告 2018 年第 23 号)的规定办理有关手续。

合伙创投企业的法人合伙人符合享受优惠条件的,合伙创投企业应在投资初创科技型企业满 2 年的年度以及分配所得的年度终了后及时向法人合伙人提供《合伙创投企业法人合伙人所得分配情况明细表》。

依据:《国家税务总局关于创业投资企业和天使投资个人税收政策有关问题的公告》(国家税务总局公告 2018 年第 43 号)第二条

7.6.4.5 后续管理

享受《财政部 税务总局关于创业投资企业和天使投资个人有关税收政策的通知》(财税〔2018〕55 号)规定的税收政策的纳税人,其主管税务机关对被投资企业是否符合初创科技型企业条件有异议的,可以转请被投资企业主管税务机关提供相关材料。对纳税人提供虚假资料,违规享受税收政策的,应按税收征收管理法相关规定处理,并将其列入失信纳税人名单,按规定实施联合惩戒措施。

依据:《财政部 税务总局关于创业投资企业和天使投资个人有关税收政策的通知》(财税〔2018〕55 号)第三条

税务机关在公司制创投企业、合伙创投企业合伙人享受优惠政策后续管理中,对初创科技型企业是否符合规定条件有异议的,可以转请初创科技型企业主管税务机关提供相关资料,主管税务机关应积极配合。

创业投资企业、合伙创投企业合伙人、天使投资个人、初创科技型企业提供虚假情况、故意隐瞒已投资抵扣情况或采取其他手段骗取投资抵扣,不缴或者少缴应纳税款的,按《税收征收管理法》有关规定处理。

依据:《国家税务总局关于创业投资企业和天使投资个人税收政策有关问题的公告》(国家税务总局公告 2018 年第 43 号)第三条

7.7 减免所得税额

7.7.1 小型微利企业

7.7.1.1 小微企业减低税率优惠政策

符合条件的小型微利企业,减按 20% 的税率征收企业所得税。

依据:《中华人民共和国企业所得税法》第二十八条

符合条件的小型微利企业,是指从事国家非限制和禁止行业,并符合下列条件的企业:

(1) 工业企业,年度应纳税所得额不超过30万元(自2017年1月1日起,改为50万),从业人数不超过100人,资产总额不超过3 000万元。

(2) 其他企业,年度应纳税所得额不超过30万元(自2017年1月1日起,改为50万),从业人数不超过80人,资产总额不超过1 000万元。

依据:《中华人民共和国企业所得税法实施条例》第九十二条

7.7.1.2 减半征收相关规定

一、不超过3万元减半征收

自2010年1月1日至2011年12月31日,对年应纳税所得额低于3万元(含3万元)的小型微利企业,其所得减按50%计入应纳税所得额,按20%的税率缴纳企业所得税。

依据:《财政部 国家税务总局关于小型微利企业有关企业所得税政策的通知》(财税〔2009〕133号)、《财政部 国家税务总局关于继续实施小型微利企业所得税优惠政策的通知》(财税〔2011〕4号)

二、不超过6万元减半征收

自2012年1月1日至2015年12月31日(实际执行至2013年12月31日),对年应纳税所得额低于6万元(含6万元)的小型微利企业,其所得减按50%计入应纳税所得额,按20%的税率缴纳企业所得税。

依据:《财政部 国家税务总局关于小型微利企业所得税优惠政策有关问题的通知》(财税〔2011〕117号)

三、不超过10万元减半征收

自2014年1月1日至2016年12月31日(实际执行至2014年12月31日),对年应纳税所得额低于10万元(含10万元)的小型微利企业,其所得减按50%计入应纳税所得额,按20%的税率缴纳企业所得税。

依据:《财政部 国家税务总局关于小型微利企业所得税优惠政策有关问题的通知》(财税〔2014〕34号)第一条

四、不超过20万元减半征收

自2015年1月1日至2017年12月31日(实际执行至2015年10月1日),对年应纳税所得额低于20万元(含20万元)的小型微利企业,其所得减按50%计入应纳税所得额,按20%的税率缴纳企业所得税。

依据:《财政部 国家税务总局关于小型微利企业所得税优惠政策的通知》(财税〔2015〕34号)

五、不超过30万元减半征收

自2015年10月1日起至2017年12月31日(实际执行至2016年12月31日),对年应纳税所得额在30万元(含30万元)以下的小型微利企业,其所得减按50%计入应纳税所得额,按20%的税率缴纳企业所得税。

依据:《财政部 国家税务总局关于进一步扩大小型微利企业所得税优惠政策范围的通知》(财税〔2015〕99号)

小型微利企业2015年第4季度预缴和2015年度汇算清缴的新老政策衔接问题,按以下规定处理:

(1) 下列两种情形,全额适用减半征税政策:

① 全年累计利润或应纳税所得额不超过20万元(含)的小型微利企业。

② 2015年10月1日(含,下同)之后成立,全年累计利润或应纳税所得额不超过30万元的小型微利企业。

(2) 2015年10月1日之前成立,全年累计利润或应纳税所得额大于20万元但不超过30万元的小型微利企业,分段计算2015年10月1日之前和10月1日之后的利润或应纳税所得额,并按照以下规定处理:

① 10月1日之前的利润或应纳税所得额适用减低税率政策;10月1日之后的利润或应纳税所得额适用减半征税政策。

② 小型微利企业2015年10月1日至2015年12月31日的利润或应纳税所得额,按照2015年10月1日之后的经营月份数占其2015年度经营月份数的比例计算确定。计算公式如下:

$$10月1日至12月31日利润额或应纳税所得额 = 全年累计实际利润或应纳税所得额 \times (2015年10月1日之后经营月份数 \div 2015年度经营月份数)$$

③ 2015年度新成立企业的起始经营月份,按照税务登记日期所在月份计算。

依据:《国家税务总局关于贯彻落实进一步扩大小型微利企业减半征收企业所得税范围有关问题的公告》(国家税务总局公告2015年第61号)

六、不超过50万元减半征收

自2017年1月1日至2019年12月31日(实际执行至2017年12月31日),将小型微利企业的年应纳税所得额上限由30万元提高至50万元,对年应纳税所得额低于50万元(含50万元)的小型微利企业,其所得减按50%计入应纳税所得额,按20%的税率缴纳企业所得税。

上述所称小型微利企业,是指从事国家非限制和禁止行业,并符合下列条件的企业:

(1) 工业企业,年度应纳税所得额不超过50万元,从业人数不超过100人,资产总额不超过3 000万元。

(2) 其他企业,年度应纳税所得额不超过50万元,从业人数不超过80人,资产总额不超过1 000万元。

依据:《财政部 国家税务总局关于扩大小型微利企业所得税优惠政策范围的通知》(财税〔2017〕43号)

七、不超过100万元减半征收

自2018年1月1日至2020年12月31日(实际执行至2018年12月31日),将小型微利企业的年应纳税所得额上限由50万元提高至100万元,对年应纳税所得额低于100万元(含100万元)的小型微利企业,其所得减按50%计入应纳税所得额,按20%的税率缴纳企业所得税。

上述所称小型微利企业,是指从事国家非限制和禁止行业,并符合下列条件的企业:

(1) 工业企业，年度应纳税所得额不超过100万元，从业人数不超过100人，资产总额不超过3 000万元。

(2) 其他企业，年度应纳税所得额不超过100万元，从业人数不超过80人，资产总额不超过1 000万元。

依据：《财政部　税务总局关于进一步扩大小型微利企业所得税优惠政策范围的通知》（财税〔2018〕77号）

八、不超过300万元减半征收

自2019年1月1日至2021年12月31日，对小型微利企业年应纳税所得额不超过100万元的部分，减按25%计入应纳税所得额，按20%的税率缴纳企业所得税；对年应纳税所得额超过100万元但不超过300万元的部分，减按50%计入应纳税所得额，按20%的税率缴纳企业所得税。

上述小型微利企业是指从事国家非限制和禁止行业，且同时符合年度应纳税所得额不超过300万元、从业人数不超过300人、资产总额不超过5 000万元等三个条件的企业。

依据：《财政部　税务总局关于实施小微企业普惠性税收减免政策的通知》（财税〔2019〕13号）

7.7.1.3　优惠管理

一、核定征收享受小微优惠

自2014年1月1日至2021年12月31日，符合规定条件的小型微利企业（包括采取查账征收和核定征收方式的企业），均可按照规定享受小型微利企业所得税优惠政策。

二、申报备案

2014年度，符合规定条件的小型微利企业，在预缴和年度汇算清缴时，可以按照规定自行享受优惠政策，无须税务机关审核批准，但在报送年度企业所得税纳税申报表时，应同时将企业从业人员、资产总额情况报税务机关备案。

自2015年起，小型微利企业在预缴和汇算清缴企业所得税时，通过填写纳税申报表相关内容，即可享受小型微利企业所得税减免政策。

三、预缴申报

自2019年1月1日起，小型微利企业所得税统一实行按季度预缴。

预缴企业所得税时，小型微利企业的资产总额、从业人数、年度应纳税所得额指标，暂按当年度截至本期申报所属期末的情况进行判断。其中，资产总额、从业人数指标比照《财政部　税务总局关于实施小微企业普惠性税收减免政策的通知》（财税〔2019〕13号）第二条中"全年季度平均值"的计算公式，计算截至本期申报所属期末的季度平均值；年度应纳税所得额指标暂按截至本期申报所属期末不超过300万元的标准判断。

原不符合小型微利企业条件的企业，在年度中间预缴企业所得税时，按《国家税务总局关于实施小型微利企业普惠性所得税减免政策有关问题的公告》（国家税务总局公告2019年第2号）第三条规定判断符合小型微利企业条件的，应按照截至本期申报所属期末累计情况计算享受小型微利企业所得税减免政策。当年度此前期间因不符合小型微利企业条件而多预缴的企业所得税税款，可在以后季度应预缴的企业所得税税款中抵减。

按月度预缴企业所得税的企业,在当年度 4 月、7 月、10 月预缴申报时,如果按照《国家税务总局关于实施小型微利企业普惠性所得税减免政策有关问题的公告》(国家税务总局公告 2019 年第 2 号)第三条规定判断符合小型微利企业条件的,自下一个预缴申报期起调整为按季度预缴申报,一经调整,当年度内不再变更。

企业预缴企业所得税时已享受小型微利企业所得税减免政策,汇算清缴企业所得税时不符合《财政部 税务总局关于实施小微企业普惠性税收减免政策的通知》(财税〔2019〕13 号)第二条规定的,应当按照规定补缴企业所得税税款。

实行核定应纳所得税额征收的企业,根据小型微利企业所得税减免政策规定需要调减定额的,由主管税务机关按照程序调整,并及时将调整情况告知企业。

依据:《国家税务总局关于实施小型微利企业普惠性所得税减免政策有关问题的公告》(国家税务总局公告 2019 年第 2 号)

四、资产总额和从业人数计算公式

自 2008 年 1 月 1 日至 2014 年 12 月 31 日,从业人数,是指与企业建立劳动关系的职工人数和企业接受的劳务派遣用工人数之和;从业人数和资产总额指标,按企业全年月平均值确定,具体计算公式如下:

月平均值=(月初值+月末值)÷2

全年月平均值=全年各月平均值之和÷12

年度中间开业或者终止经营活动的,以其实际经营期作为一个纳税年度确定上述相关指标。

依据:《财政部 国家税务总局关于执行企业所得税优惠政策若干问题的通知》(财税〔2009〕69 号)

自 2015 年 1 月 1 日至 2021 年 12 月 31 日,从业人数,包括与企业建立劳动关系的职工人数和企业接受的劳务派遣用工人数。

从业人数和资产总额指标,应按企业全年的季度平均值确定。具体计算公式如下:

季度平均值=(季初值+季末值)÷2

全年季度平均值=全年各季度平均值之和÷4

年度中间开业或者终止经营活动的,以其实际经营期作为一个纳税年度确定上述相关指标。

依据:《财政部 国家税务总局关于小型微利企业所得税优惠政策的通知》(财税〔2015〕34 号)、《财政部 国家税务总局关于扩大小型微利企业所得税优惠政策范围的通知》(财税〔2017〕43 号)、《财政部 税务总局关于进一步扩大小型微利企业所得税优惠政策范围的通知》(财税〔2018〕77 号)、《财政部 税务总局关于实施小微企业普惠性税收减免政策的通知》(财税〔2019〕13 号)

解读

小微政策是受惠面最广的政策之一。从 2008 年 1 月 1 日起,对于符合条件的小型微利企业,减按 20%的税率征收企业所得税,即"减低税率政策"。

自 2010 年开始,财政部、国家税务总局就相继发文,对小微企业做出了幅度更大的税收优惠。即在上述政策的前提下,如果企业的年应纳税所得额在一定数额以下,其所得可以减按50%计入应纳税所得额,按20%的税率缴纳企业所得税,即"减半征收",其实际税率仅为10%(2019年之后,实际税率在5%~8.33%)。减半征收的具体政策沿革如表7-5所示。

表7-5 减半征收"小微"企业应纳税所得额历史沿革表

应纳税所得额	实际执行时间	参考文件
不高于3万元	2010年1月1日至2011年12月31日(仅查账征收企业)	财税〔2009〕133号、财税〔2011〕4号
不高于6万元	2012年1月1日至2013年12月31日(仅查账征收企业)	财税〔2011〕117号
不高于10万元	2014年1月1日至2014年12月31日	财税〔2014〕34号、国家税务总局公告2014年第23号
不高于20万元	2015年1月1日至2015年9月30日	财税〔2015〕34号、国家税务总局公告2015年第17号
不高于30万元	2015年10月1日至2016年12月31日	财税〔2015〕99号、国家税务总局公告2015年第61号
不高于50万元	2017年1月1日至2017年12月31日	财税〔2017〕43号、国家税务总局公告2017年第23号
不高于100万元	2018年1月1日至2018年12月31日	财税〔2018〕77号、国家税务总局公告2018年第40号
不高于300万元	2019年1月1日至2021年12月31日	财税〔2019〕13号、国家税务总局公告2019年第2号

从表7-5中可以看出,减半征收的范围从一开始的不高于3万元,到现在不高于300万元,范围越来越广。

除了上限金额不断抬升,《国家税务总局关于扩大小型微利企业减半征收企业所得税范围有关问题的公告》(国家税务总局公告2014年第23号)还将核定征收企业纳入优惠范围之中,自2014年1月1日起,与查账征收企业平等享受小微企业所得税优惠政策。

对于2015年的小微企业来说,如果年应纳税所得额在20万元到30万元之间,需要根据经营月份数对应纳税所得额进行划分,分段享受减低税率政策和减半征税政策。下面通过一个例子进行详述。

A企业成立于2011年,主要从事批发与零售业。资产总额及从业人数均符合小微条件。2015年全年的应纳税所得额是25万元。

计算过程:

1月1日至9月30日的应纳税所得额$=25\times(9\div12)=18.75$(万元);

10月1日至12月31日的应纳税所得额$=25\times(3\div12)=6.25$(万元);

所以,A企业2015年应交企业所得税$=18.75\times20\%+6.25\times10\%=4.375$(万元);

减免税款$=18.75\times(25\%-20\%)+6.25\times(25\%-10\%)=1.875$(万元);

其中,减半征税的税款$=6.25\times(25\%-10\%)=0.9375$(万元)。

2019—2021年的最新小微企业优惠政策与之前的政策相比:

(1)放宽小型微利企业标准,扩大小型微利企业的覆盖面。政策调整前,小型微利企业年应纳税所得额、从业人数和资产总额标准上限分别为100万元、工业企业100人(其他企业80人)和工业企业3000万元(其他企业1000万元)。此次调整明确将上述三个标准上限分别提高到300万元、300人和5000万元。

(2)引入超额累进计算方法,加大企业所得税减税优惠力度。政策调整前,对年应纳税所得额不超过 100 万元的小型微利企业,减按 50% 计入应纳税所得额,并按 20% 优惠税率缴纳企业所得税,即实际税负为 10%。此次调整引入超额累进计税办法,对年应纳税所得额不超过 300 万元的小型微利企业,按应纳税所得额分为两段计算,一是对年应纳税所得额不超过 100 万元的部分,减按 25% 计入应纳税所得额,并按 20% 的税率计算缴纳企业所得税,实际税负为 5%;二是对年应纳税所得额超过 100 万元但不超过 300 万元的部分,减按 50% 计入应纳税所得额,并按 20% 的税率计算缴纳企业所得税,实际税负 10%。

举例说明,一个年应纳税所得额为 300 万元的企业,此前不在小型微利企业范围之内,需要按 25% 的法定税率缴纳企业所得税 75 万元(300×25%),按照新出台的优惠政策,如果其从业人数和资产总额符合条件,其仅需缴纳企业所得税 25 万元(100×25%×20%+200×50%×20%),所得税负担大幅减轻。

> **热点问题**
>
> 劳务派遣公司计算小微企业从业人数时是否包含外派出去的劳务派遣人员?
>
> 答:根据规定,从业人数,包括与企业建立劳动关系的职工人数和企业接受的劳务派遣用工人数。接受劳务派遣的企业在计算从业人数时应包含接受的劳务公司外派的劳务派遣人员。为避免重复计算,劳务派遣公司计算从业人数时不再重复统计上述人员。

7.7.2 高新技术企业

国家需要重点扶持的高新技术企业,减按 15% 的税率征收企业所得税。

依据:《中华人民共和国企业所得税法》第二十八条

7.7.2.1 高新技术企业条件

国家需要重点扶持的高新技术企业,是指拥有核心自主知识产权,并同时符合下列条件的企业:

(1)产品(服务)属于《国家重点支持的高新技术领域》规定的范围。

(2)研究开发费用占销售收入的比例不低于规定比例。

(3)高新技术产品(服务)收入占企业总收入的比例不低于规定比例。

(4)科技人员占企业职工总数的比例不低于规定比例。

(5)高新技术企业认定管理办法规定的其他条件。

《国家重点支持的高新技术领域》和高新技术企业认定管理办法由国务院科技、财政、税务主管部门商国务院有关部门制定,报国务院批准后公布施行。

依据:《中华人民共和国企业所得税法实施条例》第九十三条

7.7.2.2 高新技术企业的认定管理(涉税部分)

为扶持和鼓励高新技术企业发展,科技部、财政部及国家税务总局在 2016 年修订了《高新技术企业认定管理办法》(以下简称认定办法),新的认定办法自 2016 年 1 月 1 日起实施。根据认定办法,高新技术企业是指在《国家重点支持的高新技术领域》内,持续进行研究开发与技术成果转化,形成企业核心自主知识产权,并以此为基础开展经营活动,在中国境内(不包括港、澳、台地区)注册的居民企业。通过认定的高新技术企业,其资格自颁发证书之日起有效期为3年。

一、认定条件

认定为高新技术企业须同时满足以下条件:

(1) 企业申请认定时须注册成立1年以上。

(2) 企业通过自主研发、受让、受赠、并购等方式,获得对其主要产品(服务)在技术上发挥核心支持作用的知识产权的所有权。

(3) 对企业主要产品(服务)发挥核心支持作用的技术属于《国家重点支持的高新技术领域》规定的范围。

(4) 企业从事研发和相关技术创新活动的科技人员占企业当年职工总数的比例不低于10%。

(5) 企业近3个会计年度(实际经营期不满3年的按实际经营时间计算,下同)的研究开发费用总额占同期销售收入总额的比例符合如下要求:

① 最近一年销售收入小于5 000万元(含)的企业,比例不低于5%。

② 最近一年销售收入在5 000万元至2亿元(含)的企业,比例不低于4%。

③ 最近一年销售收入在2亿元以上的企业,比例不低于3%。

其中,企业在中国境内发生的研究开发费用总额占全部研究开发费用总额的比例不低于60%。

(6) 近一年高新技术产品(服务)收入占企业同期总收入的比例不低于60%。

(7) 企业创新能力评价应达到相应要求。

(8) 企业申请认定前一年内未发生重大安全、重大质量事故或严重环境违法行为。

解读

表7-6 新旧高新技术企业认定条件对比表

认定条件	具体规定		新旧对比
	旧办法	新办法	
成立达一定时间	在中国境内(不包括港、澳、台地区)注册一年以上的居民企业(体现在原认定办法"高新技术企业"的定义中)	在中国境内(不包括港、澳、台地区)注册的居民企业。申请认定时注册成立一年以上	基本一致
拥有的核心知识产权	在中国境内(不含港、澳、台地区)注册的企业,近3年内通过自主研发、受让、受赠、并购等方式,或通过5年以上的独占许可方式,对其主要产品(服务)的核心技术拥有自主知识产权	企业通过自主研发、受让、受赠、并购等方式,获得对其主要产品(服务)在技术上发挥核心支持作用的知识产权的所有权	① 在获取发挥核心作用知识产权所有权的时间上,新办法取消了"近3年内"获得的限制 ② 在获取方式上,取消了通过5年以上的独占许可取得的这种方式
产品(服务)属于一定的范围	产品(服务)属于《国家重点支持的高新技术领域》规定的范围	对企业主要产品(服务)发挥核心支持作用的技术属于《国家重点支持的高新技术领域》规定的范围	文字表述基本一致,但《国家重点支持的高新技术领域》发生了较大变化。新的《国家重点支持的高新技术领域》扩充服务业支撑技术;增加相关领域新技术,淘汰落后技术

(续表)

认定条件	具体规定		新旧对比
	旧办法	新办法	
科技及研发人员达一定比例	具有大学专科以上学历的科技人员占企业当年职工总数的30%以上,其中研发人员占企业当年职工总数的10%以上	企业从事研发和相关技术创新活动的科技人员占企业当年职工总数的比例不低于10%	① 新的认定办法取消了研发人员占企业当年职工总数的比例要求 ② 新办法取消了科技人员的学历要求,同时将科技人员占企业当年职工总数的比例要求从30%降低到10%
近三个会计年度的研究开发费用总额占销售收入总额的比例要求	最近一年销售收入小于5 000万元的企业,比例不低于6%	最近一年销售收入小于5 000万元(含)的企业,比例不低于5%	新办法比例下降1个百分点
	最近一年销售收入在5 000万元至20 000万元的企业,比例不低于4%	最近一年销售收入在5 000万元至2亿元(含)的企业,比例不低于4%	基本一致
	最近一年销售收入在20 000万元以上的企业,比例不低于3%	最近一年销售收入在2亿元以上的企业,比例不低于3%	基本一致
	其中,企业在中国境内发生的研究开发费用总额占全部研究开发费用总额的比例不低于60%	其中,企业在中国境内发生的研究开发费用总额占全部研究开发费用总额的比例不低于60%	基本一致
高新收入占比达一定比例	高新技术产品(服务)收入占企业当年总收入的60%以上	近一年新技术产品(服务)收入占企业同期总收入的比例不低于60%	基本一致
有一定的创新能力	企业研究开发组织管理水平、科技成果转化能力、自主知识产权数量、销售与总资产成长性等指标符合《高新技术企业认定管理工作指引》(另行制定)的要求	企业创新能力评价应达到相应要求	文字表述基本一致,但具体的企业创新能力评价方法发生较大变化
其他要求	无	企业申请认定前一年内未发生重大安全、重大质量事故或严重环境违法行为	新增的认定条件

> **热点问题**
>
> 某医药生产企业,为高新技术企业,拥有核心技术,但主要产品均是委外加工,加工厂是其关联企业,其委外加工产品是否可以视同自产?
>
> 答:医药生产企业通过委托加工形式取得产品,其销售收入可以计入高新技术产品收入。

二、高新技术企业复核

对已认定的高新技术企业,有关部门在日常管理过程中发现其不符合认定条件的,应提请认定机构复核。复核后确认不符合认定条件的,由认定机构取消其高新技术企业资格,并通知税务机关追缴其不符合认定条件年度起已享受的税收优惠。

三、高新技术企业更名或有其他重大变化

高新技术企业发生更名或与认定条件有关的重大变化(如分立、合并、重组以及经营

业务发生变化等）应在3个月内向认定机构报告。经认定机构审核符合认定条件的，其高新技术企业资格不变，对于企业更名的，重新核发认定证书，编号与有效期不变；不符合认定条件的，自更名或条件变化年度起取消其高新技术企业资格。

四、高新技术企业整体迁移或部分搬迁

跨认定机构管理区域整体迁移的高新技术企业，在其高新技术企业资格有效期内完成迁移的，其资格继续有效；跨认定机构管理区域部分搬迁的，由迁入地认定机构按照本办法重新认定。

五、取消资格的情形

已认定的高新技术企业有下列行为之一的，由认定机构取消其高新技术企业资格：

（1）在申请认定过程中存在严重弄虚作假行为的；

（2）发生重大安全、重大质量事故或有严重环境违法行为的；

（3）未按期报告与认定条件有关重大变化情况，或累计两年未填报年度发展情况报表的。

对被取消高新技术企业资格的企业，由认定机构通知税务机关按《税收征收管理法》及有关规定，追缴其自发生上述行为之日所属年度起已享受的高新技术企业税收优惠。

依据：《科技部　财政部　国家税务总局关于修订印发〈高新技术企业认定管理办法〉的通知》（国科发火〔2016〕32号）、《关于修订印发〈高新技术企业认定管理工作指引〉的通知》（国科发火〔2016〕195号）

7.7.2.3　高新技术企业境外所得适用税率及税收抵免

自2010年1月1日起，以境内、境外全部生产经营活动有关的研究开发费用总额、总收入、销售收入总额、高新技术产品（服务）收入等指标申请并经认定的高新技术企业，其来源于境外的所得可以享受高新技术企业所得税优惠政策，即对其来源于境外所得可以按照15%的优惠税率缴纳企业所得税，在计算境外抵免限额时，可按照15%的优惠税率计算境内外应纳税总额。

上述高新技术企业境外所得税收抵免的其他事项，仍按照《财政部　国家税务总局关于企业境外所得税收抵免有关问题的通知》（财税〔2009〕125号）的有关规定执行。

依据：《财政部　国家税务总局关于高新技术企业境外所得适用税率及税收抵免问题的通知》（财税〔2011〕47号）

> **热点问题**
>
> 高新技术企业在境外设立的分支机构就地缴纳了企业所得税，总机构计算企业所得税抵免税额时，是否可以按照高新企业15%税率确认？
>
> 答：根据《财政部　国家税务总局关于高新技术企业境外所得适用税率及税收抵免问题的通知》（财税〔2011〕47号）的规定，以境内、境外全部生产经营活动有关的研究开发费用总额、总收入、销售收入总额、高新技术产品（服务）收入等指标申请并经认定的高新技术企业，其来源于境外的所得可以享受高新技术企业所得税优惠政策，即对其来源于境外所得可以按照15%的优惠税率缴纳企业所得税，在计算境外抵免限额时，可按照15%的优惠税率计算境内外应纳税总额。

7.7.2.4 高新技术企业的优惠管理

一、高新技术企业资格期满当年的预缴

自 2017 年度起,企业获得高新技术企业资格后,自高新技术企业证书注明的发证时间所在年度起申报享受税收优惠。企业的高新技术企业资格期满当年,在通过重新认定前,其企业所得税暂按 15% 的税率预缴,在年底前仍未取得高新技术企业资格的,应按规定补缴相应期间的税款。

二、高新技术企业在优惠期内不符合条件

自 2017 年度起,对取得高新技术企业资格且享受税收优惠的高新技术企业,税务部门如在日常管理过程中发现其在高新技术企业认定过程中或享受优惠期间不符合《科技部 财政部 国家税务总局关于修订印发〈高新技术企业认定管理办法〉的通知》(国科发火〔2016〕32号)第十一条规定的认定条件的,应提请认定机构复核。复核后确认不符合认定条件的,由认定机构取消其高新技术企业资格,并通知税务机关追缴其证书有效期内自不符合认定条件年度起已享受的税收优惠。

【解读】

该条规定明确了一个之前困扰纳税人及税务机关已久的问题,即高新技术企业在享受优惠期间是否仍需要符合认定条件?由于《高新技术企业认定管理办法》在表述上较为含糊,税务机关和纳税人对上述问题存在较大的争议。因此,国家税务总局和财政部、科技部进行沟通,明确高新技术企业认定条件是较为宽泛的概念,既是高新技术企业认定时的条件,也是享受税收优惠期间必须满足的条件。

三、优惠管理的政策衔接

2016 年 1 月 1 日以后按《科技部 财政部 国家税务总局关于修订印发〈高新技术企业认定管理办法〉的通知》(国科发火〔2016〕32 号)认定的高新技术企业按上述规定执行。2016 年 1 月 1 日前按《科技部 财政部 国家税务总局关于印发〈高新技术企业认定管理办法〉的通知》(国科发火〔2008〕172 号,【已废止】)认定的高新技术企业,仍按《国家税务总局关于实施高新技术企业所得税优惠有关问题的通知》(国税函〔2009〕203 号)和《国家税务总局关于发布〈企业所得税优惠政策事项办理办法〉的公告》(国家税务总局公告 2015 年第 76 号,【已废止】)的规定执行。

依据:《国家税务总局关于实施高新技术企业所得税优惠政策有关问题的公告》(国家税务总局公告 2017 年第 24 号)

7.7.3 软件企业

7.7.3.1 所得税优惠具体规定

我国境内新办的符合条件的软件企业,经认定后,在 2017 年 12 月 31 日前自获利年度起计算优惠期,第一年至第二年免征企业所得税,第三年至第五年按照 25% 的法定税率减半征收企业所得税,并享受至期满为止。

国家规划布局内的重点软件企业,如当年未享受免税优惠的,可减按 10% 的税率征收企业所得税。

上述优惠自 2011 年 1 月 1 日起实施。

依据:《财政部 国家税务总局关于进一步鼓励软件产业和集成电路产业发展企业所得税政策的通知》(财税〔2012〕27 号)第一条、第三条、第四条

依法成立且符合条件的集成电路设计企业和软件企业,在 2018 年 12 月 31 日前自获利年度起计算优惠期,第一年至第二年免征企业所得税,第三年至第五年按照 25% 的法定税率减半征收企业所得税,并享受至期满为止。

上述规定所称"符合条件",是指符合《财政部 国家税务总局关于进一步鼓励软件产业和集成电路产业发展企业所得税政策的通知》(财税〔2012〕27 号)和《财政部 国家税务总局 发展改革委 工业和信息化部关于软件和集成电路产业企业所得税优惠政策有关问题的通知》(财税〔2016〕49 号)规定的条件。

依据:《财政部 税务总局关于集成电路设计和软件产业企业所得税政策的公告》(财政部 税务总局公告 2019 年第 68 号)

7.7.3.2 其他收入及扣除类优惠

一、即征即退增值税款作为不征税收入

符合条件的软件企业按照《财政部 国家税务总局关于软件产品增值税政策的通知》(财税〔2011〕100 号)规定取得的即征即退增值税款,由企业专项用于软件产品研发和扩大再生产并单独进行核算,可以作为不征税收入,在计算应纳税所得额时从收入总额中减除。

依据:《财政部 国家税务总局关于进一步鼓励软件产业和集成电路产业发展企业所得税政策的通知》(财税〔2012〕27 号)第五条

> **热点问题**
>
> 1. 作为不征税收入处理的软件企业即征即退增值税税款,其对应的支出应当如何核算或者判定(即在确认为不征税收入的 5 年内,并无依据证明企业的哪些支出属于对应的相关支出)?
>
> 答:根据不征税收入的构成条件,企业取得的即征即退增值税税款,企业对该资金以及以该资金发生的支出单独进行核算,才能够确认为不征税收入,否则应作为征税收入处理。
>
> 2. 软件企业获得即征即退增值税税款 100 万元,作为不征税收入,用于购置资产,该资产按 10 年折旧,前五年 100 万元收入不缴税,同时 50 万元折旧纳税调增,第六年如何进行纳税调整?应当调增 50 万元,还是调增 10 万元,同时在第七、八、九、十年每年调增 10 万元?
>
> 答:不征税收入的支出并非一定界定为费用化支出。针对资本化支出的纳税调整,应根据会计上计提的折旧反向调减成本费用。因此,应在计提折旧的 10 年内每年调增应纳税所得额 10 万元。

二、职工培训费用的扣除

符合条件软件企业的职工培训费用,应单独进行核算并按实际发生额在计算应纳税

所得额时扣除。

依据：《财政部 国家税务总局关于进一步鼓励软件产业和集成电路产业发展企业所得税政策的通知》(财税〔2012〕27号)第六条

三、资产缩短年度折旧或摊销

企业外购的软件，凡符合固定资产或无形资产确认条件的，可以按照固定资产或无形资产进行核算，其折旧或摊销年限可以适当缩短，最短可为2年(含)。

集成电路生产企业的生产设备，其折旧年限可以适当缩短，最短可为3年(含)。

依据：《财政部 国家税务总局关于进一步鼓励软件产业和集成电路产业发展企业所得税政策的通知》(财税〔2012〕27号)第七条、第八条

7.7.3.3 获利年度的确定

软件企业的获利年度，是指软件企业开始生产经营后，第一个应纳税所得额大于零的纳税年度，包括对企业所得税实行核定征收方式的纳税年度。

软件企业享受定期减免税优惠的期限应当连续计算，不得因中间发生亏损或其他原因而间断。

软件企业应从企业的获利年度起计算定期减免税优惠期。如获利年度不符合优惠条件的，应自首次符合软件、集成电路企业条件的年度起，在其优惠期的剩余年限内享受相应的减免税优惠。

依据：《国家税务总局关于执行软件企业所得税优惠政策有关问题的公告》(国家税务总局公告2013年第43号)第三条、《财政部 国家税务总局 国家发展和改革委员会 工业和信息化部关于软件和集成电路产业企业所得税优惠政策有关问题的通知》(财税〔2016〕49号)第九条

> **热点问题**
>
> 我公司成立于2015年，2016年获得盈利，2017年符合软件企业的相关条件。请问我公司于2016年缴纳的企业所得税可以申请退还吗？
>
> 答：根据《国家税务总局关于执行软件企业所得税优惠政策有关问题的公告》(国家税务总局公告2013年第43号)及《财政部 国家税务总局 国家发展和改革委员会 工业和信息化部关于软件和集成电路产业企业所得税优惠政策有关问题的通知》(财税〔2016〕49号)的规定，软件企业的获利年度，是指软件企业开始生产经营后，第一个应纳税所得额大于零的纳税年度，包括对企业所得税实行核定征收方式的纳税年度。软件企业应从企业的获利年度起计算定期减免税优惠期。如获利年度不符合优惠条件的，应自首次符合软件企业条件的年度起，在其优惠期的剩余年限内享受相应的减免税优惠。
>
> 虽然公司2016年度是获利年度，但当年不符合优惠条件，因此只能自2017年起，在其优惠期的剩余年限内享受。
>
> 综上，2016年度已缴的企业所得税不能退还。

7.7.3.4 多个优惠政策的享受

软件企业依照规定可以享受的企业所得税优惠政策与企业所得税其他相同方式优惠政策存在交叉的，由企业选择一项最优惠政策执行，不叠加享受。

依据:《财政部 国家税务总局关于进一步鼓励软件产业和集成电路产业发展企业所得税政策的通知》(财税〔2012〕27号)第二十二条

7.7.3.5 软件企业需满足的条件

自2015年1月1日起,软件企业和国家规划布局内的重点软件企业的税收优惠资格认定等非行政许可审批已经取消。

一、软件企业

软件企业是指以软件产品开发销售(营业)为主营业务并同时符合下列条件的企业:

(1) 在中国境内(不包括港、澳、台地区)依法注册的居民企业。

(2) 汇算清缴年度具有劳动合同关系且具有大学专科以上学历的职工人数占企业月平均职工总人数的比例不低于40%,其中研究开发人员占企业月平均职工总数的比例不低于20%。

(3) 核心关键技术,并以此为基础开展经营活动,且汇算清缴年度研究开发费用总额占企业销售(营业)收入总额的比例不低于6%。其中,企业在中国境内发生的研究开发费用金额占研究开发费用总额的比例不低于60%。

(4) 汇算清缴年度软件产品开发销售(营业)收入占企业收入总额的比例不低于50%[嵌入式软件产品和信息系统集成产品开发销售(营业)收入占企业收入总额的比例不低于40%]。其中,软件产品自主开发销售(营业)收入占企业收入总额的比例不低于40%[嵌入式软件产品和信息系统集成产品开发销售(营业)收入占企业收入总额的比例不低于30%]。

注:软件产品开发销售(营业)收入,是指软件企业从事计算机软件、信息系统或嵌入式软件等软件产品开发并销售的收入,以及信息系统集成服务、信息技术咨询服务、数据处理和存储服务等技术服务收入。

注:软件企业的收入总额,是指《企业所得税法》第六条规定的收入总额。

(5) 主营业务拥有自主知识产权。

(6) 具有与软件开发相适应软硬件设施等开发环境(如合法的开发工具等)。

(7) 汇算清缴年度未发生重大安全、重大质量事故或严重环境违法行为。

依据:《财政部 国家税务总局 国家发展和改革委员会 工业和信息化部关于软件和集成电路产业企业所得税优惠政策有关问题的通知》(财税〔2016〕49号)第四条

> **热点问题**
>
> 根据《财政部 国家税务总局 国家发展和改革委员会 工业和信息化部关于软件和集成电路产业企业所得税优惠政策有关问题的通知》(财税〔2016〕49号)对于软件企业条件的规定,汇算清缴年度软件产品开发销售(营业)收入占企业收入总额的比例不低于50%[嵌入式软件产品和信息系统集成产品开发销售(营业)收入占企业收入总额的比例不低于40%],其中,软件产品自主开发销售(营业)收入占企业收入总额的比例不低于40%[嵌入式软件产品和信息系统集成产品开发销售(营业)收入占企业收入总额的比例不低于30%]。软件收入占收入总额不低于50%和嵌入式软件产品和信息系统集成产品开发销售(营业)收入占企业收入总额的比例不低于40%是必须同时达

> 到比例吗？
>
> 答：软件产品开发销售（营业）收入占收入总额不低于50%，嵌入式软件产品和信息系统集成产品开发销售（营业）收入占收入总额不低于40%，二者不需要同时满足，只要满足其中一项即可。

二、国家规划布局内重点软件企业

国家规划布局内重点软件企业是除符合上述"一、软件企业"规定，还应至少符合下列条件中的一项：

（1）汇算清缴年度软件产品开发销售（营业）收入不低于2亿元，应纳税所得额不低于1000万元，研究开发人员占企业月平均职工总数的比例不低于25%。

（2）在国家规定的重点软件领域内，汇算清缴年度软件产品开发销售（营业）收入不低于5000万元，应纳税所得额不低于250万元，研究开发人员占企业月平均职工总数的比例不低于25%，企业在中国境内发生的研究开发费用金额占研究开发费用总额的比例不低于70%。

（3）汇算清缴年度软件出口收入总额不低于800万美元，软件出口收入总额占本企业年度收入总额比例不低于50%，研究开发人员占企业月平均职工总数的比例不低于25%。

国家规定的重点软件领域及重点集成电路设计领域，由国家发展改革委、工业和信息化部会同财政部、税务总局根据国家产业规划和布局确定，并实行动态调整。

依据：《财政部 国家税务总局 国家发展和改革委员会 工业和信息化部关于软件和集成电路产业企业所得税优惠政策有关问题的通知》（财税〔2016〕49号）第六条、第七条

7.7.3.6 软件企业后续管理

为切实加强优惠资格认定取消后的管理工作，在软件企业享受优惠政策后，税务部门转请发展改革、工业和信息化部门进行核查。对经核查不符合软件企业条件的，由税务部门追缴其已经享受的企业所得税优惠，并按照税收征收管理法的规定进行处理。

省级（自治区、直辖市、计划单列市，下同）财政、税务、发展改革和工业和信息化部门应密切配合，通过建立核查机制并有效运用核查结果，切实加强对软件、集成电路企业的后续管理工作。

（1）省级税务部门应在每年3月20日前和6月20日前分两批将汇算清缴年度已申报享受软件企业税收优惠政策的企业名单及其备案资料提交省级发展改革、工业和信息化部门。其中，享受软件企业税收优惠政策的名单及备案资料提交给省级工业和信息化部门，省级工业和信息化部门组织专家或者委托第三方机构对名单内企业是否符合条件进行核查。

（2）省级发展改革、工业和信息化部门应在收到享受优惠政策的企业名单和备案资料两个月内将复核结果反馈省级税务部门（第一批名单复核结果应在汇算清缴期结束前反馈）。

（3）每年10月月底前，省级财政、税务、发展改革、工业和信息化部门应将核查结果

及税收优惠落实情况联合汇总上报财政部、税务总局、国家发展改革委、工业和信息化部。

如遇特殊情况汇算清缴延期的,上述期限可相应顺延。

(4)省级财政、税务、发展改革、工业和信息化部门可以根据《财政部 国家税务总局 国家发展和改革委员会 工业和信息化部关于软件和集成电路产业企业所得税优惠政策有关问题的通知》(财税〔2016〕49号)规定,结合当地实际,制定具体操作管理办法,并报财政部、税务总局、发展改革委、工业和信息化部备案。

依据:《财政部 国家税务总局 国家发展和改革委员会 工业和信息化部关于软件和集成电路产业企业所得税优惠政策有关问题的通知》(财税〔2016〕49号)第十条

享受上述税收优惠的企业有下述情况之一的,应取消其享受税收优惠的资格,并补缴存在以下行为所属年度已减免的企业所得税税款:

(1)在申请认定过程中提供虚假信息的。

(2)有偷、骗税等行为的。

(3)发生重大安全、质量事故的。

(4)有环境等违法、违规行为,受到有关部门处罚的。

享受税收优惠的企业,其税收优惠条件发生变化的,应当自发生变化之日起15日内向主管税务机关报告;不再符合税收优惠条件的,应当依法履行纳税义务;未依法纳税的,主管税务机关应当予以追缴。同时,主管税务机关在执行税收优惠政策过程中,发现企业不符合享受税收优惠条件的,可暂停企业享受的相关税收优惠,并提请相关部门进行有关条件复核。

依据:《财政部 国家税务总局 发展改革委 工业和信息化部关于进一步鼓励集成电路产业发展企业所得税政策的通知》(财税〔2015〕6号)第五条、第六条

7.7.3.7 优惠政策的衔接

在2010年12月31日前,依照《财政部 国家税务总局关于企业所得税若干优惠政策的通知》(财税〔2008〕1号)第一条规定,经认定并可享受原定期减免税优惠的企业,可在《财政部 国家税务总局关于进一步鼓励软件产业和集成电路产业发展企业所得税政策的通知》(财税〔2012〕27号,以下简称为财税〔2012〕27号文件)施行后继续享受到期满为止。

依据:《财政部 国家税务总局关于进一步鼓励软件产业和集成电路产业发展企业所得税政策的通知》(财税〔2012〕27号)第二十一条

7.7.3.8 需向税务机关提供的资料

需提交资料见7.11.3。

> **热点问题**
>
> 1. 如果软件企业或集成电路设计企业的优惠政策执行至2017年12月31日,不再延续,那么对于2017年12月31日前尚未享受完"两免三减半"优惠的企业,是否允

许其将剩余的优惠继续在 2017 年 12 月 31 日后享受完毕?

答:目前政策尚未明确,但普遍认为,对于 2017 年 12 月 31 日尚未享受完"两免三减半"优惠的企业,应允许其将优惠继续享受到期满为止。

2. 如果软件企业或集成电路的优惠政策执行至 2017 年 12 月 31 日,不再延续,那么对于 2017 年 12 月 31 日前新办的软件和集成电路设计企业在 2018 年及以后年度才获利的,可否享受原优惠政策?

答:目前政策尚未明确,但一般认为如果相关优惠政策不再延续,上述企业不得享受原优惠政策。

7.7.4 集成电路企业

7.7.4.1 所得税优惠具体规定

(1) 集成电路线宽小于 0.8 微米(含)的集成电路生产企业,经认定后,在 2017 年 12 月 31 日前自获利年度起计算优惠期,第一年至第二年免征企业所得税,第三年至第五年按照 25% 的法定税率减半征收企业所得税,并享受至期满为止。

(2) 集成电路线宽小于 0.25 微米或投资额超过 80 亿元的集成电路生产企业,经认定后,减按 15% 的税率征收企业所得税,其中经营期在 15 年以上的,在 2017 年 12 月 31 日前自获利年度起计算优惠期,第一年至第五年免征企业所得税,第六年至第十年按照 25% 的法定税率减半征收企业所得税,并享受至期满为止。

(3) 我国境内新办的集成电路设计企业,经认定后,在 2017 年 12 月 31 日前自获利年度起计算优惠期,第一年至第二年免征企业所得税,第三年至第五年按照 25% 的法定税率减半征收企业所得税,并享受至期满为止。

(4) 国家规划布局内的重点集成电路设计企业,如当年未享受免税优惠的,可减按 10% 的税率征收企业所得税。

上述优惠自 2011 年 1 月 1 日起实施。

依据:《财政部 国家税务总局关于进一步鼓励软件产业和集成电路产业发展企业所得税政策的通知》(财税〔2012〕27 号)第一条、第二条、第三条、第四条

自 2018 年 1 月 1 日起,对 2017 年 12 月 31 日前设立但未获利的集成电路线宽小于 0.25 微米或投资额超过 80 亿元,且经营期在 15 年以上的集成电路生产企业,自获利年度起第一年至第五年免征企业所得税,第六年至第十年按照 25% 的法定税率减半征收企业所得税,并享受至期满为止。

自 2018 年 1 月 1 日起,对 2017 年 12 月 31 日前设立但未获利的集成电路线宽小于 0.8 微米(含)的集成电路生产企业,自获利年度起第一年至第二年免征企业所得税,第三年至第五年按照 25% 的法定税率减半征收企业所得税,并享受至期满为止。

依据:《财政部 税务总局 国家发展改革委 工业和信息化部关于集成电路生产企业有关企业所得税政策问题的通知》(财税〔2018〕27 号)第五条、第六条

符合条件的集成电路封装、测试企业以及集成电路关键专用材料生产企业、集成电路专用设备生产企业,在 2017 年(含 2017 年)前实现获利的,自获利年度起,第一年至第二年

免征企业所得税,第三年至第五年按照25%的法定税率减半征收企业所得税,并享受至期满为止;2017年前未实现获利的,自2017年起计算优惠期,享受至期满为止。

上述优惠自2014年1月1日起实施。

依据:《财政部 国家税务总局 发展改革委 工业和信息化部关于进一步鼓励集成电路产业发展企业所得税政策的通知》(财税〔2015〕6号)第一条

2018年1月1日后投资新设的集成电路线宽小于130纳米,且经营期在10年以上的集成电路生产企业或项目,第一年至第二年免征企业所得税,第三年至第五年按照25%的法定税率减半征收企业所得税,并享受至期满为止。

2018年1月1日后投资新设的集成电路线宽小于65纳米或投资额超过150亿元,且经营期在15年以上的集成电路生产企业或项目,第一年至第五年免征企业所得税,第六年至第十年按照25%的法定税率减半征收企业所得税,并享受至期满为止。

对于按照集成电路生产企业享受上述税收优惠政策的,优惠期自企业获利年度起计算;对于按照集成电路生产项目享受上述优惠的,优惠期自项目取得第一笔生产经营收入所属纳税年度起计算。

依据:《财政部 税务总局 国家发展改革委 工业和信息化部关于集成电路生产企业有关企业所得税政策问题的通知》(财税〔2018〕27号)第一条、第二条、第三条

7.7.4.2 职工培训费用扣除优惠

集成电路设计企业的职工培训费用,应单独进行核算并按实际发生额在计算应纳税所得额时扣除。

依据:《财政部 国家税务总局关于进一步鼓励软件产业和集成电路产业发展企业所得税政策的通知》(财税〔2012〕27号)第六条

7.7.4.3 获利年度的确定

集成电路企业获利年度是指该企业当年应纳税所得额大于零的纳税年度,包括对企业所得税实行核定征收方式的纳税年度。企业享受定期减免税优惠的期限应当连续计算,不得因中间发生亏损或其他原因而间断。

集成电路企业应从企业的获利年度起计算定期减免税优惠期。如获利年度不符合优惠条件的,应自首次符合软件、集成电路企业条件的年度起,在其优惠期的剩余年限内享受相应的减免税优惠。

依据:《国家税务总局关于执行软件企业所得税优惠政策有关问题的公告》(国家税务总局公告2013年第43号)第三条、《财政部 国家税务总局、国家发展和改革委员会、工业和信息化部关于软件和集成电路产业企业所得税优惠政策有关问题的通知》(财税〔2016〕49号)第九条

7.7.4.4 多个优惠政策的处理

集成电路生产企业、集成电路设计企业等依照规定可以享受的企业所得税优惠政策与企业所得税其他相同方式优惠政策存在交叉的,由企业选择一项最优惠政策执行,不叠加享受。

依据:《财政部 国家税务总局关于进一步鼓励软件产业和集成电路产业发展企业所得税政策的通知》(财税〔2012〕27号)第二十二条

集成电路封装、测试企业以及集成电路关键专用材料生产企业、集成电路专用设备生产企业等依照《财政部 国家税务总局 发展改革委工业和信息化部关于进一步鼓励集成电路产业发展企业所得税政策的通知》(财税〔2015〕6号)规定可以享受的企业所得税优惠政策与其他定期减免税优惠政策存在交叉的,由企业选择一项最优惠政策执行,不叠加享受。

依据:《财政部 国家税务总局 发展改革委 工业和信息化部关于进一步鼓励集成电路产业发展企业所得税政策的通知》(财税〔2015〕6号)第七条

7.7.4.5 集成电路企业需满足的条件

自2015年1月1日起,集成电路生产企业、集成电路设计企业、国家规划布局内的集成电路设计企业(简称集成电路企业)的税收优惠资格认定等非行政许可审批已经取消。

一、集成电路生产企业

集成电路生产企业是指以单片集成电路、多芯片集成电路、混合集成电路制造为主营业务并同时符合下列条件的企业:

(1) 在中国境内(不包括港、澳、台地区)依法注册并在发展改革、工业和信息化部门备案的居民企业。

(2) 汇算清缴年度具有劳动合同关系且具有大学专科以上学历职工人数占企业月平均职工总人数的比例不低于40%,其中研究开发人员占企业月平均职工总数的比例不低于20%。

(3) 拥有核心关键技术,并以此为基础开展经营活动,且汇算清缴年度研究开发费用总额占企业销售(营业)收入(主营业务收入与其他业务收入之和,下同)总额的比例不低于5%。其中,企业在中国境内发生的研究开发费用金额占研究开发费用总额的比例不低于60%。

注:研究开发费用政策口径,2015年度仍按《国家税务总局关于印发〈企业研究开发费用税前扣除管理办法(试行)〉的通知》(国税发〔2008〕116号)和《财政部 国家税务总局关于研究开发费用税前加计扣除有关政策的通知》(财税〔2013〕70号)的规定执行,2016年及以后年度按照《财政部 国家税务总局 科技部关于完善研究开发费用税前加计扣除政策的通知》(财税〔2015〕119号)的规定执行。其他软件、集成电路企业规定条件中研究开发费用政策口径均同上。

(4) 汇算清缴年度集成电路制造销售(营业)收入占企业收入总额的比例不低于60%。

(5) 具有保证产品生产的手段和能力,并获得有关资质认证(包括ISO质量体系认证)。

(6) 汇算清缴年度未发生重大安全、重大质量事故或严重环境违法行为。

自2018年1月1日起,上述条件(2)中"具有劳动合同关系"调整为"具有劳动合同关系或劳务派遣、聘用关系",条件(3)中汇算清缴年度研究开发费用总额占企业销售(营业)收入总额(主营业务收入与其他业务收入之和)的比例由"不低于5%"调整为"不低于2%",同时企业应持续加强研发活动,不断提高研发能力。

依据:《财政部 国家税务总局 国家发展和改革委员会 工业和信息化部关于软件和集成电路产业企业所得税优惠政策有关问题的通知》(财税〔2016〕49号)第二条、《财政部 税务总局 国家发展改革委 工业和信息化部关于集成电路生产企业有关企业所得税政策问题的通知》(财税〔2018〕27号)第七条

二、集成电路设计企业

集成电路设计企业是指以集成电路设计为主营业务并同时符合下列条件的企业：

(1) 在中国境内(不包括港、澳、台地区)依法注册的居民企业。

(2) 汇算清缴年度具有劳动合同关系且具有大学专科以上学历的职工人数占企业月平均职工总人数的比例不低40%,其中研究开发人员占企业月平均职工总数的比例不低于20%。

(3) 拥有核心关键技术,并以此为基础开展经营活动,且汇算清缴年度研究开发费用总额占企业销售(营业)收入总额的比例不低于6%。其中,企业在中国境内发生的研究开发费用金额占研究开发费用总额的比例不低于60%。

(4) 汇算清缴年度集成电路设计销售(营业)收入占企业收入总额的比例不低于60%,其中集成电路自主设计销售(营业)收入占企业收入总额的比例不低于50%。

注：集成电路设计销售(营业)收入,是指集成电路企业从事集成电路(IC)功能研发、设计并销售的收入。

(5) 主营业务拥有自主知识产权。

(6) 具有与集成电路设计相适应的软硬件设施等开发环境(如EDA工具、服务器或工作站等)。

(7) 汇算清缴年度未发生重大安全、重大质量事故或严重环境违法行为。

依据:《财政部 国家税务总局、国家发展和改革委员会、工业和信息化部关于软件和集成电路产业企业所得税优惠政策有关问题的通知》(财税〔2016〕49号)第三条

三、国家规划布局内重点集成电路设计企业

国家规划布局内重点集成电路设计企业除符合上述"一、集成电路设计企业"规定,还应至少符合下列条件中的一项：

(1) 汇算清缴年度集成电路设计销售(营业)收入不低于2亿元,年应纳税所得额不低于1 000万元,研究开发人员占月平均职工总数的比例不低于25%。

(2) 在国家规定的重点集成电路设计领域内,汇算清缴年度集成电路设计销售(营业)收入不低于2 000万元,应纳税所得额不低于250万元,研究开发人员占月平均职工总数的比例不低于35%,企业在中国境内发生的研发开发费用金额占研究开发费用总额的比例不低于70%。

依据:《财政部 国家税务总局 国家发展和改革委员会 工业和信息化部关于软件和集成电路产业企业所得税优惠政策有关问题的通知》(财税〔2016〕49号)第五条

四、集成电路封装、测试企业

符合条件的集成电路封装、测试企业,必须同时满足以下条件：

(1) 2014年1月1日后依法在中国境内成立的法人企业。

(2) 签订劳动合同关系且具有大学专科以上学历的职工人数占企业当年月平均职工

总人数的比例不低于40%,其中,研究开发人员占企业当年月平均职工总数的比例不低于20%。

(3) 拥有核心关键技术,并以此为基础开展经营活动,且当年度的研究开发费用总额占企业销售(营业)收入(主营业务收入与其他业务收入之和,下同)总额的比例不低于3.5%。其中,企业在中国境内发生的研究开发费用金额占研究开发费用总额的比例不低于60%。

(4) 集成电路封装、测试销售(营业)收入占企业收入总额的比例不低于60%。

(5) 具有保证产品生产的手段和能力,并获得有关资质认证(包括150质量体系认证、人力资源能力认证等)。

(6) 具有与集成电路封装、测试相适应的经营场所、软硬件设施等基本条件。

依据:《财政部 国家税务总局 发展改革委 工业和信息化部关于进一步鼓励集成电路产业发展企业所得税政策的通知》(财税〔2015〕6号)第二条

五、集成电路关键专用材料生产企业或专用设备生产企业

符合条件的集成电路关键专用材料生产企业或集成电路专用设备生产企业,必须同时满足以下条件:

(1) 2014年1月1日后依法在中国境内成立的法人企业。

(2) 签订劳动合同关系且具有大学专科以上学历的职工人数占企业当年月平均职工总人数的比例不低于40%,其中,研究开发人员占企业当年月平均职工总数的比例不低于20%。

(3) 拥有核心关键技术,并以此为基础开展经营活动,且当年度的研究开发费用总额占企业销售(营业)收入总额的比例不低于5%,其中,企业在中国境内发生的研究开发费用金额占研究开发费用总额的比例不低于60%。

(4) 集成电路关键专用材料或专用设备销售收入占企业销售(营业)收入总额的比例不低于30%。

(5) 具有保证集成电路关键专用材料或专用设备产品生产的手段和能力,并获得有关资质认证(包括150质量体系认证、人力资源能力认证等)。

(6) 具有与集成电路关键专用材料或专用设备生产相适应的经营场所、软硬件设施等基本条件。

集成电路关键专用材料或专用设备的范围,分别按照《集成电路关键专用材料企业所得税优惠目录》《集成电路专用设备企业所得税优惠目录》的规定执行。

依据:《财政部 国家税务总局 发展改革委 工业和信息化部关于进一步鼓励集成电路产业发展企业所得税政策的通知》(财税〔2015〕6号)第三条

7.7.4.6 集成电路企业后续管理

集成电路企业应在每年汇算清缴期结束前向税务机关提交相关的留存备查资料。

为切实加强优惠资格认定取消后的管理工作,在集成电路企业享受优惠政策后,税务部门转请发展改革、工业和信息化部门进行核查。对经核查不符合集成电路企业条件的,由税务部门追缴其已经享受的企业所得税优惠,并按照《税收征收管理法》的规定进行处理。

省级(自治区、直辖市、计划单列市,下同)财政、税务、发展改革委、工业和信息化部门应密切配合,通过建立核查机制并有效运用核查结果,切实加强对集成电路企业的后续管理工作。

(1) 省级税务部门应在每年 3 月 20 日前和 6 月 20 日前分两批将汇算清缴年度已申报享受集成电路企业税收优惠政策的企业名单及企业报送的留存备查资料提交省级发展改革、工业和信息化部门。其中,将享受集成电路设计企业税收优惠政策的名单及留存备查资料提交给省级工业和信息化部门,省级工业和信息化部门组织专家或者委托第三方机构对名单内企业是否符合条件进行核查;享受其他优惠政策的名单及备案资料提交给省级发展改革部门,省级发展改革部门会同工业和信息化部门共同组织专家或者委托第三方机构对名单内企业是否符合条件进行核查。

(2) 省级发展改革、工业和信息化部门应在收到享受优惠政策的企业名单和备案资料两个月内将复核结果反馈省级税务部门(第一批名单复核结果应在汇算清缴期结束前反馈)。

(3) 每年 10 月月底前,省级财政、税务、发展改革、工业和信息化部门应将核查结果及税收优惠落实情况联合汇总上报财政部、税务总局、国家发展改革委、工业和信息化部。

如遇特殊情况汇算清缴延期的,上述期限可相应顺延。

(4) 省级财政、税务、发展改革委、工业和信息化部门可以根据《财政部 国家税务总局 国家发展和改革委员会 工业和信息化部关于软件和集成电路产业企业所得税优惠政策有关问题的通知》(财税〔2016〕49 号)规定,结合当地实际,制定具体操作管理办法,并报财政部、税务总局、发展改革委、工业和信息化部备案。

依据:《财政部 国家税务总局 国家发展和改革委员会 工业和信息化部关于软件和集成电路产业企业所得税优惠政策有关问题的通知》(财税〔2016〕49 号)第十条

符合规定条件的集成电路封装、测试企业以及集成电路关键专用材料生产企业、集成电路专用设备生产企业,应在年度终了之日起 4 个月内,按照《财政部 国家税务总局 发展改革委 工业和信息化部关于进一步鼓励集成电路产业发展企业所得税政策的通知》(财税〔2015〕6 号)及企业所得税相关税收优惠政策管理的规定,凭省级相关部门出具的证明向主管税务机关办理减免税手续。省级相关部门证明出具办法,由各省(自治区、直辖市、计划单列市)发展改革委、工业和信息化主管部门会同财政、税务等部门研究确定。

享受上述税收优惠的企业有下述情况之一的,应取消其享受税收优惠的资格,并补缴存在以下行为所属年度已减免的企业所得税税款:

(1) 在申请认定过程中提供虚假信息的。

(2) 有偷、骗税等行为的。

(3) 发生重大安全、质量事故的。

(4) 有环境等违法、违规行为,受到有关部门处罚的。

享受税收优惠的企业,其税收优惠条件发生变化的,应当自发生变化之日起 15 日内向主管税务机关报告;不再符合税收优惠条件的,应当依法履行纳税义务;未依法纳税的,主管税务机关应当予以追缴。同时,主管税务机关在执行税收优惠政策过程中,发现企业不符合享受税收优惠条件的,可暂停企业享受的相关税收优惠,并提请相关部门进行有关条件复核。

依据:《财政部 国家税务总局 发展改革委 工业和信息化部关于进一步鼓励集成电路产业发展企业所得税政策的通知》(财税〔2015〕6 号)第四条、第五条、第六条

7.7.4.7 优惠政策的衔接

在 2010 年 12 月 31 日前,依照《财政部 国家税务总局关于企业所得税若干优惠政策的通知》(财税〔2008〕1 号)第一条规定,经认定并可享受原定期减免税优惠的企业,可在《财政部 国家税务总局关于进一步鼓励软件产业和集成电路产业发展企业所得税政策的通知》(财税〔2012〕27 号,以下简称财税〔2012〕27 号文件)施行后继续享受到期满为止。

依据:《财政部 国家税务总局关于进一步鼓励软件产业和集成电路产业发展企业所得税政策的通知》(财税〔2012〕27 号)第二十一条

7.7.4.8 需向税务机关提供的资料

需提交资料见 7.11.3 章节

7.7.5 动漫企业

7.7.5.1 "两免三减半"优惠政策

经认定的动漫企业自主开发、生产动漫产品,可申请享受国家现行鼓励软件产业发展的所得税优惠政策。

依据:《财政部 国家税务总局关于扶持动漫产业发展有关税收政策问题的通知》(财税〔2009〕65 号)

7.7.5.2 动漫企业的认定管理(涉税部分)

申请认定为动漫企业的应同时符合以下标准:

(1)在我国境内依法设立的企业。

(2)动漫企业经营动漫产品的主营收入占企业当年总收入的 60% 以上。

(3)自主开发生产的动漫产品收入占主营收入的 50% 以上。

(4)具有大学专科以上学历的或通过国家动漫人才专业认证的,从事动漫产品开发或技术服务的专业人员占企业当年职工总数的 30% 以上,其中研发人员占企业当年职工总数的 10% 以上。

(5)具有从事动漫产品开发或相应服务等业务所需的技术装备和工作场所。

(6)动漫产品的研究开发经费占企业当年营业收入 8% 以上。

(7)动漫产品内容积极健康,无法律法规禁止的内容。

(8)企业产权明晰,管理规范,守法经营。

依据:《文化部 财政部 国家税务总局关于印发〈动漫企业认定管理办法(试行)〉的通知》(文市发

〔2008〕51号)、《文化部 财政部 国家税务总局关于实施〈动漫企业认定管理办法(试行)〉有关问题的通知》(文产发〔2009〕18号)

7.7.6 技术先进型服务企业

7.7.6.1 所得税优惠具体规定

对经认定的技术先进型服务企业,减按15%的税率征收企业所得税。

经认定的技术先进型服务企业发生的职工教育经费支出,不超过工资、薪金总额8%的部分,准予在计算应纳税所得额时扣除;超过部分,准予在以后纳税年度结转扣除。

7.7.6.2 实施范围

(1) 自2014年1月1日起至2018年12月31日止,在北京、天津、上海、重庆、大连、深圳、广州、武汉、哈尔滨、成都、南京、西安、济南、杭州、合肥、南昌、长沙、大庆、苏州、无锡、厦门等21个中国服务外包示范城市继续实行技术先进型服务企业优惠政策。

(2) 自2016年1月1日起至2018年12月31日止,沈阳、长春、南通、镇江、福州(含平潭综合实验区)、南宁、乌鲁木齐、青岛、宁波和郑州等10个新增中国服务外包示范城市,适用技术先进型服务企业所得税优惠政策。

(3) 自2017年1月1日起,在全国范围内适用技术先进型服务企业所得税优惠政策。

7.7.6.3 认定

一、认定条件

2017年1月1日后,享受上述企业所得税优惠政策的技术先进型服务企业必须同时符合以下条件:

(1) 在中国境内(不包括港、澳、台地区)注册的法人企业。

(2) 从事《技术先进型服务业务认定范围(试行)》[详见附件2(见表7-7)]中的一种或多种技术先进型服务业务,采用先进技术或具备较强的研发能力。

(3) 具有大专以上学历的员工占企业职工总数的50%以上。

(4) 从事《技术先进型服务业务认定范围(试行)》中的技术先进型服务业务取得的收入占企业当年总收入的50%以上。

(5) 从事离岸服务外包业务取得的收入不低于企业当年总收入的35%。

从事离岸服务外包业务取得的收入,是指企业根据境外单位与其签订的委托合同,由本企业或其直接转包的企业为境外单位提供《技术先进型服务业务认定范围(试行)》中所规定的信息技术外包服务(ITO)、技术性业务流程外包服务(BPO)和技术性知识流程外包服务(KPO),而从上述境外单位取得的收入。

二、认定管理

(1) 省级科技部门会同本级商务、财政、税务和发展改革部门根据《财政部 税务总局 商务部 科技部 国家发展改革委关于将技术先进型服务企业所得税政策推广至全国实施的通知》(财税〔2017〕79号,以下简称为财税〔2017〕79号文件)规定制定本省(自治区、直辖市、计划单列市)技术先进型服务企业认定管理办法,并负责本地区技术先进型服务企业的认定管理工作。各省(自治区、直辖市、计划单列市)技术先进型服务企业认定管理办法应报科技部、商务部、财政部、税务总局和国家发展改革委备案。

(2)符合条件的技术先进型服务企业应向所在省级科技部门提出申请,由省级科技部门会同本级商务、财政、税务和发展改革部门联合评审后发文认定,并将认定企业名单及有关情况通过科技部"全国技术先进型服务企业业务办理管理平台"备案,科技部与商务部、财政部、税务总局和国家发展改革委共享备案信息。符合条件的技术先进型服务企业须在商务部"服务贸易统计监测管理信息系统(服务外包信息管理应用)"中填报企业基本信息,按时报送数据。

(3)经认定的技术先进型服务企业,持相关认定文件向所在地主管税务机关办理享受财税〔2017〕79号文件第一条规定的企业所得税优惠政策事宜。享受企业所得税优惠的技术先进型服务企业条件发生变化的,应当自发生变化之日起15日内向主管税务机关报告;不再符合享受税收优惠条件的,应当依法履行纳税义务。主管税务机关在执行税收优惠政策过程中,发现企业不具备技术先进型服务企业资格的,应提请认定机构复核。复核后确认不符合认定条件的,应取消企业享受税收优惠政策的资格。

(4)省级科技、商务、财政、税务和发展改革部门对经认定并享受税收优惠政策的技术先进型服务企业应做好跟踪管理,对变更经营范围、合并、分立、转业、迁移的企业,如不再符合认定条件,应及时取消其享受税收优惠政策的资格。

(5)省级财政、税务、商务、科技和发展改革部门要认真贯彻落实财税〔2017〕79号文件的各项规定,在认定工作中对内外资企业一视同仁,平等对待,切实做好沟通与协作工作。在政策实施过程中发现问题,要及时反映上报财政部、税务总局、商务部、科技部和国家发展改革委。

(6)省级科技、商务、财政、税务和发展改革部门及其工作人员在认定技术先进型服务企业工作中,存在违法违纪行为的,按照《公务员法》《行政监察法》等国家有关规定追究相应责任;涉嫌犯罪的,移送司法机关处理。

(7)财税〔2017〕79号文件印发后,各地应按照财税〔2017〕79号文件规定于2017年12月31日前出台本省(自治区、直辖市、计划单列市)技术先进型服务企业认定管理办法并据此开展认定工作。现有31个中国服务外包示范城市已认定的2017年度技术先进型服务企业继续有效。从2018年1月1日起,中国服务外包示范城市技术先进型服务企业认定管理工作依照所在省(自治区、直辖市、计划单列市)制定的管理办法实施。

三、技术先进型服务业务认定范围

技术先进型服务业务认定范围见附件2(见表7-7)。

依据:《财政部 国家税务总局 商务部 科技部 国家发展改革委关于完善技术先进型服务企业有关企业所得税政策问题的通知》(财税〔2014〕59号)、《财政部 国家税务总局 商务部 科技部 国家发展改革委关于新增中国服务外包示范城市适用技术先进型服务企业所得税政策的通知》(财税〔2016〕108号)、《财政部 税务总局 商务部 科技部 国家发展改革委关于将技术先进型服务企业所得税政策推广至全国实施的通知》(财税〔2017〕79号)

附件2:

表7-7 技术先进型服务业务认定范围(试行)

一、信息技术外包服务(ITO)

(一)软件研发及外包

类别	适用范围
软件研发及开发服务	用于金融、政府、教育、制造业、零售、服务、能源、物流、交通、媒体、电信、公共事业和医疗卫生等部门和企业,为用户的运营/生产/供应链/客户关系/人力资源和财务管理、计算机辅助设计/工程等业务进行软件开发,包括定制软件开发,嵌入式软件、套装软件开发,系统软件开发、软件测试等。
软件技术服务	软件咨询、维护、培训、测试等技术性服务。

(二)信息技术研发服务外包

类别	适用范围
集成电路和电子电路设计	集成电路和电子电路产品设计以及相关技术支持服务等。
测试平台	为软件、集成电路和电子电路的开发运用提供测试平台。

(三)信息系统运营维护外包

类别	适用范围
信息系统运营和维护服务	客户内部信息系统集成、网络管理、桌面管理与维护服务;信息工程、地理信息系统、远程维护等信息系统应用服务。
基础信息技术服务	基础信息技术管理平台整合、IT基础设施管理、数据中心、托管中心、安全服务、通讯服务等基础信息技术服务。

二、技术性业务流程外包服务(BPO)

类别	适用范围
企业业务流程设计服务	为客户企业提供内部管理、业务运作等流程设计服务。
企业内部管理服务	为客户企业提供后台管理,人力资源管理、财务、审计与税务管理、金融支付服务、医疗数据及其他内部管理业务的数据分析、数据挖掘、数据管理、数据使用的服务;承接客户专业数据处理、分析和整合服务。
企业运营服务	为客户企业提供技术研发服务、为企业经营、销售、产品售后服务提供的应用客户分析、数据库管理等服务。主要包括金融服务业务、政务与教育业务、制造业务和生命科学、零售和批发与运输业务、卫生保健业务、通讯与公共事业业务、呼叫中心、电子商务平台等。
企业供应链管理服务	为客户企业提供采购、物流的整体方案设计及数据库服务。

三、技术性知识流程外包服务(KPO)

类别	适用范围
适用范围	知识产权研究、医药和生物技术研发和测试、产品技术研究、工业设计、分析学和数据挖掘、动漫及网游设计研发、教育课件研发、工程设计等领域。

7.7.7 技术先进型服务企业(服务贸易类)

7.7.7.1 所得税优惠具体规定

对经认定的技术先进型服务企业,减按15%的税率征收企业所得税。

经认定的技术先进型服务企业发生的职工教育经费支出,不超过工资、薪金总额8%的部分,准予在计算应纳税所得额时扣除;超过部分,准予在以后纳税年度结转扣除。

7.7.7.2 实施范围

(1) 自2016年1月1日起至2017年12月31日止,在天津、上海、海南、深圳、杭州、武汉、广州、成都、苏州、威海和哈尔滨新区、江北新区、两江新区、贵安新区、西咸新区等15个服务贸易创新发展试点地区实行技术先进型服务企业优惠政策。

(2) 自2018年1月1日起,在全国范围内适用服务贸易类技术先进型服务企业所得税优惠政策。

7.7.7.3 认定

一、认定条件

除企业须满足的技术先进型服务业务领域范围按照《技术先进型服务业务领域范围(服务贸易类)》[详见附件3(见表7-8)]外,其余条件与技术先进型服务企业相同(详见7.7.6.3)。

二、认定管理

省级科技部门应会同本级商务、财政、税务和发展改革部门及时将《技术先进型服务业务领域范围(服务贸易类)》增补入本地区技术先进型服务企业认定管理办法,并据此开展认定管理工作。省级人民政府财政、税务、商务、科技和发展改革部门应加强沟通与协作,发现新情况、新问题及时上报财政部、税务总局、商务部、科技部和国家发展改革委。

省级科技、商务、财政、税务和发展改革部门及其工作人员在认定技术先进型服务企业工作中,存在违法违纪行为的,按照《公务员法》《行政监察法》等国家有关规定追究相应责任;涉嫌犯罪的,移送司法机关处理。

三、技术先进型服务业务认定范围(服务贸易类)

技术先进型服务业务领域范围(服务贸易类)见附件3(见表7-8)。

依据:《财政部 国家税务总局 商务部 科技部 国家发展改革委关于在服务贸易创新发展试点地区推广技术先进型服务企业所得税优惠政策的通知》(财税〔2016〕122号)、《财政部 税务总局 商务部 科技部 国家发展改革委关于将服务贸易创新发展试点地区技术先进型服务企业所得税政策推广至全国实施的通知》(财税〔2018〕44号)

附件3:

表7-8 技术先进型服务业务领域范围(服务贸易类)

类别	适用范围
一、计算机和信息服务	
1.信息系统集成服务	系统集成咨询服务;系统集成工程服务;提供硬件设备现场组装、软件安装与调试及相关运营维护支撑服务;系统运营维护服务,包括系统运行检测监控、故障定位与排除、性能管理、优化升级等。

(续表)

类别	适用范围
2. 数据服务	数据存储管理服务,提供数据规划、评估、审计、咨询、清洗、整理、应用服务,数据增值服务,提供其他未分类数据处理服务。
二、研究开发和技术服务	
3. 研究和实验开发服务	物理学、化学、生物学、基因学、工程学、医学、农业科学、环境科学、人类地理科学、经济学和人文科学等领域的研究和实验开发服务。
4. 工业设计服务	对产品的材料、结构、机理、形状、颜色和表面处理的设计与选择;对产品进行的综合设计服务,即产品外观的设计、机械结构和电路设计等服务。
5. 知识产权跨境许可与转让	以专利、版权、商标等为载体的技术贸易。知识产权跨境许可是指授权境外机构有偿使用专利、版权和商标等;知识产权跨境转让是指将专利、版权和商标等知识产权售卖给境外机构。
三、文化技术服务	
6. 文化产品数字制作及相关服务	采用数字技术对舞台剧目、音乐、美术、文物、非物质文化遗产、文献资源等文化内容以及各种出版物进行数字化转化和开发,为各种显示终端提供内容,以及采用数字技术传播、经营文化产品等相关服务。
7. 文化产品的对外翻译、配音及制作服务	将本国文化产品翻译或配音成其他国家语言,将其他国家文化产品翻译或配音成本国语言以及与其相关的制作服务。
四、中医药医疗服务	
8. 中医药医疗保健及相关服务	与中医药相关的远程医疗保健、教育培训、文化交流等服务。

7.7.8 经营性文化事业单位转制

7.7.8.1 转制文化企业免征规定

自2009年1月1日至2018年12月31日,经营性文化事业单位转制为企业,自转制注册之日起免征企业所得税。

自2019年1月1日至2023年12月31日,经营性文化事业单位转制为企业,自转制注册之日起5年内免征企业所得税。2018年12月31日之前已完成转制的企业,自2019年1月1日起可继续免征5年企业所得税。企业在2023年12月31日享受上述税收政策不满5年的,可继续享受至5年期满为止。

对经营性文化事业单位转制中资产评估增值、资产转让或划转涉及的企业所得税、增值税、城市维护建设税、印花税、契税等,符合现行规定的享受相应税收优惠政策。

注:"经营性文化事业单位",是指从事新闻出版、广播影视和文化艺术的事业单位。转制包括整体转制和剥离转制。其中,整体转制包括(图书、音像、电子)出版社、非时政类报刊出版单位、新华书店、艺术院团、电影制片厂、电影(发行放映)公司、影剧院、重点新闻网站等整体转制为企业;剥离转制包括新闻媒体中的广告、印刷、发行、传输网络等部分,以及影视剧等节目制作与销售机构,从事业体制中剥离出来转制为企业。

注:"转制注册之日",是指经营性文化事业单位转制为企业并进行工商注册之日。对于经营性文化事业单位转制前已进行企业法人登记,则按注销事业单位法人登记之日

或核销事业编制的批复之日(转制前未进行事业单位法人登记的)起确定转制完成并享受本通知所规定的税收优惠政策。上述所称"2018年12月31日之前已完成转制",是指经营性文化事业单位在2018年12月31日及以前已转制为企业,进行企业法人登记,并注销事业单位法人登记或批复核销事业编制(转制前未进行事业单位法人登记的)。

转制为企业的出版、发行单位处置库存呆滞出版物形成的损失,允许按照税收法律法规的规定在企业所得税前扣除。

7.7.8.2 转制文化企业的认定

一、转制文化企业的条件

享受税收优惠政策的转制文化企业应同时符合以下条件：

(1) 根据相关部门的批复进行转制。

(2) 转制文化企业已进行企业工商注册登记。

(3) 整体转制前已进行事业单位法人登记的,转制后已核销事业编制、注销事业单位法人。

(4) 已同在职职工全部签订劳动合同,按企业办法参加社会保险。

(5) 转制文化企业引入非公有资本和境外资本的,须符合国家法律法规和政策规定；变更资本结构依法应经批准的,需经行业主管部门和国有文化资产监管部门批准。

二、转制文化企业认定权限

《财政部 国家税务总局 中宣部关于继续实施文化体制改革中经营性文化事业单位转制为企业若干税收政策的通知》(财税〔2019〕16号,以下简称财税〔2019〕16号文件)适用于所有转制文化单位。中央所属转制文化企业的认定,由中央宣传部会同财政部、税务总局确定并发布名单；地方所属转制文化企业的认定,按照登记管理权限,由地方各级宣传部门会同同级财政、税务部门确定和发布名单,并按程序抄送中央宣传部、财政部和税务总局。

三、转制文化企业名称发生变更

已认定发布的转制文化企业名称发生变更的,如果主营业务未发生变化,可持同级文化体制改革和发展工作领导小组办公室出具的同意变更函,到主管税务机关履行变更手续；如果主营业务发生变化,依照规定的条件重新认定。

四、政策衔接

已经审核认定享受《财政部 国家税务总局 中宣部关于继续实施文化体制改革中经营性文化事业单位转制为企业若干税收政策的通知》(财税〔2014〕84号)税收优惠政策的转制文化企业,可继续享受该税收政策。

7.7.8.3 优惠政策的享受

经认定的转制文化企业,应按有关税收优惠事项管理规定办理优惠手续,申报享受税收优惠政策。企业应将转制方案批复函,企业营业执照,同级机构编制管理机关核销事业编制、注销事业单位法人的证明,与在职职工签订劳动合同、按企业办法参加社会保险制度的有关材料,相关部门对引入非公有资本和境外资本、变更资本结构的批准文件等留存备查,税务部门依法加强后续管理。

未经认定的转制文化企业或转制文化企业不符合规定的,不得享受相关税收优惠政策。已享受优惠的,主管税务机关应追缴其已减免的税款。

对已转制企业按照本通知规定应予减免的税款,在财税〔2019〕16号文件下发以前已经征收入库的,可抵减以后纳税期应缴税款或办理退库。

注:相关文化转制企业名单略。

依据:《财政部 国家税务总局 中宣部关于继续实施文化体制改革中经营性文化事业单位转制为企业若干税收政策的通知》(财税〔2019〕16号)

热点问题

1. 某市话剧团原是一家事业单位,后转制为文化企业,但是因为一些历史遗留原因,未注销事业单位法人。该企业是否能享受转制文化企业免征企业所得税的优惠?

答:享受税收优惠政策的转制文化企业应同时符合以下条件:整体转制前已进行事业单位法人登记的,转制后已核销事业编制、注销事业单位法人。

转制包括整体转制和剥离转制。其中,整体转制包括(图书、音像、电子)出版社、非时政类报刊出版单位、新华书店、艺术院团、电影制片厂、电影(发行放映)公司、影剧院、重点新闻网站等整体转制为企业;剥离转制包括新闻媒体中的广告、印刷、发行、传输网络等部分,以及影视剧等节目制作与销售机构,从事业体制中剥离出来转制为企业。

该话剧团属于艺术院团的整体转制,需要核销事业编制、注销事业单位法人,否则不得享受转制文化企业优惠。

2. 对于满足文化转制企业税收优惠条件的纳税人,其取得的来源于境外的所得能否享受文化转制企业所得税优惠政策?

答:目前我国只出台了满足一定条件的高新技术企业来源于境外的所得可以享受高新技术企业所得税优惠政策的规定。对于文化转制企业等其他税率类优惠,目前均不适用于其取得的境外所得。

7.7.9 支持和促进就业优惠

7.7.9.1 吸纳失业人员就业优惠政策

一、定额扣减政策

2019年1月1日至2021年12月31日,企业招用建档立卡贫困人口,以及在人力资源社会保障部门公共就业服务机构登记失业半年以上且持《就业创业证》或《就业失业登记证》(注明"企业吸纳税收政策")的人员,与其签订1年以上期限劳动合同并依法缴纳社会保险费的,自签订劳动合同并缴纳社会保险当月起,在3年内按实际招用人数予以定额依次扣减增值税、城市维护建设税、教育费附加、地方教育附加和企业所得税优惠。定额标准为每人每年6 000元,最高可上浮30%,各省、自治区、直辖市人民政府可根据本地区实际情况在此幅度内确定具体定额标准。城市维护建设税、教育费附加、地方教育附加的计税依据是享受本项税收优惠政策前的增值税应纳税额。按上述标准计算的税收扣减额应在企业当年实际应缴纳的增值税、城市维护建设税、教育费附加、地方教育附加和企业所得税税额中扣减,当年扣减不完的,不得结转下年使用。上述所称企业是指属于增值税纳税人或企业所得税纳税人的企业等单位。

二、税款减免顺序及额度

(1)纳税人按本单位招用重点群体的人数及其实际工作月数核算本单位减免税总额,在减免税总额内每月依次扣减增值税、城市维护建设税、教育费附加和地方教育附加。城市维护建设税、教育费附加、地方教育附加的计税依据是享受本项税收优惠政策前的增值税应纳税额。

纳税人实际应缴纳的增值税、城市维护建设税、教育费附加和地方教育附加小于核算的减免税总额的,以实际应缴纳的增值税、城市维护建设税、教育费附加、地方教育附加为限;实际应缴纳的增值税、城市维护建设税、教育费附加和地方教育附加大于核算的减免税总额的,以核算的减免税总额为限。纳税年度终了,如果纳税人实际减免的增值税、城市维护建设税、教育费附加和地方教育附加小于核算的减免税总额,纳税人在企业所得税汇算清缴时,以差额部分扣减企业所得税。当年扣减不完的,不再结转以后年度扣减。

享受优惠政策当年,重点群体人员工作不满1年的,应当以实际月数换算其减免税总额。

$$减免税总额 = \sum 每名重点群体人员本年度在本企业工作月数 \div 12 \times 具体定额标准$$

(2)第二年及以后年度当年新招用人员、原招用人员及其工作时间按上述程序和办法执行。计算每名重点群体人员享受税收优惠政策的期限最长不超过36个月。

三、税收优惠的享受

在汇算清缴时,企业自行计算减免税额,并通过填报企业所得税纳税申报表享受税收优惠。

企业招用重点群体享受本项优惠的,由企业留存以下材料备查:

(1)享受税收优惠政策的登记失业半年以上的人员,零就业家庭、城市低保家庭的登记失业人员,以及毕业年度内高校毕业生的《就业创业证》(注明"企业吸纳税收政策")。

(2)县以上人力资源社会保障部门核发的《企业吸纳重点群体就业认定证明》。

(3)《重点群体人员本年度实际工作时间表》。

四、多个优惠税收不得同时享受

企业招用就业人员既可以适用上述规定的税收优惠政策,又可以适用其他扶持就业专项税收优惠政策的,企业可以选择适用最优惠的政策,但不得重复享受。

五、最新政策的执行期限

《财政部 税务总局 人力资源社会保障部 国务院扶贫办关于进一步支持和促进重点群体创业就业有关税收政策的通知》(财税〔2019〕22号,以下简称财税〔2019〕22号文件)规定的税收政策执行期限为2019年1月1日至2021年12月31日。纳税人在2021年12月31日享受财税〔2019〕22号文件规定税收优惠政策未满3年的,可继续享受至3年期满为止。《财政部 税务总局 人力资源社会保障部关于继续实施支持和促进重点群体创业就业有关税收政策的通知》(财税〔2017〕49号)自2019年1月1日起停止执行。

财税〔2019〕22号文件所述人员,以前年度已享受重点群体创业就业税收优惠政策满3年的,不得再享受财税〔2019〕22号文件规定的税收优惠政策;以前年度享受重点群体创业就业税收优惠政策未满3年且符合财税〔2019〕22号文件规定条件的,可按财税〔2019〕22号文件规定享受优惠至3年期满。

六、管理工作及要求

(1)严格各项凭证的审核发放。任何单位或个人不得伪造、涂改、转让、出租相关凭证,违者将依法予以惩处;对出借、转让《就业创业证》的人员,主管人力资源社会保障部门要收回其《就业创业证》并记录在案;对采取上述手段已经获取减免税的企业和个人,主管税务机关要追缴其已减免的税款,并依法予以处理。

(2)《就业创业证》采用实名制,限持证者本人使用。创业人员从事个体经营的,《就业创业证》由本人保管;被用人单位招用的,享受税收优惠政策期间,证件由用人单位保管。《就业创业证》由人力资源社会保障部统一样式,各省、自治区、直辖市人力资源社会保障部门负责印制,作为审核劳动者就业失业状况和享受政策情况的有效凭证。

(3)《企业吸纳重点群体就业认定证明》由人力资源社会保障部统一样式,各省、自治区、直辖市人力资源社会保障部门统一印制,统一编号备案,相关信息由当地人力资源社会保障部门按需提供给税务部门。

(4)县以上人力资源社会保障、税务部门及扶贫办要建立劳动者就业信息交换和协查制度。人力资源社会保障部建立全国《就业创业证》查询系统(http://jyjc.mohrss.gov.cn),供各级人力资源社会保障、财政、税务部门查询《就业创业证》信息。国务院扶贫办建立全国统一的全国扶贫开发信息系统,供各级扶贫办、人力资源社会保障、财政、税务部门查询建档立卡贫困人口身份等相关信息。

(5)各级税务机关对《就业创业证》或建档立卡贫困人口身份有疑问的,可提请同级人力资源社会保障部门、扶贫办予以协查,同级人力资源社会保障部门、扶贫办应根据具体情况规定合理的工作时限,并在时限内将协查结果通报提请协查的税务机关。

(6)国务院扶贫办在每年1月15日前将建档立卡贫困人口名单及相关信息提供给人力资源社会保障部、税务总局,税务总局将相关信息转发给各省、自治区、直辖市税务部门。人力资源社会保障部门依托全国扶贫开发信息系统核实建档立卡贫困人口身份信息。

七、《就业创业证》的申领

享受上述优惠政策的人员按以下规定申领《就业创业证》:

(1)失业人员在常住地公共就业服务机构进行失业登记,申领《就业创业证》。对其中的零就业家庭、城市低保家庭的登记失业人员,公共就业服务机构应在其《就业创业证》上予以注明。

(2)毕业年度内高校毕业生在校期间凭学生证向公共就业服务机构申领《就业创业证》,或委托所在高校就业指导中心向公共就业服务机构代为申领《就业创业证》;毕业年度内高校毕业生离校后可凭毕业证直接向公共就业服务机构按规定申领《就业创业证》。

八、《企业实体吸纳失业人员认定证明》的申请

享受招用重点群体就业税收优惠政策的企业,持下列材料向县以上人力资源社会保障部门递交申请:

(1)招用人员持有的《就业创业证》(建档立卡贫困人口不需提供)。

(2)企业与招用重点群体签订的劳动合同(副本),企业依法为重点群体缴纳的社会保险记录。通过内部信息共享、数据比对等方式审核的地方,可不再要求企业提供缴纳社会保险记录。

县以上人力资源社会保障部门接到企业报送的材料后,重点核实以下情况:

(1)招用人员是否属于享受税收优惠政策的人员范围,以前是否已享受过重点群体创业就业税收优惠政策。

(2)企业是否与招用人员签订了1年以上期限劳动合同,并依法为招用人员缴纳社会保险。

核实后,对持有《就业创业证》的重点群体,在其《就业创业证》上注明"企业吸纳税收政策";对符合条件的企业核发《企业吸纳重点群体就业认定证明》。

招用人员发生变化的,应向人力资源社会保障部门办理变更申请。

《国家税务总局 人力资源社会保障部 国务院扶贫办 教育部关于实施支持和促进重点群体创业就业有关税收政策具体操作问题的公告》(国家税务总局公告2019年第10号)所称企业是指属于增值税纳税人或企业所得税纳税人的企业等单位。

依据:《财政部 税务总局 人力资源社会保障部 国务院扶贫办关于进一步支持和促进重点群体创业就业有关税收政策的通知》(财税〔2019〕22号)、《国家税务总局 人力资源社会保障部 国务院扶贫办 教育部关于实施支持和促进重点群体创业就业有关税收政策具体操作问题的公告》(国家税务总局公告2019年第10号)

7.7.9.2 吸纳退役士兵就业优惠政策

一、定额扣减政策

自2019年1月1日至2021年12月31日,企业招用自主就业退役士兵,与其签订1年以上期限劳动合同并依法缴纳社会保险费的,自签订劳动合同并缴纳社会保险当月起,在3年内按实际招用人数予以定额依次扣减增值税、城市维护建设税、教育费附加、地方教育附加和企业所得税优惠。定额标准为每人每年6 000元,最高可上浮50%,各省、自治区、直辖市人民政府可根据本地区实际情况在此幅度内确定具体定额标准。

上述所称自主就业退役士兵是指依照《退役士兵安置条例》(国务院 中央军委令第608号)的规定退出现役并按自主就业方式安置的退役士兵。上述所称企业是指属于增值税纳税人或企业所得税纳税人的企业等单位。

二、税款减免顺序及额度

企业按招用人数和签订的劳动合同时间核算企业减免税总额,在核算减免税总额内每月依次扣减增值税、城市维护建设税、教育费附加和地方教育附加。企业实际应缴纳的增值税、城市维护建设税、教育费附加和地方教育附加小于核算减免税总额的,以实际应缴纳的增值税、城市维护建设税、教育费附加和地方教育附加为限;实际应缴纳的增值税、城市维护建设税、教育费附加和地方教育附加大于核算减免税总额的,以核算减免税总额为限。

纳税年度终了,如果企业实际减免的增值税、城市维护建设税、教育费附加和地方教育附加小于核算减免税总额,企业在企业所得税汇算清缴时以差额部分扣减企业所得税。当年扣减不完的,不再结转以后年度扣减。

自主就业退役士兵在企业工作不满1年的,应当按月换算减免税限额。计算公式为:

$$\text{企业核算减免税总额} = \sum \text{每名自主就业退役士兵本年度在本单位工作月份} \div 12 \times \text{具体定额标准}$$

城市维护建设税、教育费附加、地方教育附加的计税依据是享受本项税收优惠政策前的增值税应纳税额。

三、优惠的享受

企业招用自主就业退役士兵享受税收优惠政策的,将以下资料留存备查:

(1) 招用自主就业退役士兵的《中国人民解放军义务兵退出现役证》《中国人民解放军士官退出现役证》或《中国人民武装警察部队义务兵退出现役证》《中国人民武装警察部队士官退出现役证》。

(2) 企业与招用自主就业退役士兵签订的劳动合同(副本),为职工缴纳的社会保险费记录。

(3) 自主就业退役士兵本年度在企业工作时间表。

四、最新政策的执行期限

最新税收政策执行期限为2019年1月1日至2021年12月31日[《财政部 税务总局 退役军人部关于进一步扶持自主就业退役士兵创业就业有关税收政策的通知》(财税〔2019〕21号,以下简称财税〔2019〕21号文件]。纳税人在2021年12月31日享受财税〔2019〕21号文件规定税收优惠政策未满3年的,可继续享受至3年期满为止。《财政部 税务总局 民政部关于继续实施扶持自主就业退役士兵创业就业有关税收政策的通知》(财税〔2017〕46号)自2019年1月1日起停止执行。

退役士兵以前年度已享受退役士兵创业就业税收优惠政策满3年的,不得再享受财税〔2019〕21号文件规定的税收优惠政策;以前年度享受退役士兵创业就业税收优惠政策未满3年且符合财税〔2019〕21号文件规定条件的,可按财税〔2019〕21号文件规定享受优惠至3年期满。

五、多个优惠不得同时享受

企业招用自主就业退役士兵既可以适用财税〔2019〕21号文件规定的税收优惠政策,又可以适用其他扶持就业专项税收优惠政策的,企业可以选择适用最优惠的政策,但不得重复享受。

依据:《财政部 税务总局 退役军人部关于进一步扶持自主就业退役士兵创业就业有关税收政策

的通知》(财税〔2019〕21 号)

7.7.10　生产和装配伤残人员专门用品

7.7.10.1　具体规定

自 2016 年 1 月 1 日起至 2020 年 12 月 31 日期间,符合下列条件的生产和装配伤残人员专门用品企业免征企业所得税。

(1) 生产和装配伤残人员专门用品,且在民政部发布的《中国伤残人员专门用品目录》范围之内。

(2) 以销售本企业生产或者装配的伤残人员专门用品为主,其所取得的年度伤残人员专门用品销售收入(不含出口取得的收入)占企业收入总额 60% 以上。

(3) 企业账证健全,能够准确、完整地向主管税务机关提供纳税资料,且本企业生产或者装配的伤残人员专门用品所取得的收入能够单独、准确核算。

(4) 企业拥有假肢制作师、矫形器制作师资格证书的专业技术人员不得少于 1 人;其企业生产人员如超过 20 人,则其拥有假肢制作师、矫形器制作师资格证书的专业技术人员不得少于全部生产人员的 1/6。

(5) 具有与业务相适应的测量取型、模型加工、接受腔成型、打磨、对线组装、功能训练等生产装配专用设备和工具。

(6) 具有独立的接待室、假肢或者矫形器(辅助器具)制作室和假肢功能训练室,使用面积不少于 115 平方米。

7.7.10.2　中国伤残人员专门用品目录

《中国伤残人员专门用品目录》见《财政部　国家税务总局　民政部关于生产和装配伤残人员专门用品企业免征企业所得税的通知》(财税〔2016〕111 号)附件。

依据:《财政部　国家税务总局　民政部关于生产和装配伤残人员专门用品企业免征企业所得税的通知》(财税〔2016〕111 号)

7.7.11　从事污染防治的第三方企业

7.7.11.1　具体规定

自 2019 年 1 月 1 日起至 2021 年 12 月 31 日止,对符合条件的从事污染防治的第三方企业(以下称第三方防治企业)减按 15% 的税率征收企业所得税。

上述所称第三方防治企业是指受排污企业或政府委托,负责环境污染治理设施(包括自动连续监测设施,下同)运营维护的企业。

依据:《财政部　税务总局　国家发展改革委　生态环境部关于从事污染防治的第三方企业所得税政策问题的公告》(财政部　税务总局　国家发展改革委　生态环境部公告 2019 年第 60 号)第一条

7.7.11.2　第三方防治企业条件

上述所称第三方防治企业应当同时符合以下条件:

(1) 在中国境内(不包括港、澳、台地区)依法注册的居民企业。

（2）具有1年以上连续从事环境污染治理设施运营实践，且能够保证设施正常运行。

（3）具有至少5名从事本领域工作且具有环保相关专业中级及以上技术职称的技术人员，或者至少2名从事本领域工作且具有环保相关专业高级及以上技术职称的技术人员。

（4）环境保护设施运营服务的年度营业收入占总收入的比例不低于60%。

（5）具备检验能力，拥有自有实验室，仪器配置可满足运行服务范围内常规污染物指标的检测需求。

（6）保证其运营的环境保护设施正常运行，使污染物排放指标能够连续稳定达到国家或者地方规定的排放标准要求。

（7）具有良好的纳税信用，近3年内纳税信用等级未被评定为C级或D级。

依据：《财政部 税务总局 国家发展改革委 生态环境部关于从事污染防治的第三方企业所得税政策问题的公告》（财政部 税务总局 国家发展改革委 生态环境部公告2019年第60号）第二条

7.7.11.3 税收优惠的享受

第三方防治企业，自行判断其是否符合上述条件，符合条件的可以申报享受税收优惠，相关资料留存备查。税务部门依法开展后续管理过程中，可转请生态环境部门进行核查，生态环境部门可以委托专业机构开展相关核查工作，具体办法由税务总局会同国家发展改革委、生态环境部制定。

依据：《财政部 税务总局 国家发展改革委 生态环境部关于从事污染防治的第三方企业所得税政策问题的公告》（财政部 税务总局 国家发展改革委 生态环境部公告2019年第60号）第三条

7.7.12 区域税收优惠

7.7.12.1 西部大开发优惠

一、所得税优惠具体规定

自2011年1月1日至2020年12月31日，对设在西部地区以《西部地区鼓励类产业目录》中规定的产业项目为主营业务，且其当年度主营业务收入占企业收入总额70%以上的企业，经企业申请，主管税务机关审核确认后（自2016年5月29日起，废止"经企业申请，主管税务机关审核确认后"），可减按15%税率缴纳企业所得税。

其中：

（1）西部地区包括重庆市、四川省、贵州省、云南省、西藏自治区、陕西省、甘肃省、宁夏回族自治区、青海省、新疆维吾尔自治区、新疆生产建设兵团、内蒙古自治区和广西壮族自治区。湖南省湘西土家族苗族自治州、湖北省恩施土家族苗族自治州、吉林省延边朝鲜族自治州，可以比照西部地区的税收政策执行。

（2）收入总额，是指《企业所得税法》第六条规定的收入总额。

二、主营业务难以界定或发生变化

凡对企业主营业务是否属于《西部地区鼓励类产业目录》中国家鼓励类产业项目难以界定的，税务机关可以要求企业提供省级（含副省级）发展改革部门或其授权部门出具的证明文件。证明文件需明确列示主营业务的具体项目及符合《西部地区鼓励类产业目录》中的对应条款项目。

企业主营业务属于《西部地区鼓励类产业目录》范围的,经主管税务机关确认,可按照15%税率预缴企业所得税。年度汇算清缴时,其当年度主营业务收入占企业总收入的比例达不到规定标准的,应按税法规定的税率计算申报并进行汇算清缴。

三、《西部地区鼓励类产业目录》公布前后的政策衔接

经国务院批准,发展改革委发布了《西部地区鼓励类产业目录》(中华人民共和国国家发展和改革委员会令第15号),自2014年10月1日起施行。

(1)在《西部地区鼓励类产业目录》公布后,企业主营业务如不再属于《西部地区鼓励类产业目录》中国家鼓励类产业项目的,自2014年10月1日起,停止执行减按15%税率缴纳企业所得税。

(2)对设在西部地区以《西部地区鼓励类产业目录》中新增鼓励类产业项目为主营业务,且其当年度主营业务收入占企业收入总额70%以上的企业,自2014年10月1日起,可减按15%税率缴纳企业所得税。

四、享受优惠程序

企业应当在年度汇算清缴前向主管税务机关提出书面申请并附送相关资料。第一年须报主管税务机关审核确认,第二年及以后年度实行备案管理。各省、自治区、直辖市和计划单列市税务机关可结合本地实际制定具体审核、备案管理办法,并报国家税务总局(所得税司)备案。

五、多个优惠政策的享受

根据《财政部 国家税务总局关于执行企业所得税优惠政策若干问题的通知》(财税〔2009〕69号)第一条及第二条的规定,企业既符合西部大开发15%优惠税率条件,又符合《企业所得税法》及其实施条例和国务院规定的各项税收优惠条件的,可以同时享受。在涉及定期减免税的减半期内,可以按照企业适用税率计算的应纳税额减半征税。

六、在优惠地区内外分别设有机构的企业享受优惠问题

(1)总机构设在西部大开发税收优惠地区的企业,仅就设在优惠地区的总机构和分支机构(不含优惠地区外设立的二级分支机构在优惠地区内设立的三级以下分支机构)的所得确定适用15%优惠税率。在确定该企业是否符合优惠条件时,以该企业设在优惠地区的总机构和分支机构的主营业务是否符合《西部地区鼓励类产业目录》及其主营业务收入占其收入总额的比重加以确定,不考虑该企业设在优惠地区以外分支机构的因素。该企业应纳所得税额的计算和所得税缴纳,按照《国家税务总局关于印发〈跨地区经营汇总纳税企业所得税征收管理暂行办法〉的通知》(国税发〔2008〕28号,以下简称为国税发〔2008〕28号文件)第十六条和《国家税务总局关于跨地区经营汇总纳税企业所得税征收管理若干问题的通知》(国税函〔2009〕221号,以下简称国税函〔2009〕221号文件)第二条的规定执行。有关审核、备案手续向总机构主管税务机关申请办理。

(2)总机构设在西部大开发税收优惠地区外的企业,其在优惠地区内设立的分支机构(不含仅在优惠地区内设立的三级以下分支机构),仅就该分支机构所得确定适用15%优惠税率。在确定该分支机构是否符合优惠条件时,仅以该分支机构的主营业务是否符

合《西部地区鼓励类产业目录》及其主营业务收入占其收入总额的比重加以确定。该企业应纳所得税额的计算和所得税缴纳，按照国税发〔2008〕28号第十六条和国税函〔2009〕221号第二条的规定执行。有关审核、备案手续向分支机构主管税务机关申请办理，分支机构主管税务机关需将该分支机构享受西部大开发税收优惠情况及时函告总机构所在地主管税务机关。

依据：《财政部 海关总署 国家税务总局关于深入实施西部大开发战略有关税收政策问题的通知》（财税〔2011〕58号）、《国家税务总局关于深入实施西部大开发战略有关企业所得税问题的公告》（国家税务总局公告2012年第12号）、《国家税务总局关于执行〈西部地区鼓励类产业目录〉有关企业所得税问题的公告》（国家税务总局公告2015年第14号）

七、赣州市执行西部大开发税收政策

自2012年1月1日至2020年12月31日，对设在赣州市的鼓励类产业的内资企业和外商投资企业减按15%的税率征收企业所得税。

鼓励类产业的内资企业是指以《产业结构调整指导目录》中规定的鼓励类产业项目为主营业务，且其主营业务收入占企业收入总额70%以上的企业。

鼓励类产业的外商投资企业是指以《外商投资产业指导目录》中规定的鼓励类项目和《中西部地区外商投资优势产业目录》中规定的江西省产业项目为主营业务，且其主营业务收入占企业收入总额70%以上的企业。

依据：《财政部 海关总署 国家税务总局关于赣州市执行西部大开发税收政策问题的通知》（财税〔2013〕4号）

7.7.12.2 新疆困难地区优惠

一、具体规定

对在新疆困难地区新办的属于《新疆困难地区重点鼓励发展产业企业所得税优惠目录》范围内的企业，自取得第一笔生产经营收入所属纳税年度起，第一年至第二年免征企业所得税，第三年至第五年减半征收企业所得税。

新疆困难地区包括南疆三地州、其他国家扶贫开发重点县和边境县市。

属于《新疆困难地区重点鼓励发展产业企业所得税优惠目录》范围内的企业是指以《新疆困难地区重点鼓励发展产业企业所得税优惠目录》中规定的产业项目为主营业务，其主营业务收入占企业收入总额70%以上的企业。

第一笔生产经营收入，是指新疆困难地区重点鼓励发展产业项目已建成并投入运营后所取得的第一笔收入。

按照上述规定享受企业所得税定期减免税政策的企业，在减半期内，按照企业所得税25%的法定税率计算的应纳税额减半征税。

依据：《财政部 国家税务总局关于新疆困难地区新办企业所得税优惠政策的通知》（财税〔2011〕53号）

二、《新疆困难地区重点鼓励发展产业企业所得税优惠目录》

《新疆困难地区重点鼓励发展产业企业所得税优惠目录》详见《财政部 国家税务总局 国家发展改革委 工业和信息化部关于完善新疆困难地区重点鼓励发展产业企业所得税优惠目录的通知》（财税〔2016〕85号，以下简称为财税〔2016〕85号文件）附件。

7.7.12.3 新疆喀什、霍尔果斯地区优惠

2010年1月1日至2020年12月31日,对在新疆喀什、霍尔果斯两个特殊经济开发区内新办的属于《新疆困难地区重点鼓励发展产业企业所得税优惠目录》范围内的企业,自取得第一笔生产经营收入所属纳税年度起,5年内免征企业所得税。

第一笔生产经营收入,是指产业项目已建成并投入运营后所取得的第一笔收入。

属于《新疆困难地区重点鼓励发展产业企业所得税优惠目录》的企业是指以《新疆困难地区重点鼓励发展产业企业所得税优惠目录》中规定的产业项目为主营业务,其主营业务收入占企业收入总额70%以上的企业。

对难以界定是否属于《新疆困难地区重点鼓励发展产业企业所得税优惠目录》范围的项目,税务机关应当要求企业提供省级以上(含省级)有关行业主管部门出具的证明文件,并结合其他相关材料进行认定。

注:《新疆困难地区重点鼓励发展产业企业所得税优惠目录》详见财税〔2016〕85号文件的附件。

依据:《财政部 国家税务总局关于新疆喀什 霍尔果斯两个特殊经济开发区企业所得税优惠政策的通知》(财税〔2011〕112号)

7.7.12.4 广东横琴、福建平潭、深圳前海等地区优惠

2014年1月1日起至2020年12月31日,对设在横琴新区、平潭综合实验区和前海深港现代服务业合作区的鼓励类产业企业减按15%的税率征收企业所得税。

上述鼓励类产业企业是指以所在区域《企业所得税优惠目录》中规定的产业项目为主营业务,且其主营业务收入占企业收入总额70%以上的企业。上述所称收入总额,是指《企业所得税法》第六条规定的收入总额。

企业在优惠区域内、外分别设有机构的,仅就其设在优惠区域内的机构的所得确定适用15%的企业所得税优惠税率。在确定区域内机构是否符合优惠条件时,根据设在优惠区域内机构本身的有关指标是否符合《财政部 国家税务总局关于广东横琴新区 福建平潭综合实验区 深圳前海深港现代服务业合作区企业所得税优惠政策及优惠目录的通知》(财税〔2014〕26号,以下简称为财税〔2014〕26号文件)第一条规定的条件加以确定,不考虑设在优惠区域外机构的因素。

企业既符合财税〔2014〕26号文件规定的减按15%税率征收企业所得税优惠条件,又符合《企业所得税法》及其实施条例和国务院规定的其他各项税收优惠条件的,可以同时享受;其中符合其他税率优惠条件的,可以选择最优惠的税率执行;涉及定期减免税的减半优惠的,应按照25%法定税率计算的应纳税额减半征收企业所得税。

上述所称横琴新区,是指国务院2009年8月批复的《横琴总体发展规划》规划的横琴岛范围。上述所称平潭综合实验区,是指国务院2011年11月批复的《平潭综合实验区总体发展规划》规划的平潭综合实验区范围。上述所称前海深港现代服务业合作区,是指国务院2010年8月批复的《前海深港现代服务业合作区总体发展规划》规划的前海深港现代服务业合作区范围。

税务机关对企业主营业务是否属于《企业所得税优惠目录》难以界定的,可要求企业

提供省级(含副省级)政府有关行政主管部门或其授权的下一级行政主管部门出具的证明文件。

所在区域《企业所得税优惠目录》详见财税〔2014〕26号文件及财税〔2017〕75号附件。

依据:《财政部 国家税务总局关于广东横琴新区 福建平潭综合实验区 深圳前海深港现代服务业合作区企业所得税优惠政策及优惠目录的通知》(财税〔2014〕26号)、《财政部 税务总局关于平潭综合实验区企业所得税优惠目录增列有关旅游产业项目的通知》(财税〔2017〕75号)

自2019年1月1日起至2020年12月31日止,在横琴新区企业所得税优惠目录中增列有关旅游产业项目。横琴新区内享受减按15%税率征收企业所得税优惠政策的鼓励类产业企业,统一按照《横琴新区企业所得税优惠目录(2019版)》执行。横琴新区内鼓励类产业企业减按15%税率征收企业所得税政策其他相关事项,继续按照《财政部 国家税务总局关于广东横琴新区福建平潭综合实验区深圳前海深港现代服务业合作区企业所得税优惠政策及优惠目录的通知》(财税〔2014〕26号)的相关规定执行。

依据:《财政部 税务总局关于横琴新区企业所得税优惠目录增列旅游产业项目的通知》(财税〔2019〕63号)

7.7.12.5 经济特区和上海浦东新区优惠

在法律设置的发展对外经济合作和技术交流的特定地区内,以及在国务院已规定执行上述地区特殊政策的地区内新设立的国家需要重点扶持的高新技术企业,可以享受过渡性税收优惠,具体办法由国务院规定。

依据:《中华人民共和国企业所得税法》第五十七条第二项

法律设置的发展对外经济合作和技术交流的特定地区,是指深圳、珠海、汕头、厦门和海南经济特区;国务院已规定执行上述地区特殊政策的地区,是指上海浦东新区。

对在经济特区和上海浦东新区内在2008年1月1日(含)之后完成登记注册的国家需要重点扶持的高新技术企业(以下简称新设高新技术企业),在经济特区和上海浦东新区内取得的所得,自取得第一笔生产经营收入所属纳税年度起,第一年至第二年免征企业所得税,第三年至第五年按照25%的法定税率减半征收企业所得税。

国家需要重点扶持的高新技术企业,是指拥有核心自主知识产权,同时符合《企业所得税法实施条例》第九十三条规定的条件,并按照《高新技术企业认定管理办法》认定的高新技术企业。

在经济特区和上海浦东新区内新设高新技术企业同时在经济特区和上海浦东新区以外的地区从事生产经营的,应当单独计算其在经济特区和上海浦东新区内取得的所得,并合理分摊企业的期间费用;没有单独计算的,不得享受企业所得税优惠。

在经济特区和上海浦东新区内新设的高新技术企业在按照《国务院关于经济特区和上海浦东新区新设立高新技术企业实行过渡性税收优惠的通知》(国发〔2007〕40号)的规定享受过渡性税收优惠期间,由于复审或抽查不合格而不再具有高新技术企业资格的,从其不再具有高新技术企业资格年度起,停止享受过渡性税收优惠;以后再次被认定为高新技术企业的,不得继续享受或者重新享受过渡性税收优惠。

依据：《国务院关于经济特区和上海浦东新区新设立高新技术企业实行过渡性税收优惠的通知》（国发〔2007〕40号）

7.7.12.6 民族自治地方优惠

民族自治地方的自治机关对本民族自治地方的企业应缴纳的企业所得税中属于地方分享的部分，可以决定减征或者免征。自治州、自治县决定减征或者免征的，须报省、自治区、直辖市人民政府批准。

民族自治地方，是指依照《中华人民共和国民族区域自治法》的规定，实行民族区域自治的自治区、自治州、自治县。

对民族自治地方内国家限制和禁止行业的企业，不得减征或者免征企业所得税。

依据：《中华人民共和国企业所得税法》第二十九条、《中华人民共和国企业所得税法实施条例》第九十四条

根据《企业所得税法》第二十九条有关"民族自治地方的自治机关对本民族自治地方的企业应缴纳的企业所得税中属于地方分享的部分，可以决定减征或者免征"的规定，对2008年1月1日后民族自治地方批准享受减免税的企业，一律按《企业所得税法》第二十九条的规定执行，即对民族自治地方的企业减免企业所得税，仅限于减免企业所得税中属于地方分享的部分，不得减免属于中央分享的部分。民族自治地方在《企业所得税法》实施前已经按照《财政部 国家税务总局 海关总署关于西部大开发税收优惠政策问题的通知》（财税〔2001〕202号）第二条第二款有关减免税规定批准享受减免企业所得税（包括减免中央分享企业所得税的部分）的，自2008年1月1日起计算，对减免税期限在5年以内（含5年）的，继续执行至期满后停止；对减免税期限超过5年的，从第六年起按《企业所得税法》第二十九条规定执行。

依据：《财政部 国家税务总局关于贯彻落实国务院关于实施企业所得税过渡优惠政策有关问题的通知》（财税〔2008〕21号）第三条

7.7.13 受灾地区农村信用社免征企业所得税

自2013年4月20日至2017年12月31日，对《四川芦山"4·20"强烈地震灾害评估报告》明确的极重灾区、重灾区和一般灾区农村信用社免征企业所得税。

依据：《财政部 海关总署 国家税务总局关于支持芦山地震灾后恢复重建有关税收政策问题的通知》（财税〔2013〕58号）第一条、第六条

自2014年1月1日至2018年12月31日，对根据《云南鲁甸6.5级地震灾害损失评估报告》明确的极重灾区、重灾区和一般灾区农村信用社免征企业所得税。

依据：《财政部 海关总署 国家税务总局关于支持鲁甸地震灾后恢复重建有关税收政策问题的通知》（财税〔2015〕27号）第一条、第六条

7.7.14 北京冬奥组委、北京冬奥会测试赛事组委会

对北京冬奥组委免征应缴纳的企业所得税。

北京冬奥组委全面负责和组织举办北京2022年冬残奥会，其取得的北京2022年冬残奥会收入及其发生的涉税支出比照执行北京2022年冬奥会的税收政策。

北京冬奥会测试赛赛事组委会取得的收入及发生的涉税支出比照执行北京冬奥组委的税收政策。

依据：《财政部　税务总局　海关总署关于北京2022年冬奥会和冬残奥会税收政策的通知》（财税〔2017〕60号）

7.8 抵免所得税额

7.8.1 基本规定

企业购置用于环境保护、节能节水、安全生产等专用设备的投资额，可以按一定比例实行税额抵免。

依据：《中华人民共和国企业所得税法》第三十四条

企业购置并实际使用《环境保护专用设备企业所得税优惠目录》《节能节水专用设备企业所得税优惠目录》和《安全生产专用设备企业所得税优惠目录》规定的环境保护、节能节水、安全生产等专用设备的，该专用设备的投资额的10%可以从企业当年的应纳税额中抵免；当年不足抵免的，可以在以后5个纳税年度结转抵免。

依据：《中华人民共和国企业所得税法实施条例》第一百条

《企业所得税法实施条例》第一百条规定的购置并实际使用的环境保护、节能节水和安全生产专用设备，包括承租方企业以融资租赁方式租入的，并在融资租赁合同中约定租赁期届满时租赁设备所有权转移给承租方企业，且符合规定条件的上述专用设备。凡融资租赁期届满后租赁设备所有权未转移至承租方企业的，承租方企业应停止享受抵免企业所得税优惠，并补缴已经抵免的企业所得税税款。

依据：《财政部　国家税务总局关于执行企业所得税优惠政策若干问题的通知》（财税〔2009〕69号）第十条

7.8.2 相关口径

专用设备投资额，是指购买专用设备发票价税合计价格，但不包括按有关规定退还的增值税税款以及设备运输、安装和调试等费用。

当年应纳税额，是指企业当年的应纳税所得额乘以适用税率，扣除依照《企业所得税法》和国务院有关税收优惠规定以及税收过渡优惠规定减征、免征税额后的余额。

企业利用自筹资金和银行贷款购置专用设备的投资额，可以按《企业所得税法》的规定抵免企业应纳所得税额；企业利用财政拨款购置专用设备的投资额，不得抵免企业应纳所得税额。

依据：《财政部　国家税务总局关于执行环境保护专用设备企业所得税优惠目录、节能节水专用设备企业所得税优惠目录和安全生产专用设备企业所得税优惠目录有关问题的通知》（财税〔2008〕48号）第二条、第三条、第四条

自2009年1月1日起，纳税人购进并实际使用《环境保护专用设备企业所得税优惠目录》《节能节水专用设备企业所得税优惠目录》和《安全生产专用设备企业所得税优惠

目录》范围内的专用设备并取得增值税专用发票的,在按照《财政部 国家税务总局关于执行环境保护专用设备企业所得税优惠目录 节能节水专用设备企业所得税优惠目录和安全生产专用设备企业所得税优惠目录有关问题的通知》(财税〔2008〕48号,以下简称财税〔2008〕48号文件)第二条规定进行税额抵免时,如增值税进项税额允许抵扣,其专用设备投资额不再包括增值税进项税额;如增值税进项税额不允许抵扣,其专用设备投资额应为增值税专用发票上注明的价税合计金额。企业购买专用设备取得普通发票的,其专用设备投资额为普通发票上注明的金额。

依据:《国家税务总局关于环境保护节能节水 安全生产等专用设备投资抵免企业所得税有关问题的通知》(国税函〔2010〕256号)

> **热点问题**
>
> 企业购置环境保护、节能节水专用设备享受投资额抵免政策,专用设备投资额是否包括备品备件金额?
>
> 答:根据财税〔2008〕48号文件的规定,专用设备投资额,是指购买专用设备发票价税合计价格,但不包括按有关规定退还的增值税税款以及设备运输、安装和调试等费用。若合同约定备品备件金额包含在设备金额中,且开具一张发票不能区分,可以抵免;如单独开具发票,不可以抵免。

7.8.3　后续转让、出租

企业购置并实际投入使用,已开始享受税收优惠的专用设备,如从购置之日起5个纳税年度内转让、出租的,应在该专用设备停止使用当月停止享受企业所得税优惠,并补缴已经抵免的企业所得税税款。转让的受让方可以按照该专用设备投资额的10%抵免当年企业所得税应纳税额;当年应纳税额不足抵免的,可以在以后5个纳税年度结转抵免。

依据:《财政部 国家税务总局关于执行环境保护专用设备企业所得税优惠目录、节能节水专用设备企业所得税优惠目录和安全生产专用设备企业所得税优惠目录有关问题的通知》(财税〔2008〕48号)第五条

7.8.4　专用设备目录

《节能节水专用设备企业所得税优惠目录(2017年版)》和《环境保护专用设备企业所得税优惠目录(2017年版)》详见《财政部 税务总局 国家发展改革委 工业和信息化部 环境保护部关于印发节能节水和环境保护专用设备企业所得税优惠目录(2017年版)的通知》(财税〔2017〕71号)附件,并自2017年1月1日起施行。《节能节水专用设备企业所得税优惠目录(2008年版)》和《环境保护专用设备企业所得税优惠目录(2008年版)》自2017年10月1日起废止,企业在2017年1月1日至2017年9月30日购置的专用设备符合2008年版优惠目录规定的,也可享受税收优惠。

《安全生产专用设备企业所得税优惠目录(2018年版)》详见《财政部 国家税务总局 应急管理部关于印发〈安全生产专用设备企业所得税优惠目录(2018年版)〉的通知》

(财税〔2018〕84号)附件,并自2018年1月1日起施行,《安全生产专用设备企业所得税优惠目录(2008年版)》同时废止。企业在2018年1月1日至2018年8月31日期间购置的安全生产专用设备,符合2008年版优惠目录规定的,仍可享受税收优惠。

7.8.5 优惠享受

按照国务院关于简化行政审批的要求,进一步优化优惠管理机制,实行企业自行申报并直接享受优惠,税务部门强化后续管理的机制。企业购置节能节水、环境保护专用设备和安全生产专用设备,自行判断其是否符合税收优惠政策规定条件,自行申报享受税收优惠,相关资料留存备查,税务部门依法加强后续管理。

依据:《财政部 税务总局 国家发展改革委 工业和信息化部 环境保护部关于印发节能节水和环境保护专用设备企业所得税优惠目录(2017年版)的通知》(财税〔2017〕71号)第二条、《财政部 国家税务总局 应急管理部关于印发〈安全生产专用设备企业所得税优惠目录(2018年版)〉的通知》(财税〔2018〕84号)第二条

7.8.6 部门协调配合机制

建立部门协调配合机制,切实落实节能节水和环境保护专用设备税收抵免优惠政策。税务部门在执行税收优惠政策过程中,不能准确判定企业购置的专用设备是否符合相关技术指标等税收优惠政策规定条件的,可提请地市级(含)以上发展改革委、工业和信息化、环境保护等部门,由其委托专业机构出具技术鉴定意见,相关部门应积极配合。对不符合税收优惠政策规定条件的,由税务机关按《税收征收管理法》及有关规定进行相应处理。

依据:《财政部 税务总局 国家发展改革委 工业和信息化部 环境保护部关于印发节能节水和环境保护专用设备企业所得税优惠目录(2017年版)的通知》(财税〔2017〕71号)第三条

建立部门协调配合机制,切实落实安全生产专用设备税收抵免优惠政策。税务部门在执行税收优惠政策过程中,不能准确判定企业购置的专用设备是否符合相关技术指标等税收优惠政策规定条件的,可提请地方应急管理部门和驻地煤矿安全监察部门报请应急管理部,由应急管理部会同有关行业部门委托专业机构出具技术鉴定意见,相关部门应积极配合。对不符合税收优惠政策规定条件的,由税务部门按《税收征收管理法》及有关规定进行相应处理。

依据:《财政部 国家税务总局 应急管理部关于印发〈安全生产专用设备企业所得税优惠目录(2018年版)〉的通知》(财税〔2018〕84号)第三条

7.9 过渡期优惠

7.9.1 基本规定

《企业所得税法》公布前已经批准设立的企业,依照当时的税收法律、行政法规规定,享受低税率优惠的,按照国务院规定,可以在《企业所得税法》施行后5年内,逐步过渡到

《企业所得税法》规定的税率;享受定期减免税优惠的,按照国务院规定,可以在《企业所得税法》施行后继续享受到期满为止,但因未获利而尚未享受优惠的,优惠期限从《企业所得税法》施行年度起计算。

依据:《中华人民共和国企业所得税法》第五十七条

7.9.2 《企业所得税法》公布前批准设立的企业税收优惠过渡办法

企业按照原税收法律、行政法规和具有行政法规效力文件规定享受的企业所得税优惠政策,按以下办法实施过渡:

(1)自2008年1月1日起,原享受低税率优惠政策的企业,在《企业所得税法》施行后5年内逐步过渡到法定税率。其中享受企业所得税15%税率的企业,2008年按18%税率执行,2009年按20%税率执行,2010年按22%税率执行,2011年按24%税率执行,2012年按25%税率执行;原执行24%税率的企业,2008年起按25%税率执行。

(2)自2008年1月1日起,原享受企业所得税"两免三减半""五免五减半"等定期减免税优惠的企业,《企业所得税法》施行后继续按原税收法律、行政法规及相关文件规定的优惠办法及年限享受至期满为止,但因未获利而尚未享受税收优惠的,其优惠期限从2008年度起计算。

享受上述过渡优惠政策的企业,是指2007年3月16日以前经工商等登记管理机关登记设立的企业;实施过渡优惠政策的项目和范围按《实施企业所得税过渡优惠政策表》执行。

依据:《国务院关于实施企业所得税过渡优惠政策的通知》(国发〔2007〕39号)第一条

7.9.3 继续执行西部大开发税收优惠政策

财政部、国家税务总局和海关总署联合下发的《财政部 国家税务总局 海关总署关于西部大开发税收优惠政策问题的通知》(财税〔2001〕202号,【已废止】)中规定的西部大开发企业所得税优惠政策继续执行。

依据:《国务院关于实施企业所得税过渡优惠政策的通知》(国发〔2007〕39号)第二条

7.9.4 居民企业选择适用税率及减半征税的具体界定问题

(1)居民企业被认定为高新技术企业,同时又处于《国务院关于实施企业所得税过渡优惠政策的通知》(国发〔2007〕39号)第一条第三款规定享受企业所得税"两免三减半""五免五减半"等定期减免税优惠过渡期的,该居民企业的所得税适用税率可以选择依照过渡期适用税率并适用减半征税至期满,或者选择适用高新技术企业的15%税率,但不能享受15%税率的减半征税。

(2)居民企业被认定为高新技术企业,同时又符合软件生产企业和集成电路生产企业定期减半征收企业所得税优惠条件的,该居民企业的所得税适用税率可以选择适用高新技术企业的15%税率,也可以选择依照25%的法定税率减半征税,但不能享受15%税率的减半征税。

（3）居民企业取得《企业所得税法实施条例》第八十六条、第八十七条、第八十八条和第九十条规定可减半征收企业所得税的所得，是指居民企业应就该部分所得单独核算并依照25%的法定税率减半缴纳企业所得税。

（4）高新技术企业减低税率优惠属于变更适用条件的延续政策而未列入过渡政策，因此，凡居民企业经税务机关核准2007年度及以前享受高新技术企业或新技术企业所得税优惠，2008年及以后年度未被认定为高新技术企业的，自2008年起不得适用高新技术企业的15%税率，也不适用《国务院实施企业所得税过渡优惠政策的通知》（国发〔2007〕39号）第一条第二款规定的过渡税率，而应自2008年度起适用25%的法定税率。

居民企业经税务机关核准2007年度以前依照《国家税务总局关于外商投资企业分支机构适用所得税税率问题的通知》（国税发〔1997〕49号）的规定，其处于不同税率地区的分支机构可以单独享受所得税减低税率优惠的，仍可继续单独适用减低税率优惠过渡政策；优惠过渡期结束后，统一依照《国家税务总局关于印发〈跨地区经营汇总纳税企业所得税征收管理暂行办法〉的通知》（国税发〔2008〕28号）第十六条的规定执行。

依据：《国家税务总局关于进一步明确企业所得税过渡期优惠政策执行口径问题的通知》（国税函〔2010〕157号）第一条、第二条

7.10　其他优惠

7.10.1　海峡两岸直航业务

自2008年12月15日起，对台湾航运公司从事海峡两岸海上直航业务取得的来源于大陆的所得，免征企业所得税。

自2009年6月25日起，对台湾航空公司从事海峡两岸空中直航业务取得的来源于大陆的所得，免征企业所得税。对台湾航空公司从事海峡两岸空中直航业务取得的来源于大陆的所得，免征企业所得税。对台湾航空公司在2009年6月25日起至文到之日已缴纳应予免征的企业所得税，在2010年内予以退还。

台湾航运公司，是指取得交通运输部颁发的"台湾海峡两岸间水路运输许可证"且上述许可证上注明的公司登记地址在台湾的航运公司。

享受企业所得税免税政策的纳税人应按照现行企业所得税政策的有关规定，单独核算从事上述业务在大陆取得的收入、成本。未单独核算的，不得享受免征企业所得税政策。

依据：《财政部　国家税务总局关于海峡两岸海上直航营业税和企业所得税政策的通知》（财税〔2009〕4号）、《财政部　国家税务总局关于海峡两岸空中直航营业税和企业所得税政策的通知》（财税〔2010〕63号）

7.10.2　股权分置改革

股权分置改革中非流通股股东通过对价方式向流通股股东支付的股份、现金等收入，

暂免征收流通股股东应缴纳的企业所得税。本优惠政策执行到股权分置试点改革结束。

依据：《财政部 国家税务总局关于股权分置试点改革有关税收政策问题的通知》（财税〔2005〕103号）第二条、《财政部 国家税务总局关于企业所得税若干优惠政策的通知》（财税〔2008〕1号）第三条

股权分置改革中，上市公司因股权分置改革而接受的非流通股股东作为对价注入资产和被非流通股股东豁免债务，上市公司应增加注册资本或资本公积，不征收企业所得税。

依据：《国家税务总局关于股权分置改革中上市公司取得资产及债务豁免对价收入征免所得税问题的批复》（国税函〔2009〕375号）

7.10.3 各种基金

7.10.3.1 证券投资基金优惠政策

（1）对证券投资基金从证券市场中取得的收入，包括买卖股票、债券的差价收入，股权的股息、红利收入，债券的利息收入及其他收入，暂不征收企业所得税。

（2）对投资者从证券投资基金分配中取得的收入，暂不征收企业所得税。

（3）对证券投资基金管理人运用基金买卖股票、债券的差价收入，暂不征收企业所得税。

依据：《财政部 国家税务总局关于企业所得税若干优惠政策的通知》（财税〔2008〕1号）第二条

> **热点问题**
>
> 1. 企业将资金存入余额宝取得的收益是否免税？
>
> 答：由于国家目前尚未明确相关的具体政策，企业从余额宝取得的收益暂不能视为投资者从证券投资基金分配中取得的收入享受暂不征收企业所得税的待遇。
>
> 2. 投资者从证券投资基金分配中取得的收入，暂不征收企业所得税。上述分配是否包括从封闭式基金清算取得的所得？
>
> 答：《财政部 国家税务总局关于企业所得税若干优惠政策的通知》（财税〔2008〕1号）规定，对投资者从证券投资基金分配中取得的收入，暂不征收企业所得税。"证券投资基金分配"包括封闭式基金清算分配。

7.10.3.2 全国社会保障基金优惠政策

对社保基金理事会、社保基金投资管理人管理的社保基金银行存款利息收入，社保基金从证券市场中取得的收入，包括买卖证券投资基金、股票、债券的差价收入，证券投资基金红利收入，股票的股息、红利收入，债券的利息收入及产业投资基金收益、信托投资收益等其他投资收入，作为企业所得税不征税收入。

依据：《财政部 国家税务总局关于全国社会保障基金有关企业所得税问题的通知》（财税〔2008〕136号）第一条

对社保基金取得的直接股权投资收益、股权投资基金收益，作为企业所得税不征税收入。

依据：《财政部 税务总局关于全国社会保障基金有关投资业务税收政策的通知》（财税〔2018〕94号）第二条

7.10.3.3 行政和解金优惠政策

中国证券投资者保护基金公司(简称投保基金公司)代收备付的行政和解金不属于投保基金公司的收入,不征收企业所得税。对企业投资者从投保基金公司取得的行政和解金,应计入企业当期收入,依法征收企业所得税。

依据:《财政部 国家税务总局关于行政和解金有关税收政策问题的通知》(财税〔2016〕100号)

7.10.3.4 保险保障基金优惠政策

从2018年1月1日起至2020年12月31日止,对中国保险保障基金有限责任公司(以下简称保险保障基金公司)根据《保险保障基金管理办法》取得的下列收入,免征企业所得税:

(1) 境内保险公司依法缴纳的保险保障基金。

(2) 依法从撤销或破产保险公司清算财产中获得的受偿收入和向有关责任方追偿所得,以及依法从保险公司风险处置中获得的财产转让所得。

(3) 接受捐赠收入。

(4) 银行存款利息收入。

(5) 购买政府债券、中央银行、中央企业和中央级金融机构发行债券的利息收入。

(6) 国务院批准的其他资金运用取得的收入。

依据:《财政部 国家税务总局关于保险保障基金有关税收政策问题的通知》(财税〔2018〕41号)第一条

7.10.3.5 基本养老保险基金投资优惠政策

对社保基金会及养老基金投资管理机构在国务院批准的投资范围内,运用养老基金投资取得的归属于养老基金的投资收入,作为企业所得税不征税收入;对养老基金投资管理机构、养老基金托管机构从事养老基金管理活动取得的收入,依照税法规定征收企业所得税。

依据:《财政部 税务总局关于基本养老保险基金有关投资业务税收政策的通知》(财税〔2018〕95号)第二条

7.11 优惠管理

7.11.1 取消企业所得税优惠事项审批

对企业所得税优惠事项全部取消审批。企业享受优惠事项采取"自行判别、申报享受、相关资料留存备查"的办理方式。

依据:《国家税务总局关于发布修订后的〈企业所得税优惠政策事项办理办法〉的公告》(国家税务总局公告2018年第23号)

7.11.2 优惠事项管理

7.11.2.1 基本规定

自2017年度汇算清缴起,企业享受优惠事项采取"自行判别、申报享受、相关资料留存备查"的办理方式。企业应当根据经营情况以及相关税收规定自行判断是否符合优惠事项规定的条件,符合条件的可以按照《企业所得税优惠事项管理目录(2017年版)》列示的时间自行计算减免税额,并通过填报企业所得税纳税申报表享受税收优惠。同时,按照《企业所得税优惠政策事项办理办法》的规定归集和留存相关资料备查。

依据:《国家税务总局关于发布修订后的〈企业所得税优惠政策事项办理办法〉的公告》(国家税务总局公告2018年第23号)第四条

税务机关应当严格按照《企业所得税优惠政策事项办理办法》规定的方式管理优惠事项,严禁擅自改变优惠事项的管理方式。

依据:《国家税务总局关于发布修订后的〈企业所得税优惠政策事项办理办法〉的公告》(国家税务总局公告2018年第23号)第十一条

上述所称优惠事项是指企业所得税法规定的优惠事项,以及国务院和民族自治地方根据企业所得税法授权制定的企业所得税优惠事项。包括免税收入、减计收入、加计扣除、加速折旧、所得减免、抵扣应纳税所得额、减低税率、税额抵免等。

依据:《国家税务总局关于发布修订后的〈企业所得税优惠政策事项办理办法〉的公告》(国家税务总局公告2018年第23号)第二条

优惠事项的名称、政策概述、主要政策依据、主要留存备查资料、享受优惠时间、后续管理要求等,见附件4《企业所得税优惠事项管理目录(2017年版)》。《企业所得税优惠事项管理目录(2017年版)》由税务总局编制、更新。

依据:《国家税务总局关于发布修订后的〈企业所得税优惠政策事项办理办法〉的公告》(国家税务总局公告2018年第23号)第三条

7.11.2.2 留存备查资料规定

上述所称留存备查资料是指与企业享受优惠事项有关的合同、协议、凭证、证书、文件、账册、说明等资料。留存备查资料分为主要留存备查资料和其他留存备查资料两类。主要留存备查资料由企业按照《企业所得税优惠事项管理目录(2017年版)》列示的资料清单准备,其他留存备查资料由企业根据享受优惠事项情况自行补充准备。

企业享受优惠事项的,应当在完成年度汇算清缴后,将留存备查资料归集齐全并整理完成,以备税务机关核查。

企业同时享受多项优惠事项或者享受的优惠事项按照规定分项目进行核算的,应当按照优惠事项或者项目分别归集留存备查资料。

设有非法人分支机构的居民企业以及实行汇总纳税的非居民企业机构、场所享受优惠事项的,由居民企业的总机构以及汇总纳税的主要机构、场所负责统一归集并留存备查资料。分支机构以及被汇总纳税的非居民企业机构、场所按照规定可独立享受优惠事项的,由分支机构以及被汇总纳税的非居民企业机构、场所负责归集并留存备查资料,同时分支机构以及被汇总纳税的非居民企业机构、场所应在当完成年度汇算清缴后将留存的备查资料清单送总机构以及汇总纳税的主要机构、场所汇总。

企业对优惠事项留存备查资料的真实性、合法性承担法律责任。

企业留存备查资料应从企业享受优惠事项当年的企业所得税汇算清缴期结束次日起保留10年。

依据：《国家税务总局关于发布修订后的〈企业所得税优惠政策事项办理办法〉的公告》（国家税务总局公告 2018 年第 23 号）第五条、第六条、第七条、第八条、第九条、第十条

7.11.2.3 后续管理

企业享受优惠事项后，税务机关将适时开展后续管理。在后续管理时，企业应当根据税务机关管理服务的需要，按照规定的期限和方式提供留存备查资料，以证实享受优惠事项符合条件。其中，享受集成电路生产企业、集成电路设计企业、软件企业、国家规划布局内的重点软件企业和集成电路设计企业等优惠事项的企业，应当在完成年度汇算清缴后，按照《企业所得税优惠事项管理目录（2017 年版）》"后续管理要求"项目中列示的清单向税务机关提交资料。

企业享受优惠事项后发现其不符合优惠事项规定条件的，应当依法及时自行调整并补缴税款及滞纳金。

企业未能按照税务机关要求提供留存备查资料，或者提供的留存备查资料与实际生产经营情况、财务核算情况、相关技术领域、产业、目录、资格证书等不符，无法证实符合优惠事项规定条件的，或者存在弄虚作假情况的，税务机关将依法追缴其已享受的企业所得税优惠，并按《照税收征收管理法》等相关规定处理。

依据：《国家税务总局关于发布修订后的〈企业所得税优惠政策事项办理办法〉的公告》（国家税务总局公告 2018 年第 23 号）第十二条、第十三条、第十四条

7.11.3 企业所得税优惠事项管理目录（2017 年版）

企业所得税优惠事项管理目录（2017 年版）详见附件 4（见表 7-9）。

解读

一、修订背景

2015 年，税务总局根据"放管服"改革要求，发布了《企业所得税优惠政策事项办理办法》（国家税务总局公告 2015 年第 76 号印发），全面取消对企业所得税优惠事项的审批管理，一律实行备案管理。该办法通过简化办税流程、精简涉税资料、统一管理要求，为企业能够及时、精准享受到所得税优惠政策创造了条件、提供了便利。为了深入贯彻落实党中央、国务院关于优化营商环境和推进"放管服"改革的系列部署，进一步优化税收环境，税务总局对《企业所得税优惠政策事项办理办法》进行了修订，并重新发布。

二、主要变化

（一）简化优惠事项办理方式

根据《企业所得税优惠政策事项办理办法》的规定，企业所得税优惠事项全部采用"自行判别、申报享受、相关资料留存备查"的办理方式。企业在年度纳税申报及享受优惠事项前无须再履行备案手续、报送《企业所得税优惠事项备案表》《汇总纳税企业分支机构已备案优惠事项清单》和享受优惠所需要的相关资料，原备案资料全部作为留存备查资料，保留在企业，以备税务机关后续核查时根据需要提供。

（二）更新《企业所得税优惠事项管理目录》内容

根据企业所得税优惠政策调整情况，对《企业所得税优惠事项备案管理目录（2015 年

版》》进行了修订,编制了《企业所得税优惠事项管理目录(2017年版)》。一是统一了优惠事项的项目名称,实现了优惠事项名称在《企业所得税优惠事项管理目录(2017年版)》《减免税政策代码目录》《中华人民共和国企业所得税年度纳税申报表(A类,2017年版)》等不同文件中的统一,方便企业查询和使用。二是对优惠事项进行了调整和补充,同时对政策概述、主要政策依据等内容进行了完善,对主要留存备查资料进行了细化。三是增加了"后续管理要求"项目,明确了优惠事项后续管理的有关要求。

（三）强化留存备查资料管理

留存备查资料是指与企业享受优惠事项有关的合同、协议、凭证、证书、文件、账册、说明等资料,用于证实企业是否符合相关优惠事项规定的条件。由于企业情况不同,留存备查资料难以全部列示,因此《企业所得税优惠政策事项办理办法》将留存备查资料分为主要留存备查资料和其他留存备查资料。企业应当按照《企业所得税优惠事项管理目录(2017年版)》列示的清单归集和整理主要留存备查资料,其他留存备查资料则由企业根据享受优惠事项的情况自行归集,以助于税务机关在后续管理时能够做出准确判断。

由于我国企业所得税实行法人所得税制,因此跨地区经营汇总纳税企业享受优惠事项的,应当由总机构负责统一归集并留存相关备查资料,但是分支机构按照规定可以独立享受优惠事项的,则由分支机构负责归集并留存相关备查资料。如设在西部地区的鼓励类产业企业减按15%的税率征收企业所得税优惠事项,当设在西部地区的分支机构符合规定条件而享受优惠事项的,由该分支机构负责归集并留存相关备查资料,并同时将其留存备查资料的清单提供总机构汇总。

留存备查资料是企业自行判断是否符合相关优惠事项规定条件的直接依据,企业应当在年度纳税申报前全面归集、整理并认真研判。在本企业完成汇算清缴后,留存备查资料应当归集和整理完毕,以备税务机关核查。如企业享受《企业所得税优惠事项管理目录(2017年版)》第一项优惠事项,并在2018年4月30日完成2017年度企业所得税纳税申报和缴纳税款,其应在4月30日同步将第一项优惠事项的留存备查资料归集和整理完毕。分支机构以及被汇总纳税的非居民企业机构、场所按照规定可独立享受优惠事项的,完成汇算清缴后,除需要将留存备查资料归集和整理完毕外,还需将留存的备查资料清单报送总机构汇总。如企业设在西部地区的分支机构享受《企业所得税优惠事项管理目录(2017年版)》第六十三项优惠事项,该分支机构在2018年4月30日完成2017年度企业所得税纳税申报和缴纳税款,其应在4月30日同步将第六十三项优惠事项的留存备查资料归集和整理完毕,并将备查资料清单报送总机构汇总。

（四）重申企业的权利义务和法律责任

企业依法享有享受税收优惠的权利,也有依法按时如实申报、接受监督和检查的义务。《企业所得税优惠政策事项办理办法》所称企业包括居民企业和在中国境内设立机构、场所的非居民企业。

《企业所得税优惠政策事项办理办法》实施后,企业可以根据经营情况自行判断是否符合相关优惠事项规定的条件,在符合条件的情况下,企业可以自行按照《企业所得税优惠事项管理目录(2017年版)》中列示的"享受优惠时间"自预缴申报时开始享受或者在年度纳税申报时享受优惠事项。

在享受优惠事项后,企业有义务提供留存备查资料,并对留存备查资料的真实性与合法性负责。如果企业未能按照税务机关的要求提供留存备查资料,或者提供的留存备查资料与实际生产经营情况、财务核算情况、相关技术领域、产业、目录、资格证书等不符、不能证实其符合优惠事项规定的条件的,或者存在弄虚作假情况的,税务机关将依法追缴其已享受的企业所得税优惠。

（五）对后续管理提出要求

为加强管理,《企业所得税优惠政策事项办理办法》规定税务机关将对企业享受优惠事项开展后续管理,企业应当予以配合并按照税务机关规定的期限和方式提供留存备查资料。其中,按《财政部 国家税务总局 发展改革委 工业和信息化部关于软件和集成电路产业企业所得税优惠政策有关问题的通知》(财税〔2016〕49号)的有关规定,享受《企业所得税优惠事项管理目录(2017年版)》第三十至三十一项、第四十五至五十三项、第五十六至五十七项软件和集成电路产业优惠事项的,企业应当在汇算清缴后按照《企业所得税优惠事项管理目录(2017年版)》"后续管理要求"项目中列示的资料清单向税务部门提交资料,提交资料时间不得超过本年度汇算清缴期。如企业享受《企业所得税优惠事项管理目录(2017年版)》第四十五项优惠事项,在2018年4月30日完成2017年度企业所得税纳税申报和缴纳税款,其应在4月30日同步将留存备查资料归集和整理完毕,并在2018年5月31日前按照第四十五项优惠事项"后续管理要求"项目中列示的资料清单向税务机关提交相关资料。

其他优惠事项的核查,由各省税务机关(含计划单列市税务机关)按照统一安排,开展后续管理等。

附件4：

表7-9 企业所得税优惠事项管理目录（2017年版）

序号	优惠事项名称	政策概述	主要政策依据	主要留存备查资料	享受优惠时间	后续管理要求
1	国债利息收入免征企业所得税	企业持有国务院财政部门发行的国债取得的利息收入免征企业所得税。	1.《中华人民共和国企业所得税法》第二十六条第一项。2.《中华人民共和国企业所得税法实施条例》第八十二条。3.《国家税务总局关于企业国债投资业务企业所得税处理问题的公告》国家税务总局公告2011年第36号。	1. 国债净价交易交割单。2. 购买、转让国债的证明，包括持有时间、票面金额、利率等相关材料。3. 应收利息（投资收益）科目明细账或按月汇总表。4. 减免税计算过程的说明。	预缴享受	由省税务机关（含计划单列市税务机关）规定。
2	取得的地方政府债券利息收入免征企业所得税	企业取得的地方政府债券利息收入（所得）免征企业所得税。	1.《财政部 国家税务总局关于地方政府债券利息所得税问题的通知》（财税〔2011〕76号）。2.《财政部 国家税务总局关于地方政府债券利息免征所得税问题的通知》（财税〔2013〕5号）。	1. 购买地方政府债券证明，包括持有时间、票面金额、利率等相关材料。2. 应收利息（投资收益）科目明细账或按月汇总表。3. 减免税计算过程的说明。	预缴享受	由省税务机关（含计划单列市税务机关）规定。
3	符合条件的居民企业之间的股息、红利等权益性投资收益免征企业所得税	居民企业直接投资于其他居民企业取得的权益性投资收益免征企业所得税。所称股息、红利等权益性投资收益，不包括连续持有居民企业公开发行并上市流通的股票不足12个月取得的投资收益。	1.《中华人民共和国企业所得税法》第二十六条第二项。2.《中华人民共和国企业所得税法实施条例》第十七条、第八十三条。3.《财政部 国家税务总局关于执行企业所得税优惠政策若干问题的通知》（财税〔2009〕69号）。4.《国家税务总局关于企业所得税若干税收问题的通知》（国税函〔2010〕79号）。	1. 被投资企业的最新公司章程（企业在证券交易所市场购买股权的，提供相关记账凭证、本公司持股比例以及持股时间超过12个月情况说明）。2. 被投资企业股东会或股东大会利润分配决议或公告、分配表。3. 被投资企业所得税清算的，留存税务机关受理清算企业申报的《中华人民共和国企业清算所得税申报表》及附表三《剩余财产计算和分配明细表》复印件。4. 投资收益、应收股利科目明细账或按月汇总表。	预缴享受	由省税务机关（含计划单列市税务机关）规定。

310

(续表)

序号	优惠事项名称	政策概述	主要政策依据	主要留存备查资料	享受优惠时间	后续管理要求
4	内地居民企业通过沪港通投资且连续持有H股满12个月取得的股息、红利所得免征企业所得税	对内地企业投资者通过沪港通投资香港联交所上市股票取得的股息红利所得，计入其收入总额，依法计征企业所得税。其中，内地居民企业连续持有H股满12个月取得的股息、红利所得，依法免征企业所得税。	《财政部 国家税务总局 证监会关于沪港股票市场交易互联互通机制试点有关税收政策的通知》（财税〔2014〕81号）。	1. 相关记账凭证、本公司持股比例以及持股时间超过12个月的情况说明。2. 被投资企业股东会（或股东大会）利润分配决议或公告、分配表。3. 投资收益，应收股利科目明细账或按月汇总表。	预缴享受	由省税务机关（含计划单列市税务机关）规定。
5	内地居民企业通过深港通投资且连续持有H股满12个月取得的股息、红利所得免征企业所得税	对内地企业投资者通过深港通投资香港联交所上市股票取得的股息红利所得，计入其收入总额，依法计征企业所得税。其中，内地居民企业连续持有H股满12个月取得的股息、红利所得，依法免征企业所得税。	《财政部 国家税务总局 证监会关于深港股票市场交易互联互通机制试点有关税收政策的通知》（财税〔2016〕127号）。	1. 相关记账凭证、本公司持股比例以及持股时间超过12个月的情况说明。2. 被投资企业股东会（或股东大会）利润分配决议或公告、分配表。3. 投资收益，应收股利科目明细账或按月汇总表。	预缴享受	由省税务机关（含计划单列市税务机关）规定。
6	符合条件的非营利组织的收入免征企业所得税	符合条件的非营利组织取得的接受捐赠收入、不征税收入以外的政府补助收入（但不包括因政府购买服务取得的收入）、不征税收入和免税收入孳生的银行存款利息收入等为免税收入。免税收入不包括非营利组织从事营利性活动取得的收入。	1. 《中华人民共和国企业所得税法》第二十六条第四项。2. 《中华人民共和国企业所得税法实施条例》第八十五条。3. 《财政部 国家税务总局关于非营利组织企业所得税免税收入问题的通知》（财税〔2009〕122号）。4. 《财政部 国家税务总局关于非营利组织免税资格认定管理有关问题的通知》（财税〔2014〕13号）。	1. 非营利组织免税资格有效认定文件或其他相关证明。2. 非营利组织认定资料。3. 当年资金来源及使用情况的明细情况、公益活动和非营利活动的明细情况。4. 当年工资、薪金情况专项报告，包括薪酬制度、工作人员整体平均工资、薪金水平、工资福利占总支出比例、重要人员薪金信息（至少包括工资、薪金水平排名前十的人员）。5. 当年财务报表。	预缴享受	由省税务机关（含计划单列市税务机关）规定。

(续表)

序号	优惠事项名称	政策概述	主要政策依据	主要留存备查资料	享受优惠时间	后续管理要求
6			5.《财政部 税务总局关于非营利组织免税资格认定管理有关问题的通知》（财税〔2018〕13号）。	6. 登记管理机关出具的事业单位、社会团体、基金会、社会服务机构、宗教活动场所、宗教院校当年有关非营利活动情况或相关法律法规和国家政策符合的事业发展情况的材料。 7. 应纳税收入与免税收入及其有关的成本、费用、损失应分别核算的情况说明。 8. 取得各类免税收入的凭证。 9. 各类免税收入的情况说明。		
7	符合条件的非营利组织（科技企业孵化器）的收入免征企业所得税	符合非营利组织条件的科技企业孵化器按照《企业所得税法》及其实施条例和有关税收政策规定享受企业所得税免税优惠政策。	1.《中华人民共和国企业所得税法》第二十六条第四项。 2.《中华人民共和国企业所得税法实施条例》第八十五条。 3.《财政部 国家税务总局关于非营利组织免税收入问题的通知》（财税〔2009〕122号）。 4.《财政部 国家税务总局关于非营利组织免税资格认定有关问题的通知》（财税〔2014〕13号）。 5.《财政部 国家税务总局关于科技企业孵化器税收政策的通知》（财税〔2016〕89号）。 6.《财政部 税务总局关于非营利组织免税资格认定管理有关问题的通知》（财税〔2018〕13号）。	1. 非营利组织免税资格有效认定文件或其他相关证明。 2. 非营利组织认定资料。 3. 当年资金来源及使用情况，包括非营利活动的明细情况。 4. 当年工资、薪金情况专项报告，包括工作人员工资、工资福利支出比例、工资整体薪金水平（至少包括工资、薪金水平排名前10的人员）、重要人员工资、薪金信息（至少包括工资、薪金水平排名前10的人员）。 5. 当年财务报表。 6. 登记管理机关出具的事业单位、社会团体、基金会、社会服务机构、宗教活动场所、宗教院校当年有关非营利活动情况或相关法律法规和国家政策符合的事业发展情况的材料。 7. 应纳税收入与免税收入及其有关的成本、费用、损失应分别核算的情况说明。 8. 取得各类免税收入的凭证。 9. 各类免税收入的情况说明。	预缴享受	由省税务机关（含计划单列市税务机关）规定。

(续表)

序号	优惠事项名称	政策概述	主要政策依据	主要留存备查资料	享受优惠时间	后续管理要求
8	符合条件的非营利组织（国家大学科技园）的收入免征企业所得税	符合非营利组织条件的国家大学科技园按照《企业所得税法》及其实施条例相关有关税收政策规定享受企业所得税优惠政策。	1.《中华人民共和国企业所得税法》第二十六条第四项。2.《中华人民共和国企业所得税法实施条例》第八十五条。3.《财政部 国家税务总局关于非营利组织企业所得税免税收入问题的通知》（财税〔2009〕122号）。4.《财政部 国家税务总局关于非营利组织免税资格认定管理有关问题的通知》（财税〔2014〕13号）。5.《财政部 国家税务总局关于科技园税收政策的通知》（财税〔2016〕98号）。6.《财政部 税务总局关于非营利组织免税资格认定管理有关问题的通知》（财税〔2018〕13号）。	1. 非营利组织免税资格有效认定文件或其他相关证明。2. 非营利组织认定资料。3. 当年资金来源及使用情况、公益活动和非营利活动的明细情况。4. 当年工资、薪金专项报告，包括薪酬制度、工作人员整体平均工资、薪金水平、工资福利总支出比例、重要人员工资、薪金信息（至少包括工资、薪金水平排名前十的人员）。5. 当年财务报表。6. 登记管理机关出具的事业单位、社会团体、基金会、社会服务机构、宗教活动场所法律法规和国家政策当年发展情况或非营利活动的材料。7. 应纳税收入及其相关的成本、费用、损失，与免税收入及其相关的成本、费用、损失分别核算的情况说明。8. 取得各类免税收入的凭证。9. 各类免税收入的情况说明。	预缴享受	由省税务机关（含计划单列市税务机关）规定。
9	投资者从证券投资基金分配中取得的收入暂不征收企业所得税	对投资者从证券投资基金分配中取得的收入暂不征收企业所得税。	《财政部 国家税务总局关于企业所得税若干优惠政策的通知》（财税〔2008〕1号）。	1. 购买证券投资基金记账凭证。2. 证券投资基金分配公告。3. 免税投资收入明细账及按月汇总表。	预缴享受	由省税务机关（含计划单列市税务机关）规定。

（续表）

序号	优惠事项名称	政策概述	主要政策依据	主要留存备查资料	享受优惠时间	后续管理要求
10	中国清洁发展机制基金取得的收入免征企业所得税	中国清洁发展机制基金取得的CDM项目温室气体减排量转让收入上缴国家的部分、国际金融组织赠款收入、基金资金的存款利息收入、国内外机构、组织和个人的捐赠收入，免征企业所得税。	《财政部 国家税务总局关于中国清洁发展机制基金及清洁发展机制项目实施企业有关企业所得税政策问题的通知》（财税〔2009〕30号）。	由省税务机关规定。	预缴享受	由省税务机关规定。
11	中国保险保障基金有限责任公司取得的保险保障基金等收入免征企业所得税	对中国保险保障基金有限责任公司依法取得的境内保险公司依法缴纳的保险保障金、依法从撤销或破产保险公司清算财产中获得的受偿收入和向有关责任方追偿所得、以及处置保险公司风险后从该保险公司回收的有关财产转让所得、捐赠收入、银行存款利息收入、购买中央债券、中央级金融债券和中央银行、国务院批准发行的其他金融机构发行的债券的利息收入、国务院批准的资金运用取得的收入，免征企业所得税。	《财政部 国家税务总局关于保险保障基金有关税收政策问题的通知》（财税〔2016〕10号）。	由省税务机关规定。	预缴享受	由省税务机关规定。
12	中央电视台的广告费和有线电视费收入免征企业所得税	中央电视台的广告费和有线电视费收入，免于征收企业所得税。	《财政部 国家税务总局关于广告费和中央电视台有线电视费企业所得税收入问题的通知》（财税〔2016〕80号）。	由省税务机关规定。	预缴享受	由省税务机关规定。

(续表)

序号	优惠事项名称	政策概述	主要政策依据	主要留存备查资料	享受优惠时间	后续管理要求
13	中国奥委会取得的由北京冬奥组委支付的奥运收入	对按中国奥委会、主办城市联合开发市场签订的《联合开发计划协议》和中国奥委会、主办城市签订的《主办城市合同》规定,中国奥委会取得的由北京冬奥组委分期支付的盈余分成收入免征企业所得税。	《财政部 税务总局 海关总署关于北京2022年冬奥会和冬残奥会税收政策的通知》(财税[2017]60号)。	由省税务机关规定。	预缴享受	由省税务机关规定。
14	中国残奥委会取得的由北京冬奥组委分期支付的收入免征企业所得税	对中国残奥委会根据《联合市场开发计划协议》取得的由北京冬奥组委分期支付的收入免征企业所得税。	《财政部 税务总局 海关总署关于北京2022年冬奥会和冬残奥会税收政策的通知》(财税[2017]60号)。	由省税务机关规定。	预缴享受	由省税务机关规定。
15	综合利用资源生产产品取得的收入在计算应纳税所得额时减计收入	企业以《资源综合利用企业所得税优惠目录》规定的资源作为主要原材料,生产国家非限制和非禁止并符合国家及行业相关标准的产品取得的收入,减按90%计入企业当年收入总额。	1.《中华人民共和国企业所得税法》第三十三条。2.《中华人民共和国企业所得税法实施条例》第九十九条。3.《财政部 国家税务总局 国家发展改革委关于执行资源综合利用企业所得税优惠目录有关问题的通知》(财税[2008]47号)。4.《财政部 国家税务总局 国家发展改革委关于公布资源综合利用企业所得税优惠目录(2008年版)的通知》(财税[2008]117号)。	1. 企业实际资源综合利用情况(包括企业综合利用的资源、技术标准、产品名称等)的说明。2. 综合利用情况说明。3. 综合利用核算情况。	预缴享受	由省税务机关(含计划单列市税务机关)规定。

(续表)

序号	优惠事项名称	政策概述	主要政策依据	主要留存备查资料	享受优惠时间	后续管理要求
16	金融机构取得的涉农贷款利息收入应纳税所得额时减计收入	对金融机构农户小额贷款的利息收入在计算应纳税所得额时，按90%计入收入总额。	《财政部 税务总局关于延续支持农村金融发展有关税收政策的通知》（财税〔2017〕44号）。	1. 相关利息收入的核算情况说明。2. 相关贷款合同。	预缴享受	由省税务机关（含计划单列市税务机关）规定。
17	保险机构取得的农牧保费收入应纳税所得额时减计收入	对保险公司为种植业、养殖业提供保险业务的保费收入，在计算应纳税所得额时，按90%计入收入总额。	《财政部 税务总局关于延续支持农村金融发展有关税收政策的通知》（财税〔2017〕44号）。	1. 相关保费收入的核算情况说明。2. 相关保险合同。	预缴享受	由省税务机关（含计划单列市税务机关）规定。
18	小额贷款公司取得的农户小额贷款利息收入应纳税所得额时减计收入	对经省级金融管理部门（金融办、局等）批准成立的小额贷款公司取得的农户小额贷款利息收入，在计算应纳税所得额时，按90%计入收入总额。	《财政部 税务总局关于小额贷款公司有关税收政策的通知》（财税〔2017〕48号）。	1. 相关利息收入的核算情况说明。2. 相关贷款合同。3. 省级金融管理部门（金融办、局等）出具的小额贷款公司准入资格文件。	预缴享受	由省税务机关（含计划单列市税务机关）规定。
19	取得铁路债券利息收入减半征收企业所得税	企业持有铁路债券取得的利息收入，减半征收企业所得税。	1.《财政部 国家税务总局关于铁路建设债券利息收入企业所得税政策的通知》（财税〔2011〕99号）。2.《财政部 国家税务总局关于2014 2015年铁路建设债券利息收入企业所得税政策的通知》（财税〔2014〕2号）。3.《财政部 国家税务总局关于铁路债券利息收入所得税政策问题的通知》（财税〔2016〕30号）。	1. 购买铁路债券证明资料，包括持有时间、票面金额、利率等相关资料。2. 应收利息（投资收益）科目明细账或按月汇总表。3. 减免税计算过程的说明。	预缴享受	由省税务机关（含计划单列市税务机关）规定。

第7章 税收优惠

（续表）

序号	优惠事项名称	政策概述	主要政策依据	主要留存备查资料	享受优惠时间	后续管理要求
20	开发新技术、新产品、新工艺发生的研究开发费用加计扣除	企业为开发新技术、新产品、新工艺发生的研究开发费用，未形成无形资产计入当期损益的，在按照规定据实扣除的基础上，按照无形资产成本的150%摊销。对从事文化产业支撑技术等领域的文化企业，开发新技术、新产品、新工艺发生的研究开发费用，允许按照税收法律法规的规定，在计算应纳税所得额时加计扣除。	1.《中华人民共和国企业所得税法》第三十条。2.《中华人民共和国企业所得税法实施条例》第九十五条。3.《财政部 海关总署 国家税务总局关于继续实施支持文化企业发展若干税收政策的通知》（财税〔2014〕85号）。4.《财政部 国家税务总局 科技部关于完善研究开发费用税前加计扣除政策的通知》（财税〔2015〕119号）。5.《科技部 财政部 国家税务总局关于进一步做好企业研究开发费用税前加计扣除政策落实工作的通知》（国科发政〔2017〕211号）。6.《国家税务总局关于研发费用税前加计扣除归集范围有关问题的公告》（国家税务总局公告2017年第40号）。7.《国家税务总局关于企业研究开发费用税前加计扣除政策有关问题的公告》（国家税务总局公告2015年第97号）。	1.自主、委托、合作研究开发项目计划书和企业有权部门关于立项的决议文件。2.自主、委托、合作研究开发专门机构或项目组的编制情况和研发人员名单。3.经科技行政主管部门登记的委托、合作研究开发项目的合同。4.从事研发活动的人员（包括外聘人员）和用于研发活动的仪器、设备、无形资产的使用情况记录及费用分配说明（包括工作使用情况记录及费用分配说明（包括工作使用情况等原始凭证）。5.集中研发项目研发费决算表、集中研发项目费用分摊明细情况表和实际分享收益比例等资料。6."研发支出"辅助账及汇总表。7.企业如果已取得地市级（含）以上科技行政主管部门出具的鉴定意见，应作为资料留存备查。	汇缴享受	由省税务机关（含计划单列市税务机关）规定。
21	企业为获得创新性、创意性、突破性的产品进行创意设计活动而发生的相关费用加计扣除	企业为获得创新性、创意性、突破性的产品进行创意设计活动而发生的相关费用，可以按照规定进行税前加计扣除。创意设计活动是指多媒体软件、动漫游戏软件开发，数字动漫、游戏设计制作，房屋建筑工程设计（绿色建筑评价标准为三星）、风景园林工程专项设计、工业设计、多媒体设计、动漫及衍生产品设计、模型设计等。	1.《财政部 国家税务总局 科技部关于完善研究开发费用税前加计扣除政策的通知》（财税〔2015〕119号）。2.《国家税务总局关于企业研究开发费用税前加计扣除政策有关问题的公告》（国家税务总局公告2015年第97号）。3.《国家税务总局关于研发费用税前加计扣除归集范围有关问题的公告》（国家税务总局公告2017年第40号）。	1.创意设计活动相关合同。2.创意设计相关费用核算情况的说明。	汇缴享受	由省税务机关（含计划单列市税务机关）规定。

(续表)

序号	优惠事项名称	政策概述	主要政策依据	主要留存备查资料	享受优惠时间	后续管理要求
22	科技型中小企业开展研发活动、新技术、新工艺、新产品的研究开发费用加计扣除	科技型中小企业开展研发活动中实际发生的研发费用，未形成无形资产计入当期损益的，在按规定据实扣除的基础上，再按照实际发生额的75%在税前加计扣除；形成无形资产的，在上述期间按照无形资产成本的175%在税前摊销。	1.《中华人民共和国企业所得税法》第三十条。2.《中华人民共和国企业所得税法实施条例》第九十五条。3.《财政部 国家税务总局 科技部关于完善研究开发费用税前加计扣除政策的通知》（财税〔2015〕119号）。4.《财政部 国家税务总局 科技部关于提高科技型中小企业研究开发费用税前加计扣除比例的通知》（财税〔2017〕34号）。5.《科技部 财政部 国家税务总局关于印发〈科技型中小企业评价办法〉的通知》（国科发政〔2017〕115号）。6.《国家税务总局关于企业研究开发费用税前加计扣除政策有关问题的公告》（国家税务总局公告2015年第97号）。7.《国家税务总局关于提高科技型中小企业研究开发费用税前加计扣除比例有关问题的公告》（国家税务总局公告2017年第18号）。8.《国家税务总局关于研发费用税前加计扣除归集范围有关问题的公告》（国家税务总局公告2017年第40号）。	1.自主、委托、合作研究开发项目计划书和企业有权部门关于自主、委托、合作研究开发项目立项的决议文件。2.自主、委托、合作研究开发专门机构或项目组编制情况和研发人员名单。3.经科技行政主管部门登记的委托、合作研究开发项目的合同。4.从事研发活动的人员（包括外聘人员）和用于研发活动的仪器、设备、无形资产的费用分配说明（包括工作使用情况记录及费用分配计算证据材料）。5.集中研发项目研发费决算表、集中研发项目费用分摊明细情况表和实际分享收益比例等资料。6."研发支出"辅助账汇总表。7.企业已取得的地市级（含）以上科技行政主管部门出具的鉴定意见。8.科技型中小企业按照《科技型中小企业评价办法》取得的相应年度的科技型中小企业入库登记编号证明资料。	汇缴享受	由省税务机关（含计划单列市税务机关）规定。
23	安置残疾人员所支付的工资加计扣除	企业安置残疾人员的，在按照支付给残疾人员工资据实扣除的基础上，按照支付给残疾人员工资的100%加计扣除。残疾人员的范围适用《中华人民共和国残疾人保障法》的有关规定。	1.《中华人民共和国企业所得税法》第三十条。2.《中华人民共和国企业所得税法实施条例》第九十六条。3.《财政部 国家税务总局关于安置残疾人员就业有关企业所得税优惠政策问题的通知》（财税〔2009〕70号）。	1.为安置的每位残疾人按月足额缴纳了企业所在区县人民政府根据国家政策规定的基本养老保险、基本医疗保险、失业保险和工伤保险等社会保险的证明资料。2.通过非现金方式支付工资薪酬的证明。3.安置残疾职工名单及其《残疾人证》或《残疾军人证》。4.与残疾人员签订的劳动合同或服务协议。	汇缴享受	由省税务机关（含计划单列市税务机关）规定。

第7章 税收优惠

(续表)

序号	优惠事项名称	政策概述	主要政策依据	主要留存备查资料	享受优惠时间	后续管理要求
24	从事农、林、牧、渔业项目的所得减免征企业所得税	企业从事蔬菜、谷物、薯类、油料、豆类、棉花、麻类、糖料、水果、坚果的种植，农作物新品种的选育，中药材种植，林木的培育和种植，牲畜、家禽的饲养，林产品的采集，灌溉、农产品初加工、兽医、农技推广、农机作业和维修等农、林、牧、渔服业项目，远洋捕捞项目免征企业所得税。企业从事花卉、茶以及其他饮料作物和香料作物的种植，海水养殖、内陆养殖项目所得减半征收企业所得税。"公司+农户"经营模式从事农、林、牧、渔业项目生产的企业，可以按照《中华人民共和国企业所得税法实施条例》第八十六条有关规定，享受减免企业所得税优惠政策。	1.《中华人民共和国企业所得税法》第二十七条第一项。2.《中华人民共和国企业所得税法实施条例》第八十六条。3.《财政部 国家税务总局关于发布享受企业所得税优惠政策的农产品初加工范围(试行)的通知》(财税[2008]149号)。4.《财政部 国家税务总局关于享受企业所得税优惠的农产品初加工有关范围的补充通知》(财税[2011]26号)。5.《国家税务总局关于黑龙江垦区国有农场土地承包费缴纳企业所得税问题的批复》(国税函[2009]779号)。6.《国家税务总局关于"公司+农户"经营模式从事农、林、牧、渔业生产企业所得税优惠问题的公告》(国家税务总局公告2010年第2号)。7.《国家税务总局关于实施农、林、牧、渔业项目企业所得税优惠问题的公告》(国家税务总局公告2011年第48号)。	1.企业从事相关业务取得的资格证书或证明资料，包括有效期内的远洋渔业企业资格证书，从事农作物新品种选育的认定资格证书，林木种子生产经营许可证，兽医资质证明等。2.与农户签订的委托养殖合同("公司+农户"经营模式的企业)。3.与家庭承包户签订的内部承包合同(国有农场实行内部家庭承包经营)。4.农产品初加工项目及工艺流程说明(两个或两个以上的分项目)。5.同时从事适用不同企业所得税待遇项目，每年度单独计算免税项目所得的，每年度分摊、明目的计算过程及其相关账册、期间费用合理分摊计算的依据和标准。6.生产场地证明资料，包括土地使用权证、租用合同等。7.企业委托或受托其他农牧渔业项目从事符合规定的农牧渔业项目的企业或个人，受托合同、支出明细等证明材料。	预缴享受	由省税务机关(含计划单列市税务机关)规定。

(续表)

序号	优惠事项名称	政策概述	主要政策依据	主要留存备查资料	享受优惠时间	后续管理要求
25	从事国家重点扶持的公共基础设施项目投资经营的所得定期减免企业所得税	企业从事《公共基础设施项目企业所得税优惠目录》规定的港口码头、机场、铁路、公路、城市公共交通、电力、水利等项目的投资经营的所得，自项目取得第一笔生产经营收入所属纳税年度起，第一年至第三年免征企业所得税，第四年至第六年减半征收企业所得税。企业承包经营、承包建设和内部自建自用上述项目，不得享受上述规定的企业所得税优惠。《公共基础设施项目企业所得税优惠目录》规定的饮水工程新建项目投资经营的饮水工程运营管理单位从事《公共基础设施项目企业所得税优惠目录》规定的饮水工程新建项目投资经营的所得，自取得第一笔生产经营收入所属纳税年度起，第一年至第三年免征企业所得税，第四年至第六年减半征收企业所得税。	1.《中华人民共和国企业所得税法》第二十七条第二项。 2.《中华人民共和国企业所得税法实施条例》第八十七条、第八十九条。 3.《财政部 国家税务总局关于执行公共基础设施项目企业所得税优惠目录有关问题的通知》（财税〔2008〕46号）。 4.《财政部 国家税务总局 国家发展改革委关于公布公共基础设施项目企业所得税优惠目录（2008年版）的通知》（财税〔2008〕116号）。 5.《财政部 国家税务总局关于公共基础设施项目和环境保护节能节水项目企业所得税优惠政策问题的通知》（财税〔2012〕10号）。 6.《财政部 国家税务总局关于公共基础设施项目企业所得税优惠政策补充通知》（财税〔2014〕55号）。 7.《财政部 国家税务总局关于继续实行农村饮水安全工程建设运营税收优惠政策的通知》（财税〔2016〕19号）。 8.《国家税务总局关于实施国家重点扶持的公共基础设施项目企业所得税优惠问题的公告》（国税发〔2009〕80号）。 9.《国家税务总局关于电网新建项目享受所得税优惠政策问题的公告》（国家税务总局公告2013年第26号）。	1.有关部门批准该项目文件。 2.公共基础设施项目建成并投入运行取得的第一笔生产经营收入凭证（原始凭证及转让验收报告）。 3.公共基础设施项目完工验收报告。 4.项目权属变动情况及转让方已享受优惠情况的说明及证明资料（优惠期间项目权属发生变动的）。 5.公共基础设施项目所得分项目核算资料，以及合理分摊期间共同费用的核算资料。 6.符合《公共基础设施项目企业所得税优惠目录》规定范围、条件和标准的情况说明及证明资料。	预缴享受	由省税务机关（含计划单列市税务机关）规定。

320

(续表)

序号	优惠事项名称	政策概述	主要政策依据	主要留存备查资料	享受优惠时间	后续管理要求
26	从事符合条件的环境保护、节能节水项目的所得定期减免企业所得税	企业从事《环境保护、节能节水项目企业所得税优惠目录》所列项目的所得，自项目取得第一笔生产经营收入所属纳税年度起，第一年至第三年免征企业所得税，第四年至第六年减半征收企业所得税。	1.《中华人民共和国企业所得税法》第二十七条第三项。2.《中华人民共和国企业所得税法实施条例》第八十八条。3.《财政部 国家税务总局 国家发展改革委关于公布环境保护、节能节水项目企业所得税优惠目录（试行）的通知》（财税〔2009〕166号）。4.《财政部 国家税务总局关于公共基础设施项目和环境保护、节能节水项目企业所得税优惠政策问题的通知》（财税〔2012〕10号）。5.《财政部 国家税务总局 国家发展改革委关于垃圾填埋沼气发电列入《环境保护、节能节水项目企业所得税优惠目录（试行）的通知》（财税〔2016〕131号）。	1. 符合《环境保护、节能节水项目企业所得税优惠目录》规定范围、条件和标准的情况说明及证据资料。2. 环境保护、节能节水项目取得第一笔生产经营收入的情况（原始凭证）、账务处理凭证。3. 项目核算资料，以及合理分摊期间共同费用的核算资料。4. 项目权属变动情况说明及变动期间权属发生变动的，享受优惠项目分享情况说明。	预缴享受	由省税务机关（含计划单列市税务机关）规定。
27	符合条件的技术转让所得免征减征企业所得税	一个纳税年度内，居民企业技术转让所得不超过500万元的部分，免征企业所得税；超过500万元的部分，减半征收企业所得税。	1.《中华人民共和国企业所得税法》第二十七条第四项。2.《中华人民共和国企业所得税法实施条例》第九十条。3.《财政部 国家税务总局关于居民企业技术转让有关企业所得税政策问题的通知》（财税〔2010〕111号）。4.《财政部 国家税务总局关于将国家自主创新示范区有关税收试点政策推广到全国范围实施的通知》（财税〔2015〕116号）。5.《国家税务总局关于技术转让所得减免企业所得税有关问题的公告》（国家税务总局公告2013年第62号）。6.《财政部 国家税务总局关于技术转让所得减免企业所得税有关问题的通知》（财税〔2009〕212号）。7.《国家税务总局关于许可使用权技术转让所得企业所得税有关问题的公告》（国家税务总局公告2015年第82号）。	1. 所转让的技术产权证明。2. 技术转让发生在境内技术转让：企业技术转让合同（副本）；（1）技术转让合同登记证明；（2）技术转让所得归集、分摊、计算的相关资料；（3）实际缴纳相关税费的证明资料；（4）技术转让合同（副本）。3. 企业向境外转让：（1）技术出口合同（副本）；（2）省级以上商务部门出具的技术出口合同登记证书或技术出口许可证；（3）技术出口所得归集、分摊、计算的相关资料；（4）实际缴纳相关税费的证明资料；（5）有关部门按照《中国禁止出口限制出口技术目录》出具审核意见；（6）有关部门审核意见。4. 转让该技术年度转让双方股权关联情况；转让技术使用权的，其成本费用分摊情况；技术转让双方股权关联情况。5. 技术转让年度、转让双方股权关联情况。	预缴享受	由省税务机关（含计划单列市税务机关）规定。

(续表)

序号	优惠事项名称	政策概述	主要政策依据	主要留存备查资料	享受优惠时间	后续管理要求
28	实施清洁发展机制项目的所得减免企业所得税	清洁发展机制项目（以下简称CDM项目）实施企业将温室气体减排量转让收入的65%上缴给国家的HFC和PFC类CDM项目，以及将温室气体减排量转让收入的30%上缴给国家的N_2O类CDM项目，其实施该类CDM项目的所得，自项目取得第一笔减排量转让收入所属纳税年度起，第一年至第三年免征企业所得税，第四年至第六年减半征收企业所得税。	《财政部 国家税务总局关于中国清洁发展机制基金及清洁发展机制项目实施企业有关企业所得税政策问题的通知》（财税〔2009〕30号）。	1. 清洁发展机制项目立项有关文件。 2. 企业将温室气体减排量转让的HFC和PFC类CDM项目及将温室气体减排量转让的N_2O类CDM项目的证明材料。 3. 将温室气体减排量转让收入上缴国家的证明资料。 4. 清洁发展机制项目第一笔减排量转让收入凭证（原始交易处理凭证）。 5. 项目所得单独核算资料，以及合理分摊期间共同费用的核算资料。	预缴享受	由省税务机关（含计划单列市税务机关）规定。
29	符合条件的节能服务公司实施合同能源管理项目定期减免企业所得税	对符合条件的节能服务公司实施合同能源管理项目，符合企业所得税法有关规定的，自项目取得第一笔生产经营收入所属纳税年度起，第一年至第三年免征企业所得税，第四年至第六年按照25%的法定税率减半征收企业所得税。	1.《财政部 国家税务总局关于促进节能服务产业发展增值税营业税和企业所得税政策问题的通知》（财税〔2010〕110号）。 2.《国家税务总局 国家发展改革委关于落实节能服务企业合同能源管理项目企业所得税优惠政策有关征收管理问题的公告》（国家税务总局 国家发展改革委公告2013年第77号）。	1. 能源管理合同。 2. 国家发展改革委、财政部公布的合同能源管理项目第三方机构出具情况确认表，或者省级政府节能主管部门出具的合同能源管理项目确认意见。 3. 项目转让合同，项目发生转让的，受让方节能服务企业。 4. 合同能源管理项目取得第一笔生产经营收入凭证。 5. 合同能源管理项目应纳税所得额计算表。 6. 合同能源管理项目所得单独核算资料，以及合理分摊期间共同费用的核算资料。	预缴享受	由省税务机关（含计划单列市税务机关）规定。

(续表)

序号	优惠事项名称	政策概述	主要政策依据	主要留存备查资料	享受优惠时间	后续管理要求
30	线宽小于130纳米的集成电路生产项目的企业所得税减免企业所得税	2018年1月1日后投资新设的集成电路线宽小于130纳米，且经营期在10年以上的集成电路生产项目的企业或项目，第一年至第二年免征企业所得税，第三年至第五年按照25%的法定税率减半征收企业所得税，并享受至期满为止。	1.《财政部 国家税务总局 国家发展改革委 工业和信息化部关于软件和集成电路产业企业所得税优惠政策有关问题的通知》（财税[2016]49号）。2.《财政部 税务总局 国家发展改革委 工业和信息化部关于集成电路生产企业有关企业所得税政策问题的通知》（财税[2018]27号）。3.《国家税务总局关于执行软件和集成电路企业所得税优惠政策有关问题的公告》（国家税务总局公告2013年第43号）。	后续管理要求提交资料的留存。	预缴享受	在汇算清缴期结束前向税务机关提交以下资料：1.在发展改革或工业和信息化部门立项的备案文件（应注明总投资额、工艺线宽标准）复印件以及企业取得的其他投资资质相关证书复印件。2.企业占企业职工人数、学历结构、研究开发人员情况及其占企业职工总数的比例说明，以及汇算清缴纳税年度最后一个月社会保险缴纳证明等相关证明材料。3.加工集成电路产权知识产权或国外知识产权（如国家知识产权局）出具的或代表其知识产权（如专利、布图设计登记、软件著作权等）的证明材料。4.经具有资质的中介机构鉴证出具的一至两份代表性销售合同报告（包括会计报表，会计报表附注和财务情况说明书）以及集成电路制造（营业收入、研究开发费用、境内研究开发费用等）的情况说明。5.与主要客户签订的一至两份代表性销售合同复印件。6.保证产品质量的相关证明材料（如质量管理认证书复印件等）。
31	线宽小于65纳米或投资额超过150亿元的集成电路生产项目的所得税免征企业所得税	2018年1月1日后投资新设的集成电路线宽小于65纳米或投资额超过150亿元，且经营期在15年以上的集成电路生产项目的企业或项目，第一年至第五年免征企业所得税，第六年至第十年按照25%的法定税率减半征收企业所得税，并享受至期满为止。	1.《财政部 国家税务总局 国家发展改革委 工业和信息化部关于软件和集成电路产业企业所得税优惠政策有关问题的通知》（财税[2016]49号）。2.《财政部 税务总局 国家发展改革委 工业和信息化部关于集成电路生产企业有关企业所得税政策问题的通知》（财税[2018]27号）。3.《国家税务总局关于执行软件和集成电路企业所得税优惠政策有关问题的公告》（国家税务总局公告2013年第43号）。	后续管理要求提交资料的留存。	预缴享受	在汇算清缴期结束前向税务机关提交以下资料：1.在发展改革或工业和信息化部门立项的备案文件（应注明总投资额、工艺线宽标准）复印件以及企业取得的其他投资资质相关证书复印件。2.企业占企业职工人数、学历结构、研究开发人员情况及其占企业职工总数的比例说明，以及汇算清缴纳税年度最后一个月社会保险缴纳证明等相关证明材料。3.加工集成电路产权知识产权或国外知识产权（如国家知识产权局）出具的或代表其知识产权（如专利、布图设计登记、软件著作权等）的证明材料。

(续表)

序号	优惠事项名称	政策概述	主要政策依据	主要留存备查资料	享受优惠时间	后续管理要求
31						4. 经具有资质的中介机构鉴证的企业财务会计报告(包括会计报表附注和财务情况说明书)以及集成电路制造销售(营业收入、研究开发费用、境内研究开发费用等情况)说明。 5. 与主要客户签订的一至两份代表性销售合同复印件。 6. 保证产品质量的相关证明材料(如质量管理认证证书复印件等)。
32	投资于未上市的中小高新技术企业的创业投资企业按投资额的一定比例抵扣应纳税所得额	创业投资企业采取股权投资方式投资于未上市的中小高新技术企业2年以上的,可以按股权持有满2年的当年抵扣该创业投资企业的应纳税所得额;当年不足抵扣的,可以在以后纳税年度结转抵扣。	1.《中华人民共和国企业所得税法》第三十一条。 2.《中华人民共和国企业所得税法实施条例》第九十七条。 3.《财政部 国家税务总局关于执行企业所得税优惠政策若干问题的通知》(财税〔2009〕69号)。 4.《国家税务总局关于实施创业投资企业所得税优惠问题的通知》(国税发〔2009〕87号)。	1. 发展改革或证监部门出具的符合创业投资企业条件的年度证明材料。 2. 中小高新技术企业投资合同(协议)、章程、实际出资等相关材料。 3. 由省、自治区、直辖市和计划单列市高新技术企业认定管理机构出具的中小高新技术企业有效的高新技术企业证书复印件(注明"与原件一致",并加盖公章)。 4. 中小高新技术企业基本情况(包括企业职工人数、年销售(营业)额、资产总额,未上市等说明。	汇缴享受	由省税务机关(含计划单列市税务机关)规定。
33	投资于种子期、初创期科技型企业的创业投资企业按投资额的一定比例抵扣应纳税所得额	公司制创业投资企业采取股权投资方式直接投资于种子期、初创期科技型企业满2年(24个月)的,可以按照投资额的70%在股权持有满2年的当年抵扣该公司制创业投资企业的应纳税所得额;当年不足抵扣的,可以在以后纳税年度结转抵扣。	1.《财政部 税务总局关于创业投资企业和天使投资个人有关税收政策的通知》(财税〔2017〕38号)。 2.《国家税务总局关于创业投资企业和天使投资个人税收政策有关问题的公告》(国家税务总局公告2017年第20号)。	1. 发展改革或证监部门出具的符合创业投资企业条件的年度证明材料。 2. 初创科技型企业接受现金投资的投资合同(协议)、章程、实际支付投资款相关证明材料。 3. 被投资企业与关联方持有初创科技型企业的股权比例说明。 4. 被投资初创科技型企业符合条件的有关资料: (1)接受投资时从业人数、资产总额、年销售收入和大学本科以上学历的从业人数比例的情况说明。	汇缴享受	由省税务机关(含计划单列市税务机关)规定。

序号	优惠事项名称	政策概述	主要政策依据	主要留存备查资料	享受优惠时间	后续管理要求
33				(2) 接受投资时设立时间不超过5年的证明材料。(3) 接受投资时以及投资后2年内未在境内外证券交易所上市情况说明。(4) 研发费用总额占成本费用总额比例的情况说明。		
34	投资于未上市的中小高新技术企业的有限合伙创业投资企业法人合伙人按投资额的一定比例抵扣应纳税所得额	有限合伙创业投资企业采取股权投资方式投资于未上市的中小高新技术企业(24个月)以上,该有限合伙创业投资企业的法人合伙人可按照其对该有限合伙创业投资企业的投资比例,对法人合伙人投资额的70%抵扣该法人合伙人从该有限合伙创业投资企业分得的应纳税所得额,当年以后纳税年度结转抵扣。	1.《中华人民共和国企业所得税法》第三十一条。2.《中华人民共和国企业所得税法实施条例》第九十七条。3.《财政部 国家税务总局有关于将国家自主创新示范区有关税收试点政策推广到全国范围实施的通知》(财税〔2015〕116号)。4.《国家税务总局关于有限合伙制创业投资企业法人合伙人企业所得税有关问题的公告》(国税发〔2009〕87号)。5.《国家税务总局关于有限合伙制创业投资企业法人合伙人所得税问题的公告》(国家税务总局公告2015年第81号)。	1. 发展改革或证监部门出具的符合创业投资企业条件的年度投资材料。2. 中小高新技术企业投资合同(协议)、章程、实际出资等相关材料。3. 省、自治区、直辖市计划单列市高新技术企业认定管理机构出具有效的高新技术企业证书复印件(注明"与原件一致",并加盖公章)。4. 中小高新技术企业基本情况[包括企业职工人数、年销售(营业)额、资产总额等]说明、未上市说明。5. 法人合伙人应纳税所得额分配情况明细表。6. 有限合伙制创业投资企业与合伙人应纳税所得额分配情况明细表。	汇缴享受	由省税务机关(含计划单列市税务机关)规定。
35	投资于种子期、初创期科技型企业的有限合伙创业投资企业的法人合伙人按投资额的一定比例抵扣应纳税所得额	有限合伙创业投资企业采取股权投资方式直接投资于种子期、初创期科技型企业满2年的,该合伙企业的法人合伙人可以按照对初创科技型企业投资额的70%抵扣法人合伙人从合伙创业投资企业分得的所得;当年不足抵扣的,可以在以后纳税年度结转抵扣。	1.《财政部 税务总局关于创业投资企业和天使投资个人有关税收试点政策的通知》(财税〔2017〕38号)。2.《国家税务总局关于创业投资企业和天使投资个人所得税有关问题的公告》(国家税务总局公告2017年第20号)。	1. 发展改革或证监部门出具的符合创业投资企业条件的年度投资材料。2. 初创科技型企业接受投资现金投资的相关证明材料。3. 创业投资企业与其关联方对所投资初创科技型企业的股权比例的说明。4. 被投资企业符合初创科技型企业条件的有关资料:	汇缴享受	由省税务机关(含计划单列市税务机关)规定。

(续表)

序号	优惠事项名称	政策概述	主要政策依据	主要留存备查资料	享受优惠时间	后续管理要求
35				(1) 接受投资时从业人数、资产总额、年销售收入和大学本科以上学历的从业人数比例的证明材料。 (2) 接受投资时设立时间不超过5年的证明材料。 (3) 接受投资时以及接受投资后2年内未在境内外证券交易所上市的情况说明。 (4) 接受投资当年及下一纳税年度研发费用总额占成本费用总额比例的情况说明。 5. 法人合伙人投资合伙创投企业的出资时间、出资金额、出资比例的相关证明材料，合伙企业主管税务机关受理后的《合伙创投企业法人合伙人所得分配情况明细表》。		
36	符合条件的小型微利企业减免企业所得税	从事国家非限制和禁止行业，减免20%的税率征收企业所得税。对年应纳税所得额低于50万元（含50万元）的小型微利企业，其所得减按50%计入应纳税所得额，按20%的税率缴纳企业所得税。	1.《中华人民共和国企业所得税法》第二十八条。 2.《中华人民共和国企业所得税法实施条例》第九十二条。 3.《财政部 税务总局关于扩大小型微利企业所得税优惠政策范围的通知》（财税〔2017〕43号）。 4.《国家税务总局关于贯彻落实扩大小型微利企业范围有关企业所得税政策问题的公告》（国家税务总局公告2017年第23号）。	1. 所从事行业不属于限制和禁止行业的说明。 2. 从业人数的计算过程。 3. 资产总额的计算过程。	预缴享受	由省税务机关（含计划单列市税务机关）规定。

第7章 税收优惠

(续表)

序号	优惠事项名称	政策概述	主要政策依据	主要留存备查资料	享受优惠时间	后续管理要求
37	国家需要重点扶持的高新技术企业减按15%的税率征收企业所得税	国家需要重点扶持的高新技术企业，减按15%的税率征收企业所得税。国家需要重点扶持的高新技术企业，是指拥有核心自主知识产权，产品(服务)属于国家重点支持的高新技术领域规定的范围，研发费用占销售收入的比例不低于规定比例，高新技术产品(服务)收入占企业总收入的比例不低于规定比例，科技人员占企业职工总数的比例不低于规定比例，以及具备高新技术企业认定管理办法规定的其他条件的企业。对从事文化产业支撑技术等领域的企业，按规定认定为高新技术企业的，减按15%的税率征收企业所得税。	1.《中华人民共和国企业所得税法》第二十八条。2.《中华人民共和国企业所得税法实施条例》第九十三条。3.《关于高新技术企业境外所得适用税率及税收抵免问题的通知》(财税〔2011〕47号)；4.《财政部 国家税务总署 海关总署 文化部关于继续实施支持文化企业发展若干税收政策的通知》(财税〔2014〕85号)。5.《科技部 财政部 国家税务总局关于修订印发〈高新技术企业认定管理办法〉的通知》(国科发火〔2016〕32号)。6.《科技部 财政部 国家税务总局关于修订印发〈高新技术企业认定管理工作指引〉的通知》(国科发火〔2016〕195号)。7.《国家税务总局关于实施高新技术企业所得税优惠政策有关问题的通知》(国税函〔2009〕203号)。8.《国家税务总局关于实施高新技术企业所得税优惠政策有关问题的公告》(国家税务总局公告2017年第24号)。	1.高新技术企业资格证书。2.高新技术企业认定相关材料。3.知识产权相关材料。4.年度主要产品(服务)发挥核心支持作用的技术属于《国家重点支持的高新技术领域》规定范围的说明，高新技术产品(服务)及对应收入资料。5.年度职工和科技人员情况证明材料。6.当年和前两个会计年度研发费用管理资料以及研发费用辅助账，研发费用结构明细表。	预缴享受	由省税务机关(含计划单列市税务机关)规定。
38	经济特区和上海浦东新区新设立的高新技术企业在区内取得的所得定期减免企业所得税	经济特区和上海浦东新区内，在2008年1月1日(含)之后经济特区和上海浦东新区完成登记注册的国家需要重点扶持的高新技术企业，自取得第一笔生产经营收入所属纳税年度起，第一年至第二年免征企业所得税，第三年至第五年按照25%的法定税率减半征收企业所得税。	1.《中华人民共和国企业所得税法》第五十七条第二项。2.《国务院关于经济特区和上海浦东新区新设立高新技术企业实行过渡性税收优惠的通知》(国发〔2007〕40号)。3.《科技部 财政部 国家税务总局关于修订印发〈高新技术企业认定管理办法〉的通知》(国科发火〔2016〕32号)。4.《科技部 财政部 国家税务总局关于修订印发〈高新技术企业认定管理工作指引〉的通知》(国科发火〔2016〕195号)。5.《国家税务总局关于实施高新技术企业所得税优惠政策有关问题的通知》(国税函〔2009〕203号)。6.《国家税务总局关于实施高新技术企业所得税优惠政策有关问题的公告》(国家税务总局公告2017年第24号)。	1.高新技术企业资格证书。2.高新技术企业认定相关材料。3.知识产权相关材料。4.年度主要产品(服务)发挥核心支持作用的技术属于《国家重点支持的高新技术领域》规定范围的说明，高新技术产品(服务)及对应收入资料。5.年度职工和科技人员情况证明材料。6.当年和前两个会计年度研发费用管理资料以及研发费用辅助账，研发费用结构明细表。7.新办企业取得第一笔生产经营收入凭证(原始凭证及账务处理凭证)。8.区内区外所得的核算明细资料。	预缴享受	由省税务机关(含计划单列市税务机关)规定。

(续表)

序号	优惠事项名称	政策概述	主要政策依据	主要留存备查资料	享受优惠时间	后续管理要求
39	民族自治地方地方机关对本民族自治地方分享的企业所得税中属于地方分享的部分减征或者免征企业所得税	依照《中华人民共和国民族区域自治法》的规定，实行民族区域自治的自治州、自治县的自治机关对本民族自治地方的企业应缴纳的企业所得税中属于地方分享的部分，可以决定减征或者免征。自治州、自治县决定减征或者免征的，须报省、自治区、直辖市人民政府批准。	1.《中华人民共和国企业所得税法》第二十九条。2.《中华人民共和国企业所得税法实施条例》第九十四条。3.《财政部 国家税务总局关于贯彻落实国务院关于实施企业所得税过渡优惠政策有关问题的通知》（财税〔2008〕21号）。	由省税务机关规定。	预缴享受	由省税务机关规定。
40	受灾地区农村信用社免征企业所得税	对受灾地区农村信用社免征企业所得税。其中，芦山地震受灾地区政策执行期自2013年12月31日；鲁甸受灾地区政策执行期限自2014年1月1日至2018年12月31日。	1.《财政部 海关总署 国家税务总局关于支持芦山地震灾后恢复重建有关税收政策问题的通知》（财税〔2013〕58号）。2.《财政部 海关总署 国家税务总局关于支持鲁甸地震灾后恢复重建有关税收政策问题的通知》（财税〔2015〕27号）。	由省税务机关规定。	预缴享受	由省税务机关规定。
41	支持和促进重点群体创业就业限额减征企业所得税	商贸企业、服务型企业、劳动就业服务企业中的加工型企业和街道社区具有加工性质的小型企业实体，在新增加的岗位中，当年新招用在人力资源社会保障部门公共就业服务机构登记失业半年以上且持《就业创业证》（注明"企业吸纳税收政策"）人员，与其签订1年以上期限劳动合同并依法缴纳社会保险费的，在3年内按实际招用人数予以扣减增值税、城市维护建设税、教育费附加、地方教育附加和企业所得税优惠。定额标准为每人每年4000元，最高可上浮30%。按上述标准计算的实际可扣减税额应在企业当年实际应缴纳的增值税、城市维护建设税、教育费附加、地方教育附加和企业所得税税额中扣减，当年扣减不完的，不得结转下年使用。	1.《财政部 国家税务总局 人力资源社会保障部关于继续支持和促进重点群体创业就业有关税收政策的通知》（财税〔2014〕39号）。2.《财政部 国家税务总局 教育部 人力资源社会保障部关于继续实施支持和促进重点群体创业就业有关税收政策有关问题的补充通知》（财税〔2015〕18号）。3.《财政部 国家税务总局关于扩大企业吸纳就业税收优惠适用人员范围的通知》（财税〔2015〕77号）。4.《财政部 税务总局 人力资源社会保障部关于继续实施支持和促进重点群体创业就业有关税收政策的通知》（财税〔2017〕49号）。5.《国家税务总局 财政部 教育部 人力资源社会保障部 民政部关于支持和促进重点群体创业就业具体税收政策操作问题的公告》（国家税务总局公告2017年第27号）。	1.县以上人力资源社会保障部门核发的《企业实体吸纳失业人员认定证明》《就业创业证》（注明"企业吸纳税收政策"人员本年度实际工作时间表）。2.企业当年已享受增值税优惠的证明资料。	汇缴享受	由省税务机关（含计划单列市税务机关）规定。

(续表)

序号	优惠事项名称	政策概述	主要政策依据	主要留存备查资料	享受优惠时间	后续管理要求
42	扶持自主就业退役士兵创业就业限额减征企业所得税	对商贸企业、服务型企业、劳动就业服务企业中的加工型企业和街道社区具有加工性质的小型企业实体，在新招用自主就业退役士兵，与其签订1年以上期限劳动合同并依法缴纳社会保险费的，在3年内按实际招用人数予以定额依次扣减增值税、城市维护建设税、教育费附加、地方教育附加和企业所得税优惠。定额标准为每人每年4 000元，最高可上浮50%。纳税年度终了，如果企业实际减免的增值税、城市维护建设税、教育费附加、地方教育附加小于核定的减免税总额，企业在企业所得税汇算清缴时扣减企业所得税。当年扣减不完的，不再结转以后年度扣减。	1.《财政部 国家税务总局 民政部关于调整完善扶持自主就业退役士兵创业就业有关税收政策的通知》(财税〔2014〕42号)。2.《财政部 税务总局 民政部关于继续实施扶持自主就业退役士兵创业就业有关税收政策的通知》(财税〔2017〕46号)。	1. 新招用自主就业退役义务兵的《中国人民解放军义务兵退出现役证》或《中国人民解放军士官退出现役证》。2. 企业当年已享受增值税和附加税抵减税额优惠的证明资料。	汇缴享受	由省税务机关(含计划单列市税务机关)规定。
43	符合条件的生产和装配伤残人员专门用品企业免征企业所得税	对符合条件的生产和装配伤残人员专门用品企业，免征企业所得税。	《财政部 国家税务总局 民政部关于生产和装配伤残人员专门用品企业免征企业所得税的通知》(财税〔2016〕111号)。	1. 生产和装配伤残人员专门用品在民政部《中国伤残人员专门用品目录》范围之内的说明。2. 伤残人员资格证书、《执业资格证书》(假肢制作师、矫形器制作师)。3. 企业的生产和装配件以及辅助帮助伤残人员康复的其他辅助器材的条件的说明材料。	预缴享受	由省税务机关(含计划单列市税务机关)规定。

(续表)

序号	优惠事项名称	政策概述	主要政策依据	主要留存备查资料	享受优惠时间	后续管理要求
44	动漫企业自主开发、生产动漫产品定期减免企业所得税	经认定的动漫企业自主开发、生产动漫产品,可申请享受国家现行鼓励软件产业发展的所得税优惠政策,即在2017年12月31日前自获利年度起,第一年至第二年免征企业所得税,第三年至第五年按照25%的法定税率减半征收企业所得税,并享受至期满为止。	1.《文化部 财政部 国家税务总局关于印发〈动漫企业认定管理办法(试行)〉的通知》(文市发[2008]51号)。 2.《文化部 财政部 国家税务总局关于实施〈动漫企业认定管理办法(试行)〉有关问题的通知》(文产发[2009]18号)。 3.《财政部 国家税务总局关于扶持动漫产业发展有关税收政策问题的通知》(财税[2009]65号)。	1. 动漫企业认定证明。 2. 动漫企业认定资料。 3. 动漫企业年审通过名单。 4. 获利年度情况说明。	预缴享受	由省税务机关(含计划单列市税务机关)规定。
45	新办集成电路设计企业减免企业所得税	我国境内新办的集成电路设计企业,在2017年12月31日前自获利年度起,第一年至第二年免征企业所得税,第三年至第五年按照25%的法定税率减半征收企业所得税,并享受至期满为止。	1.《财政部 国家税务总局关于进一步鼓励软件产业和集成电路产业发展企业所得税政策的通知》(财税[2012]27号)。 2.《财政部 国家税务总局 发展改革委 工业和信息化部关于软件和集成电路产业企业所得税优惠政策有关问题的通知》(财税[2016]49号)。 3.《国家税务总局关于执行软件企业所得税优惠政策有关问题的公告》(国家税务总局公告2013年第43号)。	后续管理要求提交资料的留存件。	预缴享受	在汇算清缴期结束前向税务机关提交以下资料: 1. 企业职工人数、学历结构、研究开发人员及其占企业职工总数的比例说明,以及汇算清缴纳证明等相关证明材料。 2. 企业开发销售的主要集成电路产品列表、知识产权相关(或国外知识产权机构)出具的权属证明、自主开发或拥有的一至两份设计登记、软件著作权等的证明文件。 3. 经具有资质的中介机构(包括会计师事务所)出具的会计、财务审计报告(包括会计报表、会计报表附注和财务情况说明书)以及集成电路设计销售(营业)收入、集成电路自主设计销售(营业)收入、研究开发费用、境内研究开发费等情况表。 4. 第三方检测报告或产品测试报告等相关的一至两份客户签订的代表性销售合同复印件。 5. 企业开发环境等相关证明材料。

第7章 税收优惠

(续表)

序号	优惠事项名称	政策概述	主要政策依据	主要留存备查资料	享受优惠时间	后续管理要求
46	国家规划布局内的集成电路设计企业减按10%的税率征收企业所得税	国家规划布局内的集成电路设计企业,如当年未享受免税优惠的,可减按10%的税率征收企业所得税。	1.《财政部 国家税务总局 发展改革委 工业和信息化部关于进一步鼓励软件产业和集成电路产业发展企业所得税政策的通知》(财税〔2012〕27号)。 2.《财政部 国家税务总局 发展改革委 工业和信息化部关于软件和集成电路产业企业所得税优惠政策有关问题的通知》(财税〔2016〕49号)。 3.《国家发展改革委 财政部 国家税务总局 工业和信息化部关于印发规划布局内重点软件企业和集成电路设计领域的通知》(发改高技〔2016〕1056号)。 4.《国家税务总局关于执行软件企业所得税优惠政策有关问题的公告》(国家税务总局公告2013年第43号)。	后续管理要求提交资料的留存备件。	预缴享受	在汇算清缴期结束前向税务机关提交以下资料: 1.企业职工人数、学历结构、研究开发人员情况及其占企业职工总数的比例说明,以及汇算清缴年度最后一个月社会保险缴纳证明等相关证明材料。 2.企业开发销售的主要集成电路产品列表,以及国家知识产权局(或国外知识产权有关主管机构)出具的企业自主开发拥有图设计登记、软件著作权(如专利、布图设计等)的证明材料。 3.经具有资质的中介机构鉴证的企业财务会计报告(包括会计报表附注和财务情况说明书)以及集成电路设计销售(营业)收入、集成电路自主设计销售(营业)收入、研究开发费用等情况表。 4.第三方检测机构提供的集成电路产品测试报告或委托加工合同复印件。 5.企业开发环境相关证明文件。 6.符合财税〔2016〕49号文件第五条规定的第二类条件的,应提供国家规定的重点集成电路设计领域内销售(营业)情况说明。
47	线宽小于0.8微米(含)的集成电路生产企业减免企业所得税	集成电路线宽小于0.8微米(含)的集成电路生产企业,在2017年12月31日前自获利年度起计算优惠期,第一年至第二年免征企业所得税,第三年至第五年按照25%的法定税率减半征收企业所得税,并享受减半征收至期满为止。	1.《财政部 国家税务总局 发展改革委 工业和信息化部关于进一步鼓励软件产业和集成电路产业发展企业所得税政策的通知》(财税〔2012〕27号)。 2.《财政部 国家税务总局 发展改革委 工业和信息化部关于软件和集成电路产业企业所得税优惠政策有关问题的通知》(财税〔2016〕49号)。 3.《财政部 税务总局 发展改革委 工业和信息化部关于集成电路生产企业有关企业所得税政策问题的通知》(财税〔2018〕27号)。 4.《国家税务总局关于执行软件企业所得税优惠政策有关问题的公告》(国家税务总局公告2013年第43号)。	后续管理要求提交资料的留存备件。	预缴享受	在汇算清缴期结束前向税务机关提交以下资料: 1.在发展改革部门或工业和信息化部门立项的备案文件(应注明企业总投资额、工艺线宽标准)复印件以及企业取得符合的其他相关资质证明。 2.企业职工人数、学历结构、研究开发人员情况及其占企业职工总数的比例说明,以及汇算清缴年度最后一个月社会保险缴纳证明等相关证明材料。 3.加工集成电路产品主要列表,以及国家知识产权局(或国外知识产权有关主管机构)出具的企业自主开发拥有的相关知识产权(如专利、布图设计等)或代表性样件的著作权登记、软件著作权等证件的证明材料。

(续表)

序号	优惠事项名称	政策概述	主要政策依据	主要留存备查资料	享受优惠时间	后续管理要求
47						4. 经具有资质的中介机构鉴证的企业财务会计报告(包括会计报表、会计报表附注和财务情况说明书)以及集成电路制造销售(营业)收入、研究开发费用等情况说明。 5. 与主要客户签订的一至两份代表性销售合同复印件。 6. 保证产品质量的相关证明材料(如质量管理认证证书复印件等)。
48	线宽小于0.25微米的集成电路生产企业减按15%税率征收企业所得税	线宽小于0.25微米的集成电路生产企业,减按15%的税率征收企业所得税。	1.《财政部 国家税务总局关于进一步鼓励软件产业和集成电路产业发展企业所得税政策的通知》(财税[2012]27号)。 2.《财政部 国家税务总局 发展改革委 工业和信息化部关于软件和集成电路产业企业所得税政策有关问题的通知》(财税[2016]49号)。 3.《国家税务总局关于执行软件企业所得税优惠政策有关问题的公告》(国家税务总局公告2013年第43号)。	后续管理要求提交资料的留存件。	预缴享受	在汇算清缴期来前向税务机关提交以下资料: 1. 在发展改革或工业和信息化部门立项的备案文件(应注明总投资额、工艺线宽标准)复印件以及企业取得的其他相关资质证书复印件等。 2. 企业职工人数、学历结构、研究开发人员情况及其占企业职工总数的比例说明,以及汇算清缴年度最后一个月社会保险缴纳证明等相关证明材料。 3. 加工知识产权的企业自主开发或拥有的一至两件知识产权(或国外知识产权相关主管机构出具的知识产权(如专利、布图设计登记、软件著作权等)的证明材料。 4. 经具有资质的中介机构鉴证的企业财务会计报告(包括会计报表、会计报表附注和财务情况说明书)以及集成电路制造销售(营业)收入、研究开发费用、境内代表性销售合同复印件等情况说明。 5. 与主要客户签订的一至两份代表性销售合同复印件。 6. 保证产品质量的相关证明材料(如质量管理认证证书复印件等)。

(续表)

序号	优惠事项名称	政策概述	主要政策依据	主要留存备查资料	享受优惠时间	后续管理要求
49	投资额超过80亿元的集成电路生产企业按15%税率征收企业所得税	投资额超过80亿元的集成电路生产企业，减按15%税率征收企业所得税。	1.《财政部 国家税务总局关于进一步鼓励软件产业和集成电路产业发展企业所得税政策的通知》(财税〔2012〕27号)。2.《财政部 工业和信息化部 国家税务总局关于软件和集成电路产业企业所得税优惠政策有关问题的通知》(财税〔2016〕49号)。3.《国家税务总局关于执行软件企业所得税优惠政策有关问题的公告》(国家税务总局公告2013年第43号)。	后续管理要求提交资料的留存备查。	预缴享受	在汇算清缴期结束前向税务机关提交以下资料：1. 在发展改革或工业和信息化部门立项的备案文件(应注明总投资额、工艺线宽标准)、复印件以及企业取得的其他相关资质证书复印件等。2. 企业职工人数、学历结构、研发人员情况及其占企业职工总数的比例说明，以及汇算清缴年度最后一个月社会保险缴纳证明等相关证明。3. 加工集成电路(或国外知识产权自主开发或拥有的企业自主开发专利、布图设计登记、软件著作权)的证明(如专利、布图设计登记、软件著作权等)的证明材料。4. 经具有资质的中介会计机构鉴证的企业财务会计报告(包括会计报表及附表及集成电路制造销售情况说明书)以及集成电路生产(营业成本)、研究开发费用、境内研究开发费用情况说明。5. 与主要客户签订的一至两份代表性销售合同复印件。6. 保证产品质量的相关证明(如质量管理认证证书复印件等)。
50	线宽小于0.25微米的集成电路生产企业免企业所得税	线宽小于0.25微米的集成电路生产企业，在2017年12月31日前自获利年度起计算优惠期，第一年至第五年免征企业所得税，第六年至第十年减按25%的法定税率减半征收企业所得税，并享受至期满为止。	1.《财政部 国家税务总局关于进一步鼓励软件产业和集成电路产业发展企业所得税政策的通知》(财税〔2012〕27号)。2.《财政部 工业和信息化部 国家税务总局关于软件和集成电路产业企业所得税优惠政策有关问题的通知》(财税〔2016〕49号)。3.《财政部 税务总局 国家发展改革委 工业和信息化部关于集成电路生产企业有关企业所得税政策问题的通知》(财税〔2018〕27号)。4.《国家税务总局关于执行软件企业所得税优惠政策有关问题的公告》(国家税务总局公告2013年第43号)。	后续管理要求提交资料的留存备查。	预缴享受	在汇算清缴期结束前向税务机关提交以下资料：1. 在发展改革或工业和信息化部门立项的备案文件(应注明总投资额、工艺线宽标准)、复印件以及企业取得的其他相关资质证书复印件等。2. 企业职工人数、学历结构、研发人员情况及其占企业职工总数的比例说明，以及汇算清缴年度最后一个月社会保险缴纳证明等相关证明。3. 加工集成电路(或国外知识产权自主开发或拥有的企业自主开发专利、布图设计登记、软件著作权)的证明(如专利、布图设计登记、软件著作权等)的证明材料。

(续表)

序号	优惠事项名称	政策概述	主要政策依据	主要留存备查资料	享受优惠时间	后续管理要求
50						4.经具有资质的中介机构鉴证的企业财务会计报告(包括会计报表、会计报表附注和财务情况说明书)以及集成电路制造销售(营业)收入、研究开发费用、境内研究开发费用等情况说明。 5.与主要客户签订的一至两份代表销售合同复印件。 6.保证产品质量的相关证明材料(如质量管理认证书复印件等)。
51	投资额超过80亿元的集成电路生产企业减免企业所得税	投资额超过80亿元的集成电路生产企业,经营期在15年以上的,在2017年12月31日前自获利年度起计算优惠期,第一年至第五年免征企业所得税,第六年至第十年按照25%的法定税率减半征收企业所得税,并享受至期满为止。	1.《财政部 国家税务总局关于进一步鼓励软件产业和集成电路产业发展企业所得税政策的通知》(财税〔2012〕27号)。 2.《财政部 国家税务总局 发展改革委 工业和信息化部关于软件和集成电路产业企业所得税优惠政策有关问题的通知》(财税〔2016〕49号)。 3.《财政部 税务总局 国家发展改革委 工业和信息化部关于集成电路生产企业有关企业所得税政策问题的通知》(财税〔2018〕27号)。 4.《国家税务总局关于执行软件企业所得税优惠政策有关问题的公告》(国家税务总局公告2013年第43号)。	后续管理要求提交资料的留存备。	预缴享受	在汇算清缴期结束前向税务机关提交以下资料: 1.在发展改革或工业和信息化部门立项的备案文件(应注注明工艺线宽标准)复印件以及企业投资取得其他相关性质证明复印件等。 2.企业职工人数、学历结构、研究开发人员情况及其占企业职工总数的比例说明,以及汇算清缴年度最后一个月社会保险缴纳证明相关证明材料。 3.加工集成电路产品主要发明(或国外知识产权)出具的企业自主开发研究用的相关著作权,软件著作权知识产权(如专利、布图设计登记、软件著作权等)的证明材料。 4.经具有资质的中介机构鉴证的企业财务会计报告(包括会计报表、会计报表附注和财务情况说明书)以及集成电路制造销售(营业)收入、研究开发费用、境内研究开发费用等情况说明。 5.与主要客户签订的一至两份代表销售合同复印件。 6.保证产品质量的相关证明材料(如质量管理认证书复印件等)。

(续表)

序号	优惠事项名称	政策概述	主要政策依据	主要留存备查资料	享受优惠时间	后续管理要求
52	线宽小于130纳米的集成电路生产企业减免企业所得税	2018年1月1日后投资新设的集成电路线宽小于130纳米,且经营期在10年以上的集成电路生产企业,第一年至第二年免征企业所得税,第三年至第五年按照25%的法定税率减半征收企业所得税,并享受至期满为止。	1.《财政部 国家税务总局 发展改革委 工业和信息化部关于软件和集成电路产业企业所得税优惠政策有关问题的通知》(财税[2016]49号)。2.《财政部 税务总局 发展改革委 工业和信息化部关于集成电路生产企业有关企业所得税政策问题的通知》(财税[2018]27号)。3.《国家税务总局关于执行软件和集成电路企业所得税优惠政策有关问题的公告》(国家税务总局公告2013年第43号)。	后续管理要求提交资料的留存备件。	预缴享受	在汇算清缴期结束前向税务机关提交以下资料:1.在发展改革工业或工业和信息化部门立项的备案文件(应注明投资总额、工艺线宽标准)复印件以及企业取得的其他相关资质证书复印件等。2.企业职工人数、学历结构、研发开发人员情况及其占企业职工总数的比例说明,以及汇算清缴年度最后一个月社会保险缴纳证明相关证明材料。3.加工集成电路产品主要列表及国家知识产权局(或国外知识产权相关主管机构)出具的企业自主开发或拥有的一至两份代表性知识产权(如专利、布图设计登记、软件著作权等证明材料)。4.经具有相关资质的中介机构鉴证的企业财务会计报表(包括资产负债表、利润表)及相关情况说明书)以及集成电路制造销售(营业)收入、研究开发费用、境内研究开发费用情况说明。5.与主要客户签订的一至两份优惠销售合同复印件。6.保证产品质量管理认证证书复印件(如质量管理相关证明材料。
53	线宽小于65纳米或投资额超过150亿元的集成电路生产企业减免企业所得税	2018年1月1日后投资新设的集成电路线宽小于65纳米或投资额超过150亿元,且经营期在15年以上的集成电路生产企业,第一年至第五年免征企业所得税,第六年至第十年按照25%的法定税率减半征收企业所得税,并享受至期满为止。	1.《财政部 国家税务总局 发展改革委 工业和信息化部关于软件和集成电路产业企业所得税优惠政策有关问题的通知》(财税[2016]49号)。2.《财政部 税务总局 发展改革委 工业和信息化部关于集成电路生产企业有关企业所得税政策问题的通知》(财税[2018]27号)。3.《国家税务总局关于执行软件和集成电路企业所得税优惠政策有关问题的公告》(国家税务总局公告2013年第43号)。	后续管理要求提交资料的留存备件。	预缴享受	在汇算清缴期结束前向税务机关提交以下资料:1.在发展改革工业或工业和信息化部门立项的备案文件(应注明投资总额、工艺线宽标准)复印件以及企业取得的其他相关资质证书复印件等。2.企业职工人数、学历结构、研发开发人员情况及其占企业职工总数的比例说明,以及汇算清缴年度最后一个月社会保险缴纳证明相关证明材料。

(续表)

序号	优惠事项名称	政策概述	主要政策依据	主要留存备查资料	享受优惠时间	后续管理要求
53						3. 加工集成电路产品主要列表及国家知识产权局（或国外知识产权主管机构）出具的企业自主开发拥有或受让取得专利权（如专利、布图设计登记、软件著作权等）的证明材料。 4. 经具有资质的中介机构鉴证的企业财务会计报告（包括会计报表附注和财务情况说明书）以及集成电路制造销售（营业）收入、研究开发费用（营业费用等情况说明。 5. 与主要客户签订的一至两份代表性销售合同复印件。 6. 保证产品质量的相关证明材料（如质量管理认证证书复印件等）。
54	符合条件的集成电路封装、测试企业定期减免企业所得税	符合条件的集成电路封装、测试企业，在2017年（含2017年）前实现获利的，自获利年度起第一年至第二年免征企业所得税，第三年至第五年按照25%的法定税率减半征收企业所得税，并享受至期满为止；2017年前未实现获利的，自2017年起计算优惠期，享受至期满为止。	《财政部 国家税务总局 发展改革委 工业和信息化部关于进一步鼓励集成电路产业发展企业所得税政策的通知》（财税〔2015〕6号）。	省级相关部门根据发展改革委等部门规定办法出具的证明。	预缴享受	由省税务机关（含计划单列市税务机关）规定。
55	符合条件的集成电路生产材料用设备生产企业、集成电路生产用设备生产企业定期减免企业所得税	符合条件的集成电路生产材料用设备生产企业、集成电路生产用设备生产企业，在2017年（含2017年）前实现获利的，自获利年度起第一年至第二年免征企业所得税，第三年至第五年按照25%的法定税率减半征收企业所得税，并享受至期满为止。2017年前未实现获利的，自2017年起计算优惠期，享受至期满为止。	《财政部 国家税务总局 发展改革委 工业和信息化部关于进一步鼓励集成电路产业发展企业所得税政策的通知》（财税〔2015〕6号）。	省级相关部门根据发展改革委等部门规定办法出具的证明。	预缴享受	由省税务机关（含计划单列市税务机关）规定。

(续表)

序号	优惠事项名称	政策概述	主要政策依据	主要留存备查资料	享受优惠时间	后续管理要求
56	符合条件的软件企业减免企业所得税	我国境内符合条件的软件企业，在2017年12月31日前自获利年度起，第一年至第二年免征企业所得税，第三年至第五年按照25%的法定税率减半征收企业所得税，并享受至期满为止。	1.《财政部 国家税务总局关于进一步鼓励软件产业和集成电路产业发展企业所得税政策的通知》（财税〔2012〕27号）。 2.《财政部 国家税务总局 国家发展改革委 工业和信息化部关于软件和集成电路产业企业所得税优惠政策有关问题的通知》（财税〔2016〕49号）。 3.《国家税务总局关于执行软件企业所得税优惠政策有关问题的公告》（国家税务总局公告2013年第43号）。	后续管理要求提交资料的留存备件。	预缴享受	在汇算清缴期结束前向税务机关提交以下资料： 1.企业开发销售的主要软件产品列表。 2.主营业务为软件产品开发的企业，提供至少一个主营产品的软件产品开发的有效证明文件，以及第三方检测机构或软件产品测试报告；主营业务为软件服务的企业，提供核心技术说明。 3.具有资质的中介机构鉴证的企业财务会计报告（包括会计报表附注和财务情况说明书）以及软件产品收入（营业）收入、研发人员、软件产品自主开发研究开发费用、境内研究开发费用等情况说明。 4.企业职工人数、学历结构、研究开发人员占企业职工总数的比例说明，以及汇算清缴年度最后一个月社会保险缴纳证明复印件。 5.与主要客户签订的一至两份代表性的软件产品销售合同或服务合同复印件。 6.企业开发环境相关证明材料。
57	国家规划布局内的重点软件企业按10%的税率征收企业所得税	国家规划布局内的重点软件企业，如当年未享受免税优惠的，可减按10%的税率征收企业所得税。	1.《财政部 国家税务总局关于进一步鼓励软件产业和集成电路产业发展企业所得税政策的通知》（财税〔2012〕27号）。 2.《财政部 国家税务总局 国家发展改革委 工业和信息化部关于软件和集成电路产业企业所得税优惠政策有关问题的通知》（财税〔2016〕49号）。 3.《国家发展改革委 工业和信息化部 财政部 国家税务总局 国家版权局关于印发〈国家规划布局内重点软件和集成电路设计领域〉的通知》（发改高技〔2016〕1056号）。 4.《国家税务总局关于执行软件企业所得税优惠政策有关问题的公告》（国家税务总局公告2013年第43号）。	后续管理要求提交资料的留存备件。	预缴享受	在汇算清缴期结束前向税务机关提交以下资料： 1.企业开发销售的主要软件产品列表。 2.主营业务为软件产品开发的企业，提供至少1个主营产品的软件产品开发的有效证明文件，以及第三方检测机构或软件产品测试报告；主营业务为软件服务的企业，提供核心技术说明。 3.企业职工人数、学历结构、研究开发人员占企业职工总数的比例说明，以及汇算清缴年度最后一个月社会保险缴纳证明相关证明材料。

(续表)

序号	优惠事项名称	政策概述	主要政策依据	主要留存备查资料	享受优惠时间	后续管理要求
57						4. 经具有资质的中介机构鉴证的企业财务会计报告（包括会计报表附注和财务情况说明书）以及软件产品开发销售（营业）收入、软件产品自主开发销售（营业）收入、研究开发费用、境内研究开发费用等情况说明。 5. 与主要客户签订的一至两份代表性的软件产品销售合同或技术服务合同复印件。 6. 企业开发环境相关证明材料。 7. 符合财税〔2016〕49号文件第六条规定的第二类条件的，应提供在国家规定的重点领域内销售（营业）情况说明。 8. 符合财税〔2016〕49号文件第六条规定的第三类条件的，应提供商务主管部门核发的软件出口合同登记证书，以及有效出口合同和结汇证明等材料。
58	经营性文化事业单位转制为企业的免征企业所得税	从事新闻出版、广播影视和文化艺术的经营性文化事业单位转制为企业的，自转制注册之日起免征企业所得税。	《财政部 国家税务总局 中宣部关于继续实施文化事业单位转制为企业的若干税收政策的通知》（财税〔2014〕84号）。	1. 企业转制方案文件。 2. 有关部门对转制方案的批复文件。 3. 整体转制前已进行事业单位法人登记的，同级机构编制管理机关核销事业单位法人的证明。 4. 企业转制后的工商登记情况。 5. 企业职工签订的劳动合同。 6. 企业缴纳社会保险费记录。 7. 有关部门批准引入非公有资本和境外资本变更资本结构的批准函。 8. 同级文化体制改革和发展工作领导小组办公室出具的同意转制的变更函（已认定为转制文化企业名称发生变更，且主营业务未发生变化的）。	预缴享受	由省税务机关（含计划单列市税务机关）规定。

338

（续表）

序号	优惠事项名称	政策概述	主要政策依据	主要留存备查资料	享受优惠时间	后续管理要求
59	技术先进型服务企业减按15%的税率征收企业所得税	对经认定的技术先进型服务企业，减按15%的税率征收企业所得税。	1.《财政部 国家税务总局 商务部 科技部 国家发展改革委关于完善技术先进型服务企业有关企业所得税问题的通知》（财税〔2014〕59号）。2.《财政部 国家税务总局 商务部 科技部 国家发展改革委关于新增中国服务外包示范城市适用技术先进型服务企业所得税政策的通知》（财税〔2016〕108号）。3.《财政部 税务总局 商务部 科技部 国家发展改革委关于将技术先进型服务企业所得税政策推广到全国实施的通知》（财税〔2017〕79号）。	1. 技术先进型服务企业认定文件。2. 技术先进型服务企业资料。3. 优惠年度技术先进型服务业收入总额、离岸服务外包业务收入总额占本企业收入总额比例情况说明。4. 企业具有大专以上学历的员工占企业职工总数比例情况说明。	预缴享受	由省税务机关（含计划单列市税务机关）规定。
60	服务贸易创新发展试点地区符合条件的技术先进型服务企业减按15%的税率征收企业所得税	在服务贸易创新发展试点地区，符合条件的技术先进型服务企业减按15%的税率征收企业所得税。	1.《财政部 国家税务总局 商务部 科技部 国家发展改革委关于完善技术先进型服务企业有关企业所得税政策的通知》（财税〔2014〕59号）。2.《财政部 国家税务总局 商务部 国家发展改革委关于推广服务贸易创新发展试点地区技术先进型服务企业所得税优惠政策的通知》（财税〔2016〕122号）。	1. 技术先进型服务企业认定文件。2. 技术先进型服务企业资料。3. 优惠年度技术先进型服务业收入总额、离岸服务外包业务收入总额占本企业收入总额比例情况说明。4. 企业具有大专以上学历的员工占企业职工总数比例情况说明。	预缴享受	由省税务机关（含计划单列市税务机关）规定。
61	新疆困难地区新办企业定期减免企业所得税	对在新疆困难地区新办的属于《新疆困难地区重点鼓励发展产业目录》范围内的企业，自取得第一笔生产经营收入所属纳税年度起，第一年至第二年免征企业所得税，第三年至第五年减半征收企业所得税。	1.《财政部 国家税务总局 国家发展改革委 工业和信息化部关于支持新疆困难地区重点鼓励发展产业企业所得税优惠政策的通知》（财税〔2011〕53号）。2.《财政部 税务总局 国家发展改革委 工业和信息化部关于新疆困难地区重点鼓励发展产业税收优惠目录的通知》（财税〔2016〕85号）。	由省税务机关规定。	预缴享受	由省税务机关规定。

(续表)

序号	优惠事项名称	政策概述	主要政策依据	主要留存备查资料	享受优惠时间	后续管理要求
62	新疆喀什、霍尔果斯特殊经济开发区新办企业定期免征企业所得税	对在新疆喀什、霍尔果斯两个特殊经济开发区内新办的属于新疆困难地区重点鼓励发展产业企业所得税优惠目录范围内的企业，自取得第一笔生产经营收入所属纳税年度起，5年内免征企业所得税。	1.《财政部 国家税务总局关于新疆喀什、霍尔果斯经济特殊经济开发区企业所得税优惠政策的通知》（财税〔2011〕112号）。2.《财政部 国家税务总局 国家发展改革委 工业和信息化部关于完善新疆困难地区重点产业企业所得税优惠目录的通知》（财税〔2016〕85号）。	由省税务机关规定。	预缴享受	由省税务机关规定。
63	设在西部地区的鼓励类产业企业减按15%的税率征收企业所得税	对设在西部地区的鼓励类产业企业减按15%的税率征收企业所得税。对设在赣州市的鼓励类产业企业减按15%的税率征收企业所得税。对西部地区鼓励类产业和外商投资鼓励类产业减按15%的税率征收企业所得税。2010年12月31日前新办的符合规定的交通、电力、水利、邮政、广播电视企业，执行原政策到期满为止。	1.《财政部 海关总署 国家税务总局关于深入实施西部大开发战略有关税收政策问题的通知》（财税〔2011〕58号）。2.《财政部 海关总署 国家税务总局关于执行西部大开发企业所得税优惠政策有关问题的通知》（财税〔2013〕4号）。3.《西部地区鼓励类产业目录》（中华人民共和国国家发展和改革委员会令第15号）。4.《国家税务总局关于深入实施西部大开发战略有关企业所得税问题的公告》（国家税务总局公告2012年第12号）。5.《国家税务总局关于执行〈西部地区鼓励类产业目录〉有关企业所得税问题的公告》（国家税务总局公告2015年第14号）。	1.主营业务属于《西部地区鼓励类产业目录》中的具体项目的相关证明材料。2.符合目录的主营业务收入占企业收入总额70%以上的说明。	预缴享受	由省税务机关规定。
64	广东横琴、福建平潭、深圳前海等现代服务业合作区的鼓励类产业企业按15%税率征收企业所得税	对设在广东横琴新区、福建平潭综合实验区和深圳前海深港现代服务业合作区的鼓励类产业企业减按15%的税率征收企业所得税。	1.《财政部 税务总局关于广东横琴新区、福建平潭综合实验区、深圳前海深港现代服务业合作区企业所得税优惠政策及优惠目录的通知》（财税〔2014〕26号）。2.《财政部 税务总局关于平潭综合实验区企业所得税优惠目录增列有关旅游产业项目的通知》（财税〔2017〕75号）。	由省税务机关（含计划单列市税务机关）规定。	预缴享受	由省税务机关（含计划单列市税务机关）规定。

(续表)

序号	优惠事项名称	政策概述	主要政策依据	主要留存备查资料	享受优惠时间	后续管理要求
65	北京冬奥组委、北京冬奥组委测试赛事委会免征企业所得税	对北京冬奥组委、北京冬奥组委测试赛事委会免征应缴纳的企业所得税。北京冬奥组委全面负责和组织举办北京2022年冬奥会、北京2022年冬残奥会，其取得的北京2022年冬奥会、北京2022年冬残奥会收入及其发生的涉奥支出比照执行北京2022年冬奥会、北京冬奥会测试赛事委会的税收政策。北京冬奥组委测试赛事委会取得的收入及发生的支出比照执行北京冬奥组委的税收政策。	《财政部 税务总局 海关总署关于北京2022年冬奥会和冬残奥会税收政策的通知》（财税〔2017〕60号）。	由省税务机关规定。	预缴享受	由省税务机关规定。
66	购置用于环境保护、节能节水、安全生产等专用设备的投资额按一定比例实行税额抵免	企业购置并实际使用《环境保护专用设备企业所得税优惠目录》《节能节水专用设备企业所得税优惠目录》和《安全生产专用设备企业所得税优惠目录》规定的环境保护、节能节水、安全生产等专用设备的，该专用设备的投资额的10%可以从企业当年的应纳税额中抵免；当年不足抵免的，可以在以后5个纳税年度结转抵免。享受上述规定的企业所得税优惠的企业，应当实际购置并自身实际投入使用上述规定的专用设备；企业购置上述专用设备在5年内转让、出租的，应当停止享受企业所得税优惠，并补缴已经抵免的企业所得税税款。	1.《中华人民共和国企业所得税法》第三十四条。2.《中华人民共和国企业所得税法实施条例》第一百条。3.《财政部 国家税务总局关于执行环境保护专用设备企业所得税优惠目录节能节水专用设备企业所得税优惠目录和安全生产专用设备企业所得税优惠目录有关问题的通知》（财税〔2008〕48号）。4.《财政部 国家税务总局 国家发展改革委关于公布节能节水专用设备企业所得税优惠目录（2008年版）和环境保护专用设备企业所得税优惠目录（2008年版）的通知》（财税〔2008〕115号）。5.《财政部 国家税务总局 安全生产监督管理总局关于公布安全生产专用设备企业所得税优惠目录（2008年版）的通知》（财税〔2008〕118号）。	1.购买并自身投入使用的专用设备清单及发票。2.以融资租赁方式取得的用设备的合同或协议。3.专用设备属于《环境保护专用设备企业所得税优惠目录》《节能节水专用设备企业所得税优惠目录》或《安全生产专用设备企业所得税优惠目录》中的具体项目的说明。4.专用设备实际投入使用时间的说明。	汇缴享受	由省税务机关（含计划单列市税务机关）规定。

(续表)

序号	优惠事项名称	政策概述	主要政策依据	主要留存备查资料	享受优惠时间	后续管理要求
66			6.《财政部 国家税务总局关于执行企业所得税优惠政策若干问题的通知》(财税〔2009〕69号)。 7.《国家税务总局关于产等专用设备投资抵免企业所得税有关问题的通知》(国税函〔2010〕256号)。 8.《财政部 国家税务总局 国家发展改革委 工业和信息化部 环境保护部关于印发节能节水和环境保护专用设备(2017年版)的通知》(财税〔2017〕71号)。			
67	固定资产或购入软件等可以加速折旧或摊销	由于技术进步,产品更新换代较快的固定资产及常年处于强震动、高腐蚀状态的固定资产,企业可以采取缩短折旧年限或者采取加速折旧的方法。集成电路生产企业的生产设备,其折旧年限可以适当缩短,最短可为3年(含)。企业外购的软件,凡符合固定资产或无形资产确认条件的,可以按照固定资产或无形资产进行核算,其折旧或摊销年限可以适当缩短,最短可为2年(含)。	1.《中华人民共和国企业所得税法》第三十二条。 2.《中华人民共和国企业所得税法实施条例》第九十八条。 3.《财政部 国家税务总局关于进一步鼓励软件产业和集成电路产业发展企业所得税政策的通知》(财税〔2012〕27号)。 4.《国家税务总局关于企业固定资产加速折旧所得税处理有关问题的通知》(国税发〔2009〕81号)。 5.《国家税务总局关于企业执行软件企业所得税优惠政策有关问题的公告》(国家税务总局公告2013年第43号)。	1.固定资产的功能、预计使用年限短于规定计算折旧的最低年限的理由、证明资料及有关情况的说明。 2.被替代的旧固定资产的功能、使用及处置等情况的说明。 3.固定资产加速折旧拟采用的方法和折旧额的说明,外购软件拟缩短折旧或摊销年限情况的说明。 4.集成电路生产企业证明材料。 5.购入固定资产或软件的发票、记账凭证。	汇缴享受(税会处理一致的,预缴享受;税会处理不一致的,汇缴享受)	由省税务机关(含计划单列市税务机关)规定。

(续表)

序号	优惠事项名称	政策概述	主要政策依据	主要留存备查资料	享受优惠时间	后续管理要求
68	固定资产加速折旧或一次性扣除	对生物药品制造业、专用设备制造业、铁路、船舶、航空航天和其他运输设备制造业、计算机、通信和其他电子设备制造业、仪器仪表制造业、信息传输、软件和信息技术服务业、轻工、纺织、机械、汽车等行业新购进的固定资产，可缩短折旧年限或采取加速折旧的方法。对所有行业的企业新购进的专门用于研发的仪器、设备，单位价值不超过100万元的，允许一次性计入当期成本费用在计算应纳税所得额时扣除，不再分年度计算折旧；单位价值超过100万元的，可缩短折旧年限或采取加速折旧的方法。对所有行业持有的单位价值不超过5 000元的固定资产，允许一次性计入当期成本费用在计算应纳税所得额时扣除，不再分年度计算折旧。	1.《财政部 国家税务总局关于完善固定资产加速折旧企业所得税政策的通知》（财税〔2014〕75号）。 2.《财政部 国家税务总局关于进一步完善固定资产加速折旧企业所得税政策的通知》（财税〔2015〕106号）。 3.《国家税务总局关于固定资产加速折旧税收政策有关问题的公告》（国家税务总局公告2014年第64号）。 4.《国家税务总局关于进一步完善固定资产加速折旧企业所得税政策有关问题的公告》（国家税务总局公告2015年第68号）。	1.企业属于重点行业、领域企业的说明材料[以某重点行业、领域企业为主营业务、固定资产投入使用当年主营业务收入占企业收入总额50%（不含）以上]。 2.购进固定资产的发票、记账凭证（购入已使用过固定资产，应提供已使用年限的相关说明）。 3.核算有关资产税法与会计差异的台账。	预缴享受	由省税务机关（含计划单列市税务机关）规定。
69	享受过渡期税收优惠定期减免企业所得税	自2008年1月1日起，原享受企业所得税"两免三减半""五免五减半"等定期减免税优惠的企业，新税法实施后继续按原税收优惠法律、行政法规及相关文件规定的优惠办法及年限享受至期满为止，但因未获利而尚未享受税收优惠的，其优惠期限从2008年度起计算。	《国务院关于实施企业所得税过渡优惠政策的通知》（国发〔2007〕39号）。	符合过渡期税收优惠政策的情况说明。	预缴享受	由省税务机关（含计划单列市税务机关）规定。

第 8 章

源 泉 扣 缴

8.1 扣缴具体规定

8.1.1 源泉扣缴及扣缴义务人

对非居民企业取得《企业所得税法》第三条第三款规定的所得应缴纳的所得税,实行源泉扣缴,以支付人为扣缴义务人。税款由扣缴义务人在每次支付或者到期应支付时,从支付或者到期应支付的款项中扣缴。

依据:《中华人民共和国企业所得税法》第三十七条

自 2017 年 12 月 1 日起,《企业所得税法实施条例》第一百零四条规定的支付人自行委托代理人或指定其他第三方代为支付相关款项,或者因担保合同或法律规定等原因由第三方保证人或担保人支付相关款项的,仍由委托人、指定人或被保证人、被担保人承担扣缴义务。

依据:《国家税务总局关于非居民企业所得税源泉扣缴有关问题的公告》(国家税务总局公告 2017 年第 37 号)第二条

8.1.2 纳税地点

非居民企业取得《企业所得税法》第三条第三款规定的所得,以扣缴义务人所在地为纳税地点。

依据:《中华人民共和国企业所得税法》第五十一条

8.1.3 支付人及支付、到期应支付的款项

支付人,是指依照有关法律规定或者合同约定对非居民企业直接负有支付相关款项义务的组织和个人。

依据:《中华人民共和国企业所得税法实施条例》第一百零四条

支付,包括现金支付、汇拨支付、转账支付和权益兑价支付等货币支付和非货币支付。

到期应支付的款项,是指支付人按照权责发生制原则应当计入相关成本、费用的应付款项。

依据:《中华人民共和国企业所得税法实施条例》第一百零五条

> **热点问题**
>
> 某公司总部在中国境外,其在中国境内有子公司。总公司向子公司进行了技术转

让,子公司每年均向总公司支付一定的技术服务费。子公司是代扣代缴义务人,款项在汇出前均在当地税务机关履行了代扣代缴义务。请问作为非居民企业的总部,是否还需要就这部分代扣代缴税款进行企业所得税汇算清缴。

答:实行源泉扣缴的非居民企业,不需要进行企业所得税汇算清缴。因此该公司总部不需就这部分代扣代缴税款进行企业所得税汇算清缴。

8.1.4 指定扣缴义务人的情形

对非居民企业在中国境内取得工程作业和劳务所得应缴纳的所得税,税务机关可以指定工程价款或者劳务费的支付人为扣缴义务人。

依据:《中华人民共和国企业所得税法》第三十八条

可以指定扣缴义务人的情形包括:

(1) 预计工程作业或者提供劳务期限不足一个纳税年度,且有证据表明不履行纳税义务的。

(2) 没有办理税务登记或者临时税务登记,且未委托中国境内的代理人履行纳税义务的。

(3) 未按照规定期限办理企业所得税纳税申报或者预缴申报的。

指定扣缴义务人,由县级以上税务机关指定,并同时告知扣缴义务人所扣税款的计算依据、计算方法、扣缴期限和扣缴方式。

依据:《中华人民共和国企业所得税法实施条例》第一百零六条

8.1.5 扣缴企业所得税应纳税所得额计算

非居民企业取得《企业所得税法》第三条第三款规定的所得,按照下列方法计算其应纳税所得额:

(1) 股息、红利等权益性投资收益和利息、租金、特许权使用费所得,以收入全额为应纳税所得额。

(2) 转让财产所得,以收入全额减除财产净值后的余额为应纳税所得额。

(3) 其他所得,参照前两项规定的方法计算应纳税所得额。

依据:《中华人民共和国企业所得税法》第十九条

依照《企业所得税法》对非居民企业应当缴纳的企业所得税实行源泉扣缴的,应当依照《企业所得税法》第十九条的规定计算应纳税所得额。

《企业所得税法》第十九条所称收入全额,是指非居民企业向支付人收取的全部价款和价外费用。

依据:《中华人民共和国企业所得税法实施条例》第一百零三条

8.1.6 由扣缴义务人实际承担应纳税款的处理

扣缴义务人与非居民企业签订与《企业所得税法》第三条第三款规定的所得有关的业务合同时,凡合同中约定由扣缴义务人实际承担应纳税款的,应将非居民企业取得的不含税所得换算为含税所得计算并解缴应扣税款。

依据：《国家税务总局关于非居民企业所得税源泉扣缴有关问题的公告》(国家税务总局公告2017年第37号)第六条

8.1.7 外币折算

扣缴义务人支付或者到期应支付的款项以人民币以外的货币支付或计价的，分别按以下情形进行外币折算：

（1）扣缴义务人扣缴企业所得税的，应当按照扣缴义务发生之日人民币汇率中间价折合成人民币，计算非居民企业应纳税所得额。扣缴义务发生之日为相关款项实际支付或者到期应支付之日。

（2）取得收入的非居民企业在主管税务机关责令限期缴纳税款前自行申报缴纳应源泉扣缴税款的，应当按照填开税收缴款书之日前一日人民币汇率中间价折合成人民币，计算非居民企业应纳税所得额。

（3）主管税务机关责令取得收入的非居民企业限期缴纳应源泉扣缴税款的，应当按照主管税务机关作出限期缴税决定之日前一日人民币汇率中间价折合成人民币，计算非居民企业应纳税所得额。

依据：《国家税务总局关于非居民企业所得税源泉扣缴有关问题的公告》(国家税务总局公告2017年第37号)第四条

8.1.8 扣缴及入库时间

扣缴义务人应当自扣缴义务发生之日起7日内向扣缴义务人所在地主管税务机关申报和解缴代扣税款。扣缴义务人发生到期应支付而未支付情形，应按照《国家税务总局关于非居民企业所得税管理若干问题的公告》(国家税务总局公告2011年第24号)第一条规定进行税务处理。

非居民企业取得应源泉扣缴的所得为股息、红利等权益性投资收益的，相关应纳税款扣缴义务发生之日为股息、红利等权益性投资收益实际支付之日。

非居民企业采取分期收款方式取得应源泉扣缴所得税的同一项转让财产所得的，其分期收取的款项可先视为收回以前投资财产的成本，待成本全部收回后，再计算并扣缴应扣税款。

依据：《国家税务总局关于非居民企业所得税源泉扣缴有关问题的公告》(国家税务总局公告2017年第37号)第七条

扣缴义务人所在地主管税务机关为扣缴义务人所得税主管税务机关。

对《企业所得税法实施条例》第七条规定的不同所得，所得发生地主管税务机关按以下原则确定：

（1）不动产转让所得，为不动产所在地税务机关。

（2）权益性投资资产转让所得，为被投资企业的所得税主管税务机关。

（3）股息、红利等权益性投资所得，为分配所得企业的所得税主管税务机关。

（4）利息所得、租金所得、特许权使用费所得，为负担、支付所得的单位或个人的所得税主管税务机关。

依据：《国家税务总局关于非居民企业所得税源泉扣缴有关问题的公告》(国家税务总局公告2017年第37号)第十六条

扣缴义务人每次代扣的税款,应当自代扣之日起7日内缴入国库,并向所在地的税务机关报送扣缴企业所得税报告表。

依据：《中华人民共和国企业所得税法》第四十条

扣缴义务人在申报和解缴应扣税款时,应填报《中华人民共和国扣缴企业所得税报告表》。

扣缴义务人可以在申报和解缴应扣税款前报送有关申报资料；已经报送的,在申报时不再重复报送。

依据：《国家税务总局关于非居民企业所得税源泉扣缴有关问题的公告》(国家税务总局公告2017年第37号)第八条

8.1.9 扣缴义务人未履行扣缴义务的处理

依照《企业所得税法》第三十七条、第三十八条规定应当扣缴的所得税,扣缴义务人未依法扣缴或者无法履行扣缴义务的,由纳税人在所得发生地缴纳。纳税人未依法缴纳的,税务机关可以从该纳税人在中国境内其他收入项目的支付人应付的款项中,追缴该纳税人的应纳税款。

依据：《中华人民共和国企业所得税法》第三十九条

《企业所得税法》第三十九条所称所得发生地,是指依照《企业所得税法实施条例》第七条规定的原则确定的所得发生地。在中国境内存在多处所得发生地的,由纳税人选择其中之一申报缴纳企业所得税。

依据：《中华人民共和国企业所得税法实施条例》第一百零七条

纳税人在中国境内的其他收入,是指该纳税人在中国境内取得的其他各种来源的收入。

税务机关在追缴该纳税人应纳税款时,应当将追缴理由、追缴数额、缴纳期限和缴纳方式等告知该纳税人。

依据：《中华人民共和国企业所得税法实施条例》第一百零八条

按照《企业所得税法》第三十七条规定应当扣缴的所得税,扣缴义务人未依法扣缴或者无法履行扣缴义务的,取得所得的非居民企业应当按照《企业所得税法》第三十九条规定,向所得发生地主管税务机关申报缴纳未扣缴税款,并填报《中华人民共和国扣缴企业所得税报告表》。

非居民企业未按照《企业所得税法》第三十九条规定申报缴纳税款的,税务机关可以责令限期缴纳,非居民企业应当按照税务机关确定的期限申报缴纳税款；非居民企业在税务机关责令限期缴纳前自行申报缴纳税款的,视为已按期缴纳税款。

依据：《国家税务总局关于非居民企业所得税源泉扣缴有关问题的公告》(国家税务总局公告2017年第37号)第九条

非居民企业取得的同一项所得在境内存在多个所得发生地,涉及多个主管税务机关的,在按照《企业所得税法》第三十九条规定自行申报缴纳未扣缴税款时,可以选择一地办理《国家税务总局关于非居民企业所得税源泉扣缴有关问题的公告》(国家税务总局公告 2017 年第 37 号)第九条规定的申报缴税事宜。受理申报地主管税务机关应在受理申报后 5 个工作日内,向扣缴义务人所在地和同一项所得其他发生地主管税务机关发送《非居民企业税务事项联络函》,告知非居民企业涉税事项。

依据:《国家税务总局关于非居民企业所得税源泉扣缴有关问题的公告》(国家税务总局公告 2017 年第 37 号)第十条

8.1.10 非居民企业未依照相关规定申报缴纳企业所得税的处理

按照《企业所得税法》第三十七条规定应当扣缴的税款,扣缴义务人应扣未扣的,由扣缴义务人所在地主管税务机关依照《中华人民共和国行政处罚法》第二十三条规定责令扣缴义务人补扣税款,并依法追究扣缴义务人责任;需要向纳税人追缴税款的,由所得发生地主管税务机关依法执行。扣缴义务人所在地与所得发生地不一致的,负责追缴税款的所得发生地主管税务机关应通过扣缴义务人所在地主管税务机关核实有关情况;扣缴义务人所在地主管税务机关应当自确定应纳税款未依法扣缴之日起 5 个工作日内,向所得发生地主管税务机关发送《非居民企业税务事项联络函》,告知非居民企业涉税事项。

依据:《国家税务总局关于非居民企业所得税源泉扣缴有关问题的公告》(国家税务总局公告 2017 年第 37 号)第十二条

主管税务机关在按照《国家税务总局关于非居民企业所得税源泉扣缴有关问题的公告》(国家税务总局公告 2017 年第 37 号)第十二条规定追缴非居民企业应纳税款时,可以采取以下措施:

(1) 责令该非居民企业限期申报缴纳应纳税款。

(2) 收集、查实该非居民企业在中国境内其他收入项目及其支付人的相关信息,并向该其他项目支付人发出《税务事项通知书》,从该非居民企业其他收入项目款项中依照法定程序追缴欠缴税款及应缴的滞纳金。

其他项目支付人所在地与未扣税所得发生地不一致的,其他项目支付人所在地主管税务机关应给予配合和协助。

依据:《国家税务总局关于非居民企业所得税源泉扣缴有关问题的公告》(国家税务总局公告 2017 年第 37 号)第十三条

8.1.11 扣缴义务人未解缴应扣税款处理

按照规定应当源泉扣缴税款的款项已经由扣缴义务人实际支付,但未在规定的期限内解缴应扣税款,并具有以下情形之一的,应作为税款已扣但未解缴情形,按照有关法律、行政法规规定处理:

(1) 扣缴义务人已明确告知收款人已代扣税款的。

(2) 已在财务会计处理中单独列示应扣税款的。

(3) 已在其纳税申报中单独扣除或开始单独摊销扣除应扣税款的。

(4) 其他证据证明已代扣税款的。

除上款规定情形外,按《国家税务总局关于非居民企业所得税源泉扣缴有关问题的公告》(国家税务总局公告2017年第37号)规定应该源泉扣缴的税款未在规定的期限内解缴入库的,均作为应扣未扣税款情形,按照有关法律、行政法规规定处理。

依据:《国家税务总局关于非居民企业所得税源泉扣缴有关问题的公告》(国家税务总局公告2017年第37号)第十四条

8.1.12 税收协定执行管理

《国家税务总局关于非居民企业所得税源泉扣缴有关问题的公告》(国家税务总局公告2017年第37号)与税收协定及其相关规定不一致的,按照税收协定及其相关规定执行。

依据:《国家税务总局关于非居民企业所得税源泉扣缴有关问题的公告》(国家税务总局公告2017年第37号)第十五条

解读

依照《企业所得税法》及实施条例的规定,对非居民企业应当缴纳的企业所得税实行源泉扣缴。一般意义上的交易总有付钱的一方,而付钱的一方就是源泉。所谓源泉扣缴就是从资金支付的起点扣缴税款,也称为属地原则扣缴。其最大优点在于简便易行,且有效保护税源安全。

我国最早的涉外源泉扣缴税收征收方式出现于改革开放初期的跨境技术交易或技术贸易,随着经济的发展,各类情况发生了很大的变化。一些实际管理机构不在我国,特别是未在我国境内设立机构、场所,但取得来源于我国的各项收入(所得)机构,而这些机构获取的来源于我国的各项收入均来自我国国内的企业和个人。而相对于居民企业来说,非居民企业的税收征管难度大,监控信息控制困难,因此需要以法的形式确定支付人的源泉扣缴义务,以保障国家的税收利益。

8.1.13 主管税务机关可要求提供的资料

主管税务机关可以要求纳税人、扣缴义务人和其他知晓情况的相关方提供与应扣缴税款有关的合同和其他相关资料。扣缴义务人应当设立代扣代缴税款账簿和合同资料档案,准确记录非居民企业所得税扣缴情况。

依据:《国家税务总局关于非居民企业所得税源泉扣缴有关问题的公告》(国家税务总局公告2017年第37号)第十一条

解读

为进一步深化税务系统"放管服"改革,优化非居民企业所得税服务和管理,完善非居民企业所得税源泉扣缴的相关制度办法,国家税务总局发布了《国家税务总局关于非居民企业所得税源泉扣缴有关问题的公告》(国家税务总局公告2017年第37号,以下称2017年第37号公告)。2017年第37号公告着眼于减轻纳税人及扣缴义务人负担,简化计算操作,便利扣缴义务人履行义务,重点解决了征管中的问题,减轻了纳税人和扣缴义务人的遵从责任。现将有关内容解读如下。

一、在减少办税负担方面,2017年第37号公告有哪些举措?

减少办税负担,改善营商环境,是制定2017年第37号公告的主要目的之一。这方面的举措包括:

一是取消合同备案。按照《国家税务总局关于印发〈非居民企业所得税源泉扣缴管理暂行办法〉的通知》(国税发〔2009〕3号,此文已被2017年第37号公告废止,以下称原国税发〔2009〕3号文件)第五条的规定,扣缴义务人每次与非居民企业签订涉及源泉扣缴事项的业务合同时,应当自签订合同(包括修改、补充、延期合同)之日起30日内,向其主管税务机关报送《扣缴企业所得税合同备案登记表》、合同复印件及相关资料。2017年第37号公告废止了该项规定,除自主选择在申报和解缴应扣税款前报送有关申报资料外,扣缴义务人不再需要办理该项合同备案手续。

二是取消税款清算。按照原国税发〔2009〕3号文件第五条的规定,对多次付款的合同项目,扣缴义务人应当在履行合同最后一次付款前15日内,向主管税务机关报送合同全部付款明细、前期扣缴表和完税凭证等资料,办理扣缴税款清算手续。2017年第37号公告废止该项规定,扣缴义务人不再需要办理该项税款清算手续。

三是简并需报送的报表资料。鉴于《中华人民共和国扣缴企业所得税报告表》内容已经包含相关合同信息,为避免重复填报信息,2017年第37号公告废止了《扣缴企业所得税合同备案登记表》。除特定情形外,不再普遍要求报送合同资料。特定情形限于《国家税务总局 国家外汇管理局关于服务贸易等项目对外支付税务备案有关问题的公告》(国家税务总局 国家外汇管理局公告2013年第40号)第二条和2017年第37号公告第十一条规定需要提供相关合同资料的情形。

二、在改进非居民企业源泉扣缴协同管理和服务方面,2017年第37号公告采取了哪些措施?

非居民企业应纳企业所得税源泉扣缴事项涉及境内外多个交易主体,多种情形混杂,程序环节多且衔接复杂,往往涉及多个税务机关,特别需要加强事前、事中和事后的协同管理和服务。对此,2017年第37号公告采取了以下措施:

一是扣缴义务人未依法扣缴或者无法扣缴应扣缴税款的,按照《企业所得税法》第三十九条规定,由取得收入的非居民企业在所得发生地缴纳。按照《企业所得税法实施条例》第一百零七条的规定,非居民企业取得的应税所得在境内存在多个所得发生地的,由纳税人选择一地申报缴纳企业所得税。为落实该上位法规定,2017年第37号公告第十条规定沿用原国税发〔2009〕3号文件第十六条规定,受理申报的税务机关应发函告知扣缴义务人所在地和其他所得发生地主管税务机关有关情况,并限定发函时限为受理申报后5个工作日内。

二是按照《企业所得税法》第三十七条规定应当扣缴的税款,但扣缴义务人应扣未扣的,如果扣缴义务人所在地与所得发生地不在一地,按照"纳税人在所得发生地缴税"以及扣缴义务人和纳税人分别承担责任的原则,2017年第37号公告第十二条明确了扣缴义务人所在地主管税务机关和所得发生地主管税务机关工作职责,加强协同管理,即由扣缴义务人所在地主管税务机关依照《中华人民共和国行政处罚法》第二十三条规定责令扣缴义务人补扣税款,并依法追究扣缴义务人责任;需要向纳税人追缴税款的,由所得发生地主管税务机关通过扣缴义务人所在地主管税务机关核实有关情况后依法执行。在扣缴义务人所在地主管税务机关发函提供情况的时限上,2017年第37号公告第十二条沿用了原国税发〔2009〕3号文件第十五条第三款规定。2017年第37号公告还取消了《国家税务总局关于印发〈非居民企业税收协同管理办法(试行)〉的通知》(国税发〔2010〕119号)第九条规定的追缴税款3个月等待期。

三、非居民企业部分转让同项股权,如何计算股权转让成本?

如果非居民企业通过多次投资或收购而持有一项股权,但仅部分对外转让,根据2017年第37号公告第三条第四款的规定,应从该项股权全部成本中按照转让比例计算确定被转让股权对应的成本。举例说明如下:

境外A企业为非居民企业,境内B企业和C企业为居民企业,A企业经过前后三次投资C企业,合计持有C企业40%的股权,第一次投资人民币100万元,第二次投资人民币200万元,第三次投资人民币400万元。2016年1月8日,A企业与B企业签订股权转让合同,以人民币1 000万元的价格转让其持有的C企业30%的股权给B企业。则A企业持有C企业40%股权的全部成本为700万元(100+200+400),本次交易转让比例为75%(30%÷40%),该被转让的C企业30%股权对应的成本则为525万元(700×75%),本次股权转让交易的应纳税所得额为475万元(1 000-525)。

四、在计算应源泉扣缴的非居民企业应纳税款时,如何进行外汇换算?

原国税发〔2009〕3号文件第九条规定,扣缴义务人对外支付或者到期应支付的款项为人民币以外货币的,在申报扣缴企业所得税时,应当按照扣缴当日国家公布的人民币汇率中间价,折合成人民币计算应纳税所得额。扣缴义务人须以折合成人民币后的应纳税所得额按适用税率计算应扣税款,并以人民币解缴应扣税款。除将扣缴当日限定为扣缴义务发生当日外,2017年第37号公告第四条第(一)项规定沿用了原国税发〔2009〕3号文件第九条规定做法,并明确扣缴义务发生之日为相关款项实际支付或者到期应支付之日。此外,如果应源泉扣缴税款由非居民企业纳税人申报缴纳,按照2017年第37号公告第四条第(二)项和第(三)项的规定,应当分别就纳税人自行申报缴纳税款和主管税务机关责令限期缴纳税款两种情形,相应按照填开税收缴款书之日前一日或主管税务机关做出限期缴纳税款决定之日前一日人民币汇率中间价进行外汇折算。

五、对非居民企业取得的财产转让所得,如何进行外汇换算?

按照原《国家税务总局关于加强非居民企业股权转让所得企业所得税管理的通知》(国税函〔2009〕698号,此文件已被2017年第37号公告废止,以下称原国税函〔2009〕698号文件)第四条规定,在计算股权转让所得时,以非居民企业向被转让股权的中国居民企业投资时或向原投资方购买该股权时的币种计算股权转让价和股权成本价。如果同一非居民企业存在多次投资的,以首次投入资本时的币种计算股权转让价和股权成本价,以加权平均法计算股权成本价;多次投资时币种不一致的,则应按照每次投入资本当日的汇率换算成首次投资时的币种。为进一步简化外汇换算,该项规定被2017年第37号公告第五条所替代。根据替代后的规定,财产转让收入或财产净值以人民币以外的货币计价的,分扣缴义务人扣缴税款、纳税人自行申报缴纳税款和主管税务机关责令限期缴纳税款三种情形,先将以非人民币计价项目金额按照2017年第37号公告第四条规定的时点汇率折合成人民币金额;再按《企业所得税法》第十九条第二项及相关规定计算非居民企业财产转让所得应纳税所得额。举例说明如下:

境外A企业为非居民企业,境内B企业和C企业为居民企业,A企业经过前后两次投资C企业,合计持有C企业40%的股权,2008年8月1日第一次出资100万美元(假设当时人民币汇率中间价为:1美元=8.6元人民币),2010年9月1日第二次投资50万欧元(假设当时人民币汇率中间价为:1欧元=8.9元人民币),2016年1月10日A企业以2 000万元人民币将该项股权转让给B企业,合同于当天生效,B企业于2016年1月15日向A企业支付了股权转让款2 000万元人民币,假设2016年1月15日,人民币兑美元和欧元的中间价分别为:1美元=6.6元人民币,1欧元=7.2元人民币。则本次交易财产转让收入为2 000万元人民币;本次交易财产净值为1 020万元人民币(100×6.6+50×7.2);本次交易应纳税所得额为980万元人民币(2 000-1 020)。

六、扣缴义务人对外支付股息,如何确定扣缴义务时间?

按照《企业所得税法》第三十七条的规定,应该源泉扣缴的税款由扣缴义务人在每次支付或者到期应支付时,从支付或到期应支付的款项中扣缴。据此,2017年第37号公告第四条第(一)项明确规定,扣缴义务发生之日为相关款项实际支付或者到期应支付之日。关于到期应支付情形下扣缴所得税问题,2017年第37号公告第七条第一款明确继续按照《国家税务总局关于非居民企业所得税管理若干问题的公告》(国家税务总局公告2011年第24号,以下简称2011年第24号公告)第一条规定执行。基于这些规定,鉴于股息是由企业的税后利润派发给股东的,不应计入扣缴义务人的成本、费用,不会发生到期应支付情形,2017年第37号公告第七条第二款进一步明确规定,非居民企业取得应纳税的股息所得,相关税款扣缴义务发生之日即是股息的实际支付之日。扣缴义务人应在实际支付之日代扣税款,并在扣缴义务发生之日起7日内向扣缴义务人所在地主管税务机关申报和解缴代扣税款。该规定改变了2011年第24号公告第五条的规定,不再以做出利润分配决定的日期作为扣缴义务发生之日。

七、非居民企业采取分期收款方式从扣缴义务人那里收取同一项财产转让收入价款的,如何计算扣缴税款?

按照2017年第37号公告第七条第三款的规定,如果非居民企业采取分期收款方式取得应源泉扣缴所得税的同一项转让财产所得,其分期收取的款项可先视为收回以前投资财产的成本,待相关成本全部收回后,再计算并扣缴应扣缴税款。举例说明如下:

境外A企业为非居民企业,境内B企业和C企业均为居民企业,A企业和B企业各持有C企业50%股权,A企业投资取得C企业50%股权的成本为500万元。2016年1月10日A企业以人民币1 000万元将该项股权一次性转让给B企业,但按股权转让合同约定,B企业分别于2016年2月10日、2016年3月10日和2016年4月10日支付转让价款300万元、400万元和300万元。在本次交易中,B企业于2016年2月10日支付的300万元可视为A企业收回500万元股权转让成本中的300万元;B企业于2016年3

月10日支付的400万元中的200万元为A企业收回500万元股权转让成本中的剩余200万元成本,其余200万元价款应作为股权转让收益计算扣缴税款;B企业于2016年4月10日支付的300万元全部作为股权转让收益计算扣缴税款。

八、在扣缴义务人未依法履行扣缴义务的情况下,有关非居民企业申报缴纳税款期限的规定有何变化?

在扣缴义务人未依法履行扣缴义务的情况下,按原国税发〔2009〕3号文件第十五条第一款的规定,非居民企业应于扣缴义务人支付或者到期应支付之日起7日内,到所得发生地主管税务机关申报缴纳企业所得税;非居民企业取得所得为股权转让所得的,按照原国税函〔2009〕698号文件第二条的规定,非居民企业应自合同、协议约定的股权转让之日(如果转让方提前取得股权转让收入的,应自实际取得股权转让收入之日)起7日内,到所得发生地主管税务机关申报缴纳企业所得税。按照《国家税务总局关于非居民企业间接转让财产企业所得税若干问题的公告》(国家税务总局公告2015年第7号,以下简称2015年第7号公告)第八条第二款规定,扣缴义务人未扣缴或未足额扣缴应纳税款的,股权转让方应自纳税义务发生之日起7日内向主管税务机关申报缴纳税款。为便于与源泉扣缴程序衔接和纳税人遵从,2017年第37号公告第九条第二款规定取代上述三项规定。按照新规定,在扣缴义务人未依法履行或者无法履行扣缴义务的情况下,非居民企业在主管税务机关责令限期缴纳税款前自行申报缴纳未扣缴税款的,或者在主管税务机关限期缴纳税款期限内申报缴纳税款的,均视为按期缴纳了税款。

九、如何理解2017年第37号公告第十条与2015年第7号公告第十二条的关系?

两项规定适用不同的情形,不存在矛盾。2017年第37号公告第十条适用于非居民企业取得同一项所得的情形。2015年第7号公告第十二条适用于非居民企业直接转让境外企业股权导致间接转让两项以上境内应税财产交易所产生的所得。尽管适用2015年第7号公告第十二条的交易在形式上为转让境外企业股权的一次交易,但如果按照2015年第7号公告对其重新定性,则应将该直接转让境外企业股权的交易重新确认为直接转让境内应税财产的交易。而如果间接交易涉及的境内应税财产有两项或两项以上,那么重新确认后的直接转让境内应税财产交易也有两项或两项以上,进而可以确定两项或两项以上直接转让境内应税财产交易产生的所得不属于同一项所得,因此不适用2017年第37号公告第十条规定。

8.2 股息、红利所得

股息、红利等权益性投资收益,是指企业因权益性投资从被投资方取得的收入。

股息、红利等权益性投资收益,除国务院财政、税务主管部门另有规定外,按照被投资方作出利润分配决定时间确认收入的实现。

依据:《中华人民共和国企业所得税法实施条例》第十七条

关于外国投资者从外商投资企业取得利润的优惠政策。

2008年1月1日之前外商投资企业形成的累积未分配利润,在2008年以后分配给外国投资者的,免征企业所得税;2008年及以后年度外商投资企业新增利润分配给外国投资者的,依法缴纳企业所得税。

依据:《关于企业所得税若干优惠政策的通知》(财税〔2008〕1号)第四条

8.2.1 代扣代缴义务发生时间的确定

非居民企业取得应源泉扣缴的所得为股息、红利等权益性投资收益的,相关应纳税款扣缴义务发生之日为股息、红利等权益性投资收益实际支付之日。

依据:《国家税务总局关于非居民企业所得税源泉扣缴有关问题的公告》(国家税务总局公告2017年第37号)第七条

8.2.2 公开市场股息的税务处理

8.2.2.1 H股股息的处理

中国居民企业向境外H股非居民企业股东派发2008年及以后年度股息时,统一按10%的税率代扣代缴企业所得税。

非居民企业股东在获得股息之后,可以自行或通过委托代理人或代扣代缴义务人,向主管税务机关提出享受税收协定(安排)待遇的申请,提供证明自己为符合税收协定(安排)规定的实际受益所有人的资料。主管税务机关审核无误后,应就已征税款和根据税收协定(安排)规定税率计算的应纳税款的差额予以退税。

依据:《国家税务总局关于中国居民企业向境外H股非居民企业股东派发股息代扣代缴企业所得税有关问题的通知》(国税函〔2008〕897号)

8.2.2.2 内地与香港基金互认有关税收政策

对香港市场投资者(包括企业和个人)通过基金互认从内地基金分配取得的收益,由内地上市公司向该内地基金分配股息、红利时,对香港市场投资者按照10%的税率代扣所得税;或发行债券的企业向该内地基金分配利息时,对香港市场投资者按照7%的税率代扣所得税,并由内地上市公司或发行债券的企业向其主管税务机关办理扣缴申报。该内地基金向投资者分配收益时,不再扣缴所得税。

内地基金管理人应当向相关证券登记结算机构提供内地基金的香港市场投资者的相关信息。

依据:《财政部 国家税务总局 证监会关于内地与香港基金互认有关税收政策的通知》(财税〔2015〕125号)第二条

基金互认,是指内地基金或香港基金经香港证监会认可或中国证监会注册,在双方司法管辖区内向公众销售。内地基金,是指中国证监会根据《中华人民共和国证券投资基金法》注册的公开募集证券投资基金。香港基金,是指香港证监会根据香港法律认可公开销售的单位信托、互惠基金或者其他形式的集体投资计划。买卖基金份额,包括申购与赎回、交易。

依据:《财政部 国家税务总局 证监会关于内地与香港基金互认有关税收政策的通知》(财税〔2015〕125号)第六条

8.2.2.3 关于香港市场投资者通过沪港通投资上海证券交易所(以下简称上交所)上市A股的所得税问题

对香港市场投资者(包括企业和个人)投资上交所上市A股取得的股息、红利所得,在香港中央结算有限公司(以下简称香港结算)不具备向中国结算提供投资者的身份及持股时间等明细数据的条件之前,暂不执行按持股时间实行差别化征税政策,由上市公司按照10%的税率代扣所得税,并向其主管税务机关办理扣缴申报。对于香港投资者中属于其他国家税收居民且其所在国与中国签订的税收协定规定股息、红利所得税率低于10%的,企业或个人可以自行或委托代扣代缴义务人,向上市公司主管税务机关提出享受税收协定待遇的申请,主管税务机关审核后,应按已征税款和根据税收协定税率计算的应纳税款的差额予以退税。

依据:《财政部 国家税务总局 证监会关于沪港股票市场交易互联互通机制试点有关税收政策的通知》(财税〔2014〕81号)第二条

8.2.2.4 关于香港市场投资者通过深港通投资深圳证券交易所(以下简称深交所)上市A股的所得税问题

对香港市场投资者(包括企业和个人)投资深交所上市A股取得的股息、红利所得,在香港中央结算有限公司(以下简称香港结算)不具备向中国结算提供投资者的身份及持股时间等明细数据的条件之前,暂不执行按持股时间实行差别化征税政策,由上市公司按照10%的税率代扣所得税,并向其主管税务机关办理扣缴申报。对于香港投资者中属于其他国家税收居民且其所在国与中国签订的税收协定规定股息、红利所得税率低于10%的,企业或个人可以自行或委托代扣代缴义务人,向上市公司主管税务机关提出享受税收协定待遇退还多缴税款的申请,主管税务机关查实后,对符合退税条件的,应按已征税款和根据税收协定税率计算的应纳税款的差额予以退税。

依据:《财政部 国家税务总局 证监会关于深港股票市场交易互联互通机制试点有关税收政策的通知》(财税〔2016〕127号)第二条

8.2.2.5 B股股息的处理

根据《企业所得税法》及其实施条例的规定,在中国境内外公开发行上市股票(A股、B股和海外股)的中国居民企业,在向非居民企业股东派发2008年及以后年度股息时,应统一按10%的税率代扣代缴企业所得税。非居民企业股东需要享受税收协定待遇的,依照税收协定执行的有关规定办理

依据:《国家税务总局关于非居民企业取得B股等股票股息征收企业所得税问题的批复》(国税函〔2009〕394号)

8.2.2.6 居民企业向QFII支付股息、红利税收管理

中国居民企业向合格境外机构投资者(以下称为QFII)支付股息、红利、利息代扣代缴企业所得税有关问题明确如下:

QFII取得来源于中国境内的股息、红利和利息收入,应当按照《企业所得税法》规定缴纳10%的企业所得税。如果是股息、红利,则由派发股息、红利的企业代扣代缴;如果

是利息,则由企业在支付或到期应支付时代扣代缴。

依据:《国家税务总局关于中国居民企业向 QFII 支付股息、红利、利息代扣代缴企业所得税有关问题的通知》(国税函〔2009〕47号)第一条

8.2.3 股息征税的特殊问题

8.2.3.1 关于股息、红利等权益性投资收益收入确认问题

企业权益性投资取得股息、红利等收入,应以被投资企业股东会或股东大会作出利润分配或转股决定的日期,确定收入的实现。

被投资企业将股权(票)溢价所形成的资本公积转为股本的,不作为投资方企业的股息、红利收入,投资方企业也不得增加该项长期投资的计税基础。

依据:《国家税务总局关于贯彻落实企业所得税法若干税收问题的通知》(国税函〔2010〕79号)第四条

> **【热点问题】**
>
> 有境外投资者投资的企业未分配利润转增资本后境外投资者的企业所得税如何处理?
>
> 答:对于有境外投资者投资的企业未分配利润用于转增资本(股本)时,尽管境外投资者并没有取得实际股息、红利,但是减少了被投资公司的留存收益,增加了境外股东对被投资企业的投入,实际上是一种分配,类似于利润分配后再以该利润转增资本(股本)的行为,所以对境外企业投资者而言,应缴纳企业所得税。根据《国家税务总局关于贯彻落实企业所得税法若干税收问题的通知》(国税函〔2010〕79号)第四条第一款的规定,企业权益性投资取得股息、红利等收入,应以被投资企业股东会或股东大会作出利润分配或转股决定的日期,确定收入的实现。因此,被投资企业在以未分配利润转增资本(股本)时,应在作出转增资本(股本)的时点来确认境外投资者的纳税义务时点。此外对于境外个人投资者应缴纳个人所得税(如被投资企业是外商投资企业的暂免个人所得税)。

8.2.3.2 清算中的股息确认

被清算企业的股东分得的剩余资产的金额,其中相当于被清算企业累计未分配利润和累计盈余公积中按该股东所占股份比例计算的部分,应确认为股息所得;剩余资产减除股息所得后的余额,超过或低于股东投资成本的部分,应确认为股东的投资转让所得或损失。

依据:《财政部 国家税务总局关于企业清算业务企业所得税处理若干问题的通知》(财税〔2009〕60号)第五条

> **【热点问题】**
>
> 有境外投资者投资的企业进行清算时境外投资者的企业所得税如何处理?
>
> 答:对于有境外投资者投资的企业进行清算时,被清算企业的全部资产可变现价

值或交易价格,减除资产的计税基础、清算费用、相关税费,加上债务清偿损益等后的余额,为清算所得。被清算企业是中国居民企业,该清算所得需要按照《企业所得税法》规定,缴纳清算的企业所得税。

对于投资者而言,被清算企业按中国法律(税法)处理完各项清算业务后,按规定计算可以向所有者分配的剩余资产。被清算企业的股东分得的剩余资产的金额,其中相当于被清算企业累计未分配利润和累计盈余公积中按该股东所占股份比例计算的部分,应确认为股息所得,对境外企业投资者获取的股息所得,也应缴纳企业所得税;剩余资产减除股息所得后的余额,超过或低于股东投资成本的部分,应确认为股东的投资转让所得或损失,其获取的所得对境外企业投资者也要缴纳企业所得税。

8.2.3.3 投资企业撤回或减少投资的税务处理

投资企业从被投资企业撤回或减少投资,其取得的资产中,相当于初始出资的部分,应确认为投资收回;相当于被投资企业累计未分配利润和累计盈余公积按减少实收资本比例计算的部分,应确认为股息所得;其余部分确认为投资资产转让所得。

依据:《国家税务总局关于企业所得税若干问题的公告》(国家税务总局公告2011年第34号)第五条

8.2.4 税收协定处理

QFII取得股息、红利和利息收入,需要享受税收协定(安排)待遇的,可向主管税务机关提出申请,主管税务机关审核无误后按照税收协定的规定执行;涉及退税的,应及时予以办理。

依据:《国家税务总局关于中国居民企业向QFII支付股息、红利、利息代扣代缴企业所得税有关问题的通知》(国税函〔2009〕47号)第二条

非居民企业股东在获得股息之后,可以自行或通过委托代理人或代扣代缴义务人,向主管税务机关提出享受税收协定(安排)待遇的申请,提供证明自己为符合税收协定(安排)规定的实际受益所有人的资料。主管税务机关审核无误后,应就已征税款和根据税收协定(安排)规定税率计算的应纳税款的差额予以退税。

依据:《国家税务总局关于中国居民企业向境外H股非居民企业股东派发股息代扣代缴企业所得税有关问题的通知》(国税函〔2008〕897号)第二条

解读

对涉及非居民政策的"股息、红利征收预提所得税"概念,需要从国内法和税收协定两个方面去理解。

一、国内法角度

(一)从基本规定看

2008年实施的《企业所得税法》和以往规定相比一个重大变化是:以对非居民企业从其投资中国居民企业分回的股息、红利征收预提所得税为一般原则。根据《企业所得税法》及实施条例规定,在未构成机构场所或有机构场所但取得与该机构没有联系的情形下,按10%征税。但是这个原则有两个例外:一是根据《企业所得税法》第二十六条

(三)的规定在中国境内设立机构、场所且非居民企业取得的权益性投资收益与该机构、场所有实际联系的,该收入为免税收入,这种情形非常少见;二是根据《财政部 国家税务总局关于企业所得税若干优惠政策的通知》(财税〔2008〕1号)第四条的规定,对非居民企业从外商投资企业取得的2008年1月1日之前的累计未分配利润的权益性投资收益,继续免征企业所得税,这是为了保持政策延续性作出的豁免。

QFII,即合格的境外机构投资者的英文缩写,是我国不完全开放资本市场下的一种外资进入我国证券市场的准入机制。该制度要求外国投资者若要进入我国证券市场,必须符合一定的条件,得到我国有关部门的审批通过后汇入一定额度的外汇资金,并转换为当地货币,通过严格监管的专门账户投资当地证券市场。根据定义可知,QFII一般为非居民机构投资者,因此,《国家税务总局关于中国居民企业向QFII支付股息、红利、利息代扣代缴企业所得税有关问题的通知》(国税函〔2009〕47号)规定,对QFII取得来源于中国境内的股息、红利和利息收入,也应当按照《企业所得税法》规定缴纳10%的企业所得税。根据《国家税务总局关于非居民企业所得税管理若干问题的公告》(国家税务总局公告2011年第24号)的规定,扣缴义务人应在作出利润分配决定的日期代扣代缴企业所得税。

对于持有H股、N股、S股等境外机构投资者征收预提所得税问题,理解的关键是,H股、N股、S股都是属于境外上市类型中的"直接上市",即以境内公司为上市主体,经证监会及境外上市地的审核,在境外(H股为中国香港、S股为新加坡、N股为纽约)当地挂牌上市。如果上市主体仍然是中国居民企业,那么,其支付给上市地非居民企业股东的股息仍应扣缴预提所得税。B股扣缴预提所得税原理类似,故不赘述。当然,《国家税务总局关于中国居民企业向境外H股非居民企业股东派发股息代扣代缴企业所得税有关问题的通知》(国税函〔2008〕897号)第一条规定,对H股非居民企业股东2008年及以后的股息统一征收企业所得税。

(二)从特殊情形看

一是未分配利润转增资本是否涉及征税。目前只有《国家税务总局关于贯彻落实企业所得税法若干税收问题的通知》(国税函〔2010〕79号)第四条对该问题进行了解释,但该文件并未指明是居民企业还是非居民企业。根据基本原理分析,应该对居民企业和非居民企业都适用,即除了来源为股权(票)的溢价转增不征,其他情形下都应征收预提所得税。

二是对清算中非居民股东从居民企业清算财产中的分配的涉税问题。该问题同上一个问题相似,《财政部 国家税务总局关于企业清算业务企业所得税处理若干问题的通知》(财税〔2009〕60号)虽未指明,但是我们认为该条款的解释包含非居民企业,即认为非居民股东取得超过投入资本而相当于累计未分配利润和累计盈余公积部分应确认为股息所得。其他如减资、回购等问题与之累计,故不赘述。

三是超额分配的问题。一般来说,股息的分配来源于公司的累计未分配利润和累计盈余公积。例如,美国规定,对股东获得分配的税收待遇取决于该分配是否来源于"收益和利润"。简单说来,就是如果分配超过收益和利润,超过部分将被视为股东所持股份的计税成本的免税取回对待；分配如果再超过计税成本，则作为处置收益对待。但很多国家的公司法对超出上述的分配并不作出任何限制，这个时候，对股东获得的分配不同定性就会带来不同的税收后果。我国也面临上述第三个问题，目前税法暂未给予明确。

四是分支机构汇回利润是否需要课税。对于这个问题各国处理也很不一致。一般认为在缺少具体规则的情况下，分支机构活动汇回的利润无须缴纳任何税种。美国则对分支机构分回利润区别对待：对于不再投资美国经营的税后利润要缴纳30%的税，这同美国对股息的预提所得税税率是一致的；反之，则无须征税。同时，该规则还辅之以再投资减少的"补税"（recapture）机制防止避税。

我国税法里虽未明确写明，但从相关条款看，应该是不征税的：首先，分支机构不同于法人，其利润汇回是在同一法人内部的转移，无所谓"分配"。其次，《财政部 国家税务总局关于企业境外所得税收抵免有关问题的通知》（财税〔2009〕125号）、《国家税务总局关于发布〈企业境外所得税收抵免操作指南〉的公告》（国家税务总局公告2010年第1号）谈及分支机构抵免时，认为分子机构的所得无论是否分配都应并入当年应纳税所得额，虽然方向不同，但原理相似。最后，从税收协定角度看：2005年《经济合作与发展组织关于对所得和财产征税的协定范本》（以下简称OECD范本）第二十三条非歧视性条款规定，缔约国一方企业在缔约国另一方常设机构的税收负担，不应高于该缔约国另一方对其本国进行同样活动的企业。国内法对公司至多征25%的税，如果对常设机构汇回利润再征预提所得税，将超过25%，违反非歧视性条款。另外，OECD范本第十条第五款是对再分配的规定，该条款可以解读为缔约国一方居民投资于缔约国另一方公司或在缔约国另一方设立常设机构或固定基地，如其对从缔约国另一方居民公司取得的股息或从在缔约国另一方机构场所取得的所得向境外的股东进行再分配时，其境外股东取得的这部分所得，无须缴纳税收。

五是国内反避税规则引起的股息征税问题。这里又可以细分为两项：第一项是资本弱化问题，具体分析可见股息的协定部分。第二项是特别纳税调整引起的"二次调整"带来的推定股息。所谓"二次调整"是指："（初次）调整所针对的超额利润与如果遵循公平交易原则进行受控交易本应产生的利润不一致。为了使实际利润分配与转让定价初次调整保持一致，有些国家会主张采用一个推定交易（也称为二次交易），初次调整产生的超额利润被视作转变为另一种形式，并相应征税。"这个问题在OECD的《跨国企业与税务机关转让定价指南》第四章"避免和解决转让定价争议的管理方法"和《税收协定范本及注释》第九条注释都有详细论述。一般认为，应推定股息的情形为纳税人已被税务机关进行转让定价的初次调整，且之后接受转让定价调整的纳税人未做账务调整，此时应当视同股息分配征收预提所得税。

二、税收协定角度

如果比较国内法和协定两处的解释，就可以发现我国立法技术在某些地方仍显粗陋。比如，对"股息"一词缺少基本的定义，这就可能造成当我们在实践中遇到复杂情境时缺乏讨论的基础。然而，国内法和税收协定毕竟不能混同，所以需要单从税收协定的层面再进行讨论。

(一)"股息"的定义

"股息"是指从股份或者非债权关系中分享利润的权利取得的所得,以及按照分配利润的公司是其居民的缔约国法律,视同股份所得同样征税的其他公司权利取得的所得。

2007年7月签订的《国家税务总局关于印发〈中华人民共和国政府和新加坡共和国政府关于对所得避免双重征税和防止偷漏税的协定〉及议定书条文解释的通知》(国税发〔2010〕75号,以下简称国税发〔2010〕75号文件)对股息作出了如上规定。税务总局最早对税收协定进行系统归纳的文件是2007年的《税收协定执行手册》(际便函〔2007〕154号),也采取了以上定义。

OECD范本给出的定义是,"股息"是指从股份、"享受"股份或"享受"权利、矿业股份、发起人股份或非债权关系中分享利润的其他权利取得的所得,以及按照分配利润的公司是其居民的国家的法律,视同股份所得同样征税的其他公司权利取得的所得。2010年OECD范本英文原文同2005年OECD范本完全一致,而中文翻译略有不同,故叙述时仍采用2005范本译法。

无论是我国签订的中新协定,还是更具有原则性的OECD范本,从结构上来说,差异较小。我们以OECD范本为例,从学理上分析,"股息"包括三个部分:

(1)股息是指从股份、"享受"股份或"享受"权利、矿业股份、发起人股份取得的所得。

(2)股息是从非债权关系中分享利润的其他权利取得的所得。

(3)股息是按照分配利润的公司是其居民的国家的法律,视同股份所得同样征税的其他公司权利取得的所得。

由于各国国内法差异巨大,OECD范本不可能对"股息"作出详细、全面的定义,也不可能作出独立于国内法的定义,因此,OECD范本采取了三段式的定义法:①给出一般性定义;②加以限定条件(非债权关系);③相对独立于前两条,该条通过对缔约国国内法的援引进一步解决冲突。

综上,我们可以看出"股息"来源于"公司权利",而其决定性因素是基于公司权利的功能——股息接受方,应承担企业的风险,而不仅仅是报酬的风险。因为仅仅承担报酬的风险可能仍然难以对"股息""利息"进行区分。公司权利下的风险,应包括对所投入资金的全部损失。这也意味着在投资人承担公司权利下的风险的同时,在企业资产增值时可以享受相应的收益。

国税发〔2010〕75号文件第十条第三款的解释在很大程度上吸收了OECD的解释精神,国税发〔2010〕75号文件作出如下规定,股息即为公司所作的利润分配。股息支付不仅包括每年股东会议所决定的利润分配,也包括其他货币或具有货币价值的收益分配,如红股、红利、清算收入以及变相利润分配。股息还包括缔约国按防止资本弱化的规定调整为股息的"利息"。股息和利息在某些特定情况下较难判定,通常应遵循实质重于形式的原则。一般情况下,各类债券所得不应视为股息。然而,如果贷款人确实承担债务人公司风险,其利息可被视为股息。对贷款人是否分担企业风险的判定通常可考虑如下因素:

（1）该贷款大大超过企业资本中的其他投资形式，并与公司可变现资产严重不符。
（2）债权人将分享公司的任何利润。
（3）该贷款的偿还次于其他贷款人的债权或股息的支付。
（4）利息的支付水平取决于公司的利润。
（5）所签订的贷款合同没有对具体的偿还日期作出明确的规定。

存在上述情况时，借款人所在国可根据资本弱化的国内法规定将利息作为股息处理。

如果对资本弱化进行进一步分析，则其至少带来了两个问题：第一，协定本身是否存在这样一个规定，容许将一个初步为利息的支付视为利润分配，并不允许其在税前扣除。第二，如果允许，那么调整前后的股息、利息概念，是否与OECD范本第十条第三款和第十一条第三款的股息和利息概念相协调？即假设中国某公司和新加坡某公司发生上述业务，当我们对中国某公司进行资本弱化的特别纳税调整后，其视同分配给新加坡某公司的股息，我们能否按照股息征收预提所得税？如果可以，上述认定是否能被新加坡税局承认？如果不承认，则会带来双重征税。

结合我国国内法的规定，试析《企业所得税法》第四十六条、《中华人民共和国企业所得税法实施条例》第一百一十九条，仅仅规定了借款方涉及资本弱化的利息支出不得扣除，但《企业所得税法》及实施条例都未对非居民企业收到的视同分配利润是否征收预提所得税作出明确规定。根据国税发〔2010〕75号文件第十条第三款的规定，借款人所在国可根据资本弱化的国内法规定将利息作为股息处理。笔者认为在国内法层面上可以征税。由于国税发〔2010〕75号文件中有"按照分配利润的公司是其居民的缔约国法律，视同股份所得同样征税的其他公司权利取得的所得"，笔者认为上述举例中的视同股息征预提所得税的做法将被新加坡接受。那么，在其他国家的情形呢？因为"视同股份所得同样征税的其他公司权利取得的所得"，我国国内法主要是按固定比例原则和正常交易原则结合的判定方法，是否能被认定其为基于"某种公司权利"应结合具体协定判断。

同时，我们也应注意，如果"据以支付股息的股份与该常设机构或固定基地有实际联系的"，则应适用国税发〔2010〕75号文件第七条或第十四条的规定。这个问题我们将在"（二）对股息所得征税规定"中详述。

另外，在某些特殊情形下，按照以上定义，"股息""利息"仍旧很难区分，如荷兰中间公司中混合贷款（Hybrid Loan），这是一种可以参与借贷公司剩余利润分配的贷款（The Hybrid Has the Characteristics of A Profit Participating Loan），很明显此贷款是一种兼具股性和债性的融资工具。对这些特殊的融资方式，各国法规皆有不同规定，可能会有不同的定性，以巴斯夫（BASF）集团为例，我们可以从其公开报告中观察到：其荷兰子公司BASF Nederland B.V 2012年到2015年向其比利时子公司CHEMICALS FINANCE BELGIUM C.V提供了高达5.61亿欧元的混合贷款（Hybrid Loan）。根据荷兰税法及相关税收协定，该贷款的支付被视作股息，而在比利时该贷款的支付被视作利息。定性的不同造成了双重不征税的可能，这个问题在BEPS ACTION 2《消除混合错配安排的影响》中做了详尽的讨论。

（二）对股息所得征税的规定

"股息"的定义为跨境税源的征收与协调确立了前提和基础。一旦一笔跨境所得被确定为跨国股息后，接下来最重要的问题是，对同一笔股息所得，来源国和居住国如何进行征税。假设中国母公司控股美国子公司100%股份，美国公司将实现100万元的税后利润并将通过股息分回，假设两国间没有税收协定，也不存在税收抵免，则税负如下：

根据美国税法，从美国境内向外国企业支付的股息，需征30%的预提所得税；同时，中国母公司应将该利息收入并入缴纳25%的企业所得税。该笔股息因来源国和居民国同时履行征税权产生了55%的税负，这样沉重的税负是企业无论如何难以承受的。〔P.S. 如果考虑美国子公司在分配前还需要缴一笔公司所得税（美国公司所得税税率为15%～39%），则税负更高。〕

为了促进国际间资本流动，1963年OECD范本正式确立了跨国股息的分享征税的模式，并被各国的实践所采纳。即来源国按照双方协商的限制税率征税，其居民国也可以对该笔股息所得征税。

国税发〔2010〕75号文件第十条第一款对协定股息条款的征税权作出如下解释："一、第一款规定股息可以在取得者所在一方（即居民国）征税，但这种征税权并不是独占的。"

国际税收协定按照跨国股息的取得来源划分为直接投资下的股息和间接投资下的股息。这里的直接投资和间接投资标准有别于其他法律部门中的概念。OECD范本规定，如果股息受益所有人是缔约国另一方的居民，则所征税款：（1）如果受益所有人是直接持有支付股息公司至少25%资本的公司（不是合伙企业），不应超过股息总额的5%；（2）在其他情形下，不应超过股息总额15%。

从以上规定，我们不难看出，OECD范本意义上的直接投资，就是直接持有支付股息公司至少25%资本的公司股东所作的投资。这一标准的设定主要取决两个因素：

（1）受益所有人在被投资持有利益的性质。

对于受益所有人在被投资持有利益的性质，各国实践中主要存在三种标准：

一是"资本"标准。这里的"资本"指的是"名义资本"，一般应按公司法中的含义范围来理解，为反映在资产负债表上的所有股票的票面价值，不包括企业提留的各种储备金。但是，"资本弱化"下的利息被重新判定为股息，此时相对的债权部分投资部分是否也转化为股权投资呢？OECD范本注释10.15(d)项中明确表示，向公司提供贷款或者其他形式的，虽严格按照公司法并不构成资本，但如果按照国内法或惯例（资本弱化或将贷款视同股本），由此而获得的所得被作为OECD范本第十条规定的股息处理时，这种贷款或出资也将被作为(a)项意义的资本看待。我国采用此标准，并在国税发〔2010〕75号文件中作出明确表述。

二是"享有投票权的股本"标准。在公司仅存在普通股的情况下，"享有投票权的股本"标准和"资本"标准并无区别。但如果该国家允许发行优先股或存在隐性名义资本等，导致"资本"中含有不享有投票权的部分，则两者并不一致。

三是"投票权"标准。差别主要取决于各国国内法的规定。如德国在某些股份上存在多重投票权。

(2) 受益所有人持有股息的最低程度。

OECD 提倡的 25% 的比例。我国在中新协定中也采用了 25% 标准。但从各国的实际看,此标准越来越少被缔约国所采纳。如果最低持股比例的目的在于表明企业应承担经营性风险,那么这一数字就太高了。如果它的目的是通过对公司间股息预提税的特别限制以及所谓的"公司间股息免除"的方法,从而阻止多重的经济性征税的话,这一标准又将很多潜在受益者挡在门外。比较激进的国家在双边协定中改为"直接或间接至少控制另一家公司 10% 的资本"。

我们还应当注意到适用股息条款的另一个重要条件,即接受股息的公司必须是"受益所有人"。这一概念的目的在于防止第三国居民的"协定采购"(Treaty Shopping)行为,即滥用税收协定使得本来没有资格享受某一税收协定优惠待遇的第三国居民,通过在缔约国设置"导管"收取股息并套取优惠的行为。在我国的国内法实践中,应按照《国家税务总局关于税收协定中"受益所有人"有关问题的公告》(国家税务总局公告 2018 年第 9 号,以下简称 2018 年第 9 号公号)以及《国家税务总局关于认定税收协定中"受益所有人"的公告》(国家税务总局公告 2014 年第 24 号,以下简称 2014 年第 24 号公告)进行判断。

除了受益所有人外,各国通常用于防止税收协定被滥用的方法还有以下两种:一是要求母公司在分配前一段时间拥有最低份额。如国家税务总局在《国家税务总局关于执行税收协定股息条款有关问题的通知》(国税函〔2009〕81 号)中规定并在国税发〔2010〕75 号文件中重申,非居民直接拥有中国居民公司资本比例在取得股息前连续 12 个月以内任何时候均至少达到 25% 的,可以享受该协定待遇。二是 G20 国家在 BEPS ACTION 6《防止税收协定优惠的不当授予》提及的"防止协定滥用的措施",即各国应修订税收协定,并在其中至少应包括以下任一规则:①主要目的测试规则(PPT 规则);②利益限制规则(LOB 规则),并辅之以其他机制,如限制性的 PPT 规则以针对导管公司的安排;③同时包含 LOB 和 PPT 的组合规则。

8.2.5 境外投资者以分配利润直接投资特殊规定

8.2.5.1 基本规定

自 2018 年 1 月 1 日起,对境外投资者从中国境内居民企业分配的利润,用于境内直接投资暂不征收预提所得税政策的适用范围,由外商投资鼓励类项目扩大至所有非禁止外商投资的项目和领域。

依据:《财政部 税务总局 国家发展改革委 商务部关于扩大境外投资者以分配利润直接投资暂不征收预提所得税政策适用范围的通知》(财税〔2018〕102 号)第一条

8.2.5.2 暂不征收预提所得税条件

一、具体条件

境外投资者暂不征收预提所得税须同时满足以下条件:

(1) 境外投资者以分得利润进行的直接投资,包括境外投资者以分得利润进行的增资、新建、股权收购等权益性投资行为,但不包括新增、转增、收购上市公司股份(符合条

件的战略投资除外)。具体是指:
① 新增或转增中国境内居民企业实收资本或者资本公积。
② 在中国境内投资新建居民企业。
③ 从非关联方收购中国境内居民企业股权。
④ 财政部、税务总局规定的其他方式。
境外投资者采取上述投资行为所投资的企业统称为被投资企业。

(2) 境外投资者分得的利润属于中国境内居民企业向投资者实际分配已经实现的留存收益而形成的股息、红利等权益性投资收益。

(3) 境外投资者用于直接投资的利润以现金形式支付的,相关款项从利润分配企业的账户直接转入被投资企业或股权转让方账户,在直接投资前不得在境内外其他账户周转;境外投资者用于直接投资的利润以实物、有价证券等非现金形式支付的,相关资产所有权直接从利润分配企业转入被投资企业或股权转让方,在直接投资前不得由其他企业、个人代为持有或临时持有。

依据:《财政部 税务总局 国家发展改革委 商务部关于扩大境外投资者以分配利润直接投资暂不征收预提所得税政策适用范围的通知》(财税〔2018〕102号)第二条

二、相关口径

(一) 境外投资者及境内居民企业含义

上述所称"境外投资者",是指适用《企业所得税法》第三条第三款规定的非居民企业;上述所称"中国境内居民企业",是指依法在中国境内成立的居民企业。

依据:《财政部 税务总局 国家发展改革委 商务部关于扩大境外投资者以分配利润直接投资暂不征收预提所得税政策适用范围的通知》(财税〔2018〕102号)第八条

(二) 补缴认缴的注册资本

境外投资者以分得的利润用于补缴其在境内居民企业已经认缴的注册资本,增加实收资本或资本公积的,属于符合"新增或转增中国境内居民企业实收资本或者资本公积"情形。

依据:《国家税务总局关于扩大境外投资者以分配利润直接投资暂不征收预提所得税政策适用范围有关问题的公告》(国家税务总局公告2018年第53号)第一条

(三) 再投资资金划转

境外投资者按照金融主管部门的规定,通过人民币再投资专用存款账户划转再投资资金,并在相关款项从利润分配企业账户转入境外投资者人民币再投资专用存款账户的当日,再由境外投资者人民币再投资专用存款账户转入被投资企业或股权转让方账户的,视为符合"境外投资者用于直接投资的利润以现金形式支付的,相关款项从利润分配企业的账户直接转入被投资企业或股权转让方账户,在直接投资前不得在境内外其他账户周转"的规定。

依据:《国家税务总局关于扩大境外投资者以分配利润直接投资暂不征收预提所得税政策适用范围有关问题的公告》(国家税务总局公告2018年第53号)第二条

三、追补享受3年

境外投资者按照《财政部 税务总局 国家发展改革委 商务部关于扩大境外投资者

以分配利润直接投资暂不征收预提所得税政策适用范围的通知》(财税〔2018〕102号,以下简称财税〔2018〕102号文件)规定可以享受暂不征收预提所得税政策但未实际享受的,可在实际缴纳相关税款之日起3年内申请追补享受该政策,退还已缴纳的税款。

依据:《财政部 税务总局 国家发展改革委 商务部关于扩大境外投资者以分配利润直接投资暂不征收预提所得税政策适用范围的通知》(财税〔2018〕102号)第五条

四、被投资企业特殊性重组继续享受递延待遇

境外投资者享受财税〔2018〕102号文件规定的暂不征收预提所得税政策待遇后,被投资企业发生重组符合特殊性重组条件,并实际按照特殊性重组进行税务处理的,可继续享受暂不征收预提所得税政策待遇,不按财税〔2018〕102号文件第六条规定补缴递延的税款。

依据:《财政部 税务总局 国家发展改革委 商务部关于扩大境外投资者以分配利润直接投资暂不征收预提所得税政策适用范围的通知》(财税〔2018〕102号)第七条

8.2.5.3 办理程序

一、境外投资者提交资料

境外投资者符合财税〔2018〕102号文件第二条规定条件的,应按照税收管理要求进行申报并如实向利润分配企业提供其符合政策条件的资料。利润分配企业经适当审核后认为境外投资者符合财税〔2018〕102号文件规定的,可暂不按照《企业所得税法》第三十七条规定扣缴预提所得税,并向其主管税务机关履行备案手续。

依据:《财政部 税务总局 国家发展改革委 商务部关于扩大境外投资者以分配利润直接投资暂不征收预提所得税政策适用范围的通知》(财税〔2018〕102号)第三条

二、填写《非居民企业递延缴纳预提所得税信息报告表》

境外投资者按照上述财税〔2018〕102号文件第三条规定享受暂不征税政策时,应当填写《非居民企业递延缴纳预提所得税信息报告表》,并提交给利润分配企业。

境外投资者按照财税〔2018〕102号文件第五条规定追补享受暂不征税政策时,应向利润分配企业主管税务机关提交《非居民企业递延缴纳预提所得税信息报告表》以及相关合同、支付凭证等办理退税的其他资料。

依据:《国家税务总局关于扩大境外投资者以分配利润直接投资暂不征收预提所得税政策适用范围有关问题的公告》(国家税务总局公告2018年第53号)第四条

境外投资者填报信息有误,致使其本不应享受暂不征税政策,但实际享受暂不征税政策的,利润分配企业主管税务机关依照财税〔2018〕102号文件第四条规定处理。

依据:《国家税务总局关于扩大境外投资者以分配利润直接投资暂不征收预提所得税政策适用范围有关问题的公告》(国家税务总局公告2018年第53号)第十条

三、利润分配企业备案手续

利润分配企业应当按照财税〔2018〕102号文件第三条规定审核境外投资者提交的资料信息,并确认以下结果后,执行暂不征税政策:

(1) 境外投资者填报的信息完整,没有缺项。

(2) 利润实际支付过程与境外投资者填报信息吻合。

(3) 境外投资者填报信息涉及利润分配企业的内容真实、准确。

依据:《国家税务总局关于扩大境外投资者以分配利润直接投资暂不征收预提所得税政策适用范围有关问题的公告》(国家税务总局公告2018年第53号)第五条

利润分配企业已按照财税〔2018〕102号文件第三条规定执行暂不征税政策的,应在实际支付利润之日起7日内,向主管税务机关提交以下资料:

(1)由利润分配企业填写的《中华人民共和国扣缴企业所得税报告表》。

(2)由境外投资者提交并经利润分配企业补填信息后的《非居民企业递延缴纳预提所得税信息报告表》。

利润分配企业主管税务机关应在收到《非居民企业递延缴纳预提所得税信息报告表》后10个工作日内,向财税〔2018〕102号文件第二条第一项规定的被投资企业(以下称被投资企业)主管税务机关或其他相关税务机关发送《非居民企业税务事项联络函》,转发相关信息。

依据:《国家税务总局关于扩大境外投资者以分配利润直接投资暂不征收预提所得税政策适用范围有关问题的公告》(国家税务总局公告2018年第53号)第六条

利润分配企业未按照《国家税务总局关于扩大境外投资者以分配利润直接投资暂不征收预提所得税政策适用范围有关问题的公告》(国家税务总局公告2018年第53号)第五条审核确认境外投资者提交的资料信息,致使不应享受暂不征税政策的境外投资者实际享受了暂不征税政策的,利润分配企业主管税务机关依照有关规定追究利润分配企业应扣未扣税款的责任,并依法向境外投资者追缴应当缴纳的税款。

依据:《国家税务总局关于扩大境外投资者以分配利润直接投资暂不征收预提所得税政策适用范围有关问题的公告》(国家税务总局公告2018年第53号)第九条

四、委托办理

境外投资者、利润分配企业可以委托代理人办理《国家税务总局关于扩大境外投资者以分配利润直接投资暂不征收预提所得税政策适用范围有关问题的公告》(国家税务总局公告2018年第53号)规定的相关事项,但应当向主管税务机关提供书面委托证明。

依据:《国家税务总局关于扩大境外投资者以分配利润直接投资暂不征收预提所得税政策适用范围有关问题的公告》(国家税务总局公告2018年第53号)第十二条

8.2.5.4 不符合条件补缴税款

税务部门依法加强后续管理。境外投资者已享受财税〔2018〕102号文件规定的暂不征收预提所得税政策,经税务部门后续管理核实不符合规定条件的,除属于利润分配企业责任外,视为境外投资者未按照规定申报缴纳企业所得税,依法追究延迟纳税责任,税款延迟缴纳期限自相关利润支付之日起计算。

依据:《财政部 税务总局 国家发展改革委 商务部关于扩大境外投资者以分配利润直接投资暂不征收预提所得税政策适用范围的通知》(财税〔2018〕102号)第四条

境外投资者按照财税〔2018〕102号文件第四条或者第六条规定补缴税款时,应当填写《中华人民共和国扣缴企业所得税报告表》,并提交给利润分配企业主管税务机关。

依据:《国家税务总局关于扩大境外投资者以分配利润直接投资暂不征收预提所得税政策适用范围有关问题的公告》(国家税务总局公告2018年第53号)第四条

8.2.5.5 实际收回投资的处理

境外投资者通过股权转让、回购、清算等方式实际收回享受暂不征收预提所得税政策待遇的直接投资,在实际收取相应款项后 7 日内,按规定程序向税务部门申报补缴递延的税款。

依据:《财政部 税务总局 国家发展改革委 商务部关于扩大境外投资者以分配利润直接投资暂不征收预提所得税政策适用范围的通知》(财税〔2018〕102 号)第六条

境外投资者部分处置持有的包含已享受暂不征税政策和未享受暂不征税政策的同一项中国境内居民企业投资,视为先行处置已享受暂不征税政策的投资。

境外投资者未按照财税〔2018〕102 号文件第六条规定补缴递延税款的,利润分配企业主管税务机关追究境外投资者延迟缴纳税款责任,税款延迟缴纳期限自实际收取相关款项后第 8 日(含第 8 日)起计算。

依据:《国家税务总局关于扩大境外投资者以分配利润直接投资暂不征收预提所得税政策适用范围有关问题的公告》(国家税务总局公告 2018 年第 53 号)第十一条

8.2.5.6 补缴税款适用税收协定

按照财税〔2018〕102 号文件第四条或者第六条的规定补缴税款的,境外投资者可按照有关规定享受税收协定待遇,但是仅可适用相关利润支付时有效的税收协定。后续税收协定另有规定的,按后续税收协定执行。

依据:《国家税务总局关于扩大境外投资者以分配利润直接投资暂不征收预提所得税政策适用范围有关问题的公告》(国家税务总局公告 2018 年第 53 号)第三条

8.2.5.7 税务机关的管理

被投资企业主管税务机关或者其他税务机关发现以下情况的,应在 5 个工作日内以《非居民企业税务事项联络函》反馈给利润分配企业主管税务机关:

(1) 被投资企业不符合享受暂不征税政策条件的相关事实或信息。

(2) 境外投资者处置已享受暂不征税政策的投资的相关事实或信息。

依据:《国家税务总局关于扩大境外投资者以分配利润直接投资暂不征收预提所得税政策适用范围有关问题的公告》(国家税务总局公告 2018 年第 53 号)第七条

主管税务机关在税务管理中可以依法要求境外投资者、利润分配企业、被投资企业、股权转让方等相关单位或个人限期提供与境外投资者享受暂不征税政策相关的资料和信息。

依据:《国家税务总局关于扩大境外投资者以分配利润直接投资暂不征收预提所得税政策适用范围有关问题的公告》(国家税务总局公告 2018 年第 53 号)第八条

8.3 利息所得

利息收入是指企业将资金提供他人使用但不构成权益性投资,或者因他人占用本企业资金取得的收入,包括存款利息、贷款利息、债券利息、欠款利息等收入。

依据:《中华人民共和国企业所得税法实施条例》第十八条

8.3.1 到期应支付而未支付利息代扣代缴处理

中国境内企业(以下称为企业)和非居民企业签订与利息、租金、特许权使用费等所得有关的合同或协议,如果未按照合同或协议约定的日期支付上述所得款项,或者变更或修改合同或协议延期支付,但已计入企业当期成本、费用,并在企业所得税年度纳税申报中作税前扣除的,应在企业所得税年度纳税申报时按照企业所得税法有关规定代扣代缴企业所得税。

如果企业上述到期未支付的所得款项,不是一次性计入当期成本、费用,而是计入相应资产原价或企业筹办费,在该类资产投入使用或开始生产经营后分期摊入成本、费用,分年度在企业所得税前扣除的,应在企业计入相关资产的年度纳税申报时就上述所得全额代扣代缴企业所得税。

如果企业在合同或协议约定的支付日期之前支付上述所得款项的,应在实际支付时按照企业所得税法有关规定代扣代缴企业所得税。

依据:《国家税务总局关于非居民企业所得税管理若干问题的公告》(国家税务总局公告2011年第24号)第一条

> **热点问题**
>
> 境外企业贷款给境内企业取得利息收入纳税义务时间如何确定?
>
> 答:利息应付日和实付日作为纳税义务时间的确定。根据《企业所得税法实施条例》第十八条的规定,利息收入,按照合同约定的债务人应付利息的日期确认收入的实现。根据《国家税务总局关于非居民企业所得税管理若干问题的公告》(国家税务总局公告2011年第24号,以下简称2011年第24号公告)的规定,如果企业在合同或协议约定的支付日期之前支付上述所得款项的,应在实际支付时按照企业所得税法有关规定代扣代缴企业所得税。因此,境外企业贷款给境内企业取得利息收入纳税义务时间为合同约定付款时间或实际支付时间两者中孰早者。
>
> 以利息入账且作为费用或摊销扣除的日期作为纳税义务人的规定。对于到期应支付而未支付的所得扣缴企业所得税问题,则按照2011年第24号公告第一条第一款、第二款规定执行。

8.3.2 境内金融机构支付利息税收处理

8.3.2.1 境内外资金融机构向境外支付贷款利息代扣代缴

自2008年1月1日起,我国金融机构向境外外国银行支付贷款利息,我国境内外资金融机构向境外支付贷款利息,应按照《企业所得税法》及其实施条例规定代扣代缴企业所得税。

依据:国家税务总局《关于加强非居民企业来源于我国利息所得扣缴企业所得税工作的通知》(国税函〔2008〕955号)第一条

8.3.2.2 境外分行及分行的收入

《国家税务总局关于境内机构向我国银行的境外分行支付利息扣缴企业所得税有关

问题的公告》(国家税务总局公告2015年第47号,以下简称为2015年第47号公告)所称境外分行是指我国银行在境外设立的不具备所在国家(地区)法人资格的分行。境外分行作为中国居民企业在境外设立的分支机构,与其总机构属于同一法人。境外分行开展境内业务,并从境内机构取得的利息,为该分行的收入,计入分行的营业利润,按《财政部 国家税务总局关于企业境外所得税收抵免有关问题的通知》(财税〔2009〕125号)的相关规定,与总机构汇总缴纳企业所得税。境内机构向境外分行支付利息时,不代扣代缴企业所得税。

依据:《国家税务总局关于境内机构向我国银行的境外分行支付利息扣缴企业所得税有关问题的公告》(国家税务总局公告2015年第47号)第一条

境外分行从境内取得的利息,如果据以产生利息的债权属于境内总行或总行其他境内分行的,该项利息应为总行或其他境内分行的收入。总行或其他境内分行和境外分行之间应严格区分此类收入,不得将本应属于总行或其他境内分行的境内业务及收入转移到境外分行。

依据:《国家税务总局关于境内机构向我国银行的境外分行支付利息扣缴企业所得税有关问题的公告》(国家税务总局公告2015年第47号)第二条

8.3.2.3 代收性质的利息

境外分行从境内取得的利息如果属于代收性质,据以产生利息的债权属于境外非居民企业,境内机构向境外分行支付利息时,应代扣代缴企业所得税。

依据:《国家税务总局关于境内机构向我国银行的境外分行支付利息扣缴企业所得税有关问题的公告》(国家税务总局公告2015年第47号)第三条

主管税务机关应加强监管,严格审核相关资料,并利用第三方信息进行比对分析,对违反2015年第47号公告相关规定的,应按照有关法律法规处理。

依据:《国家税务总局关于境内机构向我国银行的境外分行支付利息扣缴企业所得税有关问题的公告》(国家税务总局公告2015年第47号)第四条

解读

2015年第47号公告解决了跨境利息支付中的一大难题。总机构和分支机构之间的利息支付,可以看作是纳税人的一种内部结算,不应确认收入。根据《国家税务总局关于境外分行取得来源于境内利息所得扣缴企业所得税问题的通知》(国税函〔2010〕266号)的规定,中国居民企业的银行在境外设立的非法人分支机构与其内总机构属于同一法人,即支付关系的双方都是同一税收居民,现行制度征收预提所得税是针对非居民企业而言,征收预提所得税显然不合理。但是,《关于加强非居民企业来源于我国利息所得扣缴企业所得税工作的通知》(国税函〔2008〕955号)第二条规定,由境内机构对外支付时应扣缴企业所得税。这就出现了难题。2015年第47号公告解决了这一难题,并对金融机构跨境支付利息的业务做出了梳理,业务模式可以归结为三类。

第一类:属于自己债权的利息

2015年第47号公告第一条规定,境外分行开展境内业务,并从境内机构取得的利息,为该分行的收入,计入境外分行营业利润,与总机构汇总缴纳企业所得税。

从图 8-1 就可以明显看出,《关于加强非居民企业来源于我国利息所得扣缴企业所得税工作的通知》(国税函〔2008〕955 号)文件的错误,正确规则如下:境内向境外分行支付的利息应作为该分支机构的境外收入,并且根据《财政部 国家税务总局 证监会关于内地与香港基金互认有关税收政策的通知》(财税〔2009〕125 号)无论是否汇回,都在汇缴时并入当年计算境内总行的应纳税所得额;如果境外实际负担了税款,还应该进一步计算抵免。

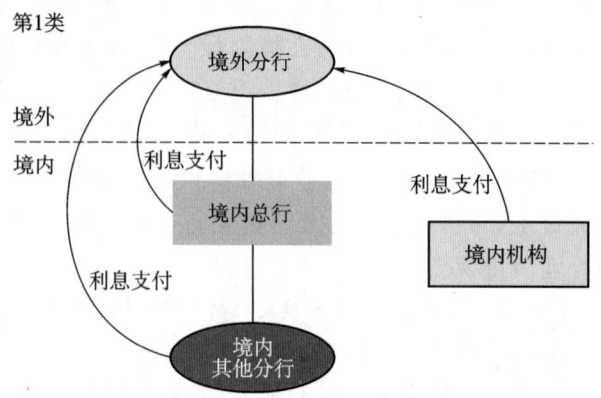

图 8-1 境外分行从境内机构取得利息示意图

顺便一提的是,上述国税函〔2008〕955 号文件的错误并非独创,而是延续了《国家税务总局关于中国银行海外分行取得来源于境内利息收入税务处理问题的函》(国税函〔2001〕189 号,以下简称国税函〔2001〕189 号文件)的错误。国税函〔2001〕189 号文件认为,海外分行虽是在海外的分支机构,在当地不具有居民身份,但也是依照分行所在国法律成立的企业,受所在国法律的保护,其向国内企业提供贷款所取得的利息收入,应作为外国企业来源于我国境内的收入。

第二类:属于境内关联债权的利息

境外分行所收取利息的相关债权如属于其境内总行(包括境内总行的其他境内分行)的,则该利息收入应计入境内总行及其他境内分行的收入总额。

在这种情况下,境外分行仅仅作为境内总行的代收行,自然应该由境内总行确认收入。第一、二种类型下,对于中国来说虽然总的收入

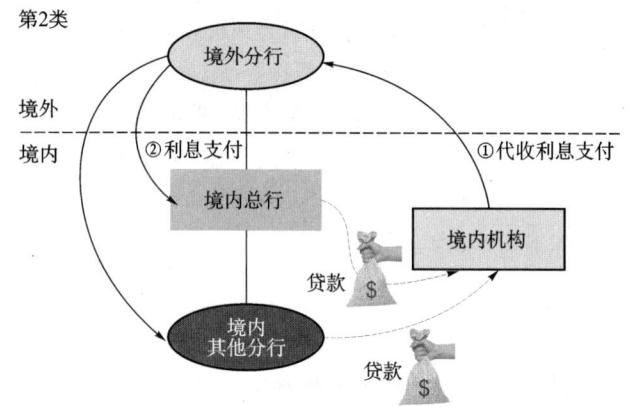

图 8-2 境外分行代收利息示意图(境内债权)

不变,但是第一种情况下境外分行所在地通常具有更高的征税优先权,所以,2015 年第 47 号公告第二条同时也强调了需要准确划分收入的归属。

第三类:属于境外非居民债权的利息

境外分行所收取的利息如果只是代收性质,例如,背对背贷款、银团贷款中行使牵头行职能等情况。

在该种情况下,据以产生利息的债权属于境外非居民企业,因此,相应利息收入的实际取得方是境外的非居民企业。境内机构在对外支付该笔利息时,作为扣缴义务人需要先行扣除境外非居民企业应负担的预提所得税后,将剩余款项支付给境外分行。

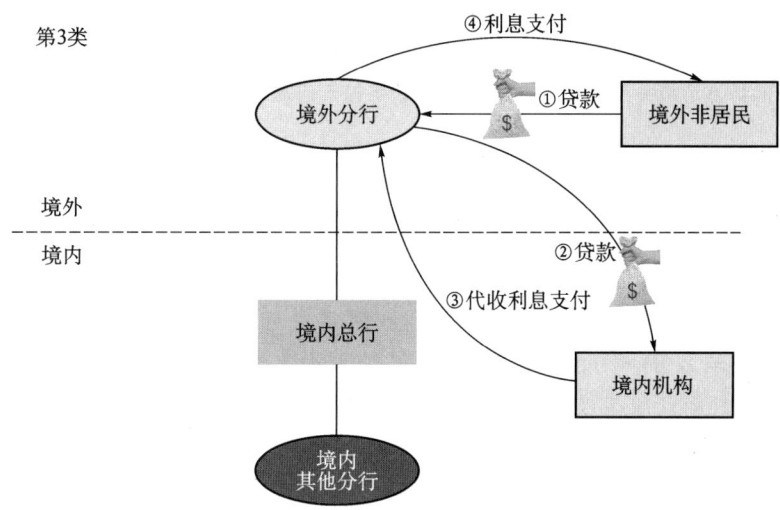

图 8-3　境外分行代收利息示意图(境外债权)

同时,如果非居民企业认为符合享受协定待遇的相关条件,该非居民可以主动向扣缴义务人提出,并向扣缴义务人提供 2015 年第 47 号公告第七条规定的相关报告表和资料。

8.3.3　居民企业向 QFII 支付利息的税收处理

中国居民企业向合格境外机构投资者(以下称为 QFII)支付股息、红利、利息代扣代缴企业所得税有关问题明确如下:

QFII 取得来源于中国境内的股息、红利和利息收入,应当按照企业所得税法规定缴纳 10% 的企业所得税。如果是股息、红利,则由派发股息、红利的企业代扣代缴;如果是利息,则由企业在支付或到期应支付时代扣代缴。

依据:《国家税务总局关于中国居民企业向 QFII 支付股息、红利、利息代扣代缴企业所得税有关问题的通知》(国税函〔2009〕47 号)第一条

8.3.4　境外机构投资境内债券市场取得利息收入的税收处理

自 2018 年 11 月 7 日起至 2021 年 11 月 6 日止,对境外机构投资境内债券市场取得的债券利息收入暂免征收企业所得税和增值税。

上述暂免征收企业所得税的范围不包括境外机构在境内设立的机构、场所取得的与该机构、场所有实际联系的债券利息。

依据:《财政部　税务总局关于境外机构投资境内债券市场企业所得税 增值税政策的通知》(财税〔2018〕108 号)

8.3.5　担保费

非居民企业取得来源于中国境内的担保费,应按照《企业所得税法》对利息所得规定的税率计算缴纳企业所得税。上述来源于中国境内的担保费,是指中国境内企业、机构

或个人在借贷、买卖、货物运输、加工承揽、租赁、工程承包等经济活动中,接受非居民企业提供的担保所支付或负担的担保费或相同性质的费用。

依据:《国家税务总局关于非居民企业所得税管理若干问题的公告》(国家税务总局公告2011年第24号)第二条

> **热点问题**
>
> 境内的子公司向境外的银行借款,由境外的母公司提供担保,子公司支付担保费给境外的母公司,子公司是否需要代扣代缴母公司的企业所得税?
>
> 答:根据《国家税务总局关于非居民企业所得税管理若干问题的公告》(国家税务总局公告2011年第24号)的规定,非居民企业取得来源于中国境内的担保费,应按《照企业所得税法》对利息所得规定的税率计算缴纳企业所得税。上述来源于中国境内的担保费,是指中国境内企业、机构或个人在借贷、买卖、货物运输、加工承揽、租赁、工程承包等经济活动中,接受非居民企业提供的担保所支付或负担的担保费或相同性质的费用。
>
> 根据《企业所得税法实施条例》第七条的规定,《企业所得税法》第三条所称来源于中国境内、境外的所得,按照以下原则确定:利息所得、租金所得、特许权使用费所得,按照负担、支付所得的企业或者机构、场所所在地确定,或者按照负担、支付所得的个人的住所地确定。
>
> 因此,境外母公司取得的该笔担保费收入属于来源中国境内的所得,应由境内子公司代扣代缴企业所得税。
>
> 非居民纳税人需要享受税收协定待遇的,应按照《非居民纳税人享受税收协定待遇管理办法》(国家税务总局公告2019年第35号)相关规定处理。

8.4 租金所得

《企业所得税法》第六条第(六)项所称租金收入,是指企业提供固定资产、包装物或者其他有形资产的使用权取得的收入。

租金收入,按照合同约定的承租人应付租金的日期确认收入的实现。

依据:《中华人民共和国企业所得税法实施条例》第十九条

8.4.1 租金收入的确认

根据《企业所得税法实施条例》第十九条的规定,企业提供固定资产、包装物或者其他有形资产的使用权取得的租金收入,应按交易合同或协议规定的承租人应付租金的日期确认收入的实现。其中,如果交易合同或协议中规定租赁期限跨年度,且租金提前一次性支付的,根据《企业所得税法实施条例》第九条规定的收入与费用配比原则,出租人可对上述已确认的收入,在租赁期内,分期均匀计入相关年度收入。

出租方如为在我国境内设有机构场所,且采取据实申报缴纳企业所得的非居民企业,也按本条规定执行。

依据:《国家税务总局关于贯彻落实企业所得税法若干税收问题的通知》(国税函〔2010〕79号)第一条

8.4.2 到期应支付而未支付的租金

中国境内企业(以下称为企业)和非居民企业签订与利息、租金、特许权使用费等所得有关的合同或协议,如果未按照合同或协议约定的日期支付上述所得款项,或者变更或修改合同或协议延期支付,但已计入企业当期成本、费用,并在企业所得税年度纳税申报中作税前扣除的,应在企业所得税年度纳税申报时按照企业所得税法有关规定代扣代缴企业所得税。

如果企业上述到期未支付的所得款项,不是一次性计入当期成本、费用,而是计入相应资产原价或企业筹办费,在该类资产投入使用或开始生产经营后分期摊入成本、费用,分年度在企业所得税前扣除的,应在企业计入相关资产的年度纳税申报时就上述所得全额代扣代缴企业所得税。

如果企业在合同或协议约定的支付日期之前支付上述所得款项的,应在实际支付时按照《企业所得税法》有关规定代扣代缴企业所得税。

依据:《国家税务总局关于非居民企业所得税管理若干问题的公告》(国家税务总局公告2011年第24号)第一条

> **热点问题**
>
> 境内企业在合同规定的支付日前将租金计入费用需要在计入费用日扣缴租金的预提所得税吗?
>
> 答:不一定。如果境内企业在合同规定的租金支付日前将租金计入本公司的成本费用,就出现了需要提前扣缴企业所得税的可能,但是,是否最终构成纳税义务还取决于境内企业在年度企业所得税申报时是否将该利息费用在企业所得税税前扣除。如果企业在支付日前支付了租金但没有在企业年度所得税税前扣除,该境内企业仍然不需要再计入费用日扣缴预提所得税。

8.4.3 未设立机构、场所的非居民企业租赁(或融资租赁)出租境内房屋或设施设备

(1) 在中国境内未设立机构、场所的非居民企业,以融资租赁方式将设备、物件等租给中国境内企业使用,租赁期满后设备、物件所有权归中国境内企业(包括租赁期满后作价转让给中国境内企业),非居民企业按照合同约定的期限收取租金,应以租赁费(包括租赁期满后作价转让给中国境内企业的价款)扣除设备、物件价款后的余额,作为贷款利息所得计算缴纳企业所得税,由中国境内企业在支付时代扣代缴。

(2) 非居民企业出租位于中国境内的房屋、建筑物等不动产,对未在中国境内设立机构、场所进行日常管理的,以其取得的租金收入全额计算缴纳企业所得税,由中国境内的承租人在每次支付或到期应支付时代扣代缴。

如果非居民企业委派人员在中国境内或者委托中国境内其他单位或个人对上述不动产进行日常管理的,应视为其在中国境内设立机构、场所,非居民企业应在税法规定的期限内自行申报缴纳企业所得税。

依据：《国家税务总局关于非居民企业所得税管理若干问题的公告》（国家税务总局公告 2011 年第 24 号）第四条

8.5 特许权使用费

《企业所得税法》第六条第（七）项所称特许权使用费收入，是指企业提供专利权、非专利技术、商标权、著作权以及其他特许权的使用权取得的收入。

特许权使用费收入，按照合同约定的特许权使用人应付特许权使用费的日期确认收入的实现。

依据：《中华人民共和国企业所得税法实施条例》第二十条

中国境内企业（以下称为企业）和非居民企业签订与利息、租金、特许权使用费等所得有关的合同或协议，如果未按照合同或协议约定的日期支付上述所得款项，或者变更或修改合同或协议延期支付，但已计入企业当期成本、费用，并在企业所得税年度纳税申报中作税前扣除的，应在企业所得税年度纳税申报时按照企业所得税法有关规定代扣代缴企业所得税。

如果企业上述到期未支付的所得款项，不是一次性计入当期成本、费用，而是计入相应资产原价或企业筹办费，在该类资产投入使用或开始生产经营后分期摊入成本、费用，分年度在企业所得税税前扣除的，应在企业计入相关资产的年度纳税申报时就上述所得金额代扣代缴企业所得税。

如果企业在合同或协议约定的支付日期之前支付上述所得款项的，应在实际支付时按照企业所得税法有关规定代扣代缴企业所得税。

依据：《国家税务总局关于非居民企业所得税管理若干问题的公告》（国家税务总局公告 2011 年第 24 号）第一条

解读

《企业所得税法实施条例》第二十条规定，特许权使用费收入是指企业提供专利权、非专利技术、商标权、著作权以及其他特许权的使用权取得的收入。这一定义的范围比税收协定中特许权使用费的范围要窄。根据《〈中华人民共和国政府和新加坡共和国政府关于对所得避免双重征税和防止偷漏税的协定〉及议定书条文解释》（国税发〔2010〕75 号）相关解释，特许权使用费是指使用或有权使用构成权利和财产的各种形式的文学和艺术，有关工业、商业和科学实验的文字和信息中确定的知识产权，不论这些权利是否已经或必须在规定的部门注册登记。特许权使用费也包括使用或有权使用工业、商业、科学设备取得的所得，即设备租金。特许权使用费还包括使用或有权使用有关工业、商业、科学经验的情报取得的所得。在服务合同中，如果服务提供方提供服务形成的成果属于特许权使用费定义范围，并且服务提供方仍保有该项成果的所有权，服务接受方对此成果仅有使用权，则此类服务产生的所得属于特许权使用费。在转让或许可专有技术使用权过程中，如果技术许可方派人员为该项技术的应用提供有关支持、指导等服务，并收取服务费，无论是单独收取还是包括在技术价款中，均应视为特许权使用费。

根据《关于执行税收协定特许权使用费条款有关问题的通知》(国税函〔2009〕507号)的规定,税收协定特许权使用费条款的规定应仅适用于缔约对方居民受益所有人,第三国设在缔约对方的常设机构从我国境内取得的特许权使用费应适用该第三国与我国的税收协定的规定。我国居民企业设在缔约对方的常设机构不属于对方居民,不应作为对方居民适用税收协定特许权使用费条款的规定。由位于我国境内的外国企业的机构、场所或常设机构负担并支付给与我国签有税收协定的缔约对方居民的特许权使用费,适用我国与该缔约国税收协定特许权使用费条款的规定。

8.6 转让财产所得

《企业所得税法》第六条第(三)项所称转让财产收入,是指企业转让固定资产、生物资产、无形资产、股权、债权等财产取得的收入。

依据:《中华人民共和国企业所得税法实施条例》第十六条

8.6.1 非居民企业股权转让

8.6.1.1 非居民企业股权转让所得

《企业所得税法》第十九条第(二)项规定的转让财产所得包含转让股权等权益性投资资产(以下称股权)所得。股权转让收入减除股权净值后的余额为股权转让所得应纳税所得额。

依据:《国家税务总局关于非居民企业所得税源泉扣缴有关问题的公告》(国家税务总局公告2017年第37号)第三条

8.6.1.2 股权转让价、成本价

股权转让收入是指股权转让人转让股权所收取的对价,包括货币形式和非货币形式的各种收入。

股权净值是指取得该股权的计税基础。股权的计税基础是股权转让人投资入股时向中国居民企业实际支付的出资成本,或购买该项股权时向该股权的原转让人实际支付的股权受让成本。股权在持有期间发生减值或者增值,按照国务院财政、税务主管部门规定可以确认损益的,股权净值应进行相应调整。企业在计算股权转让所得时,不得扣除被投资企业未分配利润等股东留存收益中按该项股权所可能分配的金额。

多次投资或收购的同项股权被部分转让的,从该项股权全部成本中按照转让比例计算确定被转让股权对应的成本。

依据:《国家税务总局关于非居民企业所得税源泉扣缴有关问题的公告》(国家税务总局公告2017年第37号)第三条

8.6.1.3 公开市场上买卖股票

一、关于香港市场投资者通过基金互认买卖内地基金份额的所得税问题

对香港市场投资者(包括企业和个人)通过基金互认买卖内地基金份额取得的转让差价所得,暂免征收所得税。

依据:《财政部 国家税务总局 证监会关于内地与香港基金互认有关税收政策的通知》(财税〔2015〕125号)第二条

《财政部 国家税务总局 证监会关于内地与香港基金互认有关税收政策的通知》(财税〔2015〕125号)所称基金互认是指内地基金或香港基金经香港证监会认可或中国证监会注册,在双方司法管辖区内向公众销售。所称内地基金是指中国证监会根据《中华人民共和国证券投资基金法》注册的公开募集证券投资基金。所称香港基金是指香港证监会根据香港法律认可公开销售的单位信托、互惠基金或者其他形式的集体投资计划。所称买卖基金份额,包括申购与赎回、交易。

依据:《财政部 国家税务总局 证监会关于内地与香港基金互认有关税收政策的通知》(财税〔2015〕125号)第六条

二、关于香港市场投资者通过沪港通投资上海证券交易所(以下简称上交所)上市A股的所得税问题

对香港市场投资者(包括企业和个人)投资上交所上市A股取得的转让差价所得,暂免征收所得税。

依据:《财政部 国家税务总局 证监会关于沪港股票市场交易互联互通机制试点有关税收政策的通知》(财税〔2014〕81号)第二条

三、关于香港市场投资者通过深港通投资深圳证券交易所(以下简称深交所)上市A股的所得税问题

对香港市场投资者(包括企业和个人)投资深交所上市A股取得的转让差价所得,暂免征收所得税。

依据:《财政部 国家税务总局 证监会关于深港股票市场交易互联互通机制试点有关税收政策的通知》(财税〔2016〕127号)第二条

四、QFII、RQFII转让来源于中国境内的股票

经国务院批准,从2014年11月17日起,对合格境外机构投资者(简称QFII)、人民币合格境外机构投资者(简称RQFII)取得来源于中国境内的股票等权益性投资资产转让所得,暂免征收企业所得税。在2014年11月17日之前QFII和RQFII取得的上述所得应依法征收企业所得税。

《财政部 国家税务总局 证监会关于QFII和RQFII取得中国境内的股票等权益性投资资产转让所得暂免征收企业所得税问题的通知》(财税〔2014〕79号)适用于在中国境内未设立机构、场所,或者在中国境内虽设立机构、场所,但取得的上述所得与其所设机构、场所没有实际联系的QFII、RQFII。

依据:《财政部 国家税务总局 证监会关于QFII和RQFII取得中国境内的股票等权益性投资资产转让所得暂免征收企业所得税问题的通知》(财税〔2014〕79号)

解读

一、国际税法的原则及运行规则

在股息的解读里,已经提及涉及跨境征税的问题都需要从国内法和国际法(税收协定)两个层面去考虑。为便于理解先简单介绍国际税收法的基本原则及运行规则,以此帮助大家在今后的实践中正确运用国际税法的解释体系。

当税收行为突破国家的边界涉及两个或两个以上的税收管辖地时,就会面临一些不同于单纯国内税的问题,比如美国A公司将其拥有的专利技术许可给中国B公司使用权时,中国税务机关通过来源地管辖权、美国税务机关通过居民管辖权,两个国家同时对A公司取得特许权使用费主张征税权。但是,如果两国都过度主张各自征税权,A公司就可能无法承受高昂的税负选择不进行跨境交易。因此,需要建立一个规则就解决国际税收的双重征税问题以促进跨境交易的正常进行。这个总的规则包括三个子规则:条约来源规则、税权分配规则、减免规则。

条约来源规则:指税收协定要求缔约国双方对于所得类别适用基本的来源国征税原则。税权分配规则:在此规则下,不同来源的所得被分配给来源国、居民国,或者由双方共享。减免规则:在缔约国双方管辖权发生交叉的情形下,由居民国采用抵免法或免税法消除重复征税。

课税对象首先在"来源地规则"中规定,然后征税权根据"税权分配规则"在缔约国间进行分配,最后通过"减免规则"消除法律上的双重征税。

具体到某个交易中,一般是这样运作的:首先,根据国内税法规定,看依据国内法是否有征税权和如何课税(应税所得和税率),如果有,进入下一个层级的判断。其次,根据税收协定,重新对事实进行分析,看协定如何适用。具体如下:一是依据协定规则对所得进行分类——特别提醒协定的分类,可能与国内法不一致,比如我国企业所得税法中租金所得单列,在税收协定可能被归类为特许权使用费或营业利润;二是根据"条约来源规则"确定来源地——这里需要特别说明,这里的规则不是根据缔约国国内法的规定来确定来源地,而是根据协定的规定确定来源地;三是依据前面对所得的分类,根据"税权分配规则"确定缔约国的征税权。再次,看根据国内税法规定进行的课税(应税所得和税率)是否受到税收协定规则的限制,如果受到限制,应根据这一限制(包括对应税所得和税率的限制)进行课税。最后,如果来源国依据协定征税,那么居民国还应通过免税法或抵免法消除重复征税,此即"减免规则"。

二、直接股权转让的国内法定性

所得税制下只有当所得(利得)实现后方可征税,各国税制不同,收益的实现事件也有不同。最激进的几个国家采用了"盯市法"作为实现事件——该方法类似《企业会计准则》中的"交易性金融资产"将每年的公允价值变动计入当期损益。但是,绝大多数国家仍然采用保守的方法获得对价的交易或将某些无对价的事件视为收益实现。中国属于后者。最基本的收益确认时点是依据《国家税务总局关于贯彻落实企业所得税法若干税收问题的通知》(国税函〔2010〕79号)规定的"企业转让股权收入,应于转让协议生效且完成股权变更手续时"或者《国家税务总局关于非居民企业所得税管理若干问题的公告》(国家税务总局公告2011年第24号)规定的"采取分期付款方式的,应于合同或协议生效且完成股权变更手续时",确认收入的实现。依据此原则,当股权被出售、交换或者以其他方式处置,应当确认股权投资的收益或损失。具体事件主要包括一般转让、合并、分立、划转、清算、减资、回购、以股权出资等。

但是,这并不意味着实现事件发生就要立即确认所得或损失,某些特殊的情况下,该所得或损失可以"递延"或者"豁免"。

"递延"的情形主要包括：一是同时符合《财政部 国家税务总局关于企业重组业务企业所得税处理若干问题的通知》（财税〔2009〕59号）第五条和第七条的特殊性重组，《国家税务总局关于非居民企业股权转让适用特殊性税务处理有关问题的公告》（国家税务总局公告2013年第72号）又扩张了特殊性重组的范围，认为"因境外企业分立、合并导致中国居民企业股权被转让的情形"也适用特殊性重组。二是《财政部 国家税务总局关于促进企业重组有关企业所得税处理问题的通知》（财税〔2014〕109号）规定"100%直接控制的居民企业之间，以及受同一或相同多家居民企业100%直接控制的居民企业之间按账面净值划转股权或资产"符合一定条件时可以暂不确认所得。三是《财政部 国家税务总局关于非货币性资产投资企业所得税政策问题的通知》（财税〔2014〕116号）规定"居民企业（以下简称企业）以非货币性资产对外投资确认的非货币性资产转让所得"可以在"不超过5年期限内"分期确认。

"豁免"的情形主要包括：一是依据《财政部 国家税务总局 证监会关于内地与香港基金互认有关税收政策的通知》（财税〔2015〕125号）的规定，对于香港市场机构投资者通过基金互认买卖内地基金份额取得的转让差价所得，暂免征收所得税。二是依据《财政部 国家税务总局 证监会关于沪港股票市场交易互联互通机制试点有关税收政策的通知》（财税〔2014〕81号）、《财政部 国家税务总局 证监会关于深港股票市场交易互联互通机制试点有关税收政策的通知》（财税〔2016〕127号）的规定，对香港市场机构投资者通过沪港通、深港通投资上交所上市A股取得的转让差价所得，暂免征收所得税。三是依据《财政部 国家税务总局 证监会关于QFII和RQFII取得中国境内的股票等权益性投资资产转让所得暂免征收企业所得税问题的通知》（财税〔2014〕79号）的规定，对于QFII和RQFII（仅指根据《企业所得税法》不构成机构场所或虽构成机构场所但并无实际联系的情形）取得来源于中国境内的股票等权益性投资资产转让所得，自2014年11月17日起暂免征收企业所得税。

这里仅对上述四个文件中最具有争议的《财政部 国家税务总局 证监会关于QFII和RQFII取得中国境内的股票等权益性投资资产转让所得暂免征收企业所得税问题的通知》（财税〔2014〕79号）做简单解读，该文仅仅简单的规定了2014年11月17日QFII和RQFII转让来源于中国的股票收益需要征税，但这个简短的规定是无法满足实践操作的需求的。在征管实践中，我们至少还需要回答以下几个问题：一是QFII和RQFII的主体资格是什么？到底是作为"在中国设立机构场所的非居民企业"还是相反？这涉及适用税率和应纳税所得额的计算，根据《国家税务总局关于中国居民企业向QFII支付股息、红利、利息代扣代缴企业所得税有关问题的通知》（国税函〔2009〕47号，以下简称为国税函〔2009〕47号文件）（对QFII股息征税）的规定，我们可以推论文件的起草者假定QFII不在中国构成机构场所或虽构成机构场所但与所得无实际联系，RQFII则态度不明，但是现实中的情形是否全部满足于上述假定，实际上在彻底清查前下任何结论都是武断的；二是应纳税所得额的计算，假定国税函〔2009〕47号文件的假设成立，则QFII和RQFII都是以单次转让确定收益或损失的，且不允许损失在各次之间进行结转。这对于持续经营有有亏有盈的经营现实,显然是不合理的。三是是否是税收协定的适合主体。如果是,中国与大多数国家的税收协定对持股比例不足25%的转让征税权划归居民国;而QFII和RQFII单支股票最高持股比例为10%,据此中国可能都没有征税权。

比较特殊的是,外商投资企业的外国投资者在经营期内转让股权的税收后果。依据《国家税务总局关于外商投资企业和外国企业原有若干税收优惠政策取消后有关事项处理的通知》(国税发〔2008〕23号)第四条规定:"外商投资企业按照《中华人民共和国外商投资企业和外国企业所得税法》规定享受定期减免税优惠,2008年后,企业生产经营业务性质或经营期发生变化,导致其不符合《中华人民共和国外商投资企业和外国企业所得税法》规定条件的,仍应依据《中华人民共和国外商投资企业和外国企业所得税法》规定补缴其此前(包括在优惠过渡期内)已经享受的定期减免税税款。"这是企业应当重点关注的,现实中也有这样的案例。向日葵(300111)公司2015年8月17日发布公告称,收到绍兴市国家税务局滨海税务分局《申报(缴纳)税款错误更正建议书》。因上市公司外资股东中国香港优创国际投资集团有限公司(以下简称香港优创),通过深交所大宗交易系统转让股权,截至2013年11月22日已不再持有公司股权。因此,向日葵作为外商投资企业实际经营期限未满10年,应补缴2006至2010年已享受的定期减免外商投资企业所得税3 176.7万元。

最后,简单提及的是当股权交易的双方存在关联关系时,应确保交易价格符合独立交易原则,否则存在被调整的税收风险。

三、直接股权转让的税收协定待遇分析

根据前述内容的分析,我们已经知道税收协定的目的之一是限制来源国的征税权,我国的税收协定大多数是依据UN范本为底本,强调来源地的管辖权。在这种模式下,税收协定的第十三条财产收益有两个特别条款值得注意,满足其中任一款,来源国具有征税权。以中新协定为例,第四款规定,缔约国一方居民转让股份取得的收益,如果股份价值的50%以上直接或间接由位于缔约国另一方的不动产构成,可以在缔约国另一方征税。第五款规定,缔约国一方居民转让其在缔约国另一方居民公司或其他法人资本中的股份、参股或其他权利取得的收益,如果该收益人在转让行为前的12个月内,曾经直接或间接参与该公司或其他法人至少25%的资本,可以在该缔约国另一方征税。

分别释之。第四款可以看作是税收协定第六条"不动产所得"的扩展,依据该款只要"被转让公司股份价值50%以上直接或间接"由位于来源国的不动产所组成,来源国可以行使征税权。实际操作时需要注意以下几个问题:一是不动产的范围。二是不动产价值是以账面价值还是公允价值;三是多层持股架构时,如何计算间接持股的不动产价值;四是公司整体价值计算的调整因素。这几个问题直到总局2012年出台了《国家税务总局关于税收协定中财产收益条款有关问题的公告》(国家税务总局公告2012年第59号,以下简称为2012年第59号公告)对中新协定相关条款做出部分修正以后才基本明确。

第五款通俗说居民国在转让其来源国公司股份时,只要该行为发生在前12个月内的任意时点直接或间接持有来源国公司至少25%资本,来源国具有征税权。这里要注意两点;一是任意12个月的任意时点,可以看作反避税规定,防止规则被规避;二是"一致行动人"原则,2012年第59号公告列举了三种将被合并计算持股比例的情形。现实案例如下：福州市和福清市两级国税局人员通过查阅2008年上市公司年报信息、历年股东持股情况,认真分析税收协定政策和中国香港的相关税收法规后,判定中国香港公司并不符合税收协定免税待遇。虽然中国香港公司转让股票前的12个月内只占上市公司股份的15.60%,但从年报上看,该上市公司的第一大股东公司与第二大股东中国香港公司是"行动一致人",这两家股东公司均由某中国香港居民个人100%投资,因此中国香港公司实际控股人、转让股票的最终收益人是该中国香港居民,间接拥有该上市公司38.09%的股份,该公司共减持同一家上市公司原始股2.8亿股,税务机关据此累计征收非居民企业所得税3.79亿元。

8.6.2 重组中的股权转让

一般规定详见11.3.3.3和11.3.4.4。

8.6.2.1 股权转让包括的境外企业的情形

《国家税务总局关于非居民企业股权转让适用特殊性税务处理有关问题的公告》(国家税务总局公告2013年第72号)所称股权转让是指非居民企业发生《财政部 国家税务总局关于企业重组业务企业所得税处理若干问题的通知》(财税〔2009〕59号)第七条第(一)、(二)项规定的情形,即非居民企业向其100%直接控股的另一非居民企业转让其拥有的居民企业股权,没有因此造成以后该项股权转让所得预提税负担变化,且转让方非居民企业向主管税务机关书面承诺在3年(含3年)内不转让其拥有受让方非居民企业的股权的情形和非居民企业向与其具有100%直接控股关系的居民企业转让其拥有的另一居民企业股权的情形。

其中非居民企业向其100%直接控股的另一非居民企业转让其拥有的居民企业股权,没有因此造成以后该项股权转让所得预提税负担变化,且转让方非居民企业向主管税务机关书面承诺在3年(含3年)内不转让其拥有受让方非居民企业的股权的情形包括因境外企业分立、合并导致中国居民企业股权被转让的情形。

依据：《国家税务总局关于非居民企业股权转让适用特殊性税务处理有关问题的公告》(国家税务总局公告2013年第72号)第一条

8.6.2.2 选择特殊性税务处理的备案

非居民企业股权转让选择特殊性税务处理的,应于股权转让合同或协议生效且完成工商变更登记手续30日内进行备案。属于《财政部 国家税务总局关于企业重组业务企业所得税处理若干问题的通知》(财税〔2009〕59号)第七条第(一)项情形的,由转让方向被转让企业所在地所得税主管税务机关备案；属于《财政部 国家税务总局关于企业重组业务企业所得税处理若干问题的通知》(财税〔2009〕59号)第七条第(二)项情形的,由受让方向其所在地所得税主管税务机关备案。

股权转让方或受让方可以委托代理人办理备案事项；代理人在代为办理备案事项时,应向主管税务机关出具备案人的书面授权委托书。

依据：《国家税务总局关于非居民企业股权转让适用特殊性税务处理有关问题的公告》(国家税务总

局公告 2013 年第 72 号)第二条

8.6.2.3 备案资料

股权转让方、受让方或其授权代理人(以下简称备案人)办理备案时应填报以下资料:

(1)《非居民企业股权转让适用特殊性税务处理备案表》。

(2)股权转让业务总体情况说明,应包括股权转让的商业目的、证明股权转让符合特殊性税务处理条件、股权转让前后的公司股权架构图等资料。

(3)股权转让业务合同或协议(外文文本的同时附送中文译本)。

(4)工商等相关部门核准企业股权变更事项证明资料。

(5)截至股权转让时,被转让企业历年的未分配利润资料。

(6)税务机关要求的其他材料。

以上资料已经向主管税务机关报送的,备案人可不再重复报送。其中以复印件向税务机关提交的资料,备案人应在复印件上注明"本复印件与原件一致"字样,并签字后加盖备案人印章;报送中文译本的,应在中文译本上注明"本译文与原文表述内容一致"字样,并签字后加盖备案人印章。

依据:《国家税务总局关于非居民企业股权转让适用特殊性税务处理有关问题的公告》(国家税务总局公告 2013 年第 72 号)第三条

主管税务机关应当按规定受理备案,资料齐全的,应当场在《非居民企业股权转让适用特殊性税务处理备案表》上签字盖章,并退 1 份给备案人;资料不齐全的,不予受理,并告知备案人各应补正事项。

依据:《国家税务总局关于非居民企业股权转让适用特殊性税务处理有关问题的公告》(国家税务总局公告 2013 年第 72 号)第四条

8.6.2.4 税务机关的一般性处理

非居民企业发生股权转让属于《财政部 国家税务总局关于企业重组业务企业所得税处理若干问题的通知》(财税〔2009〕59 号)第七条第(一)项情形的,主管税务机关应当自受理之日起 30 个工作日内就备案事项进行调查核实、提出处理意见,并将全部备案资料以及处理意见层报省(含自治区、直辖市和计划单列市,下同)税务机关。

税务机关在调查核实时,如发现此种股权转让情形造成以后该项股权转让所得预提税负担变化,包括转让方把股权由应征税的国家或地区转让到不征税或低税率的国家或地区,应不予适用特殊性税务处理。

依据:《国家税务总局关于非居民企业股权转让适用特殊性税务处理有关问题的公告》(国家税务总局公告 2013 年第 72 号)第五条

非居民企业股权转让适用特殊性税务处理备案后经调查核实不符合条件的,应调整适用一般性税务处理,按照有关规定缴纳企业所得税。非居民企业股权转让适用特殊性税务处理未进行备案的,税务机关应告知其按照《国家税务总局关于非居民企业股权转让适用特殊性税务处理有关问题的公告》(国家税务总局公告 2013 年第 72 号)第二条、第三条的规定办理备案手续。

依据：《国家税务总局关于非居民企业股权转让适用特殊性税务处理有关问题的公告》（国家税务总局公告2013年第72号）第七条、《国家税务总局关于修改〈非居民企业所得税核定征收管理办法〉等文件的公告》（国家税务总局公告2015年第22号）第三条。

8.6.2.5　符合财税〔2009〕59号文件第七条第（一）项情形的处理

非居民企业发生股权转让属于《财政部　国家税务总局关于企业重组业务企业所得税处理若干问题的通知》（财税〔2009〕59号）第七条第（一）项情形且选择特殊性税务处理的，转让方和受让方不在同一国家或地区的，若被转让企业股权转让前的未分配利润在转让后分配给受让方的，不享受受让方所在国家（地区）与中国签订的税收协定（含税收安排）的股息减税优惠待遇，并由被转让企业按税法相关规定代扣代缴企业所得税，到其所在地所得税主管税务机关申报缴纳。

依据：《国家税务总局关于非居民企业股权转让适用特殊性税务处理有关问题的公告》（国家税务总局公告2013年第72号）第八条。

8.6.2.6　符合财税〔2009〕59号文件第七条第（二）项情形的处理

非居民企业发生股权转让属于《财政部　国家税务总局关于企业重组业务企业所得税处理若干问题的通知》（财税〔2009〕59号）第七条第（二）项情形的，应区分以下两种情形予以处理：

（1）受让方和被转让企业在同一省，按照《国家税务总局关于非居民企业股权转让适用特殊性税务处理有关问题的公告》（国家税务总局公告2013年第72号）第五条规定执行。

（2）受让方和被转让企业不在同一省，受让方所在地省税务机关收到主管税务机关意见后30日内，应向被转让企业所在地省税务机关发出《非居民企业股权转让适用特殊性税务处理告知函》。

依据：《国家税务总局关于非居民企业股权转让适用特殊性税务处理有关问题的公告》（国家税务总局公告2013年第72号）第六条、《国家税务总局关于修改部分税收规范性文件的公告》（国家税务总局公告2018年第31号）。

8.6.2.7　符合财税〔2009〕59号文件第七条第（三）项情形的处理

《财政部　国家税务总局关于企业重组业务企业所得税处理若干问题的通知》（财税〔2009〕59号）第七条第（三）项所指的居民企业以其拥有的资产或股权向其100%直接控股关系的非居民企业进行投资，其资产或股权转让收益如选择特殊性税务处理，可以在10个纳税年度内均匀计入各年度应纳税所得额。

依据：《财政部　国家税务总局关于企业重组业务企业所得税处理若干问题的通知》（财税〔2009〕59号）第八条。

8.6.2.8　其他涉税管理

省税务机关应做好辖区内非居民企业股权转让适用特殊性税务处理的管理工作，于年度终了后30日内向国家税务总局报送《非居民企业股权转让适用特殊性税务处理情况统计表》。

依据：《国家税务总局关于非居民企业股权转让适用特殊性税务处理有关问题的公告》（国家税务总局公告2013年第72号）第九条。

8.6.3 间接转让股权等财产

8.6.3.1 中国居民企业股权财产

《国家税务总局关于非居民企业间接转让财产企业所得税若干问题的公告》(国家税务总局公告 2015 年第 7 号)所称中国居民企业股权等财产,是指非居民企业直接持有,且转让取得的所得按照中国税法规定,应在中国缴纳企业所得税的中国境内机构、场所财产,中国境内不动产,在中国居民企业的权益性投资资产等(以下称中国应税财产)。

依据:《国家税务总局关于非居民企业间接转让财产企业所得税若干问题的公告》(国家税务总局公告 2015 年第 7 号)第一条

8.6.3.2 间接转让中国应税财产

间接转让中国应税财产,是指非居民企业通过转让直接或间接持有中国应税财产的境外企业(不含境外注册中国居民企业,以下称境外企业)股权及其他类似权益(以下称股权),产生与直接转让中国应税财产相同或相近实质结果的交易,包括非居民企业重组引起境外企业股东发生变化的情形。间接转让中国应税财产的非居民企业称股权转让方。

依据:《国家税务总局关于非居民企业间接转让财产企业所得税若干问题的公告》(国家税务总局公告 2015 年第 7 号)第一条

8.6.3.3 政策适用范围

《国家税务总局关于非居民企业间接转让财产企业所得税若干问题的公告》(国家税务总局公告 2015 年第 7 号)适用于在中国境内未设立机构、场所的非居民企业取得的间接转让中国应税财产所得,以及非居民企业虽设立机构、场所但取得与其所设机构、场所没有实际联系的间接转让中国应税财产所得。

股权转让方转让境外企业股权取得的所得(含间接转让中国应税财产所得)与其所设境内机构、场所有实际联系的,无须适用《国家税务总局关于非居民企业间接转让财产企业所得税若干问题的公告》(国家税务总局公告 2015 年第 7 号)规定,应直接按照《企业所得税法》第三条第二款规定征税。

依据:《国家税务总局关于非居民企业间接转让财产企业所得税若干问题的公告》(国家税务总局公告 2015 年第 7 号)第十四条

8.6.3.4 间接转让中国应税财产所得的税务处理

《国家税务总局关于非居民企业间接转让财产企业所得税若干问题的公告》(国家税务总局公告 2015 年第 7 号)第一条规定的股权转让方取得的转让境外企业股权所得归属于中国应税财产的数额(以下称间接转让中国应税财产所得),应按以下顺序进行税务处理:

(1)对归属于境外企业及直接或间接持有中国应税财产的下属企业在中国境内所设机构、场所财产的数额(以下称间接转让机构、场所财产所得),应作为与所设机构、场所有实际联系的所得,按照《企业所得税法》第三条第二款规定征税。

(2) 除适用本条第(1)项规定情形外,对归属于中国境内不动产的数额(以下称间接转让不动产所得),应作为来源于中国境内的不动产转让所得,按《照企业所得税法》第三条第三款规定征税。

(3) 除适用本条第(1)项或第(2)项规定情形外,对归属于在中国居民企业的权益性投资资产的数额(以下称间接转让股权所得),应作为来源于中国境内的权益性投资资产转让所得,按照《企业所得税法》第三条第三款规定征税。

依据:《国家税务总局关于非居民企业间接转让财产企业所得税若干问题的公告》(国家税务总局公告 2015 年第 7 号)第二条

> **热点问题**
>
> 如何理解"股权转让方取得的转让境外企业股权所得归属于中国应税财产的数额"?
>
> 答:如果一项间接转让中国应税财产交易因不具有合理商业目的被调整定性为直接转让中国应税财产交易,则按照《企业所得税法》及其实施条例和《国家税务总局关于非居民企业间接转让财产企业所得税若干问题的公告》(国家税务总局公告 2015 年第 7 号,以下简称 2015 年第 7 号公告)规定可以就间接转让中国应税财产所得征收企业所得税。但如果被转让境外企业股权价值来源包括中国应税财产因素和非中国应税财产因素,则需按照合理方法将转让境外企业股权所得划分为归属于中国应税财产所得和归属于非中国应税财产所得,只需就归属于中国应税财产所得按照 2015 年第 7 号公告调整征税。
>
> 举例说明,一家设立在开曼的境外企业(不属于境外注册中国居民企业)持有中国应税财产和非中国应税财产两项资产,非居民企业转让开曼企业股权所得为 100 万元,假设其中归属于中国应税财产的所得对应为 80 万元,归属于非中国应税财产所得对应为 20 万元。在这种情况下,只就归属于中国应税财产的 80 万元部分适用 2015 年第 7 号公告规定征税;假设其中归属于中国应税财产的所得对应为 120 万元,归属于非中国应税财产的所得对应为 −20 万元,那么即便转让开曼企业股权所得为 100 万元,仍需就归属于中国应税财产的 120 万元适用 2015 年第 7 号公告规定征税。

8.6.3.5 合理商业目的判断因素

判断合理商业目的,应整体考虑与间接转让中国应税财产交易相关的所有安排,结合实际情况综合分析以下相关因素:

(1) 境外企业股权主要价值是否直接或间接来自中国应税财产。

(2) 境外企业资产是否主要由直接或间接在中国境内的投资构成,或其取得的收入是否主要直接或间接来源于中国境内。

(3) 境外企业及直接或间接持有中国应税财产的下属企业实际履行的功能和承担的风险是否能够证实企业架构具有经济实质。

(4) 境外企业股东、业务模式及相关组织架构的存续时间。

(5) 间接转让中国应税财产交易在境外应缴纳所得税情况。

（6）股权转让方间接投资、间接转让中国应税财产交易与直接投资、直接转让中国应税财产交易的可替代性。

（7）间接转让中国应税财产所得在中国可适用的税收协定或安排情况。

（8）其他相关因素。

依据：《国家税务总局关于非居民企业间接转让财产企业所得税若干问题的公告》（国家税务总局公告2015年第7号）第三条

> **热点问题**
>
> 如何判断间接转让中国应税财产交易及安排是否具有合理商业目的？
>
> 答：《国家税务总局关于非居民企业间接转让财产企业所得税若干问题的公告》（国家税务总局公告2015年第7号）第三条列举了判断合理商业目的的相关因素。在实际税收征管处理中，要基于具体交易（含未列明的其他相关因素），按照"实质重于形式"的原则，对交易整体安排和所有要素进行综合分析判断，不应依据单一因素或者部分因素予以认定。所列因素基本含义如下：
>
> 第（一）项和第（二）项因素，要求从被转让的境外企业股权价值来源以及境外企业资产和收入构成判断间接转让交易的主要标的是否为中国应税财产。
>
> 第（三）项因素，要求通过功能风险分析判断被转让的境外企业及下属其他境外中间层公司的经济实质。通常从相关企业股权设置以及人员、财产、收入等经营情况和财务信息入手，分析被转让企业股权与相关企业实际履行功能和承担风险的关联性，及其在企业集团架构中的实质经济意义，但要注意行业差异和特点。
>
> 第（四）项因素，要求从时间间隔上考量间接转让交易及相关安排的筹划痕迹。举例而言，如果境外股权转让方在转让前短时间内搭建了中间层公司并完成间接转让，那么这种交易安排就具有明显的筹划痕迹，非常不利于合理商业目的的判定。
>
> 第（五）项因素，要求从境外应缴税情况判断是否存在跨国税收利益。境外应缴纳所得税情况包括股权转让方在其居民国应缴税情况和被转让方所在地应缴税情况。应缴税情况不仅考虑间接转让交易在境外实际缴纳的税款，还要考虑境外盈亏抵补、亏损结转等影响境外所得税税基的境外税收法律适用情况。如果在股权转让方居民国和被转让方所在地总体应缴纳所得税低于该间接转让交易在我国应缴税数额，那么就可以证明间接转让中国应税财产交易存在跨国税收利益。
>
> 第（六）项因素，要求从直接投资、直接转让中国应税财产交易与间接投资、间接转让中国应税财产交易间的可替代性分析判定间接交易是否存在合理商业实质。可替代性分析要考虑市场准入、交易审查、交易合规和交易目标等多种商业和非商业因素，不应仅凭单一因素（如市场准入限制）予以认定。
>
> 第（七）项因素，要求考虑交易适用税收协定（安排）的影响，包括适用税收协定（安排）的可能性和结果（含反滥用税收协定规则的适用结果）。

8.6.3.6 具有合理商业目的的情形

间接转让中国应税财产同时符合以下条件的，应认定为具有合理商业目的：

(1) 交易双方的股权关系具有下列情形之一：

① 股权转让方直接或间接拥有股权受让方 80% 以上的股权。

② 股权受让方直接或间接拥有股权转让方 80% 以上的股权。

③ 股权转让方和股权受让方被同一方直接或间接拥有 80% 以上的股权。

境外企业股权 50% 以上（不含 50%）价值直接或间接来自中国境内不动产的，本条第(1)项第①②③的持股比例应为 100%。

上述间接拥有的股权按照持股链中各企业的持股比例乘积计算。

(2) 本次间接转让交易后可能再次发生的间接转让交易相比在未发生本次间接转让交易情况下的相同或类似间接转让交易，其中国所得税负担不会减少。

(3) 股权受让方全部以本企业或与其具有控股关系的企业的股权（不含上市企业股权）支付股权交易对价。

依据：《国家税务总局关于非居民企业间接转让财产企业所得税若干问题的公告》（国家税务总局公告 2015 年第 7 号）第六条

> **热点问题**
>
> 怎样判断是否符合《国家税务总局关于非居民企业间接转让财产企业所得税若干问题的公告》（国家税务总局公告 2015 年第 7 号，以下简称 2015 年第 7 号公告）第六条第（二）项规定的条件？
>
> 答：该项要求旨在将以获取更有利的税收结果为目的的集团内部间接转让中国应税财产交易排除在安全港之外。而是否构成以获取更有利的税收结果为目的的集团内部间接转让中国应税财产交易，则通过本次集团内部交易后可能再次发生的间接转让交易与在未发生本次集团内部交易情况下的相同或类似间接转让交易比较税收结果进行测试，凡前者税收结果可能优于后者的，均不能排除本次集团内部间接转让中国应税财产交易不是以获取更有利的税收结果为目的。
>
> 举例而言，如 A 公司为一家非居民企业，将其持有的境外企业 C 公司股权转让给集团内 B 公司（另一家非居民企业），因为 C 公司直接或间接持有中国居民企业 5% 股权，该项交易构成间接转让中国居民企业股权交易，如果 B 公司可以适用的税收协定财产收益条款限制中国对该中国居民企业 5% 股权的直接转让所得征税，而 A 公司可以适用的税收协定财产收益条款则不予限制，那么本次交易后 B 公司可能再次发生的间接转让中国居民企业股权交易因其可以适用的税收协定待遇，可以适用 2015 年第 7 号公告第五条第（二）项规定而不予征税。相比之下，在未发生本次间接转让交易下的相同或类似交易，即由 A 公司转让但与前述 B 公司可能再次发生的间接转让中国居民企业股权交易相同或类似的交易，因 A 公司不能适用同等的税收协定待遇，而得不到同等的税收结果，不能排除本次交易不是以获取更有利的税收结果为目的，该交易就不符合 2015 年第 7 号公告第六条第（二）项规定的条件。
>
> 需要注意的是，即使该集团内部间接转让中国应税财产交易不符合 2015 年第 7 号公告第六条的规定，并不意味着一定会被认定为不具有合理商业目的，是否具有合理商业目的应按照 2015 年第 7 号公告第三条规定判断。

8.6.3.7　不具有合理商业目的的安排的处理

非居民企业通过实施不具有合理商业目的的安排，间接转让中国居民企业股权等财产，规避企业所得税纳税义务的，应按照《企业所得税法》第四十七条的规定，重新定性该间接转让交易，确认为直接转让中国居民企业股权等财产。

依据：《国家税务总局关于非居民企业间接转让财产企业所得税若干问题的公告》（国家税务总局公告 2015 年第 7 号）第一条

8.6.3.8　直接认定为不具有合理商业目的的情形

除 2015 年第 7 号公告第五条和第六条规定的情形外，与间接转让中国应税财产相关的整体安排同时符合以下情形的，无须对 2015 年第 7 号公告第三条进行分析和判断，应直接认定为不具有合理商业目的：

（1）境外企业股权 75% 以上价值直接或间接来自中国应税财产。

（2）间接转让中国应税财产交易发生前一年内任一时点，境外企业资产总额（不含现金）的 90% 以上直接或间接由在中国境内的投资构成，或间接转让中国应税财产交易发生前一年内，境外企业取得收入的 90% 以上直接或间接来源于中国境内。

（3）境外企业及直接或间接持有中国应税财产的下属企业虽在所在国家（地区）登记注册，以满足法律所要求的组织形式，但实际履行的功能及承担的风险有限，不足以证实其具有经济实质。

（4）间接转让中国应税财产交易在境外应缴所得税税负低于直接转让中国应税财产交易在中国的可能税负。

依据：《国家税务总局关于非居民企业间接转让财产企业所得税若干问题的公告》（国家税务总局公告 2015 年第 7 号）第四条

8.6.3.9　不确认为应税财产所得的情形

与间接转让中国应税财产相关的整体安排符合以下情形之一的，不适用 2015 年第 7 号公告第一条的规定：

（1）非居民企业在公开市场买入并卖出同一上市境外企业股权取得间接转让中国应税财产所得。

（2）在非居民企业直接持有并转让中国应税财产的情况下，按照可适用的税收协定或安排的规定，该项财产转让所得在中国可以免予缴纳企业所得税。

依据：《国家税务总局关于非居民企业间接转让财产企业所得税若干问题的公告》（国家税务总局公告 2015 年第 7 号）第五条

> **热点问题**
>
> 如何理解"在公开市场买入并卖出同一上市境外企业股权"规定的含义？
>
> 答：一是买入和卖出交易均应该在公开市场上进行，排除人为控制的可能。由于交易市场处于境外，在交易环境和方式上各地之间会存在较多差异，同一地区也可能存在多个公开交易市场，需要依据各个市场的公开程度进行具体认定。市场的公开程度主要取决于可参与竞价的独立交易主体数量和竞价过程。

> 二是买入并卖出的标的为同一上市公司股票。股权转让方在公开市场卖出的上市公司股份为在公司上市之前或者上市之后通过非公开市场买入，或者股权转让方在公开市场买入上市公司股份后再通过非公开市场卖出该股份，均不符合本项规定的条件。

8.6.3.10 间接转让机构、场所财产所得的归属年度

间接转让机构、场所财产所得按2015年第7号公告规定应缴纳企业所得税的，应计入纳税义务发生之日所属纳税年度该机构、场所的所得，按照有关规定申报缴纳企业所得税。

依据：《国家税务总局关于非居民企业间接转让财产企业所得税若干问题的公告》（国家税务总局公告2015年第7号）第七条

2015年第7号公告所称纳税义务发生之日是指股权转让合同或协议生效，且境外企业完成股权变更之日。

依据：《国家税务总局关于非居民企业间接转让财产企业所得税若干问题的公告》（国家税务总局公告2015年第7号）第十五条

8.6.3.11 扣缴义务人未扣缴或未足额扣缴应纳税款的处理

间接转让不动产所得或间接转让股权所得按照本公告规定应缴纳企业所得税的，依照有关法律规定或者合同约定对股权转让方直接负有支付相关款项义务的单位或者个人为扣缴义务人。

依据：《国家税务总局关于非居民企业间接转让财产企业所得税若干问题的公告》（国家税务总局公告2015年第7号）第八条

按照《企业所得税法》第三十七条的规定应当扣缴的税款，扣缴义务人应扣未扣的，由扣缴义务人所在地主管税务机关依照《中华人民共和国行政处罚法》第二十三条的规定责令扣缴义务人补扣税款，并依法追究扣缴义务人责任；需要向纳税人追缴税款的，由所得发生地主管税务机关依法执行。扣缴义务人所在地与所得发生地不一致的，负责追缴税款的所得发生地主管税务机关应通过扣缴义务人所在地主管税务机关核实有关情况；扣缴义务人所在地主管税务机关应当自确定应纳税款未依法扣缴之日起5个工作日内，向所得发生地主管税务机关发送《非居民企业税务事项联络函》，告知非居民企业涉税事项。

依据：《国家税务总局关于非居民企业所得税源泉扣缴有关问题的公告》（国家税务总局公告2017年第37号）第十二条

8.6.3.12 提交资料

间接转让中国应税财产的交易双方及被间接转让股权的中国居民企业可以向主管税务机关报告股权转让事项，并提交以下资料：

（1）股权转让合同或协议（为外文文本的需同时附送中文译本，下同）。

（2）股权转让前后的企业股权架构图。

（3）境外企业及直接或间接持有中国应税财产的下属企业上两个年度财务、会计

报表。

（4）间接转让中国应税财产交易不适用 2015 年第 7 号公告第一条的理由。

依据：《国家税务总局关于非居民企业间接转让财产企业所得税若干问题的公告》（国家税务总局公告 2015 年第 7 号）第九条

间接转让中国应税财产的交易双方和筹划方，以及被间接转让股权的中国居民企业，应按照主管税务机关要求提供以下资料：

（1）2015 年第 7 号公告第九条规定的资料（已提交的除外）。

（2）有关间接转让中国应税财产交易整体安排的决策或执行过程信息。

（3）境外企业及直接或间接持有中国应税财产的下属企业在生产经营、人员、账务、财产等方面的信息，以及内外部审计情况。

（4）用以确定境外股权转让价款的资产评估报告及其他作价依据。

（5）间接转让中国应税财产交易在境外应缴纳所得税情况。

（6）与适用 2015 年第 7 号公告第五条和第六条有关的证据信息；

（7）其他相关资料。

依据：《国家税务总局关于非居民企业间接转让财产企业所得税若干问题的公告》（国家税务总局公告 2015 年第 7 号）第十条

> **热点问题**
>
> 间接转让中国应税财产交易发生后，纳税人在报告信息和提供资料方面有何义务？
>
> 答：《国家税务总局关于非居民企业间接转让财产企业所得税若干问题的公告》（国家税务总局公告 2015 年第 7 号，以下简称 2015 年第 7 号公告）未对间接转让中国应税财产交易设定强制性的报告义务。2015 年第 7 号公告第九条规定，间接转让中国应税财产的交易双方和被间接转让股权的中国居民企业可以（非强制）向主管税务机关报告该转让事项，并提交相关资料。这与《国家税务总局关于加强非居民企业股权转让所得企业所得税管理的通知》（国税函〔2009〕698 号）相比有较大的改变，一是由强制报告义务变为交易相关方自主选择是否报告信息；二是提交的资料相对简单，属于交易必备资料，无须额外准备，为报告主体提供便利；三是可报告的主体扩展为间接转让中国应税财产的交易双方及被间接转让股权的中国居民企业，利于交易相关方选择合适的报告主体和途径。
>
> 2015 年第 7 号公告第十条还规定，间接转让中国应税财产的交易双方和筹划方，以及被间接转让股权的中国居民企业应按照主管税务机关要求提供相关资料。这是主管税务机关在调查环节要求交易相关方提供资料的权力，也是相关方依法应承担的义务。

8.6.3.13　反避税处理

主管税务机关需对间接转让中国应税财产交易进行立案调查及调整的，应按照一般反避税的相关规定执行。

依据：《国家税务总局关于非居民企业间接转让财产企业所得税若干问题的公告》（国家税务总局公

告 2015 年第 7 号)第十一条

8.6.3.14　税收管辖地

股权转让方通过直接转让同一境外企业股权导致间接转让两项以上中国应税财产,按照 2015 年第 7 号公告的规定应予征税,涉及两个以上主管税务机关的,股权转让方应分别到各所涉主管税务机关申报缴纳企业所得税。

各主管税务机关应相互告知税款计算方法,取得一致意见后组织税款入库;如不能取得一致意见的,应报其共同上一级税务机关协调。

依据:《国家税务总局关于非居民企业间接转让财产企业所得税若干问题的公告》(国家税务总局公告 2015 年第 7 号)第十二条

2015 年第 7 号公告所称的主管税务机关,是指在中国应税财产被非居民企业直接持有并转让的情况下,财产转让所得应纳企业所得税税款的主管税务机关,应分别按照 2015 年第 7 号公告第二条规定的三种情形确定。

依据:《国家税务总局关于非居民企业间接转让财产企业所得税若干问题的公告》(国家税务总局公告 2015 年第 7 号)第十六条

8.6.3.15　税收协定

2015 年第 7 号公告规定与税收协定不一致的,按照税收协定办理。

依据:《国家税务总局关于非居民企业间接转让财产企业所得税若干问题的公告》(国家税务总局公告 2015 年第 7 号)第十八条

解读

间接转让中国应税财产,是指非居民企业通过转让直接或间接持有中国应税财产的境外企业(不含境外注册中国居民企业,以下称境外企业)股权及其他类似权益(以下称股权),产生与直接转让中国应税财产相同或相近实质结果的交易,包括非居民企业重组引起境外企业股东发生变化的情形。根据我国税法规定,非居民企业直接转让中国财产需要缴纳所得税,而间接转让不需要。因此一些纳税人出于税收的目的,将直接转让我国财产的交易包装成间接转让交易,从而规避缴纳我国企业所得税。针对非居民企业通过间接转让股权避税的问题,2009 年 12 月,国家税务总局发布了《国家税务总局关于加强非居民企业股权转让所得企业所得税管理的通知》(国税函〔2009〕698 号),随后发布的《国家税务总局关于非居民企业间接转让财产企业所得税若干问题的公告》(国家税务总局公告 2015 年第 7 号)则是在总结实践的基础上进一步的提升。

直接转让财产是如何被包装成间接转让呢?举例来说,准备进行股权转让的外方股东在其所在地设立一个名义公司 A,然后再在避税地(如英属维尔京群岛)设立一个公司 B。外方股东 100%持有 A 公司的股权,同时 A 公司 100%持有 B 公司的股权,而 B 公司本身不从事任何制造、经销、管理等实质性经营活动,只是单纯持有在我国登记注册的外商投资企业 C 的股权。当外方股东要转让 C 公司的股权,通过表面上直接转让其持有的注册在中国境外 B 公司的股权,来实现对境内 C 公司的实质性转让。由于 C 公司的名义原始股东并没有发生改变,从而逃避了在中国就该项股权转让所得在中国纳税的义务。

8.6.3.16 非居民股权转让实例

一、案情概述

中国香港 A 公司直接转让境内全资子公司 100% 股权给境内 B 公司,税务机关获悉后及时跟进,历时 3 个月跟踪管理服务,辅导扣缴义务人、非居民纳税人按期足额缴纳税款 1.8 亿元人民币。

二、相关事实

2013 年 10 月,中国香港 A 公司与境内 B 公司在中国某市签订"股权出售和购买协议",根据协议中"购买价款和支付"的条款规定,中国香港 A 公司将境内全资子公司 C 的 100% 股权转让给境内 B 公司,股权转让价款由两部分合计构成:24.8 亿元人民币;截止到交易完成日 C 公司净资产金额。其中银行负债包括 C 公司境内银行负债本金 3 亿元人民币;出售方为目标公司运营、建设向境外银行借款包括本金 6 000 万美元和本金 7 000 万新币。以及上述借款的银行利息和其他相关银行费用。上述总负债,从购买价款中直接偿还。协议约定从合同签订之日起至完成 C 公司股权转让工商变更登记之日止,付清所有交易价款。

股权转让示意图如图 8-4 所示。

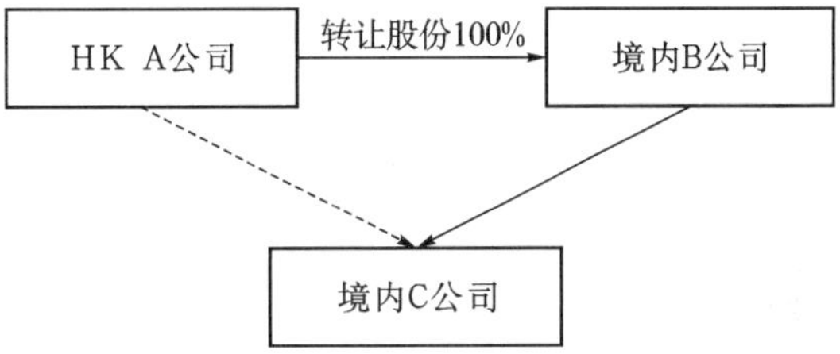

图 8-4 股权转让示意图

三、案件处理

(一)税法宣传,主动跟进

税务机关积极建立广泛的涉税信息收集渠道,包括政府职能部门、区政府和街道税源部门、公开信息收集机制等,因此,中国香港 A 公司在政府职能部门办理股权转让事宜时,街道税源办知晓信息后,第一时间与属地局沟通,税务机关获悉后,迅速派国际税收专业团队跟进,与纳税人、扣缴义务人多次沟通,展开 3 个月的全程跟踪管理服务。

(二)多次沟通,存在分歧

从股权转让交易开始税务机关与中国香港 A 公司就相关涉税事项进行了多次沟通,A 公司对从中国境内取得股权转让所得应在中国境内缴纳税款并无异议,但对相关政策存在以下三点分歧:

(1)股权转让价款的确定。

外方认为本次收购为承债式收购,而非资产收购,指出被转让 C 公司以及中国香港 A 公司为目标公司运营、建设存在相应的境内外银行借款,应从转让价款中扣减该三笔银行借款。

(2)股权转让成本的确定。

出让方中国香港 A 公司提出被转让境内 C 公司是 A 公司的新加坡总公司从第三方收购的,希望可以使用此前从第三方购入的成本作为本次股权转让成本。

(3)币种的确定。

中国香港 A 公司 1994 年 11 月以美元进行投资,他们认为应将当时投入的美元以当时的汇率换算成人民币,作为股权转让成本扣除。此后 A 公司于 2013 年 12 月进行了企业注册登记类型的工商登记变更,由原来的外资企业变更为内资企业,企业认为此时应按变更后的注册资本确定币种。

(三)认真研究,明确政策

根据纳税人提出的疑义,税务机关结合相关税收政策向外方耐心地逐条进行解读:

(1)股权转让价款确认的问题。

① 出售方为目标公司运营向境外银行借款6 000万美元和7 000万新币不得扣除。因为借款方是C公司的股东A,两者不是同一主体,出售方借款不在C公司资产负债表中,不是净资产的组成项目,故不得扣除。

② 被转让C公司的境内银行借款可以从A公司收取的转让价款中扣减。协议中提及这是一个承债式股权收购,一般是为了防止因转让前公司的债权债务纠纷,而让老股东对原债权债务兜底的技术处理。《国家税务总局关于股权转让收入征收个人所得税问题的批复》(国税函〔2007〕244号)就个人所得税股权转让中已经做出明确规定,原理相同。

(2)转让成本的确定。

经了解,中国香港A公司是其新加坡总部Y公司当时从某独立第三方的英属维尔京群岛(BVI)X公司收购的,该转让属于《国家税务总局关于加强非居民企业股权转让所得企业所得税管理的通知》(国税函〔2009〕698号,以下简称国税函〔2009〕698号文件,于2017年12月1日废除,下同)规定的间接转让行为。该转让发生在2008年,当地国税在2010年依据国税函〔2009〕698号文件对其追征税款。

2008年转让示意图如8-5所示。

问题:该间接转让已被征税,则本次转让成本又如何确定呢?

根据前述,境内C公司在2010年被间接转让并被在中国征税,但是如图8-5所示,形式上增加的新加坡Y公司持有中国香港A公司的股权成本,而A公司持有境内C公司成本并未发生变化。在本次转让中,中国香港A公司将其持有C公司

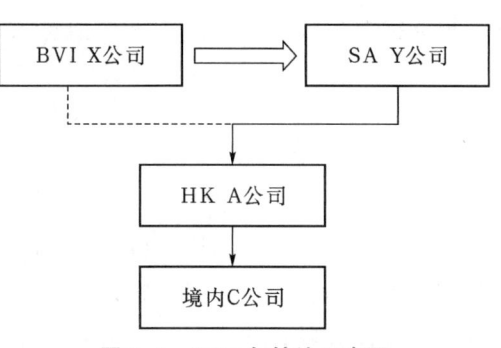

图8-5 2008年转让示意图

100%股权转让给境内B公司,是否考虑前次间接转让的成本是个非常重要的问题:

从防止重复征税的角度考虑,如果不认前次转让的成本,则对前次转让的所得征了两次税;从"穿透"的角度考虑,前次转让否定了中间公司的存在,本次转让也应从整个架构上考虑转让成本。

但是如果考虑收购成本,在基层执法中又存在执法风险,即形式上前次转让增加的是新加坡Y公司持有中国香港A公司的股权成本,现行文件也并未明确转让成本应如何确认。

(3)币种的确定。

根据国税函〔2009〕698号文件规定,在计算股权转让所得时,以非居民企业向被转让

股权的中国居民企业投资时或向原投资方购买该股权时的币种计算股权转让价和股权成本价。C公司的初始注册资本为9 000万美元,因此,应按投资时的币种美元及汇率确定本次转让成本。

(四)税款入库

经过多次的沟通约谈,中国香港A公司表示对相关税收政策的理解,愿意配合税务机关工作,由境内B公司代扣代缴股权转让预提企业所得税1.8亿元人民币,自行申报缴纳印花税129万元人民币。

四、案件启示

(1)本案表面虽然是股权转让交易,但实质是出售物业,纳税人通过股权转让的税收筹划,回避了营业税、土地增值税等涉税问题。虽然早在2000年总局就出台了《国家税务总局关于以转让股权名义转让房地产行为征收土地增值税问题的批复》(国税函〔2000〕687号)答复广西地税,对名为股权转让实质为出售不动产的行为,应按土地增值税的规定征税。但因文件先天不足,截至目前大部分地区税务机关并不主张依此征税。现在类似的税收筹划案例越来越多,为了防止国家税收流失,建议在《税收征收管理法》中完善一般反避税规则。

(2)居民企业发生两次及以上被间接转让的情况,建议在后续文件中作出如下特别规定:①对于境外转让方从另一境外投资方受让间接持有居民企业股权的行为,如果境外投资方已经缴纳中国企业所得税的,则以受让价款作为境外转让方的股权成本价。②如果间接转让方属于与中国签订税收协定的对方居民企业,且符合免税条件的,应视同已缴纳中国企业所得税,即应以第一次转让价作为第二次转让的成本价。③对于上层控股方间接转让时已征收企业所得税,其下层控股方再次发生间接转让时,应以上层控股方转让时的售价作为本次转让的成本价,以避免重复征税。

8.6.4 土地使用权转让所得

非居民企业在中国境内未设立机构、场所而转让中国境内土地使用权,或者虽设立机构、场所但取得的土地使用权转让所得与其所设机构、场所没有实际联系的,应以其取得的土地使用权转让收入总额减除计税基础后的余额作为土地使用权转让所得计算缴纳企业所得税,并由扣缴义务人在支付时代扣代缴。

依据:《国家税务总局关于非居民企业所得税管理若干问题的公告》(国家税务总局公告2011年第24号)第三条

8.7 服务贸易等项目对外支付税务备案

8.7.1 备案的范围

境内机构和个人向境外单笔支付等值5万美元以上(不含等值5万美元,下同)下列外汇资金,除《国家税务总局 国家外汇管理局关于服务贸易等项目对外支付税务备案有关问题的公告》（国家税务总局　国家外汇管理局公告 2013 年第 40 号，以下简称 2013 年第 40 号公告）第三条规定的情形外，均应向所在地主管税务机关进行税务备案：

（1）境外机构或个人从境内获得的包括运输、旅游、通信、建筑安装及劳务承包、保险服务、金融服务、计算机和信息服务、专有权利使用和特许、体育文化和娱乐服务、其他商业服务、政府服务等服务贸易收入。

（2）境外个人在境内的工作报酬，境外机构或个人从境内获得的股息、红利、利润、直接债务利息、担保费以及非资本转移的捐赠、赔偿、税收、偶然性所得等收益和经常转移收入。

（3）境外机构或个人从境内获得的融资租赁租金、不动产的转让收入、股权转让所得以及外国投资者其他合法所得。

外国投资者以境内直接投资合法所得在境内再投资单笔 5 万美元以上的，应按照本规定进行税务备案。

依据：《国家税务总局　国家外汇管理局关于服务贸易等项目对外支付税务备案有关问题的公告》（国家税务总局　国家外汇管理局公告 2013 年第 40 号）第一条、《国家税务总局关于修改部分税收规范性文件的公告》（国家税务总局公告 2018 年第 31 号）

8.7.2　备案时提交的资料

境内机构和个人（以下称备案人）在办理对外支付税务备案时，应向主管税务机关提交加盖公章的合同（协议）或相关交易凭证复印件（外文文本应同时附送中文译本），并填报《服务贸易等项目对外支付税务备案表》（一式三份，以下简称《备案表》）。

同一笔合同需要多次对外支付的，备案人须在每次付汇前办理税务备案手续，但只需在首次付汇备案时提交合同（协议）或相关交易凭证复印件。

依据：《国家税务总局　国家外汇管理局关于服务贸易等项目对外支付税务备案有关问题的公告》（国家税务总局　国家外汇管理局公告 2013 年第 40 号）第二条、《国家税务总局关于修改部分税收规范性文件的公告》（国家税务总局公告 2018 年第 31 号）

8.7.3　无须办理备案的支付项目

境内机构和个人对外支付下列外汇资金，无须办理和提交《备案表》：
（1）境内机构在境外发生的差旅、会议、商品展销等各项费用。
（2）境内机构在境外代表机构的办公经费，以及境内机构在境外承包工程的工程款。
（3）境内机构发生在境外的进出口贸易佣金、保险费、赔偿款。
（4）进口贸易项下境外机构获得的国际运输费用。
（5）保险项下保费、保险金等相关费用。
（6）从事运输或远洋渔业的境内机构在境外发生的修理、油料、港杂等各项费用。
（7）境内旅行社从事出境旅游业务的团费以及代订、代办的住宿、交通等相关费用。
（8）亚洲开发银行和世界银行集团下属的国际金融公司从我国取得的所得或收入，包括投资合营企业分得的利润和转让股份所得、在华财产（含房产）出租或转让收入以及贷款给我国境内机构取得的利息。

（9）外国政府和国际金融组织向我国提供的外国政府（转）贷款［含外国政府混合（转）贷款］和国际金融组织贷款项下的利息。本项所称国际金融组织是指国际货币基金组织、世界银行集团、国际开发协会、国际农业发展基金组织、欧洲投资银行等。

（10）外汇指定银行或财务公司自身对外融资如境外借款、境外同业拆借、海外代付以及其他债务等项下的利息。

（11）我国省级以上国家机关对外无偿捐赠援助资金。

（12）境内证券公司或登记结算公司向境外机构或境外个人支付其依法获得的股息、红利、利息收入及有价证券卖出所得收益。

（13）境内个人境外留学、旅游、探亲等因私用汇。

（14）境内机构和个人办理服务贸易、收益和经常转移项下退汇。

（15）国家规定的其他情形。

依据：《国家税务总局 国家外汇管理局关于服务贸易等项目对外支付税务备案有关问题的公告》（国家税务总局 国家外汇管理局公告2013年第40号）第三条

境外个人办理服务贸易、收益和经常转移项下对外支付，应按照个人外汇管理的相关规定办理。

依据：《国家税务总局 国家外汇管理局关于服务贸易等项目对外支付税务备案有关问题的公告》（国家税务总局 国家外汇管理局公告2013年第40号）第四条

8.7.4 备案管理

备案人可通过以下方法获取《备案表》：

(1) 在主管税务机关办税服务厅窗口领取。

(2) 从主管税务机关官方网站下载。

依据：《国家税务总局 国家外汇管理局关于服务贸易等项目对外支付税务备案有关问题的公告》（国家税务总局 国家外汇管理局公告2013年第40号）第五条、《国家税务总局关于修改部分税收规范性文件的公告》（国家税务总局公告2018年第31号）

备案人提交的资料齐全、《备案表》填写完整的，主管税务机关无须当场进行纳税事项审核，应编制《备案表》流水号，在《备案表》上盖章，一份当场退还备案人，一份留存。

《备案表》流水号具体格式为：年份（2位）＋税务机关代码（6位）＋顺序号（6位）。"年份"指公历年度后两位数字，"顺序号"为本年度的自然顺序号。

依据：《国家税务总局 国家外汇管理局关于服务贸易等项目对外支付税务备案有关问题的公告》（国家税务总局 国家外汇管理局公告2013年第40号）第六条、《国家税务总局关于修改部分税收规范性文件的公告》（国家税务总局公告2018年第31号）

备案人完成税务备案手续后，持主管税务机关盖章的《备案表》，按照外汇管理的规定，到外汇指定银行办理付汇审核手续。

依据：《国家税务总局 国家外汇管理局关于服务贸易等项目对外支付税务备案有关问题的公告》（国家税务总局 国家外汇管理局公告2013年第40号）第七条、《国家税务总局关于修改部分税收规范性文件的公告》（国家税务总局公告2018年第31号）

主管税务机关或地税机关应自收到《备案表》后15个工作日内，对备案人提交的《备

案表》及所附资料进行审查,并可要求备案人进一步提供相关资料。审查的内容包括:

(1) 备案信息与实际支付项目是否一致。

(2) 对外支付项目是否已按规定缴纳各项税款。

(3) 申请享受减免税待遇的,是否符合相关税收法律法规和税收协定(安排)的规定。

依据:《国家税务总局国家外汇管理局〈关于服务贸易等项目对外支付税务备案有关问题的公告〉国家税务总局公告2013年第40号》第八条、《国家税务总局关于修改部分税收规范性文件的公告》(国家税务总局公告2018年第31号)

主管税务机关审查发现对外支付项目未按规定缴纳税款的,应书面告知纳税人或扣缴义务人履行申报纳税或源泉扣缴义务,依法追缴税款,按照税收法律法规的有关规定实施处罚。

依据:《国家税务总局 国家外汇管理局关于服务贸易等项目对外支付税务备案有关问题的公告》(国家税务总局 国家外汇管理局公告2013年第40号)第九条

主管税务机关应加强对外支付税务备案事项的管理,及时统计对外支付备案情况及税收征管情况,填写《服务贸易等项目对外支付税务备案情况年度统计表》,并于次年1月31日前层报税务总局(国际税务司)。

依据:《国家税务总局 国家外汇管理局关于服务贸易等项目对外支付税务备案有关问题的公告》(国家税务总局 国家外汇管理局公告2013年第40号)第十条、《国家税务总局关于修改部分税收规范性文件的公告》(国家税务总局公告2018年第31号)

【解读】

对外支付税务证明制度是我国税务机关加强跨境税源管理的重要手段,随着近几年我国服务贸易外汇收支规模的不断增长,境内机构和个人对外汇支付便利性的需求不断提高。为加强跨境税源管理,进一步便利境内机构和个人对外支付,国家税务总局和外汇管理局联合下发2013年第40号公告。

2013年第40号公告主要解决三个方面问题:一是为境内机构和个人对外付汇提供便利;二是督促纳税人和扣缴义务人依法履行申报纳税和源泉扣缴义务;三是督促各级税务机关主动挖掘非居民税源,拓展信息渠道,不断提升非居民税收征管水平。

同时,税务部门和外汇管理部门将进一步加强税务信息和外汇信息的监管和共享,对发现的异常、可疑线索及时沟通,共同打击各种骗汇和逃避税行为。

2013年第40号公告整合了此前关于对外支付的相关文件,取消了对外支付开具税务证明的要求,保留了部分无须进行备案的情形,增加了督促履行法定义务、依法加强监管等内容,主要如下:

(1) 明确了对外支付需要进行税务备案的情形。

总的来说,境内机构和个人向境外单笔支付等值5万美元以上(不含等值5万美元)外汇资金,以及外国投资者境内合法所得汇出或以境内合法所得在境内再投资,除了规定的无须备案的情形外,均须进行备案。为方便税务机关、付汇银行以及备案人对支付项目的理解,2013年第40号公告第一条对需要进行税务备案的情形做了正面列举,但应注意,这些列举不是穷尽的,究竟哪些支付项目不需进行税务备案,还要看2013年第40号公告第三条的除外情形。

（2）规范和简化对外支付税务备案程序。

首先，备案人仅需向所在地主管税务机关进行备案，以进一步简化程序，减轻纳税人负担。

其次，简化备案人应提供的资料。境内机构和个人进行对外支付税务备案时，仅需向税务机关提供加盖公章的合同（协议）复印件，如果没有合同（协议）的（如合格境外投资者对外支付其投资收益等项目），可提供相关交易凭证复印件。

此外，2013年第40号公告明确规定税务机关当场无须对纳税事项进行审核，而只在《备案表》上盖章，《备案表》中也不体现有关纳税事项的内容。这样既可保证对外付汇的效率，也可使税务机关及税务人员打消承担失察责任的顾虑。

（3）对境内支付人和税务机关提出要求。

首先，付汇的境内机构和个人要自觉遵从税收法律法规，依法履行申报纳税、源泉扣缴或资料报告义务。这体现了优化纳税服务的宗旨，信任纳税人能够自我遵从，自行申报。当然，未履行义务的纳税人或扣缴义务人将依法承担相应的法律责任。

其次，税务机关要加强对备案事项的事前管理和事后审核。税务机关应转变工作思路，在管理非居民税源时，不应仅仅依赖对外支付信息，而应在日常管理中下大功夫，做到非居民税收管理专业化、常规化。在此基础上，不断拓展信息渠道，研究更加行之有效的非居民税收征管手段。同时，对于备案事项，加大事后审核力度，如发现对外支付项目未按规定缴纳税款的，除依法追缴税款外，还应按税收征收管理法的有关规定予以处理。

最后，各级税务机关要充分利用好备案信息，加强对《备案表》的管理，及时统计对外支付备案情况及税收征管情况，按年度层报税务总局。

在执行中应注意以下问题：

首先，税务机关应在备案人提交《备案表》时当场盖章，不做有关纳税事项的审核，这既是方便付汇的要求，也是提醒税务机关不能仅依赖于对外支付信息监控非居民税源，而应注重加强备案事项的事前管理和事后审核。

其次，境内机构和个人对外支付国际运输收入亦应遵从2013年第40号公告。为统一和规范各类对外支付的税务管理，取消了原对国际运输业务对外支付的相关规定，统一遵从2013年第40号公告的规定。

最后，对外支付的境内机构和个人不应存有侥幸心理，税务机关不当场审核纳税事项不等于不履行管理职责，而是把审核工作转移到备案之后。备案人在未履行法定的税务登记、申报纳税、源泉扣缴或资料报告义务的情况下，进行对外支付税务备案，将面临承担法律责任的风险。税务机关发现备案事项未依法履行纳税义务的，将严格按照税收征收管理法的有关规定追缴税款并实施处罚。

8.8 非居民纳税人享受税收协定待遇管理

8.8.1 适用范围

在中国发生纳税义务的非居民纳税人需要享受协定待遇的，适用《非居民纳税人享受协定待遇管理办法》。

《非居民纳税人享受协定待遇管理办法》所称协定包括税收协定和国际运输协定。国际运输协定包括中华人民共和国政府签署的航空协定、海运协定、道路运输协定、汽车运输协定、互免国际运输收入税收协议或换函以及其他关于国际运输的协定。

《非居民纳税人享受协定待遇管理办法》所称协定待遇，是指按照协定可以减轻或者免除按照国内税收法律规定应当履行的企业所得税、个人所得税纳税义务。

依据：《非居民纳税人享受协定待遇管理办法》（国家税务总局公告2019年第35号印发）第二条、第四条

8.8.2 自行享受协定待遇

非居民纳税人享受协定待遇，采取"自行判断、申报享受、相关资料留存备查"的方式办理。非居民纳税人自行判断符合享受协定待遇条件的，可在纳税申报时，或通过扣缴义务人在扣缴申报时，自行享受协定待遇，同时按照本办法的规定归集和留存相关资料备查，并接受税务机关后续管理。

依据：《非居民纳税人享受协定待遇管理办法》（国家税务总局公告2019年第35号印发）第三条

《非居民纳税人享受协定待遇管理办法》所称非居民纳税人，是指按照税收协定居民条款规定应为缔约对方税收居民的纳税人。

《非居民纳税人享受协定待遇管理办法》所称扣缴义务人，是指按国内税收法律规定，对非居民纳税人来源于中国境内的所得负有扣缴税款义务的单位或个人，包括法定扣缴义务人和企业所得税法规定的指定扣缴义务人。

《非居民纳税人享受协定待遇管理办法》所称主管税务机关，是指按国内税收法律规定，对非居民纳税人在中国的纳税义务负有征管职责的税务机关。

依据：《非居民纳税人享受协定待遇管理办法》（国家税务总局公告2019年第35号印发）第四条

8.8.3 自行判断能否享受协定待遇

居民纳税人自行申报的，自行判断符合享受协定待遇条件且需要享受协定待遇，应在申报时报送《非居民纳税人享受协定待遇信息报告表》，并按照《非居民纳税人享受协定待遇管理办法》第七条的规定归集和留存相关资料备查。

依据：《非居民纳税人享受协定待遇管理办法》（国家税务总局公告2019年第35号印发）第五条

在源泉扣缴和指定扣缴情况下，非居民纳税人自行判断符合享受协定待遇条件且需要享受协定待遇的，应当如实填写《非居民纳税人享受协定待遇信息报告表》，主动提交给扣缴义务人，并按照《非居民纳税人享受协定待遇管理办法》第七条的规定归集和留存相关资料备查。

扣缴义务人收到《非居民纳税人享受协定待遇信息报告表》后，确认非居民纳税人填报信息完整的，依国内税收法律规定和协定规定扣缴，并如实将《非居民纳税人享受协定待遇信息报告表》作为扣缴申报的附表报送主管税务机关。

非居民纳税人未主动提交《非居民纳税人享受协定待遇信息报告表》给扣缴义务人或填报信息不完整的，扣缴义务人依国内税收法律规定扣缴。

依据:《非居民纳税人享受协定待遇管理办法》(国家税务总局公告 2019 年第 35 号印发)第六条

8.8.4 留存备查资料

《非居民纳税人享受协定待遇管理办法》所称留存备查资料包括:

(1) 由协定缔约对方税务主管当局开具的证明非居民纳税人取得所得的当年度或上一年度税收居民身份的税收居民身份证明;享受税收协定国际运输条款或国际运输协定待遇的,可用能够证明符合协定规定身份的证明代替税收居民身份证明。

(2) 与取得相关所得有关的合同、协议、董事会或股东会决议、支付凭证等权属证明资料。

(3) 享受股息、利息、特许权使用费条款协定待遇的,应留存证明"受益所有人"身份的相关资料。

(4) 非居民纳税人认为能够证明其符合享受协定待遇条件的其他资料。

依据:《非居民纳税人享受协定待遇管理办法》(国家税务总局公告 2019 年第 35 号印发)第七条

非居民纳税人对《非居民纳税人享受协定待遇信息报告表》填报信息和留存备查资料的真实性、准确性、合法性承担法律责任。

依据:《非居民纳税人享受协定待遇管理办法》(国家税务总局公告 2019 年第 35 号印发)第八条

非居民纳税人享受协定待遇留存备查资料应按照《税收征收管理法》及其实施细则规定的期限保存。

依据:《非居民纳税人享受协定待遇管理办法》(国家税务总局公告 2019 年第 35 号印发)第十一条

8.8.5 纳税人补税及退税

非居民纳税人发现不应享受而享受了协定待遇,并少缴或未缴税款的,应当主动向主管税务机关申报补税。

依据:《非居民纳税人享受协定待遇管理办法》(国家税务总局公告 2019 年第 35 号印发)第九条

非居民纳税人可享受但未享受协定待遇而多缴税款的,可在《税收征收管理法》规定期限内自行或通过扣缴义务人向主管税务机关要求退还多缴税款,同时提交《非居民纳税人享受协定待遇管理办法》第七条规定的资料。

主管税务机关应当自接到非居民纳税人或扣缴义务人退还多缴税款申请之日起 30 日内查实,对符合享受协定待遇条件的多缴税款办理退还手续。

依据:《非居民纳税人享受协定待遇管理办法》(国家税务总局公告 2019 年第 35 号印发)第十条

《非居民纳税人享受协定待遇管理办法》第十条所述查实时间不包括非居民纳税人或扣缴义务人补充提供资料、个案请示、相互协商、情报交换的时间。税务机关因上述原因延长查实时间的,应书面通知退税申请人相关决定及理由。

依据:《非居民纳税人享受协定待遇管理办法》(国家税务总局公告 2019 年第 35 号印发)第二十条

8.8.6 税务机关后续管理

8.8.6.1 限期提供资料

各级税务机关应当对非居民纳税人享受协定待遇开展后续管理,准确执行协定,防范协定滥用和逃避税风险。

> 依据:《非居民纳税人享受协定待遇管理办法》(国家税务总局公告2019年第35号印发)第十二条

主管税务机关在后续管理时,可要求非居民纳税人限期提供留存备查资料。

主管税务机关在后续管理或税款退还查实工作过程中,发现依据《非居民纳税人享受协定待遇管理办法》第七条规定的资料不足以证明非居民纳税人符合享受协定待遇条件,或非居民纳税人存在逃避税嫌疑的,可要求非居民纳税人或扣缴义务人限期提供相关资料并配合调查。

> 依据:《非居民纳税人享受协定待遇管理办法》(国家税务总局公告2019年第35号印发)第十三条

《非居民纳税人享受协定待遇管理办法》规定的资料原件为外文文本的,按照主管税务机关要求提供时,应当附送中文译本,并对中文译本的准确性和完整性负责。

非居民纳税人、扣缴义务人可以向主管税务机关提供资料复印件,但是应当在复印件上标注原件存放处,加盖报告责任人印章或签章。主管税务机关要求报验原件的,应报验原件。

> 依据:《非居民纳税人享受协定待遇管理办法》(国家税务总局公告2019年第35号印发)第十四条

8.8.6.2 拒绝提供资料的处理

非居民纳税人、扣缴义务人应配合主管税务机关进行非居民纳税人享受协定待遇的后续管理与调查。非居民纳税人、扣缴义务人均未按照税务机关要求提供相关资料,或逃避、拒绝、阻挠税务机关进行后续调查,主管税务机关无法查实其是否符合享受协定待遇条件的,应视为不符合享受协定待遇条件。

> 依据:《非居民纳税人享受协定待遇管理办法》(国家税务总局公告2019年第35号印发)第十五条

8.8.6.3 后续管理中追缴税款

非居民纳税人不符合享受协定待遇条件而享受了协定待遇且未缴或少缴税款的,除因扣缴义务人未按《非居民纳税人享受协定待遇管理办法》第六条规定扣缴申报外,视为非居民纳税人未按照规定申报缴纳税款,主管税务机关依法追缴税款并追究非居民纳税人延迟纳税责任。在扣缴情况下,税款延迟缴纳期限自扣缴申报享受协定待遇之日起计算。

> 依据:《非居民纳税人享受协定待遇管理办法》(国家税务总局公告2019年第35号印发)第十六条

扣缴义务人未按《非居民纳税人享受协定待遇管理办法》第六条规定扣缴申报,或者未按《非居民纳税人享受协定待遇管理办法》第十三条规定提供相关资料,发生不符合享受协定待遇条件的非居民纳税人享受协定待遇且未缴或少缴税款情形的,主管税务机关依据有关规定追究扣缴义务人责任,并责令非居民纳税人限期缴纳税款。

> 依据:《非居民纳税人享受协定待遇管理办法》(国家税务总局公告2019年第35号印发)第十七条

依据《企业所得税法》第三十九条的规定,非居民纳税人未依法缴纳税款的,主管税务机关可以从该非居民纳税人在中国境内其他收入项目的支付人应付的款项中,追缴该非居民纳税人的应纳税款。

> 依据:《非居民纳税人享受协定待遇管理办法》(国家税务总局公告2019年第35号印发)第十八条

8.8.6.4 向上级报告及启动相互协商或情报交换程序

主管税务机关在后续管理或税款退还查实工作过程中,发现不能准确判定非居民纳税人是否可以享受协定待遇的,应当向上级税务机关报告;需要启动相互协商或情报交换程序的,按有关规定启动相应程序。

依据:《非居民纳税人享受协定待遇管理办法》(国家税务总局公告2019年第35号印发)第十九条

8.8.6.5 适用一般反避税相关规定

主管税务机关在后续管理过程中,发现需要适用税收协定主要目的测试条款或国内税收法律规定中的一般反避税规则的,适用一般反避税相关规定。

依据:《非居民纳税人享受协定待遇管理办法》(国家税务总局公告2019年第35号印发)第二十一条

8.8.6.6 建立信用档案

主管税务机关应当对非居民纳税人不当享受协定待遇情况建立信用档案,并采取相应后续管理措施。

依据:《非居民纳税人享受协定待遇管理办法》(国家税务总局公告2019年第35号印发)第二十二条

8.8.7 执行时间

《非居民纳税人享受协定待遇管理办法》自2020年1月1日起施行。《非居民纳税人享受税收协定待遇管理办法》(国家税务总局公告2015年第60号发布,国家税务总局公告2018年第31号修改)同时废止。

依据:《非居民纳税人享受协定待遇管理办法》(国家税务总局公告2019年第35号印发)第二十五条

协定与《非居民纳税人享受协定待遇管理办法》规定不同的,按协定执行。

依据:《非居民纳税人享受协定待遇管理办法》(国家税务总局公告2019年第35号印发)第二十三条

非居民纳税人需要享受内地与香港、澳门特别行政区签署的避免双重征税安排待遇的,按照《国家税务总局关于发布〈非居民纳税人享受协定待遇管理办法〉的公告》(国家税务总局公告2019年第35号)执行。

依据:《非居民纳税人享受协定待遇管理办法》(国家税务总局公告2019年第35号印发)第二十四条

第9章 特别纳税调整

9.1 特别纳税调整的情形及方式

9.1.1 税务机关可以调整其应纳税额的情形

企业或者外国企业在中国境内设立的从事生产、经营的机构、场所与其关联企业之间的业务往来,应当按照独立企业之间的业务往来收取或者支付价款、费用;不按照独立企业之间的业务往来收取或者支付价款、费用,而减少其应纳税的收入或者所得额的,税务机关有权进行合理调整。

依据:《中华人民共和国税收征收管理法》第三十六条

纳税人与其关联企业之间的业务往来有下列情形之一的,税务机关可以调整其应纳税额:

(1) 购销业务未按照独立企业之间的业务往来作价。

(2) 融通资金所支付或者收取的利息超过或者低于没有关联关系的企业之间所能同意的数额,或者利率超过或者低于同类业务的正常利率。

(3) 提供劳务,未按照独立企业之间业务往来收取或者支付劳务费用。

(4) 转让财产、提供财产使用权等业务往来,未按照独立企业之间业务往来作价或者收取、支付费用。

(5) 未按照独立企业之间业务往来作价的其他情形。

依据:《中华人民共和国税收征收管理法实施细则》第五十四条

企业与其关联方之间的业务往来,不符合独立交易原则而减少企业或者其关联方应纳税收入或者所得额的,税务机关有权按照合理方法调整。

企业与其关联方共同开发、受让无形资产,或者共同提供、接受劳务发生的成本,在计算应纳税所得额时应当按照独立交易原则进行分摊。

依据:《中华人民共和国企业所得税法》第四十一条

企业实施其他不具有合理商业目的的安排而减少其应纳税收入或者所得额的,税务机关有权按照合理方法调整。

依据:《中华人民共和国企业所得税法》第四十七条

9.1.2 税务机关调整计税收入额或者所得额的方法

纳税人有《中华人民共和国税收征收管理法实施细则》(以下简称《税收征收管理法实施细则》)第五十四条所列情形之一的,税务机关可以按照下列方法调整计税收入额或者所得额:

(1) 按照独立企业之间进行的相同或者类似业务活动的价格。
(2) 按照再销售给无关联关系的第三者的价格所应取得的收入和利润水平。
(3) 按照成本加合理的费用和利润。
(4) 按照其他合理的方法。

依据:《中华人民共和国税收征收管理法实施细则》第五十五条

《企业所得税法》第四十一条所称合理方法,包括:

(1) 可比非受控价格法,是指按照没有关联关系的交易各方进行相同或者类似业务往来的价格进行定价的方法。
(2) 再销售价格法,是指按照从关联方购进商品再销售给没有关联关系的交易方的价格,减除相同或者类似业务的销售毛利进行定价的方法。
(3) 成本加成法,是指按照成本加合理的费用和利润进行定价的方法。
(4) 交易净利润法,是指按照没有关联关系的交易各方进行相同或者类似业务往来取得的净利润水平确定利润的方法。
(5) 利润分割法,是指将企业与其关联方的合并利润或者亏损在各方之间采用合理标准进行分配的方法。
(6) 其他符合独立交易原则的方法。

依据:《中华人民共和国企业所得税法实施条例》第一百一十一条

9.1.3 税务机关进行纳税调整的追溯期

纳税人与其关联企业未按独立企业之间的业务往来支付价款、费用的,税务机关自该业务往来发生的纳税年度起3年内进行调整;有特殊情况的,可以自该业务往来发生的纳税年度起10年内进行调整。

依据:《中华人民共和国税收征收管理法实施细则》五十六条

企业与其关联方之间的业务往来,不符合独立交易原则,或者企业实施其他不具有合理商业目的的安排的,税务机关有权在该业务发生的纳税年度起10年内,进行纳税调整。

依据:《中华人民共和国企业所得税法实施条例》第一百二十三条

9.1.4 特别纳税调整的其他管理

税务机关及其工作人员应依据《国家税务总局关于纳税人涉税保密信息管理暂行办法》(国税发〔2008〕93号)等有关保密的规定保管、使用企业提供的信息资料。

依据:《国家税务总局关于印发〈特别纳税调整实施办法(试行)〉的通知》(国税发〔2009〕2号)第一百一十二条

《特别纳税调整实施办法(试行)》所规定期限的最后一日是法定休假日的,以休假日期满的次日为期限的最后一日;在期限内有连续3日以上法定休假日的,按休假日天数顺延。

依据:《国家税务总局关于印发〈特别纳税调整实施办法(试行)〉的通知》(国税发〔2009〕2号)第一百一十三条

被调查企业在税务机关实施特别纳税调查调整期间申请变更经营地址或注销税务登记的,税务机关在调查结案前原则上不予办理税务变更、注销手续。

依据:《国家税务总局关于印发〈特别纳税调整实施办法(试行)〉的通知》(国税发〔2009〕2号)第一百一十五条

9.2 关联方及关联交易

9.2.1 关联企业、关联方

《税收征收管理法》第三十六条所称关联企业,是指有下列关系之一的公司、企业和其他经济组织:

(1) 在资金、经营、购销等方面,存在直接或者间接的拥有或者控制关系。

(2) 直接或者间接地同为第三者所拥有或者控制。

(3) 在利益上具有相关联的其他关系。

纳税人有义务就其与关联企业之间的业务往来,向当地税务机关提供有关的价格、费用标准等资料。具体办法由国家税务总局制定。

依据:《中华人民共和国税收征收管理法实施细则》五十一条

《企业所得税法》第四十一条所称关联方,是指与企业有下列关联关系之一的企业、其他组织或者个人:

(1) 在资金、经营、购销等方面存在直接或者间接的控制关系。

(2) 直接或者间接地同为第三者控制。

(3) 在利益上具有相关联的其他关系。

依据:《中华人民共和国企业所得税法实施条例》第一百零九条

9.2.2 关联关系

企业与其他企业、组织或者个人具有下列关系之一的,构成《国家税务总局关于完善关联申报和同期资料管理有关事项的公告》(国家税务总局公告2016年第42号)所称关联关系:

(1) 一方直接或者间接持有另一方的股份总和达到25%以上;双方直接或者间接同为第三方所持有的股份达到25%以上。

如果一方通过中间方对另一方间接持有股份,只要其对中间方持股比例达到25%以上,则其对另一方的持股比例按照中间方对另一方的持股比例计算。

两个以上具有夫妻、直系血亲、兄弟姐妹以及其他抚养、赡养关系的自然人共同持股同一企业,在判定关联关系时持股比例合并计算。

(2) 双方存在持股关系或者同为第三方持股,虽持股比例未达到本条第(1)项规定,但双方之间借贷资金总额占任一方实收资本比例达到50%以上,或者一方全部借贷资金总额的10%以上由另一方担保(与独立金融机构之间的借贷或者担保除外)。

借贷资金总额占实收资本比例 = 年度加权平均借贷资金
$\div$ 年度加权平均实收资本

其中：

年度加权平均借贷资金 = i 笔借入或者贷出资金账面金额 $\times$
i 笔借入或者贷出资金年度实际占用天数 $\div 365$

年度加权平均实收资本 = i 笔实收资本账面金额
$\times i$ 笔实收资本年度实际占用天数 $\div 365$

（3）双方存在持股关系或者同为第三方持股，虽持股比例未达到本条第（1）项规定，但一方的生产经营活动必须由另一方提供专利权、非专利技术、商标权、著作权等特许权才能正常进行。

（4）双方存在持股关系或者同为第三方持股，虽持股比例未达到本条第（1）项规定，但一方的购买、销售、接受劳务、提供劳务等经营活动由另一方控制。

上述控制是指一方有权决定另一方的财务和经营政策，并能据以从另一方的经营活动中获取利益。

（5）一方半数以上董事或者半数以上高级管理人员（包括上市公司董事会秘书、经理、副经理、财务负责人和公司章程规定的其他人员）由另一方任命或者委派，或者同时担任另一方的董事或者高级管理人员；或者双方各自半数以上董事或者半数以上高级管理人员同为第三方任命或者委派。

（6）具有夫妻、直系血亲、兄弟姐妹以及其他抚养、赡养关系的两个自然人分别与双方具有上述第（1）项至第（5）项关系之一。

（7）双方在实质上具有其他共同利益。

除上述第（2）项规定外，上述关联关系年度内发生变化的，关联关系按照实际存续期间认定。

依据：《国家税务总局关于完善关联申报和同期资料管理有关事项的公告》（国家税务总局公告2016年第42号）第二条

仅因国家持股或者由国有资产管理部门委派董事、高级管理人员而存在《国家税务总局关于完善关联申报和同期资料管理有关事项的公告》（国家税务总局公告2016年第42号）第二条第（一）项至第（五）项关系的，不构成《国家税务总局关于完善关联申报和同期资料管理有关事项的公告》（国家税务总局公告2016年第42号）所称关联关系。

依据：《国家税务总局关于完善关联申报和同期资料管理有关事项的公告》（国家税务总局公告2016年第42号）第三条

9.2.3 独立交易原则

《税收征收管理法》第三十六条所称独立企业之间的业务往来，是指没有关联关系的企业之间，按照公平成交价格和营业常规所进行的业务往来。

依据：《中华人民共和国税收征收管理法实施细则》五十二条

企业与其关联方共同开发、受让无形资产，或者共同提供、接受劳务发生的成本，在计算应纳税所得额时应当按照独立交易原则进行分摊。

依据：《中华人民共和国企业所得税法》第四十一条

《企业所得税法》第四十一条所称独立交易原则，是指没有关联关系的交易各方，按照公平成交价格和营业常规进行业务往来遵循的原则。

依据：《中华人民共和国企业所得税法实施条例》第一百一十条

9.2.4 关联交易类型

关联交易主要包括：

（1）有形资产使用权或者所有权的转让。有形资产包括商品、产品、房屋建筑物、交通工具、机器设备、工具器具等。

（2）金融资产的转让。金融资产包括应收账款、应收票据、其他应收款项、股权投资、债权投资和衍生金融工具形成的资产等。

（3）无形资产使用权或者所有权的转让。无形资产包括专利权、非专利技术、商业秘密、商标权、品牌、客户名单、销售渠道、特许经营权、政府许可、著作权等。

（4）资金融通。资金包括各类长短期借贷资金（含集团资金池）、担保费、各类应计息预付款和延期收付款等。

（5）劳务交易。劳务包括市场调查、营销策划、代理、设计、咨询、行政管理、技术服务、合约研发、维修、法律服务、财务管理、审计、招聘、培训、集中采购等。

依据：《国家税务总局关于完善关联申报和同期资料管理有关事项的公告》（国家税务总局公告2016年第42号，以下简称2016年第42号公告）第四条

9.2.5 关联申报的具体实施

9.2.5.1 关联申报的对象、期限

企业向税务机关报送年度企业所得税纳税申报表时，应当就其与关联方之间的业务往来，附送年度关联业务往来报告表。

税务机关在进行关联业务调查时，企业及其关联方，以及与关联业务调查有关的其他企业，应当按照规定提供相关资料。

依据：《中华人民共和国企业所得税法》第四十三条

实行查账征收的居民企业和在中国境内设立机构、场所并据实申报缴纳企业所得税的非居民企业向税务机关报送年度企业所得税纳税申报表时，应当就其与关联方之间的业务往来进行关联申报，附送《中华人民共和国企业年度关联业务往来报告表（2016年版）》。

依据：《国家税务总局关于完善关联申报和同期资料管理有关事项的公告》（国家税务总局公告2016年第42号）第一条

9.2.5.2 关联申报的内容

（1）报告企业信息表。

（2）中华人民共和国企业年度关联业务往来汇总表。

（3）关联关系表。

(4) 有形资产所有权交易表。
(5) 无形资产所有权交易表。
(6) 有形资产使用权交易表。
(7) 无形资产使用权交易表。
(8) 金融资产交易表。
(9) 融通资金表。
(10) 关联劳务表。
(11) 权益性投资表。
(12) 成本分摊协议表。
(13) 对外支付款项情况表。
(14) 境外关联方信息表。
(15) 年度关联交易财务状况分析表（报告企业个别报表信息）。
(16) 年度关联交易财务状况分析表（报告企业合并报表信息）。
(17) 国别报告—所得、税收和业务活动国别分布表。
(18) 国别报告—所得、税收和业务活动国别分布表（英文）。
(19) 国别报告—跨国企业集团成员实体名单。
(20) 国别报告—跨国企业集团成员实体名单（英文）。
(21) 国别报告—附加说明表。
(22) 国别报告—附加说明表（英文）。

依据：《国家税务总局关于完善关联申报和同期资料管理有关事项的公告》（国家税务总局公告2016年第42号）附件1

存在下列情形之一的居民企业，应当在报送年度关联业务往来报告表时，填报国别报告：

(1) 该居民企业为跨国企业集团的最终控股企业，且其上一会计年度合并财务报表中的各类收入金额合计超过55亿元。

最终控股企业是指能够合并其所属跨国企业集团所有成员实体财务报表的，且不能被其他企业纳入合并财务报表的企业。

成员实体应当包括：

① 实际已被纳入跨国企业集团合并财务报表的任一实体。

② 跨国企业集团持有该实体股权且按公开证券市场交易要求应被纳入但实际未被纳入跨国企业集团合并财务报表的任一实体。

③ 仅由于业务规模或者重要性程度而未被纳入跨国企业集团合并财务报表的任一实体。

④ 独立核算并编制财务报表的常设机构。

(2) 该居民企业被跨国企业集团指定为国别报告的报送企业。

国别报告主要披露最终控股企业所属跨国企业集团所有成员实体的全球所得、税收和业务活动的国别分布情况。

依据:《国家税务总局关于完善关联申报和同期资料管理有关事项的公告》(国家税务总局公告2016年第42号)第五条

企业虽不属于《国家税务总局关于完善关联申报和同期资料管理有关事项的公告》(国家税务总局公告2016年第42号)第五条规定填报国别报告的范围,但其所属跨国企业集团按照其他国家有关规定应当准备国别报告,且符合下列条件之一的,税务机关可以在实施特别纳税调查时要求企业提供国别报告:

(1)跨国企业集团未向任何国家提供国别报告。

(2)虽然跨国企业集团已向其他国家提供国别报告,但我国与该国尚未建立国别报告信息交换机制。

(3)虽然跨国企业集团已向其他国家提供国别报告,且我国与该国已建立国别报告信息交换机制,但国别报告实际未成功交换至我国。

依据:《国家税务总局关于完善关联申报和同期资料管理有关事项的公告》(国家税务总局公告2016年第42号)第八条

9.2.5.3 延期申报、免于申报

一、延期申报

企业在规定期限内报送年度关联业务往来报告表确有困难,需要延期的,应当按照《税收征收管理法》及其实施细则的有关规定办理。

依据:《国家税务总局关于完善关联申报和同期资料管理有关事项的公告》(国家税务总局公告2016年第42号)第九条

二、国别报告免于申报

最终控股企业为中国居民企业的跨国企业集团,其信息涉及国家安全的,可以按照国家有关规定,豁免填报部分或者全部国别报告。

依据:《国家税务总局关于完善关联申报和同期资料管理有关事项的公告》(国家税务总局公告2016年第42号)第六条

9.3 同期资料

9.3.1 资料报送及类型

9.3.1.1 资料报送情形

企业向税务机关报送年度企业所得税纳税申报表时,应当就其与关联方之间的业务往来,附送年度关联业务往来报告表。

税务机关在进行关联业务调查时,企业及其关联方,以及与关联业务调查有关的其他企业,应当按照规定提供相关资料。

依据:《中华人民共和国企业所得税法》第四十三条

9.3.1.2 资料报送时间

企业应当自月份或者季度终了之日起15日内,向税务机关报送预缴企业所得税纳税申报表,预缴税款。

企业应当自年度终了之日起 5 个月内,向税务机关报送年度企业所得税纳税申报表,并汇算清缴,结清应缴应退税款。

企业在报送企业所得税纳税申报表时,应当按照规定附送财务会计报告和其他有关资料。

依据:《中华人民共和国企业所得税法》第五十四条

主体文档应当在企业集团最终控股企业会计年度终了之日起 12 个月内准备完毕;本地文档和特殊事项文档应当在关联交易发生年度次年 6 月 30 日之前准备完毕。同期资料应当自税务机关要求之日起 30 日内提供。

依据:《国家税务总局关于完善关联申报和同期资料管理有关事项的公告》(国家税务总局公告 2016 年第 42 号)第十九条

企业因不可抗力无法按期提供同期资料的,应当在不可抗力消除后 30 日内提供同期资料。

依据:《国家税务总局关于完善关联申报和同期资料管理有关事项的公告》(国家税务总局公告 2016 年第 42 号)第二十条

9.3.1.3 具体相关资料及类型

《企业所得税法》第四十三条所称相关资料包括:

(1) 与关联业务往来有关的价格、费用的制定标准、计算方法和说明等同期资料。

(2) 关联业务往来所涉及的财产、财产使用权、劳务等的再销售(或者转让)价格或者最终销售(或者转让)价格的相关资料。

(3) 与关联业务调查有关的其他企业须提供的与被调查企业可比的产品价格、定价方式以及利润水平等资料。

(4) 其他与关联业务往来有关的资料。

《企业所得税法》第四十三条所称与关联业务调查有关的其他企业,是指与被调查企业在经营内容和方式上相类似的企业。

企业应当在税务机关规定的期限内提供与关联业务往来有关的价格、费用的制定标准、计算方法和说明等同期资料。关联方以及与关联业务调查有关的其他企业应当在税务机关与其约定的期限内提供相关资料。

依据:《中华人民共和国企业所得税法实施条例》第一百一十四条

企业应当依据《企业所得税法实施条例》第一百一十四条的规定,按纳税年度准备并按税务机关要求提供其关联交易的同期资料。

同期资料包括主体文档、本地文档和特殊事项文档。

依据:《国家税务总局关于完善关联申报和同期资料管理有关事项的公告》(国家税务总局公告 2016 年第 42 号)第十条

解读

"同期资料"来自国际反避税实践,其本质是企业提供的与其自身转让定价系统相关的证明文件。

在国际避税与反避税之间不断的较量中,各国(税务当局)需要及时掌握了解跨国纳税人的收入、所得等全面情况,以便采取积极有效措施实施跨境反避税措施。然而,由于关联企业之间的交易缺少不同利益主体之间的制衡,可以较容易为了税收利益达成一系列不可能产生于独立企业的价格。因此,对于关联企业,许多国家要求除其在纳税申报时如实地向税务机关申报自己的经营收入、利润、成本或费用列支情况外,还要求其为其转让定价系统及定价的合理性提供证明文件。

这些资料具有企业单方面提供的特殊性,这种特殊性决定了对关联交易查处的举证责任不完全在税务机关,而是采用了税务机关和企业共同承担举证责任的方式。其运作方式如下:企业先通过同期资料证明合理性;然后税务机关就其合理性提出质疑;甚至企业对调整方案有异议的,仍可在税务机关规定的期限内进一步提供相关资料进行磋商。因为税务机关对跨国企业繁冗复杂的关联交易不可能一一搜集证据,且企业才是转让定价的决策者,拥有完整的转让定价相关资料,比税务人员更清楚其关联交易价格、费用是否符合独立交易原则。部分的举证责任倒置,有利于提高行政效率,维护税法的严肃性。另外,准备同期资料文档,可以显示其制定和执行符合独立交易原则的转让定价的意愿,确保其转让定价是经得起检验的,也规范了纳税人税务行为及实务操作。

大部分建立了转让定价税制的OECD成员国以及其他国家,在其法律中一般都规定了转让定价等反避税调查中纳税人准备同期资料文档的义务,即应由纳税人事先准备同期证明资料,在调查发生时承担协力义务并证明其转让定价合理的举证责任。

9.3.2 主体文档

9.3.2.1 需准备主体文档的情形

符合下列条件之一的企业,应当准备主体文档:
(1)年度发生跨境关联交易,且合并该企业财务报表的最终控股企业所属企业集团已准备主体文档。
(2)年度关联交易总额超过10亿元。

依据:《国家税务总局关于完善关联申报和同期资料管理有关事项的公告》(国家税务总局公告2016年第42号)第十一条

9.3.2.2 主体文档的内容

主体文档主要披露最终控股企业所属企业集团的全球业务整体情况,包括以下内容。

一、组织架构

以图表形式说明企业集团的全球组织架构、股权结构和所有成员实体的地理分布。成员实体是指企业集团内任一营运实体,包括公司制企业、合伙企业和常设机构等。

二、企业集团业务

(1)企业集团业务描述,包括利润的重要价值贡献因素。
(2)企业集团营业收入前五位以及占营业收入超过5%的产品或者劳务的供应链及其主要市场地域分布情况。供应链情况可以采用图表形式进行说明。
(3)企业集团除研发外的重要关联劳务及简要说明,说明内容包括主要劳务提供方提供劳务的胜任能力、分配劳务成本以及确定关联劳务价格的转让定价政策。

（4）企业集团内各成员实体主要价值贡献分析，包括执行的关键功能、承担的重大风险以及使用的重要资产。

（5）企业集团会计年度内发生的业务重组，产业结构调整，集团内企业功能、风险或者资产的转移。

（6）企业集团会计年度内发生的企业法律形式改变、债务重组、股权收购、资产收购、合并、分立等。

三、无形资产

（1）企业集团开发、应用无形资产及确定无形资产所有权归属的整体战略，包括主要研发机构所在地和研发管理活动发生地及其主要功能、风险、资产和人员情况。

（2）企业集团对转让定价安排有显著影响的无形资产或者无形资产组合，以及对应的无形资产所有权人。

（3）企业集团内各成员实体与其关联方的无形资产重要协议清单，重要协议包括成本分摊协议、主要研发服务协议和许可协议等。

（4）企业集团内与研发活动及无形资产相关的转让定价政策。

（5）企业集团会计年度内重要无形资产所有权和使用权关联转让情况，包括转让涉及的企业、国家以及转让价格等。

四、融资活动

（1）企业集团内部各关联方之间的融资安排以及与非关联方的主要融资安排。

（2）企业集团内提供集中融资功能的成员实体情况，包括其注册地和实际管理机构所在地。

（3）企业集团内部各关联方之间融资安排的总体转让定价政策。

五、财务与税务状况

（1）企业集团最近一个会计年度的合并财务报表。

（2）企业集团内各成员实体签订的单边预约定价安排、双边预约定价安排以及涉及国家之间所得分配的其他税收裁定的清单及简要说明。

（3）报送国别报告的企业名称及其所在地。

依据：《国家税务总局关于完善关联申报和同期资料管理有关事项的公告》（国家税务总局公告2016年第42号）第十二条

9.3.2.3 企业集团报送主体文档

自2018年5月20日起，依照规定需要准备主体文档的企业集团，如果集团内企业分属两个以上税务机关管辖，可以选择任一企业主管税务机关主动提供主体文档。集团内其他企业被主管税务机关要求提供主体文档时，在向主管税务机关书面报告集团主动提供主体文档情况后，可免于提供。

上述所称"主动提供"是指在税务机关实施特别纳税调查前企业提供主体文档的情形。如果集团内一家企业被税务机关实施特别纳税调查并已按主管税务机关要求提供主体文档，集团内其他企业不能免于提供主体文档，但集团仍然可以选择其他任一企业适用上述规定。

依据：《国家税务总局关于明确同期资料主体文档提供及管理有关事项的公告》（国家税务总局公告2018年第14号）第一条

收到企业主动提供主体文档的主管税务机关应区分以下情况进行处理：

（1）企业集团内各企业均属一个省、自治区、直辖市、计划单列市税务机关管辖的，收到主体文档的主管税务机关需层报至省税务机关，由省税务机关负责主体文档管理，统一组织协调，按需求提供给集团内各企业主管税务机关使用。

（2）企业集团内各企业分属两个或者两个以上省、自治区、直辖市、计划单列市税务机关管辖的，收到主体文档的主管税务机关需层报至国家税务总局，由国家税务总局负责主体文档管理，统一组织协调，按需求提供给集团内各企业主管税务机关使用。

依据：《国家税务总局关于明确同期资料主体文档提供及管理有关事项的公告》（国家税务总局公告2018年第14号）第二条

9.3.3 本地文档

9.3.3.1 需准备本地文档的情形

年度关联交易金额符合下列条件之一的企业，应当准备本地文档：

（1）有形资产所有权转让金额（来料加工业务按照年度进出口报关价格计算）超过2亿元。

（2）金融资产转让金额超过1亿元。

（3）无形资产所有权转让金额超过1亿元。

（4）其他关联交易金额合计超过4 000万元。

依据：《国家税务总局关于完善关联申报和同期资料管理有关事项的公告》（国家税务总局公告2016年第42号）第十三条

9.3.3.2 本地文档的内容

本地文档主要披露企业关联交易的详细信息，包括以下内容。

一、企业概况

（1）组织结构，包括企业各职能部门的设置、职责范围和雇员数量等。

（2）管理架构，包括企业各级管理层的汇报对象以及汇报对象主要办公所在地等。

（3）业务描述，包括企业所属行业的发展概况、产业政策、行业限制等影响企业和行业的主要经济和法律问题，主要竞争者等。

（4）经营策略，包括企业各部门、各环节的业务流程，运营模式，价值贡献因素等。

（5）财务数据，包括企业不同类型业务及产品的收入、成本、费用及利润。

（6）涉及本企业或者对本企业产生影响的重组或者无形资产转让情况，以及对本企业的影响分析。

二、关联关系

（1）关联方信息，包括直接或者间接拥有企业股权的关联方，以及与企业发生交易的关联方，内容涵盖关联方名称、法定代表人、高级管理人员的构成情况、注册地址、实际经营地址，以及关联个人的姓名、国籍、居住地等情况。

(2) 上述关联方适用的具有所得税性质的税种、税率及相应可享受的税收优惠。

(3) 本会计年度内,企业关联关系的变化情况。

三、关联交易

(一) 关联交易概况

(1) 关联交易描述和明细,包括关联交易相关合同或者协议副本及其执行情况的说明,交易标的的特性,关联交易的类型、参与方、时间、金额、结算货币、交易条件、贸易形式,以及关联交易与非关联交易业务的异同等。

(2) 关联交易流程,包括关联交易的信息流、物流和资金流,与非关联交易业务流程的异同。

(3) 功能风险描述,包括企业及其关联方在各类关联交易中执行的功能、承担的风险和使用的资产。

(4) 交易定价影响要素,包括关联交易涉及的无形资产及其影响,成本节约、市场溢价等地域特殊因素。地域特殊因素应从劳动力成本、环境成本、市场规模、市场竞争程度、消费者购买力、商品或者劳务的可替代性、政府管制等方面进行分析。

(5) 关联交易数据,包括各关联方、各类关联交易涉及的交易金额。分别披露关联交易和非关联交易的收入、成本、费用和利润,不能直接归集的,按照合理比例划分,并说明该划分比例的依据。

(二) 价值链分析

(1) 企业集团内业务流、物流和资金流,包括商品、劳务或者其他交易标的从设计、开发、生产制造、营销、销售、交货、结算、消费、售后服务、循环利用等各环节及其参与方。

(2) 上述各环节参与方最近会计年度的财务报表。

(3) 地域特殊因素对企业创造价值贡献的计量及其归属。

(4) 企业集团利润在全球价值链条中的分配原则和分配结果。

(三) 对外投资

(1) 对外投资基本信息,包括对外投资项目的投资地区、金额、主营业务及战略规划。

(2) 对外投资项目概况,包括对外投资项目的股权架构、组织结构,高级管理人员的雇佣方式,项目决策权限的归属。

(3) 对外投资项目数据,包括对外投资项目的营运数据。

(四) 关联股权转让

(1) 股权转让概况,包括转让背景、参与方、时间、价格、支付方式,以及影响股权转让的其他因素。

(2) 股权转让标的的相关信息,包括股权转让标的所在地,出让方获取该股权的时间、方式和成本,股权转让收益等信息。

(3) 尽职调查报告或者资产评估报告等与股权转让相关的其他信息。

(五) 关联劳务

(1) 关联劳务概况,包括劳务提供方和接受方,劳务的具体内容、特性、开展方式、定价原则、支付形式,以及劳务发生后各方受益情况等。

（2）劳务成本费用的归集方法、项目、金额、分配标准、计算过程及结果等。

（3）企业及其所属企业集团与非关联方存在相同或者类似劳务交易的，还应当详细说明关联劳务与非关联劳务在定价原则和交易结果上的异同。

（六）与企业关联交易直接相关的

与企业关联交易直接相关的，中国以外其他国家税务主管当局签订的预约定价安排和作出的其他税收裁定。

四、可比性分析

（1）可比性分析考虑的因素，包括交易资产或者劳务特性、交易各方功能、风险和资产，合同条款，经济环境，经营策略等。

（2）可比企业执行的功能、承担的风险以及使用的资产等相关信息。

（3）可比对象搜索方法、信息来源、选择条件及理由。

（4）所选取的内部或者外部可比非受控交易信息和可比企业的财务信息。

（5）可比数据的差异调整及理由。

五、转让定价方法的选择和使用

（1）被测试方的选择及理由。

（2）转让定价方法的选用及理由，无论选择何种转让定价方法，均须说明企业对集团整体利润或者剩余利润所做的贡献。

（3）在确定可比非关联交易价格或者利润的过程中所做的假设和判断。

（4）运用合理的转让定价方法和可比性分析结果，确定可比非关联交易价格或者利润。

（5）其他支持所选用转让定价方法的资料。

（6）关联交易定价是否符合独立交易原则的分析及结论。

依据：《国家税务总局关于完善关联申报和同期资料管理有关事项的公告》（国家税务总局公告2016年第42号）第十四条

9.3.4 特殊事项文档

9.3.4.1 需准备特殊事项文档的情形

特殊事项文档包括成本分摊协议特殊事项文档和资本弱化特殊事项文档。

企业签订或者执行成本分摊协议的，应当准备成本分摊协议特殊事项文档。

企业关联债资比例超过标准比例需要说明符合独立交易原则的，应当准备资本弱化特殊事项文档。

依据：《国家税务总局关于完善关联申报和同期资料管理有关事项的公告》（国家税务总局公告2016年第42号）第十五条

9.3.4.2 成本分摊协议特殊事项文档

成本分摊协议特殊事项文档包括以下内容：

（1）成本分摊协议副本。

（2）各参与方之间达成的为实施成本分摊协议的其他协议。

（3）非参与方使用协议成果的情况、支付的金额和形式，以及支付金额在参与方之间的分配方式。

（4）本年度成本分摊协议的参与方加入或者退出的情况，包括加入或者退出的参与方名称、所在国家和关联关系，加入支付或者退出补偿的金额及形式。

（5）成本分摊协议的变更或者终止情况，包括变更或者终止的原因、对已形成协议成果的处理或者分配。

（6）本年度按照成本分摊协议发生的成本总额及构成情况。

（7）本年度各参与方成本分摊的情况，包括成本支付的金额、形式和对象，作出或者接受补偿支付的金额、形式和对象。

（8）本年度协议预期收益与实际收益的比较以及由此作出的调整。

（9）预期收益的计算，包括计量参数的选取、计算方法和改变理由。

依据：《国家税务总局关于完善关联申报和同期资料管理有关事项的公告》（国家税务总局公告2016年第42号）第十六条

9.3.4.3　资本弱化特殊事项文档

资本弱化特殊事项文档包括以下内容：

（1）企业偿债能力和举债能力分析。

（2）企业集团举债能力及融资结构情况分析。

（3）企业注册资本等权益投资的变动情况说明。

（4）关联债权投资的性质、目的及取得时的市场状况。

（5）关联债权投资的货币种类、金额、利率、期限及融资条件。

（6）非关联方是否能够并且愿意接受上述融资条件、融资金额及利率。

（7）企业为取得债权性投资而提供的抵押品情况及条件。

（8）担保人状况及担保条件。

（9）同类同期贷款的利率情况及融资条件。

（10）可转换公司债券的转换条件。

（11）其他能够证明符合独立交易原则的资料。

依据：《国家税务总局关于完善关联申报和同期资料管理有关事项的公告》（国家税务总局公告2016年第42号）第十七条

9.3.5　其他需准备同期资料的情形

企业为境外关联方从事来料加工或者进料加工等单一生产业务，或者从事分销、合约研发业务，原则上应当保持合理的利润水平。

上述企业如出现亏损，无论是否达到《国家税务总局关于完善关联申报和同期资料管理有关事项的公告》（国家税务总局公告2016年第42号）中的同期资料准备标准，均应当就亏损年度准备同期资料本地文档。税务机关应当重点审核上述企业的本地文档，加强监控管理。

依据：《国家税务总局关于发布〈特别纳税调查调整及相互协商程序管理办法〉的公告》（国家税务总

局公告 2017 年第 6 号）第二十八条

9.3.6　免于准备同期资料的情形

企业执行预约定价安排的，可以不准备预约定价安排涉及关联交易的本地文档和特殊事项文档，且关联交易金额不计入《国家税务总局关于完善关联申报和同期资料管理有关事项的公告》（国家税务总局公告 2016 年第 42 号）第十三条规定的关联交易金额范围。

企业仅与境内关联方发生关联交易的，可以不准备主体文档、本地文档和特殊事项文档。

依据：《国家税务总局关于完善关联申报和同期资料管理有关事项的公告》（国家税务总局公告 2016 年第 42 号）第十八条

9.3.7　同期资料的规范及管理

同期资料应当使用中文，并标明引用信息资料的出处来源。

依据：《国家税务总局关于完善关联申报和同期资料管理有关事项的公告》（国家税务总局公告 2016 年第 42 号）第二十一条

同期资料应当加盖企业印章，并由法定代表人或者法定代表人授权的代表签章。

依据：《国家税务总局关于完善关联申报和同期资料管理有关事项的公告》（国家税务总局公告 2016 年第 42 号）第二十二条

企业合并、分立的，应当由合并、分立后的企业保存同期资料。

依据：《国家税务总局关于完善关联申报和同期资料管理有关事项的公告》（国家税务总局公告 2016 年第 42 号）第二十三条

同期资料应当自税务机关要求的准备完毕之日起保存 10 年。

依据：《国家税务总局关于完善关联申报和同期资料管理有关事项的公告》（国家税务总局公告 2016 年第 42 号）第二十三条

涉及港澳台地区的，参照《国家税务总局关于完善关联申报和同期资料管理有关事项的公告》相关规定处理。

依据：《国家税务总局关于完善关联申报和同期资料管理有关事项的公告》（国家税务总局公告 2016 年第 42 号）第二十六条

《国家税务总局关于完善关联申报和同期资料管理有关事项的公告》适用于 2016 年及以后的会计年度。

依据：《国家税务总局关于完善关联申报和同期资料管理有关事项的公告》（国家税务总局公告 2016 年第 42 号）第二十七条

9.3.8　按规定提供同期资料时的利息加收

企业依照有关规定进行关联申报、提供同期资料及有关资料的，税务机关实施特别纳税调查补征税款时，可以依据《企业所得税法实施条例》第一百二十二条的规定，按照税款所属纳税年度中国人民银行公布的与补税期间同期的人民币贷款基准利率加收利息。

依据:《国家税务总局关于完善关联申报和同期资料管理有关事项的公告》(国家税务总局公告2016年第42号)第二十五条

解读

一、2016年第42号公告出台背景

G20税改的最重要的成果是为包括15项行动计划的税基侵蚀和利润转移(BEPS,以下简称BEPS)项目最终报告。BEPS项目成果报告根据约束性强弱分为"最低标准""共同方法"和"最佳实践"三大类。其中,"最低标准"约束性最强,要求参与各国进行国内立法,并将纳入国际监督执行机制,共四项,即"防止税收协定滥用"(AP6)、"关注信息透明度与实质性因素,有效打击有害税收实践"(AP5)、"重新审视转让定价文档资料"(AP13)和"更有效的争端解决机制"(AP14)。"最低实践"的规则要求中国必须升级关联申报和同期资料的合规性要求。

同时,在联合国(UN)《发展中国家转让定价操作手册》中,中国强调了获取跨国公司和跨国公司中国成员公司信息的重要性和困难,信息的不对称使税务机关开展工作遭遇各种困难。BEPS第13项行动计划的提法符合中国的税收利益。

二、我国同期资料管理的发展

从国际立法轨迹看,BEPS第13项行动计划并非是断裂,而是对过往规则和实践的延续和发展。2003年前为传统式的文件编制方法,所谓传统方法是就跨国企业经营所在地的每个国家进行各自单独的转让定价分析。2003年年底后,为解决传统方法存在的问题,欧盟联合转让定价论坛(以下称JTPF)就证明文件编制的传统方法提出新的标准,提出了适用于欧盟全境的证明文件提供的三个可能概念标准,即最佳惯例、标准化证明文件和主文件概念,通过一系列会议讨论,对标准进行修改、细化,最终在2006年6月将其纳入《转让定价证明文件的行为准则》,要求欧盟成员国在国家层面通过立法执行。而BEPS第13项行动计划的形成则是在更广阔的国际反避税空间中,同期资料管理方面的又一次发展。

在我国反国际避税实践中,同期资料管理制度的发展经历了三个阶段。

早期阶段规定并未明确提出同期资料的概念。但是针对外商投资企业和外国企业,要求外商投资企业和外国企业除按所得税法规定报送有关财务报表、所得税申报表外,还应按纳税年度填报《外商投资企业和外国企业与其关联企业业务往来情况年度申报表》等。

发展阶段主要是指2008年的《企业所得税法》及实施条例实施后,于2009年发布了《国家税务总局关于印发〈特别纳税调整实施办法(试行)〉的通知》(国税发〔2009〕2号,以下简称国税发〔2009〕2号文件)等文件,在同期资料管理等方面,参照和借鉴了OECD转让定价指南和各国及地区在同期资料税务管理方面法律条文,同时总结我国以往反避税工作对相关资料管理的税收实践经验,对同期资料管理做出了全面、细化的具体规定,使反避税调查中举证责任在我国首次成为企业的法律义务。国税发〔2009〕2号文件在具体内容上进一步明确了企业在发生关联交易的当期,有义务准备同期资料文档,包括关联交易的价格、费用制定标准、计算方法和说明等具体转让定价文件资料,以证明企业关联交易符合独立交易原则，同时企业也有义务保存和向税务机关提供同期资料。

第三个阶段则是与国际接轨并参与规则的制定。其标志就是2016年第42号公告，该文件是国家税务总局在借鉴税基侵蚀和利润转移（BEPS）行动计划第13项报告成果的基础上，进一步完善关联申报和同期资料管理而发布的一个公告。其基本要求就是通过对同期资料的提升增强税企间信息透明度。

三、2016年第42号公告主要内容简析

（一）关联关系

2016年第42号公告对于企业关联关系的类型和条件做了进一步的丰富和细化，在由于借贷资金（补充了更加全面的借贷资金总额占实收资本比例计算方式）、姻亲关系及实质业务控制形成关联关系的规定方面，2016年第42号公告相较国税发〔2009〕2号文件而言，这些规定更加严格且具体。

这里特别需要注意的是对基于"实质业务控制"的修改，这解决了实务界长期以来的一个公案——富士康国际在很长一段时间主要经营业务就是为苹果代工手机——从苹果公司获得生产资料，产品最终也是销售给苹果，本身只赚取微薄的合约制造商利润。以国税发〔2009〕2号文件的观点看，似乎满足一方对另一方的购销控制，双方属于关联方，应受到国税发〔2009〕2号文件的规制。但是，事实上，凡是对该行业有一定了解的人，必定认为双方是非关联的。2016年第42号公告对基于"实质业务控制"认定关联方，增加了条件要求"双方存在持股关系或者同为第三方持股"。但是，这样就完美解决了所有问题吗？依据法条，著名的VIE架构中WOFE（Wholly Owned Foreign Enterprise）与VIE（Variable Interest Entities）是否具有关联关系可能仍然充满争议。

（二）关联交易

在关联交易类型方面，2016年第42号公告在国税发〔2009〕2号文件的基础上新增了金融资产的转让的类型。根据2016年第42号公告第四条第二款第（二）项的规定，金融资产包括应收账款、应收票据、其他应收款项、股权投资、债权投资和衍生金融工具形成的资产等。这个变化是2016年第42号公告对国税发〔2009〕2号文件执行8年以来遇到问题的一个回应。其实，早在2012年国家税务总局就在《关于关联股权债权交易适用特别纳税调整法律法规及有关规定的批复》（国税函〔2012〕262号）中对"股权或债权的关联交易"是否适用"特别纳税调整的法律法规及有关规定"做出明确规定。本次2016年第42号公告的相关条款的规定，为纳税人对该问题进行了明确、系统的阐述。

2016年第42号公告关联交易部分另一个重要的更新是明确"集团资金池"属于"资金融通"类关联交易。存在此类业务大型集团应当以更慎重的态度进行考量，特别是必须关注该业务导致的集团公司关联债资比的变化，防止资本弱化风险。

（三）同期资料文档架构

前文已经述及，2016年第42号公告对原先同期资料体例作了较大的修订，采用了新的三层结构文档架构。除本地文档相当于老的同期资料外，新增主体文档和特殊事项文档，而国别报告被放在了新的《关联业务往来报告表》中，成为子表：G114010、G114011、

G114020、G114021、G114030、G114031。

报送主体文档的门槛包括两个标准,符合以下之一即应当准备:一是年度发生跨境关联交易,且合并该企业财务报表的最终控股企业所属企业集团已准备主体文档的;二是年度关联交易总额超过10亿元的企业。这里需要注意两个问题:对于标准一,只要发生跨境关联交易,无论最终控股企业集团是否在中国境内,也无论要求该最终控股企业集团准备主体文档的是否是中国税务机关,中国境内公司都应当准备主体文档。举个例子:境内A公司存在跨境关联交易,但所有关联交易总额不足10亿元,其境外关联方B公司受到德国税务机关调查,要求其最终控股企业X集团提供转让定价的主体文档,那么,A公司也有义务准备主体文档,并在自中国税务机关要求之日起30日内提供。对于标准二,本处虽然未提及这里的"关联交易总额"是否必须包含"跨境关联交易金额",但是结合2016年第42号公告第十八条第二款的表述:"企业仅与境内关联方发生关联交易的,可以不准备主体文档、本地文档和特殊事项文档",应当也是以存在跨境关联交易为前期。但是,只要包括外关联交易即可,无论金额大小。举个极端的例子,哪怕外关联交易金额只有1元,仍然需要准备主体文档。

特殊事项文档包括成本分摊协议特殊事项文档和资本弱化特殊事项文档两大类,但是取消了2016年第42号公告中的劳务特殊事项文档。成本分摊协议的特殊事项文档是特指按照国家税务总局的相关规定备案的(国家税务总局公告2015年第45号文件权限下放后),与关联方签署的共同开发、受让无形资产,或者共同提供、接受劳务的成本分摊协议。这里提及的劳务根据国税发〔2009〕2号文件第六十七条限于集团采购和集团营销策划。资本弱化特殊事项文档是指企业同关联法的债务融资超过标准比例而需要进行特别说明证明其符合独立交易原则的情况。这里的标准比例对于一般企业为债资比超过2:1;对于金融企业为债资比超过5:1。但是如果已被进行特别纳税调整的,可以不准备资本弱化特殊事项文档。

这里另一个值得关注的问题是,2016年第42号公告中的劳务特殊事项文档被取消。但是在该文件的第十四条本地文档主要披露企业关联交易的详细信息中作为三项特别提及的关联交易类型被特别文件指出,文件明确关联劳务交易应从以下方面进行说明:(1)关联劳务概况,包括劳务提供方和接受方,劳务的具体内容、特性、开展方式、定价原则、支付形式,以及劳务发生后各方受益情况等。(2)劳务成本费用的归集方法、项目、金额、分配标准、计算过程及结果等。(3)企业及其所属企业集团与非关联方存在相同或者类似劳务交易的,还应当详细说明关联劳务与非关联劳务在定价原则和交易结果上的异同。

(四)同期资料的其他关注点

2016年第42号公告第十四条对本地文档的披露增加了"不同类型业务及产品的收入、成本、费用及利润"的要求。这条规定意味着纳税人应对不同类型的业务进行单独的转让定价分析。传统惯例里,纳税人就企业整体盈利水平的测试方法可能不能满足税务机关的要求,纳税人可能会被进一步要求就每种被测试的交易是否符合独立交易原则进行单独说明。同时,由于客观条件的限制,转让定价本身依赖大量假设,在企业存在大量、复杂关联交易的情况下,对于每一项交易单独进行评估测试,加总后反倒可能会产生较大偏差,这也是过往转让定价调整中税务机关往往采取仅对整体利润调整的原因。新的公告无疑对税企双方都提出了更高的要求。

2016年第42号公告中提出的"价值链分析",是该词语第一次出现在总局发布的正式文件中。根据2016年第42号公告,中国企业需在本地文档中就其在集团全球价值链中的分配进行说明,在分析中还需要考虑地域性特殊因素的影响。报告要求中国纳税人提供大量与其自身相关的跨国企业价值链信息。纳税人必须就跨国企业全球利润在不同国家归属问题提供概要,包括集团利润在全球价值链条中的分配原则和分配结果。同时,本地文档还要求披露跨国企业价值链中所有参与方最近财务报告年度的财务报表,以及地域特殊因素对企业创造价值贡献的计量及其归属。除此之外,价值链中交易、货物流和现金流的相关信息也必须一并提供,涵盖了从最初的产品设计和研发、生产、市场营销、交付以及售后服务等所有环节。然而,究竟什么是企业的价值驱动因素,这是一个很难量化的因素,未来税企之间的大量争议可能围绕价值链分析展开。另一个极具争议性的话题,是地域性特备因素,这是由中国首先在UN的《发展中国家转让定价操作手册》中提出,包括成本节约及市场溢价两个子因素。以成本节约为例,企业至少可以从两个方面向税务机关主张抗辩:一是根据波士顿咨询(BCG)发布的报告《The Shifting Economics of Global Manufacturing》显示,全球出口量排名前25位的经济体,以美国为基准(100),中国的制造成本指数是96,即同样一件产品,在美国制造成本是1美元,那么在中国则需要0.96美元,双方差距已经极大缩小。由于土地、能源、融资等因素价格高已经逐渐抵消了中国在制造业上的优势。因此,继续主张成本节约是可疑的。二是即使比较以前年度,"节约"下的成本将以何种方式在生产者和消费者之间被分享,这也是非常难以量化的。

(五) 国别报告

如前文所述,国别报告没有直接出现在同期资料部分,而是被作为《关联业务往来报告表》的子表。国别报告可以称作是企业版的共同报告准则(Common Reporting Standard,简称CRS),其目的是提高企业财务与税务信息的透明化。2016年第42号公告中国别报告的门槛是:"若居民企业为跨国企业集团的最终控股企业,且其上一会计年度合并财务报表中的各类收入金额合计超过55亿元;或者该居民企业被跨国企业集团指定为国别报告的报送企业。"相较于2016年第42号公告的50亿元标准有了一定幅度的提高,可能与人民币汇率下行有一定联系。国别报告的运营机制如下:适合企业集团的最终控股方向其主管税务机关提交国别报告,然后由各国依据《关于国别报告信息交换的多边主管税务机关协议》(以下简称《国别报告信息交换》)、税收协定或者专项情报交换协议实施国别报告信息的全球交换。由于中国目前的税收协定或专项情报交换协议中尚未加入国别报告的交换条款,同时税收协定或专项协议的重新谈签和修订需要耗费大量时间,可以预见将来中国同其他国家交换的形式主要是依据《国别报告信息交换》。该协议已由国家税务总局王军局长2016年5月12日签署。这里需要指出,在这种交换形式下,交换只会发生在该多边协议(国际法)已经生效,且双方国内法也已经有生效的国别报告信息交换的法律基础。这可能也是 2016 年第 42 号公告要急于就关联申报和同期资料的单独行文的原因之一。

那么,国别报告的信息是否可直接用于转让定价调整?答案是不可以。对具体交易和定价基础的详细转让定价分析,应基于完整的功能风险分析及可比性分析,而国别报告中的信息不足以替代上述分析。国别报告所披露的信息不能单独构成认定转让定价安排是否合理的结论性证据。但是,同时也应指出的是由于国别报告的交换,跨国企业集团的成员公司名称、注册地、主要业务活动、员工人数、注册资本、收入、留存收益、税前利润、实际税负等信息将被一览无余地呈现在各国税务机关的面前。同时,考虑到转让定价并非精确的科学,其价格的合理性并非落于某个固定的值而是一个合理的值域之中,跨国企业可能将面临非常大的涉税风险。另一个容易让人产生误解的是近期法国宪法法庭作出判决,认为《Sapin II Law》第一百三十七条将跨国企业国别报告向公众公布的规定违宪。部分机构解读为国别报告可能中道夭折,这样的解读是错误的,法国宪法法院只是认为向公众披露国别报告将导致竞争对手获取核心竞争力的来源,这有悖于经济运营常识。国别报告的传递必须有适当的保密措施。

9.4 特别纳税调整流程及方式

9.4.1 特别纳税调整立案调查通知的流程

税务机关应当向已确定立案调查的企业送达《税务检查通知书(一)》。被立案调查企业为非居民企业的,税务机关可以委托境内关联方或者与调查有关的境内企业送达《税务检查通知书(一)》。

经预备会谈与税务机关达成一致意见,已向税务机关提交《预约定价安排谈签意向书》,并申请预约定价安排追溯适用以前年度的企业,或者已向税务机关提交《预约定价安排续签申请书》的企业,可以暂不作为特别纳税调整的调查对象。预约定价安排未涉及的年度和关联交易除外。

依据:《国家税务总局关于发布〈特别纳税调查调整及相互协商程序管理办法〉的公告》(国家税务总局公告 2017 年第 6 号)第五条

9.4.2 特别纳税调整要求企业提供相关资料的方式

税务机关实施特别纳税调查时,可以要求被调查企业及其关联方,或者与调查有关的其他企业提供相关资料:

(1)要求被调查企业及其关联方,或者与调查有关的其他企业提供相关资料的,应当向该企业送达《税务事项通知书》,该企业在境外的,税务机关可以委托境内关联方或者与调查有关的境内企业向该企业送达《税务事项通知书》。

(2)需要到被调查企业的关联方或者与调查有关的其他企业调查取证的,应当向该企业送达《税务检查通知书(二)》。

依据:《国家税务总局关于发布〈特别纳税调查调整及相互协商程序管理办法〉的公告》(国家税务总局公告 2017 年第 6 号)第六条

9.4.3 特别纳税调整企业提供相关资料的处理

被调查企业及其关联方以及与调查有关的其他企业应当按照税务机关要求提供真实、完整的相关资料:

(1)提供由自身保管的书证原件。原本、正本和副本均属于书证的原件。提供原件确有困难的,可以提供与原件核对无误的复印件、照片、节录本等复制件。提供方应当在复制件上注明"与原件核对无误,原件存于我处",并由提供方签章。

(2)提供由有关方保管的书证原件复制件、影印件或者抄录件的,提供方应当在复制件、影印件或者抄录件上注明"与原件核对无误",并注明出处,由该有关方及提供方签章。

(3)提供外文书证或者外文视听资料的,应当附送中文译本。提供方应当对中文译本的准确性和完整性负责。

(4)提供境外相关资料的,应当说明来源。税务机关对境外资料真实性和完整性有疑义的,可以要求企业提供公证机构的证明。

依据:《国家税务总局关于发布〈特别纳税调查调整及相互协商程序管理办法〉的公告》(国家税务总局公告 2017 年第 6 号)第七条

9.4.4 实施特别纳税调查的方式

税务机关实施特别纳税调查时,应当按照法定权限和程序进行,可以采用实地调查、检查纸质或者电子数据资料、调取账簿、询问、查询存款账户或者储蓄存款、发函协查、国际税收信息交换、异地协查等方式,收集能够证明案件事实的证据材料。在收集证据材料的过程中,可以记录、录音、录像、照相和复制,录音、录像、照相前应当告知被取证方。记录内容应当由两名以上调查人员签字,并经被取证方核实签章确认。被取证方拒绝签章的,税务机关调查人员(两名以上)应当注明。

依据:《国家税务总局关于发布〈特别纳税调查调整及相互协商程序管理办法〉的公告》(国家税务总局公告 2017 年第 6 号)第八条

9.4.5 特别纳税调查证据的采集和处理

9.4.5.1 取证方式

以电子数据证明案件事实的,税务机关可以采取以下方式进行取证:

(1)要求提供方将电子数据打印成纸质资料,在纸质资料上注明数据出处、打印场所,并注明"与电子数据核对无误",由提供方签章。

(2)采用有形载体形式固定电子数据,由调查人员与提供方指定人员一起将电子数据复制到只读存储介质上并封存。在封存包装物上注明电子数据名称、数据来源、制作方法、制作时间、制作人、文件格式及大小等,并注明"与原始载体记载的电子数据核对无误",由提供方签章。

依据：《国家税务总局关于发布〈特别纳税调查调整及相互协商程序管理办法〉的公告》（国家税务总局公告 2017 年第 6 号）第九条

9.4.5.2 调回资料检查的处理

税务机关需要将以前年度的账簿、会计凭证、财务会计报告和其他有关资料调回检查的，应当按照《税收征收管理法》及其实施细则有关规定，向被调查企业送达《调取账簿资料通知书》，填写《调取账簿资料清单》交其核对后签章确认。调回资料应当妥善保管，并在法定时限内完整退还。

依据：《国家税务总局关于发布〈特别纳税调查调整及相互协商程序管理办法〉的公告》（国家税务总局公告 2017 年第 6 号）第十条

9.4.5.3 询问方式收集证据材料的处理

税务机关需要采用询问方式收集证据材料的，应当由两名以上调查人员实施询问，并制作《询问（调查）笔录》。

依据：《国家税务总局关于发布〈特别纳税调查调整及相互协商程序管理办法〉的公告》（国家税务总局公告 2017 年第 6 号）第十一条

需要被调查当事人、证人陈述或者提供证言的，应当事先告知其不如实陈述或者提供虚假证言应当承担的法律责任。被调查当事人、证人可以采取书面或者口头方式陈述或者提供证言，以口头方式陈述或者提供证言的，调查人员可以笔录、录音、录像。笔录应当使用能够长期保持字迹的书写工具书写，也可使用计算机记录并打印，陈述或者证言应当由被调查当事人、证人逐页签章。

陈述或者证言中应当写明被调查当事人、证人的姓名、工作单位、联系方式等基本信息，注明出具日期，并附居民身份证复印件等身份证明材料。

被调查当事人、证人口头提出变更陈述或者证言的，调查人员应当就变更部分重新制作笔录，注明原因，由被调查当事人、证人逐页签章。被调查当事人、证人变更书面陈述或者证言的，不退回原件。

依据：《国家税务总局关于发布〈特别纳税调查调整及相互协商程序管理办法〉的公告》（国家税务总局公告 2017 年第 6 号）第十二条

9.4.5.4 被调查企业拒绝确认相关认定表的处理

税务机关应当结合被调查企业年度关联业务往来报告表和相关资料，对其与关联方的关联关系以及关联交易金额进行确认，填制《关联关系认定表》和《关联交易认定表》，并由被调查企业确认签章。被调查企业拒绝确认的，税务机关调查人员（两名以上）应当注明。

依据：《国家税务总局关于发布〈特别纳税调查调整及相互协商程序管理办法〉的公告》（国家税务总局公告 2017 年第 6 号）第十三条

9.5 转让定价

9.5.1 转让定价管理

转让定价管理是指税务机关按照《企业所得税法》第六章和《税收征收管理法》第三

十六条的有关规定,对企业与其关联方之间的业务往来(以下简称关联交易)是否符合独立交易原则进行审核评估和调查调整等工作的总称。

依据:《国家税务总局关于印发〈特别纳税调整实施办法(试行)〉的通知》(国税发〔2009〕2号)第三条

9.5.2 转让定价方法

9.5.2.1 一般规定

《企业所得税法》第四十一条所称合理方法包括:

(1) 可比非受控价格法,是指按照没有关联关系的交易各方进行相同或者类似业务往来的价格进行定价的方法。

(2) 再销售价格法,是指按照从关联方购进商品再销售给没有关联关系的交易方的价格,减去相同或者类似业务的销售毛利进行定价的方法。

(3) 成本加成法,是指按照成本加合理的费用和利润进行定价的方法。

(4) 交易净利润法,是指按照没有关联关系的交易各方进行相同或者类似业务往来取得的净利润水平确定利润的方法。

(5) 利润分割法,是指将企业与其关联方的合并利润或者亏损在各方之间采用合理标准进行分配的方法。

(6) 其他符合独立交易原则的方法。

依据:《中华人民共和国企业所得税法实施条例》第一百一十一条

税务机关应当在可比性分析的基础上,选择合理的转让定价方法,对企业关联交易进行分析评估。转让定价方法包括可比非受控价格法、再销售价格法、成本加成法、交易净利润法、利润分割法及其他符合独立交易原则的方法。

依据:《国家税务总局关于发布〈特别纳税调查调整及相互协商程序管理办法〉的公告》(国家税务总局公告2017年第6号)第十六条

9.5.2.2 可比性分析内容

税务机关实施转让定价调查时,应当进行可比性分析,可比性分析一般包括以下五个方面。税务机关可以根据案件情况选择具体分析内容:

(1) 交易资产或者劳务特性,包括有形资产的物理特性、质量、数量等;无形资产的类型、交易形式、保护程度、期限、预期收益等;劳务的性质和内容;金融资产的特性、内容、风险管理等。

(2) 交易各方执行的功能、承担的风险和使用的资产。功能包括研发、设计、采购、加工、装配、制造、维修、分销、营销、广告、存货管理、物流、仓储、融资、管理、财务、会计、法律及人力资源管理等;风险包括投资风险、研发风险、采购风险、生产风险、市场风险、管理风险及财务风险等;资产包括有形资产、无形资产、金融资产等。

(3) 合同条款,包括交易标的、交易数量、交易价格、收付款方式和条件、交货条件、售后服务范围和条件、提供附加劳务的约定、变更或者修改合同内容的权利、合同有效期、终止或者续签合同的权利等。合同条款分析应当关注企业执行合同的能力与行为,以及关联方之间签署合同条款的可信度等。

（4）经济环境，包括行业概况、地理区域、市场规模、市场层级、市场占有率、市场竞争程度、消费者购买力、商品或者劳务可替代性、生产要素价格、运输成本、政府管制，以及成本节约、市场溢价等地域特殊因素。

（5）经营策略，包括创新和开发、多元化经营、协同效应、风险规避及市场占有策略等。

依据：《国家税务总局关于发布〈特别纳税调查调整及相互协商程序管理办法〉的公告》（国家税务总局公告2017年第6号）第十五条

9.5.2.3 可比非受控价格分析方法

可比非受控价格法以非关联方之间进行的与关联交易相同或者类似业务活动所收取的价格作为关联交易的公平成交价格。可比非受控价格法可以适用于所有类型的关联交易。

可比非受控价格法的可比性分析，应当按照不同交易类型，特别考察关联交易与非关联交易中交易资产或者劳务的特性、合同条款、经济环境和经营策略上的差异：

（1）有形资产使用权或者所有权的转让，包括：

① 转让过程，包括交易时间与地点、交货条件、交货手续、支付条件、交易数量、售后服务等。

② 转让环节，包括出厂环节、批发环节、零售环节、出口环节等。

③ 转让环境，包括民族风俗、消费者偏好、政局稳定程度以及财政、税收、外汇政策等。

④ 有形资产的性能、规格、型号、结构、类型、折旧方法等。

⑤ 提供使用权的时间、期限、地点、费用收取标准等。

⑥ 资产所有者对资产的投资支出、维修费用等。

（2）金融资产的转让，包括金融资产的实际持有期限、流动性、安全性、收益性。其中，股权转让交易的分析内容包括公司性质、业务结构、资产构成、所属行业、行业周期、经营模式、企业规模、资产配置和使用情况、企业所处经营阶段、成长性、经营风险、财务风险、交易时间、地理区域、股权关系、历史与未来经营情况、商誉、税收利益、流动性、经济趋势、宏观政策、企业收入和成本结构及其他因素。

（3）无形资产使用权或者所有权的转让，包括：

① 无形资产的类别、用途、适用行业、预期收益。

② 无形资产的开发投资、转让条件、独占程度、可替代性、受有关国家法律保护的程度及期限、地理位置、使用年限、研发阶段、维护改良及更新的权利、受让成本和费用、功能风险情况、摊销方法以及其他影响其价值发生实质变动的特殊因素等。

（4）资金融通，包括融资的金额、币种、期限、担保、融资人的资信、还款方式、计息方法等。

（5）劳务交易，包括劳务性质、技术要求、专业水准、承担责任、付款条件和方式、直接和间接成本等。

关联交易与非关联交易在以上方面存在重大差异的,应当就该差异对价格的影响进行合理调整,无法合理调整的,应当选择其他合理的转让定价方法。

依据:《国家税务总局关于发布〈特别纳税调查调整及相互协商程序管理办法〉的公告》(国家税务总局公告 2017 年第 6 号)第十七条

9.5.2.4 再销售价格分析方法

再销售价格法以关联方购进商品再销售给非关联方的价格减去可比非关联交易毛利后的金额作为关联方购进商品的公平成交价格。其计算公式如下:

$$公平成交价格 = 再销售给非关联方的价格 \times (1 - 可比非关联交易毛利率)$$

$$可比非关联交易毛利率 = 可比非关联交易毛利 \div 可比非关联交易收入净额 \times 100\%$$

再销售价格法一般适用于再销售者未对商品进行改变外形、性能、结构或者更换商标等实质性增值加工的简单加工或者单纯购销业务。

再销售价格法的可比性分析,应当特别考察关联交易与非关联交易中企业执行的功能、承担的风险、使用的资产和合同条款上的差异,以及影响毛利率的其他因素,具体包括营销、分销、产品保障及服务功能,存货风险,机器、设备的价值及使用年限,无形资产的使用及价值,有价值的营销型无形资产,批发或者零售环节,商业经验,会计处理及管理效率等。

关联交易与非关联交易在以上方面存在重大差异的,应当就该差异对毛利率的影响进行合理调整,无法合理调整的,应当选择其他合理的转让定价方法。

依据:《国家税务总局关于发布〈特别纳税调查调整及相互协商程序管理办法〉的公告》(国家税务总局公告 2017 年第 6 号)第十八条

9.5.2.5 成本加成分析方法

成本加成法以关联交易发生的合理成本加上可比非关联交易毛利后的金额作为关联交易的公平成交价格。其计算公式如下:

$$公平成交价格 = 关联交易发生的合理成本 \times (1 + 可比非关联交易成本加成率)$$

$$可比非关联交易成本加成率 = 可比非关联交易毛利 \div 可比非关联交易成本 \times 100\%$$

成本加成法一般适用于有形资产使用权或者所有权的转让、资金融通、劳务交易等关联交易。

成本加成法的可比性分析,应当特别考察关联交易与非关联交易中企业执行的功能、承担的风险、使用的资产和合同条款上的差异,以及影响成本加成率的其他因素,具体包括制造、加工、安装及测试功能,市场及汇兑风险,机器、设备的价值及使用年限,无形资产的使用及价值,商业经验,会计处理,生产及管理效率等。

关联交易与非关联交易在以上方面存在重大差异的,应当就该差异对成本加成率的影响进行合理调整,无法合理调整的,应当选择其他合理的转让定价方法。

依据:《国家税务总局关于发布〈特别纳税调查调整及相互协商程序管理办法〉的公告》(国家税务总局公告 2017 年第 6 号)第十九条

9.5.2.6　交易净利润分析方法

交易净利润法以可比非关联交易的利润指标确定关联交易的利润。利润指标包括息税前利润率、完全成本加成率、资产收益率、贝里比率等。具体计算公式如下：

息税前利润率 ＝ 息税前利润 ÷ 营业收入 × 100%

完全成本加成率 ＝ 息税前利润 ÷ 完全成本 × 100%

资产收益率 ＝ 息税前利润 ÷ [(年初资产总额 ＋ 年末资产总额) ÷ 2] × 100%

贝里比率 ＝ 毛利 ÷ (营业费用 ＋ 管理费用) × 100%

利润指标的选取应当反映交易各方执行的功能、承担的风险和使用的资产。利润指标的计算以企业会计处理为基础，必要时可以对指标口径进行合理调整。

交易净利润法一般适用于不拥有重大价值无形资产企业的有形资产使用权或者所有权的转让和受让、无形资产使用权受让以及劳务交易等关联交易。

交易净利润法的可比性分析，应当特别考察关联交易与非关联交易中企业执行的功能、承担的风险和使用的资产，经济环境上的差异，以及影响利润的其他因素，具体包括行业和市场情况，经营规模，经济周期和产品生命周期，收入、成本、费用和资产在各交易间的分配，会计处理及经营管理效率等。

关联交易与非关联交易在以上方面存在重大差异的，应当就该差异对利润的影响进行合理调整，无法合理调整的，应当选择其他合理的转让定价方法。

依据：《国家税务总局关于发布〈特别纳税调查调整及相互协商程序管理办法〉的公告》(国家税务总局公告 2017 年第 6 号) 第二十条

9.5.2.7　利润分割分析方法

利润分割法根据企业与其关联方对关联交易合并利润(实际或者预计)的贡献计算各自应当分配的利润额。利润分割法主要包括一般利润分割法和剩余利润分割法。

一般利润分割法通常根据关联交易各方所执行的功能、承担的风险和使用的资产，采用符合独立交易原则的利润分割方式，确定各方应当取得的合理利润；当难以获取可比交易信息但能合理确定合并利润时，可以结合实际情况考虑与价值贡献相关的收入、成本、费用、资产、雇员人数等因素，分析关联交易各方对价值做出的贡献，将利润在各方之间进行分配。

剩余利润分割法将关联交易各方的合并利润减去分配给各方的常规利润后的余额作为剩余利润，再根据各方对剩余利润的贡献程度进行分配。

利润分割法一般适用于企业及其关联方均对利润创造具有独特贡献，业务高度整合且难以单独评估各方交易结果的关联交易。利润分割法的适用应当体现利润应在经济活动发生地和价值创造地征税的基本原则。

利润分割法的可比性分析，应当特别考察关联交易各方执行的功能、承担的风险和使用的资产，收入、成本、费用和资产在各方之间的分配，成本节约、市场溢价等地域特殊因素，以及其他价值贡献因素，确定各方对剩余利润贡献所使用的信息和假设条件的可靠性等。

依据：《国家税务总局关于发布〈特别纳税调查调整及相互协商程序管理办法〉的公告》(国家税务总局公告 2017 年第 6 号) 第二十一条

9.5.2.8　其他分析方法

其他符合独立交易原则的方法包括成本法、市场法和收益法等资产评估方法，以及其他能够反映利润与经济活动发生地和价值创造地相匹配原则的方法。

成本法是以替代或者重置原则为基础，通过在当前市场价格下创造一项相似资产所发生的支出确定评估标的价值的评估方法。成本法适用于能够被替代的资产价值评估。

市场法是利用市场上相同或者相似资产的近期交易价格，经过直接比较或者类比分析以确定评估标的价值的评估方法。市场法适用于在市场上能找到与评估标的相同或者相似的非关联可比交易信息时的资产价值评估。

收益法是通过评估标的未来预期收益现值来确定其价值的评估方法。收益法适用于企业整体资产和可预期未来收益的单项资产评估。

依据：《国家税务总局关于发布〈特别纳税调查调整及相互协商程序管理办法〉的公告》(国家税务总局公告 2017 年第 6 号) 第二十二条

9.6　被调查企业的分析评估

税务机关分析评估被调查企业关联交易时，应当在分析评估交易各方功能风险的基础上，选择功能相对简单的一方作为被测试对象。

依据：《国家税务总局关于发布〈特别纳税调查调整及相互协商程序管理办法〉的公告》(国家税务总局公告 2017 年第 6 号) 第二十三条

税务机关在进行可比性分析时，优先使用公开信息，也可以使用非公开信息。

依据：《国家税务总局关于发布〈特别纳税调查调整及相互协商程序管理办法〉的公告》(国家税务总局公告 2017 年第 6 号) 第二十四条

税务机关分析评估被调查企业关联交易是否符合独立交易原则时，可以根据实际情况选择算术平均法、加权平均法或者四分位法等统计方法，逐年分别或者多年度平均计算可比企业利润或者价格的平均值或者四分位区间。

税务机关应当按照可比利润水平或者可比价格对被调查企业各年度关联交易进行逐年测试调整。

税务机关采用四分位法分析评估企业利润水平时，企业实际利润水平低于可比企业利润率区间中位值的，原则上应当按照不低于中位值进行调整。

依据：《国家税务总局关于发布〈特别纳税调查调整及相互协商程序管理办法〉的公告》(国家税务总局公告 2017 年第 6 号) 第二十五条

9.6.1　不符合规定的境外关联方费用的调整

不符合独立交易原则的，税务机关可以按照已税前扣除的金额全额实施特别纳税调整。

依据：《国家税务总局关于发布〈特别纳税调查调整及相互协商程序管理办法〉的公告》(国家税务总局公告 2017 年第 6 号) 第三十七条

9.6.2 转让定价特别事项的调整

9.6.2.1 来料加工业务的差异调整

税务机关分析评估被调查企业为其关联方提供的来料加工业务，在可比企业不是相同业务模式，且业务模式的差异会对利润水平产生影响的情况下，应当对业务模式的差异进行调整，还原其不作价的来料和设备价值。企业提供真实完整的来料加工产品整体价值链相关资料，能够反映各关联方总体利润水平的，税务机关可以就被调查企业与可比企业因料件还原产生的资金占用差异进行可比性调整，利润水平调整幅度超过10%的，应当重新选择可比企业。

除上述规定外，对因营运资本占用不同产生的利润差异不作调整。

依据：《国家税务总局关于发布〈特别纳税调查调整及相互协商程序管理办法〉的公告》（国家税务总局公告2017年第6号）第二十六条

9.6.2.2 地域特殊因素的差异调整

税务机关分析评估被调查企业关联交易是否符合独立交易原则时，选取的可比企业与被调查企业处于不同经济环境的，应当分析成本节约、市场溢价等地域特殊因素，并选择合理的转让定价方法确定地域特殊因素对利润的贡献。

依据：《国家税务总局关于发布〈特别纳税调查调整及相互协商程序管理办法〉的公告》（国家税务总局公告2017年第6号）第二十七条

9.6.2.3 单一功能企业的亏损处理

企业为境外关联方从事来料加工或者进料加工等单一生产业务，或者从事分销、合约研发业务，原则上应当保持合理的利润水平。

上述企业如出现亏损，无论是否达到《国家税务总局关于完善关联申报和同期资料管理有关事项的公告》（国家税务总局公告2016年第42号）中的同期资料准备标准，均应当就亏损年度准备同期资料本地文档。税务机关应当重点审核上述企业的本地文档，加强监控管理。

上述企业承担由于决策失误、开工不足、产品滞销、研发失败等原因造成的应当由关联方承担的风险和损失的，税务机关可以实施特别纳税调整。

依据：《国家税务总局关于发布〈特别纳税调查调整及相互协商程序管理办法〉的公告》（国家税务总局公告2017年第6号）第二十八条

9.6.2.4 隐匿关联交易的处理

税务机关对关联交易进行调查分析时，应当确定企业所获得的收益与其执行的功能或者承担的风险是否匹配。

企业与其关联方之间隐匿关联交易直接或者间接导致国家总体税收收入减少的，税务机关可以通过还原隐匿交易实施特别纳税调整。

企业与其关联方之间抵消关联交易直接或者间接导致国家总体税收收入减少的，税务机关可以通过还原抵消交易实施特别纳税调整。

依据:《国家税务总局关于发布〈特别纳税调查调整及相互协商程序管理办法〉的公告》(国家税务总局公告 2017 年第 6 号)第二十九条

9.6.2.5 无形资产的处理

判定企业及其关联方对无形资产价值的贡献程度及相应的收益分配时,应当全面分析企业所属企业集团的全球营运流程,充分考虑各方在无形资产开发、价值提升、维护、保护、应用和推广中的价值贡献,无形资产价值的实现方式,无形资产与集团内其他业务的功能、风险和资产的相互作用。

企业仅拥有无形资产所有权而未对无形资产价值做出贡献的,不应当参与无形资产收益分配。无形资产形成和使用过程中,仅提供资金而未实际执行相关功能和承担相应风险的,应当仅获得合理的资金成本回报。

依据:《国家税务总局关于发布〈特别纳税调查调整及相互协商程序管理办法〉的公告》(国家税务总局公告 2017 年第 6 号)第三十条

企业与其关联方转让或者受让无形资产使用权而收取或者支付的特许权使用费,应当根据下列情形适时调整,未适时调整的,税务机关可以实施特别纳税调整:

(1)无形资产价值发生根本性变化。

(2)按照营业常规,非关联方之间的可比交易应当存在特许权使用费调整机制。

(3)无形资产使用过程中,企业及其关联方执行的功能、承担的风险或者使用的资产发生变化。

(4)企业及其关联方对无形资产进行后续开发、价值提升、维护、保护、应用和推广做出贡献而未得到合理补偿。

依据:《国家税务总局关于发布〈特别纳税调查调整及相互协商程序管理办法〉的公告》(国家税务总局公告 2017 年第 6 号)第三十一条

企业与其关联方转让或者受让无形资产使用权而收取或者支付的特许权使用费,应当与无形资产为企业或者其关联方带来的经济利益相匹配。与经济利益不匹配而减少企业或者其关联方应纳税收入或者所得额的,税务机关可以实施特别纳税调整。未带来经济利益,且不符合独立交易原则的,税务机关可以按照已税前扣除的金额全额实施特别纳税调整。

企业向仅拥有无形资产所有权而未对其价值创造做出贡献的关联方支付特许权使用费,不符合独立交易原则的,税务机关可以按照已税前扣除的金额全额实施特别纳税调整。

依据:《国家税务总局关于发布〈特别纳税调查调整及相互协商程序管理办法〉的公告》(国家税务总局公告 2017 年第 6 号)第三十二条

9.6.2.6 集团内劳务的处理

企业与其关联方发生劳务交易支付或者收取价款不符合独立交易原则而减少企业或者其关联方应纳税收入或者所得额的,税务机关可以实施特别纳税调整。

符合独立交易原则的关联劳务交易应当是受益性劳务交易,并且按照非关联方在相同或者类似情形下的营业常规和公平成交价格进行定价。受益性劳务是指能够为劳务接受方带来直接或者间接经济利益,且非关联方在相同或者类似情形下,愿意购买或者愿意自行实施的劳务活动。

依据:《国家税务总局关于发布〈特别纳税调查调整及相互协商程序管理办法〉的公告》(国家税务总局公告2017年第6号)第三十四条

企业接受或者提供的受益性劳务应当充分考虑劳务的具体内容和特性,劳务提供方的功能、风险、成本和费用,劳务接受方的受益情况、市场环境,交易双方的财务状况,以及可比交易的定价情况等因素,按照《特别纳税调查调整及相互协商程序管理办法》的有关规定选择合理的转让定价方法,并遵循以下原则:

(1)关联劳务能够分别按照各劳务接受方、劳务项目为核算单位归集相关劳务成本费用的,应当以劳务接受方、劳务项目合理的成本费用为基础,确定交易价格。

(2)关联劳务不能分别按照各劳务接受方、劳务项目为核算单位归集相关劳务成本费用的,应当采用合理标准和比例向各劳务接受方分配,并以分配的成本费用为基础,确定交易价格。分配标准应当根据劳务性质合理确定,可以根据实际情况采用营业收入、营运资产、人员数量、人员工资、设备使用量、数据流量、工作时间以及其他合理指标,分配结果应当与劳务接受方的受益程度相匹配。非受益性劳务的相关成本费用支出不得计入分配基数。

依据:《国家税务总局关于发布〈特别纳税调查调整及相互协商程序管理办法〉的公告》(国家税务总局公告2017年第6号)第三十六条

一、受益性测试

企业向其关联方支付非受益性劳务的价款,税务机关可以按照已税前扣除的金额全额实施特别纳税调整。非受益性劳务主要包括以下情形:

(1)劳务接受方从其关联方接受的,已经购买或者自行实施的劳务活动。

(2)劳务接受方从其关联方接受的,为保障劳务接受方的直接或者间接投资方的投资利益而实施的控制、管理和监督等劳务活动。该劳务活动主要包括:

① 董事会活动、股东会活动、监事会活动和发行股票等服务于股东的活动。

② 与劳务接受方的直接或者间接投资方、集团总部和区域总部的经营报告或者财务报告编制及分析有关的活动。

③ 与劳务接受方的直接或者间接投资方、集团总部和区域总部的经营及资本运作有关的筹资活动。

④ 为集团决策、监管、控制、遵从需要所实施的财务、税务、人事、法务等活动。

⑤ 其他类似情形。

(3)劳务接受方从其关联方接受的,并非针对其具体实施的,只是因附属于企业集团而获得额外收益的劳务活动。该劳务活动主要包括:

① 为劳务接受方带来资源整合效应和规模效应的法律形式改变、债务重组、股权收购、资产收购、合并、分立等集团重组活动。

② 由于企业集团信用评级提高,为劳务接受方带来融资成本下降等利益的相关活动。

③ 其他类似情形。

（4）劳务接受方从其关联方接受的，已经在其他关联交易中给予补偿的劳务活动。该劳务活动主要包括：

① 从特许权使用费支付中给予补偿的与专利权或者非专利技术相关的服务。

② 从贷款利息支付中给予补偿的与贷款相关的服务。

③ 其他类似情形。

（5）与劳务接受方执行的功能和承担的风险无关，或者不符合劳务接受方经营需要的关联劳务活动。

（6）其他不能为劳务接受方带来直接或者间接经济利益，或者非关联方不愿意购买或者不愿意自行实施的关联劳务活动。

依据：《国家税务总局关于发布〈特别纳税调查调整及相互协商程序管理办法〉的公告》（国家税务总局公告2017年第6号）第三十五条

二、附带利益测试

企业以融资上市为主要目的在境外成立控股公司或者融资公司，仅因融资上市活动所产生的附带利益向境外关联方支付特许权使用费，不符合独立交易原则的，税务机关可以按照已税前扣除的金额全额实施特别纳税调整。

依据：《国家税务总局关于发布〈特别纳税调查调整及相互协商程序管理办法〉的公告》（国家税务总局公告2017年第6号）第三十三条

9.6.3 境内关联方之间交易的处理

实际税负相同的境内关联方之间的交易，只要该交易没有直接或者间接导致国家总体税收收入的减少，原则上不作特别纳税调整。

依据：《国家税务总局关于发布〈特别纳税调查调整及相互协商程序管理办法〉的公告》（国家税务总局公告2017年第6号）第三十八条

9.6.4 转让定价的调查结论

9.6.4.1 未发现企业存在特别纳税调整问题的处理

经调查，税务机关未发现企业存在特别纳税调整问题的，应当作出特别纳税调查结论，并向企业送达《特别纳税调查结论通知书》。

依据：《国家税务总局关于发布〈特别纳税调查调整及相互协商程序管理办法〉的公告》（国家税务总局公告2017年第6号）第三十九条

9.6.4.2 发现企业存在特别纳税调整问题的处理

经调查，税务机关发现企业存在特别纳税调整问题的，应当按照以下程序实施调整：

（1）在测算、论证、可比性分析的基础上，拟定特别纳税调查调整方案。

（2）根据拟定调整方案与企业协商谈判，双方均应当指定主谈人，调查人员应当做好《协商内容记录》，并由双方主谈人签字确认。企业拒签的，税务机关调查人员（两名以上）应当注明。企业拒绝协商谈判的，税务机关向企业送达《特别纳税调查初步调整通知书》。

（3）在协商谈判过程中，企业对拟定调整方案有异议的，应当在税务机关规定的期限内进一步提供相关资料。税务机关收到资料后，应当认真审议，并作出审议结论。根据审议结论，需要进行特别纳税调整的，税务机关应当形成初步调整方案，向企业送达《特别纳税调查初步调整通知书》。

（4）企业收到《特别纳税调查初步调整通知书》后有异议的，应当自收到通知书之日起7日内书面提出。税务机关收到企业意见后，应当再次协商、审议。根据审议结论，需要进行特别纳税调整，并形成最终调整方案的，税务机关应当向企业送达《特别纳税调查调整通知书》。

（5）企业收到《特别纳税调查初步调整通知书》后，在规定期限内未提出异议的，或者提出异议后又拒绝协商的，或者虽提出异议但经税务机关审议后不予采纳的，税务机关应当以初步调整方案作为最终调整方案，向企业送达《特别纳税调查调整通知书》。

依据：《国家税务总局关于发布〈特别纳税调查调整及相互协商程序管理办法〉的公告》（国家税务总局公告2017年第6号）第四十条

9.6.4.3 企业对《特别纳税调查调整通知书》有异议的处理

企业收到《特别纳税调查调整通知书》后有异议的，可以在依照《特别纳税调查调整通知书》缴纳或者解缴税款、利息、滞纳金或者提供相应的担保后，依法申请行政复议。

对行政复议决定不服的，可以依法向人民法院提起行政诉讼。

依据：《国家税务总局关于发布〈特别纳税调查调整及相互协商程序管理办法〉的公告》（国家税务总局公告2017年第6号）第四十一条

9.6.4.4 实施特别纳税调整时不调整已扣缴税款的规定

税务机关对企业实施特别纳税调整，涉及企业向境外关联方支付利息、租金、特许权使用费的，除另有规定外，不调整已扣缴的税款。

依据：《国家税务总局关于发布〈特别纳税调查调整及相互协商程序管理办法〉的公告》（国家税务总局公告2017年第6号）第四十二条

9.6.4.5 企业自行缴纳税款

企业可以在《特别纳税调查调整通知书》送达前自行缴纳税款。企业自行缴纳税款的，应当填报《特别纳税调整自行缴纳税款表》。

依据：《国家税务总局关于发布〈特别纳税调查调整及相互协商程序管理办法〉的公告》（国家税务总局公告2017年第6号）第四十三条

9.6.4.6 特别纳税调查调整期间被调查企业其他涉税事项的处理

被调查企业在税务机关实施特别纳税调查调整期间申请变更经营地址或者注销税务登记的，税务机关在调查结案前原则上不予办理税务变更、注销手续。

依据：《国家税务总局关于发布〈特别纳税调查调整及相互协商程序管理办法〉的公告》（国家税务总局公告2017年第6号）第四十六条

9.7 预约定价安排

企业可以向税务机关提出与其关联方之间业务往来的定价原则和计算方法，税务机关与企业协商、确认后，达成预约定价安排。

依据：《中华人民共和国企业所得税法》第四十二条

《企业所得税法》第四十二条所称预约定价安排是指企业就其未来年度关联交易的定价原则和计算方法，向税务机关提出申请，与税务机关按照独立交易原则协商、确认后达成的协议。

依据：《中华人民共和国企业所得税法实施条例》第一百一十三条

纳税人可以向主管税务机关提出与其关联企业之间业务往来的定价原则和计算方法，主管税务机关审核、批准后，与纳税人预先约定有关定价事项，监督纳税人执行。

依据：《中华人民共和国税收征收管理法实施细则》第五十三条

企业可以与税务机关就其未来年度关联交易的定价原则和计算方法达成预约定价安排。

依据：《国家税务总局关于完善预约定价安排管理有关事项的公告》（国家税务总局公告2016年第64号）第一条

预约定价安排管理是指税务机关按照《企业所得税法》第四十二条和《税收征收管理法实施细则》第五十三条的规定，对企业提出的未来年度关联交易的定价原则和计算方法进行审核评估，并与企业协商达成预约定价安排等工作的总称。

依据：《国家税务总局关于印发〈特别纳税调整实施办法（试行）〉的通知》（国税发〔2009〕2号）第四条

9.7.1 预约定价安排的种类

预约定价安排包括单边、双边和多边三种类型。

依据：《国家税务总局关于完善预约定价安排管理有关事项的公告》（国家税务总局公告2016年第64号）第二条

9.7.2 预约定价安排谈签与执行的阶段

预约定价安排的谈签与执行经过预备会谈、谈签意向、分析评估、正式申请、协商签署和监控执行六个阶段。

依据：《国家税务总局关于完善预约定价安排管理有关事项的公告》（国家税务总局公告2016年第64号）第二条

9.7.3 预约定价安排的受理机关与管辖

9.7.3.1 预约定价安排的受理机关

《国家税务总局关于完善预约定价安排管理有关事项的公告》（国家税务总局公告2016年第64号）所称主管税务机关是指负责特别纳税调整事项的税务机关。

依据：《国家税务总局关于完善预约定价安排管理有关事项的公告》（国家税务总局公告2016年第64号）第二十一条

9.7.3.2 预约定价安排的管辖

预约定价安排同时涉及两个或者两个以上省、自治区、直辖市和计划单列市税务机关的,由国家税务总局统一组织协调。

企业申请上述单边预约定价安排的,应当同时向国家税务总局及其指定的税务机关提出谈签预约定价安排的相关申请。国家税务总局可以与企业统一签署单边预约定价安排,或者指定税务机关与企业统一签署单边预约定价安排,也可以由各主管税务机关与企业分别签署单边预约定价安排。

依据:《国家税务总局关于完善预约定价安排管理有关事项的公告》(国家税务总局公告2016年第64号)第十七条、《国家税务总局关于修改部分税收规范性文件的公告》(国家税务总局公告2018年第31号)

单边预约定价安排涉及一个省、自治区、直辖市和计划单列市内两个或者两个以上主管税务机关,由省、自治区、直辖市和计划单列市相应税务机关统一组织协调。

依据:《国家税务总局关于完善预约定价安排管理有关事项的公告》(国家税务总局公告2016年第64号)第十八条、《国家税务总局关于修改部分税收规范性文件的公告》(国家税务总局公告2018年第31号)

9.7.4 预约定价安排的适用条件

预约定价安排一般适用于主管税务机关向企业送达接收其谈签意向的《税务事项通知书》之日所属纳税年度前3个年度每年度发生的关联交易金额4 000万元人民币以上的企业。

依据:《国家税务总局关于完善预约定价安排管理有关事项的公告》(国家税务总局公告2016年第64号)第四条

有下列情形之一的,税务机关可以拒绝企业提交谈签意向:

(1) 税务机关已经对企业实施特别纳税调整立案调查或者其他涉税案件调查,且尚未结案的。

(2) 未按照有关规定填报年度关联业务往来报告表。

(3) 未按照有关规定准备、保存和提供同期资料。

(4) 预备会谈阶段税务机关和企业无法达成一致意见。

依据:《国家税务总局关于完善预约定价安排管理有关事项的公告》(国家税务总局公告2016年第64号)第六条

9.7.5 预约定价安排的期限

预约定价安排适用于主管税务机关向企业送达接收其谈签意向的《税务事项通知书》之日所属纳税年度起3至5个年度的关联交易。

依据:《国家税务总局关于完善预约定价安排管理有关事项的公告》(国家税务总局公告2016年第64号)第三条

9.7.6 不影响转让定价调查、调整原则

预约定价安排的谈签不影响税务机关对企业不适用预约定价安排的年度及关联交易的特别纳税调查调整和监控管理。

依据:《国家税务总局关于完善预约定价安排管理有关事项的公告》(国家税务总局公告 2016 年第 64 号)第三条

9.7.7 可追溯适用以前年度关联交易原则

企业以前年度的关联交易与预约定价安排适用年度相同或者类似的,经企业申请,税务机关可以将预约定价安排确定的定价原则和计算方法追溯适用于以前年度该关联交易的评估和调整。追溯期最长为 10 年。

依据:《国家税务总局关于完善预约定价安排管理有关事项的公告》(国家税务总局公告 2016 年第 64 号)第三条

9.7.8 预备会谈

企业有谈签预约定价安排意向的,应当向税务机关书面提出预备会谈申请。税务机关可以与企业开展预备会谈。

(1)企业申请单边预约定价安排的,应当向主管税务机关书面提出预备会谈申请,提交《预约定价安排预备会谈申请书》。主管税务机关组织与企业开展预备会谈。

企业申请双边或者多边预约定价安排的,应当同时向国家税务总局和主管税务机关书面提出预备会谈申请,提交《预约定价安排预备会谈申请书》。国家税务总局统一组织与企业开展预备会谈。

(2)预备会谈期间,企业应当就以下内容作出简要说明:
① 预约定价安排的适用年度。
② 预约定价安排涉及的关联方及关联交易。
③ 企业及其所属企业集团的组织结构和管理架构。
④ 企业最近 3 至 5 个年度生产经营情况、同期资料等。
⑤ 预约定价安排涉及各关联方功能和风险的说明,包括功能和风险划分所依据的机构、人员、费用、资产等。
⑥ 市场情况的说明,包括行业发展趋势和竞争环境等。
⑦ 是否存在成本节约、市场溢价等地域特殊优势。
⑧ 预约定价安排是否追溯适用以前年度。
⑨ 其他需要说明的情况。

企业申请双边或者多边预约定价安排的,说明内容还应当包括:
① 向税收协定缔约对方税务主管当局提出预约定价安排申请的情况。
② 预约定价安排涉及的关联方最近 3 至 5 个年度生产经营情况及关联交易情况。
③ 是否涉及国际重复征税及其说明。

(3)预备会谈期间,企业应当按照税务机关的要求补充资料。

依据:《国家税务总局关于完善预约定价安排管理有关事项的公告》(国家税务总局公告 2016 年第 64 号)第五条

9.7.9 谈签意向

税务机关和企业在预备会谈期间达成一致意见的,主管税务机关向企业送达同意其提交谈签意向的《税务事项通知书》。企业收到《税务事项通知书》后向税务机关提出谈签意向。

(1) 企业申请单边预约定价安排的,应当向主管税务机关提交《预约定价安排谈签意向书》,并附送单边预约定价安排申请草案。

企业申请双边或者多边预约定价安排的,应当同时向国家税务总局和主管税务机关提交《预约定价安排谈签意向书》,并附送双边或者多边预约定价安排申请草案。

(2) 单边预约定价安排申请草案应当包括以下内容:
① 预约定价安排的适用年度。
② 预约定价安排涉及的关联方及关联交易。
③ 企业及其所属企业集团的组织结构和管理架构。
④ 企业最近3至5个年度生产经营情况、财务会计报告、审计报告、同期资料等。
⑤ 预约定价安排涉及各关联方功能和风险的说明,包括功能和风险划分所依据的机构、人员、费用、资产等。
⑥ 预约定价安排使用的定价原则和计算方法,以及支持这一定价原则和计算方法的功能风险分析、可比性分析和假设条件等。
⑦ 价值链或者供应链分析,以及对成本节约、市场溢价等地域特殊优势的考虑。
⑧ 市场情况的说明,包括行业发展趋势和竞争环境等。
⑨ 预约定价安排适用期间的年度经营规模、经营效益预测以及经营规划等。
⑩ 预约定价安排是否追溯适用以前年度。
⑪ 对预约定价安排有影响的境内、外行业相关法律、法规。
⑫ 企业关于不存在本条第(3)项所列举情形的说明。
⑬ 其他需要说明的情况。

双边或者多边预约定价安排申请草案还应当包括:
① 向税收协定缔约对方税务主管当局提出预约定价安排申请的情况。
② 预约定价安排涉及的关联方最近3至5个年度生产经营情况及关联交易情况。
③ 是否涉及国际重复征税及其说明。

(3) 有下列情形之一的,税务机关可以拒绝企业提交谈签意向:
① 税务机关已经对企业实施特别纳税调整立案调查或者其他涉税案件调查,且尚未结案的。
② 未按照有关规定填报年度关联业务往来报告表。
③ 未按照有关规定准备、保存和提供同期资料。
④ 预备会谈阶段税务机关和企业无法达成一致意见。

依据:《国家税务总局关于完善预约定价安排管理有关事项的公告》(国家税务总局公告2016年第64号)第六条

9.7.10 分析评估

企业提交谈签意向后,税务机关应当分析预约定价安排申请草案内容,评估其是否符合独立交易原则。根据分析评估的具体情况可以要求企业补充提供有关资料。

税务机关可以从以下方面进行分析评估：

（1）功能和风险状况。分析评估企业与其关联方之间在供货、生产、运输、销售等各环节以及在研究、开发无形资产等方面各自作出的贡献、执行的功能以及在存货、信贷、外汇、市场等方面承担的风险。

（2）可比交易信息。分析评估企业提供的可比交易信息，对存在的实质性差异进行调整。

（3）关联交易数据。分析评估预约定价安排涉及的关联交易的收入、成本、费用和利润是否单独核算或者按照合理比例划分。

（4）定价原则和计算方法。分析评估企业在预约定价安排中采用的定价原则和计算方法。如申请追溯适用以前年度的，应当作出说明。

（5）价值链分析和贡献分析。评估企业对价值链或者供应链的分析是否完整、清晰，是否充分考虑成本节约、市场溢价等地域特殊优势，是否充分考虑本地企业对价值创造的贡献等。

（6）交易价格或者利润水平。根据上述分析评估结果，确定符合独立交易原则的价格或者利润水平。

（7）假设条件。分析评估影响行业利润水平和企业生产经营的因素及程度，合理确定预约定价安排适用的假设条件。

依据：《国家税务总局关于完善预约定价安排管理有关事项的公告》（国家税务总局公告2016年第64号）第七条

9.7.11 正式申请

分析评估阶段，税务机关可以与企业就预约定价安排申请草案进行讨论。税务机关可以进行功能和风险实地访谈。税务机关认为预约定价安排申请草案不符合独立交易原则的，企业应当与税务机关协商，并进行调整；税务机关认为预约定价安排申请草案符合独立交易原则的，主管税务机关向企业送达同意其提交正式申请的《税务事项通知书》，企业收到通知后，可以向税务机关提交《预约定价安排正式申请书》，并附送预约定价安排正式申请报告。

（1）企业申请单边预约定价安排的，应当向主管税务机关提交上述资料。企业申请双边或者多边预约定价安排的，应当同时向国家税务总局和主管税务机关提交上述资料，并按照有关规定提交启动特别纳税调整相互协商程序的申请。

（2）有下列情形之一的，税务机关可以拒绝企业提交正式申请：

① 预约定价安排申请草案拟采用的定价原则和计算方法不合理，且企业拒绝协商调整。

② 企业拒不提供有关资料或者提供的资料不符合税务机关要求，且不按时补正或者更正。

③ 企业拒不配合税务机关进行功能和风险实地访谈。

④ 其他不适合谈签预约定价安排的情况。

依据：《国家税务总局关于完善预约定价安排管理有关事项的公告》（国家税务总局公告2016年第64号）第八条

9.7.12 协商签署

税务机关应当在分析评估的基础上形成协商方案，并据此开展协商工作。

（1）主管税务机关与企业开展单边预约定价安排协商，协商达成一致的，拟定单边预约定价安排文本。

国家税务总局与税收协定缔约对方税务主管当局开展双边或者多边预约定价安排协商，协商达成一致的，拟定双边或者多边预约定价安排文本。

（2）预约定价安排文本可以包括以下内容：
① 企业及其关联方名称、地址等基本信息。
② 预约定价安排涉及的关联交易及适用年度。
③ 预约定价安排选用的定价原则和计算方法，以及可比价格或者可比利润水平等。
④ 与转让定价方法运用和计算基础相关的术语定义。
⑤ 假设条件及假设条件变动通知义务。
⑥ 企业年度报告义务。
⑦ 预约定价安排的效力。
⑧ 预约定价安排的续签。
⑨ 预约定价安排的生效、修订和终止。
⑩ 争议的解决。
⑪ 文件资料等信息的保密义务。
⑫ 单边预约定价安排的信息交换。
⑬ 附则。

（3）主管税务机关与企业就单边预约定价安排文本达成一致后，双方的法定代表人或者法定代表人授权的代表签署单边预约定价安排。

国家税务总局与税收协定缔约对方税务主管当局就双边或者多边预约定价安排文本达成一致后，双方或者多方税务主管当局授权的代表签署双边或者多边预约定价安排。国家税务总局应当将预约定价安排转发主管税务机关。主管税务机关应当向企业送达《税务事项通知书》，附送预约定价安排，并做好执行工作。

（4）预约定价安排涉及适用年度或者追溯年度补（退）税款的，税务机关应当按照纳税年度计算应补征或者退还的税款，并向企业送达《预约定价安排补（退）税款通知书》。

依据：《国家税务总局关于完善预约定价安排管理有关事项的公告》（国家税务总局公告2016年第64号）第九条

9.7.13 预约定价安排的签订与执行

税务机关应当监控预约定价安排的执行情况。

（1）预约定价安排执行期间，企业应当完整保存与预约定价安排有关的文件和资料，包括账簿和有关记录等,不得丢失、销毁和转移。

企业应当在纳税年度终了后6个月内,向主管税务机关报送执行预约定价安排情况的纸质版和电子版年度报告,主管税务机关将电子版年度报告报送国家税务总局;涉及双边或者多边预约定价安排的,企业应当向主管税务机关报送执行预约定价安排情况的纸质版和电子版年度报告,同时将电子版年度报告报送国家税务总局。

年度报告应当说明报告期内企业经营情况以及执行预约定价安排的情况。需要修订、终止预约定价安排,或者有未决问题或者预计将要发生问题的,应当作出说明。

(2)预约定价安排执行期间,主管税务机关应当每年监控企业执行预约定价安排的情况。监控内容主要包括企业是否遵守预约定价安排条款及要求;年度报告是否反映企业的实际经营情况;预约定价安排所描述的假设条件是否仍然有效等。

(3)预约定价安排执行期间,企业发生影响预约定价安排的实质性变化,应当在发生变化之日起30日内书面报告主管税务机关,详细说明该变化对执行预约定价安排的影响,并附送相关资料。由于非主观原因而无法按期报告的,可以延期报告,但延长期限不得超过30日。

税务机关应当在收到企业书面报告后,分析企业实质性变化情况,根据实质性变化对预约定价安排的影响程度,修订或者终止预约定价安排。签署的预约定价安排终止执行的,税务机关可以和企业按照2016年第64号公告规定的程序和要求,重新谈签预约定价安排。

依据:《国家税务总局关于完善预约定价安排管理有关事项的公告》(国家税务总局公告2016年第64号)第十条

9.7.13.1 预约定价安排续签

预约定价安排执行期满后自动失效。企业申请续签的,应当在预约定价安排执行期满之日前90日内向税务机关提出续签申请,报送《预约定价安排续签申请书》,并提供执行现行预约定价安排情况的报告,现行预约定价安排所述事实和经营环境是否发生实质性变化的说明材料以及续签预约定价安排年度的预测情况等相关资料。

依据:《国家税务总局关于完善预约定价安排管理有关事项的公告》(国家税务总局公告2016年第64号)第十一条

预约定价安排采用四分位法确定价格或者利润水平,在预约定价安排执行期间,如果企业当年实际经营结果在四分位区间之外,税务机关可以将实际经营结果调整到四分位区间中位值。预约定价安排执行期满,企业各年度经营结果的加权平均值低于区间中位值,且未调整至中位值的,税务机关不再受理续签申请。

双边或者多边预约定价安排执行期间存在上述问题的,主管税务机关应当及时将有关情况层报国家税务总局。

依据:《国家税务总局关于完善预约定价安排管理有关事项的公告》(国家税务总局公告2016年第64号)第十二条

9.7.13.2 预约定价安排执行期间发生税企分歧的处理

预约定价安排执行期间,主管税务机关与企业发生分歧的,双方应当进行协商。协商不能解决的,可以报上一级税务机关协调;涉及双边或者多边预约定价安排的,必须层报国家税务总局协调。对上一级税务机关或者国家税务总局的决定,下一级税务机关应当予以执行。企业仍不能接受的,可以终止预约定价安排的执行。

依据:《国家税务总局关于完善预约定价安排管理有关事项的公告》(国家税务总局公告2016年第64号)第十三条

9.7.13.3 预约定价安排签署前的暂停、终止

在预约定价安排签署前,税务机关和企业均可暂停、终止预约定价安排程序。税务机关发现企业或者其关联方故意不提供与谈签预约定价安排有关的必要资料,或者提供虚假、不完整资料,或者存在其他不配合的情形,使预约定价安排难以达成一致的,可以暂停、终止预约定价安排程序。涉及双边或者多边预约定价安排的,经税收协定缔约各方税务主管当局协商,可以暂停、终止预约定价安排程序。税务机关暂停、终止预约定价安排程序的,应当向企业送达《税务事项通知书》,并说明原因;企业暂停、终止预约定价安排程序的,应当向税务机关提交书面说明。

依据:《国家税务总局关于完善预约定价安排管理有关事项的公告》(国家税务总局公告2016年第64号)第十四条

没有按照规定的权限和程序签署预约定价安排,或者税务机关发现企业隐瞒事实的,应当认定预约定价安排自始无效,并向企业送达《税务事项通知书》,说明原因;发现企业拒不执行预约定价安排或者存在违反预约定价安排的其他情况,可以视情况进行处理,直至终止预约定价安排。

依据:《国家税务总局关于完善预约定价安排管理有关事项的公告》(国家税务总局公告2016年第64号)第十五条

9.7.14 优先受理企业提交申请的情形

有下列情形之一的,税务机关可以优先受理企业提交的申请:

(1)企业关联申报和同期资料完备合理,披露充分。
(2)企业纳税信用级别为A级。
(3)税务机关曾经对企业实施特别纳税调查调整,并已经结案。
(4)签署的预约定价安排执行期满,企业申请续签,且预约定价安排所述事实和经营环境没有发生实质性变化。
(5)企业提交的申请材料齐备,对价值链或者供应链的分析完整、清晰,充分考虑成本节约、市场溢价等地域特殊因素,拟采用的定价原则和计算方法合理。
(6)企业积极配合税务机关开展预约定价安排谈签工作。
(7)申请双边或者多边预约定价安排的,所涉及的税收协定缔约对方税务主管当局有较强的谈签意愿,对预约定价安排的重视程度较高。
(8)其他有利于预约定价安排谈签的因素。

依据:《国家税务总局关于完善预约定价安排管理有关事项的公告》(国家税务总局公告2016年第64号)第十六条

9.7.15 预约定价安排的保密规定

税务机关与企业在预约定价安排谈签过程中取得的所有信息资料,双方均负有保密义务。除依法应当向有关部门提供信息的情况外,未经纳税人同意,税务机关不得以任何方式泄露预约定价安排相关信息。

税务机关与企业不能达成预约定价安排的,税务机关在协商过程中所取得的有关企业的提议、推理、观念和判断等非事实性信息,不得用于对该预约定价安排涉及关联交易的特别纳税调查调整。

依据:《国家税务总局关于完善预约定价安排管理有关事项的公告》(国家税务总局公告 2016 年第 64 号)第十九条

除涉及国家安全的信息以外,国家税务总局可以按照对外缔结的国际公约、协定、协议等有关规定,与其他国家(地区)税务主管当局就 2016 年 4 月 1 日以后签署的单边预约定价安排文本实施信息交换。企业应当在签署单边预约定价安排时提供其最终控股公司、上一级直接控股公司及单边预约定价安排涉及的境外关联方所在国家(地区)的名单。

依据:《国家税务总局关于完善预约定价安排管理有关事项的公告》(国家税务总局公告 2016 年第 64 号)第二十条

解读

一、预约定价安排的概念

预约定价安排管理是转让定价税务管理的一个重要组成部分。一般的转让定价调查方式是对过去一定期间交易的重新调查审计,属于一种事后审计制度。这种方式在各国实践中都存在一定的难点,如难以找到符合独立企业标准的调整价格、举证资料难以齐全,同时通过对转让定价调整,增加了企业的应税所得额,还有可能造成新的国际重复征税。为了避免事后调整的这些问题,预约定价制度应运而生,把对纳税人关联交易的事后审计变成事先审计,即对未来一定期间的交易确定一个定价原则。OECD 转让定价指南对预约定价的定义为:"预约定价协议是在受控交易发生之前作出的一种协议,制定一套恰当的标准(如定价方法、可比对象的适当的调整、对未来情况的关键性假设),用以确定未来一个固定时期内受控交易的转让定价。预约定价是由纳税人提出,并请求在纳税人、一个或多个关联企业和一个或多个税务局之间进行谈判。"

根据我国《税收征收管理法》及实施细则的规定,我国的预约定价安排定义为企业可以向税务机关提出与其关联方之间业务往来的定价原则和计算方法,税务机关与企业协商、确认后,达成预约定价安排。我国自 20 世纪 90 年代末开始进行预约定价安排的实践,税收征收管理法及实施细则和企业所得税法正式规定了预约定价制度,其中,《国家税务总局关于印发〈特别纳税调整实施办法(试行)〉的通知》(国税发〔2009〕2 号,以下简称国税发〔2009〕2 号文件)对预约定价制度及执行程序进行了细化。

二、2016 年第 64 号公告发布的背景

随着实践的发展,国税发〔2009〕2 号文件中一些具体规定需要根据实践中发现的问

题加以改进和提升,使我国预约定价安排管理程序进一步完善。近年来,我国积极参与国际税收规则制定,特别是深度参与 BEPS 行动计划。根据我国政府的承诺,BEPS 行动计划成果需要转化,要出台国内配套政策,而 2016 年第 64 号公告发布就是落实 BEPS 第 5 项行动计划最低标准的要求,将单边预约定价安排纳入强制自发情报交换框架,并告知纳税人;同时也是 BEPS 第 14 项行动计划在中国落地的具体措施之一,能够为纳税人提供税收确定性。双边或者多边预约定价安排的谈签,也有利于避免或者消除国际重复征税。

三、2016 年第 64 号公告与国税发〔2009〕2 号文件相比主要变化

与国税发〔2009〕2 号文件第六章预约定价安排管理相比,2016 年第 64 号公告主要做了以下修改:

一是下放了预约定价安排受理权限。除应由税务总局受理的情况外,明确由负责特别纳税调整事项的主管税务机关受理。

二是调整了预约定价安排谈签与执行的阶段。根据多年预约定价安排实践情况,重新调整了六个阶段,增加了谈签意向阶段,将磋商和签订安排合并为一个阶段,即协商签署阶段,并调整了顺序,使得六个阶段的划分更为科学合理。

三是强调了谈签意向的重要性。将预约定价安排适用年度的计算起点由企业提交正式书面申请的次年调整为主管税务机关向企业送达接收其谈签意向的《税务事项通知书》之日所属纳税年度。

四是增加了税务机关拒绝谈签意向、优先受理正式申请和拒绝正式申请的条款,优化了分析评估、监控执行等有关流程。

五是增加了单边预约定价安排信息交换条款。根据税基侵蚀和利润转移(BEPS)项目最低标准的要求,我国承诺将 2016 年 4 月 1 日以后签署的单边预约定价安排纳入强制自发情报交换框架,定期与相关国家(地区)进行信息交换,并将此情况告知纳税人。

9.8 成本分摊协议

企业与其关联方共同开发、受让无形资产,或者共同提供、接受劳务发生的成本,在计算应纳税所得额时应当按照独立交易原则进行分摊。

依据:《中华人民共和国企业所得税法》第四十一条第二款

企业可以按照《企业所得税法》第四十一条第二款的规定,按照独立交易原则与其关联方分摊共同发生的成本,达成成本分摊协议。

企业与其关联方分摊成本时,应当按照成本与预期收益相配比的原则进行分摊,并在税务机关规定的期限内,按照税务机关的要求报送有关资料。

企业与其关联方分摊成本时违反本条规定的,其自行分摊的成本不得在计算应纳税所得额时扣除。

依据:《中华人民共和国企业所得税法实施条例》第一百一十二条

9.8.1 成本分摊协议管理

成本分摊协议管理是指税务机关按照《企业所得税法》第四十一条第二款的规定,对企业与其关联方签署的成本分摊协议是否符合独立交易原则进行审核评估和调查调整等工作的总称。

依据:《国家税务总局关于印发〈特别纳税调整实施办法(试行)〉的通知》(国税发〔2009〕2号)第五条

9.8.2 成本分摊协议的税法要求

根据《企业所得税法》第四十一条第二款及《企业所得税法实施条例》第一百一十二条的规定,企业与其关联方签署成本分摊协议,共同开发、受让无形资产,或者共同提供、接受劳务,应符合《国家税务总局关于印发〈特别纳税调整实施办法(试行)〉的通知》(国税发〔2009〕2号)第七章"成本分摊协议管理"规定。

依据:《国家税务总局关于印发〈特别纳税调整实施办法(试行)〉的通知》(国税发〔2009〕2号)第六十四条

成本分摊协议的参与方对开发、受让的无形资产或参与的劳务活动享有受益权,并承担相应的活动成本。关联方承担的成本应与非关联方在可比条件下为获得上述受益权而支付的成本相一致。

参与方使用成本分摊协议所开发或受让的无形资产不需另支付特许权使用费。

依据:《国家税务总局关于印发〈特别纳税调整实施办法(试行)〉的通知》国税发〔2009〕2号第六十五条

企业对成本分摊协议所涉及无形资产或劳务的受益权应有合理的、可计量的预期收益,且以合理商业假设和营业常规为基础。

依据:《国家税务总局关于印发〈特别纳税调整实施办法(试行)〉的通知》(国税发〔2009〕2号)第六十六条

涉及劳务的成本分摊协议一般适用于集团采购和集团营销策划。

依据:《国家税务总局关于印发〈特别纳税调整实施办法(试行)〉的通知》(国税发〔2009〕2号)第六十七条

9.8.3 成本分摊协议主要内容

成本分摊协议主要包括以下内容:

(1)参与方的名称、所在国家(地区)、关联关系、在协议中的权利和义务。

(2)成本分摊协议所涉及的无形资产或劳务的内容、范围,协议涉及研发或劳务活动的具体承担者及其职责、任务。

(3)协议期限。

(4)参与方预期收益的计算方法和假设。

(5)参与方初始投入和后续成本支付的金额、形式、价值确认的方法以及符合独立交易原则的说明。

（6）参与方会计方法的运用及变更说明。
（7）参与方加入或退出协议的程序及处理规定。
（8）参与方之间补偿支付的条件及处理规定。
（9）协议变更或终止的条件及处理规定。
（10）非参与方使用协议成果的规定。

依据：《国家税务总局关于印发〈特别纳税调整实施办法（试行）〉的通知》（国税发〔2009〕2号）第六十八条

9.8.4　成本分摊协议的报送

企业应自与关联方签订（变更）成本分摊协议之日起30日内，向主管税务机关报送成本分摊协议副本，并在年度企业所得税纳税申报时，附送《中华人民共和国企业年度关联业务往来报告表》。

依据：《国家税务总局关于规范成本分摊协议管理的公告》（国家税务总局公告2015年第45号）第一条

9.8.5　成本分摊协议参与方发生变化的处理

已经执行并形成一定资产的成本分摊协议，参与方发生变更或协议终止执行，应根据独立交易原则做如下处理：

（1）加入支付，即新参与方为获得已有协议成果的受益权应做出合理的支付。
（2）退出补偿，即原参与方退出协议安排，将已有协议成果的受益权转让给其他参与方应获得合理的补偿。
（3）参与方变更后，应对各方受益和成本分摊情况做出相应调整。
（4）协议终止时，各参与方应对已有协议成果做出合理分配。

企业不按独立交易原则对上述情况做出处理而减少其应纳税所得额的，税务机关有权做出调整。

依据：《国家税务总局关于印发〈特别纳税调整实施办法（试行）〉的通知》（国税发〔2009〕2号）第七十条

企业应自与关联方签订（变更）成本分摊协议之日起30日内，向主管税务机关报送成本分摊协议副本，并在年度企业所得税纳税申报时，附送《中华人民共和国企业年度关联业务往来报告表》。

依据：《国家税务总局关于规范成本分摊协议管理的公告》（国家税务总局公告2015年第45号）第一条

9.8.6　成本分摊协议执行期间的补偿调整

成本分摊协议执行期间，参与方实际分享的收益与分摊的成本不相配比的，应根据实际情况做出补偿调整。

依据：《国家税务总局关于印发〈特别纳税调整实施办法（试行）〉的通知》（国税发〔2009〕2号）第七十一条

企业执行成本分摊协议期间,参与方实际分享的收益与分摊的成本不配比的,应当根据实际情况做出补偿调整。参与方未做补偿调整的,税务机关应当实施特别纳税调查调整。

依据:《国家税务总局关于规范成本分摊协议管理的公告》(国家税务总局公告2015年第45号)第三条

9.8.7 符合独立交易原则的成本分摊协议的处理

对于符合独立交易原则的成本分摊协议,有关税务处理如下:
(1)企业按照协议分摊的成本,应在协议规定的各年度税前扣除。
(2)涉及补偿调整的,应在补偿调整的年度计入应纳税所得额。
(3)涉及无形资产的成本分摊协议,加入支付、退出补偿或终止协议时对协议成果分配的,应按资产购置或处置的有关规定处理。

依据:《国家税务总局关于印发〈特别纳税调整实施办法(试行)〉的通知》(国税发〔2009〕2号)第七十二条

9.8.8 专项同期资料

特殊事项文档包括成本分摊协议特殊事项文档和资本弱化特殊事项文档。

企业签订或者执行成本分摊协议的,应当准备成本分摊协议特殊事项文档。

企业关联债资比例超过标准比例需要说明符合独立交易原则的,应当准备资本弱化特殊事项文档。

依据:《国家税务总局关于〈完善关联申报和同期资料管理有关事项〉的公告》(国家税务总局公告2016年第42号)第十五条

成本分摊协议特殊事项文档包括以下内容:
(1)成本分摊协议副本。
(2)各参与方之间达成的为实施成本分摊协议的其他协议。
(3)非参与方使用协议成果的情况、支付的金额和形式,以及支付金额在参与方之间的分配方式。
(4)本年度成本分摊协议的参与方加入或者退出的情况,包括加入或者退出的参与方名称、所在国家和关联关系,加入支付或者退出补偿的金额及形式。
(5)成本分摊协议的变更或者终止情况,包括变更或者终止的原因、对已形成协议成果的处理或者分配。
(6)本年度按照成本分摊协议发生的成本总额及构成情况。
(7)本年度各参与方成本分摊的情况,包括成本支付的金额、形式和对象,作出或者接受补偿支付的金额、形式和对象。
(8)本年度协议预期收益与实际收益的比较以及由此作出的调整。
(9)预期收益的计算,包括计量参数的选取、计算方法和改变理由。

依据:《国家税务总局关于〈完善关联申报和同期资料管理有关事项〉的公告》(国家税务总局公告2016年第42号)第十六条

9.8.9 不得税前扣除情形

企业与其关联方签署成本分摊协议,有下列情形之一的,其自行分摊的成本不得税前扣除:
(1) 不具有合理商业目的和经济实质。
(2) 不符合独立交易原则。
(3) 没有遵循成本与收益配比原则。
(4) 未按本办法有关规定备案或准备、保存和提供有关成本分摊协议的同期资料。
(5) 自签署成本分摊协议之日起经营期限少于 20 年。

依据:《国家税务总局关于印发〈特别纳税调整实施办法(试行)〉的通知》(国税发〔2009〕2 号)第七十五条

税务机关应当加强成本分摊协议的后续管理,对不符合独立交易原则和成本与收益相匹配原则的成本分摊协议,实施特别纳税调查调整。

依据:《国家税务总局关于规范成本分摊协议管理的公告》(国家税务总局公告 2015 年第 45 号)第二条

9.9 受控外国企业

9.9.1 可归属居民企业的利润

由居民企业,或者由居民企业和中国居民控制的设立在实际税负明显低于《企业所得税法》第四条第一款规定税率水平的国家(地区)的企业,并非由于合理的经营需要而对利润不作分配或者减少分配的,上述利润中应归属于该居民企业的部分,应当计入该居民企业的当期收入。

依据:《中华人民共和国企业所得税法》第四十五条

《企业所得税法》第四十五条所称中国居民,是指根据《中华人民共和国个人所得税法》的规定,就其从中国境内和境外取得的所得在中国缴纳个人所得税的个人。

依据:《中华人民共和国企业所得税法》第一百一十六条

受控外国企业是指根据《企业所得税法》第四十五条的规定,由居民企业,或者由居民企业和居民个人(以下统称中国居民股东,包括中国居民企业股东和中国居民个人股东)控制的设立在实际税负低于《企业所得税法》第四条第一款规定税率水平 50% 的国家(地区),并非出于合理经营需要对利润不作分配或减少分配的外国企业。

依据:《国家税务总局关于印发〈特别纳税调整实施办法(试行)〉的通知》(国税发〔2009〕2 号)第七十六条

9.9.2 控制

《企业所得税法》第四十五条所称控制包括:
(1) 居民企业或者中国居民直接或者间接单一持有外国企业 10% 以上有表决权股

份,且由其共同持有该外国企业50%以上股份。

(2)居民企业,或者居民企业和中国居民持股比例没有达到第(1)项规定的标准,但在股份、资金、经营、购销等方面对该外国企业构成实质控制。

依据:《中华人民共和国企业所得税法实施条例》第一百一十七条

《企业所得税法》第四十五条所称实际税负明显低于《企业所得税法》第四条第一款规定税率水平,是指低于企业所得税法第四条第一款规定税率的50%。

依据:《中华人民共和国企业所得税法实施条例》第一百一十八条

受控外国企业管理是指税务机关按照《企业所得税法》第四十五条的规定,对受控外国企业不作利润分配或减少分配进行审核评估和调查,并对归属于中国居民企业所得进行调整等工作的总称。

依据:《国家税务总局关于印发〈特别纳税调整实施办法(试行)〉的通知》国税发〔2009〕2号第六条

《国家税务总局关于印发〈特别纳税调整实施办法(试行)〉的通知》(国税发〔2009〕2号)第七十六条所称控制,是指在股份、资金、经营、购销等方面构成实质控制。其中,股份控制是指由中国居民股东在纳税年度任何一天单层直接或多层间接单一持有外国企业10%以上有表决权股份,且共同持有该外国企业50%以上股份。

中国居民股东多层间接持有股份按各层持股比例相乘计算,中间层持有股份超过50%的,按100%计算。

依据:《国家税务总局关于印发〈特别纳税调整实施办法(试行)〉的通知》(国税发〔2009〕2号)第七十七条

9.9.3 简化判定实际税负的情形

根据《企业所得税法》第四十五条的规定,为了简化判定由中国居民企业,或者由中国居民企业和居民个人控制的外国企业的实际税负,现明确如下:

中国居民企业或居民个人能够提供资料证明其控制的外国企业设立在美国、英国、法国、德国、日本、意大利、加拿大、澳大利亚、印度、南非、新西兰和挪威的,可免于将该外国企业不作分配或者减少分配的利润视同股息分配额,计入中国居民企业的当期所得。

依据:《国家税务总局关于简化判定中国居民股东控制外国企业所在国实际税负的通知》(国税函〔2009〕37号)

9.9.4 中国居民企业股东的报送义务

中国居民企业股东应在年度企业所得税纳税申报时提供对外投资信息,附着《对外投资情况表》。

依据:《国家税务总局关于印发〈特别纳税调整实施办法(试行)〉的通知》(国税发〔2009〕2号)第七十八条

居民企业成立或参股外国企业,或者处置已持有的外国企业股份或有表决权股份,符合以下情形之一,且按照中国会计制度可确认的,应当在办理企业所得税预缴申报时向主管税务机关填报《居民企业参股外国企业信息报告表》:

(1)在《国家税务总局关于居民企业报告境外投资和所得信息有关问题的公告》(国

家税务总局公告 2014 年第 38 号,以下简称为 2014 年第 38 号公告)施行之日,居民企业直接或间接持有外国企业股份或有表决权股份达到 10%(含)以上。

(2) 在 2014 年第 38 号公告施行之日后,居民企业在被投资外国企业中直接或间接持有的股份或有表决权股份自不足 10%的状态改变为达到或超过 10%的状态。

(3) 在 2014 年第 38 号公告施行之日后,居民企业在被投资外国企业中直接或间接持有的股份或有表决权股份自达到或超过 10%的状态改变为不足 10%的状态。

依据:《国家税务总局关于居民企业报告境外投资和所得信息有关问题的公告》(国家税务总局公告 2014 年第 38 号)第一条

居民企业在办理企业所得税年度申报时,还应附报以下与境外所得相关的资料信息:

(1) 有适用《企业所得税法》第四十五条情形或者需要适用《特别纳税调整实施办法(试行)》(国税发〔2009〕2 号文件印发)第八十四条规定的居民企业填报《受控外国企业信息报告表》。

(2) 纳入《企业所得税法》第二十四条规定抵免范围的外国企业或符合《企业所得税法》第四十五条规定的受控外国企业按照中国会计制度编报的年度独立财务报表。

依据:《国家税务总局关于居民企业报告境外投资和所得信息有关问题的公告》(国家税务总局公告 2014 年第 38 号)第二条

9.9.5　相关税收处理规定

税务机关应汇总、审核中国居民企业股东申报的对外投资信息,向受控外国企业的中国居民企业股东送达《受控外国企业中国居民股东确认通知书》。中国居民企业股东符合《企业所得税法》第四十五条征税条件的,按照有关规定征税。

依据:《国家税务总局关于印发〈特别纳税调整实施办法(试行)〉的通知》(国税发〔2009〕2 号)第七十九条

计入中国居民企业股东当期的视同受控外国企业股息分配的所得,应按以下公式计算:

$$\text{中国居民企业股东当期所得} = \text{视同股息分配额} \times \frac{\text{实际持股天数}}{\text{受控外国企业纳税年度天数}} \times \text{股东持股比例}$$

中国居民股东多层间接持有股份的,股东持股比例按各层持股比例相乘计算。

依据:《国家税务总局关于印发〈特别纳税调整实施办法(试行)〉的通知》(国税发〔2009〕2 号)第八十条

受控外国企业与中国居民企业股东纳税年度存在差异的,应将视同股息分配所得计入受控外国企业纳税年度终止日所属的中国居民企业股东的纳税年度。

依据:《国家税务总局关于印发〈特别纳税调整实施办法(试行)〉的通知》(国税发〔2009〕2 号)第八十一条

计入中国居民企业股东当期所得已在境外缴纳的企业所得税税款,可按照《企业所得税法》或税收协定的有关规定抵免。

依据:《国家税务总局关于印发〈特别纳税调整实施办法(试行)〉的通知》(国税发〔2009〕2 号)第八十二条

受控外国企业实际分配的利润已根据《企业所得税法》第四十五条规定征税的,不再计入中国居民企业股东的当期所得。

依据:《国家税务总局关于印发〈特别纳税调整实施办法(试行)〉的通知》(国税发〔2009〕2号)第八十三条

9.9.6 免于视同股息分配额的情形

中国居民企业股东能够提供资料证明其控制的外国企业满足以下条件之一的,可免于将外国企业不作分配或减少分配的利润视同股息分配额,计入中国居民企业股东的当期所得:

(1)设立在国家税务总局指定的非低税率国家(地区)。

(2)主要取得积极经营活动所得。

(3)年度利润总额低于500万元人民币。

依据:《国家税务总局关于印发〈特别纳税调整实施办法(试行)〉的通知》(国税发〔2009〕2号)第八十四条

解读

随着我国经济全球化参与度的加深,一些国内企业利用开曼群岛、维尔京等避税港低税或无税的制度,来逃避我国税负。为此,我国于2008年颁布的《企业所得税法》中,首次引入了CFC(Controlled Foreign Corporation,受控外国公司)制度。我国《企业所得税法》及实施条例规定,由居民企业,或者由居民企业和中国居民控制的设立在实际税负明显低于《企业所得税法》第四条第一款规定税率水平的国家(地区)的企业,并非由于合理的经营需要而对利润不作分配或者减少分配的,上述利润中应归属于该居民企业的部分,应当计入该居民企业的当期收入。《企业所得税法》第四十五条所称控制包括:(1)居民企业或者中国居民直接或者间接单一持有外国企业10%以上有表决权股份,且由其共同持有该外国企业50%以上股份;(2)居民企业,或者居民企业和中国居民持股比例没有达到第(1)项规定的标准,但在股份、资金、经营、购销等方面对该外国企业构成实质控制。《企业所得税法》第四十五条所称实际税负明显低于《企业所得税法》第四条第一款规定税率水平,是指低于《企业所得税法》第四条第一款规定税率的50%。2009年出台的《国家税务总局关于印发〈特别纳税调整实施办法(试行)〉的通知》(国税发〔2009〕2号,以下简称国税发〔2009〕2号文件)规定,受控外国企业是指根据《企业所得税法》第四十五条的规定,由居民企业,或者由居民企业和居民个人(以下统称中国居民股东,包括中国居民企业股东和中国居民个人股东)控制的设立在实际税负低于《企业所得税法》第四条第一款规定税率水平50%的国家(地区),并非出于合理经营需要对利润不作分配或减少分配的外国企业。国税发〔2009〕2号文件第七十六条所称控制,是指在股份、资金、经营、购销等方面构成实质控制。其中,股份控制是指由中国居民股东在纳税年度任何一天单层直接或多层间接单一持有外国企业10%以上有表决权股份,且共同持有该外国企业50%以上股份。中国居民股东多层间接持有股份按各层持股比例相乘计算,中间层持有股份超过50%的,按100%计算。

根据以上规定,我国对 CFC 的判断标准有两条:(1)居民企业或者中国公民直接或者间接单一持有外国企业 10% 以上有表决权的股份,且由其共同持有该外国企业 50% 以上的股份;(2)由居民企业,或者居民企业和中国居民持股比率没有达到第(1)条标准,但是在股份、资金、经营、购销等方面对该外国企业构成实质控制。我国 CFC 的判断条件是满足上述条件之一即可构成 CFC。

美国是最早使用 CFC 制度的国家。美国对 CFC 的定义为:任何外国公司,其 50% 以上的表决权或股票价值,在该公司纳税年度中的任何一日都由一个或多个美国股东所拥有或者被视为由美国股东拥有,则该公司就会被认为是一个受控外国公司。美国的衡量标准有两个:一个是该外国公司 50% 以上的表决权股票被美国股东所拥有;另一个是每个美国股东都必须拥有至少 10% 的表决权股票。这两个条件要求同时满足。这种对所有权的要求符合税收公平原则,因为如果居民股东在外国公司不具有足够的权利或者影响来要求公司对收入分红,那么对该未分配的收入征税是不公平的。

两者对比可以发现,在定义上,我国税法对 CFC 的定义更加谨慎,这主要是考虑我国企业"走出去"还处于初阶段,国际竞争力整体上还较差有关。

BEPS 第 3 项行动计划认为集团可以通过设立非居民关联方以向其转移所得,设立这些附属机构的全部或部分目的是出于税收考虑而非出于非税商业理由。CFC 及其他反递延规则为应对这一情况采取了以下措施,即当满足特定条件时,管辖区可以对外国子公司取得的收入征税。根据 BEPS 第 3 项行动计划定义,即拥有外国子公司控制权的纳税人可以将其居民国或在特定情况下其他国家的税基转移至一家受控外国公司(CFC)。CFC 规则正是用于应对此类风险。如果没有 CFC 规则,受控外国公司将会为利润转移及长期纳税递延提供便利。

CFC 的定义及 CFC 规则一般适用于由位于母管辖区的股东所控制的外国企业。当股东对外国企业有足够的影响力时应如何判定该外国企业是否为一家 CFC?本报告(BEPS 第三项行动计划报告,下同)对这一问题给出了建议,并同时对非公司制实体及其所得应如何纳入 CFC 规则的管辖范围给出了建议。

CFC 的豁免及门槛要求:现行的 CFC 规则通常只有在排除了税率豁免、反避税及最低门槛等条款的适用性后才能适用。本报告建议 CFC 规则应仅在受控外国公司实际税负显著低于母管辖区的适用税率时适用。

所得的定义:尽管一些国家现行的 CFC 规则将 CFC 所有应当分配给母管辖区股东的收入认定为"CFC 收入",但仍有许多 CFC 规则仅适用于部分特定类型的所得。本报告建议 CFC 规则应包含对 CFC 所得的定义,且就 CFC 规则可以用来定义 CFC 所得的方法或方法组合进行了不完全列举。

收入的计算:本报告建议 CFC 规则采用母辖区的规定计算应归属于股东的 CFC 所得。同时建议,CFC 的亏损应仅能与其自身所得或位于同一管辖区的其他 CFC 的所得相互抵销。

收入的归属:报告建议在可能的情况下,应将归属的门槛与控制门槛联系在一起,并将应归属的所得按所有权或影响比例进行计算。

防止和消除双重征税：在制定有效的 CFC 规则时，一个需要考虑的问题是怎样确保 CFC 规则不会导致双重征税。因此，本报告强调了防止和消除双重征税的重要性并提出建议，例如，实施 CFC 规则的管辖区应允许实际缴纳的外国税款进行抵免，包括 CFC 规则下中间层母公司应缴纳的税款。报告还建议，如果按照 CFC 规则，企业已经就 CFC 所得缴纳税款，那么在股息分配或是处置 CFC 股份获得资产利得时，各国应考虑允许已缴纳的税款进行抵扣以避免双重征税。

我国已经深度参与 BEPS 行动计划。根据我国政府的承诺，BEPS 行动计划成果需要转化。预计根据我国以往的实践结合 BEPS 行动计划的成果，将出台更加完善的 CFC 管理制度。

9.10 资本弱化

企业从其关联方接受的债权性投资与权益性投资的比例超过规定标准而发生的利息支出，不得在计算应纳税所得额时扣除。

依据：《中华人民共和国企业所得税法》第四十六条

《企业所得税法》第四十六条所称债权性投资，是指企业直接或者间接从关联方获得的，需要偿还本金和支付利息或者需要以其他具有利息性质的方式予以补偿的融资。

企业间接从关联方获得的债权性投资，包括：

（1）关联方通过无关联第三方提供的债权性投资。

（2）无关联第三方提供的，由关联方担保且负有连带责任的债权性投资。

（3）其他间接从关联方获得的具有负债实质的债权性投资。

《企业所得税法》第四十六条所称权益性投资，是指企业接受的不需要偿还本金和利息，投资人对企业净资产拥有所有权的投资。

企业所得税法第四十六条所称标准，由国务院财政、税务主管部门另行规定。

依据：《中华人民共和国企业所得税法实施条例》第一百一十九条

9.10.1 资本弱化管理

资本弱化管理是指税务机关按照《企业所得税法》第四十六条的规定，对企业接受关联方债权性投资与企业接受的权益性投资的比例是否符合规定比例或独立交易原则进行审核评估和调查调整等工作的总称。

依据：《国家税务总局关于印发〈特别纳税调整实施办法（试行）〉的通知》（国税发〔2009〕2 号）第七条

9.10.2 不得在计算应纳税所得额时扣除的利息支出的计算

《企业所得税法》第四十六条所称不得在计算应纳税所得额时扣除的利息支出应按以下公式计算：

$$\text{不得扣除利息支出} = \text{年度实际支付的全部关联方利息} \times \left(1 - \frac{\text{标准比例}}{\text{关联债资比例}}\right)$$

其中：

标准比例是指《财政部 国家税务总局关于企业关联方利息支出税前扣除标准有关税收政策问题的通知》（财税〔2008〕121号）规定的比例。

关联债资比例是指根据《企业所得税法》第四十六条及《企业所得税法实施条例》第一百一十九条的规定，企业从其全部关联方接受的债权性投资（以下简称关联债权投资）占企业接受的权益性投资（以下简称权益投资）的比例，关联债权投资包括关联方以各种形式提供担保的债权性投资。

依据：《国家税务总局关于印发〈特别纳税调整实施办法（试行）〉的通知》（国税发〔2009〕2号）第八十五条

9.10.3 关联债资比例的具体计算方法

关联债资比例的具体计算方法如下：

关联债资比例 = 年度各月平均关联债权投资之和 ÷ 年度各月平均权益投资之和

其中：

各月平均关联债权投资 =（关联债权投资月初账面余额 + 月末账面余额）÷ 2

各月平均权益投资 =（权益投资月初账面余额 + 月末账面余额）÷ 2

权益投资为企业资产负债表所列示的所有者权益金额。如果所有者权益小于实收资本（股本）与资本公积之和，则权益投资为实收资本（股本）与资本公积之和；如果实收资本（股本）与资本公积之和小于实收资本（股本）金额，则权益投资为实收资本（股本）金额。

依据：《国家税务总局关于印发〈特别纳税调整实施办法（试行）〉的通知》（国税发〔2009〕2号）第八十六条

9.10.4 利息支出包括的范围

《企业所得税法》第四十六条所称的利息支出包括直接或间接关联债权投资实际支付的利息、担保费、抵押费和其他具有利息性质的费用。

依据：《国家税务总局关于印发〈特别纳税调整实施办法（试行）〉的通知》（国税发〔2009〕2号）第八十七条

9.10.5 不得在计算应纳税所得额时扣除的利息支出的处理

《企业所得税法》第四十六条规定不得在计算应纳税所得额时扣除的利息支出，不得结转到以后纳税年度；应按照实际支付给各关联方利息占关联方利息总额的比例，在各关联方之间进行分配，其中分配给实际税负高于企业的境内关联方的利息准予扣除；直接或间接实际支付给境外关联方的利息应视同分配的股息，按照股息和利息分别适用的所得税税率差补征企业所得税，如已扣缴的所得税税款多于按股息计算应征所得税税款，多出的部分不予退税。

依据:《国家税务总局关于印发〈特别纳税调整实施办法(试行)〉的通知》(国税发〔2009〕2号)第八十八条

9.10.6 资本弱化特殊事项文档内容

资本弱化特殊事项文档包括以下内容:
(1) 企业偿债能力和举债能力分析。
(2) 企业集团举债能力及融资结构情况分析。
(3) 企业注册资本等权益投资的变动情况说明。
(4) 关联债权投资的性质、目的及取得时的市场状况。
(5) 关联债权投资的货币种类、金额、利率、期限及融资条件。
(6) 非关联方是否能够并且愿意接受上述融资条件、融资金额及利率。
(7) 企业为取得债权性投资而提供的抵押品情况及条件。
(8) 担保人状况及担保条件。
(9) 同类同期贷款的利率情况及融资条件。
(10) 可转换公司债券的转换条件。
(11) 其他能够证明符合独立交易原则的资料。

依据:《国家税务总局关于〈完善关联申报和同期资料管理有关事项〉的公告》(国家税务总局公告2016年第42号)第十七条

9.10.7 未按规定准备、保存和提供同期资料的处理

企业未按规定准备、保存和提供同期资料证明关联债权投资金额、利率、期限、融资条件以及债资比例等符合独立交易原则的,其超过标准比例的关联方利息支出,不得在计算应纳税所得额时扣除。

依据:《国家税务总局关于印发〈特别纳税调整实施办法(试行)〉的通知》(国税发〔2009〕2号)第九十条

9.10.8 超出标准比例利息支出可税前扣除的特殊规定

企业如果能够按照《企业所得税法》及其实施条例的有关规定提供相关资料,并证明相关交易活动符合独立交易原则的;或者该企业的实际税负不高于境内关联方的,其实际支付给境内关联方的利息支出,在计算应纳税所得额时准予扣除。

依据:《财政部 国家税务总局关于企业关联方利息支出税前扣除标准有关税收政策问题的通知》(财税〔2008〕121号)第二条

解读

资本弱化通常是指企业在正常经营中,通过减少股份资本(权益性筹资)的比例,再加大借贷款(债权性筹资)的方式,来增加企业所得税(公司税)税前扣除的费用,进而达到降低企业税负的目的。一般来说,其避税策划的要点是围绕"增加税前扣除的利息"。因为根据企业所得税原理,权益资本以股息形式获得的利益,要在企业利润分配前,先按照应纳税所得额计算缴纳企业所得税。而债务资本的利息,却可以列为财务费用,直接从应纳税所得额中扣除,减少企业的应纳所得税。债务资本是没有税收负担的,权益资

本则要缴纳所得税。

各国目前实施的规则大致可分为六大类,部分国家会采用混合几类规则的方法：(1)独立交易测试将实体的利息或债务水平与实体在完全与第三方交易时可能出现的情况作对比。(2)利息支出的预提税被用来将征税权分配到利息来源管辖区。(3)不允许实体就利息费用的一部分(某个具体百分点)获得税前扣除的规则,此规则对利息支付的性质或对象不会加以考虑。(4)以固定比率的方式(例如债资比、利息/盈利比率或利息/总资产比率)来限制实体的利息费用或债务水平的规则。(5)以集团整体头寸限制实体利息费用或债务水平的规则。(6)不允许某些特定交易的利息费用获得税前扣除的针对性反避税规则。

《BEPS行动计划》第4项认为：利用第三方和关联方利息可能是国际税务规划中最简单的利润转移技巧之一。金钱的流动性及可替代性使调整受控制实体的债务与权益组合相对容易。跨国集团可轻易地通过集团内部融资提高个别集团企业的债务水平。金融工具可用于支付经济上类似于利息但拥有不同法律形式的款项,从而规避对利息扣除的限制。这方面的税基侵蚀和利润转移(BEPS)风险可能来自三种基本情形：(1)集团将更多第三方债务转移到高税率国家；(2)集团通过内部贷款产生超出实际第三方利息费用的利息扣除；(3)集团用第三方或集团内部融资为免税收入的产生进行融资。

为处理这些风险,《BEPS行动计划》第4项(BEPS行动计划,OECD,2013)呼吁就防止通过利息费用实现税基侵蚀之规则设计的最佳实践提供建议。其分析了若干个最佳实践,并提出了一项解决上述风险的建议。建议的方法是根据固定比率规则,该规则将一个实体的利息以及在经济上等同于利息的支付款项之净扣除额限制在该实体息税及折旧摊销前利润(EBITDA)的一个百分比。这个规则至少应适用于跨国集团内部企业。为确保各国采用低至足于对付BEPS的固定比率,同时考虑各国的国情不同,该建议方法提出了介于10%至30%的可行比率区间。其还探讨了各国在区间内制定本国固定比率时应考虑的若干因素。全球集团比率规则可作为对这个方法的补充,以允许实体在某些情况下超过上限。

鉴于部分跨国集团因为某些非税务原因导致第三方债务杠杆偏高,建议方法在固定比率规则以外还提出了集团比率规则。集团比率规则允许净利息费用高于该国固定比率的实体将利息最高扣除至该集团全球范围的净利息/EBITDA比率。各国还可提高集团的第三方净利息费用比率最高达10%,以避免出现双重征税。以盈利为基础的集团全球比率规则还可以被不同的集团比率规则取代,如部分国家现行的"权益免除"规则(将实体的权益和资产水平与集团的权益和资产水平作比较)。国家亦可选择不采用任何集团比率规则。如果某国不采用集团比率规则,则应一视同仁对跨国和本国集团内部实体采用固定比率规则。

9.11 一般反避税管理

企业实施其他不具有合理商业目的的安排而减少其应纳税收入或者所得额的,税务机关有权按照合理方法调整。

　　依据:《中华人民共和国企业所得税法》第四十七条

　　一般反避税管理是指税务机关按照《企业所得税法》第四十七条的规定,对企业实施其他不具有合理商业目的的安排而减少其应纳税收入或所得额进行审核评估和调查调整等工作的总称。

　　依据:《国家税务总局关于印发〈特别纳税调整实施办法(试行)〉的通知》(国税发〔2009〕2号)第八条

9.11.1　不适用情形

　　下列情况不适用《一般反避税管理办法(试行)》:

　　(1)与跨境交易或者支付无关的安排。

　　(2)涉嫌逃避缴纳税款、逃避追缴欠税、骗税、抗税以及虚开发票等税收违法行为。

　　依据:《一般反避税管理办法(试行)》(国家税务总局令第32号印发)第二条

9.11.2　避税安排的特征

　　《企业所得税法》第四十七条所称不具有合理商业目的,是指以减少、免除或者推迟缴纳税款为主要目的。

　　依据:《中华人民共和国企业所得税法实施条例》第一百二十条

　　税收利益是指减少、免除或者推迟缴纳企业所得税应纳税额。

　　避税安排具有以下特征:

　　(1)以获取税收利益为唯一目的或者主要目的。

　　(2)以形式符合税法规定,但与其经济实质不符的方式获取税收利益。

　　依据:《一般反避税管理办法(试行)》(国家税务总局令第32号印发)第三条、第四条

9.11.3　一般反避税调查

9.11.3.1　启动一般反避税调查的情形

　　税务机关可依据《企业所得税法》第四十七条及《企业所得税法实施条例》第一百二十条的规定对存在以下避税安排的企业,启动一般反避税调查:

　　(1)滥用税收优惠。

　　(2)滥用税收协定。

　　(3)滥用公司组织形式。

　　(4)利用避税港避税。

　　(5)其他不具有合理商业目的的安排。

　　依据:《国家税务总局关于印发〈特别纳税调整实施办法(试行)〉的通知》(国税发〔2009〕2号)第九十二条

9.11.3.2　避税安排的核实内容

　　税务机关应按照实质重于形式的原则审核企业是否存在避税安排,并综合考虑安排的以下内容:

(1) 安排的形式和实质。
(2) 安排订立的时间和执行期间。
(3) 安排实现的方式。
(4) 安排各个步骤或组成部分之间的联系。
(5) 安排涉及各方财务状况的变化。
(6) 安排的税收结果。

依据：《国家税务总局关于印发〈特别纳税调整实施办法(试行)〉的通知》(国税发〔2009〕2号)第九十三条

税务机关应按照经济实质对企业的避税安排重新定性，取消企业从避税安排获得的税收利益。对于没有经济实质的企业，特别是设在避税港并导致其关联方或非关联方避税的企业，可在税收上否定该企业的存在。

依据：《国家税务总局关于印发〈特别纳税调整实施办法(试行)〉的通知》(国税发〔2009〕2号)第九十四条

9.11.3.3　一般反避税调查的程序

税务机关启动一般反避税调查时，应按照《税收征收管理法》及其实施细则的有关规定向企业送达《税务检查通知书》。企业应自收到通知书之日起60日内提供资料证明其安排具有合理的商业目的。企业未在规定期限内提供资料，或提供资料不能证明安排具有合理商业目的的，税务机关可根据已掌握的信息实施纳税调整，并向企业送达《特别纳税调查调整通知书》。

依据：《国家税务总局关于印发〈特别纳税调整实施办法(试行)〉的通知》(国税发〔2009〕2号)第九十五条

9.11.3.4　税务机关可要求提供的资料

税务机关实施一般反避税调查，可按照《税收征收管理法》第五十七条的规定要求避税安排的筹划方如实提供有关资料及证明材料。

依据：《国家税务总局关于印发〈特别纳税调整实施办法(试行)〉的通知》(国税发〔2009〕2号)第九十六条

被调查企业认为其安排不属于《一般反避税管理办法(试行)》所称避税安排的，应当自收到《税务检查通知书》之日起60日内提供下列资料：

(1) 安排的背景资料。
(2) 安排的商业目的等说明文件。
(3) 安排的内部决策和管理资料，如董事会决议、备忘录、电子邮件等。
(4) 安排涉及的详细交易资料，如合同、补充协议、收付款凭证等。
(5) 与其他交易方的沟通信息。
(6) 可以证明其安排不属于避税安排的其他资料。
(7) 税务机关认为有必要提供的其他资料。

企业因特殊情况不能按期提供的，可以向主管税务机关提交书面延期申请，经批准可以延期提供，但是最长不得超过30日。主管税务机关应当自收到企业延期申请之日起15日内书面回复。逾期未回复的,视同税务机关同意企业的延期申请。

企业拒绝提供资料的,主管税务机关可以按照《税收征收管理法》第三十五条的规定进行核定。

主管税务机关实施一般反避税调查时,可以要求为企业筹划安排的单位或者个人(以下简称筹划方)提供有关资料及证明材料。

一般反避税调查涉及向筹划方、关联方以及与关联业务调查有关的其他企业调查取证的,主管税务机关应当送达《税务事项通知书》。

主管税务机关审核企业、筹划方、关联方以及与关联业务调查有关的其他企业提供的资料,可以采用现场调查、发函协查和查阅公开信息等方式核实。需取得境外有关资料的,可以按有关规定启动税收情报交换程序,或者通过我驻外机构调查收集有关信息。涉及境外关联方相关资料的,主管税务机关也可以要求企业提供公证机构的证明。

依据:《一般反避税管理办法(试行)》(国家税务总局令第32号印发)第十一条、第十二条、第十三条、第十四条、第十五条

9.11.4 一般反避税的调整

9.11.4.1 调整方法

税务机关应当以具有合理商业目的和经济实质的类似安排为基准,按照实质重于形式的原则实施特别纳税调整。调整方法包括:

(1)对安排的全部或者部分交易重新定性。

(2)在税收上否定交易方的存在,或者将该交易方与其他交易方视为同一实体。

(3)对相关所得、扣除、税收优惠、境外税收抵免等重新定性或者在交易各方间重新分配。

(4)其他合理方法。

依据:《一般反避税管理办法(试行)》(国家税务总局令第32号印发)第五条

9.11.4.2 适用顺序

企业的安排属于转让定价、成本分摊、受控外国企业、资本弱化等其他特别纳税调整范围的,应当首先适用其他特别纳税调整相关规定。

企业的安排属于受益所有人、利益限制等税收协定执行范围的,应当首先适用税收协定执行的相关规定。

依据:《一般反避税管理办法(试行)》(国家税务总局令第32号印发)第六条

9.11.4.3 一般反避税调查及调整的批准

一般反避税调查及调整须层报国家税务总局批准。

依据:《国家税务总局关于印发〈特别纳税调整实施办法(试行)〉的通知》(国税发〔2009〕2号)第九十七条

主管税务机关应当根据税务总局考虑企业异议形成的结案申请审核意见,分别对以下情况进行处理:

(1)同意不应采纳企业所提异议的,向被调查企业下发《特别纳税调查调整通知书》。

(2) 同意修改后调整方案的,向被调查企业下发《特别纳税调查调整通知书》。
(3) 税务总局有不同意见的,按照税务总局的意见修改后再次层报审核。

依据:《一般反避税管理办法(试行)》(国家税务总局令第32号印发)第十八条

9.12 特别纳税调整监控管理

9.12.1 特别纳税调整风险提示

税务机关通过关联申报审核、同期资料管理和利润水平监控等手段,对企业实施特别纳税调整监控管理,发现企业存在特别纳税调整风险的,可以向企业送达《税务事项通知书》,提示其存在的税收风险。

企业收到特别纳税调整风险提示或者发现自身存在特别纳税调整风险的,可以自行调整补税。企业自行调整补税的,应当填报《特别纳税调整自行缴纳税款表》。

企业自行调整补税的,税务机关仍可按照有关规定实施特别纳税调查调整。

企业要求税务机关确认关联交易定价原则和方法等特别纳税调整事项的,税务机关应当启动特别纳税调查程序。

依据:《国家税务总局关于发布〈特别纳税调查调整及相互协商程序管理办法〉的公告》(国家税务总局公告2017年第6号)第三条

9.12.2 特别纳税调查重点关注的风险特征企业

税务机关实施特别纳税调查,应当重点关注具有以下风险特征的企业:
(1) 关联交易金额较大或者类型较多。
(2) 存在长期亏损、微利或者跳跃性盈利。
(3) 低于同行业利润水平。
(4) 利润水平与其所承担的功能风险不相匹配,或者分享的收益与分摊的成本不相配比。
(5) 与低税国家(地区)关联方发生关联交易。
(6) 未按照规定进行关联申报或者准备同期资料。
(7) 从其关联方接受的债权性投资与权益性投资的比例超过规定标准。
(8) 由居民企业,或者由居民企业和中国居民控制的设立在实际税负低于12.5%的国家(地区)的企业,并非由于合理的经营需要而对利润不作分配或者减少分配。
(9) 实施其他不具有合理商业目的的税收筹划或者安排。

依据:《国家税务总局关于发布〈特别纳税调查调整及相互协商程序管理办法〉的公告》(国家税务总局公告2017年第6号)第四条

9.13 国际相互协商

9.13.1 相互协商内容

根据我国对外签署的税收协定的有关规定,国家税务总局可以依据企业申请或者税收协定缔约对方税务主管当局请求启动相互协商程序,与税收协定缔约对方税务主管当局开展协商谈判,避免或者消除由特别纳税调整事项引起的国际重复征税。

相互协商内容包括:

(1) 双边或者多边预约定价安排的谈签。

(2) 税收协定缔约一方实施特别纳税调查调整引起另一方相应调整的协商谈判。

依据:《国家税务总局关于发布〈特别纳税调查调整及相互协商程序管理办法〉的公告》(国家税务总局公告 2017 年第 6 号)第四十七条

9.13.2 相互协商申请启动的日期及确认

企业申请启动相互协商程序的,应当在税收协定规定期限内,向国家税务总局书面提交《启动特别纳税调整相互协商程序申请表》和特别纳税调整事项的有关说明。企业当面报送上述资料的,以报送日期为申请日期;邮寄报送的,以国家税务总局收到上述资料的日期为申请日期。

国家税务总局收到企业提交的上述资料后,认为符合税收协定有关规定的,可以启动相互协商程序;认为资料不全的,可以要求企业补充提供资料。

依据:《国家税务总局关于发布〈特别纳税调查调整及相互协商程序管理办法〉的公告》(国家税务总局公告 2017 年第 6 号)第四十八条

税收协定缔约对方税务主管当局请求启动相互协商程序的,国家税务总局收到正式来函后,认为符合税收协定有关规定的,可以启动相互协商程序。

国家税务总局认为税收协定缔约对方税务主管当局提供的资料不完整、事实不清晰的,可以要求对方补充提供资料,或者通过主管税务机关要求涉及的境内企业协助核实。

依据:《国家税务总局关于发布〈特别纳税调查调整及相互协商程序管理办法〉的公告》(国家税务总局公告 2017 年第 6 号)第四十九条

9.13.3 国家税务总局决定启动相互协商程序后的程序工作

国家税务总局决定启动相互协商程序的,应当书面通知省税务机关,并告知税收协定缔约对方税务主管当局。负责特别纳税调整事项的主管税务机关应当在收到书面通知后 15 个工作日内,向企业送达启动相互协商程序的《税务事项通知书》。

依据:《国家税务总局关于发布〈特别纳税调查调整及相互协商程序管理办法〉的公告》(国家税务总局公告 2017 年第 6 号)第五十条

9.13.4 相互协商过程中的资料补充

在相互协商过程中,税务机关可以要求企业进一步补充提供资料,企业应当在规定的时限内提交。

依据:《国家税务总局关于发布〈特别纳税调查调整及相互协商程序管理办法〉的公告》(国家税务总局公告 2017 年第 6 号)第五十一条

9.13.5 拒绝相互协商的情形

有下列情形之一的,国家税务总局可以拒绝企业申请或者税收协定缔约对方税务主管当局启动相互协商程序的请求:

(1) 企业或者其关联方不属于税收协定任一缔约方的税收居民。
(2) 申请或者请求不属于特别纳税调整事项。
(3) 申请或者请求明显缺乏事实或者法律依据。
(4) 申请不符合税收协定有关规定。
(5) 特别纳税调整案件尚未结案或者虽然已经结案但是企业尚未缴纳应纳税款。

依据:《国家税务总局关于发布〈特别纳税调查调整及相互协商程序管理办法〉的公告》(国家税务总局公告2017年第6号)第五十二条

9.13.6 暂停相互协商的情形

有下列情形之一的,国家税务总局可以暂停相互协商程序:
(1) 企业申请暂停相互协商程序。
(2) 税收协定缔约对方税务主管当局请求暂停相互协商程序。
(3) 申请必须以另一被调查企业的调查调整结果为依据,而另一被调查企业尚未结束调查调整程序。
(4) 其他导致相互协商程序暂停的情形。

依据:《国家税务总局关于发布〈特别纳税调查调整及相互协商程序管理办法〉的公告》(国家税务总局公告2017年第6号)第五十三条

9.13.7 终止相互协商

9.13.7.1 终止相互协商的情形

有下列情形之一的,国家税务总局可以终止相互协商程序:

(1) 企业或者其关联方不提供与案件有关的必要资料,或者提供虚假、不完整资料,或者存在其他不配合的情形。
(2) 企业申请撤回或者终止相互协商程序。
(3) 税收协定缔约对方税务主管当局撤回或者终止相互协商程序。
(4) 其他导致相互协商程序终止的情形。

依据:《国家税务总局关于发布〈特别纳税调查调整及相互协商程序管理办法〉的公告》(国家税务总局公告2017年第6号)第五十四条

9.13.7.2 终止相互协商的程序

国家税务总局决定暂停或者终止相互协商程序的,应当书面通知省税务机关。负责特别纳税调整事项的主管税务机关应当在收到书面通知后15个工作日内,向企业送达暂停或者终止相互协商程序的《税务事项通知书》。

依据:《国家税务总局关于发布〈特别纳税调查调整及相互协商程序管理办法〉的公告 》(国家税务总局公告2017年第6号)第五十五条

9.13.8　签署相互协商协议后的处理流程

国家税务总局与税收协定缔约对方税务主管当局签署相互协商协议后,应当书面通知省税务机关,附送相互协商协议。负责特别纳税调整事项的主管税务机关应当在收到书面通知后15个工作日内,向企业送达《税务事项通知书》,附送相互协商协议。需要补(退)税的,应当附送《特别纳税调整相互协商协议补(退)税款通知书》或者《预约定价安排补(退)税款通知书》,并监控执行补(退)税款情况。

应纳税收入或者所得额以外币计算的,应当按照相互协商协议送达企业之日上月最后一日人民币汇率中间价折合成人民币,计算应补缴或者应退还的税款。

补缴税款应当加收利息的,按照《企业所得税法实施条例》第一百二十二条规定的人民币贷款基准利率执行。

依据:《国家税务总局关于发布〈特别纳税调查调整及相互协商程序管理办法〉的公告 》(国家税务总局公告2017年第6号)第五十六条

9.13.9　在相互协商中提供资料的保密

各级税务机关应当对税收协定缔约对方税务主管当局、企业或者其扣缴义务人、代理人等在相互协商中提供的有关资料保密。

依据:《国家税务总局关于发布〈特别纳税调查调整及相互协商程序管理办法〉的公告 》(国家税务总局公告2017年第6号)第五十七条

9.13.10　企业提起相互协商申请资料的要求

企业按照《特别纳税调查调整及相互协商程序管理办法》的规定向国家税务总局提起相互协商申请的,提交的资料应当同时采用中文和英文文本,企业向税收协定缔约双方税务主管当局提交资料内容应当保持一致。

依据:《国家税务总局关于发布〈特别纳税调查调整及相互协商程序管理办法〉的公告 》(国家税务总局公告2017年第6号)第五十九条

9.13.11　涉及税收协定条款解释或者执行的相互协商程序的处理

涉及税收协定条款解释或者执行的相互协商程序,按照《国家税务总局关于发布〈税收协定相互协商程序实施办法〉的公告》(国家税务总局公告2013年第56号)的有关规定执行。

依据:《国家税务总局关于发布〈特别纳税调查调整及相互协商程序管理办法〉的公告 》(国家税务总局公告2017年第6号)第六十条

9.13.12　以往调查的处理

《特别纳税调查调整及相互协商程序管理办法》施行前已受理但尚未达成一致的相互协商案件,适用《特别纳税调查调整及相互协商程序管理办法》的规定。

依据:《国家税务总局关于发布〈特别纳税调查调整及相互协商程序管理办法〉的公告》(国家税务总局公告2017年第6号)第六十一条

9.14 加收利息的规定

9.14.1 补税及加收利息的时间及原则

税务机关依照《企业所得税法》第六章(第四十一条至第四十七条)规定作出纳税调整,需要补征税款的,应当补征税款,并按照国务院规定加收利息。

依据:《中华人民共和国企业所得税法》第四十八条

税务机关根据税收法律、行政法规的规定,对企业作出纳税调整的,应当对补征的税款,自税款所属纳税年度的次年6月1日起至补缴税款之日止的期间,按日加收利息。

上述规定加收的利息,不得在计算应纳税所得额时扣除。

依据:《中华人民共和国企业所得税法实施条例》第一百二十一条

《企业所得税法》第四十八条所称利息,应当按照税款所属纳税年度中国人民银行公布的与补税期间同期的人民币贷款基准利率加5个百分点计算。

企业能够按照《企业所得税法》第四十三条和《企业所得税法实施条例》的规定提供有关资料的,可以减按前款规定的人民币贷款基准利率计算利息。

依据:《中华人民共和国企业所得税法实施条例》第一百二十二条

9.14.2 特别纳税调整利息的计算

税务机关对企业实施特别纳税调整的,应当根据《企业所得税法》及其实施条例的有关规定对2008年1月1日以后发生交易补征的企业所得税按日加收利息。

特别纳税调查调整补缴的税款,应当按照应补缴税款所属年度的先后顺序确定补缴税款的所属年度,以入库日为截止日,分别计算应加收的利息额:

(1) 企业在《特别纳税调查调整通知书》送达前缴纳或者送达后补缴税款的,应当自税款所属纳税年度的次年6月1日起至缴纳或者补缴税款之日止计算加收利息。企业超过《特别纳税调查调整通知书》补缴税款期限仍未缴纳税款的,应当自补缴税款期限届满次日起按照《税收征收管理法》及其实施细则的有关规定加收滞纳金,在加收滞纳金期间不再加收利息。

(2) 利息率按照税款所属纳税年度12月31日公布的与补税期间同期的中国人民银行人民币贷款基准利率(以下简称基准利率)加5个百分点计算,并按照一年365天折算日利息率。

(3) 企业按照有关规定提供同期资料及有关资料的,或者按照有关规定不需要准备同期资料但根据税务机关要求提供其他相关资料的,可以只按照基准利率加收利息。

经税务机关调查,企业实际关联交易额达到准备同期资料标准,但未按照规定向税务机关提供同期资料的,税务机关补征税款加收利息,适用上述第(2)项规定。

依据:《国家税务总局关于发布〈特别纳税调查调整及相互协商程序管理办法〉的公告》(国家税务

总局公告2017年第6号)第四十四条

企业自行调整补税且主动提供同期资料等有关资料,或者按照有关规定不需要准备同期资料但根据税务机关要求提供其他相关资料的,其2008年1月1日以后发生交易的自行调整补税按照基准利率加收利息。

依据:《国家税务总局关于发布〈特别纳税调查调整及相互协商程序管理办法〉的公告》(国家税务总局公告2017年第6号)第四十五条

9.15 法律责任

9.15.1 不提供相关资料,或者提供虚假、不完整资料的处理

被调查企业不提供特别纳税调查相关资料,或者提供虚假、不完整资料的,由税务机关责令限期改正,逾期仍未改正的,税务机关按照《税收征收管理法》及其实施细则有关规定进行处理,并依法核定其应纳税所得额。

依据:《国家税务总局关于发布〈特别纳税调查调整及相互协商程序管理办法〉的公告》(国家税务总局公告2017年第6号)第十四条

9.15.2 不提供或提供虚假等资料的核定其应纳税所得额

企业不提供与其关联方之间业务往来资料,或者提供虚假、不完整资料,未能真实反映其关联业务往来情况的,税务机关有权依法核定其应纳税所得额。

依据:《中华人民共和国企业所得税法》第四十四条

税务机关依照《企业所得税法》第四十四条的规定核定企业的应纳税所得额时,可以采用下列方法:

(1)参照同类或者类似企业的利润率水平核定。
(2)按照企业成本加合理的费用和利润的方法核定。
(3)按照关联企业集团整体利润的合理比例核定。
(4)按照其他合理方法核定。

企业对税务机关按照上述规定的方法核定的应纳税所得额有异议的,应当提供相关证据,经税务机关认定后,调整核定的应纳税所得额。

依据:《中华人民共和国企业所得税法实施条例》第一百一十五条

9.15.3 对企业或者其扣缴义务人、代理人等在相互协商中弄虚作假的处理

企业或者其扣缴义务人、代理人等在相互协商中弄虚作假,或者有其他违法行为的,税务机关应当按照《税收征收管理法》及其实施细则的有关规定处理。

依据:《国家税务总局关于发布〈特别纳税调查调整及相互协商程序管理办法〉的公告》(国家税务总局公告2017年第6号)第五十八条

第 10 章

征 收 管 理

10.1 纳税地点

10.1.1 居民企业纳税地点

除税收法律、行政法规另有规定外,居民企业以企业登记注册地为纳税地点;登记注册地在境外的,以实际管理机构所在地为纳税地点。

依据:《中华人民共和国企业所得税法》第五十条

《企业所得税法》第五十条所称企业登记注册地,是指企业依照国家有关规定登记注册的住所地。

依据:《中华人民共和国企业所得税法实施条例》第一百二十四条

10.1.2 非居民纳税地点

非居民企业取得《企业所得税法》第三条第二款规定的所得,以机构、场所所在地为纳税地点。非居民企业在中国境内设立两个或者两个以上机构、场所的,经税务机关审核批准,可以选择由其主要机构、场所汇总缴纳企业所得税。

非居民企业取得《企业所得税法》第三条第三款规定的所得,以扣缴义务人所在地为纳税地点。

依据:《中华人民共和国企业所得税法》第五十一条

《企业所得税法》第五十一条所称主要机构、场所,应当同时符合下列条件:

(1) 对其他各机构、场所的生产经营活动负有监督管理责任。

(2) 设有完整的账簿、凭证,能够准确反映各机构、场所的收入、成本、费用和盈亏情况。

依据:《中华人民共和国企业所得税法实施条例》第一百二十六条

10.2 征收方式

10.2.1 居民企业征收方式

居民企业所得税征收方式分为查账征收和核定征收。

10.2.1.1 查账征收

查账征收,指财务核算健全,能够按规定设置、保管账簿、记账凭证,能够正确计算收入、成本、费用,能够依据税法规定正确计算应纳税所得额,能向税务机关提供真实、准确、完整的纳税资料,并按规定办理纳税申报的企业所采取的企业所得税征收方式。实行查账征收的企业应在企业会计利润的基础上,根据《企业所得税法》及其实施条例、相关税收政策,以及国家统一会计制度(企业会计制度、企业会计准则、小企业会计制度、分行业会计制度、事业单位会计制度和民间非营利组织会计制度)的规定,计算纳税人利润总额、应纳税所得额、应纳税额等项目,申报缴纳企业所得税。

10.2.1.2 核定征收

一、核定征收要求

(1)严格按照规定的范围和标准确定企业所得税的征收方式。不得违规扩大核定征收企业所得税范围。严禁按照行业或者企业规模大小,"一刀切"地搞企业所得税核定征收。

(2)按公平、公正、公开原则核定征收企业所得税。应根据纳税人的生产经营行业特点,综合考虑企业的地理位置、经营规模、收入水平、利润水平等因素,分类逐户核定应纳所得税额或者应税所得率,保证同一区域内规模相当的同类或者类似企业的所得税税负基本相当。

(3)做好核定征收企业所得税的服务工作。核定征收企业所得税的工作部署与安排要考虑方便纳税人,符合纳税人的实际情况,并在规定的时限内及时办结鉴定和认定工作。

(4)推进纳税人建账建制工作。税务机关应积极督促核定征收企业所得税的纳税人建账建制,改善经营管理,引导纳税人向查账征收方式过渡。对符合查账征收条件的纳税人,要及时调整征收方式,实行查账征收。

(5)加强对核定征收方式纳税人的检查工作。对实行核定征收企业所得税方式的纳税人,要加大检查力度,将汇算清缴的审核检查和日常征管检查结合起来,合理确定年度稽查面,防止纳税人有意通过核定征收方式降低税负。

依据:《国家税务总局关于印发〈企业所得税核定征收办法〉(试行)的通知》(国税发〔2008〕30号)

二、核定征收范围

纳税人具有下列情形之一的,核定征收企业所得税:

(1)依照法律、行政法规的规定可以不设置账簿的。

(2)依照法律、行政法规的规定应当设置但未设置账簿的。

(3)擅自销毁账簿或者拒不提供纳税数据的。

(4)虽设置账簿,但账目混乱或者成本数据、收入凭证、费用凭证残缺不全,难以查账的。

(5)发生纳税义务,未按照规定的期限办理纳税申报,经税务机关责令限期申报,逾期仍不申报的。

(6)申报的计税依据明显偏低,又无正当理由的。

特殊行业、特殊类型的纳税人和一定规模以上的纳税人不适用《企业所得税核定征收办法(试行)》。上述特定纳税人由国家税务总局另行明确。

依据:《国家税务总局关于印发〈企业所得税核定征收办法〉(试行)的通知》(国税发〔2008〕30号)第三条

三、不得核定征收的企业纳税人

(1) 享受《企业所得税法》及其实施条例和国务院规定的一项或几项企业所得税优惠政策的企业(不包括仅享受《企业所得税法》第二十六条规定免税收入优惠政策的企业、第二十八条规定的符合条件的小型微利企业)。

(2) 汇总纳税企业。

(3) 上市公司。

(4) 银行、信用社、小额贷款公司、保险公司、证券公司、期货公司、信托投资公司、金融资产管理公司、融资租赁公司、担保公司、财务公司、典当公司等金融企业。

(5) 会计、审计、资产评估、税务、房地产估价、土地估价、工程造价、律师、价格鉴证、公证机构、基层法律服务机构、专利代理、商标代理以及其他经济鉴证类社会中介机构。

(6) 国家税务总局规定的其他企业。

对上述规定之外的企业,主管税务机关要严格按照规定的范围和标准确定企业所得税的征收方式,不得违规扩大核定征收企业所得税范围;对其中达不到查账征收条件的企业核定征收企业所得税,并促使其完善会计核算和财务管理,达到查账征收条件后要及时转为查账征收。

依据:《国家税务总局企业所得税核定征收若干问题的通知》(国税函〔2009〕377号)第一条、《国家税务总局关于修订企业所得税2个规范性文件的公告》(国家税务总局公告2016年第88号)

专门从事股权(股票)投资业务的企业,不得核定征收企业所得税。

依据:《国家税务总局关于企业所得税核定征收有关问题的公告》(国家税务总局公告2012年第27号)第一条

四、核定征收方式

税务机关应根据纳税人具体情况,对核定征收企业所得税的纳税人,核定应税所得率或者核定应纳所得税额。

(一) 核定应税所得率的情形

具有下列情形之一的,核定其应税所得率:

(1) 能正确核算(查实)收入总额,但不能正确核算(查实)成本费用总额的。

(2) 能正确核算(查实)成本费用总额,但不能正确核算(查实)收入总额的。

(3) 通过合理方法,能计算和推定纳税人收入总额或成本费用总额的。

纳税人不属于以上情形的,核定其应纳所得税额。

依据:《国家税务总局关于印发〈企业所得税核定征收办法〉(试行)的通知》(国税发〔2008〕30号)第四条

(二) 计算公式

$$应纳所得税额 = 应纳税所得额 \times 适用税率$$

$$应纳税所得额 = 应税收入额 \times 应税所得率$$

或:

应纳税所得额 ＝ 成本（费用）支出额 ÷（1－应税所得率）× 应税所得率

依据：《国家税务总局关于印发〈企业所得税核定征收办法〉（试行）的通知》（国税发〔2008〕30号）第六条

（三）应税所得率的确定

实行应税所得率方式核定征收企业所得税的纳税人，经营多业的，无论其经营项目是否单独核算，均由税务机关根据其主营项目确定适用的应税所得率。

在主营项目应为纳税人所有经营项目中，收入总额或者成本（费用）支出额或者耗用原材料、燃料、动力数量所占比重最大的项目。

依据：《国家税务总局关于印发〈企业所得税核定征收办法〉（试行）的通知》（国税发〔2008〕30号）第七条

应税所得率按表10-1规定的幅度标准确定。

表10-1　应税所得率表

行业	应税所得率(%)	行业	应税所得率(%)
农、林、牧、渔业	3～10	建筑业	8～20
制造业	5～15	饮食业	8～25
批发和零售贸易业	4～15	娱乐业	15～30
交通运输业	7～15	其他行业	10～30

依据：《国家税务总局关于印发〈企业所得税核定征收办法〉（试行）的通知》（国税发〔2008〕30号）第八条

（四）应税收入额的确定

"应税收入额"等于收入总额减去不征税收入和免税收入后的余额。用公式表示为：

应税收入额 ＝ 收入总额 － 不征税收入 － 免税收入

其中，收入总额为企业以货币形式和非货币形式从各种来源取得的收入。

依据：《国家税务总局企业所得税核定征收若干问题的通知》（国税函〔2009〕377号）第二条

> **热点问题**
>
> 1.某建筑企业总包人的企业所得税征收方式为核定应税所得率征收，其建筑业务总包合同价款为120万元，分包给分包人价款为100万元，该企业账面的会计收入为20万元，该企业是按照120万元作为建筑业总包人的收入计算企业所得税，还是按20万元计算征收企业所得税？
>
> 答：从企业所得税法对"收入总额"的界定上看，《企业所得税法》第六条规定，企业以货币形式和非货币形式从各种来源取得的收入，为收入总额。包括销售货物收入，提供劳务收入，转让财产收入，股息、红利等权益性投资收益，利息收入，租金收入，特许权使用费收入，接受捐赠收入和其他收入。企业所得税核定征收主要包括定额征收和核定应税所得率征收。《企业所得税核定征收办法（试行）》第六条规定，采用应税所

得率方式核定征收企业所得税的,应纳所得税额计算公式如下:应纳所得税额=应纳税所得额×适用税率;应纳税所得额=应税收入额×应税所得率,或:应纳税所得额=成本(费用)支出额÷(1-应税所得率)×应税所得率。然而,在《企业所得税核定征收办法(试行)》中,并未明确上述计算公式中所称的"应税收入额"包括哪些收入,不包括哪些收入,这在一定程度上给征纳双方都带来了不便。此外,《企业所得税核定征收办法(试行)》按照收入总额与应税所得率来计算企业所得税应纳所得额的方法,主要是考虑到纳税人在取得收入之后,会发生相应的成本费用支出,扣除这部分成本费用后即为应纳税所得额。如代理业、存在总分包的建筑业、旅游业等纳税人,这些企业虽然取得了收入,但是其主体收入和成本、费用多发生在其他单位,本单位取得的只是部分差额收入。因此,在收入总额的确认上容易有误区。为此,国家税务总局发布《国家税务总局企业所得税核定征收若干问题的通知》(国税函〔2009〕377号,以下简称国税函〔2009〕377号文件),国税函〔2009〕377号文件规定,《企业所得税核定征收办法(试行)》第六条中的"应税收入额"等于收入总额减去不征税收入和免税收入后的余额。用公式表示为:应税收入额=收入总额-不征税收入-免税收入;其中,收入总额为企业以货币形式和非货币形式从各种来源取得的收入。

对此,该企业应按收入总额120万元乘以应税所得率计算缴纳企业所得税。

2. 对于核定征收方式的物业公司代收水电费,由于供电供水部门开具的是总发票,具体由物业公司进行分割,有的物业公司根据总发票开具给业主物业公司的发票,发票上注明的是代收水电费,对于这种代收水电费的情况能否明确是否作为代收收入,是否要并入企业总收入?

答:物业公司代收代付的水电费,能够提供相关资料证明确是单独核算的代收费用的,可不并入物业公司的总收入。

纳税人的生产经营范围、主营业务发生重大变化,或者应纳税所得额或应纳税额增减变化达到20%的,应及时向税务机关申报调整已确定的应纳税额或应税所得率。

依据:《国家税务总局关于印发〈企业所得税核定征收办法〉(试行)的通知》(国税发〔2008〕30号)第九条

依法按核定应税所得率方式核定征收企业所得税的企业,取得的转让股权(股票)收入等转让财产收入,应全额计入应税收入额,按照主营项目(业务)确定适用的应税所得率计算征税;若主营项目(业务)发生变化,应在当年汇算清缴时,按照变化后的主营项目(业务)重新确定适用的应税所得率计算征税。

依据:《国家税务总局关于企业所得税核定征收有关问题的公告》(国家税务总局公告2012年第27号)第二条

热点问题

某餐饮企业,其采用核定征收方式缴纳企业所得税,2016年餐饮收入100万元,按照饮食业8%的应税所得率缴纳企业所得税,2017年停产进行了搬迁,取得搬迁收入200万元,2017年的企业所得税应税所得率是否要调整?

答：对于是否进行应税所得率的调整有两种观点，一种观点是认为不做调整，按照餐饮企业停产前的主营项目确定其应税所得率；另一种观点认为根据2017年的搬迁补偿收入，按照"其他行业"的10%～30%进行调整。

实行应税所得率方式核定征收企业所得税的纳税人，经营多业的，无论其经营项目是否单独核算，均由税务机关根据其主营项目确定适用的应税所得率。对于企业进行的搬迁并不属于企业的经营项目，而《国家税务总局关于企业所得税核定征收有关问题的公告》(国家税务总局公告2012年第27号)规定，取得的转让股权(股票)收入等转让财产收入，应全额计入应税收入额，按照主营项目(业务)确定适用的应税所得率计算征税。因此，企业取得的搬迁收入不能作为其主营项目变动而进行调整。对于企业的该项收入可按照《国家税务总局关于印发〈企业所得税核定征收办法〉(试行)的通知》(国税发〔2008〕30号)第九条的规定，纳税人的应纳税所得额或应纳税额增减变化达到20%的，纳税人应及时向税务机关申报调整已确定的应纳税额或应税所得率。

五、核定征收程序

主管税务机关应及时向纳税人送达《企业所得税核定征收鉴定表》，及时完成对其核定征收企业所得税的鉴定工作。具体程序如下：

(1) 纳税人应在收到《企业所得税核定征收鉴定表》后10个工作日内，填好该表并报送主管税务机关。《企业所得税核定征收鉴定表》一式三联，主管税务机关和县税务机关各执一联，另一联送达纳税人执行。主管税务机关还可根据实际工作需要，适当增加联次备用。

(2) 主管税务机关应在受理《企业所得税核定征收鉴定表》后20个工作日内，分类逐户审查核实，提出鉴定意见，并报县税务机关复核、认定。

(3) 县税务机关应在收到《企业所得税核定征收鉴定表》后30个工作日内，完成复核、认定工作。

纳税人收到《企业所得税核定征收鉴定表》后，未在规定期限内填列、报送的，税务机关视同纳税人已经报送，按上述程序进行复核认定。

税务机关应在每年6月底前对上年度实行核定征收企业所得税的纳税人进行重新鉴定。重新鉴定工作完成前，纳税人可暂按上年度的核定征收方式预缴企业所得税；重新鉴定工作完成后，按重新鉴定的结果进行调整。

主管税务机关应当分类逐户公示核定的应纳所得税额或应税所得率。主管税务机关应当按照便于纳税人及社会各界了解、监督的原则确定公示地点、方式。

纳税人对税务机关确定的企业所得税征收方式、核定的应纳所得税额或应税所得率有异议的，应当提供合法、有效的相关证据，税务机关经核实认定后调整有异议的事项。

依据：《国家税务总局关于印发〈企业所得税核定征收办法〉(试行)的通知》(国税发〔2008〕30号)第十条、第十一条、第十二条

10.2.2 非居民企业核定征收

10.2.2.1 适用范围

《非居民企业所得税核定征收管理办法》适用于《企业所得税法》第三条第二款规定的非居民企业,外国企业常驻代表机构企业所得税核定办法按照有关规定办理。

依据:《国家税务总局关于印发〈非居民企业所得税核定征收管理办法〉的通知》(国税发〔2010〕19号)第二条

10.2.2.2 核定应纳税所得额的方法

非居民企业应当按照《税收征收管理法》及有关法律法规设置账簿,根据合法、有效凭证记账,进行核算,并应按照其实际履行的功能与承担的风险相匹配的原则,准确计算应纳税所得额,据实申报缴纳企业所得税。

依据:《国家税务总局关于印发〈非居民企业所得税核定征收管理办法〉的通知》(国税发〔2010〕19号)第三条

非居民企业因会计账簿不健全,资料残缺难以查账,或者其他原因不能准确计算并据实申报其应纳税所得额的,税务机关有权采取以下方法核定其应纳税所得额。

（1）按收入总额核定应纳税所得额:适用于能够正确核算收入或通过合理方法推定收入总额,但不能正确核算成本费用的非居民企业。计算公式如下:

$$应纳税所得额 = 收入总额 \times 经税务机关核定的利润率$$

（2）按成本费用核定应纳税所得额:适用于能够正确核算成本费用,但不能正确核算收入总额的非居民企业。计算公式如下:

$$应纳税所得额 = 成本费用总额 \div (1 - 经税务机关核定的利润率) \\ \times 经税务机关核定的利润率$$

（3）按经费支出换算收入核定应纳税所得额:适用于能够正确核算经费支出总额,但不能正确核算收入总额和成本费用的非居民企业。计算公式:

$$应纳税所得额 = 经费支出总额 \div (1 - 经税务机关核定的利润率 - 营业税税率) \\ \times 经税务机关核定的利润率$$

自2016年5月1日起,上述公式改为:

$$应纳税所得额 = 经费支出总额 \div (1 - 经税务机关核定的利润率) \\ \times 经税务机关核定的利润率$$

依据:《国家税务总局关于印发〈非居民企业所得税核定征收管理办法〉的通知》(国税发〔2010〕19号)第四条、《国家税务总局关于修改按经费支出换算收入方式核定非居民企业应纳税所得额计算公式的公告》(国家税务总局公告2016年第28号)第二条

10.2.2.3 非居民企业的利润率确定标准

税务机关可按照以下标准确定非居民企业的利润率:

(1) 从事承包工程作业、设计和咨询劳务的,利润率为 15%～30%。

(2) 从事管理服务的,利润率为 30%～50%。

(3) 从事其他劳务或劳务以外经营活动的,利润率不低于 15%。

税务机关有根据认为非居民企业的实际利润率明显高于上述标准的,可以按照比上述标准更高的利润率核定其应纳税所得额。

依据:《国家税务总局关于印发〈非居民企业所得税核定征收管理办法〉的通知》(国税发〔2010〕19号)第五条

非居民企业与中国居民企业签订机器设备或货物销售合同,同时提供设备安装、装配、技术培训、指导、监督服务等劳务,其销售货物合同中未列明提供上述劳务服务收费金额,或者计价不合理的,主管税务机关可以根据实际情况,参照相同或相近业务的计价标准核定劳务收入。无参照标准的,以不低于销售货物合同总价款的 10% 为原则,确定非居民企业的劳务收入。

依据:《国家税务总局关于印发〈非居民企业所得税核定征收管理办法〉的通知》(国税发〔2010〕19号)第六条

> **热点问题**
>
> 境外企业在中国境内提供劳务如何征税?
>
> 答:境外企业在中国境内提供劳务取得收入属于非居民企业取得来源于中国境内的收入,因提供劳务,属于在中国境内设立有机构、场所的企业。一般情况下境外企业在中国境内提供劳务,都是临时来华提供劳务,一般不在中国设立账簿进行单独核算,因此在实践中通常按照《国家税务总局关于印〈非居民企业所得税核定征收管理办法〉的通知》(国税发〔2010〕19号)的规定实行核定征收,由税务机关按收入总额核定应纳税所得额、按成本费用核定应纳税所得额,或按照经费支出换算收入核定应纳税所得额。计算公式为:应缴企业所得税=核定的应纳税所得额×税率 25%。其中核定的应纳税所得额的确定计算如下:
>
> (1) 按收入总额核定应纳税所得额:适用于能够正确核算收入或通过合理方法推定收入总额,但不能正确核算成本费用的非居民企业。计算公式如下:
>
> 应纳税所得额 = 收入总额 × 经税务机关核定的利润率
>
> (2) 按成本费用核定应纳税所得额:适用于能够正确核算成本费用,但不能正确核算收入总额的非居民企业。计算公式如下:
>
> 应纳税所得额 = 成本费用总额 ÷ (1 - 经税务机关核定的利润率) × 经税务机关核定的利润率
>
> (3) 按经费支出换算收入核定应纳税所得额:适用于能够正确核算经费支出总额,但不能正确核算收入总额和成本费用的非居民企业。计算公式:
>
> 应纳税所得额 = 经费支出总额 ÷ (1 - 经税务机关核定的利润率) × 经税务机关核定的利润率

> 税务机关可按照以下标准确定非居民企业的利润率：
> （1）从事承包工程作业、设计和咨询劳务的，利润率为15%～30%。
> （2）从事管理服务的，利润率为30%～50%。
> （3）从事其他劳务或劳务以外经营活动的，利润率不低于15%。
> 税务机关有根据认为非居民企业的实际利润率明显高于上述标准的，可以按照比上述标准更高的利润率核定其应纳税所得额。
> 根据《企业所得税法》第三十七条的规定，上述税款实行源泉扣缴，以我国境内支付人为扣缴义务人。税款由扣缴义务人在每次支付或者到期应支付时，从支付或者到期应支付的款项中扣缴。
> 上述业务如涉及税收协定的，可按税收协定的规定处理。

10.2.2.4 境内收入的确定

非居民企业为中国境内客户提供劳务取得的收入，凡其提供的服务全部发生在中国境内的，应全额在中国境内申报缴纳企业所得税。凡其提供的服务同时发生在中国境内外的，应以劳务发生地为原则划分其境内外收入，并就其在中国境内取得的劳务收入申报缴纳企业所得税。税务机关对其境内外收入划分的合理性和真实性有疑义的，可以要求非居民企业提供真实有效的证明，并根据工作量、工作时间、成本费用等因素合理划分其境内外收入；如非居民企业不能提供真实有效的证明，税务机关可视同其提供的服务全部发生在中国境内，确定其劳务收入并据以征收企业所得税。

依据：《国家税务总局关于印发〈非居民企业所得税核定征收管理办法〉的通知》（国税发〔2010〕19号）第七条

10.2.2.5 不同核定利润率的经营活动的处理

采取核定征收方式征收企业所得税的非居民企业，在中国境内从事适用不同核定利润率的经营活动，并取得应税所得的，应分别核算并适用相应的利润率计算缴纳企业所得税；凡不能分别核算的，应从高适用利润率，计算缴纳企业所得税。

依据：《国家税务总局关于印发〈非居民企业所得税核定征收管理办法〉的通知》（国税发〔2010〕19号）第八条

10.2.2.6 征收管理

一、鉴定确认

主管税务机关应及时向非居民企业送达《非居民企业所得税征收方式鉴定表》（以下简称《鉴定表》），非居民企业应在收到《鉴定表》后10个工作日内，完成《鉴定表》的填写并送达主管税务机关，主管税务机关在受理《鉴定表》后20个工作日内，完成该项征收方式的确认工作。

依据：《国家税务总局关于印发〈非居民企业所得税核定征收管理办法〉的通知》（国税发〔2010〕19号）第九条，《国家税务总局关于修改〈非居民企业所得税核定征收管理办法〉等文件的公告》（国家税务总局公告2015年第22号）第一条

二、应纳税所得额不真实的调整

税务机关发现非居民企业采用核定征收方式计算申报的应纳税所得额不真实,或者明显与其承担的功能风险不相匹配的,有权予以调整。

依据:《国家税务总局关于印发〈非居民企业所得税核定征收管理办法〉的通知》(国税发〔2010〕19号)第十条

各省、自治区、直辖市和计划单列市税务局可按照《非居民企业所得税核定征收管理办法》第五条规定确定适用的核定利润率幅度,并根据《非居民企业所得税核定征收管理办法》规定制定具体操作规程,报国家税务总局(国际税务司)备案。

依据:《国家税务总局关于印发〈非居民企业所得税核定征收管理办法〉的通知》(国税发〔2010〕19号)第十一条、《国家税务总局关于修改部分税收规范性文件的公告》(国家税务总局公告2018年第31号)

10.2.3 外国企业常驻代表机构核定征收

10.2.3.1 适用范围

外国企业常驻代表机构,是指按照国务院有关规定,在工商行政管理部门登记或经有关部门批准,设立在中国境内的外国企业(包括港澳台企业)及其他组织的常驻代表机构(以下简称代表机构)。

依据:《国家税务总局关于印发〈外国企业常驻代表机构税收管理暂行办法〉的通知》(国税发〔2010〕18号)第二条

10.2.3.2 核定应纳税所得额的方法

对账簿不健全,不能准确核算收入或成本费用,以及无法按照《外国企业常驻代表机构税收管理暂行办法》第六条规定据实申报的代表机构,税务机关有权采取以下两种方式核定其应纳税所得额。

一、按经费支出换算收入

按经费支出换算收入:适用于能够准确反映经费支出但不能准确反映收入或成本费用的代表机构。

(1)计算公式:

$$收入额 = 本期经费支出额 \div (1 - 核定利润率)$$

$$应纳企业所得税额 = 收入额 \times 核定利润率 \times 企业所得税税率$$

注:自2016年5月1日起,将上述公式修改为:"应纳税所得额=本期经费支出额÷(1-核定利润率)×核定利润率"。

(2)代表机构的经费支出额包括在中国境内、外支付给工作人员的工资、薪金、奖金、津贴、福利费、物品采购费(包括汽车、办公设备等固定资产)、通讯费、差旅费、房租、设备租赁费、交通费、交际费、其他费用等。

① 购置固定资产所发生的支出,以及代表机构设立时或者搬迁等原因所发生的装修费支出,应在发生时一次性作为经费支出额换算收入计税。

② 利息收入不得冲抵经费支出额;发生的交际应酬费,以实际发生数额计入经费支出额。

③ 以货币形式用于我国境内的公益、救济性质的捐赠、滞纳金、罚款,以及为其总机

构垫付的不属于其自身业务活动所发生的费用,不应作为代表机构的经费支出额。

④ 其他费用包括为总机构从中国境内购买样品所支付的样品费和运输费用;国外样品运往中国发生的中国境内的仓储费用、报关费用;总机构人员来华访问聘用翻译的费用;总机构为中国某个项目投标由代表机构支付的购买标书的费用;等等。

二、收入总额核定

按收入总额核定应纳税所得额:适用于可以准确反映收入但不能准确反映成本费用的代表机构。计算公式:

$$应纳企业所得税额 = 收入总额 \times 核定利润率 \times 企业所得税税率$$

依据:《国家税务总局关于印发〈外国企业常驻代表机构税收管理暂行办法〉的通知》(国税发〔2010〕18号)第七条、《国家税务总局关于修改按经费支出换算收入方式核定非居民企业应纳税所得额计算公式的公告》(国家税务总局公告2016年第28号)第一条

10.2.3.3 代表机构核定的利润率标准

代表机构的核定利润率不应低于15%。

依据:《国家税务总局关于印发〈外国企业常驻代表机构税收管理暂行办法〉的通知》(国税发〔2010〕18号)第八条

10.3 申报管理

10.3.1 纳税年度

企业所得税按纳税年度计算。纳税年度自公历1月1日起至12月31日止。

企业在一个纳税年度中间开业,或者终止经营活动,使该纳税年度的实际经营期不足12个月的,应当以其实际经营期为一个纳税年度。

企业依法清算时,应当以清算期间作为一个纳税年度。

依据:《中华人民共和国企业所得税法》第五十三条

10.3.2 纳税期限

企业应当自月份或者季度终了之日起15日内,向税务机关报送预缴企业所得税纳税申报表,预缴税款。

企业应当自年度终了之日起5个月内,向税务机关报送年度企业所得税纳税申报表,并汇算清缴,结清应缴应退税款。

企业在报送企业所得税纳税申报表时,应当按照规定附送财务会计报告和其他有关资料。

依据:《中华人民共和国企业所得税法》第五十四条

企业在纳税年度内无论盈利或者亏损,都应当依照《企业所得税法》第五十四条规定的期限,向税务机关报送预缴企业所得税纳税申报表、年度企业所得税纳税申报表、财务会计报告和税务机关规定应当报送的其他有关资料。

依据：《中华人民共和国企业所得税法实施条例》第一百二十八条

企业在年度中间终止经营活动的，应当自实际经营终止之日起60日内，向税务机关办理当期企业所得税汇算清缴。

依据：《中华人民共和国企业所得税法》第五十五条

10.3.3　外币折算

企业所得以人民币以外的货币计算的，预缴企业所得税时，应当按照月度或者季度最后一日的人民币汇率中间价，折合成人民币计算应纳税所得额。年度终了汇算清缴时，对已经按照月度或者季度预缴税款的，不再重新折合计算，只就该纳税年度内未缴纳企业所得税的部分，按照纳税年度最后一日的人民币汇率中间价，折合成人民币计算应纳税所得额。

经税务机关检查确认，企业少计或者多计上述规定的所得的，应当按照检查确认补税或者退税时的上一个月最后一日的人民币汇率中间价，将少计或者多计的所得折合成人民币计算应纳税所得额，再计算应补缴或者应退的税款。

依据：《中华人民共和国企业所得税法实施条例》第一百二十九条

10.3.4　预缴申报

10.3.4.1　预缴申报方法

企业所得税分月或者分季预缴，由税务机关具体核定。

企业根据《企业所得税法》第五十四条规定分月或者分季预缴企业所得税时，应当按照月度或者季度的实际利润额预缴；按照月度或者季度的实际利润额预缴有困难的，可以按照上一纳税年度应纳税所得额的月度或者季度平均额预缴，或者按照经税务机关认可的其他方法预缴。预缴方法一经确定，该纳税年度内不得随意变更。

依据：《中华人民共和国企业所得税法实施条例》第一百二十七条

10.3.4.2　核定征收预缴申报

纳税人实行核定应税所得率方式的，按下列规定申报纳税：

（1）主管税务机关根据纳税人应纳税额的大小确定纳税人按月或者按季预缴，年终汇算清缴。预缴方法一经确定，一个纳税年度内不得改变。

（2）纳税人应依照确定的应税所得率计算纳税期间实际应缴纳的税额，进行预缴。按实际数额预缴有困难的，经主管税务机关同意，可按上一年度应纳税额的1/12或1/4预缴，或者按经主管税务机关认可的其他方法预缴。

（3）纳税人预缴税款或年终进行汇算清缴时，应按规定填写《中华人民共和国企业所得税月（季）度预缴纳税申报表（B类）》，在规定的纳税申报时限内报送主管税务机关。

纳税人实行核定应纳所得税额方式的，按下列规定申报纳税：

（1）纳税人在应纳所得税额尚未确定之前，可暂按上年度应纳所得税额的1/12或1/4预缴，或者按经主管税务机关认可的其他方法，按月或按季分期预缴。

（2）在应纳所得税额确定以后，减除当年已预缴的所得税额，余额按剩余月份或季度均分,以此确定以后各月或各季的应纳税额,由纳税人按月或按季填写《中华人民共和国企业所得税月(季)度预缴纳税申报表(B类)》,在规定的纳税申报期限内进行纳税申报。

（3）纳税人年度终了后,在规定的时限内按照实际经营额或实际应纳税额向税务机关申报纳税。申报额超过核定经营额或应纳税额的,按申报额缴纳税款;申报额低于核定经营额或应纳税额的,按核定经营额或应纳税额缴纳税款。

依据：《国家税务总局关于印发〈企业所得税核定征收办法〉(试行)的通知》(国税发〔2008〕30号)第十三条、第十四条

10.3.4.3 预缴申报管理要求

（1）根据《企业所得税法》及其实施条例规定,企业所得税应当按照月度或者季度的实际利润额预缴;按照月度或者季度的实际利润额预缴有困难的,可以按照上一纳税年度应纳税所得额的月度或者季度平均额预缴,或者按照经税务机关认可的其他方法预缴。为确保税款足额及时入库,各级税务机关对纳入当地重点税源管理的企业,原则上应按照实际利润额预缴方法征收企业所得税。

（2）各级税务机关根据企业上年度企业所得税预缴和汇算清缴情况,对全年企业所得税预缴税款占企业所得税应缴税款比例明显偏低的,要及时查明原因,调整预缴方法或预缴税额。

（3）各级税务机关要处理好企业所得税预缴和汇算清缴税款入库的关系,原则上各地企业所得税年度预缴税款占当年企业所得税入库税款(预缴数＋汇算清缴数)应不少于70%。

依据：《国家税务总局关于加强企业所得税预缴工作的通知》(国税函〔2009〕34号)

> **热点问题**
>
> 某企业预缴方法为按照月度实际利润额预缴,税务机关风险评估时发现该企业未按规定预缴企业所得税,企业少预缴的税款是否要加收滞纳金？
>
> 《税收征收管理法》第三十二条规定,纳税人未按照规定期限缴纳税款的,扣缴义务人未按照规定期限解缴税款的,税务机关除责令限期缴纳外,从滞纳税款之日起,按日加收滞纳税款0.5‰的滞纳金。《税收征收管理法实施细则》第七十五条规定,《税收征收管理法》第三十二条规定的加收滞纳金的起止时间,为法律、行政法规规定或者税务机关依照法律、行政法规的规定确定的税款缴纳期限届满次日起至纳税人、扣缴义务人实际缴纳或者解缴税款之日止。《企业所得税法》及其实施条例分别属于法律、行政法规,因此,企业少计利润造成的少缴税款,属于违反法律、行政法规应缴纳而未缴纳的情形,应当加收滞纳金。

10.4 汇算清缴

10.4.1 居民企业所得税汇算清缴

企业所得税汇算清缴,是指纳税人自纳税年度终了之日起5个月内或实际经营终止

之日起60日内,依照税收法律、法规、规章及其他有关企业所得税的规定,自行计算本纳税年度应纳税所得额和应纳所得税额,根据月度或季度预缴企业所得税的数额,确定该纳税年度应补或者应退税额,并填写企业所得税年度纳税申报表,向主管税务机关办理企业所得税年度纳税申报、提供税务机关要求提供的有关资料、结清全年企业所得税税款的行为。

依据:《国家税务总局关于印发〈企业所得税汇算清缴管理办法〉的通知》(国税发〔2009〕79号)第二条

10.4.1.1 汇算清缴范围

凡在纳税年度内从事生产、经营(包括试生产、试经营),或在纳税年度中间终止经营活动的纳税人,无论是否在减税、免税期间,也无论盈利或亏损,均应按照企业所得税法及其实施条例和《企业所得税汇算清缴管理办法》的有关规定进行企业所得税汇算清缴。

实行核定定额征收企业所得税的纳税人,不进行汇算清缴。

依据:《国家税务总局关于印发〈企业所得税汇算清缴管理办法〉的通知》(国税发〔2009〕79号)第三条

实行跨地区经营汇总缴纳企业所得税的纳税人,由统一计算应纳税所得额和应纳所得税额的总机构,按照上述规定,在汇算清缴期内向所在地主管税务机关办理企业所得税年度纳税申报,进行汇算清缴。

注:分支机构汇缴按《国家税务总局关于印发〈跨地区经营汇总纳税企业所得税征收管理办法〉的公告》(国家税务总局公告2012年第57号)相关要求执行。

依据:《国家税务总局关于印发〈企业所得税汇算清缴管理办法〉的通知》(国税发〔2009〕79号)第十三条

经批准实行合并缴纳企业所得税的企业集团,由集团母公司(以下简称汇缴企业)在汇算清缴期内,向汇缴企业所在地主管税务机关报送汇缴企业及各个成员企业合并计算填写的企业所得税年度纳税申报表,以及有关资料及各个成员企业的企业所得税年度纳税申报表,统一办理汇缴企业及其成员企业的企业所得税汇算清缴。

依据:《国家税务总局关于印发〈企业所得税汇算清缴管理办法〉的通知》(国税发〔2009〕79号)第十四条

10.4.1.2 汇算清缴时间

纳税人应当自纳税年度终了之日起5个月内,进行汇算清缴,结清应缴应退企业所得税税款。

纳税人在年度中间发生解散、破产、撤销等终止生产经营情形,需进行企业所得税清算的,应在清算前报告主管税务机关,并自实际经营终止之日起60日内进行汇算清缴,结清应缴应退企业所得税款;纳税人有其他情形依法终止纳税义务的,应当自停止生产、经营之日起60日内,向主管税务机关办理当期企业所得税汇算清缴。

依据:《国家税务总局关于印发〈企业所得税汇算清缴管理办法〉的通知》(国税发〔2009〕79号)第四条

纳税人12月份或者第四季度的企业所得税预缴纳税申报,应在纳税年度终了后15日内完成,预缴申报后进行当年企业所得税汇算清缴。

依据:《国家税务总局关于印发〈企业所得税汇算清缴管理办法〉的通知》(国税发〔2009〕79号)第五条

10.4.1.3　税款清缴

纳税人应当按照《企业所得税法》及其实施条例和企业所得税的有关规定,正确计算应纳税所得额和应纳所得税额,如实、正确填写企业所得税年度纳税申报表及其附表,完整、及时报送相关资料,并对纳税申报的真实性、准确性和完整性负法律责任。

纳税人在纳税年度内预缴企业所得税税款少于应缴企业所得税税款的,应在汇算清缴期内结清应补缴的企业所得税税款;预缴税款超过应纳税款的,主管税务机关应及时按有关规定办理退税,或者经纳税人同意后抵缴其下一年度应缴企业所得税税款。

纳税人因有特殊困难,不能在汇算清缴期内补缴企业所得税款的,应按照税收征收管理法及其实施细则的有关规定,办理申请延期缴纳税款手续。

依据:《国家税务总局关于印发〈企业所得税汇算清缴管理办法〉的通知》(国税发〔2009〕79号)

10.4.1.4　汇缴申报资料

纳税人办理企业所得税年度纳税申报时,应如实填写和报送下列有关资料:

(1) 企业所得税年度纳税申报表及其附表。
(2) 财务报表。
(3) 备案事项相关资料。
(4) 总机构及分支机构基本情况、分支机构征税方式、分支机构的预缴税情况。
(5) 委托中介机构代理纳税申报的,应出具双方签订的代理合同,并附送中介机构出具的包括纳税调整的项目、原因、依据、计算过程、调整金额等内容的报告。
(6) 涉及关联方业务往来的,同时报送《中华人民共和国企业年度关联业务往来报告表》。
(7) 主管税务机关要求报送的其他有关资料。

纳税人采用电子方式办理企业所得税年度纳税申报的,应按照有关规定保存有关资料或附报纸质纳税申报资料。

纳税人因不可抗力,不能在汇算清缴期内办理企业所得税年度纳税申报或备齐企业所得税年度纳税申报资料的,应按照税收征收管理法及其实施细则的规定,申请办理延期纳税申报。

纳税人在汇算清缴期内发现当年企业所得税申报有误的,可在汇算清缴期内重新办理企业所得税年度纳税申报。

依据:《国家税务总局关于印发〈企业所得税汇算清缴管理办法〉的通知》(国税发〔2009〕79号)

10.4.1.5　总结分析

汇算清缴工作结束后,税务机关应组织开展汇算清缴数据分析、纳税评估和检查。纳税评估和检查的对象、内容、方法、程序等按照国家税务总局的有关规定执行。

依据:《国家税务总局关于印发〈企业所得税汇算清缴管理办法〉的通知》(国税发〔2009〕79号)

10.4.2 非居民企业所得税汇算清缴

10.4.2.1 汇算清缴范围

(1) 依照外国(地区)法律成立且实际管理机构不在中国境内,但在中国境内设立机构、场所的非居民企业(以下称为企业),无论盈利或者亏损,均应按照《企业所得税法》及《非居民企业所得税汇算清缴管理办法》规定参加所得税汇算清缴。

(2) 企业具有下列情形之一的,可不参加当年度的所得税汇算清缴:

① 临时来华承包工程和提供劳务不足 1 年,在年度中间终止经营活动,且已经结清税款。

② 汇算清缴期内已办理注销。

③ 其他经主管税务机关批准可不参加当年度所得税汇算清缴。

依据:《国家税务总局关于印发〈非居民企业所得税汇算清缴管理办法〉的通知》(国税发〔2009〕6号)第一条

10.4.2.2 汇算清缴期限

(1) 企业应当自年度终了之日起 5 个月内,向税务机关报送年度企业所得税纳税申报表,并汇算清缴,结清应缴应退税款。

(2) 企业在年度中间终止经营活动的,应当自实际经营终止之日起 60 日内,向税务机关办理当期企业所得税汇算清缴。

依据:《国家税务总局关于印发〈非居民企业所得税汇算清缴管理办法〉的通知》国税发〔2009〕6号第二条

10.4.2.3 申报纳税

(1) 企业办理所得税年度申报时,应当如实填写和报送下列报表、资料:

① 年度企业所得税纳税申报表及其附表。

② 年度财务会计报告。

③ 税务机关规定应当报送的其他有关资料。

(2) 企业因特殊原因,不能在规定期限内办理年度所得税申报,应当在年度终了之日起 5 个月内,向主管税务机关提出延期申报申请。主管税务机关批准后,可以适当延长申报期限。

(3) 企业采用电子方式办理纳税申报的,应附报纸质纳税申报资料。

(4) 企业委托中介机构代理年度企业所得税纳税申报的,应附送委托人签章的委托书原件。

(5) 企业申报年度所得税后,经主管税务机关审核,需补缴或退还所得税的,应在收到主管税务机关送达的《非居民企业所得税汇算清缴涉税事宜通知书》后,按规定时限将税款补缴入库,或按照主管税务机关的要求办理退税手续。

(6) 企业补缴税款确因特殊困难需延期缴纳的,按《税收征收管理法》及其实施细则的有关规定办理。

(7) 企业在所得税汇算清缴期限内,发现当年度所得税申报有误的,应当在年度终了之日起 5 个月内向主管税务机关重新办理年度所得税申报。

(8) 企业报送报表期限的最后一日是法定休假日的,以休假日期满的次日为期限的最后一日;在期限内有连续3日以上法定休假日的,按休假日天数顺延。

依据:《国家税务总局关于印发〈非居民企业所得税汇算清缴管理办法〉的通知》(国税发〔2009〕6号)第三条、《国家税务总局 财政部 中国人民银行关于非居民企业机构场所汇总缴纳企业所得税有关问题的公告》(国家税务总局公告2019年第12号)

10.4.2.4 法律责任

(1) 企业未按规定期限办理年度所得税申报,且未经主管税务机关批准延期申报,或报送资料不全、不符合要求的,应在收到主管税务机关送达的《责令限期改正通知书》后按规定时限补报。

企业未按规定期限办理年度所得税申报,且未经主管税务机关批准延期申报的,主管税务机关除责令其限期申报外,可按照《税收征收管理法》的规定处以2 000元以下的罚款,逾期仍不申报的,可处以2 000元以上10 000元以下的罚款,同时核定其年度应纳税额,责令其限期缴纳。企业在收到主管税务机关送达的《非居民企业所得税应纳税款核定通知书》后,应在规定时限内缴纳税款。

(2) 企业未按规定期限办理所得税汇算清缴,主管税务机关除责令其限期办理外,对发生税款滞纳的,按照《税收征收管理法》的规定,加收滞纳金。

(3) 企业同税务机关在纳税上发生争议时,依照《税收征收管理法》相关规定执行。

依据:《国家税务总局关于印发〈非居民企业所得税汇算清缴管理办法〉的通知》(国税发〔2009〕6号)第四条

10.4.2.5 非居民企业汇总纳税

一、汇总纳税非居民企业条件

汇总纳税的非居民企业应在汇总纳税的年度中持续符合下列所有条件:

(1) 汇总纳税的各机构、场所已在所在地主管税务机关办理税务登记,并取得纳税人识别号。

(2) 主要机构、场所符合《企业所得税法实施条例》第一百二十六条规定,汇总纳税的各机构、场所不得采用核定方式计算缴纳企业所得税。

(3) 汇总纳税的各机构、场所能够按照《国家税务总局 财政部 中国人民银行关于非居民企业机构场所汇总缴纳企业所得税有关问题的公告》(国家税务总局公告2019年第12号,以下简称2019年第12号公告)规定准确计算本机构、场所的税款分摊额,并按要求向所在地主管税务机关办理纳税申报。

依据:《国家税务总局 财政部 中国人民银行关于非居民企业机构场所汇总缴纳企业所得税有关问题的公告》(国家税务总局公告2019年第12号)第二条

符合上述规定的机构、场所不具有主体生产经营职能,不从纳入汇总缴纳企业所得税的其他机构、场所之外取得营业收入,仅具有内部辅助管理或服务职能的,可以纳入汇总计算缴纳企业所得税的范围,但不就地分摊缴纳企业所得税。

依据:《国家税务总局 财政部 中国人民银行关于非居民企业机构场所汇总缴纳企业所得税有关问题的公告》(国家税务总局公告2019年第12号)第五条

二、汇总纳税的各机构、场所分摊纳税

汇总纳税的各机构、场所实行"统一计算、分级管理、就地预缴、汇总清算、财政调库"的企业所得税征收管理办法。除2019年第12号公告另有规定外,相关税款计算、税款分摊、缴库或退库地点、缴库或退库比例、征管流程等事项,比照《财政部 国家税务总局 中国人民银行关于印发〈跨省市总分机构企业所得税分配及预算管理办法〉的通知》(财预〔2012〕40号)、《财政部 国家税务总局 中国人民银行关于〈跨省市总分机构企业所得税分配及预算管理办法〉的补充通知》(财预〔2012〕453号)、《国家税务总局关于印发〈跨地区经营汇总纳税企业所得税征收管理办法〉的公告》(国家税务总局公告2012年第57号)等适用于居民企业汇总缴纳企业所得税的规定执行。

依据:《国家税务总局 财政部 中国人民银行关于非居民企业机构场所汇总缴纳企业所得税有关问题的公告》(国家税务总局公告2019年第12号)第三条

除2019年第12号公告第五条规定外,主要机构、场所比照居民企业总机构就地分摊缴纳企业所得税;被汇总机构、场所比照居民企业分支机构就地分摊缴纳企业所得税。

依据:《国家税务总局 财政部 中国人民银行关于非居民企业机构场所汇总缴纳企业所得税有关问题的公告》(国家税务总局公告2019年第12号)第四条

三、首次办理汇总纳税需报送资料

汇总纳税的各机构、场所应在首次办理汇总缴纳企业所得税申报时,向所在地主管税务机关报送以下信息资料:

(1)主要机构、场所名称及纳税人识别号。

(2)全部被汇总机构、场所名称及纳税人识别号。

(3)符合汇总缴纳企业所得税条件的财务会计核算制度安排。

已按上款规定报送的信息资料发生变更的,汇总纳税的各机构、场所应在发生变更后首次办理汇总缴纳企业所得税申报时,向所在地主管税务机关报告变化情况。

依据:《国家税务总局 财政部 中国人民银行关于非居民企业机构场所汇总缴纳企业所得税有关问题的公告》(国家税务总局公告2019年第12号)第六条

四、预缴及汇缴需报送资料

除国家税务总局另有规定外,汇总纳税的各机构、场所应按照《企业所得税法》第五十四条及其他有关规定,分季度预缴和年终汇算清缴企业所得税。

依据:《国家税务总局 财政部 中国人民银行关于非居民企业机构场所汇总缴纳企业所得税有关问题的公告》(国家税务总局公告2019年第12号)第七条

在办理季度预缴申报时,汇总纳税的各机构、场所应向所在地主管税务机关报送以下资料:

(1)非居民企业所得税申报表。

(2)季度财务报表(限于按实际利润预缴企业所得税的情形)。

依据:《国家税务总局 财政部 中国人民银行关于非居民企业机构场所汇总缴纳企业所得税有关问题的公告》(国家税务总局公告2019年第12号)第八条

在办理年度汇算清缴申报时,汇总纳税的各机构、场所应向所在地主管税务机关报送以下资料:

（1）非居民企业所得税申报表。
（2）年度财务报表。

依据：《国家税务总局　财政部　中国人民银行关于非居民企业机构场所汇总缴纳企业所得税有关问题的公告》（国家税务总局公告2019年第12号）第九条

五、税务机关的管理

汇总纳税的各机构、场所主管税务机关对管理的机构、场所执行上述规定负有日常管理和监督检查责任，各主管税务机关之间应及时沟通信息，协调管理。主要机构、场所主管税务机关应在每季度终了和年度汇算清缴期满后30日内，将主要机构、场所申报信息传递给各被汇总机构、场所主管税务机关。各被汇总机构、场所主管税务机关应在每季度终了和年度汇算清缴期满后30日内，将本地被汇总纳税机构、场所申报信息传递给主要机构、场所主管税务机关。

汇总纳税的各机构、场所主管税务机关不得对汇总纳税的各机构、场所同一税务处理事项作出不一致的处理决定。相关主管税务机关就有关处理事项不能达成一致的，报共同上级税务机关决定。

主要机构、场所主管税务机关发现主要机构、场所不具备2019年第12号公告第二条规定条件的，在征得各被汇总机构、场所主管税务机关同意后，责令其限期改正，逾期不改正的，取消该非居民企业所有机构、场所相关年度企业所得税汇总缴纳方式，并通知各被汇总机构、场所主管税务机关。

被汇总机构、场所主管税务机关发现被汇总机构、场所不具备2019年第12号公告第二条规定条件的，在征得主要机构、场所主管税务机关同意后，责令其限期改正，逾期不改正的，取消该被汇总机构、场所相关年度企业所得税汇总缴纳方式，并通知主要机构、场所及其他被汇总机构、场所主管税务机关。

依据：《国家税务总局　财政部　中国人民银行关于非居民企业机构场所汇总缴纳企业所得税有关问题的公告》（国家税务总局公告2019年第12号）第十条

汇总纳税的各机构、场所全部处于同一省、自治区、直辖市或计划单列市税务机关（以下称省税务机关）管辖区域内的，该省税务机关在不改变2019年第12号公告第二条规定汇总纳税适用条件的前提下，可以按照不增加纳税义务，不减少办税便利的原则规定管理办法。

依据：《国家税务总局　财政部　中国人民银行关于非居民企业机构场所汇总缴纳企业所得税有关问题的公告》（国家税务总局公告2019年第12号）第十一条

六、执行衔接

2019年第12号公告自发布之日起施行，《国家税务总局关于印发〈非居民企业所得税汇算清缴管理办法〉的通知》（国税发〔2009〕6号）第三条第六项规定同时废止。

在2019年第12号公告施行前未汇总纳税的非居民企业在2018年度符合2019年第12号公告第二条规定条件的，可按2019年第12号公告规定办理2018年度企业所得税汇算清缴；在2018年度汇算清缴前按原规定已办理2018年度季度预缴申报的，不作调整，季度预缴税款可在2018年度汇算清缴汇总纳税应纳税款中抵减。非居民企业自2019年度起汇总纳税的，当年度各季度预缴申报和年终汇算清缴申报均应按2019年第

12号公告规定执行。

非居民企业在2019年第12号公告施行前已经按原规定汇总纳税的,可以在2019年第12号公告施行后选择按2019年第12号公告规定汇总纳税,也可以选择继续按原规定办理2018和2019两个年度季度预缴申报和年度汇算清缴申报;自2020年度起,季度预缴申报和年终汇算清缴申报一律按2019年第12号公告规定执行。

依据:《国家税务总局 财政部 中国人民银行关于非居民企业机构场所汇总缴纳企业所得税有关问题的公告》(国家税务总局公告2019年第12号)第十二条

10.5　清算申报

企业应当在办理注销登记前,就其清算所得向税务机关申报并依法缴纳企业所得税。

依据:《中华人民共和国企业所得税法》第五十五条

企业清算时,应当以整个清算期间作为一个纳税年度,依法计算清算所得及其应纳所得税。企业应当自清算结束之日起15日内,向主管税务机关报送企业清算所得税纳税申报表,结清税款。企业未按照规定的期限办理纳税申报或者未按照规定期限缴纳税款的,应根据《税收征收管理法》的相关规定加收滞纳金。

依据:《国家税务总局关于企业清算所得税有关问题的通知》(国税函〔2009〕684号)第一条

第 11 章
特殊行业和特殊事项

11.1 房地产开发经营业务企业所得税处理

11.1.1 房地产开发经营业务

房地产又称为不动产,是指土地、建筑物及固着在土地、建筑物上不可分离的部分及其附带的各种权益,具有位置固定、不可移动、使用长期、个别性等特征。

根据《中华人民共和国城市房地产管理法》(以下简称《城市房地产管理法》)第二条第三款的规定,房地产开发是指依《城市房地产管理法》的规定,在取得国有土地使用权的土地上进行基础设施、房屋建设的行为。

房地产开发是房地产活动中一项重要制度,属于房地产生产、流通、消费诸环节中的首要环节。

根据《城市房地产开发经营管理条例》第二条的规定,房地产开发经营是指房地产开发企业在城市规划区内国有土地上进行基础设施建设、房屋建设,并转让房地产开发项目或者销售、出租商品房的行为。

因此房地产开发和房地产开发经营是有区别的,两者对主体的资质要求是不同的,前者不一定要求具有房地产开发经营资格,而后者则要求具有房地产开发经营资格。

11.1.1.1 房地产开发经营业务所得税处理办法的适用范围

适用于在中国境内从事房地产开发经营业务的企业(以下简称企业)。

依据:《国家税务总局关于印发〈房地产开发经营业务企业所得税处理办法〉的通知》(国税发〔2009〕31号)第二条

11.1.1.2 房地产开发经营业务范围

企业房地产开发经营业务包括土地的开发,建造、销售住宅、商业用房以及其他建筑物、附着物、配套设施等开发产品。

依据:《国家税务总局关于印发〈房地产开发经营业务企业所得税处理办法〉的通知》(国税发〔2009〕31号)第三条

11.1.2 收入的税务处理

11.1.2.1 开发产品销售收入的范围

开发产品销售收入的范围为销售开发产品过程中取得的全部价款,包括现金、现金等价物及其他经济利益。

企业代有关部门、单位和企业收取的各种基金、费用和附加等,凡纳入开发产品价内或由企业开具发票的,应按规定全部确认为销售收入;未纳入开发产品价内并由企业之外的其他收取部门、单位开具发票的,可作为代收代缴款项进行管理。

依据:《国家税务总局关于印发〈房地产开发经营业务企业所得税处理办法〉的通知》(国税发〔2009〕31号)第五条

> **热点问题**
>
> 房地产公司收到安置房回购款或购房诚意金如何进行税务处理?
>
> 答:房地产开发企业收到安置房回购款或购房诚意金时,如果已与购房者签订了销售合同或预售合同,应当确认收入。

11.1.2.2　收入确认时间

企业通过正式签订《房地产销售合同》或《房地产预售合同》所取得的收入,应确认为销售收入的实现。

依据:《国家税务总局关于印发〈房地产开发经营业务企业所得税处理办法〉的通知》(国税发〔2009〕31号)第六条

解读

"营改增"后企业所得税收入确认的时间与增值税销售额的确认时间、会计收入的确认时间有些许差异。具体如下。

一、增值税销售额的确认时间

(1)预征税款的时间:

一般纳税人采取预收款方式销售自行开发的房地产项目,应在收到预收款时按照3%的预征率预缴增值税。

一般纳税人应在取得预收款的次月纳税申报期向主管国税机关预缴税款。

一般纳税人应预缴税款按照以下公式计算:

$$应预缴税款 = 预收款 \div (1 + 适用税率或征收率) \times 3\%$$

适用一般计税方法计税的,按照9%的适用税率计算;适用简易计税方法计税的,按照5%的征收率计算。

房地产开发企业中的小规模纳税人(以下简称小规模纳税人)采取预收款方式销售自行开发的房地产项目,应在收到预收款时按照3%的预征率预缴增值税。

小规模纳税人应在取得预收款的次月纳税申报期或主管国税机关核定的纳税期限向主管国税机关预缴税款。

小规模纳税人应预缴税款按照以下公式计算:

$$应预缴税款 = 预收款 \div (1 + 5\%) \times 3\%$$

(2)增值税纳税义务发生时间和纳税申报:

房地产开发企业销售开发的房地产项目纳税义务发生时间为"不动产权属变更的当天"。

一般纳税人销售自行开发的房地产项目适用一般计税方法计税的,应按照《营业税改征增值税试点实施办法》(财税〔2016〕36号文件印发,以下简称《试点实施办法》)第四十五条规定的纳税义务发生时间,以当期销售额和9%的适用税率计算当期应纳税额,抵减已预缴税款后,向主管国税机关申报纳税。未抵减完的预缴税款可以结转下期继续抵减。

一般纳税人销售自行开发的房地产项目适用简易计税方法计税的,应按照《试点实施办法》第四十五条规定的纳税义务发生时间,以当期销售额和5%的征收率计算当期应纳税额,抵减已预缴税款后,向主管国税机关申报纳税。未抵减完的预缴税款可以结转下期继续抵减。

小规模纳税人销售自行开发的房地产项目,应按照《试点实施办法》第四十五条规定的纳税义务发生时间,以当期销售额和5%的征收率计算当期应纳税额,抵减已预缴税款后,向主管国税机关申报纳税。未抵减完的预缴税款可以结转下期继续抵减。

二、企业所得税收入确认时间

《国家税务总局关于印发〈房地产开发经营业务企业所得税处理办法〉的通知》(国税发〔2009〕31号)第六条规定,企业通过正式签订《房地产销售合同》或《房地产预售合同》所取得的收入,应确认为销售收入的实现。故房地产开发企业销售未完工产品在签订《房地产预售合同》时即应当确认企业所得税收入。因此时未完工产品的计税成本尚无法确认,而是采用预计毛利额的方式确认应当并入当期应纳税所得额的毛利额。

三、企业会计准则收入确认时间

根据会计准则的规定,销售商品收入同时满足下列条件的,才能予以确认:企业已将商品所有权上的主要风险和报酬转移给购货方;企业既没有保留通常与所有权相联系的继续管理权,也没有对已售出的商品实施有效控制;收入的金额能够可靠计量;相关经济利益很可能流入企业;相关的已发生的或将发生的成本能够可靠计量。

根据此规定,房地产开发企业销售未完工产品应当在产品完工并交付后才应确认主营业务收入,因此收到预收款时,会计尚不符合收入确认条件,不确认收入。

综上,房地产开发企业在收到未完工产品销售预收款时,增值税是预征,企业所得税只要是签订了《房地产销售或预售合同》就应确认为销售收入的实现,但采取的是预计毛利额的方式实际征收,会计则不确认收入。

而当房地产开发企业销售的开发产品在不动产权属变更时,增值税纳税义务发生,应按规定计算当期应纳税额,抵减已预缴税款后,向主管国税机关申报纳税。会计则按财务制度规定应当将销售开发产品的预收款全部结转收入。而企业所得税则将其实际毛利额与其对应的预计毛利额之间的差额,计入当年度企业本项目与其他项目合并计算的应纳税所得额。

一、一次性全额收款方式收入确认

采取一次性全额收款方式销售开发产品的,应于实际收讫价款或取得索取价款凭据(权利)之日,确认收入的实现。

依据:《国家税务总局关于印发〈房地产开发经营业务企业所得税处理办法〉的通知》(国税发〔2009〕31号)第六条

二、分期收款方式收入确认

采取分期收款方式销售开发产品的,应按销售合同或协议约定的价款和付款日确认收入的实现。付款方提前付款的,在实际付款日确认收入的实现。

依据:《国家税务总局关于印发〈房地产开发经营业务企业所得税处理办法〉的通知》(国税发〔2009〕31号)第六条

【解读】

分期付款的三种情形:

(1) 提前付款。实际付款日早于合同协议约定日,于实际付款日确认收入。

(2) 按时付款。实际付款日与合同协议约定日一致。

(3) 推迟付款。合同协议约定日必须确认收入。

三、银行按揭方式收入确认

采取银行按揭方式销售开发产品的,应按销售合同或协议约定的价款确定收入额,其首付款应于实际收到日确认收入的实现,余款在银行按揭贷款办理转账之日确认收入的实现。

依据:《国家税务总局关于印发〈房地产开发经营业务企业所得税处理办法〉的通知》(国税发〔2009〕31号)第六条

【热点问题】

房地产企业采取银行按揭方式销售已完工开发产品,在年末首付款已收到,但因银行审批周期较长,银行按揭贷款尚未收到。该房地产企业如何确认收入?答:根据《国家税务总局关于印发〈房地产开发经营业务企业所得税处理办法〉的通知》(国税发〔2009〕31号)第六条第三款的规定,年末应当以首付款确认收入,同时根据配比原则,按首付款比例确定销售成本;待按揭贷款办理转账之日确认剩余收入及成本。

四、委托销售方式收入确认

(一) 采取支付手续费方式

采取支付手续费方式委托销售开发产品的,应按销售合同或协议中约定的价款于收到受托方已销开发产品清单之日确认收入的实现。

依据:《国家税务总局关于印发〈房地产开发经营业务企业所得税处理办法〉的通知》(国税发〔2009〕31号)第六条

【解读】

采取支付手续费方式,销售开发产品收入的金额不能扣除手续费。

【热点问题】

代销方与开发商发生矛盾,约定价款1 000万元,只给开发商800万元,开发商如何确认收入?收不到的200万元又如何处理?

答:开发商必须按1 000万元确认收入,收不到的200万元应按财产损失的有关规定处理。

(二)采取视同买断方式

采取视同买断方式委托销售开发产品的,属于企业与购买方签订销售合同或协议,或企业、受托方、购买方三方共同签订销售合同或协议的,如果销售合同或协议中约定的价格高于买断价格,则应按销售合同或协议中约定的价格计算的价款于收到受托方已销开发产品清单之日确认收入的实现;如果属于前两种情况中销售合同或协议中约定的价格低于买断价格,以及属于受托方与购买方签订销售合同或协议的,则应按买断价格计算的价款于收到受托方已销开发产品清单之日确认收入的实现。

依据:《国家税务总局关于印发〈房地产开发经营业务企业所得税处理办法〉的通知》(国税发〔2009〕31号)第六条

解读

视同买断,买断的是价格而不是产权。

表11-1 视同买断下收入确认矩阵

开发商	合同价 买断价	收入额
参与	大于	合同价
参与	小于	买断价
不参与	大于	买断价
不参与	小于	买断价

注:矩阵中只有第一种情况,即开发商参与合同签订,合同价大于买断价,才按合同价确认收入,其余都是按照买断价确认收入。不是按照合同价和买断价孰高确认收入金额。

(三)采取基价(保底价)并实行超基价双方分成方式

采取基价(保底价)并实行超基价双方分成方式委托销售开发产品的,属于由企业与购买方签订销售合同或协议,或企业、受托方、购买方三方共同签订销售合同或协议的,如果销售合同或协议中约定的价格高于基价,则应按销售合同或协议中约定的价格计算的价款于收到受托方已销开发产品清单之日确认收入的实现,企业按规定支付受托方的分成额,不得直接从销售收入中减除;如果销售合同或协议约定的价格低于基价的,则应按基价计算的价款于收到受托方已销开发产品清单之日确认收入的实现。属于由受托方与购买方直接签订销售合同的,则应按基价加上按规定取得的分成额于收到受托方已销开发产品清单之日确认收入的实现。

依据:《国家税务总局关于印发〈房地产开发经营业务企业所得税处理办法〉的通知》(国税发〔2009〕31号)第六条

解读

表11-2 超基价分成矩阵

开发商	合同价 基价	收入额	备注
参与	超过	合同价	开发商支付给受托方的分成额不得直接从收入中扣除,将来支付时根据发票作为销售费用列支。
参与	不超过	基价	
不参与	超过	基价+分成	按基价加上按规定取得的分成额
不参与	不超过	基价	

（四）采取包销方式

采取包销方式委托销售开发产品的，包销期内可根据包销合同的有关约定，参照上述三项规定确认收入的实现；包销期满后尚未出售的开发产品，企业应根据包销合同或协议约定的价款和付款方式确认收入的实现。

依据：《国家税务总局关于印发〈房地产开发经营业务企业所得税处理办法〉的通知》（国税发〔2009〕31号）第六条

> **热点问题**
>
> 对故意推迟开代销清单避税的行为如何进行处理？
>
> 答：四种代销方式的共同点都要求在收到代销清单时确认收入。对故意推迟开代销清单避税的行为，建议参照《中华人民共和国增值税暂行条例实施细则》第三十八条第（五）项——委托其他纳税人代销货物，为收到代销清单或者收到全部或者部分货款的当天。未收到代销清单及货款的，为发出代销货物满180天的当天。

11.1.2.3 视同销售收入

一、视同销售的情形

企业将开发产品用于捐赠、赞助、职工福利、奖励、对外投资、分配给股东或投资人、抵偿债务、换取其他企事业单位和个人的非货币性资产等行为，应视同销售，于开发产品所有权或使用权转移，或于实际取得利益权利时确认收入（或利润）的实现。

依据：《国家税务总局关于印发〈房地产开发经营业务企业所得税处理办法〉的通知》（国税发〔2009〕31号）第七条

二、视同销售确认收入（或利润）的方法和顺序

视同销售确认收入（或利润）的方法和顺序为：

（1）按本企业近期或本年度最近月份同类开发产品市场销售价格确定。

（2）由主管税务机关参照当地同类开发产品市场公允价值确定。

（3）按开发产品的成本利润率确定。开发产品的成本利润率不得低于15%，具体比例由主管税务机关确定。

依据：《国家税务总局关于印发〈房地产开发经营业务企业所得税处理办法〉的通知》（国税发〔2009〕31号）第七条

> **解读**
>
> （1）视同销售收入确认的三种方法的顺序不能颠倒，在前一种方法没有的情况下，才可用后一种方法。
>
> （2）按开发产品的成本利润率确定视同销售收入，"营改增"前后计算公式不同：
>
> "营改增"前：
>
> $$视同销售收入 = 开发成本 \times (1 + 成本利润率) \div (1 - 营业税税率)$$
>
> "营改增"后：
>
> $$视同销售收入 = 开发成本 \times (1 + 成本利润率)$$

11.1.2.4 销售未完工开发产品的企业所得税处理

一、销售未完工开发产品的企业所得税处理方法

企业销售未完工开发产品取得的收入,应先按预计计税毛利率分季(或月)计算出预计毛利额,计入当期应纳税所得额。

依据:《国家税务总局关于印发〈房地产开发经营业务企业所得税处理办法〉的通知》(国税发〔2009〕31号)第九条

二、计税毛利率

企业销售未完工开发产品的计税毛利率由各省、自治、直辖市税务局按下列规定进行确定:

(1) 开发项目位于省、自治区、直辖市和计划单列市人民政府所在地城市城区和郊区的,不得低于15%。

(2) 开发项目位于地及地级市城区及郊区的,不得低于10%。

(3) 开发项目位于其他地区的,不得低于5%。

(4) 属于经济适用房、限价房和危改房的,不得低于3%。

依据:《国家税务总局关于印发〈房地产开发经营业务企业所得税处理办法〉的通知》(国税发〔2009〕31号)第八条、《国家税务总局关于修改部分税收规范性文件的公告》(国家税务总局公告2018年第31号)

解读

计税毛利率是开发项目所在地的计税毛利率,而不是开发企业机构所在地的计税毛利率。

房地产开发企业开发的经济适用房按规定的计税毛利率申报纳税时,应注意留存以下资料备查(根据各地主管税务机关的要求增减):

(1) 立项批准机关对经济适用房立项的批准文件。

(2) 土地管理部门划拨土地的批准文件。

(3) 物价部门核定的有关经济适用房销售价格的批件。

(4) 住房保障主管部门为低收入住房困难家庭出具的购房资格证明。

(5) 列明该项目的政府经济适用房建设投资计划。

(6) 经济适用房销售清册(包括购房人姓名和身份证号码、准购面积、合同号、订立合同日期、楼栋号、实际购买面积、单价、销售金额)。

(7) 主管地税机关要求提供的其他资料。

房地产开发企业开发的限价房和危改房规定的预计毛利率申报纳税,需符合政府有关部门的规定和要求。房地产开发企业在企业所得税纳税申报时,应注意留存以下资料备查(根据各地主管税务机关的要求增减):

(1)《国有建设用地使用权出让合同》和政府主管部门出具的其他能证明限价房和危改房的证明文件。

(2) 限价房和危改房销售清册(包括购房人姓名和身份证号码、准购面积、合同号、订立合同日期、楼栋号、实际购买面积、单价、销售金额)。

(3) 主管税务机关要求提供的其他资料。

对商品住房小区配套建设经济适用房、限价房和危改房的,应分别核算销售收入,并按照对应的计税毛利率计算预计利润;不能分别核算的,一律从高适用计税毛利率。

对经济适用房、限价房和危改房项目中配套建设的商铺、车库、车位等未完工产品取得的收入,不能按照经济适用房、限价房和危改房的计税毛利率执行。

三、预计毛利额的计算

预计毛利额,指房地产企业销售未完工开发产品取得的销售收入乘以计税毛利率计算出的金额。

预计毛利额的计算公式如下:

"营改增"前:

$$预计毛利额 = 预售收入 \times 计税毛利率$$

"营改增"后:

$$预计毛利额 = 预售收入 \div (1 + 适用税率或征收率) \times 计税毛利率$$

特别说明:因目前总局对"营改增"后未完工开发产品预计毛利额的计算未予以明确,但从有利于纳税人的角度,笔者认为采取用适用税率或征收率进行价税分离的方法来计算预计毛利额,即采取增值税一般计税方法的用适用税率,采取增值税简易计税方法的用征收率,进行价税分离,而非预征率进行价税分离。待总局明确后,方法不同的再予以调整。

【例 11-1】 W 开发公司于 2015 年开发 X 房地产项目,2016 年 6 月取得未完工开发产品预售收入 10 500 万元(已签订《房地产预售合同》所取得的收入)。假设 W 公司没有其他收入,确定其应当计入当期应纳税所得额的预计毛利额。计税毛利率为 15%。(增值税采取简易计税方法)

解析:收到预收款会计分录:

借:银行存款   10 500
    贷:预收账款   10 500
借:应交税费——预交增值税   300
    贷:银行存款   300

在简易计税方式下:

预缴增值税的计税依据 = 10 500 ÷ (1 + 5%) = 10 000(万元);

预缴增值税 = 10 000 × 3% = 300(万元);

会计收入 = 0;

计入当期企业所得税应纳税所得额的预计毛利额 = 10 500 ÷ (1 + 5%) × 15% = 1 500(万元)。

【例 11-2】 W 房地产开发公司于 2016 年 8 月开发 X 房地产项目,2017 年 6 月取得未完工开发产品预售收入 11 100 万元(已签订《房地产预售合同》所取得的收入)。假设 W 公司没有其他收入,确定其应当计入当期应纳税所得额的预计毛利额。计税毛利率为

15%。（增值税采取一般计税方法）

解析：收到预收款会计分录：

借：银行存款　　　　　　　　　　　　　　　　　　　　　　11 100
　　贷：预收账款　　　　　　　　　　　　　　　　　　　　　　11 100
借：应交税费——预交增值税　　　　　　　　　　　　　　　　　300
　　贷：银行存款　　　　　　　　　　　　　　　　　　　　　　　300

在一般计税方式下

预缴增值税计算依据＝11 100÷(1＋11％)＝10 000(万元)；

预缴增值税＝10 000×3％＝300(万元)；

会计收入＝0；

计入当期企业所得税应纳税所得额的预计毛利额＝11 100÷(1＋11％)×15％＝1 500(万元)。

> **热点问题**
>
> 房地产开发企业销售未完工开发产品取得的收入，可否作为计提业务招待费、广告费和业务宣传费的基数？
>
> 答：根据规定，企业通过正式签订《房地产销售合同》或《房地产预售合同》所取得的收入，应确认为销售收入的实现。因此，房地产开发企业销售未完工开发产品取得的收入，可以作为计提业务招待费、广告费和业务宣传费的基数，但开发产品完工会计核算转销售收入时，已作为计提基数的未完工开发产品的销售收入不得重复计提业务招待费、广告费和业务宣传费。

11.1.2.5　出租未完工开发产品的企业所得税处理

企业新建的开发产品在尚未完工或办理房地产初始登记、取得产权证前，与承租人签订租赁预约协议的，自开发产品交付承租人使用之日起，出租方取得的预租价款按租金确认收入的实现。

企业所得税纳税义务发生时间按租金收入确定的原则进行处理。

依据：《国家税务总局关于印发〈房地产开发经营业务企业所得税处理办法〉的通知》（国税发〔2009〕31号）第十条

11.1.2.6　开发产品完工后的企业所得税处理

一、开发产品完工条件

除土地开发之外，其他开发产品符合下列条件之一的，应视为已经完工：

（1）开发产品竣工证明材料已报房地产管理部门备案。

（2）开发产品已开始投入使用。

（3）开发产品已取得了初始产权证明。

依据：《国家税务总局关于印发〈房地产开发经营业务企业所得税处理办法〉的通知》（国税发〔2009〕31号）第三条

房地产开发企业建造、开发的开发产品，无论工程质量是否通过验收合格，或是否办理完工(竣工)备案手续以及会计决算手续,当企业开始办理开发产品交付手续(包括入住手续),或已开始实际投入使用时,为开发产品开始投入使用,应视为开发产品已经完工。房地产开发企业应按规定及时结算开发产品计税成本,并计算企业当年度应纳税所得额。

依据:《国家税务总局关于房地产开发企业开发产品完工条件确认问题的通知》(国税函〔2010〕201号)

解读

开发产品完工条件的确认是采用竣工备案、投入使用、取得初始产权孰先的原则,开发产品只要符合上述条件之一的,企业应及时结算其计税成本并计算此前销售收入的实际毛利额,同时将其实际毛利额与其对应的预计毛利额之间的差额,计入开发产品完工当年度企业本项目与其他项目合并计算的应纳税所得额。

但在实务中很多开发企业已经符合开发产品投入使用条件,但仍采用种种手段,延迟结转收入。例如,虽办理了交房手续,但以办理竣工决算为收入结转的时点,通过延迟办理竣工决算拖延收入结转的时间;以款项收齐开具正式发票为结转收入的时点,收入确认由企业人为控制,推迟收入确认时间;虽然开发产品已经交付业主使用但仍以种种理由将开发项目长期挂账,不进行完工项目的结算,或者竣工验收手续不全不进行备案,不办理初始产权证明;等等。

对于房地产开发产品的交付使用,相关法律法规的规定有:

(1)《中华人民共和国建筑法》第六十一条规定,交付竣工验收的建筑工程,必须符合规定的建筑工程质量标准,有完整的工程技术经济资料和经签署的工程保修书,并具备国家规定的其他竣工条件。建筑工程竣工经验收合格后,方可交付使用;未经验收或者验收不合格的,不得交付使用。

(2)《城市房地产管理法》第二十六条第二款规定,房地产开发项目竣工,经验收合格后,方可交付使用。

(3)《城市房地产开发经营管理条例》第十七条第一款规定,房地产开发项目竣工,依照《建设工程质量管理条例》的规定验收合格后,方可交付使用。

(4)《建设工程质量管理条例》第十六条规定,建设单位收到建设工程竣工报告后,应当组织设计、施工、工程监理等有关单位进行竣工验收。建设工程经验收合格的,方可交付使用。

(5)《房屋建筑和市政基础设施工程竣工验收规定》(建质〔2013〕171号)第七条规定,工程竣工验收合格后,建设单位应当及时提出工程竣工验收报告;第九条规定,建设单位应当自工程竣工验收合格之日起15日内,依照《房屋建筑和市政基础设施工程竣工验收备案管理办法》(住房和城乡建设部令第2号)的规定,向工程所在地的县级以上地方人民政府建设主管部门备案。

从以上规定可知,工程竣工验收合格后,建设单位应当及时提出工程竣工验收报告,并在法定的时间内交房地产主管部门备案,备案的前提是工程竣工验收合格。但是未备案的经竣工验收合格的开发产品不影响交付使用。实务中关于商品房交付的条件通常在《商品房买卖合同》中作出约定,开发商作为出卖方通常统一选择交付条件为"该商品房经验收合格"或在合同中注明"经建设单位验收合格并取得竣工验收报告",购房者通常只能接受此约定。以上两种情形约定的交付条件实际为商品房买卖合同约定的房屋施工工程竣工后,经过建设单位(即开发商)组织勘察、设计、施工、监理等有关单位进行验收,取得《建设工程竣工验收报告》。换言之,商品房取得《建设工程竣工验收报告》,即具备了合同约定的房屋交付条件。

为此,就房地产开发企业开发产品完工条件确认问题,尤其是开发产品已开始投入使用这一条件的明确,国家税务总局下发了《国家税务总局关于房地产开发企业开发产品完工条件确认问题的通知》(国税函〔2010〕201号)。

> **热点问题**
>
> 1. 开发企业与客户签订的《房地产销售合同》或《房地产预售合同》中规定销售的是精装修房,但开发企业在毛坯房完工后即组织工程竣工验收,合格后,建设单位提交工程竣工验收报告,并在法定的时间内交房地产主管部门备案。毛坯房竣工备案后,继续组织毛坯房的装修,装修完成后,也对精装修房组织装修工程竣工验收,合格后再交付。此种情况,如何确定开发产品完工时间?
>
> 答:对精装修开发项目,通常在毛坯房办理竣工备案后进行装修,但因开发企业与客户签订的《房地产销售合同》或《房地产预售合同》中规定销售的是精装修房,虽毛坯房已办理竣工备案,但并未达到精装修房交付的条件。因此,对精装修房可按照开发公司和装修公司、监理公司等对装修工程进行竣工验收合格后的时点确认开发项目完工时间。
>
> 2. 房地产公司开发商品房小区,工程竣工验收日期与报房地产管理部门备案日期不一致,如何确定完工年度? 如一家企业在2017年年底办理工程竣工验收,在2018年1月办理备案,那么完工年度是2017年,还是2018年?
>
> 答:根据《房地产开发经营业务企业所得税处理办法》(国税发〔2009〕31号印发)的规定,开发产品符合下列条件之一的,应视为已经完工:(1)开发产品竣工证明材料已报房地产管理部门备案;(2)开发产品已开始投入使用;(3)开发产品已取得了初始产权证明。因此,当工程竣工验收日期与报房地产管理部门备案日期不一致时,通常应按备案日期确认开发产品完工年度。

二、开发产品完工后的企业所得税处理方法和要求

开发产品完工后,企业应及时结算其计税成本并计算此前销售收入的实际毛利额,同时将其实际毛利额与其对应的预计毛利额之间的差额,计入当年度企业本项目与其他项目合并计算的应纳税所得额。

在年度纳税申报时,企业须出具对该项开发产品实际毛利额与预计毛利额之间差异调整情况的报告以及税务机关需要的其他相关资料。

依据:《国家税务总局关于印发〈房地产开发经营业务企业所得税处理办法〉的通知》(国税发〔2009〕31号)第九条

解读

1. 房地产开发企业开发产品实际毛利额,指房地产企业某一项目(成本对象)完工产品竣工清算时,实际销售收入减去计税成本的金额。那么如何调整房地产开发企业实际毛利额与预计毛利额之间的差异呢?举例说明如下:

【例11-3】 某房地产企业开发的A项目,2012年实现预售收入1 000万元,预计计税毛利率为15%,期间费用、税金及附加为120万元,当年预缴企业所得税7.5万元;2013年实现预售收入2 000万元,预计计税毛利率为15%,期间费用、税金及附加为200万元,当年预缴企业所得税25万元;2014年实现预售收入4 000万元,预计计税毛利率为15%,期间费用、税金及附加250万元,当年预缴纳企业所得税87.5万元。2015年1月A项目竣工,交付业主使用,当年将全部预售收入7 000万元转入主营业务收入,项目计税成本为4 900万元。企业所得税税率为25%。假设没有其他纳税调整项目,该房地产企业在A项目竣工清算年度,即2015年应补(退)多少企业所得税?

分析:(1) 实际毛利额=7 000-4 900=2 100(万元)。

(2) 预计毛利额的计算:

预计毛利额=1 000×15%+2 000×15%+4 000×15%=1 050(万元)。

(3) 实际毛利额与预计毛利额差异=2 100-1 050=1 050(万元)。

(4) 应补(退)企业所得税=1050×25%=262.5(万元)。

2. 注意"营改增"后收入金额和允许扣除的税金的变化。

"营改增"后,房地产开发企业实际销售收入为不含增值税的收入,具体为适用增值税一般计税方法的纳税人,其转让房地产的应税收入不含增值税销项税额;适用简易计税方法的纳税人,其转让房地产的应税收入不含增值税应纳税额。

"营改增"后,房地产开发企业实际缴纳的城市维护建设税、教育费附加、地方教育附加费、土地增值税等税费,允许在缴纳的当期据实扣除。

【例11-4】 某房地产企业开发的A项目,2014年实现预售收入1 000万元,预计计税毛利率为15%,期间费用、税金及附加为120万元,当年预缴企业所得税7.5万元;2015年实现预售收入2 000万元,预计计税毛利率为15%,期间费用、税金及附加为200万元,当年预缴企业所得税25万元;2016年1~4月实现预售收入2 000万元,2016年5~12月实现预售收入2 100万元(含税),预计计税毛利率为15%,全年期间费用、税金及附加250万元{注:该企业"营改增"后选择适用简易计税方法,2016年5~12月应预缴增值税税款60万元[2 100÷(1+5%)×3%]},当年预缴纳企业所得税89万元。2017年1月A项目竣工,交付业主使用,当年将全部预售收入转入实际销售收入,项目计税成本为4 900万元。企业所得税税率为25%。假设没有其他纳税调整项目,该房地产企业在A项目竣工清算年度,即2017年应补(退)多少企业所得税?

分析:2017年1月(A项目竣工,交付业主使用,增值税纳税义务发生)应缴增值税的计算:

在2017年2月申报期应申报的增值税税款为:

2 100÷(1+5%)×5%-60=100-60=40(万元)。

(1) 结转主营业务收入＝1 000＋2 000＋2 000＋2 000＝7 000(万元)；
实际销售毛利额＝7 000－4 900＝2 100(万元)。
(2) 预计毛利额的计算：
预计毛利额＝1 000×15％＋2 000×15％＋4 000×15％＝1 050(万元)。
(3) 实际毛利额与预计毛利额差异＝2 100－1 050＝1 050(万元)。
(4) 应补(退)企业所得税＝1 050×25％＝262.5(万元)。

11.1.3 成本、费用扣除的税务处理

11.1.3.1 区分开发成本和期间费用

企业在进行成本、费用的核算与扣除时，必须按规定区分期间费用和开发产品计税成本、已销开发产品计税成本与未销开发产品计税成本。

依据：《国家税务总局关于印发〈房地产开发经营业务企业所得税处理办法〉的通知》(国税发〔2009〕31号)第十一条

【解读】

注意期间费用与计税成本之间的区别。期间费用可以一次性在当期税前扣除，无收入时可以形成税法所称的亏损；而计税成本是根据开发产品收入实现进度配比结转。

11.1.3.2 税金扣除

企业发生的期间费用、已销开发产品计税成本、营业税金及附加、土地增值税准予当期按规定扣除。

依据：《国家税务总局关于印发〈房地产开发经营业务企业所得税处理办法〉的通知》(国税发〔2009〕31号)第十二条

【解读】

房地产开发企业销售未完工开发产品取得的收入，按照规定计算当期应纳税所得额时，"营改增"前，允许扣除在会计核算中未计入当期损益，且实际缴纳的营业税金及附加、土地增值税。"营改增"后，允许扣除除了应预缴增值税税款外在会计核算中未计入当期损益的税金及附加。

【热点问题】

房地产开发企业在2017年度汇算清缴期间缴纳的土地增值税能否在2017年度汇算清缴时税前扣除？房地产开发企业在2017年12月月底申报但未扣款的土地增值税在2018年1月税款入库，该笔土地增值税能否在2017年度汇算清缴时税前扣除？

答：(1) 房地产开发企业在2017年度汇算清缴期间缴纳的土地增值税属于2018年发生的税费，应在2018年企业所得税税前扣除。

(2) 房地产开发企业在2017年12月已经申报的土地增值税虽然尚未税款入库，但属于2017年发生的税费，允许在2017年度企业所得税汇算清缴时税前扣除。

11.1.3.3 维修费用的税务处理

企业对尚未出售的已完工开发产品和按照有关法律、法规或合同规定对已售开发产

品(包括共用部位、共用设施设备)进行日常维护、保养、修理等实际发生的维修费用,准予在当期据实扣除。

依据:《国家税务总局关于印发〈房地产开发经营业务企业所得税处理办法〉的通知》(国税发〔2009〕31号)第十五条

11.1.3.4　维修基金的税务处理

企业将已计入销售收入的共用部位、共用设施设备维修基金按规定移交给有关部门、单位的,应于移交时扣除。未计入收入的不允许扣除。

依据:《国家税务总局关于印发〈房地产开发经营业务企业所得税处理办法〉的通知》(国税发〔2009〕31号)第十六条

11.1.3.5　担保损失的税务处理

企业采取银行按揭方式销售开发产品的,凡约定企业为购买方的按揭贷款提供担保的,其销售开发产品时向银行提供的保证金(担保金)不得从销售收入中减除,也不得作为费用在当期税前扣除,但实际发生损失时可据实扣除。

依据:《国家税务总局关于印发〈房地产开发经营业务企业所得税处理办法〉的通知》(国税发〔2009〕31号)第十九条

解读

业主断供在会计上是一种或有事项,而税收遵循确定性原则,因此按揭保证金不能在所得税前作为预计负债在税前扣除。

企业向其他企业提供同其经营无关的担保损失不允许在所得税前扣除,但是开发企业为购买方提供的按揭担保,属于同企业有关的担保,允许在实际损失时税前扣除。

11.1.3.6　其他资产损失的税务处理

企业因国家无偿收回土地使用权而形成的损失,可作为财产损失按有关规定在税前扣除。

依据:《国家税务总局关于印发〈房地产开发经营业务企业所得税处理办法〉的通知》(国税发〔2009〕31号)第二十二条

企业开发产品(以成本对象为计量单位)整体报废或毁损,其净损失按有关规定审核确认后准予在税前扣除。

依据:《国家税务总局关于印发〈房地产开发经营业务企业所得税处理办法〉的通知》(国税发〔2009〕31号)第二十三条

热点问题

部分地方政府规定,房地产公司在土地出让合同中约定房地产开发公司应依规划建一定比例面积的中低价位商品房,如未按规划要求建造,则向政府缴纳房产出售的溢价收入,房地产公司可否税前扣除缴纳的溢价收入?

答:根据《企业所得税法》第十条的规定,罚金、罚款和被没收财物的损失不可以税前扣除。房地产企业向政府交纳的溢价收入,如果属于罚款,则不得税前扣除。如作为未履行合同义务而根据合同约定支付的违约金,且取得规范的合法凭证,以证明该项支出的真实性,则可以税前列支。

11.1.3.7 支付境外机构的销售费用的税务处理

企业委托境外机构销售开发产品的,其支付境外机构的销售费用(含佣金或手续费)不超过委托销售收入10%的部分,准予据实扣除。

依据:《国家税务总局关于印发〈房地产开发经营业务企业所得税处理办法〉的通知》(国税发〔2009〕31号)第二十条

11.1.3.8 借款费用的税务处理

企业为建造开发产品借入资金而发生的符合税收规定的借款费用,可按企业会计准则的规定进行归集和分配,其中属于财务费用性质的借款费用,可直接在税前扣除。

企业集团或其成员企业统一向金融机构借款分摊集团内部其他成员企业使用的,借入方凡能出具从金融机构取得借款的证明文件,可以在使用借款的企业间合理地分摊利息费用,使用借款的企业分摊的合理利息准予在税前扣除。

依据:《国家税务总局关于印发〈房地产开发经营业务企业所得税处理办法〉的通知》(国税发〔2009〕31号)第二十一条

解读

房地产开发企业为开发产品而借入资金所发生的费用(包括利息支出等与借入资金相关的费用)在开发产品完工前,应计入有关开发产品的开发成本;在开发产品完工后,应计入财务费用。

借款费用扣除的三个方面:

(1)利率水平限制。

(2)债资比例限定。

(3)发票凭证。

具体请参阅本书中有关规定。

11.1.3.9 转自用的开发产品折旧费用的处理

企业开发产品转为自用的,其实际使用时间累计未超过12个月又销售的,不得在税前扣除折旧费用。

依据:《国家税务总局关于印发〈房地产开发经营业务企业所得税处理办法〉的通知》(国税发〔2009〕31号)第二十四条

热点问题

房地产开发企业有一开发项目,2015年1月已做固定资产管理,计提折旧在税前扣除,2016年度又对外出售按新房出售,请问这部分折旧需要调整以前年度的折旧吗?

答:根据《国家税务总局关于印发〈房地产开发经营业务企业所得税处理办法〉的通知》(国税发〔2009〕31号)规定,企业开发产品转为自用的,其实际使用时间累计未超过12个月又销售的,不得在税前扣除折旧费用。因此,若该企业转为自用实际使用时间超过12个月后又对外销售的,按规定已计提的折旧可税前扣除,不需纳税调整。

11.1.3.10 税前扣除凭证

企业在结算计税成本时其实际发生的支出应当取得但未取得合法凭据的,不得计入计税成本,待实际取得合法凭据时,再按规定计入计税成本。

依据:《国家税务总局关于印发〈房地产开发经营业务企业所得税处理办法〉的通知》(国税发〔2009〕31号)第三十四条

热点问题

房地产开发经营企业"红线"(土地开发范围)外的相关支出能否扣除?

答:对于房地产企业发生的"红线"外的相关支出,企业如能提供相关材料,证明该支出确为企业生产经营所必须发生的合理的支出,可按规定计入开发成本。

11.1.4 计税成本的核算

计税成本是指企业在开发、建造开发产品(包括固定资产,下同)过程中所发生的按照税收规定进行核算与计量的应归入某项成本对象的各项费用。

依据:《国家税务总局关于印发〈房地产开发经营业务企业所得税处理办法〉的通知》(国税发〔2009〕31号)第二十五条

11.1.4.1 计税成本对象

计税成本对象是指为归集和分配开发产品开发、建造过程中的各项耗费而确定的费用承担项目。

依据:《国家税务总局关于印发〈房地产开发经营业务企业所得税处理办法〉的通知》(国税发〔2009〕31号)第二十六条

解读

(1)成本对象是为归集和分配开发产品开发、建造过程中的各项耗费而确定的费用承担者。确定计税成本,首先要确定成本对象,因为只有确定了成本对象才能进行下一步归集与分配成本的程序,这是成本核算的第一步。成本对象确定的不同,决定成本归集与分配的过程不同,只有确定了成本对象,才能在某一成本对象内进行分摊已销开发产品的计税成本。同时,也是影响当期和今后各期成本、利润的关键点。

(2)应注意会计成本与计税成本之间的区别。

"计税成本"与会计核算的"开发成本"是相对应的概念。

计税成本是指房地产开发企业在开发、建造开发产品(包括固定资产,下同)过程中所发生的按照税收规定进行核算与计量的应归入某项成本对象的各项费用。

开发成本是指房地产企业根据会计制度、会计准则归集和分配土地、房屋、配套设施、代建工程开发过程中所发生的各项成本费用。

计税成本与开发成本的最大区别在于归集成本费用的依据不同,前者的依据是税收政策与规定,后者依据的是会计制度与会计准则。两者从金额上讲,一般说来后者大于前者。从所得税汇算清缴角度看,计税成本是唯一的,会计处理与税收政策不一致,应该作相应调整。具体参见计税成本的核算。

（3）应注意计税成本对象和成本核算对象的区别。

计税成本对象与成本核算对象也是相对应的概念。

计税成本对象是指为归集和分配开发产品开发、建造过程中的各项耗费而确定的费用承担项目。

成本核算对象是确定归集和分配生产费用的具体对象，即生产费用承担的客体。是设立成本明细分类账户，归集和分配生产费用以及正确计算成本的前提。

计税成本对象与成本核算对象的定义是不一样的，特别是两者的确认原则是有差异的。

（4）一般说来，对企业开发产品所发生的支出，要特别注意混淆期间费用和开发成本的界限，存在故意将应计入期间费用的支出计入开发成本，尽管计入期间费用对当期所得税有好处，但计入开发成本，在土地增值税清算时由于可以加计扣除。所以实际上许多企业一般并不会计入期间费用，因为计入期间费用影响所得税的好处只是时间性差异，即使计入开发成本在收入确认时也一样可以得到扣除，而计入开发成本对土地增值税的好处则是实实在在的永久性差异。

（5）《建设部关于印发〈商品房销售面积计算及公用建筑面积分摊规则（试行）〉的通知》（建房〔1995〕第517号）文件规定了商品房销售面积测算的一般标准，在实践中要看房管局测绘大队的测绘面积，可售面积以测绘面积为准。

另要特别注意，在计算单位工程成本时，不能人为扣除拆一还一的销售面积，致使单位工程成本加大。

11.1.4.2　计税成本对象的确定原则

一、可否销售原则

开发产品能够对外经营销售的，应作为独立的计税成本对象进行成本核算；不能对外经营销售的，可先作为过渡性成本对象进行归集，然后再将其相关成本摊入能够对外经营销售的成本对象。

依据：《国家税务总局关于印发〈房地产开发经营业务企业所得税处理办法〉的通知》（国税发〔2009〕31号）第二十六条

解读

（1）实质上是配比原则的体现。如果不能销售，取得不了收入，单独核算其成本没有配比的对象，没有任何意义。

（2）公共配套设施尽管不是独立的成本对象，但是不排除可以作为过渡性成本对象，对发生的耗费进行归集。没有必要每发生一笔都要进行分配。如非营利的公共配套设施是不可对外销售的，可先作为过渡性成本对象进行归集。

二、分类归集原则

对同一开发地点、竣工时间相近、产品结构类型没有明显差异的群体开发的项目，可作为一个成本对象进行核算。

依据：《国家税务总局关于印发〈房地产开发经营业务企业所得税处理办法〉的通知》（国税发〔2009〕31号）第二十六条

【解读】

从效率原则的角度,对类型相似的可以作为一个成本对象。如不是把每一幢楼盘作为一个成本对象,如果几幢楼盘符合同一开发地点、竣工时间相近、产品结构类型没有明显差异,可作为一个成本对象。

三、功能区分原则

开发项目某组成部分相对独立,且具有不同使用功能时,可以作为独立的成本对象进行核算。

依据:《国家税务总局关于印发〈房地产开发经营业务企业所得税处理办法〉的通知》(国税发〔2009〕31号)第二十六条

【解读】

组成部分独立,具有不同的使用功能,一般又属于单独的开发产品不用再进行分摊,如单独建造的停车场(非人防设施形成的停车场),可以作为独立的成本对象进行核算。

四、定价差异原则

开发产品因其产品类型或功能不同等而导致其预期售价存在较大差异的,应分别作为成本对象进行核算。

依据:《国家税务总局关于印发〈房地产开发经营业务企业所得税处理办法〉的通知》(国税发〔2009〕31号)第二十六条

【解读】

商铺和普通住宅,就不适合作为一个成本对象,售价差异较大,作为一个成本对象不公平。其实质也是一种配比原则的体现。

五、成本差异原则

开发产品因建筑上存在明显差异可能导致其建造成本出现较大差异的,要分别作为成本对象进行核算。

依据:《国家税务总局关于印发〈房地产开发经营业务企业所得税处理办法〉的通知》(国税发〔2009〕31号)第二十六条

【解读】

从成本扣除来体现收入和成本相配比的原则。如停车场与住宅楼,主楼与副楼因楼层不同,住宅和别墅在占地面积、建造成本上存在较大差异,应分别作为成本对象进行核算。

六、权益区分原则

开发项目属于受托代建的或多方合作开发的,应结合上述原则分别划分成本对象进行核算。

依据:《国家税务总局关于印发〈房地产开发经营业务企业所得税处理办法〉的通知》(国税发〔2009〕31号)第二十六条

11.1.4.3 对计税成本对象的管理要求

一、专项报告

房地产开发企业应依据计税成本对象确定原则确定已完工开发产品的成本对象,并就确定原则、依据,共同成本分配原则、方法,以及开发项目基本情况、开发计划等出具专项报告,在开发产品完工当年企业所得税年度纳税申报时,随同《企业所得税年度纳税申报表》一并报送主管税务机关。

房地产开发企业将已确定的成本对象报送主管税务机关后,不得随意调整或相互混淆。如确需调整成本对象的,应就调整的原因、依据和调整前后成本变化情况等出具专项报告,在调整当年企业所得税年度纳税申报时报送主管税务机关。

依据:《国家税务总局关于房地产开发企业成本对象管理问题的公告》(国家税务总局公告2014年第35号)第一条

二、备查资料

房地产开发企业应建立健全成本对象管理制度,合理区分已完工成本对象、在建成本对象和未建成本对象,及时收集、整理、保存成本对象涉及的证据材料,以备税务机关检查。

依据:《国家税务总局关于房地产开发企业成本对象管理问题的公告》(国家税务总局公告2014年第35号)第二条

三、后续管理

主管税务机关应对房地产开发企业报送的成本对象确定专项报告做好归档工作,及时进行分析,加强后续管理。对资料不完整、不规范的,应及时通知房地产开发企业补齐、修正;对成本对象确定不合理或共同成本分配方法不合理的,主管税务机关有权进行合理调整;对成本对象确定情况异常的,主管税务机关应进行专项检查;对不如实出具专项报告或不出具专项报告的,应按《中华人民共和国税收征收管理法》的相关规定进行处理。

依据:《国家税务总局关于房地产开发企业成本对象管理问题的公告》(国家税务总局公告2014年第35号)第三条

四、纳税调整

开发产品完工以后,企业可在完工年度企业所得税汇算清缴前选择确定计税成本核算的终止日,不得滞后。凡已完工开发产品在完工年度未按规定结算计税成本,主管税务机关有权确定或核定其计税成本,据此进行纳税调整,并按《中华人民共和国税收征收管理法》的有关规定对其进行处理。

依据:《国家税务总局关于印发〈房地产开发经营业务企业所得税处理办法〉的通知》(国税发〔2009〕31号)第三十五条

11.1.4.4 开发产品计税成本支出的内容及税务处理

一、土地征用费及拆迁补偿费

土地征用费及拆迁补偿费是指为取得土地开发使用权(或开发权)而发生的各项费用,主要包括土地买价或出让金、大市政配套费、契税、耕地占用税、土地使用费、土地闲置费、土地变更用途和超面积补交的地价及相关税费、拆迁补偿支出、安置及动迁支出、回迁房建造支出、农作物补偿费、危房补偿费等。

依据:《国家税务总局关于印发〈房地产开发经营业务企业所得税处理办法〉的通知》(国税发〔2009〕31号)第二十七条

> **热点问题**
>
> 1. 房地产开发企业缴纳的城镇土地使用税是否属于开发成本?
>
> 答:房地产开发企业缴纳的城镇土地使用税按规定计入税金及附加,不属于开发成本,但是土地使用费属于开发成本。
>
> 2. 房地产企业通过竞拍方式从政府取得土地,并同时在土地使用权出让合同中约定,将来以该地块上的部分开发产品无偿赠送给政府,对该部分无偿赠送给政府的开发产品如何进行收入确定、成本扣除?
>
> 答:房地产开发公司为取得土地使用权,支付了两种不同形态的对价:一是货币资金,二是实物形式的非货币性资产。两者都是企业取得土地使用权而发生的合理支出。对无偿赠送给政府的开发产品按照其公允价格确认收入,同时按照上述金额计入土地成本。如果无偿赠送给政府的在立项中属于公共配套设施的,应按公共配套设施处理,不应视同收入,同时也不能增加土地成本。
>
> 3. 房地产企业适用一般计税方法计税的,按照10%的适用税率计算;某房地产企业取得土地价款1.10亿元,整体项目销售允许所得税前扣除的土地成本是1亿元还是1.10亿元?
>
> 答:根据《增值税会计处理规定》(财会〔2016〕22号)第二条第三款的规定,房地产企业适用一般计税方法计税的,对于其取得土地价款1.10亿元在整体项目销售时允许所得税前扣除的土地成本为1亿元。

二、前期工程费

项目开发前期发生的水文地质勘察、测绘、规划、设计、可行性研究、筹建、场地通平等前期费用。

依据:《国家税务总局关于印发〈房地产开发经营业务企业所得税处理办法〉的通知》(国税发〔2009〕31号)第二十七条

三、建筑安装工程费

建筑安装工程费是指开发项目开发过程中发生的各项建筑安装费用。主要包括开发项目建筑工程费和开发项目安装工程费等。

依据:《国家税务总局关于印发〈房地产开发经营业务企业所得税处理办法〉的通知》(国税发〔2009〕31号)第二十七条

四、基础设施建设费

基础设施建设费指开发项目在开发过程中所发生的各项基础设施支出,主要包括开发项目内道路、供水、供电、供气、排污、排洪、通讯、照明等社区管网工程费和环境卫生、园林绿化等园林环境工程费。

依据:《国家税务总局关于印发〈房地产开发经营业务企业所得税处理办法〉的通知》(国税发〔2009〕31号)第二十七条

五、公共配套设施费

(一)公共配套设施费的范围

公共配套设施费是指开发项目内发生的、独立的、非营利性的,且产权属于全体业主的,或无偿赠与地方政府、政府公用事业单位的公共配套设施支出。

依据:《国家税务总局关于印发〈房地产开发经营业务企业所得税处理办法〉的通知》(国税发〔2009〕31号)第二十七条

(二)配套设施费的税务处理

(1)会所、物业管理场所、电站、热力站、水厂、文体场馆、幼儿园等配套设施的税务处理。

企业在开发区内建造的会所、物业管理场所、电站、热力站、水厂、文体场馆、幼儿园等配套设施,按以下规定进行处理:

① 属于非营利性且产权属于全体业主的,或无偿赠与地方政府、公用事业单位的,可将其视为公共配套设施,其建造费用按公共配套设施费的有关规定进行处理。

② 属于营利性的,或产权归企业所有的,或未明确产权归属的,或无偿赠与地方政府、公用事业单位以外其他单位的,应当单独核算其成本。除企业自用应按建造固定资产进行处理外,其他一律按建造开发产品进行处理。

依据:《国家税务总局关于印发〈房地产开发经营业务企业所得税处理办法〉的通知》(国税发〔2009〕31号)第十七条

> **热点问题**
>
> 配套设施(会所)在2017年企业已自用,但当时企业并没确认是自用,直到企业在2019年才办理正式的产权,那么当时2017年已作为公共配套设施成本,在税前扣除,是否需要进行成本调整转出?
>
> 答:对已经作为公共配套设施处理的设施又办理正式产权的,需要进行成本调整转出,追缴以前年度企业所得税。

(2)邮电通讯、学校、医疗设施的税务处理。

企业在开发区内建造的邮电通讯、学校、医疗设施应单独核算成本。其中,由企业与国家有关业务管理部门、单位合资建设,完工后有偿移交的,国家有关业务管理部门、单位给予的经济补偿可直接抵扣该项目的建造成本,抵扣后的差额应调整当期应纳税所得额。

依据:《国家税务总局关于印发〈房地产开发经营业务企业所得税处理办法〉的通知》(国税发〔2009〕31号)第十八条

> **热点问题**
>
> 房地产企业在小区内建设公办学校,学校的建造成本1 500万元,完工后转给地方教育局,教育局给予企业1 000万元的经济补偿。学校的建造成本如何处理?
>
> 答:上述行为应当视同企业与政府合资建设学校。根据《国家税务总局关于印发〈房地产开发经营业务企业所得税处理办法〉的通知》(国税发〔2009〕31号)第十八条的规定,国家给予企业1 000万元的经济补偿可直接抵扣公办学校的建造成本,抵扣后的差额500万元应调整企业当期应纳税所得额。

(3)停车场所的税务处理。

企业单独建造的停车场所,应作为成本对象单独核算。利用地下基础设施形成的停车场所,作为公共配套设施进行处理。

依据:《国家税务总局关于印发〈房地产开发经营业务企业所得税处理办法〉的通知》(国税发〔2009〕31号)第三十三条

解读

(1)企业在开发区内建造的会所、物业管理场所、电站、热力站、水厂、文体场馆、幼儿园等配套设施大体上分为三种情况:

一是作为公共配套设施。属于非营利性且产权属于全体业主的,或无偿赠与地方政府、公用事业单位的,可视为公共配套设施,其建造费按建筑面积进行分配计入开发产品计税成本,随开发产品已销售面积计算扣除。

二是作为开发产品。属于营利性的,或产权归企业所有的,或未明确产权归属的,或无偿赠与地方政府、公用事业单位以外其他单位的,除企业自用应按建造固定资产进行处理外,其他一律视同建造开发产品,其计税成本在发生视同销售(确认视同销售收入)时进行配比扣除,未视同销售前不得扣除成本。

注:应当单独核算其成本。

三是作为自建固定资产。不能将成本计入成本对象中按开发产品或公共配套设施的规定在税前扣除,而只能按固定资产的有关规定进行税务处理。

(2)需要注意的问题:

一是产权未定的配套,一律不能在所得税前扣除成本。

二是产权属于全体业主或者赠送给国家的人防设施做成的车库,虽然属于营利性的,仍然作为公共配套设施进行处理。

三是企业单独建造的停车场所,应作为成本对象单独核算。

(3)企业在开发区内建造的邮电通讯、学校、医疗设施应单独核算成本。其中,由企业与国家有关业务管理部门、单位合资建设,完工后有偿移交的,国家有关业务管理部门、单位给予的经济补偿可直接抵扣该项目的建造成本,抵扣后的差额应调整当期应纳税所得额,即差额在移交的当期直接在税前扣除;若建造的邮电通讯、学校、医疗设施可能服务几个成本对象,也可在移交的当期直接在税前扣除而不需在成本对象中进行分配。

例如,某企业在开发区内建造一所学校,耗资300万元,建成后无偿移交给国家,国家给予补偿100万元,该学校为三个成本对象服务,按说应当对差额部分200万元(300－100)在三个成本对象间作为公共配套设施进行分摊,但这里规定200万元直接在移交的当期在企业所得税前扣除,实际上是对企业的一种优惠处理。

特别提醒:企业在开发区内建造的邮电通讯、学校、医疗设施应单独核算成本,若没有单独核算成本,其差额部分不能在移交的当期直接在税前扣除,而应按公共配套设施的规定进行处理。移交给国家有关业务管理部门、单位以外其他单位的,一律视同建造开发产品,其计税成本在发生视同销售(确认视同销售收入)时进行配比扣除,未视同销售前不得扣除成本。

> **热点问题**
>
> 地下车位(库)是否应分摊购买土地的成本?
>
> 答:需要区分不同情况处理。如果企业支付的土地买价或出让金中已包含地下土地面积部分,此时地下车位(库)应分摊购买土地的成本;如果企业支付的土地买价或出让金中未包含地下土地面积部分,此时地下车位(库)则不应分摊购买土地的成本。

六、开发间接费

开发间接费是指企业为直接组织和管理开发项目所发生的,且不能将其直接归属于特定成本对象的成本费用性支出。主要包括管理人员工资、职工福利费、折旧费、修理费、办公费、水电费、劳动保护费、工程管理费、周转房摊销以及项目营销设施建造费等。

依据:《国家税务总局关于印发〈房地产开发经营业务企业所得税处理办法〉的通知》(国税发〔2009〕31号)第二十七条

11.1.4.5 开发产品计税成本核算的一般程序

(1) 对当期实际发生的各项支出,按其性质、经济用途及发生的地点、时间进行整理、归类,并将其区分为应计入成本对象的成本和应在当期税前扣除的期间费用。同时还应按规定对有关预提费用和待摊费用进行计量与确认。

(2) 对应计入成本对象中的各项实际支出、预提费用、待摊费用等合理的划分为直接成本、间接成本和共同成本,并按规定将其合理的归集、分配至已完工成本对象、在建成本对象和未建成本对象。

(3) 对期前已完工成本对象应负担的成本费用按已销开发产品、未销开发产品和固定资产进行分配,其中应由已销开发产品负担的部分,在当期纳税申报时进行扣除,未销开发产品应负担的成本费用待其实际销售时再予扣除。

(4) 对本期已完工成本对象分类为开发产品和固定资产并对其计税成本进行结算。其中属于开发产品的,应按可售面积计算其单位工程成本,据此再计算已销开发产品计税成本和未销开发产品计税成本。对本期已销开发产品的计税成本,准予在当期扣除,未销开发产品计税成本待其实际销售时再予扣除。

(5) 对本期未完工和尚未建造的成本对象应当负担的成本费用,应分别建立明细台账,待开发产品完工后再予结算。

依据:《国家税务总局关于印发〈房地产开发经营业务企业所得税处理办法〉的通知》(国税发〔2009〕31号)第二十八条

解读

确定了计税成本要归集的内容,下一步就要明确如何将这些支出归集和分配到成本对象中去,也就是成本核算的程序。核算的程序一般分为下面的五步,如图11-1所示。

第一步:将当期发生的支出归集至成本对象的成本和当期税前扣除的期间费用。

第二步:再将归集到成本对象中的成本在已完工成本对象、在建成本对象和未建成本对象中分配。

第三步:对期前已完工成本对象应负担的成本费用在已销开发产品、未销开发产品和固定资产中进行分配。

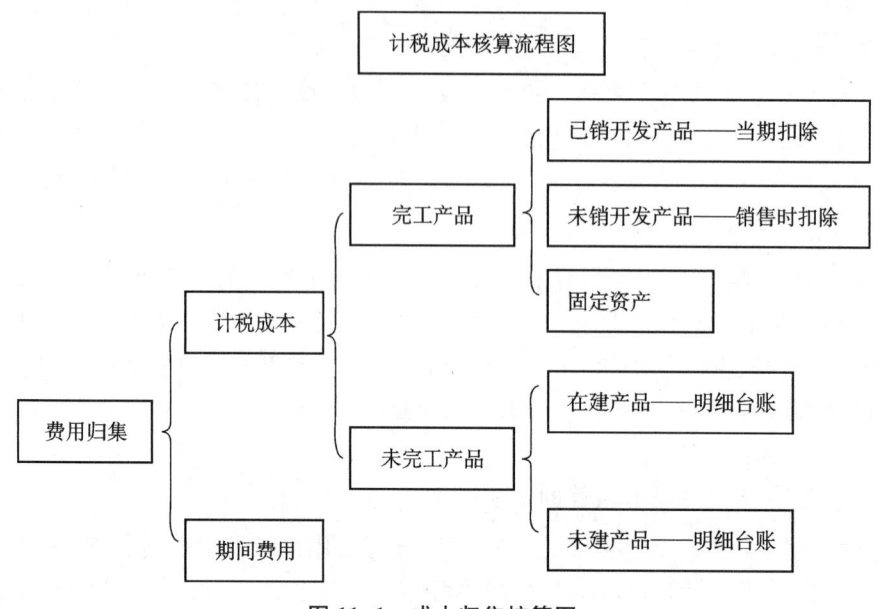

图 11-1　成本归集核算图

第四步：对本期已完工成本对象分类为开发产品和固定资产并对其计税成本进行结算。按房地产主管部门核定的可售面积计算其单位工程成本。

可售面积单位工程成本 ＝ 成本对象总成本 ÷ 总可售面积

对当期已实现销售的可售面积，按其单位工程成本计算出已销产品开发产品的计税成本，并在当期纳税申报时进行扣除。

已销开发产品的计税成本＝已实现销售的可售面积×可售面积单位工程成本

第五步：对本期未完工和尚未建造的成本对象应当负担的成本费用建立明细台账，待开发产品完工后再予结算。

11.1.4.6　开发产品计税成本的分配方法

企业开发、建造的开发产品应按制造成本法进行计量与核算。其中，应计入开发产品成本中的费用属于直接成本和能够分清成本对象的间接成本，直接计入成本对象，共同成本和不能分清负担对象的间接成本，应按受益的原则和配比的原则分配至各成本对象，具体分配方法可按以下规定选择其一。

一、占地面积法

占地面积法指按已动工开发成本对象占地面积占开发用地总面积的比例进行分配。

依据：《国家税务总局关于印发〈房地产开发经营业务企业所得税处理办法〉的通知》（国税发〔2009〕31号）第二十九条

（一）一次性开发的

一次性开发的，按某一成本对象占地面积占全部成本对象占地总面积的比例进行分配。

依据:《国家税务总局关于印发〈房地产开发经营业务企业所得税处理办法〉的通知》(国税发〔2009〕31号)第二十九条

解读

某一成本对象应分配的成本=(该成本对象占地面积÷全部成本对象占地总面积)×应分配的开发成本。

(二)分期开发的

分期开发的,首先按本期全部成本对象占地面积占开发用地总面积的比例进行分配,然后再按某一成本对象占地面积占期内全部成本对象占地总面积的比例进行分配。

期内全部成本对象应负担的占地面积为期内开发用地占地面积减除应由各期成本对象共同负担的占地面积。

依据:《国家税务总局关于印发〈房地产开发经营业务企业所得税处理办法〉的通知》(国税发〔2009〕31号)第二十九条

解读

期内全部成本对象应负担的成本=(期内全部成本对象占地面积÷开发用地总面积)×应分配的开发成本。

期内某一成本对象应分配的成本=(该成本对象占地面积÷期内全部成本对象占地面积)×期内全部成本对象应负担的成本。

【例11-5】 某公司取得一块开发用地1万平方米,价款1 700万元,分两期开发,第一期开发5 000平方米,其中A号楼占地面积1 000平方米,则首先确定第一期工程成本对象应分摊的土地成本:1 700×5 000÷10 000=850(万元),A号楼应分摊的土地成本:850×1 000÷5 000=170(万元)。

(三)占地面积法的适用

土地成本,一般按占地面积法进行分配。如果确需结合其他方法进行分配的,应商税务机关同意。

土地开发同时联结房地产开发的,属于一次性取得土地分期开发房地产的情况,其土地开发成本经商税务机关同意后可先按土地整体预算成本进行分配,待土地整体开发完毕再行调整。

依据:《国家税务总局关于印发〈房地产开发经营业务企业所得税处理办法〉的通知》(国税发〔2009〕31号)第三十条

二、建筑面积法

建筑面积法指按已动工开发成本对象建筑面积占开发用地总建筑面积的比例进行分配。

依据:《国家税务总局关于印发〈房地产开发经营业务企业所得税处理办法〉的通知》(国税发〔2009〕31号)第二十九条

(一)一次性开发的

一次性开发的,按某一成本对象建筑面积占全部成本对象建筑面积的比例进行分配。

依据:《国家税务总局关于印发〈房地产开发经营业务企业所得税处理办法〉的通知》(国税发〔2009〕31号)第二十九条

解读

某一成本对象应分配的成本＝该成本对象建筑面积÷全部成本对象建筑面积×应分配的开发成本。

(二) 分期开发的

分期开发的,首先按期内成本对象建筑面积占开发用地计划建筑面积的比例进行分配,然后再按某一成本对象建筑面积占期内成本对象总建筑面积的比例进行分配。

依据:《国家税务总局关于印发〈房地产开发经营业务企业所得税处理办法〉的通知》(国税发〔2009〕31号)第二十九条

(三) 建筑面积法的适用

单独作为过渡性成本对象核算的公共配套设施开发成本,应按建筑面积法进行分配。

依据:《国家税务总局关于印发〈房地产开发经营业务企业所得税处理办法〉的通知》(国税发〔2009〕31号)第三十条

解读

期内全部成本对象应负担的成本＝(期内全部成本对象建筑面积÷开发用地计划建筑面积)×应分配的开发成本。

期内某一成本对象应分配的成本＝(该成本对象建筑面积÷期内全部成本对象建筑面积)×期内全部成本对象应负担的成本。

【例11-6】 接[例11-5],计划建筑面积10万平方米,分两期开发,第一期开发4万平方米,其中A号楼建筑面积1万平方米,第二期开发6万平方米,共发生公共设施开发成本1亿元。则首先第一期成本对象应分摊的公共设施配套费1×10 000×4÷10＝4 000(万元)。A号楼应分摊的公共设施配套费4 000×1÷4＝1 000(万元)。

三、直接成本法

直接成本法是指按期内某一成本对象的直接开发成本占期内全部成本对象直接开发成本的比例进行分配。

依据:《国家税务总局关于印发〈房地产开发经营业务企业所得税处理办法〉的通知》(国税发〔2009〕31号)第二十九条

借款费用属于不同成本对象共同负担的,按直接成本法或按预算造价法进行分配。

依据:《国家税务总局关于印发〈房地产开发经营业务企业所得税处理办法〉的通知》(国税发〔2009〕31号)第三十条

解读

某一成本对象应分配的成本＝(该成本对象直接开发成本÷期内全部成本对象直接开发成本)×应分配的开发成本。

特别提醒:该法仅适用于一次性开发或同一期内的成本分配。例如,借款费用属于不同成本对象共同负担的,按直接成本法或按预算造价法进行分配。

假设本期开发两栋楼,一号楼直接开发成本6 000万元,二号楼直接开发成本4 000万元,共同发生的借款利息1 000万元。则一号楼分摊的借款费用＝1 000×6 000÷(6 000＋4 000)＝600(万元);二号楼分摊400万元。

四、预算造价法

预算造价法指按期内某一成本对象预算造价占期内全部成本对象预算造价的比例进行分配。

依据:《国家税务总局关于印发〈房地产开发经营业务企业所得税处理办法〉的通知》(国税发〔2009〕31号)第二十九条

解读

某一成本对象应分配的成本＝该成本对象预算造价÷期内全部成本对预算造价×应分配的开发成本。

特别提醒:该法仅适用于一次性开发或同一期内的成本分配。

五、其他成本项目的分配方法

其他成本项目的分配方法由企业自行确定。

依据:《国家税务总局关于印发〈房地产开发经营业务企业所得税处理办法〉的通知》(国税发〔2009〕31号)第三十条

11.1.4.7 已销开发产品计税成本的分配方法

已销开发产品的计税成本,按当期已实现销售的可售面积和可售面积单位工程成本确认。可售面积单位工程成本和已销开发产品的计税成本按下列公式计算确定:

可售面积单位工程成本＝成本对象总成本÷成本对象总可售面积

已销开发产品的计税成本＝已实现销售的可售面积×可售面积单位工程成本

依据:《国家税务总局关于印发〈房地产开发经营业务企业所得税处理办法〉的通知》(国税发〔2009〕31号)第十四条

11.1.4.8 非货币性交易取得土地成本的确定

一、换取开发产品为目的

企业、单位以换取开发产品为目的,将土地使用权投资企业的,按下列规定进行处理:

(1)换取的开发产品如为该项土地开发、建造的,接受投资的企业在接受土地使用权时暂不确认其成本,待首次分出开发产品时,再按应分出开发产品(包括首次分出的和以后应分出的)的市场公允价值和土地使用权转移过程中应支付的相关税费计算确认该项土地使用权的成本。如涉及补价,土地使用权的取得成本还应加上应支付的补价款或减除应收到的补价款。

(2)换取的开发产品如为其他土地开发、建造的,接受投资的企业在投资交易发生时,按应付出开发产品市场公允价值和土地使用权转移过程中应支付的相关税费计算确认该项土地使用权的成本。如涉及补价,土地使用权的取得成本还应加上应支付的补价款或减除应收到的补价款。

依据：《国家税务总局关于印发〈房地产开发经营业务企业所得税处理办法〉的通知》(国税发〔2009〕31号)第三十一条

二、以换取股权为目的

企业以股权的形式，将土地使用权投资企业的，按下列规定进行处理：

接受投资的企业应在投资交易发生时，按该项土地使用权的市场公允价值和土地使用权转移过程中应支付的相关税费计算确认该项土地使用权的取得成本。如涉及补价，土地使用权的取得成本还应加上应支付的补价款或减除应收到的补价款。

依据：《国家税务总局关于印发〈房地产开发经营业务企业所得税处理办法〉的通知》(国税发〔2009〕31号)第三十一条

11.1.4.9 预提费用的扣除

除以下几项预提(应付)费用外，计税成本均应为实际发生的成本。

一、最终办理结算而未取得全额发票

出包工程未最终办理结算而未取得全额发票的，在证明资料充分的前提下，其发票不足金额可以预提，但最高不得超过合同总金额的10%。

依据：《国家税务总局关于印发〈房地产开发经营业务企业所得税处理办法〉的通知》(国税发〔2009〕31号)第三十二条

【解读】

(1) 房地产开发可以预提的出包工程，是指承建方已按出包合同完成全部工程作业量但尚未最终办理结算的工程项目。

(2) 注意合同总金额，不包括甲供材的金额。预提的出包工程款最高不得超过工程合同总金额的10%，且已开发票金额与预提费用总计不得超过出包工程合同总金额。

(3) 预提的出包工程，自开发产品完工之日起超过2年仍未支付的，预提的出包工程款全额计入应纳税所得额；以后年度实际发生时按规定在税前扣除。

(4) 证明资料充分，不仅应该有符合条件的造价报告，还应有监理和验收等报告。

(5) 需特别注意，未最终办理结算不是决算了未付款。

【热点问题】

房地产企业工程决算时未预估的成本，在后续期间取得了发票(有的是在税务检查期间)，是否可以向前追溯调整之前扣除的成本？

答：按照税法权责发生制原则和《国家税务总局关于企业所得税应纳税所得额若干税务处理问题的公告》(国家税务总局公告2012年第15号)的规定，对房地产开发企业在结算计税成本时，其实际发生的支出应当取得但未取得合法凭据的，除可以预提的成本费用外，不得计入计税成本，待实际取得合法凭据时，再按配比原则计入相应期间的计税成本。

二、公共配套设施尚未建造或尚未完工

公共配套设施尚未建造或尚未完工的，可按预算造价合理预提建造费用。此类公共配套设施必须符合已在售房合同、协议或广告、模型中明确承诺建造且不可撤销，或按照法律法规规定必须配套建造的条件。

依据：《国家税务总局关于印发〈房地产开发经营业务企业所得税处理办法〉的通知》（国税发〔2009〕31号）第三十二条

解读

房地产开发企业根据可以预提的公共配套设施建造费用，对售房合同、协议或广告，或按照法律法规及政府相关文件等规定建造期限而逾期未建造的，其预提的公共配套设施建造费用在规定建造期满之日起一次性计入应纳税所得额。未明确建造期限的，在该开发项目最后一个可供销售的成本对象达到完工产品条件时仍未建造的，其以前年度已预提的该项费用应并入当期应纳税所得额。以后年度实际发生公共配套设施建造费用时，按规定在税前扣除。

三、应上交未上交的报批报建费用、物业完善费用

应向政府上交但尚未上交的报批报建费用、物业完善费用可以按规定预提。物业完善费用是指按规定应由企业承担的物业管理基金、公建维修基金或其他专项基金。

依据：《国家税务总局关于印发〈房地产开发经营业务企业所得税处理办法〉的通知》（国税发〔2009〕31号）第三十二条

解读

一般来说，房地产开发企业预提的报批报建费用、物业完善费用，必须是完工产品应上交的报批报建费用、物业完善费用，有的地区要求纳税人同时提供政府要求上交相关费用的正式文件。未完工产品应上交的报批报建费用、物业完善费用不得预提在税前扣除。

为了避免企业长期预提的报批报建费用、物业完善费用挂账不缴，有的地区如江苏规定，除政府相关文件对报批报建费用、物业完善费用有明确期限外，预提期限最长不得超过3年；超过3年未上交的，计入应纳税所得额。以后年度实际支付时按规定在税前扣除。

11.1.4.10 计税成本核算终止日的确定

开发产品完工以后，企业可在完工年度企业所得税汇算清缴前选择确定计税成本核算的终止日，不得滞后。凡已完工开发产品在完工年度未按规定结算计税成本，主管税务机关有权确定或核定其计税成本，据此进行纳税调整，并按《税收征收管理法》的有关规定对其进行处理。

依据：《国家税务总局关于印发〈房地产开发经营业务企业所得税处理办法〉的通知》（国税发〔2009〕31号）第三十五条

解读

税务机关不得事先确定企业的所得税按核定征收方式进行征收、管理。但出现凡已完工开发产品在完工年度未按规定结算计税成本，主管税务机关有权确定或核定其计税成本，据此进行纳税调整，即可事后进行核定征收。

【例11-7】 A公司出包给B建筑公司的高层住宅楼，双方签订的合同价款为8 000万元，截至2014年12月31日，该住宅楼已经开始交付使用，但双方因故仍未最终办理结算，A公司只取得了B建筑公司出具的6 000万元的建筑业发票。在这种情况下，A公司2014年必须计算完工开发产品计税成本,尽管该企业会计核算中预提了2 000万元的B公司建筑安装成本且有充分的相关证明资料(在2015年5月31日前仍未取得2 000万元的发票),但是在2014年计算已完工高层住宅楼计税成本时,只能按照6 000+8 000×10%=6 800(万元)计算,完工开发成本1 200万元是不能计入当年度企业所得税汇算清缴计税成本中的。如果企业据此或其他原因不进行完工开发产品计税成本的结算,根据规定,主管税务机关有权确定或核定其计税成本,据此进行纳税调整,并按《税收征收管理法》的有关规定对其进行处理。

11.1.5 特定事项的税务处理

11.1.5.1 合作或合资开发房地产项目的所得税处理

企业以本企业为主体联合其他企业、单位、个人合作或合资开发房地产项目,且该项目未成立独立法人公司的,按下列规定进行处理。

一、分配开发产品的所得税处理

凡开发合同或协议中约定向投资各方(即合作、合资方,下同)分配开发产品的,企业在首次分配开发产品时,如该项目已经结算计税成本,其应分配给投资方开发产品的计税成本与其投资额之间的差额计入当期应纳税所得额;如未结算计税成本,则将投资方的投资额视同销售收入进行相关的税务处理。

依据:《国家税务总局关于印发〈房地产开发经营业务企业所得税处理办法〉的通知》(国税发〔2009〕31号)第三十六条

【解读】

(1) 收入确认的时点:首次分配开发产品时。

(2) 收入确认的范围:应分开发产品。

(3) 两种处理方法。

① 已结算计税成本:计税成本与投资额的差额计入应纳税所得额。

② 未结算计税成本:投资额视同销售收入。

二、分配项目利润的所得税处理

凡开发合同或协议中约定分配项目利润的,应按以下规定进行处理:

(1) 企业应将该项目形成的营业利润额并入当期应纳税所得额统一申报缴纳企业所得税,不得在税前分配该项目的利润。同时不能因接受投资方投资额而在成本中摊销或在税前扣除相关的利息支出。

(2) 投资方取得该项目的营业利润应视同股息、红利进行相关的税务处理。

依据:《国家税务总局关于印发〈房地产开发经营业务企业所得税处理办法〉的通知》(国税发〔2009〕31号)第三十六条

11.1.5.2 换取开发产品为目的

企业以换取开发产品为目的,将土地使用权投资其他企业房地产开发项目的,按以下规定进行处理:

企业应在首次取得开发产品时,将其分解为转让土地使用权和购入开发产品两项经济业务进行所得税处理,并按应从该项目取得的开发产品(包括首次取得的和以后应取得的)的市场公允价值计算确认土地使用权转让所得或损失。

依据:《国家税务总局关于印发〈房地产开发经营业务企业所得税处理办法〉的通知》(国税发〔2009〕31号)第三十七条

11.1.6　核定征收管理

企业出现《税收征收管理法》第三十五条规定的情形,税务机关可对其以往应缴的企业所得税按核定征收方式进行征收管理,并逐步规范,同时按《税收征收管理法》等税收法律、行政法规的规定进行处理,但不得事先确定企业的所得税按核定征收方式进行征收、管理。

依据:《国家税务总局关于印发〈房地产开发经营业务企业所得税处理办法〉的通知》(国税发〔2009〕31号)第四条

解读

(1) 明确了房地产开发经营业务企业所得税不得事先采取核定征收的方式。

(2) 企业出现《税收征收管理法》第三十五条规定的情形的,事后可以采取核定征收方式。

11.1.7　关于土地增值税清算涉及企业所得税退税有关问题

11.1.7.1　有其他后续开发项目的处理

企业按规定对开发项目进行土地增值税清算后,当年企业所得税汇算清缴出现亏损且有其他后续开发项目的,该亏损应按照税法规定向以后年度结转,用以后年度所得弥补。后续开发项目,是指正在开发以及中标的项目。

依据:《国家税务总局关于房地产开发企业土地增值税清算涉及企业所得税退税有关问题的公告》(国家税务总局公告2016年第81号)第一条

解读

土地增值税清算当年有其他后续开发项目的,当年企业所得税汇算清缴出现亏损,则亏损应按照税法规定弥补亏损的方法进行弥补,不能按照《国家税务总局关于房地产开发企业土地增值税清算涉及企业所得税退税有关问题的公告》(国家税务总局公告2016年第81号,以下简称2016年第81号公告)计算以前年度多缴税款进行退税。

11.1.7.2　没有后续开发项目的处理

一、申请退税时间

企业按规定对开发项目进行土地增值税清算后,当年企业所得税汇算清缴出现亏损,且没有后续开发项目的,可以按照相应的方法,计算出该项目由于土地增值税原因导致的项目开发各年度多缴企业所得税税款,并申请退税。

依据:《国家税务总局关于房地产开发企业土地增值税清算涉及企业所得税退税有关问题的公告》(国家税务总局公告2016年第81号)第二条

【解读】

进行土地增值税清算后的当年企业所得税汇算清缴出现亏损,且没有后续开发项目的,企业可选择按照 2016 年第 81 号公告计算项目开发各年度多缴的企业所得税税款,并申请退税,相比《国家税务总局关于房地产开发企业注销前有关企业所得税处理问题的公告》(国家税务总局公告 2010 年第 29 号,【已废止】)的"注销公司"的门槛宽松许多。

二、多缴企业所得税款计算方法

(1) 该项目缴纳的土地增值税总额,应按照该项目开发各年度实现的项目销售收入占整个项目销售收入总额的比例,在项目开发各年度进行分摊,具体按以下公式计算:

$$各年度应分摊的土地增值税 = 土地增值税总额 \times (项目年度销售收入 \div 整个项目销售收入总额)$$

上述所称销售收入包括视同销售房地产的收入,但不包括企业销售的增值额未超过扣除项目金额 20% 的普通标准住宅的销售收入。

(2) 该项目开发各年度应分摊的土地增值税减去该年度已经在企业所得税税前扣除的土地增值税后,余额属于当年应补充扣除的土地增值税;企业应调整当年度的应纳税所得额,并按规定计算当年度应退的企业所得税税款;当年度已缴纳的企业所得税税款不足退税的,应作为亏损向以后年度结转,并调整以后年度的应纳税所得额。

(3) 按照上述方法进行土地增值税分摊调整后,导致相应年度应纳税所得额出现正数的,应按规定计算缴纳企业所得税。

(4) 企业按上述方法计算的累计退税额,不得超过其在该项目开发各年度累计实际缴纳的企业所得税;超过部分作为项目清算年度产生的亏损,向以后年度结转。

依据:《国家税务总局关于房地产开发企业土地增值税清算涉及企业所得税退税有关问题的公告》(国家税务总局公告 2016 年第 81 号)第二条

【解读】

房地产开发企业开发项目缴纳的土地增值税总额,应按照该项目开发各年度实现的项目销售收入占整个项目销售收入总额的比例,在项目开发各年度进行分摊,并计算各年度及累计应退的税款。举例说明如下。

【例 11-8】 某房地产开发企业 2014 年 1 月开始开发某房地产项目,2016 年 10 月项目全部竣工并销售完毕,12 月进行土地增值税清算,整个项目共缴纳土地增值税 1 100 万元,其中 2014—2016 年预缴土地增值税分别为 240 万元、300 万元、60 万元;2016 年清算后补缴土地增值税 500 万元。2014—2016 年实现的项目销售收入分别为 12 000 万元、15 000 万元、3 000 万元,缴纳的企业所得税分别为 45 万元、310 万元、0。该企业 2016 年度汇算清缴出现亏损,应纳税所得额为 -400 万元。企业没有后续开发项目,拟申请退税,具体计算如表 11-3 所示。

表 11-3 企业所得税退税计算明细表

	2014 年	2015 年	2016 年
预缴土地增值税	240	300	60
补缴土地增值税	—	—	500
分摊土地增值税	440 [1 100×(12 000÷30 000)]	550 [1 100×(15 000÷30 000)]	110 [1 100×(3 000÷30 000)]
应纳税所得额调整	−200(240−440)	−270(300−550−20)	450(60+500−110)
调整后应纳税所得额	—	—	50(−400+450)
应退企业所得税	50(200×25%)	67.5(270×25%)	—
已缴纳企业所得税	45	310	0
实退企业所得税	45	67.5	—
亏损结转(调整后)	−20[(45−50)÷25%]	—	—
应补企业所得税	—	—	12.5(50×25%)
累计退税额	—	—	100(45+67.5−12.5)

> **热点问题**
>
> 《国家税务总局关于房地产开发企业土地增值税清算涉及企业所得税退税有关问题的公告》(国家税务总局公告 2016 年第 81 号)中申请退税的计算公式中的项目年度销售收入是否包括销售未完工开发产品取得的收入?
>
> 答:《国家税务总局关于印发〈房地产开发经营业务企业所得税处理办法〉的通知》(国税发〔2009〕31 号)第六条规定:"企业通过正式签订《房地产销售合同》或《房地产预售合同》所取得的收入,应确认为销售收入的实现。"因此,公式中的"项目年度销售收入"包括销售未完工开发产品取得的收入。

三、报送资料

企业在申请退税时,应向主管税务机关提供书面材料说明应退企业所得税款的计算过程,包括该项目缴纳的土地增值税总额、项目销售收入总额、项目年度销售收入额、各年度应分摊的土地增值税和已经税前扣除的土地增值税、各年度的适用税率,以及是否存在后续开发项目等情况。

依据:《国家税务总局关于房地产开发企业土地增值税清算涉及企业所得税退税有关问题的公告》(国家税务总局公告 2016 年第 81 号)第三条

四、以前年度多缴税款处理

《国家税务总局关于房地产开发企业土地增值税清算涉及企业所得税退税有关问题的公告》(国家税务总局公告 2016 年第 81 号,以下简称 2016 年第 81 号公告)自 2016 年 12 月 9 日起施行。2016 年第 81 号公告发布之日前,企业凡已经对土地增值税进行清算且没有后续开发项目的,在 2016 年第 81 号公告发布后仍存在尚未弥补的因土地增值税清算导致的亏损,按照 2016 年第 81 号公告第二条规定的方法计算多缴企业所得税税款,并申请退税。

依据:《国家税务总局关于房地产开发企业土地增值税清算涉及企业所得税退税有关问题的公告》(国家税务总局公告 2016 年第 81 号)第四条

解读

《国家税务总局关于房地产开发企业土地增值税清算涉及企业所得税退税有关问题的公告》(国家税务总局公告2016年第81号,以下简称2016年第81号公告)发布执行前已经进行土地增值税清算,2016年第81号公告发布执行后仍存在尚未弥补的因土地增值税清算导致的亏损,按照2016年第81号公告第二条规定的方法计算多缴企业所得税税款,并申请退税。

热点问题

房地产开发企业,对以前年度项目的土地增值税进行清算,补缴的税款,是否追溯调整分摊到以前年度的项目中?

答:对于企业土地增值税清算补、退税款,应在土地增值税清算当期进行税前扣除。

因土地增值税清算造成当年企业所得税汇算清缴出现亏损且有其他后续开发项目的,该亏损应按照税法规定向以后年度结转,用以后年度所得弥补;没有后续开发项目的,可以按照2016年第81号公告第二条的方法,计算出该项目由于土地增值税原因导致的项目开发各年度多缴企业所得税税款,并申请退税。

11.2 跨地区经营企业

居民企业在中国境内设立不具有法人资格的营业机构的,应当汇总计算并缴纳企业所得税。

依据:《中华人民共和国企业所得税法》第五十条

企业汇总计算并缴纳企业所得税时,应当统一核算应纳税所得额,具体办法由国务院财政、税务主管部门制定。

依据:《中华人民共和国企业所得税法实施条例》第一百二十五条

11.2.1 跨地区经营汇总纳税企业所得税征收管理办法适用范围

11.2.1.1 适用汇总纳税办法的企业

居民企业在中国境内跨地区(指跨省、自治区、直辖市和计划单列市,下同)设立不具有法人资格分支机构的,该居民企业为跨地区经营汇总纳税企业(以下简称汇总纳税企业),除另有规定外,其企业所得税征收管理适用《跨地区经营汇总纳税企业所得税征收管理办法》。

11.2.1.2 不适用汇总纳税办法的企业

国有邮政企业(包括中国邮政集团公司及其控股公司和直属单位)、中国工商银行股份有限公司、中国农业银行股份有限公司、中国银行股份有限公司、国家开发银行股份有限公司、中国农业发展银行、中国进出口银行、中国投资有限责任公司、中国建设银行股份有限公司、中国建银投资有限责任公司、中国信达资产管理股份有限公司、中国石油天然气股份有限公司、中国石油化工股份有限公司、海洋石油天然气企业[包括中国海洋石油总公司、中海石油(中国)有限公司、中海油田服务股份有限公司、海洋石油工程股份有限公司]、中国长江电力股份有限公司等企业缴纳的企业所得税(包括滞纳金、罚款)为中央收入,全额上缴中央国库。

铁路运输企业所得税征收管理不适用《跨地区经营汇总纳税企业所得税征收管理办法》。

依据:《国家税务总局关于印发〈跨地区经营汇总纳税企业所得税征收管理办法〉的公告》(国家税务总局公告2012年第57号)

一、针对铁路企业统一缴纳企业所得税的规定

(1) 实行与铁道部统一纳税企业的条件及范围。实行与铁道部统一纳税的企业(简称成员企业,下同)应同时满足以下条件:

① 由铁道部100%直接出资设立,不包括铁道部与地方政府、其他单位和个人合资、合作等设立的企业。

② 在我国境内主要从事铁路客、货运输业务,不包括与铁路客、货运输不直接相关的其他单位。

③ 由铁道部统一实行组织与调度,即由铁道部统一制定生产任务、统一配置生产能力、统一负责生产经营。

④ 由铁道部统一清算确认运输收入和支出、统一核算总体经营效益等。

(2) 统一纳税企业范围的调整。铁道部需要扩大成员企业范围的,应在调整年度的3月31日前向财政部、国家税务总局提出申请,由财政部、国家税务总局根据《财政部 国家税务总局关于铁道部统一缴纳企业所得税有关问题的通知》(财税〔2009〕145号)规定条件核定。实行统一纳税的成员企业,因情况发生变化而不符合本通知规定条件的,应从相关条件发生变化的年度起,取消其统一纳税成员企业资格,并就地缴纳企业所得税。

(3)《财政部 国家税务总局关于铁道部统一缴纳企业所得税有关问题的通知》(财税〔2009〕145号)从2009年1月1日起施行。

依据:《财政部 国家税务总局关于铁道部统一缴纳企业所得税有关问题的通知》(财税〔2009〕145号)

二、针对企业所得税收入全额归属中央的企业

为加强企业所得税收入全额归属中央的企业所得税征管,现就铁路运输企业(包括广铁集团和大秦铁路公司)、国有邮政企业、中国工商银行股份有限公司、中国农业银行、中国银行股份有限公司、国家开发银行、中国农业发展银行、中国进出口银行、中央汇金投资有限责任公司、中国建设银行股份有限公司、中国建银投资有限责任公司以及海洋石油天然气企业(包括港澳台和外商投资、外国海上石油天然气企业)等企业的所得税征管问题通知如下:

上述企业下属二级分支机构均应按照企业所得税的有关规定向当地主管税务机关报送企业所得税预缴申报表或其他相关资料,但其税款由总机构统一汇总计算后向总机构所在地主管税务机关缴纳。

依据：《国家税务总局关于中国工商银行股份有限公司等企业企业所得税有关征管问题的通知》（国税函〔2010〕184号）第一条

11.2.2 汇总纳税企业所得税征收管理办法总体原则

汇总纳税企业实行"统一计算、分级管理、就地预缴、汇总清算、财政调库"的企业所得税征收管理办法。

统一计算是指总机构统一计算包括汇总纳税企业所属各个不具有法人资格分支机构在内的全部应纳税所得额、应纳税额。

分级管理是指总机构、分支机构所在地的主管税务机关都有对当地机构进行企业所得税管理的责任，总机构和分支机构应分别接受机构所在地主管税务机关的管理。

就地预缴是指总机构、分支机构应按规定分月或分季分别向所在地主管税务机关申报预缴企业所得税。

汇总清算是指在年度终了后，总机构统一计算汇总纳税企业的年度应纳税所得额、应纳所得税额，抵减总机构、分支机构当年已就地分期预缴的企业所得税款后，多退少补。

财政调库是指财政部定期将缴入中央国库的汇总纳税企业所得税待分配收入，按照核定的系数调整至地方国库。

依据：《国家税务总局关于印发〈跨地区经营汇总纳税企业所得税征收管理办法〉的公告》（国家税务总局公告2012年第57号）

11.2.3 税款缴纳方式

11.2.3.1 总分机构税款预缴

一、预缴方式

企业所得税分月或者分季预缴，由总机构所在地主管税务机关具体核定。

汇总纳税企业应根据当期实际利润额，按照规定的预缴分摊方法计算总机构和分支机构的企业所得税预缴额，分别由总机构和分支机构就地预缴。

在规定期限内按实际利润额预缴有困难的，也可以按照上一年度应纳税所得额的1/12或1/4，按照规定的预缴分摊方法计算总机构和分支机构的企业所得税预缴额，分别由总机构和分支机构就地预缴。

预缴方法一经确定，当年度不得变更。

依据：《国家税务总局关于印发〈跨地区经营汇总纳税企业所得税征收管理办法〉的公告》（国家税务总局公告2012年第57号）第七条

二、预缴申报期限

总机构应将本期企业应纳所得税额的50%部分，在每月或季度终了后15日内就地申报预缴。总机构应将本期企业应纳所得税额的另外50%部分，按照各分支机构应分摊的比例，在各分支机构之间进行分摊，并及时通知到各分支机构；各分支机构应在每月或季度终了之日起15日内，就其分摊的所得税额就地申报预缴。

依据:《国家税务总局关于印发〈跨地区经营汇总纳税企业所得税征收管理办法〉的公告》(国家税务总局公告 2012 年第 57 号)第八条

三、预缴申报应报送资料

总机构应报送:

(1) 企业所得税预缴申报表。

(2) 企业当期财务报表。

(3) 汇总纳税企业分支机构所得税分配表和各分支机构上一年度的年度财务报表(或年度财务状况和营业收支情况)。

分支机构应报送:

(1) 企业所得税预缴申报表(只填列部分项目)。

(2) 经总机构所在地主管税务机关受理的汇总纳税企业分支机构所得税分配表。

(3) 在一个纳税年度内,各分支机构上一年度的年度财务报表(或年度财务状况和营业收支情况)原则上只需要报送一次。

依据:《国家税务总局关于印发〈跨地区经营汇总纳税企业所得税征收管理办法〉的公告》(国家税务总局公告 2012 年第 57 号)第九条

四、分支机构少缴所得税的处理

分支机构未按税款分配数额预缴所得税造成少缴税款的,主管税务机关应按照《税收征收管理法》的有关规定对其处罚,并将处罚结果通知总机构所在地主管税务机关。

依据:《国家税务总局关于印发〈跨地区经营汇总纳税企业所得税征收管理办法〉的公告》(国家税务总局公告 2012 年第 57 号)第八条

11.2.3.2 总分机构汇缴应缴应退税款

一、汇缴税款步骤

汇总纳税企业应当自年度终了之日起 5 个月内,由总机构汇总计算企业年度应纳所得税额,扣除总机构和各分支机构已预缴的税款,计算出应缴应退税款,按照规定的税款分摊方法计算总机构和分支机构的企业所得税应缴应退税款,分别由总机构和分支机构就地办理税款缴库或退库。

依据:《国家税务总局关于印发〈跨地区经营汇总纳税企业所得税征收管理办法〉的公告》(国家税务总局公告 2012 年第 57 号)第十条

二、预缴税款少于应缴税款的处理

汇总纳税企业在纳税年度内预缴企业所得税税款少于全年应缴企业所得税税款的,应在汇算清缴期内由总、分机构分别结清应缴的企业所得税税款;预缴税款超过应缴税款的,主管税务机关应及时按有关规定分别办理退税,或者经总、分机构同意后分别抵缴其下一年度应缴企业所得税税款。

依据:《国家税务总局关于印发〈跨地区经营汇总纳税企业所得税征收管理办法〉的公告》(国家税务总局公告 2012 年第 57 号)第十条

三、汇算清缴报送材料

总机构:

(1) 企业所得税年度纳税申报表。

(2) 年度财务报表。

(3) 汇总纳税企业分支机构所得税分配表。

(4) 各分支机构的年度财务报表。

(5) 各分支机构参与企业年度纳税调整情况的说明。

分支机构：

(1) 送企业所得税年度纳税申报表(只填列部分项目)。

(2) 经总机构所在地主管税务机关受理的汇总纳税企业分支机构所得税分配表。

(3) 分支机构的年度财务报表(或年度财务状况和营业收支情况)。

(4) 分支机构参与企业年度纳税调整情况的说明。

依据：《国家税务总局关于印发〈跨地区经营汇总纳税企业所得税征收管理办法〉的公告》(国家税务总局公告2012年第57号)第十一条

四、分支机构涉税调整事项的处理

分支机构参与企业年度纳税调整情况的说明，可参照企业所得税年度纳税申报表附表"纳税调整项目明细表"中列明的项目进行说明，涉及需由总机构统一计算调整的项目不进行说明。

依据：《国家税务总局关于印发〈跨地区经营汇总纳税企业所得税征收管理办法〉的公告》(国家税务总局公告2012年第57号)第十一条

五、未提供所得税分配表的处理

分支机构未按规定报送经总机构所在地主管税务机关受理的汇总纳税企业分支机构所得税分配表，分支机构所在地主管税务机关应责成该分支机构在申报期内报送，同时提请总机构所在地主管税务机关督促总机构按照规定提供分配表；分支机构在申报期内不提供的，由分支机构所在地主管税务机关对分支机构按照《税收征收管理法》的有关规定予以处罚；属于总机构未向分支机构提供分配表的，分支机构所在地主管税务机关还应提请总机构所在地主管税务机关对总机构按照《税收征收管理法》的有关规定予以处罚。

依据：《国家税务总局关于印发〈跨地区经营汇总纳税企业所得税征收管理办法〉的公告》(国家税务总局公告2012年第57号)第十二条

11.2.4 分摊税款

11.2.4.1 税款分摊比例

汇总纳税企业按照《企业所得税法》规定汇总计算的企业所得税，包括预缴税款和汇算清缴应缴应退税款，50%在各分支机构间分摊，各分支机构根据分摊税款就地办理缴库或退库；50%由总机构分摊缴纳，其中25%就地办理缴库或退库，25%就地全额缴入中央国库或退库。

依据：《国家税务总局关于印发〈跨地区经营汇总纳税企业所得税征收管理办法〉的公告》(国家税务总局公告2012年第57号)第六条

解读

税款分摊架构图如图11-2所示。

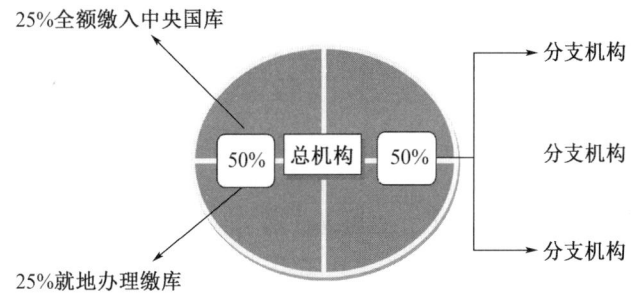

图 11-2　税款分摊架构图

11.2.4.2　税款分摊的三因素

总机构应按照上年度分支机构的营业收入、职工薪酬和资产总额三个因素计算各分支机构分摊所得税款的比例;三级及以下分支机构,其营业收入、职工薪酬和资产总额统一计入二级分支机构。

上年度分支机构的营业收入、职工薪酬和资产总额,是指分支机构上年度全年的营业收入、职工薪酬数据和上年度 12 月 31 日的资产总额数据,是依照国家统一会计制度的规定核算的数据。

一个纳税年度内,总机构首次计算分摊税款时采用的分支机构营业收入、职工薪酬和资产总额数据,与此后经过中国注册会计师审计确认的数据不一致的,不作调整。

依据:《国家税务总局关于印发〈跨地区经营汇总纳税企业所得税征收管理办法〉的公告》(国家税务总局公告 2012 年第 57 号)第十五条、第十七条

一、营业收入

营业收入指分支机构销售商品、提供劳务、让渡资产使用权等日常经营活动实现的全部收入。其中,生产经营企业分支机构营业收入是指生产经营企业分支机构销售商品、提供劳务、让渡资产使用权等取得的全部收入。金融企业分支机构营业收入是指金融企业分支机构取得的利息、手续费、佣金等全部收入。保险企业分支机构营业收入是指保险企业分支机构取得的保费等全部收入。

依据:《国家税务总局关于印发〈跨地区经营汇总纳税企业所得税征收管理办法〉的公告》(国家税务总局公告 2012 年第 57 号)第十七条

二、职工薪酬

职工薪酬指分支机构为获得职工提供的服务而给予各种形式的报酬以及其他相关支出。

依据:《国家税务总局关于印发〈跨地区经营汇总纳税企业所得税征收管理办法〉的公告》(国家税务总局公告 2012 年第 57 号)第十七条

热点问题

总分机构分摊三要素中的"职工薪酬"是否包含员工缴纳部分的社保?

答:根据《国家税务总局关于印发〈跨地区经营汇总纳税企业所得税征收管理办

法〉的公告》(国家税务总局公告 2012 年第 57 号)第十七条的规定,分支机构职工薪酬是指分支机构为获得职工提供的服务而给予各种形式的报酬以及其他相关支出。上年度分支机构的营业收入、职工薪酬和资产总额,是指分支机构上年度全年的营业收入、职工薪酬数据和上年度 12 月 31 日的资产总额数据,是依照国家统一会计制度的规定核算的数据。

根据《企业会计准则第 9 号——职工薪酬》(财会〔2006〕3 号)第二条的规定,职工薪酬是指企业为获得职工提供的服务而给予各种形式的报酬以及其他相关支出。职工薪酬包括医疗保险费、养老保险费、失业保险费、工伤保险费和生育保险费等社会保险费。

因此,总分机构分摊三要素中的"职工薪酬"包含员工缴纳部分的社保。

三、资产总额

资产总额指分支机构在经营活动中实际使用的应归属于该分支机构的资产合计额。

依据:《国家税务总局关于印发〈跨地区经营汇总纳税企业所得税征收管理办法〉的公告》(国家税务总局公告 2012 年第 57 号)第十七条

四、三因素的权重

营业收入、职工薪酬和资产总额三因素的权重依次为 0.35、0.35、0.30。

依据:《国家税务总局关于印发〈跨地区经营汇总纳税企业所得税征收管理办法〉的公告》(国家税务总局公告 2012 年第 57 号)第十五条

11.2.4.3 税款分摊的计算

一、总机构按分摊税款的计算

总机构按以下公式计算分摊税款:

$$总机构分摊税款 = 汇总纳税企业当期应纳所得税额 \times 50\%$$

依据:《国家税务总局关于印发〈跨地区经营汇总纳税企业所得税征收管理办法〉的公告》(国家税务总局公告 2012 年第 57 号)第十三条

二、分支机构分摊税款的计算

分支机构分摊税款的计算公式如下:

$$所有分支机构分摊税款总额 = 汇总纳税企业当期应纳所得税额 \times 50\%$$

$$某分支机构分摊税款 = 所有分支机构分摊税款总额 \times 该分支机构分摊比例$$

$$某分支机构分摊比例 = \left(\frac{该分支机构营业收入}{各分支机构营业收入之和}\right) \times 0.35 + \left(\frac{该分支机构职工薪酬}{各分支机构职工薪酬之和}\right) \times 0.35 + \left(\frac{该分支机构资产总额}{各分支机构资产总额之和}\right) \times 0.30$$

依据:《国家税务总局关于印发〈跨地区经营汇总纳税企业所得税征收管理办法〉的公告》(国家税务总局公告2012年第57号)第十五条

三、存在税率差的税款分摊

对于按照税收法律、法规和其他规定,总机构和分支机构处于不同税率地区的,先由总机构统一计算全部应纳税所得额,然后按规定的比例和计算的分摊比例,计算划分不同税率地区机构的应纳税所得额,再分别按各自的适用税率计算应纳税额后加总计算出汇总纳税企业的应纳所得税总额,最后按规定的比例和计算的分摊比例,向总机构和分支机构分摊就地缴纳的企业所得税款。

依据:《国家税务总局关于印发〈跨地区经营汇总纳税企业所得税征收管理办法〉的公告》(国家税务总局公告2012年第57号)第十八条

11.2.4.4 分摊税款复核及调整

一、复核内容

分支机构所在地主管税务机关应根据经总机构所在地主管税务机关受理的汇总纳税企业分支机构所得税分配表、分支机构的年度财务报表(或年度财务状况和营业收支情况)等,对其主管分支机构计算分摊税款比例的三个因素、计算的分摊税款比例和应分摊缴纳的所得税税款进行查验核对;对查验项目有异议的,应于收到汇总纳税企业分支机构所得税分配表后30日内向企业总机构所在地主管税务机关提出书面复核建议,并附送相关数据资料。

复核期间,分支机构应先按总机构确定的分摊比例申报缴纳税款。

二、复核结果处理

总机构所在地主管税务机关必须于收到复核建议后30日内,对分摊税款的比例进行复核,作出调整或维持原比例的决定,并将复核结果函复分支机构所在地主管税务机关。分支机构所在地主管税务机关应执行总机构所在地主管税务机关的复核决定。

总机构所在地主管税务机关未在规定时间内复核并函复复核结果的,上级税务机关应对总机构所在地主管税务机关按照有关规定进行处理。

依据:《国家税务总局关于印发〈跨地区经营汇总纳税企业所得税征收管理办法〉的公告》(国家税务总局公告2012年第57号)第十九条

11.2.4.5 未准确计算分摊税款的处理

汇总纳税企业未按照规定准确计算分摊税款,造成总机构与分支机构之间同时存在一方(或几方)多缴、另一方(或几方)少缴税款的,其总机构或分支机构分摊缴纳的企业所得税低于按规定计算分摊的数额的,应在下一税款缴纳期内,由总机构将按《跨地区经营汇总纳税企业所得税征收管理办法》规定计算分摊的税款差额分摊到总机构或分支机构补缴;其总机构或分支机构就地缴纳的企业所得税高于按本办法规定计算分摊的数额的,应在下一税款缴纳期内,由总机构将按《跨地区经营汇总纳税企业所得税征收管理办法》规定计算分摊的税款差额从总机构或分支机构的分摊税款中扣减。

依据:《国家税务总局关于印发〈跨地区经营汇总纳税企业所得税征收管理办法〉的公告》(国家税务总局公告2012年第57号)第二十条

11.2.5 分支机构相关规定

11.2.5.1 参与分摊的分支机构

总机构和具有主体生产经营职能的二级分支机构,就地分摊缴纳企业所得税。

二级分支机构,是指汇总纳税企业依法设立并领取非法人营业执照(登记证书),且总机构对其财务、业务、人员等直接进行统一核算和管理的分支机构。

依据:《国家税务总局关于印发〈跨地区经营汇总纳税企业所得税征收管理办法〉的公告》(国家税务总局公告2012年第57号)第四条

一、主体生产经营职能部门视同二级分支

总机构设立具有主体生产经营职能的部门,且该部门的营业收入、职工薪酬和资产总额与管理职能部门分开核算的,可将该部门视同一个二级分支机构,按规定计算分摊并就地缴纳企业所得税;该部门与管理职能部门的营业收入、职工薪酬和资产总额不能分开核算的,该部门不得视同一个二级分支机构,不得按《跨地区经营汇总纳税企业所得税征收管理办法》规定计算分摊并就地缴纳企业所得税。

依据:《国家税务总局关于印发〈跨地区经营汇总纳税企业所得税征收管理办法〉的公告》(国家税务总局公告2012年第57号)第十六条第一款

二、重组事项对二级分支机构的处理

汇总纳税企业当年由于重组等原因从其他企业取得重组当年之前已存在的二级分支机构,并作为本企业二级分支机构管理的,该二级分支机构不视同当年新设立的二级分支机构,按规定计算分摊并就地缴纳企业所得税。

汇总纳税企业内就地分摊缴纳企业所得税的总机构、二级分支机构之间,发生合并、分立、管理层级变更等形成的新设或存续的二级分支机构,不视同当年新设立的二级分支机构,按规定计算分摊并就地缴纳企业所得税。

依据:《国家税务总局关于印发〈跨地区经营汇总纳税企业所得税征收管理办法〉的公告》(国家税务总局公告2012年第57号)第十六条第二款、第十六条第三款

【解读】

对于重组原因新设和存续的二级分支机构,不视同新设二级分支机构的情形,主要考虑这些机构之前已经存在并已就地分摊缴纳税款,重组之后继续作为二级分支机构管理的,按照实质重于形式的原则,不应作为新设分支机构,应该按规定继续计算分摊并就地缴纳税款。

【热点问题】

跨省的子公司通过吸收合并方式转为分公司,原母、子公司变成总分公司,请问原来子公司转为二级分支的当年是否计算分摊并就地缴纳企业所得税?

答:根据《国家税务总局关于印发〈跨地区经营汇总纳税企业所得税征收管理办法〉的公告》(国家税务总局公告2012年第57号)的规定,新设立的二级分支机构,设立当年不就地分摊缴纳企业所得税。

> 因此,该子公司转为二级分支,考虑到其重组前并没有作为新设或存续的二级分支参与分税,因此,该二级分支作为新设立的分支机构,设立当年不就地分摊缴纳企业所得税。

11.2.5.2　不就地分摊缴纳企业所得税的二级分支机构

（1）不具有主体生产经营职能,且在当地不缴纳增值税的产品售后服务、内部研发、仓储等汇总纳税企业内部辅助性的二级分支机构,不就地分摊缴纳企业所得税。

（2）上年度认定为小型微利企业的,其二级分支机构不就地分摊缴纳企业所得税。

（3）新设立的二级分支机构,设立当年不就地分摊缴纳企业所得税。

（4）当年撤销的二级分支机构,自办理注销税务登记之日所属企业所得税预缴期间起,不就地分摊缴纳企业所得税。

（5）汇总纳税企业在中国境外设立的不具有法人资格的二级分支机构,不就地分摊缴纳企业所得税。

依据:《国家税务总局关于印发〈跨地区经营汇总纳税企业所得税征收管理办法〉的公告》(国家税务总局公告 2012 年第 57 号)第五条

11.2.5.3　二级分支机构分配关系鉴定

以总机构名义进行生产经营的非法人分支机构,无法提供汇总纳税企业分支机构所得税分配表,应在预缴申报期内向其所在地主管税务机关报送非法人营业执照(或登记证书)的复印件、由总机构出具的二级及以下分支机构的有效证明和支持有效证明的相关材料(包括总机构拨款证明、总分机构协议或合同、公司章程、管理制度等),证明其二级及以下分支机构身份。

二级及以下分支机构所在地主管税务机关应对二级及以下分支机构进行审核鉴定,对应按规定就地分摊缴纳企业所得税的二级分支机构,应督促其及时就地缴纳企业所得税。

依据:《国家税务总局关于印发〈跨地区经营汇总纳税企业所得税征收管理办法〉的公告》(国家税务总局公告 2012 年第 57 号)第二十三条

汇总纳税企业改变组织结构的,总机构和相关二级分支机构应于组织结构改变后 30 日内,将组织结构变更情况报告主管税务机关。总机构所在省税务局按照《国家税务总局关于印发〈跨地区经营汇总纳税企业所得税征收管理办法〉的公告》(国家税务总局公告 2012 年第 57 号)第二十九条的规定,将汇总纳税企业组织结构变更情况上传至企业所得税汇总纳税信息管理系统。

依据:《国家税务总局关于 3 项企业所得税事项取消审批后加强后续管理的公告》(国家税务总局公告 2015 年第 6 号)第三条

11.2.6　征收管理

11.2.6.1　汇总纳税总分机构登记及备案要求

一、税务登记要求

汇总纳税企业总机构和分支机构应依法办理税务登记,接受所在地主管税务机关的监督和管理。

依据:《国家税务总局关于印发〈跨地区经营汇总纳税企业所得税征收管理办法〉的公告》(国家税务总局公告 2012 年第 57 号)第二十一条

二、总分支机构备案

总机构应将其所有二级及以下分支机构(包括《跨地区经营汇总纳税企业所得税征收管理办法》第五条规定的分支机构)信息报其所在地主管税务机关备案,内容包括分支机构名称、层级、地址、邮编、纳税人识别号及企业所得税主管税务机关名称、地址和邮编。

分支机构(包括规定的分支机构)应将其总机构、上级分支机构和下属分支机构信息报其所在地主管税务机关备案,内容包括总机构、上级机构和下属分支机构名称、层级、地址、邮编、纳税人识别号及企业所得税主管税务机关名称、地址和邮编。

上述备案信息发生变化的,除另有规定外,应在内容变化后 30 日内报总机构和分支机构所在地主管税务机关备案,并办理变更税务登记。

分支机构注销税务登记后 15 日内,总机构应将分支机构注销情况报所在地主管税务机关备案,并办理变更税务登记。

依据:《国家税务总局关于印发〈跨地区经营汇总纳税企业所得税征收管理办法〉的公告》(国家税务总局公告 2012 年第 57 号)第二十二条

11.2.6.2 视同独立纳税人的非法人分支机构

以总机构名义进行生产经营的非法人分支机构,无法提供汇总纳税企业分支机构所得税分配表,也无法提供相关证据证明其二级及以下分支机构身份的,应视同独立纳税人计算并就地缴纳企业所得税,不执行《国家税务总局关于印发〈跨地区经营汇总纳税企业所得税征收管理办法〉的公告》(国家税务总局公告 2012 年第 57 号)相关规定。

视同独立纳税人的分支机构,其独立纳税人身份一个年度内不得变更。

依据:《国家税务总局关于印发〈跨地区经营汇总纳税企业所得税征收管理办法〉的公告》(国家税务总局公告 2012 年第 57 号)第二十四条

11.2.6.3 总分支机构征管一致性

2008 年年底之前已成立的汇总纳税企业,2009 年起新设立的分支机构,其企业所得税的征管部门应与总机构企业所得税征管部门一致;自 2009 年起新增的汇总纳税企业,其分支机构企业所得税的管理部门也应与总机构企业所得税管理部门一致。

依据:《国家税务总局关于印发〈跨地区经营汇总纳税企业所得税征收管理办法〉的公告》(国家税务总局公告 2012 年第 57 号)第三十条

11.2.6.4 资产损失申报管理

总机构及二级分支机构发生的资产损失除应按专项申报和清单申报的有关规定各自向所在地主管税务机关申报外,二级分支机构还应同时上报总机构;三级及以下分支机构发生的资产损失不需向所在地主管税务机关申报,应并入二级分支机构,由二级分支机构统一申报。

总机构对各分支机构上报的资产损失,除税务机关另有规定外,应以清单申报的形式向所在地主管税务机关申报。

总机构将分支机构所属资产捆绑打包转让所发生的资产损失,由总机构向所在地主管税务机关专项申报。

依据:《国家税务总局关于印发〈跨地区经营汇总纳税企业所得税征收管理办法〉的公告》(国家税务总局公告2012年第57号)第二十五条

> **热点问题**
>
> 某跨省总分支机构,省内设有二级和三级分支机构,并且当年均发生资产损失,三级分支机构的资产损失是否需要向所在地主管税务机关进行清单申报或者专项申报?
>
> 答:根据《国家税务总局关于印发〈跨地区经营汇总纳税企业所得税征收管理办法〉的公告》(国家税务总局公告2012年第57号)第二十五条的规定,汇总纳税企业发生的资产损失,应按以下规定申报扣除:总机构及二级分支机构发生的资产损失,除应按专项申报和清单申报的有关规定各自向所在地主管税务机关申报外,二级分支机构还应同时上报总机构;三级及以下分支机构发生的资产损失不需向所在地主管税务机关申报,应并入二级分支机构,由二级分支机构统一申报。因此,三级及以下分支机构发生的资产损失不需向所在地主管税务机关申报,应并入二级分支机构,由二级分支机构按照专项申报或者清单申报形式进行统一申报。

11.2.6.5　汇总纳税企业不得核定

汇总纳税企业不得核定征收企业所得税。

依据:《国家税务总局关于印发〈跨地区经营汇总纳税企业所得税征收管理办法〉的公告》(国家税务总局公告2012年第57号)第三十一条

11.2.7　税务检查、查补税款的处理

11.2.7.1　总机构所在地主管税务机关实施检查内容

总机构所在地主管税务机关应加强对汇总纳税企业申报缴纳企业所得税的管理,可以对企业自行实施税务检查,也可以与二级分支机构所在地主管税务机关联合实施税务检查。

总机构所在地主管税务机关应对查实项目按照《企业所得税法》的规定统一计算查增的应纳税所得额和应纳税额。

总机构应将查补所得税款(包括滞纳金、罚款,下同)的50%按照规定计算的分摊比例,分摊给各分支机构(不符合的分支机构除外)缴纳,各分支机构根据分摊查补税款就地办理缴库;50%分摊给总机构缴纳,其中25%就地办理缴库,25%就地全额缴入中央国库。

汇总纳税企业缴纳查补所得税款时,总机构应向其所在地主管税务机关报送汇总纳税企业分支机构所得税分配表和总机构所在地主管税务机关出具的税务检查结论,各分支机构也应向其所在地主管税务机关报送经总机构所在地主管税务机关受理的汇总纳税企业分支机构所得税分配表和税务检查结论。

依据:《国家税务总局关于印发〈跨地区经营汇总纳税企业所得税征收管理办法〉的公告》(国家税务总局公告 2012 年第 57 号)第二十七条

11.2.7.2　二级分支机构所在地主管税务机关实施检查内容

二级分支机构所在地主管税务机关应配合总机构所在地主管税务机关对其主管二级分支机构实施税务检查,也可以自行对该二级分支机构实施税务检查。

二级分支机构所在地主管税务机关自行对其主管二级分支机构实施税务检查,可对查实项目按照《企业所得税法》的规定自行计算查增的应纳税所得额和应纳税额。

计算查增的应纳税所得额时,应减除允许弥补的汇总纳税企业以前年度亏损;对于需由总机构统一计算的税前扣除项目,不得由分支机构自行计算调整。

二级分支机构应将查补所得税款的 50% 分摊给总机构缴纳,其中 25% 就地办理缴库,25% 就地全额缴入中央国库;50% 分摊给该二级分支机构就地办理缴库。

汇总纳税企业缴纳查补所得税款时,总机构应向其所在地主管税务机关报送经二级分支机构所在地主管税务机关受理的汇总纳税企业分支机构所得税分配表和二级分支机构所在地主管税务机关出具的税务检查结论,二级分支机构也应向其所在地主管税务机关报送汇总纳税企业分支机构所得税分配表和税务检查结论。

依据:《国家税务总局关于印发〈跨地区经营汇总纳税企业所得税征收管理办法〉的公告》(国家税务总局公告 2012 年第 57 号)第二十八条

11.2.8　跨地区经营建筑企业专项规定

11.2.8.1　二级以及分支机构项目部不就地预缴

建筑企业所属二级或二级以下分支机构直接管理的项目部(包括与项目部性质相同的工程指挥部、合同段等,下同)不就地预缴企业所得税,其经营收入、职工工资和资产总额应汇总到二级分支机构统一核算,由二级分支机构按照《国家税务总局关于印发〈跨地区经营汇总纳税企业所得税征收管理暂行办法〉的通知》(国税发〔2008〕28 号,以下简称国税发〔2008〕28 号文件)规定的办法预缴企业所得税。

11.2.8.2　总机构直接管理项目部的预缴处理

建筑企业总机构直接管理的跨地区设立的项目部,应按项目实际经营收入的 0.2% 按月或按季由总机构向项目所在地预分企业所得税,并由项目部向所在地主管税务机关预缴。

11.2.8.3　建筑企业汇总计算方法

建筑企业总机构汇总计算企业应纳所得税,按照以下方法进行预缴:

(1) 总机构只设跨地区项目部的,扣除已由项目部预缴的企业所得税后,按照其余额就地缴纳。

(2) 总机构只设二级分支机构的,按照国税发〔2008〕28 号文件规定计算总、分支机构应缴纳的税款。

(3) 总机构既有直接管理的跨地区项目部,又有跨地区二级分支机构的,先扣除已由项目部预缴的企业所得税后,再按照国税发〔2008〕28号文件规定计算总、分支机构应缴纳的税款。

建筑企业总机构应按照有关规定办理企业所得税年度汇算清缴,项目部不进行汇算清缴。总机构年终汇算清缴后应纳所得税额小于已预缴的税款时,由总机构主管税务机关办理退税或抵扣以后年度的应缴企业所得税。

11.2.8.4　项目部的管理要求

跨地区经营的项目部(包括二级以下分支机构管理的项目部)应向项目所在地主管税务机关出具总机构所在地主管税务机关开具的《外出经营活动税收管理证明》,未提供上述证明的,项目部所在地主管税务机关应督促其限期补办;不能提供上述证明的,应作为独立纳税人就地缴纳企业所得税。同时,项目部应向所在地主管税务机关提供总机构出具的证明该项目部属于总机构或二级分支机构管理的证明文件。

建筑企业总机构在办理企业所得税预缴和汇算清缴时,应附送其所直接管理的跨地区经营项目部就地预缴税款的完税证明。

11.2.8.5　同一省、自治区、直辖市和计划单列市设立的跨地(市、县)项目部的规定

建筑企业在同一省、自治区、直辖市和计划单列市设立的跨地(市、县)项目部,其企业所得税的征收管理办法,由各省、自治区、直辖市和计划单列市税务局共同制定,并报国家税务总局备案。

依据:《国家税务总局关于跨地区经营建筑企业所得税征收管理问题的通知》(国税函〔2010〕156号)、《国家税务总局关于修改部分税收规范性文件的公告》(国家税务总局公告2018年第31号)

> **热点问题**
>
> S省某建筑企业的征收方式为核率征收(应税所得率方式核定征收),到J省从事建筑工程施工,当地的税务部门按照其建筑工程收入的0.2%征收了企业所得税,企业回机构所在后应如何申报企业所得税?
>
> 答:从政策上看,《国家税务总局关于跨地区经营建筑企业所得税征收管理问题的通知》(国税函〔2010〕156号)是基于《国家税务总局关于印发〈跨地区经营汇总纳税企业所得税征收管理办法〉的公告》(国家税务总局公告2012年第57号)的前身国税发〔2008〕28号文件的相关规定,并对跨地区建筑项目进行了特殊的规定,因此将两个文件结合起来,对于总机构直接管理的项目按照0.2%在当地预分企业所得税的规定,实际隐含了企业征收方式必须是查账征收的企业这样一个规定。但是在实际征管中,很多企业,包括一些税务部门忽略了征收方式这一问题,造成企业在总机构和项目地适用的征收条款有差异,带来纳税风险,既有可能加重企业税负,也有可能造成漏征少缴税款。
>
> 因此,在实际处理中,最好的处理方式是企业到主管税务部门进行税款的重新申报,将其项目部按照规定视同独立纳税人进行处理;如果企业无法到项目所在地处理,总机构所在地的主管税务部门可酌情按照其按0.2%实际缴纳企业所得税进行抵扣企业当年的企业所得税。

11.3 企业重组

企业重组,是指企业在日常经营活动以外发生的法律结构或经济结构重大改变的交易,包括企业法律形式改变、债务重组、股权收购、资产收购、合并、分立等。

依据:《财政部 国家税务总局关于企业重组业务企业所得税处理若干问题的通知》(财税〔2009〕59号,以下简称财税〔2009〕59号文件)第一条

11.3.1 企业重组形式

11.3.1.1 法律形式改变

法律形式改变,是指企业注册名称、住所以及企业组织形式等的简单改变,但符合财税〔2009〕59号文件规定其他重组的类型除外。

依据:《财政部 国家税务总局关于企业重组业务企业所得税处理若干问题的通知》(财税〔2009〕59号)第一条

11.3.1.2 债务重组

债务重组,是指在债务人发生财务困难的情况下,债权人按照其与债务人达成的书面协议或者法院裁定书,就其债务人的债务作出让步的事项。

依据:《财政部 国家税务总局关于企业重组业务企业所得税处理若干问题的通知》(财税〔2009〕59号)第一条

11.3.1.3 股权收购

股权收购,是指一家企业(以下称为收购企业)购买另一家企业(以下称为被收购企业)的股权,以实现对被收购企业控制的交易。收购企业支付对价的形式包括股权支付、非股权支付或两者的组合。

依据:《财政部 国家税务总局关于企业重组业务企业所得税处理若干问题的通知》(财税〔2009〕59号)第一条

11.3.1.4 资产收购

资产收购,是指一家企业(以下称为受让企业)购买另一家企业(以下称为转让企业)实质经营性资产的交易。受让企业支付对价的形式包括股权支付、非股权支付或两者的组合。

依据:《财政部 国家税务总局关于企业重组业务企业所得税处理若干问题的通知》(财税〔2009〕59号)第一条

实质经营性资产,是指企业用于从事生产经营活动、与产生经营收入直接相关的资产,包括经营所用各类资产、企业拥有的商业信息和技术、经营活动产生的应收款项、投资资产等。

依据:《企业重组业务企业所得税管理办法》(国家税务总局公告2010年第4号印发)第五条

11.3.1.5 合并

合并,是指一家或多家企业(以下称为被合并企业)将其全部资产和负债转让给另一

家现存或新设企业(以下称为合并企业),被合并企业股东换取合并企业的股权或非股权支付,实现两个或两个以上企业的依法合并。

依据:《财政部 国家税务总局关于企业重组业务企业所得税处理若干问题的通知》(财税〔2009〕59号)第一条

11.3.1.6 分立

分立,是指一家企业(以下称为被分立企业)将部分或全部资产分离转让给现存或新设的企业(以下称为分立企业),被分立企业股东换取分立企业的股权或非股权支付,实现企业的依法分立。

依据:《财政部 国家税务总局关于企业重组业务企业所得税处理若干问题的通知》(财税〔2009〕59号)第一条

11.3.2 企业重组税务处理概述

除国务院财政、税务主管部门另有规定外,企业在重组过程中,应当在交易发生时确认有关资产的转让所得或者损失,相关资产应当按照交易价格重新确定计税基础。

依据:《中华人民共和国企业所得税法实施条例》第七十五条

11.3.2.1 税务处理的分类

企业重组的税务处理区分不同条件分别适用一般性税务处理规定和特殊性税务处理规定。

依据:《财政部 国家税务总局关于企业重组业务企业所得税处理若干问题的通知》(财税〔2009〕59号)第三条

11.3.2.2 当事各方一致税务处理原则

同一重组业务的当事各方应采取一致税务处理原则,即统一按一般性或特殊性税务处理。

依据:《企业重组业务企业所得税管理办法》(国家税务总局公告2010年第4号印发)第四条

当事各方中的自然人应按个人所得税的相关规定进行税务处理。

依据:《国家税务总局关于企业重组业务企业所得税征收管理若干问题的公告》(国家税务总局公告2015年第48号)第一条

11.3.2.3 企业重组的当事各方的范围

按照重组类型,企业重组的当事各方是指:
(1)债务重组中当事各方,指债务人、债权人。
(2)股权收购中当事各方,指收购方、转让方及被收购企业。
(3)资产收购中当事各方,指收购方、转让方。
(4)合并中当事各方,指合并企业、被合并企业及被合并企业股东。
(5)分立中当事各方,指分立企业、被分立企业及被分立企业股东。

上述重组交易中,股权收购中转让方、合并中被合并企业股东和分立中被分立企业股东,可以是自然人。

依据:《国家税务总局关于企业重组业务企业所得税征收管理若干问题的公告》(国家税务总局公告2015年第48号)第一条

11.3.3 一般性税务处理

企业重组,除符合规定适用特殊性税务处理规定的外,按一般性税务处理规定处理。

11.3.3.1 法律形式改变的一般性税务处理

一、法人转为非法人或注册地移至境外

企业由法人转变为个人独资企业、合伙企业等非法人组织,或将登记注册地转移至中华人民共和国境外(包括港澳台地区),应视同企业进行清算、分配,股东重新投资成立新企业。企业的全部资产以及股东投资的计税基础均应以公允价值为基础确定。

依据:《财政部 国家税务总局关于企业重组业务企业所得税处理若干问题的通知》(财税〔2009〕59号)第四条

企业发生上述规定的由法人转变为个人独资企业、合伙企业等非法人组织,或将登记注册地转移至中华人民共和国境外(包括港澳台地区),应按照《财政部 国家税务总局关于企业清算业务企业所得税处理若干问题的通知》(财税〔2009〕60号)规定进行清算。

企业在报送《企业清算所得纳税申报表》时,应附送以下资料:

(1)企业改变法律形式的工商部门或其他政府部门的批准文件。
(2)企业全部资产的计税基础以及评估机构出具的资产评估报告。
(3)企业债权、债务处理或归属情况说明。
(4)主管税务机关要求提供的其他资料证明。

依据:《企业重组业务企业所得税管理办法》(国家税务总局公告2010年第4号印发)第十条

二、其他法律形式简单的改变

企业发生其他法律形式简单改变的,可直接变更税务登记,除另有规定外,有关企业所得税纳税事项(包括亏损结转、税收优惠等权益和义务)由变更后企业承继,但因住所发生变化而不符合税收优惠条件的除外。

依据:《财政部 国家税务总局关于企业重组业务企业所得税处理若干问题的通知》(财税〔2009〕59号)第四条

11.3.3.2 债务重组一般性税务处理

一、税务处理内容

企业债务重组,相关交易应按以下规定处理:

(1)以非货币资产清偿债务,应当分解为转让相关非货币性资产、按非货币性资产公允价值清偿债务两项业务,确认相关资产的所得或损失。
(2)发生债权转股权的,应当分解为债务清偿和股权投资两项业务,确认有关债务清偿所得或损失。
(3)债务人应当按照支付的债务清偿额低于债务计税基础(公允价值)的差额,确认债务重组所得;债权人应当按照收到的债务清偿额低于债权计税基础的差额,确认债务重组损失。
(4)债务人的相关所得税纳税事项原则上保持不变。

依据：《财政部　国家税务总局关于企业重组业务企业所得税处理若干问题的通知》(财税〔2009〕59号)第四条

二、企业备查资料

企业发生上述规定的债务重组，应准备以下相关资料，以备税务机关检查。

(1) 以非货币资产清偿债务的，应保留当事各方签订的清偿债务的协议或合同，以及非货币资产公允价格确认的合法证据等。

(2) 债权转股权的，应保留当事各方签订的债权转股权协议或合同。

依据：《企业重组业务企业所得税管理办法》(国家税务总局公告2010年第4号印发)第十一条

11.3.3.3　股权收购、资产收购一般性税务处理

一、税务处理内容

企业股权收购、资产收购重组交易，相关交易应按以下规定处理：

(1) 被收购方应确认股权、资产转让所得或损失。

(2) 收购方取得股权或资产的计税基础应以公允价值为基础确定。

(3) 被收购企业的相关所得税事项原则上保持不变。

依据：《财政部　国家税务总局关于企业重组业务企业所得税处理若干问题的通知》(财税〔2009〕59号)第四条

二、企业备查资料

企业发生上述规定的股权收购、资产收购重组业务，应准备以下相关资料，以备税务机关检查。

(1) 当事各方所签订的股权收购、资产收购业务合同或协议。

(2) 相关股权、资产公允价值的合法证据。

依据：《企业重组业务企业所得税管理办法》(国家税务总局公告2010年第4号印发)第十二条

11.3.3.4　企业合并一般性税务处理

一、税务处理内容

企业合并，当事各方应按下列规定处理：

(1) 合并企业应按公允价值确定接受被合并企业各项资产和负债的计税基础。

(2) 被合并企业及其股东都应按清算进行所得税处理。

(3) 被合并企业的亏损不得在合并企业结转弥补。

依据：《财政部　国家税务总局关于企业重组业务企业所得税处理若干问题的通知》(财税〔2009〕59号)第四条

二、被合并企业清算需报送的资料

企业发生上述规定的合并，应按照《财政部　国家税务总局关于企业清算业务企业所得税处理若干问题的通知》(财税〔2009〕60号)规定进行清算。

被合并企业在报送《企业清算所得纳税申报表》时，应附送以下资料：

(1) 企业合并的工商部门或其他政府部门的批准文件。

(2) 企业全部资产和负债的计税基础以及评估机构出具的资产评估报告。

(3) 企业债务处理或归属情况说明。

（4）主管税务机关要求提供的其他资料证明。

依据：《企业重组业务企业所得税管理办法》（国家税务总局公告 2010 年第 4 号印发）第十三条

11.3.3.5　企业分立一般性税务处理

一、税务处理内容

企业分立，当事各方应按下列规定处理：

（1）被分立企业对分立出去资产应按公允价值确认资产转让所得或损失。

（2）分立企业应按公允价值确认接受资产的计税基础。

（3）被分立企业继续存在时，其股东取得的对价应视同被分立企业分配进行处理。

（4）被分立企业不再继续存在时，被分立企业及其股东都应按清算进行所得税处理。

（5）企业分立相关企业的亏损不得相互结转弥补。

依据：《财政部　国家税务总局关于企业重组业务企业所得税处理若干问题的通知》（财税〔2009〕59 号）第四条

二、被分立企业（不再存续）清算需报送的资料

企业发生上述规定的分立，被分立企业不再继续存在，应按照《财政部　国家税务总局关于企业清算业务企业所得税处理若干问题的通知》（财税〔2009〕60 号）规定进行清算。

被分立企业在报送《企业清算所得纳税申报表》时，应附送以下资料：

（1）企业分立的工商部门或其他政府部门的批准文件。

（2）被分立企业全部资产的计税基础以及评估机构出具的资产评估报告。

（3）企业债务处理或归属情况说明。

（4）主管税务机关要求提供的其他资料证明。

依据：《企业重组业务企业所得税管理办法》（国家税务总局公告 2010 年第 4 号印发）第十四条

11.3.4　特殊性税务处理

11.3.4.1　特殊性税务处理内容

重组交易各方按规定对交易中股权支付暂不确认有关资产的转让所得或损失的，其非股权支付仍应在交易当期确认相应的资产转让所得或损失，并调整相应资产的计税基础。

$$\text{非股权支付对应的资产转让所得或损失} = \left(\text{被转让资产的公允价值} - \text{被转让资产的计税基础}\right) \times \left(\text{非股权支付金额} \div \text{被转让资产的公允价值}\right)$$

依据：《财政部　国家税务总局关于企业重组业务企业所得税处理若干问题的通知》（财税〔2009〕59 号）第六条

股权支付，是指企业重组中购买、换取资产的一方支付的对价中，以本企业或其控股企业的股权、股份作为支付的形式；所称非股权支付，是指以本企业的现金、银行存款、应收款项、本企业或其控股企业股权和股份以外的有价证券、存货、固定资产、其他资产以及承担债务等作为支付的形式。

依据：《财政部　国家税务总局关于企业重组业务企业所得税处理若干问题的通知》（财税〔2009〕59 号）第二条

上述所称控股企业,是指由本企业直接持有股份的企业。

依据:《企业重组业务企业所得税管理办法》(国家税务总局公告2010年第4号印发)第六条

【案例11-1】 承债式股权收购的收入确认

2019年A公司以100万元的价格向B公司转让其全资子公司甲公司100%股权。因在转让前,甲公司尚欠A公司200万元债务。故转让时,A公司与B公司还约定,B公司代甲公司先偿还200万元债务,A公司在上述股权转让中一共收到300万元。

问题: A公司取得的由B公司代甲公司偿还的200万元是否作为股权转让收入?

分析: 在实践中,经常会遇到承债式股权收购。所谓承债式股权收购是指在股权收购时,转让方或受让方还同时承担或代为偿还被转让股权企业的相关债务的行为。在本案例中,受让方替被转让股权企业承担债务是否作为股权转让中非股权支付对价是争论的焦点问题。对该问题有两种不同看法:

观点一:根据《财政部 国家税务总局关于企业重组业务企业所得税处理若干问题的通知》(财税〔2009〕59号)的规定,承担债务属于非股权支付的形式之一。因此,应当将200万元债务包含在A公司股权转让价格中,即整个股权转让价格为300万元。相应地,B公司购买的甲公司的股权计税基础为300万元。

观点二:站在股权转让方A公司的角度来说,是否构成其股权转让收入主要取决于该行为是否为其带来直接或间接的现实或潜在的经济利益流入。在本案例中,虽然B公司代甲公司偿还其在转让前欠A公司的200万元债务,但对A公司而言实际上是债权的收回,不是股权转让收入。因此,A公司股权转让价格为100万元。对于甲公司来说,B公司将债务代偿后变为其债权人。如甲公司将来不需偿还B公司债务,则B公司代甲公司偿债金额应作为其对甲公司的资本投入。对于股权购买方B公司来说,支付的300万元中,有100万元为购买甲公司股权支出,200万元为对甲公司的应收账款。因此B公司购买股权的计税基础应为100万元。如果未来对甲公司的应收账款转为资本投入,则B公司持有甲公司股权的计税基础变为300万元。

对于上述案例,基于经济利益流入角度分析,笔者较为赞成观点二。在实践中,企业如遇到类似的问题,建议向当地税务机关咨询并确认。

11.3.4.2 适用特殊性税务处理的条件

企业重组同时符合下列条件的,适用特殊性税务处理规定:

(1)具有合理的商业目的,且不以减少、免除或者推迟缴纳税款为主要目的。

(2)被收购、合并或分立部分的资产或股权比例符合财税〔2009〕59号文件规定的比例。

(3)企业重组后的连续12个月内不改变重组资产原来的实质性经营活动。

(4)重组交易对价中涉及股权支付金额符合财税〔2009〕59号文件规定比例。

(5)企业重组中取得股权支付的原主要股东,在重组后连续12个月内,不得转让所取得的股权。

依据:《财政部 国家税务总局关于企业重组业务企业所得税处理若干问题的通知》(财税〔2009〕59号)第五条

一、合理商业目的

企业重组业务适用特殊性税务处理的,申报时,应从以下方面逐条说明企业重组具有合理的商业目的:

(1) 重组交易的方式。

(2) 重组交易的实质结果。

(3) 重组各方涉及的税务状况变化。

(4) 重组各方涉及的财务状况变化。

(5) 非居民企业参与重组活动的情况。

依据:《国家税务总局关于企业重组业务企业所得税征收管理若干问题的公告》(国家税务总局公告2015年第48号)第五条

二、原主要股东持股比例

原主要股东,是指原持有转让企业或被收购企业20%以上股权的股东。

依据:《企业重组业务企业所得税管理办法》(国家税务总局公告2010年第4号印发)第二十条

三、企业重组后的连续12个月内

企业重组后的连续12个月内是指自重组日起计算的连续12个月内。

依据:《企业重组业务企业所得税管理办法》(国家税务总局公告2010年第4号印发)第十九条

四、企业重组日

企业重组日的确定,按以下规定处理:

(1) 债务重组,以债务重组合同(协议)或法院裁定书生效日为重组日。

(2) 股权收购,以转让合同(协议)生效且完成股权变更手续日为重组日。关联企业之间发生股权收购,转让合同(协议)生效后12个月内尚未完成股权变更手续的,应以转让合同(协议)生效日为重组日。

(3) 资产收购,以转让合同(协议)生效且当事各方已进行会计处理的日期为重组日。

(4) 合并,以合并合同(协议)生效、当事各方已进行会计处理且完成工商新设登记或变更登记日为重组日。按规定不需要办理工商新设或变更登记的合并,以合并合同(协议)生效且当事各方已进行会计处理的日期为重组日。

(5) 分立,以分立合同(协议)生效、当事各方已进行会计处理且完成工商新设登记或变更登记日为重组日。

依据:《国家税务总局关于企业重组业务企业所得税征收管理若干问题的公告》(国家税务总局公告2015年第48号)第三条

解读

一、出台特殊性税务处理规定的考量

现行税法之所以允许某些符合条件的企业重组交易进行特殊性税务处理,主要基于以下考量:

(1) 量能纳税的原则。这一原则要求根据纳税人负担能力大小来确定税收负担水平。也就是说企业重组交易应当产生"足够"的现金流,否则企业"无钱"纳税。由于可采用特殊性税务处理的重组交易,对价支付的主要形式为股权支付,非股权支付占比较小,难以产生足够纳税的现金流。如果强行纳税,通常会阻碍该重组行为的正常进行,造成资源配置的无效率。

(2) 在可适用特殊性税务处理的重组中,目标企业的重组资产在重组后得以在新的企业继续存续或使用;站在目标公司原股东层面看,通过取得股权支付的形式,其对目标企业重组资产的股东利益在重组后得以继续存在,而并未发生实质改变。其只不过是以不同的形式继续着他们的投资。如果对其投资形式的简单变化一概要求确认转让所得征收企业所得税,会对企业正常的投资和重组行为造成阻碍。

二、适用特殊性处理的重组要遵循的原则

适用特殊性税务处理的重组不仅应当符合交易形式的要求,还应当遵守一般原则。《财政部 国家税务总局关于企业重组业务企业所得税处理若干问题的通知》(财税〔2009〕59号)第五条的规定体现了这些一般原则,主要包括营业目的原则、营业继续原则和股东利益持续原则。营业目的原则要求适用特殊性税务处理的重组行为要有合理的商业目的,税收利益上的考量不应成为主要目的,该原则体现了反避税的要求。营业继续原则要求在重组中,被重组企业的业务或资产的经营在重组后的企业得到延续,而不是在交易后被转让或剥离,该原则更关注重组公司所从事的营业。营业继续原则体现在财税〔2009〕59号文件中,要求被收购、合并或分立部分的资产或股权比例符合规定的比例;企业重组后的连续12个月内不改变重组资产原来的实质性经营活动。股东利益持续原则要求目标公司原股东对被收购的资产或股权的权益在重组后得以持续。股东利益持续原则体现在财税〔2009〕59号文件中,要求重组交易对价中涉及股权支付金额符合规定比例;企业重组中取得股权支付的原主要股东,在重组后连续12个月内,不得转让所取得的股权。

11.3.4.3 债务重组特殊性税务处理

企业债务重组确认的应纳税所得额占该企业当年应纳税所得额50%以上,可以在5个纳税年度的期间内,均匀计入各年度的应纳税所得额。

企业发生债权转股权业务,对债务清偿和股权投资两项业务暂不确认有关债务清偿所得或损失,股权投资的计税基础以原债权的计税基础确定。企业的其他相关所得税事项保持不变。

依据:《财政部 国家税务总局关于企业重组业务企业所得税处理若干问题的通知》(财税〔2009〕59号)第六条

> **热点问题**
>
> 境外子公司拖欠境内母公司的款项,境内母公司在"其他应收款"科目核算,如果签订债转股,能否适用特殊性税务处理?
>
> 答:债转股属于债务重组的一种形式,若符合《财政部 国家税务总局关于企业重组业务企业所得税处理若干问题的通知》第六条(财税〔2009〕59号)、《国家税务总局关于企业重组业务企业所得税征收管理若干问题的公告》(国家税务总局公告2015年第48号)相关条件的,可以适用特殊性税务处理,并按规定进行备案。

11.3.4.4　股权收购特殊性税务处理

股权收购,收购企业购买的股权不低于被收购企业全部股权的50％,且收购企业在该股权收购发生时的股权支付金额不低于其交易支付总额的85％,可以选择按以下规定处理:

(1)被收购企业的股东取得收购企业股权的计税基础,以被收购股权的原有计税基础确定。

(2)收购企业取得被收购企业股权的计税基础,以被收购股权的原有计税基础确定。

(3)收购企业、被收购企业的原有各项资产、负债的计税基础和其他相关所得税事项保持不变。

依据:《财政部　国家税务总局关于企业重组业务企业所得税处理若干问题的通知》第六条(财税〔2009〕59号)第六条第(二)项

将《财政部　国家税务总局关于企业重组业务企业所得税处理若干问题的通知》(财税〔2009〕59号)第六条第(二)项中有关"股权收购,收购企业购买的股权不低于被收购企业全部股权的75％"规定调整为"股权收购,收购企业购买的股权不低于被收购企业全部股权的50％"。(自2014年1月1日起执行)

依据:《财政部　国家税务总局关于促进企业重组有关企业所得税处理问题的通知》(财税〔2014〕109号)第一条

11.3.4.5　资产收购特殊性税务处理

资产收购,受让企业收购的资产不低于转让企业全部资产的75％,且受让企业在该资产收购发生时的股权支付金额不低于其交易支付总额的85％,可以选择按以下规定处理:

(1)转让企业取得受让企业股权的计税基础,以被转让资产的原有计税基础确定。

(2)受让企业取得转让企业资产的计税基础,以被转让资产的原有计税基础确定。

依据:《财政部　国家税务总局关于企业重组业务企业所得税处理若干问题的通知》(财税〔2009〕59号)第六条第(三)项

将财税〔2009〕59号文件第六条第(三)项中有关"资产收购,受让企业收购的资产不低于转让企业全部资产的75％"规定调整为"资产收购,受让企业收购的资产不低于转让企业全部资产的50％"。

依据:《财政部　国家税务总局关于促进企业重组有关企业所得税处理问题的通知》(财税〔2014〕109号)第二条

> **热点问题**
>
> 1. 资产收购中承担的债务是否属于非股权支付?
>
> 答:关于资产收购中承担的债务是否属于非股权支付,目前各地税务机关对此问题尚有不同的看法。
>
> 观点一:资产收购中承担的债务属于非股权支付。因为根据财税〔2009〕59号文第二条的规定,非股权支付是指以本企业的现金、银行存款、应收款项、本企业或其控

股企业股权和股份以外的有价证券、存货、固定资产、其他资产以及承担债务等作为支付的形式。

观点二：资产收购中承担的债务不属于非股权支付。理由是在资产收购中，企业实际收购的是被收购企业全部净资产，而负债属于被收购净资产的一部分，因此不属于非股权支付额。

观点三：资产也可以包括与该资产相关联的负债。与资产相关联的负债，是指与该资产共同构成一项业务（如构成企业分公司、分部、分厂、独立生产线等）的负债。对应的在计算资产收购比例时，如果单纯转让资产的，以转让资产的公允价值占转让企业资产总额的公允价值计算，此时承担的债务属于非股权支付；如果将资产与该资产相关联的负债一起转让的，以资产减去与该资产相关联的负债后净值的公允价值占转让企业净资产总额的公允价值计算，此时承担与该资产相关联的负债不属于非股权支付。

上述观点之所以不同，主要在于对财税〔2009〕59号文中"资产"概念的内涵和外延理解不同。在实践中，为了避免基层执行时混乱，我们采用了观点一的观点。当遇到收购企业分公司、分部、分厂、独立生产线等情形时，根据具体情况个案分析处理。

由于对上述问题存在不同的看法，其他地区具体执行时，请纳税人前往当地税务机关具体咨询。

2. 在控股企业股权支付情形下，收购企业取得资产或股权的计税基础问题。财税〔2009〕59号文件规定，在特殊性税务处理下，收购企业取得被收购企业股权（资产）的计税基础以被收购股权（资产）原有计税基础确定。在收购企业用控股企业股权进行支付的情形下，控股企业股权原计税基础往往与被收购股权（资产）原有计税基础不一致，此时收购企业是否将两者的差额确认为收益或损失？

答：观点一：应确认相关的收益或损失。原因是财税〔2009〕59号文件规定，收购企业取得被收购企业股权（资产）的计税基础以被收购股权（资产）原有计税基础确定。因此在收购企业用控股企业股权进行支付的情形下，控股企业股权原计税基础与被收购股权（资产）计税基础之间的差额必须要确认为收益或损失，否则会计处理及税务处理上无法平衡。

观点二：在收购企业用控股企业股权进行支付的情形下，收购企业取得被收购企业股权（资产）的计税基础以收购企业控股企业股权原计税基础确定，此时不产生相关的收益或损失。理由是财税〔2009〕59号文出台之初，并没有明确规定以控股企业股权支付也属于股权支付的范畴，如果以收购企业自身的股份支付，则不会产生上述问题。而且特殊性税务处理的总体原则是对交易中股权支付暂不确认有关资产的转让所得或损失，因此上述情形下，收购企业取得被收购企业股权（资产）的计税基础以收购企业控股企业股权原计税基础确定，该过程不应产生任何收益或损失。

由于各地税务机关对此问题存在不同看法，具体执行时请纳税人咨询当地税务机关。

11.3.4.6 企业合并特殊性税务处理

一、税务处理

企业合并,企业股东在该企业合并发生时取得的股权支付金额不低于其交易支付总额的85%,以及同一控制下且不需要支付对价的企业合并,可以选择按以下规定处理:

(1) 合并企业接受被合并企业资产和负债的计税基础,以被合并企业的原有计税基础确定。

(2) 被合并企业合并前的相关所得税事项由合并企业承继。

(3) 可由合并企业弥补的被合并企业亏损的限额=被合并企业净资产公允价值×截至合并业务发生当年年末国家发行的最长期限的国债利率。

(4) 被合并企业股东取得合并企业股权的计税基础,以其原持有的被合并企业股权的计税基础确定。

依据:《财政部 国家税务总局关于企业重组业务企业所得税处理若干问题的通知》(财税〔2009〕59号)第六条

二、同一控制

上述规定的同一控制,是指参与合并的企业在合并前后均受同一方或相同的多方最终控制,且该控制并非暂时性的。能够对参与合并的企业在合并前后均实施最终控制权的相同多方,是指根据合同或协议的约定,对参与合并企业的财务和经营政策拥有决定控制权的投资者群体。在企业合并前,参与合并各方受最终控制方的控制在12个月以上,企业合并后所形成的主体在最终控制方的控制时间也应达到连续12个月。

依据:《企业重组业务企业所得税管理办法》(国家税务总局公告2010年第4号印发)第二十一条

三、可由合并企业弥补的被合并企业亏损限额

上述所规定的可由合并企业弥补的被合并企业亏损的限额,是指按《企业所得税法》规定的剩余结转年限内,每年可由合并企业弥补的被合并企业亏损的限额。

依据:《企业重组业务企业所得税管理办法》(国家税务总局公告2010年第4号印发)第二十六条

> **热点问题**
>
> 母公司吸收合并100%控股子公司是否可以适用特殊性税务处理?
>
> 答:目前,税务机关对此问题尚有不同的看法。根据财税〔2009〕59号文件的规定,在满足其他条件的同时,同一控制下且不需要支付对价的企业合并可以适用特殊性税务处理。《企业重组业务企业所得税管理办法》(国家税务总局公告2010年第4号印发)规定,同一控制,是指参与合并的企业在合并前后均受同一方或相同的多方最终控制,且该控制并非暂时性的。
>
> 观点一:母公司吸收合并全资子公司,视为全资子公司的清算分配。理由是母公司吸收合并全资子公司,不改变母公司所能控制的经济资源,所以不是企业合并;另外在吸收合并后,全资子公司注销,母公司对子公司不存在持股关系,进而无法通过持股方式享受到原来资产产生的收益,而是转为直接控制子公司的资产,原来的权益无法得到持续,即不是通过持股方式享受到原来资产的收益。因此,无法满足并购重组企业所得税规则中的"权益连续性原则",不适用特殊重组。

观点二：母子公司属于"同一控制"的范畴。理由是根据《企业重组业务企业所得税管理办法》(国家税务总局公告2010年第4号印发)的解释，同一控制指参与合并的企业在合并前后均受同一方或相同的多方最终控制。最终控制可以是直接控制，也可以是间接控制。站在更高的层面，母子公司在合并前后均由母公司的股东最终控制。因此母子公司属于"同一控制"的范畴。另外，母公司吸收合并子公司时，不需向自己支付对价，因此在满足其他条件的情况下，母公司吸收合并100%控股子公司可以适用特殊性的税务处理。

由于各地税务机关对此问题存在不同看法，具体执行时请纳税人咨询当地税务机关。

四、合并企业承继的所得税事项

被合并企业合并前的相关所得税事项由合并企业承继。这些事项包括尚未确认的资产损失、分期确认收入的处理以及尚未享受期满的税收优惠政策承继处理问题等。

依据：《企业重组业务企业所得税管理办法》(国家税务总局公告2010年第4号印发)第二十八条

11.3.4.7 企业分立特殊性税务处理

一、税务处理

企业分立，被分立企业所有股东按原持股比例取得分立企业的股权，分立企业和被分立企业均不改变原来的实质经营活动，且被分立企业股东在该企业分立发生时取得的股权支付金额不低于其交易支付总额的85%，可以选择按以下规定处理：

(1) 分立企业接受被分立企业资产和负债的计税基础，以被分立企业的原有计税基础确定。

(2) 被分立企业已分立出去资产相应的所得税事项由分立企业承继。

(3) 被分立企业未超过法定弥补期限的亏损额可按分立资产占全部资产的比例进行分配，由分立企业继续弥补。

(4) 被分立企业的股东取得分立企业的股权(以下简称"新股")，如需部分或全部放弃原持有的被分立企业的股权(以下简称"旧股")，"新股"的计税基础应以放弃"旧股"的计税基础确定。如不需放弃"旧股"，则其取得"新股"的计税基础可从以下两种方法中选择确定：直接将"新股"的计税基础确定为零；或者以被分立企业分立出去的净资产占被分立企业全部净资产的比例先调减原持有的"旧股"的计税基础，再将调减的计税基础平均分配到"新股"上。

依据：《财政部 国家税务总局关于企业重组业务企业所得税处理若干问题的通知》(财税〔2009〕59号)第六条

二、分立企业承继的所得税事项

企业分立，已分立资产相应的所得税事项由分立企业承继。这些事项包括尚未确认的资产损失、分期确认收入的处理以及尚未享受期满的税收优惠政策承继处理问题等。

依据：《企业重组业务企业所得税管理办法》(国家税务总局公告2010年第4号印发)第二十八条

11.3.4.8 企业重组税收优惠的承继

一、吸收合并中税收优惠的承继

在企业吸收合并中,合并后的存续企业性质及适用税收优惠的条件未发生改变的,可以继续享受合并前该企业剩余期限的税收优惠,其优惠金额按存续企业合并前一年的应纳税所得额(亏损计为零)计算。

依据:《财政部 国家税务总局关于企业重组业务企业所得税处理若干问题的通知》(财税〔2009〕59号)第九条

二、存续分立中税收优惠事项的承继

在企业存续分立中,分立后的存续企业性质及适用税收优惠的条件未发生改变的,可以继续享受分立前该企业剩余期限的税收优惠,其优惠金额按该企业分立前一年的应纳税所得额(亏损计为零)乘以分立后存续企业资产占分立前该企业全部资产的比例计算。

依据:《财政部 国家税务总局关于企业重组业务企业所得税处理若干问题的通知》(财税〔2009〕59号)第九条

三、合并或分立适用一般性税务处理的优惠承继

企业合并或分立,合并各方企业或分立企业涉及享受《企业所得税法》第五十七条规定中就企业整体(即全部生产经营所得)享受的税收优惠过渡政策尚未期满的,仅就存续企业未享受完的税收优惠,按照财税〔2009〕59号文件第九条的规定执行;注销的被合并或被分立企业未享受完的税收优惠,不再由存续企业承继;合并或分立而新设的企业不得再承继或重新享受上述优惠。合并或分立各方企业按照《企业所得税法》的税收优惠规定和税收优惠过渡政策中就企业有关生产经营项目的所得享受的税收优惠承继问题,按照《企业所得税法实施条例》第八十九条规定执行。

依据:《企业重组业务企业所得税管理办法》(国家税务总局公告2010年第4号印发)第十五条

四、合并或分立适用特殊性税务处理的优惠承继

对企业合并或分立中税收优惠政策承继处理问题,凡属于依照《企业所得税法》第五十七条规定中就企业整体(即全部生产经营所得)享受税收优惠过渡政策的,合并或分立后的企业性质及适用税收优惠条件未发生改变的,可以继续享受合并前各企业或分立前被分立企业剩余期限的税收优惠。合并前各企业剩余的税收优惠年限不一致的,合并后企业每年度的应纳税所得额,应统一按合并日各合并前企业资产占合并后企业总资产的比例进行划分,再分别按相应的剩余优惠计算应纳税额。合并前各企业或分立前被分立企业按照《企业所得税法》的税收优惠规定以及税收优惠过渡政策中就有关生产经营项目所得享受的税收优惠承继处理问题,按照《企业所得税法实施条例》第八十九条规定执行。

依据:《企业重组业务企业所得税管理办法》(国家税务总局公告2010年第4号印发)第二十八条

11.3.4.9 分步交易

一、分步交易税务处理

企业在重组发生前后连续12个月内分步对其资产、股权进行交易,应根据实质重于形式原则将上述分步交易作为一项企业重组交易进行处理。

依据：《财政部 国家税务总局关于企业重组业务企业所得税处理若干问题的通知》(财税〔2009〕59号)第十条

二、跨年度分步交易税务处理

跨年度分步交易，若当事方在首个纳税年度不能预计整个交易是否符合特殊性税务处理条件，应适用一般性税务处理。在下一纳税年度全部交易完成后，适用特殊性税务处理的，可以调整上一纳税年度的企业所得税年度申报表，涉及多缴税款的，各主管税务机关应退税，或抵缴当年应纳税款。

依据：《企业重组业务企业所得税管理办法》(国家税务总局公告2010年第4号印发)第三十三条

根据财税〔2009〕59号文件第十条规定，若同一项重组业务涉及在连续12个月内分步交易，且跨两个纳税年度，当事各方在首个纳税年度交易完成时预计整个交易符合特殊性税务处理条件，经协商一致选择特殊性税务处理的，可以暂时适用特殊性税务处理，并在当年企业所得税年度申报时提交书面申报资料。

在下一纳税年度全部交易完成后，企业应判断是否适用特殊性税务处理。如适用特殊性税务处理的，当事各方应按本公告要求申报相关资料；如适用一般性税务处理的，应调整相应纳税年度的企业所得税年度申报表，计算缴纳企业所得税。

依据：《国家税务总局关于企业重组业务企业所得税征收管理若干问题的公告》(国家税务总局公告2015年第48号)第七条

11.3.4.10 备案及资料报送要求

一、重组业务完成当年需报送资料

企业发生符合规定的特殊性重组条件并选择特殊性税务处理的，当事各方应在该重组业务完成当年企业所得税年度申报时，向主管税务机关提交书面备案资料，证明其符合各类特殊性重组规定的条件。企业未按规定书面备案的，一律不得按特殊重组业务进行税务处理。

依据：《财政部 国家税务总局关于企业重组业务企业所得税处理若干问题的通知》(财税〔2009〕59号)第十一条

企业重组业务适用特殊性税务处理的，除财税(2009)59号文第四条第一项所称企业发生其他法律形式简单改变情形外，重组各方应在该重组业务完成当年，办理企业所得税年度申报时，分别向各自主管税务机关报送《企业重组所得税特殊性税务处理报告表及附表》和申报资料。合并、分立中重组一方涉及注销的，应在尚未办理注销税务登记手续前进行申报。

重组主导方申报后，其他当事方向其主管税务机关办理纳税申报。申报时还应附送重组主导方经主管税务机关受理的《企业重组所得税特殊性税务处理报告表及附表》(复印件)。

依据：《国家税务总局关于企业重组业务企业所得税征收管理若干问题的公告》(国家税务总局公告2015年第48号)第四条

企业重组业务适用特殊性税务处理的，申报时，当事各方还应向主管税务机关提交重组前连续12个月内有无与该重组相关的其他股权、资产交易情况的说明，并说明这些交易与该重组是否构成分步交易，是否作为一项企业重组业务进行处理。

依据:《国家税务总局关于企业重组业务企业所得税征收管理若干问题的公告》(国家税务总局公告2015年第48号)第六条

二、重组主导方

重组当事各方企业适用特殊性税务处理的[指重组业务符合财税〔2009〕59号文件和《财政部 国家税务总局关于促进企业重组有关企业所得税处理问题的通知》(财税〔2014〕109号)第一条、第二条规定条件并选择特殊性税务处理的,下同],应按如下规定确定重组主导方:

(1) 债务重组,主导方为债务人。

(2) 股权收购,主导方为股权转让方,涉及两个或两个以上股权转让方,由转让被收购企业股权比例最大的一方作为主导方(转让股权比例相同的可协商确定主导方)。

(3) 资产收购,主导方为资产转让方。

(4) 合并,主导方为被合并企业,涉及同一控制下多家被合并企业的,以净资产最大的一方为主导方。

(5) 分立,主导方为被分立企业。

依据:《国家税务总局关于企业重组业务企业所得税征收管理若干问题的公告》(国家税务总局公告2015年第48号)第二条

三、重组业务完成年度

财税〔2009〕59号文件所称重组业务完成当年,是指重组日所属的企业所得税纳税年度。

企业重组日的确定,按以下规定处理:

(1) 债务重组,以债务重组合同(协议)或法院裁定书生效日为重组日。

(2) 股权收购,以转让合同(协议)生效且完成股权变更手续日为重组日。关联企业之间发生股权收购,转让合同(协议)生效后12个月内尚未完成股权变更手续的,应以转让合同(协议)生效日为重组日。

(3) 资产收购,以转让合同(协议)生效且当事各方已进行会计处理的日期为重组日。

(4) 合并,以合并合同(协议)生效、当事各方已进行会计处理且完成工商新设登记或变更登记日为重组日。按规定不需要办理工商新设或变更登记的合并,以合并合同(协议)生效且当事各方已进行会计处理的日期为重组日。

(5) 分立,以分立合同(协议)生效、当事各方已进行会计处理且完成工商新设登记或变更登记日为重组日。

依据:《国家税务总局关于企业重组业务企业所得税征收管理若干问题的公告》(国家税务总局公告2015年第48号)第三条

四、债务重组当事各方申报资料

(1) 债务重组的总体情况说明,包括债务重组方案、基本情况、债务重组所产生的应纳税所得额,并逐条说明债务重组的商业目的;以非货币资产清偿债务的,还应包括企业当年应纳税所得额情况。

(2) 清偿债务或债权转股权的合同(协议)或法院裁定书,需有权部门(包括内部和外部)批准的,应提供批准文件。

(3) 债权转股权的,提供相关股权评估报告或其他公允价值证明;以非货币资产清偿债务的,提供相关资产评估报告或其他公允价值证明。

(4) 重组当事各方一致选择特殊性税务处理并加盖当事各方公章的证明资料。

(5) 债权转股权的,还应提供工商管理部门等有权机关登记的相关企业股权变更事项的证明材料,以及债权人12个月内不转让所取得股权的承诺书。

(6) 按会计准则规定当期应确认资产(股权)转让损益的,应提供按税法规定核算的资产(股权)计税基础与按会计准则规定核算的相关资产(股权)账面价值的暂时性差异专项说明。

依据:《国家税务总局关于企业重组业务企业所得税征收管理若干问题的公告》(国家税务总局公告2015年第48号)附件2《企业重组所得税特殊性税务处理申报资料一览表》

五、股权收购当事各方申报资料

(1) 股权收购业务总体情况说明,包括股权收购方案、基本情况,并逐条说明股权收购的商业目的。

(2) 股权收购、资产收购业务合同(协议),需有权部门(包括内部和外部)批准的,应提供批准文件。

(3) 相关股权评估报告或其他公允价值证明。

(4) 12个月内不改变重组资产原来的实质性经营活动、原主要股东不转让所取得股权的承诺书。

(5) 工商管理部门等有权机关登记的相关企业股权变更事项的证明材料。

(6) 重组当事各方一致选择特殊性税务处理并加盖当事各方公章的证明资料。

(7) 涉及非货币性资产支付的,应提供非货币性资产评估报告或其他公允价值证明。

(8) 重组前连续12个月内有无与该重组相关的其他股权、资产交易,与该重组是否构成分步交易、是否作为一项企业重组业务进行处理情况的说明。

(9) 按会计准则规定当期应确认资产(股权)转让损益的,应提供按税法规定核算的资产(股权)计税基础与按会计准则规定核算的相关资产(股权)账面价值的暂时性差异专项说明。

依据:《国家税务总局关于企业重组业务企业所得税征收管理若干问题的公告》(国家税务总局公告2015年第48号)附件2《企业重组所得税特殊性税务处理申报资料一览表》

六、资产收购当事各方申报资料

(1) 资产收购业务总体情况说明,包括资产收购方案、基本情况,并逐条说明资产收购的商业目的。

(2) 资产收购业务合同(协议),需有权部门(包括内部和外部)批准的,应提供批准文件。

(3) 相关资产评估报告或其他公允价值证明。

(4) 被收购资产原计税基础的证明。

(5) 12个月内不改变资产原来的实质性经营活动、原主要股东不转让所取得股权的承诺书。

(6) 工商管理部门等有权机关登记的相关企业股权变更事项的证明材料。

（7）重组当事各方一致选择特殊性税务处理并加盖当事各方公章的证明资料。

（8）涉及非货币性资产支付的，应提供非货币性资产评估报告或其他公允价值证明。

（9）重组前连续 12 个月内有无与该重组相关的其他股权、资产交易，与该重组是否构成分步交易、是否作为一项企业重组业务进行处理情况的说明。

（10）按会计准则规定当期应确认资产（股权）转让损益的，应提供按税法规定核算的资产（股权）计税基础与按会计准则规定核算的相关资产（股权）账面价值的暂时性差异专项说明。

依据：《国家税务总局关于企业重组业务企业所得税征收管理若干问题的公告》（国家税务总局公告 2015 年第 48 号）附件 2《企业重组所得税特殊性税务处理申报资料一览表》

七、合并当事各方申报资料

（1）企业合并的总体情况说明，包括合并方案、基本情况，并逐条说明企业合并的商业目的。

（2）企业合并协议或决议，需有权部门（包括内部和外部）批准的，应提供批准文件。

（3）企业合并当事各方的股权关系说明，若属同一控制下且不需支付对价的合并，还需提供在企业合并前，参与合并各方受最终控制方的控制在 12 个月以上的证明材料。

（4）被合并企业净资产、各单项资产和负债的账面价值和计税基础等相关资料。

（5）12 个月内不改变资产原来的实质性经营活动、原主要股东不转让所取得股权的承诺书。

（6）工商管理部门等有权机关登记的相关企业股权变更事项的证明材料。

（7）合并企业承继被合并企业相关所得税事项（包括尚未确认的资产损失、分期确认收入和尚未享受期满的税收优惠政策等）情况说明。

（8）涉及可由合并企业弥补被合并企业亏损的，需要提供其合并日净资产公允价值证明材料及主管税务机关确认的亏损弥补情况说明。

（9）重组当事各方一致选择特殊性税务处理并加盖当事各方公章的证明资料。

（10）涉及非货币性资产支付的，应提供非货币性资产评估报告或其他公允价值证明。

（11）重组前连续 12 个月内有无与该重组相关的其他股权、资产交易，与该重组是否构成分步交易、是否作为一项企业重组业务进行处理情况的说明。

（12）按会计准则规定当期应确认资产（股权）转让损益的，应提供按税法规定核算的资产（股权）计税基础与按会计准则规定核算的相关资产（股权）账面价值的暂时性差异专项说明。

依据：《国家税务总局关于企业重组业务企业所得税征收管理若干问题的公告》（国家税务总局公告 2015 年第 48 号）附件 2《企业重组所得税特殊性税务处理申报资料一览表》

八、分立当事各方申报资料

（1）企业分立的总体情况说明，包括分立方案、基本情况，并逐条说明企业分立的商业目的。

（2）被分立企业董事会、股东会（股东大会）关于企业分立的决议，需有权部门（包括内部和外部）批准的，应提供批准文件。

(3) 被分立企业的净资产、各单项资产和负债账面价值和计税基础等相关资料。

(4) 12个月内不改变资产原来的实质性经营活动、原主要股东不转让所取得股权的承诺书。

(5) 工商管理部门等有权机关认定的分立和被分立企业股东股权比例证明材料；分立后，分立和被分立企业工商营业执照复印件。

(6) 重组当事各方一致选择特殊性税务处理并加盖当事各方公章的证明资料。

(7) 涉及非货币性资产支付的，应提供非货币性资产评估报告或其他公允价值证明。

(8) 分立企业承继被分立企业所分立资产相关所得税事项（包括尚未确认的资产损失、分期确认收入和尚未享受期满的税收优惠政策等）情况说明。

(9) 若被分立企业尚有未超过法定弥补期限的亏损，应提供亏损弥补情况说明、被分立企业重组前净资产和分立资产公允价值的证明材料。

(10) 重组前连续12个月内有无与该重组相关的其他股权、资产交易，与该重组是否构成分步交易、是否作为一项企业重组业务进行处理情况的说明。

(11) 按会计准则规定当期应确认资产（股权）转让损益的，应提供按税法规定核算的资产（股权）计税基础与按会计准则规定核算的相关资产（股权）账面价值的暂时性差异专项说明。

依据：《国家税务总局关于企业重组业务企业所得税征收管理若干问题的公告》（国家税务总局公告2015年第48号）附件2《企业重组所得税特殊性税务处理申报资料一览表》

九、后续年度需报送资料

适用"企业重组后的连续12个月内不改变重组资产原来的实质性经营活动"和"企业重组中取得股权支付的原主要股东，在重组后连续12个月内，不得转让所取得的股权"条件的当事各方应在完成重组业务后的下一年度的企业所得税年度申报时，向主管税务机关提交书面情况说明，以证明企业在重组后的连续12个月内，有关符合特殊性税务处理的条件未发生改变。

依据：《企业重组业务企业所得税管理办法》（国家税务总局公告2010年第4号印发）第二十九条

企业发生财税〔2009〕59号文件第六条第（一）项规定的债务重组，应准确记录应予确认的债务重组所得，并在相应年度的企业所得税汇算清缴时对当年确认额及分年结转额的情况做出说明。

依据：《国家税务总局关于企业重组业务企业所得税征收管理若干问题的公告》（国家税务总局公告2015年第48号）第八条

十、以后年度转让或处置重组资产的管理要求

适用特殊性税务处理的企业，在以后年度转让或处置重组资产（股权）时，应在年度纳税申报时对资产（股权）转让所得或损失情况进行专项说明，包括特殊性税务处理时确定的重组资产（股权）计税基础与转让或处置时的计税基础的比对情况，以及递延所得税负债的处理情况等。

依据：《国家税务总局关于企业重组业务企业所得税征收管理若干问题的公告》（国家税务总局公告2015年第48号）第十条

十一、企业保管资料要求

企业重组的当事各方应该取得并保管与该重组有关的凭证、资料,保管期限按照《税收征收管理法》的有关规定执行。

依据:《企业重组业务企业所得税管理办法》(国家税务总局公告2010年第4号印发)第三十四条

十二、重组业务不再符合特殊性税务处理条件的处理

当事方的其中一方在规定时间内发生生产经营业务、公司性质、资产或股权结构等情况变化,致使重组业务不再符合特殊性税务处理条件的,发生变化的当事方应在情况发生变化的30天内书面通知其他所有当事方。主导方在接到通知后30日内将有关变化通知其主管税务机关。

以上所述情况发生变化后60日内,应按照财税〔2009〕59号文件第四条的规定调整重组业务的税务处理。原交易各方应各自按原交易完成时资产和负债的公允价值计算重组业务的收益或损失,调整交易完成纳税年度的应纳税所得额及相应的资产和负债的计税基础,并向各自主管税务机关申请调整交易完成纳税年度的企业所得税年度申报表。逾期不调整申报的,按照《税收征收管理法》的相关规定处理。

依据:《企业重组业务企业所得税管理办法》(国家税务总局公告2010年第4号印发)第三十条

11.3.4.11 税务机关后续管理要求

各当事方的主管税务机关应当对企业申报或确认适用特殊性税务处理的重组业务进行跟踪监管,了解重组企业的动态变化情况。发现问题,应及时与其他当事方主管税务机关沟通联系,并按照规定给予调整。

依据:《企业重组业务企业所得税管理办法》(国家税务总局公告2010年第4号印发)第三十一条

一、建立台账要求

主管税务机关应建立台账,对企业每年申报的债务重组所得与台账进行比对分析,加强后续管理。

依据:《国家税务总局关于企业重组业务企业所得税征收管理若干问题的公告》(国家税务总局公告2015年第48号)第八条

主管税务机关应建立台账,对居民企业取得股权的计税基础和每年确认的资产或股权转让收益进行比对分析,加强后续管理。

依据:《国家税务总局关于企业重组业务企业所得税征收管理若干问题的公告》(国家税务总局公告2015年第48号)第九条

二、加强评估和检查

适用特殊性税务处理的企业,在以后年度转让或处置重组资产(股权)时,主管税务机关应加强评估和检查,将企业特殊性税务处理时确定的重组资产(股权)计税基础与转让或处置时的计税基础及相关的年度纳税申报表比对,发现问题的,应依法进行调整。

依据:《国家税务总局关于企业重组业务企业所得税征收管理若干问题的公告》(国家税务总局公告2015年第48号)第十条

三、统计和归档

税务机关应对适用特殊性税务处理的企业重组做好统计和相关资料的归档工作。各省、自治区、直辖市和计划单列市税务局应于每年8月底前将《企业重组所得税特殊性税务处理统计表》上报税务总局(所得税司)。

依据:《国家税务总局关于企业重组业务企业所得税征收管理若干问题的公告》(国家税务总局公告2015年第48号)第十一条

11.3.4.12 跨境重组

一、跨境重组适用特殊性税务处理条件

企业发生涉及中国境内与境外之间(包括港澳台地区)的股权和资产收购交易,除应符合特殊性税务处理的条件外,还应同时符合下列条件,才可选择适用特殊性税务处理规定:

(1) 非居民企业向其100%直接控股的另一非居民企业转让其拥有的居民企业股权,没有因此造成以后该项股权转让所得预提税负担变化,且转让方非居民企业向主管税务机关书面承诺在3年(含3年)内不转让其拥有受让方非居民企业的股权。

(2) 非居民企业向与其具有100%直接控股关系的居民企业转让其拥有的另一居民企业股权。

(3) 居民企业以其拥有的资产或股权向其100%直接控股的非居民企业进行投资。

(4) 财政部、国家税务总局核准的其他情形。

依据:《财政部 国家税务总局关于企业重组业务企业所得税处理若干问题的通知》(财税〔2009〕59号)第七条

二、跨境重组特殊性税务处理的内容

企业发生涉及中国境内与境外之间(包括港澳台地区)的股权和资产收购交易,符合条件的可选择适用特殊性税务处理规定。凡适用特殊性税务处理规定的,应按照境内企业重组特殊性税务处理管理规定执行。

依据:《企业重组业务企业所得税管理办法》(国家税务总局公告2010年第4号印发)第三十五条

在符合特殊性税务处理的条件下,居民企业以其拥有的资产或股权向其100%直接控股的非居民企业进行投资,其资产或股权转让收益如选择特殊性税务处理,可以在10个纳税年度内均匀计入各年度应纳税所得额。

依据:《财政部 国家税务总局关于企业重组业务企业所得税处理若干问题的通知》(财税〔2009〕59号)第八条

【案例11-2】 涉及非居民的股权收购能否适用特殊性税务处理

A公司为在中国境内注册成立的中外合资企业,中方股东持股比例为73%,境外非居民股东持股27%,B公司为中国境内上市公司。为了借壳上市,201×年6月,B公司与A公司股东签订《股权购买协议》,约定B公司以其增发股份为对价购买A公司100%股权。交易完成后,A公司原股东共持有B公司80%股权(B公司原股东持有20%股份),其中A公司原中方股东取得58.4%,A公司原外方股东取得21.6%。A公司原股东承诺交易完成后连续36个月内不转让取得的B公司股权。

问题:上述股权收购交易能否适用债务重组特殊性税务处理?

分析:《财政部 国家税务总局关于企业重组业务企业所得税处理若干问题的通知》(财税〔2009〕59号)第五条规定,股权收购适用特殊性税务处理的条件:

(1) 具有合理的商业目的,且不以减少、免除或者推迟缴纳税款为主要目的。

(2) 被收购股权比例符合财税〔2009〕59号文件规定的比例(50%以上)。

（3）企业重组后的连续 12 个月内不改变重组资产原来的实质性经营活动。

（4）重组交易对价中涉及股权支付金额符合财税〔2009〕59 号文件规定比例。

（5）企业重组中取得股权支付的原主要股东，在重组后连续 12 个月内，不得转让所取得的股权。

案例中的股权收购交易显然完全符合上述规定。但由于上述股权收购行为涉及中国境内与境外之间的股权和资产收购交易，故还要符合财税〔2009〕59 号文件第七条的规定。

财税〔2009〕59 号文件第七条规定，企业发生涉及中国境内与境外之间（包括港澳台地区）的股权和资产收购交易，除应符合本通知第五条规定的条件外，还应同时符合下列条件，才可选择适用特殊性税务处理规定：

（1）非居民企业向其 100% 直接控股的另一非居民企业转让其拥有的居民企业股权，没有因此造成以后该项股权转让所得预提税负担变化，且转让方非居民企业向主管税务机关书面承诺在 3 年（含 3 年）内不转让其拥有受让方非居民企业的股权。

（2）非居民企业向与其具有 100% 直接控股关系的居民企业转让其拥有的另一居民企业股权。

（3）居民企业以其拥有的资产或股权向其 100% 直接控股的非居民企业进行投资。

（4）财政部、国家税务总局核准的其他情形。

上述股权收购交易明显不在财税〔2009〕59 号文第七条列举的 3 种情形中，那么此时该如何处理？目前有如下两种观点：

观点一：上述股权收购交易整体上不能适用特殊性税务处理。因为案例中的股权收购交易涉及 A 企业原非居民股东向 B 公司转让 A 公司股权的交易，不在财税〔2009〕59 号文件第七条列举的符合条件的情形之中，故上述股权收购交易整体上不得适用特殊性税务处理。

观点二：上述股权收购交易中，A 公司原中方股东适用特殊性税务处理；A 公司原境外非居民股东不适用特殊性税务处理。将上述股权收购交易割裂为 B 公司分别向 A 公司中方股东和境外非居民股东收购 A 公司股权。由于 A 公司原中方股东的持股比例为 73%，超过了 50%，故 A 公司原中方股东适用特殊性税务处理。由于 A 企业原非居民股东向 B 公司转让 A 公司股权的交易，不在财税〔2009〕59 号文第七条列举的符合条件的情形之中，故 A 公司原境外非居民股东不适用特殊性税务处理。

上述股权收购明显符合营业目的规则、营业企业继续规则以及股东利益持续规则，且整个交易并无现金流，纳税人缺乏纳税必要资金。如采用观点一，则明显阻碍了中国境内所有中外合资企业正常的并购重组，违背了税收中性原则。如采用观点二，在同一个重组交易中，对不同身份的企业股东给予不同的税收待遇，违背了公平原则。

因此，建议纳税人遇到此类情况咨询当地主管税务机关。

三、备案及资料报送要求

（一）跨境股权转让备案时间及地点

非居民企业股权转让选择特殊性税务处理的，应于股权转让合同或协议生效且完成工商变更登记手续 30 日内进行备案。属于非居民企业向其 100% 直接控股的另一非居民企业转让其拥有的居民企业股权,没有因此造成以后该项股权转让所得预提税负担变化,且转让方非居民企业向主管税务机关书面承诺在3年(含3年)内不转让其拥有受让方非居民企业的股权情形的,由转让方向被转让企业所在地所得税主管税务机关备案;属于非居民企业向与其具有100%直接控股关系的居民企业转让其拥有的另一居民企业股权情形的,由受让方向其所在地所得税主管税务机关备案。

股权转让方或受让方可以委托代理人办理备案事项;代理人在代为办理备案事项时,应向主管税务机关出具备案人的书面授权委托书。

依据:《国家税务总局关于非居民企业股权转让适用特殊性税务处理有关问题的公告》(国家税务总局公告2013年第72号)第二条

(二)跨境股权转让备案资料

股权转让方、受让方或其授权代理人(以下简称备案人)办理备案时应填报以下资料:

(1)《非居民企业股权转让适用特殊性税务处理备案表》。

(2)股权转让业务总体情况说明,应包括股权转让的商业目的、证明股权转让符合特殊性税务处理条件、股权转让前后的公司股权架构图等资料。

(3)股权转让业务合同或协议(外文文本的同时附送中文译本)。

(4)工商等相关部门核准企业股权变更事项证明资料。

(5)截至股权转让时,被转让企业历年的未分配利润资料。

(6)税务机关要求的其他材料。

以上资料已经向主管税务机关报送的,备案人可不再重复报送。其中以复印件形式向税务机关提交的资料,备案人应在复印件上注明"本复印件与原件一致"字样,并签字后加盖备案人印章;报送中文译本的,应在中文译本上注明"本译文与原文表述内容一致"字样,并签字后加盖备案人印章。

依据:《国家税务总局关于非居民企业股权转让适用特殊性税务处理有关问题的公告》(国家税务总局公告2013年第72号)第三条

主管税务机关应当按规定受理备案,资料齐全的,应当场在《非居民企业股权转让适用特殊性税务处理备案表》上签字盖章,并退1份给备案人;资料不齐全的,不予受理,并告知备案人各应补正事项。

依据:《国家税务总局关于非居民企业股权转让适用特殊性税务处理有关问题的公告》(国家税务总局公告2013年第72号)第四条

(三)跨境投资需报送资料

发生居民企业以其拥有的资产或股权向其100%直接控股的非居民企业进行投资的重组,居民企业应向其所在地主管税务机关报送以下资料。

(1)当事方的重组情况说明,申请文件中应说明股权转让的商业目的。

(2)双方所签订的股权转让协议。

(3)双方控股情况说明。

(4)由评估机构出具的资产或股权评估报告。报告中应分别列示涉及的各单项被转让资产和负债的公允价值。

(5) 证明重组符合特殊性税务处理条件的资料,包括股权或资产转让比例,支付对价情况,以及 12 个月内不改变资产原来的实质性经营活动、不转让所取得股权的承诺书等。

(6) 税务机关要求的其他材料。

依据:《企业重组业务企业所得税管理办法》(国家税务总局公告 2010 年第 4 号印发)第三十七条

企业发生居民企业以其拥有的资产或股权向其 100% 直接控股的非居民企业进行投资的重组,居民企业应准确记录应予确认的资产或股权转让收益总额,并在相应年度的企业所得税汇算清缴时对当年确认额及分年结转额的情况做出说明。

依据:《国家税务总局关于企业重组业务企业所得税征收管理若干问题的公告》(国家税务总局公告 2015 年第 48 号)第九条

四、税务机关后续管理

(一) 备案事项的后续调查处理

非居民企业发生股权转让属于非居民企业向其 100% 直接控股的另一非居民企业转让其拥有的居民企业股权,没有因此造成以后该项股权转让所得预提税负担变化,且转让方非居民企业向主管税务机关书面承诺在 3 年(含 3 年)内不转让其拥有受让方非居民企业的股权情形的,主管税务机关应当自受理之日起 30 个工作日内就备案事项进行调查核实、提出处理意见,并将全部备案资料以及处理意见层报省(含自治区、直辖市和计划单列市,下同)税务机关。

税务机关在调查核实时,如发现此种股权转让情形造成以后该项股权转让所得预提税负担变化,包括转让方把股权由应征税的国家或地区转让到不征税或低税率的国家或地区,应不予适用特殊性税务处理。

依据:《国家税务总局关于非居民企业股权转让适用特殊性税务处理有关问题的公告》(国家税务总局公告 2013 年第 72 号)第五条

非居民企业发生股权转让属于非居民企业向与其具有 100% 直接控股关系的居民企业转让其拥有的另一居民企业股权情形的,应区分以下两种情形予以处理:

(1) 受让方和被转让企业在同一省,按照《国家税务总局关于非居民企业股权转让适用特殊性税务处理有关问题的公告》(国家税务总局公告 2013 年第 72 号)第五条规定执行。

(2) 受让方和被转让企业不在同一省的,受让方所在地省税务机关收到主管税务机关意见后 30 日内,应向被转让企业所在地省税务机关发出《非居民企业股权转让适用特殊性税务处理告知函》。

依据:《国家税务总局关于非居民企业股权转让适用特殊性税务处理有关问题的公告》(国家税务总局公告 2013 年第 72 号)第六条、《国家税务总局关于修改部分税收规范性文件的公告》(国家税务总局公告 2018 年第 31 号)

非居民企业股权转让适用特殊性税务处理备案后经调查核实不符合条件的,应调整适用一般性税务处理,按照有关规定缴纳企业所得税。非居民企业股权转让适用特殊性税务处理未进行备案的,税务机关应告知其按照《国家税务总局关于非居民企业股权转让适用特殊性税务处理有关问题的公告》（国家税务总局公告2013年第72号）第二条、第三条的规定办理备案手续。

依据：《国家税务总局关于修改〈非居民企业所得税核定征收管理办法〉等文件的公告》（国家税务总局公告2015年第22号）第三条

（二）建立台账要求

企业发生符合特殊性税务处理条件的居民企业以其拥有的资产或股权向其100％直接控股的非居民企业进行投资的重组，居民企业应准确记录应予确认的资产或股权转让收益总额，并在相应年度的企业所得税汇算清缴时对当年确认额及分年结转额的情况做出说明。

主管税务机关应建立台账，对居民企业取得股权的计税基础和每年确认的资产或股权转让收益进行比对分析，加强后续管理。

依据：《国家税务总局关于企业重组业务企业所得税征收管理若干问题的公告》（国家税务总局公告2015年第48号）第九条

（三）上报统计表要求

省税务机关应做好辖区内非居民企业股权转让适用特殊性税务处理的管理工作，于年度终了后30日内向国家税务总局报送《非居民企业股权转让适用特殊性税务处理情况统计表》。

依据：《国家税务总局关于非居民企业股权转让适用特殊性税务处理有关问题的公告》（国家税务总局公告2013年第72号）第九条

五、被转让股权企业转让后分配利润的处理

非居民企业发生股权转让属于财税〔2009〕59号文件第七条第（一）项情形且选择特殊性税务处理的，转让方和受让方不在同一国家或地区的，若被转让企业股权转让前的未分配利润在转让后分配给受让方的，不享受受让方所在国家（地区）与中国签订的税收协定（含税收安排）的股息减税优惠待遇，并由被转让企业按税法相关规定代扣代缴企业所得税，到其所在地所得税主管税务机关申报缴纳。

依据：《国家税务总局关于非居民企业股权转让适用特殊性税务处理有关问题的公告》（国家税务总局公告2013年第72号）第八条

11.3.5 资产划转的特殊性税务处理

11.3.5.1 总体规定

对100％直接控制的居民企业之间，以及受同一或相同多家居民企业100％直接控制的居民企业之间按账面净值划转股权或资产，凡具有合理商业目的、不以减少、免除或者推迟缴纳税款为主要目的，股权或资产划转后连续12个月内不改变被划转股权或资产原来实质性经营活动，且划出方企业和划入方企业均未在会计上确认损益的，可以选择按以下规定进行特殊性税务处理：

（1）划出方企业和划入方企业均不确认所得。

（2）划入方企业取得被划转股权或资产的计税基础，以被划转股权或资产的原账面净值确定。

(3) 划入方企业取得的被划转资产，应按其原账面净值计算折旧扣除。

依据：《财政部 国家税务总局关于促进企业重组有关企业所得税处理问题的通知》（财税〔2014〕109号）第三条

11.3.5.2 符合条件资产划转的四种情形

《财政部 国家税务总局关于促进企业重组有关企业所得税处理问题的通知》（财税〔2014〕109号）第三条所称"100％直接控制的居民企业之间，以及受同一或相同多家居民企业100％直接控制的居民企业之间按账面净值划转股权或资产"，限于以下情形：

(1) 100％直接控制的母子公司之间，母公司向子公司按账面净值划转其持有的股权或资产，母公司获得子公司100％的股权支付。母公司按增加长期股权投资处理，子公司按接受投资（包括资本公积，下同）处理。母公司获得子公司股权的计税基础以划转股权或资产的原计税基础确定。

(2) 100％直接控制的母子公司之间，母公司向子公司按账面净值划转其持有的股权或资产，母公司没有获得任何股权或非股权支付。母公司按冲减实收资本（包括资本公积，下同）处理，子公司按接受投资处理。

(3) 100％直接控制的母子公司之间，子公司向母公司按账面净值划转其持有的股权或资产，子公司没有获得任何股权或非股权支付。母公司按收回投资处理，或按接受投资处理，子公司按冲减实收资本处理。母公司应按被划转股权或资产的原计税基础，相应调减持有子公司股权的计税基础。

(4) 受同一或相同多家母公司100％直接控制的子公司之间，在母公司主导下，一家子公司向另一家子公司按账面净值划转其持有的股权或资产，划出方没有获得任何股权或非股权支付。划出方按冲减所有者权益处理，划入方按接受投资处理。

依据：《国家税务总局关于资产（股权）划转企业所得税征管问题的公告》（国家税务总局公告2015年第40号）第一条

解读

符合条件资产划转的四种情形中的税务会计处理。

表11-4 符合条件资产划转税务会计处理明细表

情形	税务会计处理	
	划出方	划入方
100％直接控制的母子公司之间，母公司向子公司按账面净值划转其持有的股权或资产，母公司获得子公司100％的股权支付。母公司按增加长期股权投资处理，子公司按接受投资（包括资本公积，下同）处理。母公司获得子公司股权的计税基础以划转股权或资产的原计税基础确定	此时划出方为母公司，其税务会计处理为： DR：长期股权投资——子公司 　　CR：被划出的资产或股权（按原账面价值）	此时划入方为子公司，其税务会计处理为： DR：被划入的资产或股权（按原账面价值） 　　CR：实收资本——母公司 　　　　资本公积

(续表)

情形	税务会计处理	
	划出方	划入方
100%直接控制的母子公司之间,母公司向子公司按账面净值划转其持有的股权或资产,母公司没有获得任何股权或非股权支付。母公司按冲减实收资本(包括资本公积,下同)处理,子公司按接受投资处理	此时划出方为母公司,其税务会计处理为: DR:资本公积(或实收资本) 　CR:被划出的资产或股权(按原账面价值)	此时划入方为子公司,其税务会计处理为: DR:被划入的资产或股权(按原账面价值) 　CR:资本公积(或实收资本)
100%直接控制的母子公司之间,子公司向母公司按账面净值划转其持有的股权或资产,子公司没有获得任何股权或非股权支付。母公司按收回投资处理,或按接受投资处理,子公司按冲减实收资本处理。母公司应按被划转股权或资产的原计税基础,相应调减持有子公司股权的计税基础	此时划出方为子公司,其税务会计处理为: DR:资本公积(或实收资本) 　CR:被划出的资产或股权(按原账面价值)	此时划入方为母公司,其税务会计处理为: DR:被划入的资产或股权(按原账面价值) 　CR:长期股权投资——子公司
受同一或相同多家母公司100%直接控制的子公司之间,在母公司主导下,一家子公司向另一家子公司按账面净值划转其持有的股权或资产,划出方没有获得任何股权或非股权支付。划出方按冲减所有者权益处理,划入方按接受投资处理	划出方子公司,其税务会计处理为: DR:资本公积(或实收资本) 　CR:被划出的资产或股权(按原账面价值)	划入方子公司,其税务会计处理为: DR:被划入的资产或股权(按原账面价值) 　CR:资本公积(或实收资本)

热点问题

1. A公司与B公司共同投资成立C公司,A公司持股比例为95%,B公司持股比例为5%。B公司为A公司的全资子公司。C公司与D公司共同投资成立E公司,C公司持股比例为90%,D公司持股比例为10%。股权结构图如图11-3所示。

现A公司要收购C公司持有的E公司的股权,该事项能否适用《财政部 国家税务总局关于促进企业重组有关企业所得税处理问题的通知》(财税〔2014〕109号,以下简称财税〔2014〕109号文件)第三条对100%直接控制的居民企业之间,以及受同一或相同多家居民企业100%直接控制的居民企业之间按账面净值划转股权或资产,能否选择特殊性税务处理的规定?

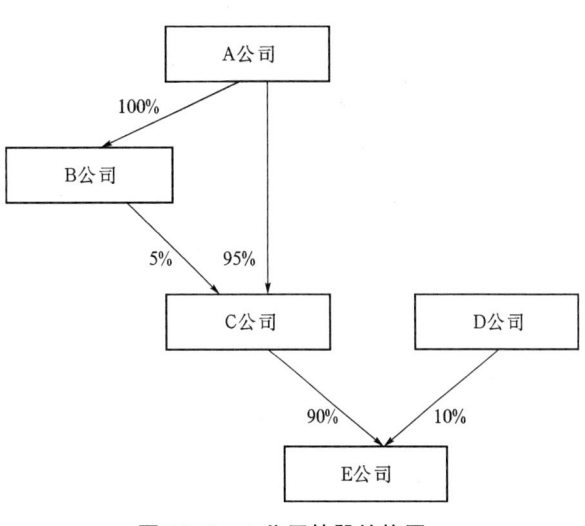

图11-3　A公司持股结构图

答：根据《国家税务总局关于资产（股权）划转企业所得税征管问题的公告》（国家税务总局公告2015年第40号）的规定，上述情形不属于"100%直接控制的居民企业之间，以及受同一或相同多家居民企业100%直接控制的居民企业之间按账面净值划转股权或资产"。因此不适用财税〔2014〕109号文件。

2.某企业的股权架构图如图11-4所示。A自然人、B自然人系中国税收居民，且目前双方为夫妻关系。J公司拟打算以其拥有的土地使用权对L公司增加投资，在L公司为B自然人实际控制的情况下，能否参照财税〔2014〕109号文做不确认所得的处理？

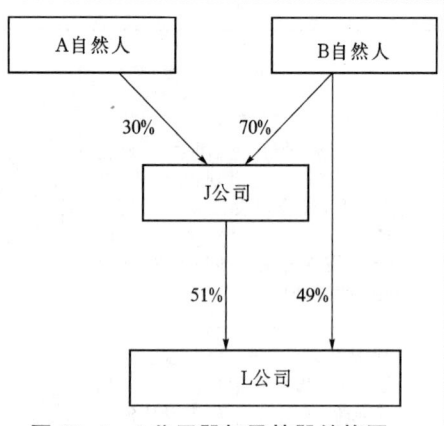

图11-4　J公司股权及持股结构图

答：《国家税务总局关于资产（股权）划转企业所得税征管问题的公告》（国家税务总局公告2015年第40号）明确列举了可以适用资产（股权）划转特殊性税务处理的四种情形。由于J公司未能直接持有L公司100%股权，因此上述情形不属于"100%直接控制的居民企业之间，以及受同一或相同多家居民企业100%直接控制的居民企业之间按账面净值划转股权或资产"，不能参照财税〔2014〕109号文件做不确认所得的处理。

3.《国家税务总局关于资产（股权）划转企业所得税征管问题的公告》（国家税务总局公告2015年第40号）规定，对于受同一或相同多家母公司100%直接控制的子公司之间，在母公司主导下，一家子公司向另一家子公司按账面净值划转其持有的股权或资产，划出方没有获得任何股权或非股权支付，可以进行特殊性税务处理。上述"受同一或相同多家母公司100%直接控制的子公司"的规定，是否要求两个子公司所有股东的持股比例完全相同？

答：总局给予满足一定条件的资产（股权）划转适用特殊性税务处理的原理在于站在股东层面，相关的划转行为不会对股东的权益有任何影响，资产的增（减）值并未真正实现。基于此，只有当两个子公司所有股东的持股比例完全相同时，划转行为才不会引起股东层面权益的任何变动。如无此要求，极端情况下可以通过调整股东间的持股比例进行利益输送，与立法本意不符。

11.3.5.3　股权或资产划转完成日

《财政部　国家税务总局关于促进企业重组有关企业所得税处理问题的通知》（财税〔2014〕109号，以下简称财税〔2014〕109号文件）第三条所称"股权或资产划转后连续12个月内不改变被划转股权或资产原来实质性经营活动"，是指自股权或资产划转完成日起连续12个月内不改变被划转股权或资产原来实质性经营活动。

股权或资产划转完成日，是指股权或资产划转合同（协议）或批复生效，且交易双方已进行会计处理的日期。

依据:《国家税务总局关于资产(股权)划转企业所得税征管问题的公告》(国家税务总局公告2015年第40号)第二条

11.3.5.4 取得被划转资产的计税基础、折旧或摊销

财税〔2014〕109号文件第三条所称"划入方企业取得被划转股权或资产的计税基础,以被划转股权或资产的原账面净值确定",是指划入方企业取得被划转股权或资产的计税基础,以被划转股权或资产的原计税基础确定。

财税〔2014〕109号文件第三条所称"划入方企业取得的被划转资产,应按其原账面净值计算折旧扣除",是指划入方企业取得的被划转资产,应按被划转资产的原计税基础计算折旧扣除或摊销。

依据:《国家税务总局关于资产(股权)划转企业所得税征管问题的公告》(国家税务总局公告2015年第40号)第三条

11.3.5.5 双方一致性税务处理

按照财税〔2014〕109号文件第三条规定进行特殊性税务处理的股权或资产划转,交易双方应在协商一致的基础上,采取一致处理原则统一进行特殊性税务处理。

依据:《国家税务总局关于资产(股权)划转企业所得税征管问题的公告》(国家税务总局公告2015年第40号)第四条

11.3.5.6 资料报送要求

一、划转完成当年资料报送要求

交易双方应在企业所得税年度汇算清缴时,分别向各自主管税务机关报送《居民企业资产(股权)划转特殊性税务处理申报表》和相关资料(一式两份)。

相关资料包括:

(1)股权或资产划转总体情况说明,包括基本情况、划转方案等,并详细说明划转的商业目的。

(2)交易双方或多方签订的股权或资产划转合同(协议),需有权部门(包括内部和外部)批准的,应提供批准文件。

(3)被划转股权或资产账面净值和计税基础说明。

(4)交易双方按账面净值划转股权或资产的说明(需附会计处理资料)。

(5)交易双方均未在会计上确认损益的说明(需附会计处理资料)。

(6)12个月内不改变被划转股权或资产原来实质性经营活动的承诺书。

依据:《国家税务总局关于资产(股权)划转企业所得税征管问题的公告》(国家税务总局公告2015年第40号)第五条

二、划转完成下一年度资料报送要求

交易双方应在股权或资产划转完成后的下一年度的企业所得税年度申报时,各自向主管税务机关提交书面情况说明,以证明被划转股权或资产自划转完成日后连续12个月内,没有改变原来的实质性经营活动。

依据:《国家税务总局关于资产(股权)划转企业所得税征管问题的公告》(国家税务总局公告2015年第40号)第六条

11.3.5.7　税务机关后续管理要求

交易双方的主管税务机关应对企业申报适用特殊性税务处理的股权或资产划转加强后续管理。

依据：《国家税务总局关于资产（股权）划转企业所得税征管问题的公告》（国家税务总局公告2015年第40号）第九条

交易一方在股权或资产划转完成日后连续12个月内发生生产经营业务、公司性质、资产或股权结构等情况变化，致使股权或资产划转不再符合特殊性税务处理条件的，发生变化的交易一方应在情况发生变化的30日内报告其主管税务机关，同时书面通知另一方。另一方应在接到通知后30日内将有关变化报告其主管税务机关。

依据：《国家税务总局关于资产（股权）划转企业所得税征管问题的公告》（国家税务总局公告2015年第40号）第七条

上述情况发生变化后60日内，原交易双方应按以下规定进行税务处理：

（1）属于100%直接控制的母子公司之间，母公司向子公司按账面净值划转其持有的股权或资产，母公司获得子公司100%的股权支付情形的，母公司应按原划转完成时股权或资产的公允价值视同销售处理，并按公允价值确认取得长期股权投资的计税基础；子公司按公允价值确认划入股权或资产的计税基础。

属于100%直接控制的母子公司之间，母公司向子公司按账面净值划转其持有的股权或资产，母公司没有获得任何股权或非股权支付情形的，母公司应按原划转完成时股权或资产的公允价值视同销售处理；子公司按公允价值确认划入股权或资产的计税基础。

属于100%直接控制的母子公司之间，子公司向母公司按账面净值划转其持有的股权或资产，子公司没有获得任何股权或非股权支付情形的，子公司应按原划转完成时股权或资产的公允价值视同销售处理；母公司应按撤回或减少投资进行处理。

属于受同一或相同多家母公司100%直接控制的子公司之间，在母公司主导下，一家子公司向另一家子公司按账面净值划转其持有的股权或资产，划出方没有获得任何股权或非股权支付情形的，划出方应按原划转完成时股权或资产的公允价值视同销售处理；母公司根据交易情形和会计处理对划出方按分回股息进行处理，或者按撤回或减少投资进行处理，对划入方按以股权或资产的公允价值进行投资处理；划入方按接受母公司投资处理，以公允价值确认划入股权或资产的计税基础。

（2）交易双方应调整划转完成纳税年度的应纳税所得额及相应股权或资产的计税基础，向各自主管税务机关申请调整划转完成纳税年度的企业所得税年度申报表，依法计算缴纳企业所得税。

依据：《国家税务总局关于资产（股权）划转企业所得税征管问题的公告》（国家税务总局公告2015年第40号）第八条

【解读】

后续情况变化，不符合条件时，资产划转的四种情形中的税务会计处理，如表11-5所示。

表 11-5　资产划转后续情况变化后双方处理方式对比表

情形	税务会计处理	
	划出方	划入方
属于100%直接控制的母子公司之间，母公司向子公司按账面净值划转其持有的股权或资产，母公司获得子公司100%的股权支付情形的，母公司应按原划转完成时股权或资产的公允价值视同销售处理，并按公允价值确认取得长期股权投资的计税基础；子公司按公允价值确认划入股权或资产的计税基础	此时划出方为母公司，其税务会计处理为： DR：长期股权投资——子公司（公允价值） 　CR：被划出的资产或股权（原账面价值） 　　　营业外收入	此时划入方为子公司，其税务会计处理为： DR：被划入的资产或股权（公允价值） 　CR：实收资本——母公司 　　　资本公积
100%直接控制的母子公司之间，母公司向子公司按账面净值划转其持有的股权或资产，母公司没有获得任何股权或非股权支付情形的，母公司应按原划转完成时股权或资产的公允价值视同销售处理；子公司按公允价值确认划入股权或资产的计税基础	此时划出方为母公司，其税务会计处理为： DR：资本公积（或实收资本）（公允价值） 　CR：被划出的资产或股权（原账面价值） 　　　营业外收入	此时划入方为子公司，其税务会计处理为： DR：被划入的资产或股权（公允价值） 　CR：资本公积（或实收资本）
属于100%直接控制的母子公司之间，子公司向母公司按账面净值划转其持有的股权或资产，子公司没有获得任何股权或非股权支付情形的，子公司应按原划转完成时股权或资产的公允价值视同销售处理；母公司应按撤回或减少投资进行处理	此时划出方为子公司，其税务会计处理为： DR：资本公积（或实收资本）（公允价值） 　CR：被划出的资产或股权（原账面价值） 　　　营业外收入	此时划入方为母公司，按减资或撤资进行税务会计处理为： DR：被划入的资产或股权（公允价值） 　CR：长期股权投资——子公司 　　　投资收益（留存收益中对应份额） 　　　营业外收入（核算股权转让所得）
属于受同一或相同多家母公司100%直接控制的子公司之间，在母公司主导下，一家子公司向另一家子公司按账面净值划转其持有的股权或资产，划出方没有获得任何股权或非股权支付情形的，划出方应按原划转完成时股权或资产的公允价值视同销售处理；母公司根据交易情形和会计处理对划出方按分回股息进行处理，或者按撤回或减少投资进行处理，对划入方以股权或资产的公允价值进行投资处理；划入方按接受母公司投资处理，以公允价值确认划入股权或资产的计税基础	此时划出方子公司，其税务会计处理为： DR：资本公积（或实收资本）（公允价值） 　CR：被划出的资产或股权（原账面价值） 　　　营业外收入	母公司根据交易情形和会计处理对划出方按分回股息进行处理，或者按撤回或减少投资进行处理，对划入方以股权或资产的公允价值进行投资处理。 DR：被划出的资产或股权（公允价值） 　CR：长期股权投资——划出方子公司 　　　投资收益（留存收益中对应份额） 　　　营业外收入（核算股权转让所得） DR：长期股权投资——划入方子公司 　CR：被划出的资产或股权（公允价值） 　（也可以将上述两笔税务处理会计分录合并） 划入方子公司，其税务会计处理为： DR：被划入的资产或股权（公允价值） 　CR：资本公积（或实收资本）

11.3.6　接收划入资产的税务处理

11.3.6.1　企业接收政府划入资产的处理

（1）县级以上人民政府（包括政府有关部门，下同）将国有资产明确以股权投资方式投入企业，企业应作为国家资本金（包括资本公积）处理。该项资产如为非货币性资产，应按政府确定的接收价值确定计税基础。

（2）县级以上人民政府将国有资产无偿划入企业，凡指定专门用途并按《财政部 国家税务总局关于专项用途财政性资金企业所得税处理问题的通知》（财税〔2011〕70号）规定进行管理的，企业可作为不征税收入进行企业所得税处理。其中，该项资产属于非货币性资产的，应按政府确定的接收价值计算不征税收入。

县级以上人民政府将国有资产无偿划入企业，属于上述第（1）、（2）项以外情形的，应按政府确定的接收价值计入当期收入总额计算缴纳企业所得税。政府没有确定接收价值的，按资产的公允价值计算确定应税收入。

依据：《国家税务总局关于企业所得税应纳税所得额若干问题的公告》（国家税务总局公告2014年第29号）第一条

11.3.6.2 企业接收股东划入资产的处理

（1）企业接收股东划入资产（包括股东赠予资产、上市公司在股权分置改革过程中接收原非流通股股东和新非流通股股东赠予的资产、股东放弃本企业的股权，下同），凡合同、协议约定作为资本金（包括资本公积）且在会计上已做实际处理的，不计入企业的收入总额，企业应按公允价值确定该项资产的计税基础。

（2）企业接收股东划入资产，凡作为收入处理的，应按公允价值计入收入总额，计算缴纳企业所得税，同时按公允价值确定该项资产的计税基础。

依据：《国家税务总局关于企业所得税应纳税所得额若干问题的公告》（国家税务总局公告2014年第29号）第二条

11.3.6.3 政策的适用时间

《国家税务总局关于企业所得税应纳税所得额若干问题的公告》（国家税务总局公告2014年第29号，以下简称2014年第29号公告）适用于2013年度及以后年度企业所得税汇算清缴。

企业2013年度汇算清缴前接收政府或股东划入资产，尚未进行企业所得税处理的，可按2014年第29号公告执行。对于手续不齐全、证据不清的，企业应在2014年12月31日前补充完善。企业凡在2014年12月31日前不能补充完善的，一律作为应税收入或计入收入总额进行企业所得税处理。

依据：《国家税务总局关于企业所得税应纳税所得额若干问题的公告》（国家税务总局公告2014年第29号）第六条

11.3.7 非货币性资产对外投资

11.3.7.1 税务处理

居民企业以非货币性资产对外投资确认的非货币性资产转让所得，可在不超过5年期限内，分期均匀计入相应年度的应纳税所得额，按规定计算缴纳企业所得税。

依据：《财政部 国家税务总局关于非货币性资产投资企业所得税政策问题的通知》（财税〔2014〕116号）第一条

实行查账征收的居民企业以非货币性资产对外投资确认的非货币性资产转让所得，可自确认非货币性资产转让收入年度起不超过连续5个纳税年度的期间内，分期均匀计入相应年度的应纳税所得额,按规定计算缴纳企业所得税。

依据:《国家税务总局关于非货币性资产投资企业所得税有关征管问题的公告》(国家税务总局公告2015年第33号)第一条

解读

考虑到核定征收企业通常不能准确核算收入或支出情况,《国家税务总局关于非货币性资产投资企业所得税有关征管问题的公告》(国家税务总局公告2015年第33号,以下简称2015年第33号公告)明确只有实行查账征收的居民企业才能适用上述政策。财税〔2014〕116号所指的"不超过5年期限",是指从确认非货币性资产转让收入年度起不超过连续5个纳税年度的期间。首先要求5年的递延纳税期间要连续、中间不能中断;其次明确"年"指的是纳税年度。

11.3.7.2 非货币性资产

非货币性资产,是指现金、银行存款、应收账款、应收票据以及准备持有至到期的债券投资等货币性资产以外的资产。

依据:《财政部 国家税务总局关于非货币性资产投资企业所得税政策问题的通知》(财税〔2014〕116号)第五条

11.3.7.3 非货币性资产投资范围

非货币性资产投资,限于以非货币性资产出资设立新的居民企业,或将非货币性资产注入现存的居民企业。

依据:《财政部 国家税务总局关于非货币性资产投资企业所得税政策问题的通知》(财税〔2014〕116号)第五条

解读

适用《财政部 国家税务总局关于非货币性资产投资企业所得税政策问题的通知》(财税〔2014〕116号,以下简称财税〔2014〕116号文件)的非货币性资产投资,限于以非货币性资产出资设立新的居民企业,或将非货币性资产注入现存的居民企业。而《财政部 国家税务总局关于中国(上海)自由贸易试验区内企业以非货币性资产对外投资等资产重组行为有关企业所得税政策问题的通知》(财税〔2013〕91号,以下简称财税〔2013〕91号文件)第八条规定,财税〔2013〕91号文件所称非货币性资产对外投资等资产重组行为,是指以非货币性资产出资设立或注入公司,限于以非货币性资产出资设立新公司和符合《财政部 国家税务总局关于企业重组业务企业所得税处理若干问题的通知》(财税〔2009〕59号)第一条规定的股权收购、资产收购。相比之下,财税〔2014〕116号文件是将条件放宽了。

11.3.7.4 非货币性资产转让所得确认

企业以非货币性资产对外投资,应对非货币性资产进行评估并按评估后的公允价值扣除计税基础后的余额,计算确认非货币性资产转让所得。

企业以非货币性资产对外投资,应于投资协议生效并办理股权登记手续时,确认非货币性资产转让收入的实现。

依据:《财政部 国家税务总局关于非货币性资产投资企业所得税政策问题的通知》(财税〔2014〕116号)第二条

关联企业之间发生的非货币性资产投资行为,投资协议生效后12个月内尚未完成股权变更登记手续的,于投资协议生效时,确认非货币性资产转让收入的实现。

依据:《国家税务总局关于非货币性资产投资企业所得税有关征管问题的公告》(国家税务总局公告2015年第33号)第二条

解读

一般情况下,企业以非货币性资产对外投资,应于投资协议生效并办理股权登记手续时,确认非货币性资产转让收入的实现。但是,关联企业之间发生非货币性资产投资行为,可能由于具有关联关系而不及时办理或不办理股权登记手续,以延迟确认或长期不确认非货币性资产转让收入,实际上延长了递延纳税期限,造成对此项政策的滥用。为防止此种情况发生,《国家税务总局关于非货币性资产投资企业所得税有关征管问题的公告》(国家税务总局公告2015年第33号)要求关联企业之间非货币性资产投资行为,自投资协议生效后最长12个月内应完成股权变更登记手续。如果投资协议生效后12个月内仍未完成股权变更登记手续,则于投资协议生效时,确认非货币性资产转让收入的实现。

11.3.7.5 取得被投资企业股权计税基础

企业以非货币性资产对外投资而取得被投资企业的股权,应以非货币性资产的原计税成本为计税基础,加上每年确认的非货币性资产转让所得,逐年进行调整。被投资企业取得非货币性资产的计税基础,应按非货币性资产的公允价值确定。

依据:《财政部 国家税务总局关于非货币性资产投资企业所得税政策问题的通知》(财税〔2014〕116号)第三条

11.3.7.6 停止执行递延纳税规定

企业在对外投资5年内转让非货币性投资取得股权或投资收回的,应停止执行递延纳税政策,并就递延期内尚未确认的非货币性资产转让所得,在转让股权或投资收回当年的企业所得税年度汇算清缴时,一次性计算缴纳企业所得税;企业在计算股权转让所得时,可按《财政部 国家税务总局关于非货币性资产投资企业所得税政策问题的通知》(财税〔2014〕116号)第三条第一款规定将股权的计税基础一次调整到位。

企业在对外投资5年内注销的,应停止执行递延纳税政策,并就递延期内尚未确认的非货币性资产转让所得,在注销当年的企业所得税年度汇算清缴时,一次性计算缴纳企业所得税。

依据:《财政部 国家税务总局关于非货币性资产投资企业所得税政策问题的通知》(财税〔2014〕116号)第四条

11.3.7.7 政策选择

企业发生非货币性资产投资,符合《财政部 国家税务总局关于企业重组业务企业所得税处理若干问题的通知》(财税〔2009〕59号)等文件规定的特殊性税务处理条件的,也可选择按特殊性税务处理规定执行。

依据:《财政部 国家税务总局关于非货币性资产投资企业所得税政策问题的通知》(财税〔2014〕116号)第六条

符合财税〔2014〕116号文件规定的企业非货币性资产投资行为,同时又符合《财政部 国家税务总局关于企业重组业务企业所得税处理若干问题的通知》(财税〔2009〕59号)、《财政部 国家税务总局关于促进企业重组有关企业所得税处理问题的通知》(财税〔2014〕109号)等文件规定的特殊性税务处理条件的,可由企业选择其中一项政策执行,且一经选择,不得改变。

依据:《国家税务总局关于非货币性资产投资企业所得税有关征管问题的公告》(国家税务总局公告2015年第33号)第三条

解读

企业发生的资产收购或股权收购行为,如果同时符合财税〔2009〕59号文件的特殊性税务处理和财税〔2014〕116号文件的特殊性税务处理,选择上有什么区别呢?举例说明如下:

假设A企业用其100%的实质性经营资产(计税基础100万元,公允价值150万元),投资到企业B,取得的对价100%为B企业的股权。不考虑其他情况,这是一个既符合财税〔2009〕59号文件特殊性税务处理的资产收购,也符合财税〔2014〕116号文件特殊性税务处理的非货币资产对外投资行为。

如果选择适用财税〔2009〕59号文件的特殊性税务处理,A企业取得B企业股权的计税基础是100万元,B企业取得A企业资产的计税基础也是100万元。如果A企业在取得B企业股权12个月后,将股权按公允价值出售,此时将对外投资环节的评估增值50万元在股权转让环节确认纳税。但是,B企业取得A企业资产的计税基础仍然只能按原有计税基础确认,而不能调整为公允价值。

如果选择适用财税〔2014〕116号文件处理,A企业可以将50万元的评估增值分5年递延纳税,每年确认10万元的所得。同时,B企业可以按公允价值150万元确认取得资产的计税基础。关键的差异在于按照财税〔2014〕116号文件,只要A企业对评估增值部分5年确认纳税了,B企业就可以按公允价值确认资产的计税基础。

11.3.7.8 技术成果投资入股特殊规定

一、技术成果范围

技术成果是指专利技术(含国防专利)、计算机软件著作权、集成电路布图设计专有权、植物新品种权、生物医药新品种,以及科技部、财政部、国家税务总局确定的其他技术成果。

二、技术成果投资入股

技术成果投资入股,是指纳税人将技术成果所有权让渡给被投资企业,取得该企业股票(权)的行为。

三、递延纳税选择

企业或个人以技术成果投资入股到境内居民企业,被投资企业支付的对价全部为股票(权)的,企业或个人可选择继续按现行有关税收政策执行,也可选择适用递延纳税优惠政策。

选择技术成果投资入股递延纳税政策的,经向主管税务机关备案,投资入股当期可暂不纳税,允许递延至转让股权时,按股权转让收入减去技术成果原值和合理税费后的差额计算缴纳所得税。

选择适用《财政部 国家税务总局关于完善股权激励和技术入股有关所得税政策的通知》(财税〔2016〕101号,以下简称财税〔2016〕101号文件)第三条中递延纳税政策的,应当为实行查账征收的居民企业以技术成果所有权投资。

企业适用递延纳税政策的,应在投资完成后首次预缴申报时,将相关内容填入《技术成果投资入股企业所得税递延纳税备案表》。

四、技术成果入账价值

企业或个人选择适用上述任一项政策的,均允许被投资企业按技术成果投资入股时的评估值入账并在企业所得税前摊销扣除。

企业接受技术成果投资入股,技术成果评估值明显不合理的,主管税务机关有权进行调整。

五、政策执行时间

《国家税务总局关于股权激励和技术入股所得税征管问题的公告》(国家税务总局公告2016年第62号,以下简称2016年第62号公告)自2016年9月1日起实施。中关村国家自主创新示范区2016年1月1日至8月31日发生的尚未纳税的股权奖励事项,按财税〔2016〕101号文件有关政策执行的,可按2016年第62号公告有关规定办理相关税收事宜。《国家税务总局关于3项个人所得税事项取消审批实施后续管理的公告》(国家税务总局公告2016年第5号)第二条第(一)项同时废止。

依据:《财政部 国家税务总局关于完善股权激励和技术入股有关所得税政策的通知》(财税〔2016〕101号)第三条、《国家税务总局关于股权激励和技术入股所得税征管问题的公告》(国家税务总局公告2016年第62号)第二条、第三条

解读

考虑到核定征收企业通常不能准确核算收入或支出情况,2016年第62号公告明确只有实行查账征收的居民企业才能适用上述政策。为防止企业明显有意高估技术成果价值,侵蚀企业所得税税基,2016年第62号公告强调了对技术成果评估明显不合理的,主管税务机关有权进行调整。

11.3.8 国企重组改制资产评估增值的税收优惠

11.3.8.1 国有企业改制上市的税务处理

符合条件的国有企业改制上市过程中发生的资产评估增值,应缴纳的企业所得税可以不征收入库,作为国家投资直接转增该企业国有资本金(含资本公积,下同),但获得现金及其他非股权对价部分,应按规定缴纳企业所得税。

资产评估增值是指按同一口径计算的评估减值冲抵评估增值后的余额。

依据:《财政部 国家税务总局关于企业改制上市资产评估增值企业所得税处理政策的通知》(财税〔2015〕65号)第一条

11.3.8.2 国有非公司制企业改制为公司制企业的税务处理

国有企业100%控股(控制)的非公司制企业、单位,在改制为公司制企业环节发生的资产评估增值,应缴纳的企业所得税可以不征税入库,作为国家投资直接转增改制后公司制企业的国有资本金。

依据:《财政部 国家税务总局关于企业改制上市资产评估增值企业所得税处理政策的通知》(财税〔2015〕65号)第一条

11.3.8.3 评估增值资产计提折旧或摊销

经确认的评估增值资产,可按评估价值入账并按有关规定计提折旧或摊销,在计算应纳税所得额时允许扣除。

依据:《财政部 国家税务总局关于企业改制上市资产评估增值企业所得税处理政策的通知》(财税〔2015〕65号)第一条

11.3.8.4 适用优惠的国有企业条件

执行上述税收优惠政策的国有企业,须符合以下条件:

(1)国有企业必须是纳入中央或地方国有资产监督管理范围的国有独资企业或国有独资有限责任公司。

(2)上述规定所称国有企业改制上市,应属于以下情形之一:

① 国有企业以评估增值资产,出资设立拟上市的股份有限公司。

② 国有企业将评估增值资产,注入已上市的股份有限公司。

③ 国有企业依法变更为拟上市的股份有限公司。

(3)取得履行出资人职责机构出具的资产评估结果核准或备案文件。

依据:《财政部 国家税务总局关于企业改制上市资产评估增值企业所得税处理政策的通知》(财税〔2015〕65号)第二条

符合规定条件的改制上市国有企业,应按税务机关要求提交评估增值相关材料。

依据:财税〔2015〕65号《财政部 国家税务总局关于企业改制上市资产评估增值企业所得税处理政策的通知》第三条

11.3.8.5 政策衔接

《财政部 国家税务总局关于企业改制上市资产评估增值企业所得税处理政策的通知》(财税〔2015〕65号,以下简称财税〔2015〕65号文件)发布前发生的国有企业改制上市事项,符合财税〔2015〕65号文件且未就资产评估增值缴纳企业所得税的,可按财税〔2015〕65号文件执行;已就资产评估增值缴纳企业所得税的,不再退还。

依据:《财政部 国家税务总局关于企业改制上市资产评估增值企业所得税处理政策的通知》(财税〔2015〕65号)第五条

11.3.8.6 单个国企重组改制的特殊规定

一、中国中材集团公司重组改制特殊规定

中国中材集团公司在重组改制上市过程中发生的资产评估增值11.95亿元,直接转计中国中材集团公司的资本公积,作为国有资本,不征收企业所得税。

依据:《财政部 国家税务总局关于中国中材集团公司重组改制过程中资产评估增值有关企业所得税政策问题的通知》(财税〔2008〕42号)第一条

允许中国中材股份有限公司按评估后的资产价值计提折旧或摊销,并在企业所得税税前扣除。

依据:《财政部 国家税务总局关于中国中材集团公司重组改制过程中资产评估增值有关企业所得税政策问题的通知》〔2008〕42号第二条

二、中国铁路工程总公司重组改制特殊规定

中国铁路工程总公司在重组改制上市过程中发生的资产评估增值141.27亿元,直接转计中国铁路工程总公司的资本公积,作为国有资本,不征收企业所得税。

依据:《财政部 国家税务总局关于中国铁路工程总公司重组上市资产评估增值有关企业所得税政策问题的通知》(财税〔2008〕67号)第一条

对上述经过评估的资产,中国中铁股份有限公司及其全资和控制的子公司可以按评估后的资产价值计提折旧或摊销,并在企业所得税税前扣除。

依据:《财政部 国家税务总局关于中国铁路工程总公司重组上市资产评估增值有关企业所得税政策问题的通知》(财税〔2008〕67号)第二条

三、中国南方机车车辆工业集团公司重组改制特殊规定

中国南方机车车辆工业集团公司在重组改制上市过程中发生的资产评估增值69.83亿元,直接转计中国南方机车车辆工业集团公司的资本公积,作为国有资本,不征收企业所得税。

依据:《财政部 国家税务总局关于中国南方机车车辆工业集团公司重组上市资产评估增值有关企业所得税政策问题的通知》(财税〔2008〕68号)第一条

对上述经过评估的资产,中国南车股份有限公司及其所属企业可以按评估后的资产价值计提折旧或摊销,并在企业所得税税前扣除。

依据:《财政部 国家税务总局关于中国南方机车车辆工业集团公司重组上市资产评估增值有关企业所得税政策问题的通知》(财税〔2008〕68号)第二条

四、中国中钢集团公司重组改制特殊规定

中国中钢集团公司在重组改制上市过程中发生的资产评估增值678056.09万元,直接转计中国中钢集团公司的资本公积,作为国有资本,不征收企业所得税。

依据:《财政部 国家税务总局关于中国中钢集团公司重组上市资产评估增值有关企业所得税政策问题的通知》(财税〔2008〕69号)第一条

对上述经过评估的资产,中国中钢股份有限公司及属改制后的全资和控股子公司可以按评估后的资产价值计旧或摊销,并在企业所得税税前扣除。

依据:《财政部 国家税务总局关于中国中钢集团公司重组上市资产评估增值有关企业所得税政策问题的通知》(财税〔2008〕69号)第二条

五、中国建筑工程总公司重组改制特殊规定

中国建筑工程总公司在重组改制上市过程中发生的资产评估增值194.67亿元,直接转计中国建筑工程总公司的资本公积,作为国有资本,不征收企业所得税。

依据:《财政部 国家税务总局关于中国建筑工程总公司重组上市资产评估增值有关企业所得税政策问题的通知》(财税〔2008〕71号)第一条

对上述经过评估的资产,中国建筑股份有限公司属企业可以按评估后的资产价值计提折旧或摊销,并在企税税前扣除。

依据:《财政部 国家税务总局关于中国建筑工程总公司重组上市资产评估增值有关企业所得税政策问题的通知》(财税〔2008〕71号)第二条

六、中国国旅集团有限公司重组改制特殊规定

中国国旅集团有限公司在整体改制上市过程中发生的资产评估增值42 612.36万元,直接转计中国国旅集团有限公司的资本公积,作为国有资本,不征收企业所得税。

依据:《财政部 国家税务总局关于中国国旅集团有限公司重组上市资产评估增值有关企业所得税政策问题的通知》(财税〔2008〕82号)第一条

对上述经过评估的资产,中国国旅股份有限公司及其所属子公司可按评估后的资产价值计提折旧或摊销,并在企业所得税税前扣除。

依据:《财政部 国家税务总局关于中国国旅集团有限公司重组上市资产评估增值有关企业所得税政策问题的通知》(财税〔2008〕82号)第二条

七、中国铁道建筑总公司重组改制特殊规定

中国铁道建筑总公司在重组改制上市过程中发生的资产评估增值689 872.63万元应缴纳的企业所得税不征收入库,直接转计中国铁道建筑总公司资本公职,作为国有资本。

依据:《财政部 国家税务总局关于中国铁道建筑总公司重组改制过程中资产评估增值有关企业所得税政策问题的通知》(财税〔2008〕124号)第一条

对上述经过评估的资产,中国铁建股份有限公司及其所属子公司可按评估后的资产价值计提折旧或摊销,并在企业所得税税前扣除。

依据:《财政部 国家税务总局关于中国铁道建筑总公司重组改制过程中资产评估增值有关企业所得税政策问题的通知》(财税〔2008〕124号)第二条

八、中国冶金科工集团公司重组改制特殊规定

中国冶金科工集团公司在重组改制上市过程中发生的资产评估增值2 129 385万元应缴纳的企业所得税不征收入库,直接转计中国冶金科工集团公司的国有资本金。

依据:《财政部 国家税务总局关于中国冶金科工集团公司重组改制上市资产评估增值有关企业所得税政策问题的通知》(财税〔2009〕47号)第一条

对上述经过评估的资产,中国冶金科工股份有限公司及其所属子公司可按评估后的资产价值折旧或摊销,并在企业所得税税前扣除。

依据:《财政部 国家税务总局关于中国冶金科工集团公司重组改制上市资产评估增值有关企业所得税政策问题的通知》(财税〔2009〕47号)第二条

11.3.9 全民所有制企业公司改制税务处理

全民所有制企业改制为国有独资公司或者国有全资子公司,属于财税〔2009〕59号文件第四条规定的"企业发生其他法律形式简单改变"的,可依照以下规定进行企业所得税处理:

改制中资产评估增值不计入应纳税所得额;资产的计税基础按其原有计税基础确定;资产增值部分的折旧或者摊销不得在税前扣除。

全民所有制企业资产评估增值相关材料应由改制后的企业留存备查。

上述规定适用于2017年度及以后年度企业所得税汇算清缴。此前发生的全民所有制企业公司制改制，尚未进行企业所得税处理的，可依照上述规定执行。

依据：《国家税务总局关于全民所有制企业公司制改制企业所得税处理问题的公告》（国家税务总局公告2017年第34号）第一条、第二条、第三条

【解读】

目前对企业整体改制中的资产评估增值是否需要缴纳企业所得税的问题，有两种观点。

一种观点是应及时确认企业整体改制中的资产评估增值，将其计入应纳税所得额；按评估价值重新确认资产和负债的计税基础，资产增值部分的折旧或者摊销允许在税前扣除。这种税务处理的优点是极大得减少了改制后的资产折旧或摊销的税会差异，缺点是加大了企业的纳税资金负担。

另一种观点是改制中资产评估增值不计入应纳税所得额；资产的计税基础按其原有计税基础确定；资产增值部分的折旧或者摊销不得在税前扣除。持这种观点的主要理由是：

（1）企业整体改制前后，资产的权属并未发生根本性变化，增值并未真正实现，且没有发生实际交易，也缺乏必要的纳税资金。

（2）企业整体改制前后，股东未发生变化，满足法律形式的简单改变。

在税收实践中，采用后一种观点进行税务处理的居多。

针对上述问题，财政部及国家税务总局仅针对国有企业改制上市及全民所有制企业公司制改制中资产评估增值分别出台了《财政部 国家税务总局关于企业改制上市资产评估增值企业所得税处理政策的通知》（财税〔2015〕65号，以下简称财税〔2015〕65号文件）、《国家税务总局关于全民所有制企业公司制改制企业所得税处理问题的公告》（国家税务总局公告2017年第34号，以下简称2017年34号公告）。针对全民所有制企业公司制改制，2017年34号公告采用了后一种观点，不确认资产评估增值，但针对国有企业改制上市，财税〔2015〕65号文件实质上采用了前一种观点，只不过对应缴纳的企业所得税可以不征收入库，作为国家投资直接转增该企业国有资本金（含资本公积）。而对非国有企业整体改制及上市过程中的资产增值该如何处理，税企双方都迫切需要财政部、国家税务总局予以明确。

11.4 企业清算

企业清算的所得税处理，是指企业在不再持续经营，发生结束自身业务、处置资产、偿还债务以及向所有者分配剩余财产等经济行为时，对清算所得、清算所得税、股息分配等事项的处理。

依据：《财政部 国家税务总局关于企业清算业务企业所得税处理若干问题的通知》（财税〔2009〕60号）第一条

11.4.1 需进行清算所得税处理的企业范围

下列企业应进行清算的所得税处理：

(1) 按《公司法》《企业破产法》等规定需要进行清算的企业。

(2) 企业重组中需要按清算处理的企业。

依据：《财政部 国家税务总局关于企业清算业务企业所得税处理若干问题的通知》(财税〔2009〕60号) 第二条

解读

1. 具体哪些企业需进行清算的所得税处理？

需要进行清算的所得税处理企业分为两大类：

第一大类为按《公司法》《企业破产法》等规定需要进行清算的企业。具体包括：

(1) 公司章程规定的营业期限届满或者公司章程规定的其他解散事由出现。

(2) 股东会或者股东大会决议解散。

(3) 依法被吊销营业执照、责令关闭或者被撤销。

(4) 公司经营管理发生严重困难，继续存续会使股东利益受到重大损失，通过其他途径不能解决的，持有公司全部股东表决权10%以上的股东，请求人民法院解散公司，法院予以解散的。

(5) 被人民法院依法宣告破产的企业。

第二大类为企业重组中需要按清算处理的企业。根据《财政部 国家税务总局关于企业重组业务企业所得税处理若干问题的通知》(财税〔2009〕60号)的规定，主要包括以下三种情况：

(1) 企业由法人转变为个人独资企业、合伙企业等非法人组织，或将登记注册地转移至中华人民共和国境外(包括港澳台地区)，应进行企业所得税清算。

(2) 不适用特殊性税务处理的企业合并业务中，被合并企业。

(3) 不适用特殊性税务处理的企业分立业务中，不再继续存在的被分立企业。

2. 企业在境内变动登记注册地，涉及改变税务登记机关的，是否需要进行企业清算的所得税处理？

根据《税务登记管理办法》第二十九条的规定，纳税人因住所、经营地点变动，涉及改变税务登记机关的，应当在向工商行政管理机关或者其他机关申请办理变更、注销登记前，或者住所、经营地点变动前，持有关证件和资料，向原税务登记机关申报办理注销税务登记，并自注销税务登记之日起30日内向迁达地税务机关申报办理税务登记。那么企业在向原税务机关申报办理注销税务登记时，是否需要进行清算的所得税处理呢？原则上不需要。原因在于进行企业清算的所得税处理前提是企业结束自身业务，不再持续经营并清算解散。企业在境内变动登记注册地的行为，即使涉及改变税务登记机关，但并未改变企业持续经营的预期，亦未导致企业清算解散，故原则上不需进行清算的所得税处理。

11.4.2 企业清算的所得税处理内容及备案要求

企业清算的所得税处理包括以下内容：
(1) 全部资产均应按可变现价值或交易价格，确认资产转让所得或损失。
(2) 确认债权清理、债务清偿的所得或损失。
(3) 改变持续经营核算原则，对预提或待摊性质的费用进行处理。
(4) 依法弥补亏损，确定清算所得。
(5) 计算并缴纳清算所得税。
(6) 确定可向股东分配的剩余财产、应付股息等。

依据：《财政部 国家税务总局关于企业清算业务企业所得税处理若干问题的通知》（财税〔2009〕60号）第三条

进入清算期的企业应对清算事项，报主管税务机关备案。

依据：《国家税务总局关于企业清算所得税有关问题的通知》（国税函〔2009〕684号）第二条

11.4.3 清算所得

《企业所得税法》第五十五条所称清算所得，是指企业的全部资产可变现价值或者交易价格减除资产净值、清算费用以及相关税费等后的余额。

依据：《中华人民共和国企业所得税法实施条例》第十一条

企业的全部资产可变现价值或交易价格，减除资产的计税基础、清算费用、相关税费，加上债务清偿损益等后的余额，为清算所得。

依据：《财政部 国家税务总局关于企业清算业务企业所得税处理若干问题的通知》（财税〔2009〕60号）第四条

企业应当在办理注销登记前，就其清算所得向税务机关申报并依法缴纳企业所得税。

依据：《中华人民共和国企业所得税法》第五十五条

解读

1. "全部资产可变现价值或者交易价格"在企业所得税法实施条例和《财政部 国家税务总局关于企业清算业务企业所得税处理若干问题的通知》（财税〔2009〕60号，以下简称财税〔2009〕60号文件）中具有不同含义。

在《企业所得税法实施条例》中，"全部资产可变现价值或者交易价格"是指企业清理所有债权债务关系、完成清算后，所剩余的全部资产折现计算的价值。如果企业剩余资产能在市场上出售而变现，则可以其交易价格为基础，它实际上等于财税〔2009〕60号文件中"全部资产可变现价值或者交易价格"减去全部负债清偿金额后的余额。《企业所得税法实施条例》中的"资产净值"指企业的资产总值减除所有债务后的净值，是企业偿债和担保的财产基础，是企业所有资产本身的价值。

财税〔2009〕60号文件中"全部资产可变现价值或者交易价格"指清算过程中各项资产可变现价值或交易价格的金额。

因此，"全部资产可变现价值或者交易价格"在《企业所得税法实施条例》和财税

〔2009〕60号文件中具有不同含义,这点需要理解,否则会误认为《企业所得税法实施条例》对清算所得的规定与财税〔2009〕60号文件的相关规定相互矛盾。

2. 计算清算所得的一些准备工作。

根据《公司法》和《破产法》的规定,我国企业清算注销需依次履行大量的程序。从程序上说,计算清算所得处于企业清算注销程序的末期,之前的履行的程序构成计算的基础。如果对上述程序缺乏必要的了解,可能就无法深刻理解清算所得的计算过程,也就无法正确填报《企业清算所得税申报表》及附表。

根据《公司法》《破产法》关于解散的相关规定,在企业进入清算的所得税处理阶段之前,企业至少要开展三方面的准备工作。

(1) 企业应在规定的时限内成立清算组。

此时企业会计假设中的持续经营假设已经不再成立,不可再采用原有的会计制度或准则进行会计处理,需依据财务会计对清算损益的一般核算方法,设置"清算费用"和"清算收益"会计科目,分别归集核算有关清算费用支出;资产处置的净收益、债务清偿净收益、资产和负债净值变动净收益等清算损益。

(2) 组织开展清产核资工作并在结束后编制资产负债表和财产清单。

上述准备工作是正确计算清算所得和填报相关申报表的基础。只有按照清产核资后编制的资产负债表数据填报《企业清算所得税申报表》,才能完整地反映出清算所得税的计算全过程。

(3) 处置或变卖资产,清偿负债。

根据企业对资产及负债的处理结果,计算清算所得。

此外,如果企业是年度中间才终止生产经营的,应先完成清算当年(以实际经营期为一个纳税年度)年度所得税汇算以及以前年度税务事项的处理,然后再开展清产核资,编制资产负债表和财产清单等程序。

在税收实践中,不少企业不了解上述程序,在注销清算阶段,仍按照原有会计制度或准则进行会计处理,未能及时进行清产核资,编制清算资产负债表,导致其无法正确填报相关申报表(经常全部填零),未能反映出清算所得的计算过程,也辜负了国家设置该表的初衷。

3. 核定征收企业如何计算清算所得。

目前,我国企业所得税的征收方式分为两种,一种为查账征收,另一种为核定征收,但在计算清算所得的时候并未区分征收方式。核定征收企业清算所得的计算过程和方法与查账征收企业相同。其需要逐项确定清产核资后编制的资产负债表上每一项资产的计税基础。

4. 破产企业清算所得计算遇到的特殊问题及处理。

破产企业由于其特殊性在清算所得的计算上会遇到特殊的问题。按照规定,债务清偿损益等于负债的计税基础减去清偿金额。由于破产企业已经资不抵债,必然无法清偿全部的债务,如按照上述规定,就必然会产生大量的债务清偿损益。但对于企业而言,在注销的过程中并无实际经济利益的流入,企业"无钱"纳税。上述负债清偿损益如果要纳税,必然会导致企业欠税,注销无法进行。如果注销企业的股东代为支付税款,企业账上会新增一笔无法偿还的债务,产生新的负债清偿损益和税款,清算所得税的计算陷入死循环。

税收实践中对上述问题的技术处理,目前主要有两种方法:

(1) 通过"弥补以前年度亏损"处理。

破产企业历年经营必然累积了大量的亏损。如果破产企业是查账征收企业,且以前年度可弥补亏损可以抵消上述债务清偿损益,则清算应纳税所得额为零,需要缴纳的税款为零。

(2) 区分企业不需要偿还债务的原因,对产生的负债清偿损益分别处理。

企业负债无法偿还的原因分为两种:一种是债权人放弃债权,企业无须支付;另一种为企业应支付,但因为清算资产不足以偿还而无法支付。前一种原因形成的负债清偿损益并入清算所得;后一种原因形成的负债清偿损益不并入清算所得。

天津市国家税务局、天津市地方税务局在 2016 年发布的《企业清算环节所得税管理暂行办法》(天津市国家税务局　天津市地方税务局公告 2016 年第 19 号印发)中,对此问题就采用了类似的处理办法,其在《企业清算环节所得税管理暂行办法》的第十二条规定,企业清算期间应支付但由于清算资产不足以偿还的未付款项,无须并入清算所得征税。

鉴于目前总局对此问题并无明确规定,各地政策执行口径不一,具体执行时请纳税人咨询当地税务机关。

5. 在计算清算所得税时,企业能否享受小型微利企业所得税税收优惠。

对上述问题,目前有两种不同的看法:

一种观点认为可以。理由是对纳税人而言,法无禁止即可为。既然税收法律未明确禁止,那么就可以享受。

另一种观点认为不可以。因为企业清算期间不是正常的生产经营期间,因此除了规定的可以享受的免税收入、不征税收入及其他免税所得优惠外,不得享受其他税收优惠政策,因此应一律适用 25% 的基本税率。

鉴于各地税务机关对此问题看法不一,具体执行时请纳税人咨询当地税务机关。

11.4.4　清算期

企业依法清算时,应当以清算期间作为一个纳税年度。

依据:《中华人民共和国企业所得税法》第五十三条

企业应将整个清算期作为一个独立的纳税年度计算清算所得。

依据:《财政部　国家税务总局关于企业清算业务企业所得税处理若干问题的通知》(财税〔2009〕60 号)第四条

企业清算时,应当以整个清算期间作为一个纳税年度,依法计算清算所得及其应纳所得税。企业应当自清算结束之日起 15 日内,向主管税务机关报送企业清算所得税纳税申报表,结清税款。

企业未按照规定的期限办理纳税申报或者未按照规定期限缴纳税款的,应根据《税收征收管理法》的相关规定加收滞纳金。

依据:《国家税务总局关于企业清算所得税有关问题的通知》(国税函〔2009〕684号)第一条

解读

企业应将整个清算期作为一个独立的纳税年度计算清算所得。那么清算期从何时开始,到何时结束呢?根据《中华人民共和国企业清算所得税申报表》(国税函〔2009〕388号)的填报说明,清算期指"纳税人实际生产经营终止之日至办理完毕清算事务之日的期间"。纳税人实际生产经营终止之日往往早于纳税人申请税务登记注销之日。在税收实践中,许多企业在生产经营终止多年之后才到税务机关申请税务登记注销。纳税人往往错误认为清算期是从申请税务登记注销当日开始。

清算期的问题之所以重要是因为其确认结果会影响可弥补以前年度亏损的金额,进而影响清算应纳税所得额的计算。根据规定,企业纳税年度发生的亏损,准予向以后年度结转,用以后年度的所得弥补,但结转年限最长不得超过5年。企业依法清算时,应当以清算期间作为一个纳税年度。也就是说,在计算企业清算应纳税所得额时,可以弥补的以前年度亏损为清算期前5个年度的亏损,而不是申请税务登记注销年度前5个年度的亏损。

11.4.5 被清算企业股东层面的企业所得税处理

投资方企业从被清算企业分得的剩余资产,其中相当于从被清算企业累计未分配利润和累计盈余公积中应当分得的部分,应当确认为股息所得;剩余资产减除上述股息所得后的余额,超过或者低于投资成本的部分,应当确认为投资资产转让所得或者损失。

依据:《中华人民共和国企业所得税法实施条例》第十一条

企业全部资产的可变现价值或交易价格减除清算费用,职工的工资、社会保险费用和法定补偿金,结清清算所得税、以前年度欠税等税款,清偿企业债务,按规定计算可以向所有者分配的剩余资产。

被清算企业的股东分得的剩余资产的金额,其中相当于被清算企业累计未分配利润和累计盈余公积中按该股东所占股份比例计算的部分,应确认为股息所得;剩余资产减除股息所得后的余额,超过或低于股东投资成本的部分,应确认为股东的投资转让所得或损失。

被清算企业的股东从被清算企业分得的资产应按可变现价值或实际交易价格确定计税基础。

依据:《财政部 国家税务总局关于企业清算业务企业所得税处理若干问题的通知》(财税〔2009〕60号)第五条

11.5 混合性投资

近年来,随着我国金融工具交易和金融产品创新快速发展,市场新出现了混合性投资业务。这种业务既有传统权益性投资的某些特征，同时又兼具债权性投资的特征。因此它有别于传统业务，是一项创新投资业务。现行企业所得税法就该项业务的税务处理没有清晰规定，各方存在理解和认识角度不同，出现各地政策执行口径不一。同时该项创新投资业务已被许多企业大量运用，迫切需要研究、制定相关税收政策为之配套。因此，国家税务总局制定下发了《国家税务总局关于企业混合性投资业务企业所得税处理问题的公告》（国家税务总局公告 2013 年第 41 号，以下简称 2013 年第 41 号公告），对其税收处理进行统一规范。

11.5.1 混合性投资定义

企业所得税中所称的混合性投资业务，是指兼具权益和债权双重特性的投资业务。同时符合下列条件的混合性投资业务，按 2013 年第 41 号公告进行企业所得税处理：

（1）被投资企业接受投资后，需要按投资合同或协议约定的利率定期支付利息（或定期支付保底利息、固定利润、固定股息，下同）。

（2）有明确的投资期限或特定的投资条件，并在投资期满或者满足特定投资条件后，被投资企业需要赎回投资或偿还本金。

（3）投资企业对被投资企业净资产不拥有所有权。

（4）投资企业不具有选举权和被选举权。

（5）投资企业不参与被投资企业日常生产经营活动。

依据：《国家税务总局关于企业混合性投资业务企业所得税处理问题的公告》（国家税务总局公告 2013 年第 41 号）第一条

11.5.2 混合性投资业务的所得税处理

符合上述条件的混合性投资业务，按下列规定进行企业所得税处理：

（1）对于被投资企业支付的利息，投资企业应于被投资企业应付利息的日期，确认收入的实现并计入当期应纳税所得额；被投资企业应于应付利息的日期，确认利息支出，并按税法和《国家税务总局关于企业所得税若干问题的公告》（国家税务总局公告 2011 年第 34 号）第一条的规定，进行税前扣除。

（2）对于被投资企业赎回的投资，投资双方应于赎回时将赎价与投资成本之间的差额确认为债务重组损益，分别计入当期应纳税所得额。

依据：《国家税务总局关于企业混合性投资业务企业所得税处理问题的公告》（国家税务总局公告 2013 年第 41 号）第二条

【解读】

混合性投资业务是指兼具权益性投资和债权性投资双重特征的投资业务。现行企业所得税制对此类投资业务取得回报的税务处理是不同的。权益性投资取得回报，一般体现为股息收入，按照规定可以免征企业所得税；同时，被投资企业支付的股息不能作为费用在税前扣除。债权性投资取得回报为利息收入，按照规定应当缴纳企业所得税；同时，被投资企业支付的利息也准予在税前扣除。由于混合性投资业务兼具权益性投资和债权性投资双重特征,需要统一此类投资业务政策执行口径。因此,鉴于混合性投资业务的特点,2013年第41号公告将此类投资业务,归属于债权投资业务,并要求按照债权投资业务进行企业所得税处理。

11.5.3 政策执行时间

2013年第41号公告自2013年9月1日起执行。此前发生的已进行税务处理的混合性投资业务,不再进行纳税调整。

依据:《国家税务总局关于企业混合性投资业务企业所得税处理问题的公告》(国家税务总局公告2013年第41号)第三条

11.6 政策性搬迁

11.6.1 政策适用

2012年10月1日前,企业已完成搬迁的,其政策性搬迁或处置收入有关企业所得税处理适用《国家税务总局关于企业政策性搬迁或处置收入有关企业所得税处理问题的通知》(国税函〔2009〕118号)的规定。

自2012年10月1日起,企业政策性搬迁过程中涉及的所得税征收管理事项适用《企业政策性搬迁所得税管理办法》(国家税务总局公告2012年第40号印发)的规定。

企业自行搬迁或商业性搬迁等非政策性搬迁的税务处理事项不适用上述规定。

11.6.2 企业政策性搬迁概念与范围

企业政策性搬迁是指由于社会公共利益的需要,在政府主导下企业进行整体搬迁或部分搬迁。企业由于下列需要之一,提供相关文件证明资料的,属于政策性搬迁:

(1) 国防和外交的需要。
(2) 由政府组织实施的能源、交通、水利等基础设施的需要。
(3) 由政府组织实施的科技、教育、文化、卫生、体育、环境和资源保护、防灾减灾、文物保护、社会福利、市政公用等公共事业的需要。
(4) 由政府组织实施的保障性安居工程建设的需要。
(5) 由政府依照《中华人民共和国城乡规划法》有关规定组织实施的对危房集中、基础设施落后等地段进行旧城区改建的需要。
(6) 法律、行政法规规定的其他公共利益的需要。

依据:《国家税务总局关于发布〈企业政策性搬迁所得税管理办法〉的公告》(国家税务总局公告2012年第40号)第三条

解读

企业拆迁从形式看基本相同,一般由国土或者房屋拆迁部门对土地进行征用,并支付企业拆迁补偿款。但从企业所得税处理上看,商业性搬迁和政策性搬迁区别非常大。

对于商业性搬迁,企业应在签订补偿协议取得补偿款的时候确认收入实现,其搬迁费用以及资产购置支出按照《企业所得税法》规定。属于费用的,应在其实际发生所属年度进行列支;属于资本化的购置支出,应按规定进行折旧或者摊销,不能一次性在税前进行扣除。

对于政策性搬迁,应按照《企业政策性搬迁所得税管理办法》(国家税务总局公告2012年第40号印发)规定进行处理,即企业在搬迁期间发生的搬迁收入和搬迁支出,可以暂不计入当期应纳税所得额,而在完成搬迁的年度,对搬迁收入和支出进行汇总清算。

在管理和风险应对中,如何区分商业性搬迁和政策性搬迁:

一是要看其搬迁目的。企业政策性搬迁,是指由于社会公共利益的需要,在政府主导下企业进行整体搬迁或部分搬迁。应符合以下需要之一:(1)国防和外交的需要;(2)由政府组织实施的能源、交通、水利等基础设施的需要;(3)由政府组织实施的科技、教育、文化、卫生、体育、环境和资源保护、防灾减灾、文物保护、社会福利、市政公用等公共事业的需要;(4)由政府组织实施的保障性安居工程建设的需要;(5)由政府依照《中华人民共和国城乡规划法》有关规定组织实施的对危房集中、基础设施落后等地段进行旧城区改建的需要;(6)法律、行政法规规定的其他公共利益的需要。只有符合以上公共利益的搬迁才属于政策性搬迁的范围。

二是政策性搬迁应提供区级以上政府搬迁文件或公告;由于政策性搬迁是国家出于公共利益主导的搬迁行为,政府对政策性搬迁都有公告或者文件。如果企业的搬迁事项无法提供政府文件,不能认定为政策性搬迁,一律不得作为政策性搬迁处理,其搬迁收入应在取得补偿收入时确认,不得递延纳税。

符合政策性搬迁的企业应当自搬迁开始年度至次年5月31日前,向主管税务机关(包括迁出地和迁入地)报送政策性搬迁依据、搬迁规划等相关材料。逾期未报的,除特殊原因并经主管税务机关认可外,按非政策性搬迁处理。因此,税政管理部门应加大政策宣传力度,督查企业及时办理该事项。

> **【热点问题】**
>
> 房地产开发企业的开发用地因政府城市规划调整需要被收回,取得的政府补偿款是否适用政策性搬迁企业所得税的规定?
>
> 答:房地产开发企业搬迁,符合政策性搬迁条件的,适用政策性搬迁相关规定。搬迁过程中,开发用地被政府收回而取得的政府补偿款,适用2012年第40号公告"企业由于搬迁处置存货而取得的收入,应按正常经营活动取得的收入进行所得税处理,不作为企业搬迁收入"。

11.6.3 政策性搬迁税务管理及核算要求

企业应按《企业政策性搬迁所得税管理办法》的要求,就政策性搬迁过程中涉及的搬迁收入、搬迁支出、搬迁资产税务处理、搬迁所得等所得税征收管理事项,单独进行税务管理和核算。不能单独进行税务管理和核算的,应视为企业自行搬迁或商业性搬迁等非政策性搬迁进行所得税处理,不得执行《企业政策性搬迁所得税管理办法》的规定。

依据:《国家税务总局关于发布〈企业政策性搬迁所得税管理办法〉的公告》(国家税务总局公告2012年第40号)第四条

热点问题

某企业承租的房屋因城市改造需要搬迁,根据拆迁的补偿协议约定,该企业取得总赔偿款的60%,且全部为货币形式。请问该企业的这种情况是否属于政策性搬迁?应该如何处理?

答:根据《企业政策性搬迁所得税管理办法》(国家税务总局公告2012年第40号印发)的规定,企业政策性搬迁是指由于社会公共利益的需要,在政府主导下企业进行整体搬迁或部分搬迁。企业由于下列需要之一,提供相关文件证明资料的,属于政策性搬迁:

(1) 国防和外交的需要。
(2) 由政府组织实施的能源、交通、水利等基础设施的需要。
(3) 由政府组织实施的科技、教育、文化、卫生、体育、环境和资源保护、防灾减灾、文物保护、社会福利、市政公用等公共事业的需要。
(4) 由政府组织实施的保障性安居工程建设的需要。
(5) 由政府依照《中华人民共和国城乡规划法》有关规定组织实施的对危房集中、基础设施落后等地段进行旧城区改建的需要。
(6) 法律、行政法规规定的其他公共利益的需要。

因此,若此次搬迁符合以上条件,即为政策性搬迁。

若政府直接与承租人签订搬迁补偿协议,或政府与产权所有人签订的搬迁补偿协议中列明了该承租人的补偿金额,则上述情况下该承租人取得的搬迁补偿收入可按政策性搬迁处理。

若政府只与产权人签订搬迁补偿协议,只列明了对产权人的补偿,则产权人取得的搬迁补偿收入按政策性搬迁处理,产权人支付给承租人的补偿款可作为搬迁支出处理。

11.6.3.1 企业搬迁收入

企业的搬迁收入,包括搬迁过程中从本企业以外(包括政府或其他单位)取得的搬迁补偿收入,以及本企业搬迁资产处置收入等。

依据:《国家税务总局关于发布〈企业政策性搬迁所得税管理办法〉的公告》(国家税务总局公告2012年第40号)第五条

一、企业搬迁补偿收入

企业取得的搬迁补偿收入,是指企业由于搬迁取得的货币性和非货币性补偿收入。具体包括:

(1) 对被征用资产价值的补偿。
(2) 因搬迁、安置而给予的补偿。
(3) 对停产停业形成的损失而给予的补偿。
(4) 资产搬迁过程中遭到毁损而取得的保险赔款。
(5) 其他补偿收入。

依据：《国家税务总局关于发布〈企业政策性搬迁所得税管理办法〉的公告》(国家税务总局公告 2012 年第 40 号)第六条

二、企业搬迁资产处置收入

企业搬迁资产处置收入，是指企业由于搬迁而处置企业各类资产所取得的收入。

企业由于搬迁处置存货而取得的收入，应按正常经营活动取得的收入进行所得税处理，不作为企业搬迁收入。

依据：《国家税务总局关于发布〈企业政策性搬迁所得税管理办法〉的公告》(国家税务总局公告 2012 年第 40 号)第七条

11.6.3.2 企业搬迁支出

企业的搬迁支出，包括搬迁费用支出以及由于搬迁所发生的企业资产处置支出。

依据：《国家税务总局关于发布〈企业政策性搬迁所得税管理办法〉的公告》(国家税务总局公告 2012 年第 40 号)第八条

一、搬迁费用支出

搬迁费用支出，是指企业搬迁期间所发生的各项费用，包括安置职工实际发生的费用、停工期间支付给职工的工资及福利费、临时存放搬迁资产而发生的费用、各类资产搬迁安装费用以及其他与搬迁相关的费用。

依据：《国家税务总局关于发布〈企业政策性搬迁所得税管理办法〉的公告》(国家税务总局公告 2012 年第 40 号)第九条

二、搬迁资产处置支出

资产处置支出，是指企业由于搬迁而处置各类资产所发生的支出，包括变卖及处置各类资产的净值、处置过程中所发生的税费等支出。

企业由于搬迁而报废的资产，如无转让价值，其净值作为企业的资产处置支出。

依据：《国家税务总局关于发布〈企业政策性搬迁所得税管理办法〉的公告》(国家税务总局公告 2012 年第 40 号)第十条

11.6.3.3 搬迁资产税务处理

一、简单安装或不需要安装的固定资产

企业搬迁的资产，简单安装或不需要安装即可继续使用的，在该项资产重新投入使用后，就其净值按《企业所得税法》及其实施条例规定的该资产尚未折旧或摊销的年限，继续计提折旧或摊销。

依据：《国家税务总局关于发布〈企业政策性搬迁所得税管理办法〉的公告》(国家税务总局公告 2012 年第 40 号)第十一条

二、需要进行大修理后才能重新使用的固定资产

企业搬迁的资产，需要进行大修理后才能重新使用的，应就该资产的净值，加上大修理过程所发生的支出，为该资产的计税成本。在该项资产重新投入使用后，按该资产尚可使用的年限，计提折旧或摊销。

依据：《国家税务总局关于发布〈企业政策性搬迁所得税管理办法〉的公告》(国家税务总局公告 2012 年第 40 号)第十二条

三、土地置换方式换入土地的税务处理

企业搬迁中被征用的土地,采取土地置换的,换入土地的计税成本按被征用土地的净值,以及该换入土地投入使用前所发生的各项费用支出,为该换入土地的计税成本,在该换入土地投入使用后,按《企业所得税法》及其实施条例规定年限摊销。

依据:《国家税务总局关于发布〈企业政策性搬迁所得税管理办法〉的公告》(国家税务总局公告2012年第40号)第十三条

四、资产置换方式换入资产的税务处理

企业政策性搬迁被征用的资产,采取资产置换的,其换入资产的计税成本按被征用资产的净值,加上换入资产所支付的税费(涉及补价,还应加上补价款)计算确定。

依据:《国家税务总局关于企业政策性搬迁所得税有关问题的公告》(国家税务总局公告2013年第11号)第二条

五、企业搬迁期间新购置的各类资产的处理

企业搬迁期间新购置的各类资产,应按《企业所得税法》及其实施条例等有关规定,计算确定资产的计税成本及折旧或摊销年限。

企业发生的购置资产支出,不得从搬迁收入中扣除。

依据:《国家税务总局关于发布〈企业政策性搬迁所得税管理办法〉的公告》(国家税务总局公告2012年第40号)第十四条

11.6.3.4 企业搬迁所得

一、搬迁应税所得

企业在搬迁期间发生的搬迁收入和搬迁支出,可以暂不计入当期应纳税所得额,而在完成搬迁的年度,对搬迁收入和支出进行汇总清算。

依据:《国家税务总局关于发布〈企业政策性搬迁所得税管理办法〉的公告》(国家税务总局公告2012年第40号)第十五条

企业的搬迁收入,扣除搬迁支出后的余额,为企业的搬迁所得。

企业应在搬迁完成年度,将搬迁所得计入当年度企业应纳税所得额计算纳税。

依据:《国家税务总局关于发布〈企业政策性搬迁所得税管理办法〉的公告》(国家税务总局公告2012年第40号)第十六条

> **热点问题**
>
> 某高新企业目前正准备搬迁,搬迁过程中重新购地建造厂房、设备等,为保证企业持续经营,新厂建造过程中原厂保留并继续生产,待建造完成后搬迁,政策性搬迁清算中有所得。请问:该部分政策性搬迁清算所得是否可以并入搬迁完成年度享受高新优惠?
>
> 答:符合税法规定的高新技术企业,其取得的政策性搬迁清算所得可以并入搬迁完成年度应纳税所得额享受高新优惠。但搬迁完成年度,将搬迁收入并入总收入后,若高新技术产品(服务)收入占总收入比例低于60%,则企业该年度不能享受高新优惠。

二、企业政策性搬迁完成年度

下列情形之一的,为搬迁完成年度,企业应进行搬迁清算,计算搬迁所得:

(1)从搬迁开始,5年内(包括搬迁当年度)任何一年完成搬迁的。

(2)从搬迁开始,搬迁时间满5年(包括搬迁当年度)的年度。

依据:《国家税务总局关于发布〈企业政策性搬迁所得税管理办法〉的公告》(国家税务总局公告2012年第40号)第十七条

企业边搬迁、边生产的,搬迁年度应从实际开始搬迁的年度计算。

依据:《国家税务总局关于发布〈企业政策性搬迁所得税管理办法〉的公告》(国家税务总局公告2012年第40号)第二十条

三、已完成搬迁标准

企业同时符合下列条件的,视为已经完成搬迁:

(1)搬迁规划已基本完成。

(2)当年生产经营收入占规划搬迁前年度生产经营收入50%以上。

依据:《国家税务总局关于发布〈企业政策性搬迁所得税管理办法〉的公告》(国家税务总局公告2012年第40号)第十九条

四、搬迁损失的税务处理

企业搬迁收入扣除搬迁支出后为负数的,应为搬迁损失。搬迁损失可在下列方法中选择其一进行税务处理:

(1)在搬迁完成年度,一次性作为损失进行扣除。

(2)自搬迁完成年度起分3个年度,均匀在税前扣除。

上述方法由企业自行选择,但一经选定,不得改变。

依据:《国家税务总局关于发布〈企业政策性搬迁所得税管理办法〉的公告》(国家税务总局公告2012年第40号)第十八条

11.6.3.5 以前年度亏损弥补年限计算

企业以前年度发生尚未弥补的亏损的,凡企业由于搬迁停止生产经营无所得的,从搬迁年度次年起,至搬迁完成年度前一年度止,可作为停止生产经营活动年度,从法定亏损结转弥补年限中减除;企业边搬迁、边生产的,其亏损结转年度应连续计算。

依据:《国家税务总局关于发布〈企业政策性搬迁所得税管理办法〉的公告》(国家税务总局公告2012年第40号)第二十一条

> **热点问题**
>
> 《企业政策性搬迁所得税管理办法》(国家税务总局公告2012年第40号印发)第二十一条中的"停止生产经营无所得"应如何理解?
>
> 答:《企业政策性搬迁所得税管理办法》第二十一条规定,企业以前年度发生尚未弥补的亏损的,凡企业由于搬迁停止生产经营无所得的,从搬迁年度次年起,至搬迁完成年度前一年度止,可作为停止生产经营活动年度,从法定亏损结转弥补年限中减除;企业边搬迁、边生产的,其亏损结转年度应连续计算。
>
> 停止生产经营无所得,是指企业因搬迁停止生产经营,并且未产生正常经营性所得(不包括处置搬迁前库存商品收入、利息收入、投资收益等非正常生产经营所得)。

> 企业因搬迁停止生产经营,但搬迁期间取得非正常生产经营所得的,笔者认为,可由企业自行选择亏损结转年限是否连续计算。如选择不作为亏损结转年度的,则当年计算的纳税调整后所得不得弥补以前年度亏损;如选择亏损年度不中断的,则按税法规定执行。

11.6.4　政策性搬迁管理

11.6.4.1　企业搬迁报送资料要求

企业应当自搬迁开始年度至次年5月31日前,向主管税务机关(包括迁出地和迁入地)报送政策性搬迁依据、搬迁规划等相关材料。逾期未报的,除特殊原因并经主管税务机关认可外,按非政策性搬迁处理,不得执行《企业政策性搬迁所得税管理办法》的规定。

依据:《国家税务总局关于发布〈企业政策性搬迁所得税管理办法〉的公告》(国家税务总局公告2012年第40号)第二十二条

企业应向主管税务机关报送的政策性搬迁依据、搬迁规划等相关材料,包括:

(1) 政府搬迁文件或公告。
(2) 搬迁重置总体规划。
(3) 拆迁补偿协议。
(4) 资产处置计划。
(5) 其他与搬迁相关的事项。

依据:《国家税务总局关于发布〈企业政策性搬迁所得税管理办法〉的公告》(国家税务总局公告2012年第40号)第二十三条

> **热点问题**
>
> 政策性搬迁备案过了规定的时间,是否还可以进行备案?
>
> 答:依据《国家税务总局关于税务行政审批制度改革若干问题的意见》(税总发〔2014〕107号)的规定,对搬迁企业前后时间跨度比较长的税收事项,逾期未报补报备案的,税务机关应予以办理。但对于未按规定时间履行备案手续的,应根据《税收征收管理法》有关规定处理。

11.6.4.2　负责搬迁清算的税务机关

企业迁出地和迁入地主管税务机关发生变化的,由迁入地主管税务机关负责企业搬迁清算。

依据:《国家税务总局关于发布〈企业政策性搬迁所得税管理办法〉的公告》(国家税务总局公告2012年第40号)第二十四条

11.6.4.3　企业搬迁完成当年需报送资料

企业搬迁完成当年,其向主管税务机关报送企业所得税年度纳税申报表时,应同时报送《企业政策性搬迁清算损益表》及相关材料。

依据:《国家税务总局关于发布〈企业政策性搬迁所得税管理办法〉的公告》(国家税务总局公告2012年第40号)第二十五条

11.6.5　过渡期未完成搬迁项目的搬迁资产税务处理

11.6.5.1　购置资产的税务处理

凡在《国家税务总局关于发布〈企业政策性搬迁所得税管理办法〉的公告》(国家税务总局公告2012年第40号,以下简称2012年第40号公告)生效前已经签订搬迁协议且尚未完成搬迁清算的企业政策性搬迁项目,企业在重建或恢复生产过程中购置的各类资产,可以作为搬迁支出,从搬迁收入中扣除。但购置的各类资产,应剔除该搬迁补偿收入后,作为该资产的计税基础,并按规定计算折旧或费用摊销。

凡在2012年第40号公告生效后签订搬迁协议的政策性搬迁项目,应按2012年第40号公告有关规定执行。

依据:《国家税务总局关于企业政策性搬迁所得税有关问题的公告》(国家税务总局公告2013年第11号)第一条。

热点问题

根据《国家税务总局关于企业政策性搬迁所得税有关问题的公告》(国家税务总局公告2013年第11号,以下简称2013年第11号公告),作为搬迁支出从搬迁收入中扣除的资产,是否包括股权投资?

答:《国家税务总局关于企业政策性搬迁所得税有关问题的公告》(国家税务总局公告2013年第11号)规定,凡在2012年第40号公告生效前已经签订搬迁协议且尚未完成搬迁清算的企业政策性搬迁项目,企业在重建或恢复生产过程中购置的各类资产,可以作为搬迁支出,从搬迁收入中扣除。但购置的各类资产,应剔除该搬迁补偿收入后,作为该资产的计税基础,并按规定计算折旧或费用摊销。所述"各类资产"是指与企业实质经营相关的资产(固定资产和土地使用权),不包括股权投资。

11.6.5.2　政策执行时间

2013年第11号公告自2012年10月1日起执行。2012年第40号公告第二十六条同时废止。

依据:《国家税务总局关于企业政策性搬迁所得税有关问题的公告》(国家税务总局公告2013年第11号)第三条。

解读

不同时期政策性搬迁的政策适用如表11-6所示。

表11-6　不同时期政策性搬迁的政策文件表

搬迁时间	适用文件
2012年10月1日前完成搬迁	国税函〔2009〕118号
2012年10月1日前签订搬迁协议且尚未完成搬迁	国家税务总局公告2013年第11号
2012年10月1日后签订搬迁协议	国家税务总局公告2012年第40号

2012年第40号公告认为,资产是能够带来未来经济利益的经济资源,未来经济利益

流入自然会产生应税收入,因此当然不能扣除。但2012年第40号公告发布后,一些地方税务机关和企业反映,由于2012年第40号公告的规定,对企业用搬迁补偿收入购置新资产,不得从搬迁补偿收入中扣除,对政府主导的政策性搬迁,原本搬迁补偿就显得很拮据,如果购置资产不允许扣除,这将导致企业资金紧张,影响企业搬迁进度。因此,希望对2012年第40号公告前已经确定的政策性搬迁项目,允许扣除购置资产后,再计算搬迁收益。

根据各地反映的情况,2013年第11号公告就2012年第40号公告前已经确定的政策性搬迁项目做了政策调整,规定企业政策性搬迁项目凡在2012年第40号公告生效前已经签订搬迁协议的,企业重建或恢复生产过程中按规定购置的各类资产,可以作为搬迁支出,从搬迁收入中扣除。但购置的各类资产,应剔除该搬迁补偿收入后,作为该资产的计税基数,并按规定计算折旧或费用摊销。此后签订搬迁协议应按2012年第40号公告有关规定执行。